本书系北京市新闻出版广电局（北京市版权局）研究中心
2017年项目"版权前沿案例研究"成果

版权前沿案例研究

主 编/王 志　副主编/蔡 玫

版权行政、刑事与民事典型案例评析

A Study on the Administrative, Criminal, and
Civil Cases in Copyright Protection

李明德　张鹏　杨祝顺　李菊丹　王若婧 著

人 民 出 版 社

序　言

　　《版权前沿案例研究》是北京市新闻出版研究中心立项，由王志先生担任主编、蔡玫女士担任副主编的一套系列书。正如系列书的名称所显示的那样，这是一套专门研究版权领域中典型案例，以说明著作权法的规定如何在版权保护领域中运用的系列书。按照很多专家学者的说法，法律条文的规定是苍白的，只有在具体的案例中，才会显示其强大的生命力。由此而言，《版权前沿案例研究》系列书的宗旨，就是展示著作权法的条文在现实生活中的强大生命力。

　　系列书的第一卷名为《中外网络版权经典案例评析》，由原国家版权局巡视员许超先生担纲主编，由许多著名版权学者参与撰写。正如书名所显示的那样，《版权前沿案例研究》系列书的第一卷，将焦点集中在了网络环境中的版权保护上，集中在了世界各国和中国在这方面的典型案例上。《中外网络版权经典案例评析》于2016年9月出版，一经问世就引起了实务界和学术界的关注，获得了多方面的好评。

　　2017年3月，北京市新闻出版研究中心与我商谈，希望由我来组织《版权前沿案例研究》第二卷的撰写工作。考虑到这是由北京市的版权行政部门委托的项目，我把第二卷的关注点放在了"行政执法"和"北京市"两个关键词上。按照这样一个设想，通过搜集一系列的典型案例，通过对于相关案例的研究、整理和评析，就有了摆在我们面前的《版权前沿案例研究》第二卷《版权行政、刑事与民事典型案例评析》。其中的行政执法案例，并不局限于北京市，而是将全国各地，包括国家版权局查处的典型案例都收纳了进来。其中的刑事典型案例，同样没有局限于北京市，而是将全国各地的典型案例纳入了进来。事实上，《版权前沿案例研究》第二卷所选取的刑事典型案例，大多与行政执法密切相关。因为，在中国特殊的行政和司法并行的体制下，大多数著作权刑事案件都是先由行政执法机关介入查处,然后交由公安机关侦查、检察机关起诉,最后由刑事法庭审理和作出判决。

关于第二卷中的"民事案件",则依据"北京市"的关键词,选取了北京市三级法院(区县级、中级和高级人民法院)的典型版权案例。毫无疑问,在对于版权的保护方面,在对于相关案件的裁判方面,北京市的三级法院积极探索,作出了一系列具有示范意义的判决。例如,"琼瑶诉于正"一案关于抄袭的判决,"杨季康诉中贸圣佳拍卖公司"一案关于临时性禁令的判决,"燕娅娅诉薛华克"一案关于实质性相似的判决,都具有引领全国版权行政执法和版权司法的意义。在我看来,北京市三级法院关于版权保护的很多判决,其定性之准确,说理之充分,已经不输于欧美国家的类似判决。

关于著作权法和著作权保护,无论是行政执法的案件,还是经由法院审理的刑事案件和民事案件,首先涉及相关案件的定性问题,即受到行政查处的当事人或者受到起诉的被告,是否未经许可使用了他人的作品,是否侵犯了他人的著作权。在此基础之上,进行案件查处的行政执法机关,还必须说明当事人的行为不仅侵犯了著作权人的个人利益,而且在同时侵犯了社会公共利益。因为,按照我国《著作权法》第48条的规定,只有相关的侵权行为同时损害了社会公共利益的时候,著作权法行政管理部门才可以进行查处,并给予相应的行政处罚。至于公安机关的侦查、检察机关的起诉和刑事法庭的判决,还必须说明侵权人的行为不仅在侵犯个人利益的同时侵犯了社会公共利益,而且对于社会公共利益的侵犯已经达到了严重的构成犯罪的程度。

关于著作权法和著作权保护,无论是行政执法的案件,还是经由法院审理的刑事案件和民事案件,其次涉及案件的程序问题。对于法院审理案件的程序,包括民事程序和刑事程序,业内的专家学者和社会公众大体有所了解。然而,对于行政执法机关查处案件的严格程序,很多专家学者和社会公众相对了解甚少。正如本书评析的著作权行政案例所展示的那样,著作权行政执法部门在查处侵权行为方面,同样遵守了严格的行政执法程序。从接受权利人的投诉到立案查处,从搜集相关的证据到听证会的举行,从作出行政处罚决定到举行行政复议,行政执法机关必须遵守严格的程序性规定。事实上,在后续的司法复审中,法院审理的焦点不在于相关案件的定性问题,而在于行政查处的程序是否符合法律的规定。如果在程序上稍有差错，则著作权行政执法部门的处罚决定就会被推翻。正是由于这样的原因，著作权行政执法机关在查处相关案件的过程中，非常注重程序的合法性，包括立案、取证、听证、处罚决定的送达，等等。

关于著作权法和著作权保护，无论是行政执法的案件，还是经由法院审理的刑事案件和民事案件，也都非常注重证据问题。在刑事案件中，公安机关、检察机关和刑事法庭，追求的是"证据确凿"，即相关的证据证明侵权人确实犯有侵权盗版罪，并且应当处以相应的刑罚。在民事案件中，双方当事人和民事法庭追求的是"优势证据"，即相关的优势证据证明，被告确实侵犯了他人的著作权，应当立即停止侵权和支付相应的损害赔偿数额。至于行政执法中的证据要求，似乎介于二者之间，既达不到刑事案件"证据确凿"的程度，又显然高于民事案件"优势证据"的程度。或许，《著作权法》第48条的规定，已经暗示了不同的证据强度要求。按照规定，如果相关的侵权行为仅仅侵犯了著作权人的个人利益，应当追究民事责任。如果同时还侵犯了社会公共利益，则可以给予行政处罚。如果构成犯罪，还应当追究刑事责任。

按照中国现行的法律安排，对于著作权的保护主要有三种方式：一是民事的方式，二是行政的方式，三是刑事的方式。然而由于种种原因，业内的人士和社会公众对于著作权保护的民事方式较为熟悉，而对于行政保护方式和刑事保护方式则相对陌生。由此之故，本书在结构上采取了先行政执法典型案例，后刑事典型案例的方式。至于民事典型案例，则放在了行政案例和刑事案例之后。

希望本书的出版，能够引起社会公众对于著作权行政执法和刑事制裁的更多关注。

李明德

2017 年 10 月

目　录

刑事案例 | XINGSHI ANLI

民事案例 | MINSHI ANLI

行政案例

XINGZHENG ANLI

个人信息是否构成作品：

赵洪艳诉国家版权局

| **基本案情** |

  第三人安徽大学出版社，出版了若干部财务管理方面的教科书，作者署名赵鸿雁。然而，安徽大学出版社在推销这几部署名"赵鸿雁"的教科书时，却使用了本案原告的姓名"赵洪艳"，以及原告的文字介绍资料。第三人推销财务管理教材的广告，出现在了亚马逊网、卓越网、京东网、淘宝网和百度网等网站上。

  于是，原告赵洪艳向国家版权局投诉亚马逊等网站和安徽大学出版社，盗取自己的个人信息，摘录和转载自己的个人简历、管理工作经验和科技成果，制作广告推销他人的教科书，从事营利活动，侵犯了自己的姓名权和著作权。原告赵洪艳主张，自己的个人信息属于《著作权法》保护的作品，上述被投诉人盗用自己的个人信息，侵犯了自己的著作权。原告赵洪艳要求国家版权局依据《著作权法》第48条有关侵犯著作权的规定，查处上述被投诉人盗窃自己个人信息的行为，没收其非法所得，停止侵权和赔偿损失，并在一定的范围内消除影响和赔礼道歉。在投诉中，赵洪艳主张自己的个人信息属于"作品"，这在相关的行政决定和法院判决中，成为一个争论的问题。

  国家版权局经过调查，认为投诉人赵洪艳的个人信息不属于《著作权法》保护的作品，而是涉嫌侵犯了赵洪艳的姓名权。国家版权局认为，自己是主管版权工作的部门，涉嫌侵犯姓名权的事情，不在国家版权局的职能范围内。于是，国家版权局于2015年3月13日作出《不予受理通知书》(国版办函2015第13号)，作出了如下的回复：

  赵洪艳同志：您关于投诉亚马逊信息服务(北京)有限公司、北京世

3

纪卓越信息有限公司、北京京东世纪贸易有限公司等单位涉嫌盗取您的个人信息和简历,用以推销图书的材料收悉。经研究,您提供的材料反映的是相关单位涉嫌侵犯您姓名权的情况,并非涉嫌侵犯您的著作权。由于此类事宜不属于我局工作职能范围,对您的投诉我局不予受理。此复。

赵洪艳不服《不予受理通知书》,依据《行政诉讼法》向国家版权局提出了行政复议。2015 年 5 月 30 日,国家版权局又作出《行政复议决定书》(国版函 2105 第 7 号),决定维持不予受理的决定。

原告赵洪艳不服国家版权局不予受理的决定,向国家版权局所在地的北京市第一中级人民法院提起了行政诉讼。一审法院在审理中,主要讨论了三个问题:原告的个人信息是否构成作品;国家版权局的职能范围;行政复议的程序问题。北京市第一中级人民法院经过审理,维持了国家版权局的不予受理的决定(一中行初字 2015 年第 1626 号)。随后,原告赵洪艳不服判决,又向北京市高级人民法院提起了上诉。二审法院在审理中,同样讨论了上述三个问题,同样得出结论,支持国家版权局"不予受理"的决定(高行终字 2015 年第 3208 号)。原告赵洪艳仍然不服判决,向最高人民法院提出再审申请。最高人民法院决定接受再审申请,于 2016 年 9 月 26 日作出行政裁定书,维持一审、二审法院的判决,最终驳回了赵洪艳的诉讼请求。

▶ 法律问题

本案从赵洪艳向国家版权局投诉开始,经过了国家版权局的不予受理决定,国家版权局的行政复议决定,北京市第一中级人民法院的一审判决,北京市高级人民法院的二审判决,以及最高人民法院的再审判决。本来,当赵洪艳向国家版权局投诉的时候,仅仅涉及了个人信息和著作权保护的问题。然而,随着行政诉讼的提起,又涉及了国家版权局职能范围的问题,以及行政复议的程序问题。下面,我们将结合国家版权局的决定和三级法院的判决,说明这三个问题。

一、原告的个人信息是否属于《著作权法》保护的作品

原告在向国家版权局的投诉中声称，被投诉人亚马逊等网站和安徽大学出版社盗取自己的个人信息，因而侵犯了自己的著作权。对于这个问题，国家版权局的《不予受理通知书》中，只是简单提及，被投诉人使用原告的个人信息，涉嫌侵犯姓名权，而非著作权。这表明，国家版权局认为，投诉人的个人信息不属于作品，投诉人对于自己的个人信息不享有著作权。与此相应，被投诉人使用投诉人的个人信息，没有侵犯投诉人的著作权。

关于原告的个人信息是否构成作品，一审判决有详细的讨论。一审法院指出，按照《著作权法实施条例》第2条，著作权法所称作品，是指文学、艺术和科学领域内具有独创性并能以某种有形形式复制的智力成果。又据《著作权法实施条例》第3条，著作权法所称创作，是指直接产生文学、艺术和科学作品的智力活动。一审法院认为，原告所称的被盗用的个人信息，是以作者简介的形式体现出来的一段描述性文字，其内容是对于赵洪艳个人情况的客观描述。仅仅依据这些信息，不能得出结论说这些信息已经构成了作品，并且赵洪艳对于这些信息享有著作权。一审法院还特别指出，原告赵洪艳也没有提出证据，证明这段文字是她的智力活动成果，证明这是她所创作的可以受到著作权法保护的作品。

关于这个问题，二审法院和最高人民法院，都在判决中肯定了一审法院的认定。例如，二审法院在判决中说，以作者简介形式体现的赵洪艳的个人信息，是对于赵洪艳的客观描述，没有达到作品应当具有的独创性，不属于作者通过自己的智力活动创作的作品。同时，赵洪艳也没有提出证据，证明上述信息属于自己的享有著作权的作品。又如，最高人民法院在判决中说，下级法院在判决中已经查明，赵洪艳所称的被盗用的个人信息，是以作者简介的形式对赵洪艳个人情况的客观描述，不具备作品的应有特征。而且，赵洪艳也没有提供证据证明，相关的信息是通过自己的智力活动创作的，或者属于自己的作品。

二、国家版权局的职能范围

国家版权局，包括地方各级人民政府的版权行政管理部门，正如其名称所

显示的那样,是版权或者著作权的行政管理部门。与此相应,如果投诉人的主张涉及了著作权,或者他人未经许可而使用了投诉人的作品,国家版权局或者地方著作权行政管理部门,应当依据其职责受理和作出相应的决定。但如果投诉人的主张不涉及著作权或者作品,则国家版权局或者地方著作权行政管理部门就难以受理。

原告赵洪艳认为自己的著作权受到侵害以后,向国家版权局投诉,请求国家版权局查处被投诉人的侵权行为。而国家版权局则认为,被投诉人盗用的投诉人的个人信息,涉嫌侵犯投诉人的姓名权,而不是著作权。与此相应,国家版权局作出决定,投诉人的主张不在自己职权的范围之内,因而不予受理。投诉人则认为,自己的个人信息属于著作权法保护的作品,被投诉人盗用自己的个人信息,侵犯了自己的著作权。所以,国家版权局作出不予受理的决定是错误的。

关于这个问题,一审法院在判决中指出,原告赵洪艳是针对国家版权局的《不予受理通知书》和国家版权局的复议决定而提出的。与此相应,法院应当对不予受理决定的合法性和复议程序的合法性进行审查。一审法院认为,关于不予受理通知的合法性,其争议焦点在于赵洪艳向国家版权局提出的投诉事项是否属于国家版权局的工作职责范围。遵循依法行政的基本原则,行政机关行使行政职权、作出行政行为需要具有法律的明确授权,即法无授权不可为,其中既包括依职权作出的行政行为,也包括依申请作出的行政行为。对于本案而言,赵洪艳要求国家版权局对其投诉事项进行调查处理,就需明确指出其要求国家版权局履行上述职责的具体法律依据,即国家版权局依据何种法律规范具有对赵洪艳的投诉事项进行调查处理的职责。此外,赵洪艳还需明确其具体的投诉请求以及相应的事实根据。对此,国家版权局应当在准确把握赵洪艳投诉请求、事实理由和法律依据的基础上,作出相应的答复。

一审法院认为,根据双方当事人的争辩意见,国家版权局《不予受理通知书》是否合法,应当落脚于赵洪艳的个人信息是否属于著作权法保护的作品。因为,赵洪艳在投诉中主张,被投诉人盗用自己的个人信息,侵犯了自己的著作权。正是由此出发,赵洪艳才请求国家版权局查处。然而,国家版权局在《不予受理通知书》中已经指出,赵洪艳反映的情况是相关单位涉嫌侵犯了姓名权，而非涉嫌侵犯著作权。这表明，赵洪艳的个人信息不属于作品，赵洪艳不享有著作权。在此基础之上，一审法院进一步认定，原告的以个人信息形式体现出来的描述性文字，是对于原告个人情况的客观描述，不能认定上述作者简介属于赵洪艳创作并享有著作权的作品。一审法院最后得出结论说，既然赵洪艳的个人信息不属于作品，赵洪艳对于这些信息不享有著作权，那么关于被投诉人侵犯著作权的主张也就难以成立。在这种情况下，国家版权局认定赵洪艳的投诉事项不涉及著作权，此类事宜不属于其工作职责范围，并无不当。与此相应，赵洪艳要求撤销不予受理的通知，要求判令国家版权局对其投诉事项进行调查处理的诉讼请求，由于缺乏事实及法律依据，一审法院不予支持。

关于一审法院的上述认定，二审法院和最高人民法院都给予了肯定。例如，二审法院在判决中说，行政机关作出行政行为，应当以法定授权为依据。同时，行政相对人的请求事项，也应当属于行政主体的职权范围。本案中，赵洪艳向国家版权局投诉亚马逊公司等存在盗取其个人信息，摘录、转载赵洪艳简历等行为，侵犯了其著作权、财产权。这样一个投诉内容，涉及赵洪艳的个人信息是否构成作品的问题，以及是否属于国家版权局的法定职权范围的问题。由于国家版权局、一审法院和二审法院均认定原告的个人信息不构成作品，原告不享有著作权，所以国家版权局依据其职权，作出《不予受理通知书》并无不当。又如，最高人民法院在判决中说，原告的个人信息不属于作品，原告不享有著作权。在此情况之下，国家版权局认定赵洪艳投诉的事项不属于国家版权局工作职责范围，并无不当。

三、行政复议的程序问题

按照我国《行政复议法》的规定，对于行政机关作出的行政决定，当事人不服的，可以申请复议。在本案中，赵洪艳先是向国家版权局投诉，主张被投诉人盗用其个人信息，侵犯了自己的著作权。当国家版权局作出《不予受理通知书》以后，赵洪艳不服决定，向国家版权局提起了行政复议。随后，国家版权局作出《行政复议决定书》，维持已经作出的《不予受理通知书》。对此，赵洪艳在向法院提起的诉讼中主张，国家版权局的复议机构收到复议申请后，剥夺了复议申请人补正的权利,在投诉内容没有审理清楚、证据不全的情况下,作出复议决定书,明显违反程序。

关于复议程序的合法性,一审法院指出,本案证据可以证明,国家版权局于2015年3月18日收到赵洪艳的行政复议申请,于同年5月8日作出行政复议决定,符合《行政复议法》第31条关于复议期限的规定。与此相应,一审法院对该复议决定程序的合法性予以确认。关于这个问题,二审法院和最高人民法院也得出了相同的结论。例如,二审法院在判决书中说,国家版权局在接到赵洪艳的复议申请后,在法定期限内作出了行政复议决定,程序并无不当。赵洪艳主张国家版权局履行复议程序违反的主张,没有法律依据,不予支持。又如,最高人民法院在判决书中说,原审法院认定赵洪艳投诉的事项不属于国家版权局工作职责范围,并无不当。其中,国家版权局的决定,既包括《不予受理通知书》,也包括《行政复议决定书》。

专家评析

在"赵洪艳诉国家版权局"一案中,案件的起因在于被投诉人亚马逊和安徽大学出版社等单位,盗用了赵洪艳的个人信息。对于这样一个行为,赵洪艳主张自己的著作权受到了侵犯,因而向国家版权局投诉,要求查处。但是国家版权局认为,赵洪艳的个人信息不属于著作权法保护的作品,因而作出了《不予受理通知书》。随后,赵洪艳提起行政复议申请,又向北京市第一中级人民法院提起诉讼,向北京市高级人民法院提起上诉,直至向最高人民法院提起再审请求。在整个司法程序中,三级法院都讨论了三个相同的问题,原告的个人信息是否构成作品,国家版权局的职能范围,以及国家版权局的行政复议是否合法。这里仅讨论前两个问题,即作品的构成要件和国家版权局的职能范围。在说到国家版权局职能范围的时候,还将顺便说到地方版权行政机关的职责。

一、作品的构成要件

著作权法(大陆法系)或者版权法(英美法系)是保护作品的法律。通常认为,作品的构成要件有两个,一是表达,二是具有独创性。其中的表达,是指人们对于某种思想观念、客观事实、操作方法（以上简称"思想观念"）的表达。具体说来，对于某种特定的思想观念，可以有文字、数字、音符、色彩、线条、图形、造型、表意动作等方式的表达，因而也有了文字作品、计算机程序、音乐作品、美术作品、图形作品、舞蹈作品、电影作品等。其中的独创性，是指作者独立创作了相关的作品，并且将自己的思想、情感、精神和人格等要素融入了相关的作品之中。一般说来，依据英美的版权法体系，只要相关的表达来自于作者，就满足了独创性的要求。而依据欧洲大陆的著作权法体系，相关的表达不仅应当来自于作者，而且应当带有作者的某种精神或者人格的印迹。与此相应，著作权法体系所要求的独创性，要高于版权法所要求的独创性。

我国《著作权法》第3条规定，"本法所称的作品，包括以下列形式创作的文学、艺术和自然科学、社会科学、工程技术等作品"。在此基础之上，第3条列举了文字作品、口述作品、音乐作品、美术作品、摄影作品、电影作品、图形作品和计算机软件等八类作品。然而，仔细推究《著作权法》的相关规定，包括"文学、艺术和科学作品"的说法，却没有提及作品的构成要素，例如表达和独创性。

关于作品，我国《著作权法实施条例》第2条似乎界定了作品的构成要素："著作权法所称作品，是指文学、艺术和科学领域内具有独创性并能以某种有形形式复制的智力成果。"事实上，在"赵洪艳诉国家版权局"一案中，一审法院和二审法院也引述了这一规定，说明赵洪艳的个人信息不属于著作权法保护的作品。

然而，《著作权法实施条例》第2条关于作品的定义，却是有问题的。按照这个定义，作品的构成要素包括了独创性、智力成果和有形形式的复制等要素。其中的"独创性"没有问题，无论是大陆法系的著作权法体系，还是英美法系的版权法体系，都有关于独创性的要求。其中的"智力成果"和"有形形式"的复制，则是有问题的。如前所述，按照国际上的通常理解，作品的构成要件有两个，表达和独创性。在这方面，《著作权法实施条例》第2条关于作品的定义，显然是以"智力成果"的术语替代了"表达"的术语。然而，"智力成果"很容易让人作出扩大的解释。因为，知识产权法律是保护智力成果的法律，其中的"智力成果"具有非常广泛的含义，并不局限于作品。例如，依据

《建立世界知识产权组织公约》第 2 条,知识产权是关于工业、科学和文学艺术领域中的智力成果的权利。受到知识产权保护的智力成果,则包括了作品、表演、录音、广播、技术发明、科学发现、工业品外观设计、各种商业标识,以及制止不正当竞争,等等。又据世界贸易组织《与贸易有关的知识产权协议》,受到知识产权保护的智力成果,也有作品、表演、录音、广播、商标、技术发明、地理标志、集成电路布图设计和商业秘密等。

按照《著作权法实施条例》第 2 条,似乎还有一个"固定"的要求,即"能以某种有形形式复制"的智力成果。按照"固定"的要求,只有当有关的作品或者表达固定在有形的物质介质之上,才可以获得著作权法的保护。这就意味着,那些没有固定的作品,尤其是口述作品不能获得著作权法的保护。然而,《伯尔尼公约》第 2 条列举了 9 类受保护的作品,包括"讲课、演讲、布道和其他类似性质的作品",这属于口头作品。同时,我国《著作权法》第 3 条在列举受保护的作品的时候,也有"口述作品"的种类。这样,规定固定的要求,就有可能将口述作品排除出去。

基于以上的原因,在我国《著作权法》第三次修订的过程中,中国社会科学院知识产权中心建议,在规定作品的定义时,应当同时出现"表达"和"独创性"的要素,并且删除"能以某种形式复制"的说法。与此相应,作品的定义就是:"本法所称的作品,是指文学、艺术和科学领域内具有独创性的表达"。

依据作品的两个构成要件——表达和独创性,进行分析就会发现,国家版权局、一审法院、二审法院和再审法院认定,赵洪艳的个人信息不属于"作品"是正确的。具体说来,赵洪艳的个人信息是对于她本人情况的客观描述,通常说来这属于"表达"的范畴。然而,有关赵洪艳个人信息的"表达"是否具有独创性则是值得讨论的。按照英美版权法体系的独创性标准,只要相关的表达是来自于作者,是作者的独立创作,就达到了"独创性"的标准。这就是通常所说的,作者在创作表达的过程中,付出了劳动、技能和一定的判断力。然而,按照欧洲大陆著作权法体系的标准,相关的表达不仅要来自于作者,还要体现作者的人格、精神或者性格特征。换句话说,作者创作相关的表达,不仅要付出劳动、技能和一定的判断力,而且要投入独特的精神、人格和思想情感。显然,绝大多数书籍上呈现的作者个人信息,包括本案赵洪艳的个人信息,都是对于作者个人情况的客观描述,很少有作者独特的精神、人格、思想情感的投入。从这个意义上说,绝大多数作者的个人信息,不仅达不到著作权法体系关于"独创性"的要求,甚至难以达到版权法体系对于独创性的要求。

当然在"赵洪艳诉国家版权局"一案中,一审法院还提到了一个非常重要的事实,即赵洪艳没有提出证据证明,涉案的个人信息是她本人的智力活动成果,或者属于她本人所创作的可以受到著作权法保护的作品。按照著作权法的基本原则,作者是相关表达的创作者,由此而产生的作品,其原始的著作权应当归属于作者,包括作者的精神权利和经济权利。按照著作权法的基本原则,作者的精神权利,例如署名权、保护作品完整权,不得转让和归属于他人所有。而作者的经济权利,如复制、发行、演绎、传播、展览等,则可以通过法律的规定和合同的约定而归属于他人所有。

这样,就本案而言,赵洪艳并没有提供相关的证据,证明有关的个人信息,或者有关她个人的客观描述的文字,是由她本人创作的。如果有证据证明,涉案的个人信息是赵洪艳创作的,则还需要考察相关的描述性文字是否达到了著作权法所要求的"独创性",进而可以作为作品获得著作权法的保护。但如果相关的描述性文字不是赵洪艳创作的,而是其他人搜集相关的信息编写的,则相关的描述性文字或者表达,就不是来自于赵洪艳,而是来自于其他人。在这种情况下,即使这段描述性文字达到了独创性的要求,构成了作品,那么有关的著作权也不属于赵洪艳所有,赵洪艳也没有资格提起侵犯著作权的行政查处申请,或者向法院提起侵犯著作权的诉讼。

在这个问题上,国家版权局的《不予受理通知书》认为,赵洪艳主张的是有关姓名权的问题,或者是有关个人信息的问题,就是一个非常准确的判断。

二、版权行政机关的职能

我国在中央人民政府和地方各级人民政府中,设立了版权行政管理机关。其中,在中央人民政府之下设立了国家版权局,负责全国性的版权管理工作。同时,在省、自治区、直辖市和地级市的人民政府中,以及一些区县级人民政府中,也设立了相应的版权行政管理部门。其中,省、自治区、直辖市一级的版权行政部门,地级市一级的版权行政部门和一些区县级的版权行政部门,通常都设立在各级人民政府的文化部门之下,或者与相关的文化部门合署办公。

国家版权局是国务院著作权行政管理部门,主管全国的著作权管理工作,其主要职责是:

(一)拟订国家版权战略纲要和著作权保护管理使用的政策措施并组织实施,承担国家享有著作权作品的管理和使用工作,对作品的著作权登记和法定许可使用进行管理;

(二)承担著作权涉外条约有关事宜,处理涉外及港澳台的著作权关系;

(三)组织查处著作权领域重大及涉外违法违规行为;

(四)组织推进软件正版化工作。

国家版权局之下设立有版权管理司,版权管理司之下又设立有四个处室(综合处、社会服务处、执法监管处和国际事务处),分别按照其法定的职责范围从事相关的工作。

按照我国《著作权法实施条例》第 37 条,有《著作权法》第 48 条所列侵权行为,同时损害社会公共利益的,由地方人民政府著作权行政管理部门负责查处。国务院著作权行政管理部门可以查处在全国有重大影响的侵权行为。其中,《著作权法》第 48 条所列举的侵权行为包括:

(一)未经著作权人许可,复制、发行、表演、放映、广播、汇编、通过信息网络向公众传播其作品的,本法另有规定的除外;

(二)出版他人享有专有出版权的图书的;

(三)未经表演者许可,复制、发行录有其表演的录音录像制品,或者通过信息网络向公众传播其表演的,本法另有规定的除外;

(四)未经录音录像制作者许可,复制、发行、通过信息网络向公众传播其制作的录音录像制品的,本法另有规定的除外;

(五)未经许可,播放或者复制广播、电视的,本法另有规定的除外;

(六)未经著作权人或者与著作权有关的权利人许可,故意避开或者破坏权利人为其作品、录音录像制品等采取的保护著作权或者与著作权有关的权利的技术措施的,法律、行政法规另有规定的除外;

(七)未经著作权人或者与著作权有关的权利人许可,故意删除或者改变作品、录音录像制品等的权利管理电子信息的,法律、行政法规另有规定的

除外;

（八）制作、出售假冒他人署名的作品的。

按照我国《著作权法》和《著作权法实施条例》的规定,对于上述侵权行为,在同时危害社会公共利益的情况下,各级版权行政管理部门可以主动查处。

除了主动查处,国家版权局和各级版权管理部门,还可以接受权利人的投诉,依据《著作权法》《著作权法实施条例》和《行政处罚法》,处理当事人的投诉。在这方面,为了指导著作权人和与著作权有关的权利人就侵权行为向有关行政机关投诉,国家版权局还根据《中华人民共和国行政处罚法》《中华人民共和国著作权法》和《著作权行政处罚实施办法》的有关规定,编写了《著作权行政投诉指南》,于2006年4月30日发布实施。

根据《指南》,中国著作权保护制度向权利人提供司法保护和行政保护。按照其中的行政保护制度,在侵权行为损害公共利益的情况下,经权利人投诉或者知情人举报,或者经行政机关自行立案调查,行政机关将依法追究侵权人的行政责任。根据《指南》,受理著作权行政投诉的机关为各级著作权行政管理部门。权利人发现侵权行为后,可以根据情况向侵权行为实施地、侵权结果发生地(包括侵权复制品储藏地、依法查封扣押地、侵权网站服务器所在地、侵权网站主办人住所地或者主要经营场所地)的著作权行政管理部门投诉。在某些情况下,著作权行政管理部门可以依法将投诉移交另一著作权行政管理部门处理。

根据《指南》,投诉人应当是根据《中华人民共和国著作权法》享有著作权或者与著作权有关的权利的中国公民、法人或者其他组织,或者外国人、无国籍人,或者是依法享有专有使用权的使用者,或者是利害关系人。知情人可以就侵权行为向著作权行政管理部门进行举报。根据《指南》,投诉涉及的侵权行为应当是《中华人民共和国著作权法》第48条或者《计算机软件保护条例》第24条列举的、同时损害公共利益的侵权行为。权利人即使不知道侵权行为是否损害公共利益,也可以向著作权行政管理部门投诉,由著作权行政管理部门进行审查判断。根据《指南》,投诉人投诉后,著作权行政管理部门将对投诉材料进行审查,并通知投诉人是否受理投诉。在通知投诉人不予受理的情况下,著作权行政管理部门应当在通知书中说明理由。根据《指南》,著作权行政管理部门受理投诉后,将对涉嫌侵权行为进行调查,并根据调查结果作出相应的处理决定。

事实上,在"赵洪艳诉国家版权局"一案中,赵洪艳就是依据《著作权法》《著作权法实施条例》和《行政处罚法》,甚至是依据《指南》的精神,向国家版权局提起了侵犯著作权的投诉。而国家版权局也是依据上述法律和《指南》,认定赵洪艳的个人信息不属于作品,赵洪艳的投诉内容不属于国家版权局的职能范围,进而作出了《不予受理通知书》。

值得注意的是,"赵洪艳诉国家版权局"一案,也显示了行政投诉的后续程序。首先是国家版权局的行政复议。其中,国家版权局作出的《不予受理通知书》,其编号是"国版办函 2015 第 13 号",而国家版权局复议决定的编号则是"国版函 2105 第 7 号"。其次是赵洪艳不服行政机关的决定,向司法机关提起诉讼。在这种情况下,赵洪艳成了原告,国家版权局成了被告,而亚马逊和安徽大学出版社等单位,则成了第三人。同时,受理赵洪艳诉讼的法院是北京市第一中级人民法院,又是因为作为被告的国家版权局位于北京市西城区,属于第一中级人民法院的管辖地域。

参考文献

《中华人民共和国著作权法》

《中华人民共和国著作权法实施条例》

《中华人民共和国行政处罚法》

《中华人民共和国民事诉讼法》

《著作权行政处罚实施办法》

《著作权行政投诉指南》

李明德、许超:《著作权法》(第二版),法律出版社 2009 年版。

李明德、管育鹰、唐广良:《〈著作权法〉专家建议稿说明》,法律出版社 2012 年版。

王迁:《著作权法》,中国人民大学出版社 2015 年版。

作品是否具有实质性相似：

美利肯公司诉国家版权局

| 基本案情 |

原告美利肯公司是一家设立于美国特拉华州的企业，是地毯、纺织、化学品和包装材料等方面的知名企业。原告生产和销售的各类地毯，因为设计风格独特和工艺技术先进而深受各国用户的好评。关于其地毯的设计图案，原告还在美国版权局进行了版权登记。本案的第三人是威海地毯一厂，属于海马集团公司，生产和销售各类品种的地毯产品。自 1999 年开始，原告发现威海地毯一厂对外宣传的产品图册中，含有大量与原告生产的地毯产品相同或者近似的产品，与原告在美国进行了版权登记的地毯图案相同或相近似。

于是，原告美利肯公司于 2001 年 2 月向国家版权局投诉，以威海地毯一厂生产销售的 21 款地毯的图案，侵犯了该公司在美国版权局登记注册的地毯图案的著作权为由，请求国家版权局：(1) 对威海地毯一厂的侵权行为进行调查；(2) 责令威海地毯一厂立即停止一切侵权行为，包括停止在其各类宣传资料上使用美利肯公司的地毯图案，停止生产采用美利肯公司的图案的地毯；(3) 责令威海地毯一厂交出其生产侵权产品的账目并销毁全部侵权产品，赔偿至少 20 万元人民币的直接经济损失；(4) 责令威海地毯一厂向美利肯公司公开道歉；(5) 责令威海地毯一厂赔偿美利肯公司为提起本案所花费的一切费用。2001 年 9 月 6 日，原告美利肯公司又向国家版权局递交了补充请求书，针对该公司前述对威海地毯一厂的投诉，又提出两点新的请求事项，即：(1) 请求国家版权局对威海地毯一厂涉及本案生产和销售的事实进一步收集证据；(2) 请求国家版权局责令威海地毯一厂赔偿美利肯公司经济损失及调查费、律师费共计人民币 160 万元。

国家版权局受理美利肯公司的上述投诉后，发出著作权委托调查函，委托山东省版权局进行威海地毯一厂是否侵权的调查。随后,山东省版权局又转委托威海市版权局,对国家版权局委托调查的事项进行调查。威海市版权局经调查后,于 2001 年 10 月向山东省版权局递交了关于美利肯公司投诉威海地毯一厂、威海地毯集团公司侵权一案的调查报告。根据威海市版权局的报告,第三人是否侵犯原告著作权存在很多疑问。考虑到国家版权局正在调查该案,威海市版权局通知威海地毯一厂暂停发行有关地毯图案的宣传品、暂停生产相关图案的地毯。随后,山东省版权局又将威海市版权局的调查报告上报给了国家版权局。

国家版权局接到威海市版权局的报告以后,对于原告的投诉进行了进一步的调查。在此过程中,威海地毯一厂向国家版权局递交了答辩书,就原告的投诉进行了答辩。随后,原告美利肯公司又针对威海地毯一厂的答辩书,向国家版权局提交了陈述意见。2002 年 9 月,国家版权局组织投诉人美利肯公司、被投诉人威海地毯一厂举行了案件调查会,当面听取了双方当事人各自的陈述意见,并就与案件有关的问题进行了调查核实。随后,投诉人美利肯公司和被投诉人威海地毯一厂又提交了各自的意见书。

在对投诉人美利肯公司、被投诉人威海地毯一厂提交的上述书面陈述意见、相关证据材料进行审查后,国家版权局结合该局在 2002 年 9 月 18 日举行的案件调查会上查明的案件事实,于 2003 年 5 月 30 日对威海地毯一厂作出《不予行政处罚通知书》(国权〔2003〕12 号)。在通知书中,国家版权局认定美利肯公司投诉威海地毯一厂侵权的 21 款地毯图案因有重复,实为 19 款。这 19 款中,其中 1 款无法认定是威海地毯一厂的图案,16 款已由威海地毯一厂和其他厂家早于原告美利肯公司而生产在先,其他 2 款与原告美利肯公司的图案不存在实质性相似。基于上述事实认定,国家版权局根据《中华人民共和国行政处罚法》第 38 条的规定,决定对威海地毯一厂不予行政处罚。

美利肯公司不服国家版权局所作上述《不予行政处罚通知书》,在法定期限内向北京市第二中级人民法院提起了行政诉讼。原告在诉讼中请求:(1)撤销国家版权局所作《不予行政处罚通知书》;(2)对威海地毯一厂提供的在先生产的证据材料进行司法鉴定;(3)在重新认定事实的基础上,作出威海地毯一厂侵犯美利肯公司著作权并承担法律责任的判决。

北京市第二中级人民法院受理案件后,针对原告的第二项诉讼请求,威海地毯一厂在先生产的证据材料,委托公安部物证鉴定中心进行了鉴定。后者出具了"〔2004〕公物证鉴定7244号物证检验报告"。在此基础之上,北京市第二中级人民法院2005年7月作出判决,维持国家版权局的《不予行政处罚通知书》,驳回原告美利肯公司"在重新认定事实的基础上,作出威海地毯一厂侵犯美利肯公司著作权并承担法律责任的判决"的诉求。

▶ 法律问题

依据北京市第二中级人民法院的判决书,在"美利肯公司诉国家版权局"一案中,主要的法律问题都是在国家版权局的层面上已经讨论的问题。其中,主要讨论的一个问题是,第三人威海地毯一厂生产的地毯、宣传手册中的图案花样,与原告在美国版权局登记的图案和花样并不完全一致。这样,就涉及了威海地毯一厂的图案花样与原告的图案花样是否实质性相同的问题。在国家版权局调查处理的过程中,第三人威海地毯一厂提出证据证明,自己使用的图案花样要早于原告在美国版权局登记的图案花样。然而,原告仅仅质疑第三人的证据,并没有提出说服性的反证。由此出发,国家版权局没有接受原告的主张。这又涉及了行政查处过程中,甚至是民事诉讼过程中,有关证据的问题。下面分别论述。

一、著作权侵权认定中的实质性相似问题

在"美利肯公司诉国家版权局"一案中,原告先是笼统提出,第三人威海地毯一厂生产销售的21款地毯图案,侵犯了自己的著作权,进而要求国家版权局进行调查,要求第三人威海地毯一厂停止侵权和赔偿损失。威海市版权局经过调查确定,第三人使用的21款图案中,有一款是独立设计,另有一款在先使用,另外19款也与美利肯公司的图案有差异。关于这个问题,威海地毯一厂在提交给国家版权局的答辩书中也说,涉案的21款地毯图案,有的是自己独立设计的,有的是参照欧洲文艺复兴时期建筑上的卷草纹饰设计的,有的是根据客户来样加工的。美利肯公司提供的地毯图案,也是借鉴欧洲文艺复

兴时期建筑上的卷草纹样。由于自己设计的地毯图案在色彩种类、配色、图案、结构、布局等方面与美利肯公司的图案明显不同,因而不存在侵权的问题。

针对威海市版权局的调查报告和威海地毯一厂的答辩意见,美利肯公司提出了被投诉人的图案与自己的图案实质性相似的问题。美利肯公司在向国家版权局提交的意见陈述中说,涉案的地毯图案是自己创作的,符合作品的独创性要求,并且在美国版权局进行了版权注册。从这样一个角度来看,威海地毯一厂有很多机会接触美利肯公司的图案,其所谓自行设计的主张证据不足,可以断言该厂的图案不是独立创作,而是复制和抄袭的。威海地毯一厂的涉案地毯图案与美利肯公司受版权保护的图案相同或相似,构成了"实质相似性",属于复制和抄袭。根据著作权侵权认定的判断准则和著作权侵权损害的归责原则,威海地毯一厂的行为构成了侵权。

值得注意的是,在"美利肯公司诉国家版权局"一案中,投诉人和被投诉人对于地毯图案构成著作权法所保护的作品,没有争议。首先是美利肯公司主张,自己的 21 款地毯图案是独立创作,符合独创性的要求,属于著作权法保护的作品。其次是威海地毯一厂声称,自己的 21 款地毯图案,或者属于自己独立创作,或者来自于客户的样品,也属于著作权法保护的作品。关于这个问题,接受投诉而查处案件的国家版权局,也没有否定投诉人的地毯图案、被投诉人的地毯图案,属于著作权法保护的作品。

由于威海地毯一厂的图案与美利肯公司的图案不尽相同,被投诉人威海地毯一厂主张,自己没有侵犯投诉人的著作权。而投诉人则主张,自己的地毯图案已经在美国版权局注册,威海地毯一厂有很多机会接触自己的地毯图案,进而可以推定抄袭了自己的地毯图案。尽管威海地毯一厂的地毯图案与自己的地毯图案不尽相同,但二者实质性相似,因而仍然属于侵权。

关于这个问题,国家版权局的认定结论是,去掉重复的 2 款,被投诉的图案为 19 款。其中的 1 款无法认定是投诉人的图案,16 款是被投诉人和其他厂家生产在先的图案。至于其他 2 款,则与美利肯公司的图案不存在实质性相似。这样,国家版权局就从在先使用的角度,从不存在实质性相似的角度,否定了投诉人的主张。

二、著作权侵权认定中的证据问题

在"美利肯公司诉国家版权局"一案中,投诉人美利肯公司在提出被投诉人威海地毯一厂侵犯自己著作权的时候,提交了一系列证据,证明自己对于涉案的地毯图案享有著作权,威海地毯一厂未经许可在广告宣传资料中,在生产和销售的地毯产品上,使用了自己的图案,因而属于侵权。应该说,这个做法符合民事诉讼的基本原则——谁主张谁举证。

在这方面,被投诉人威海地毯一厂也在国家版权局的查处过程中,提出了自己先于美利肯公司使用相关图案的主张和证据。根据案情,威海地毯一厂主张,在美利肯公司投诉的地毯图案中,其中的 8 幅涉案地毯图案,威海地毯一厂早在 1991 年 3 月 7 日即已设计使用,而美利肯公司的注册时间在此之后,故而可以认定威海地毯一厂设计使用在前,美利肯公司注册在后,不存在侵权。威海地毯一厂还主张,另外 7 幅涉案地毯图案,在 1990 年 11 月 6 日前,威海市山花地毯集团有限公司(其前身为威海市地毯毛纺厂)即已设计使用,该公司与威海地毯一厂原为一家企业。因此,威海地毯一厂不可能侵犯美利肯公司的版权。威海地毯一厂为支持其第一项主张,向国家版权局提交了该厂与山东省畜产进出口分公司威海土畜产支公司于 1991 年 3 月 7 日签订的工矿产品购销合同、山东成君进出口集团公司出具的证明、威海市工商行政管理局出具的证明。威海地毯一厂为支持其第二项主张,向国家版权局提交了威海市地毯毛纺厂与山东会计之家于 1990 年 11 月 6 日签订的工矿产品购销合同,原告美利肯公司相关图案与威海地毯一厂相关图案的对照表,以及威海市山花地毯集团有限公司相关图案的图片。显然,被投诉人的做法也符合民事诉讼的基本原则,自己提出了在先使用的主张,然后提出相应的证据。

然而,对于威海地毯一厂提出的上述主张和证据,投诉人美利肯公司只是一般性地指责,其中的有些证据是事后伪造的证据,缺乏客观性。威海地毯一厂提供的所谓生产在先的证据,根本不具备证据的客观性、真实性和关联性的要求。威海地毯一厂出尔反尔,提供虚假证据,故意拖延时间,干扰了国家版权局的审理,也扩大了美利肯公司的损失。

关于这个问题,美利肯公司还在其意见书中指责国家版权局没有尽到证据审查的义务。美利肯公司说，按照《著作权行政处罚实施办法》，行政机关在行政执法过程中，负有收集、调取和审查证据的义务。国家版权局对威海地毯一厂提供的所谓生产在先的证据没有尽到审查的义务，实际上是一种行政不作为的行为。如果认定了这样的证据，无疑会助长当事人践踏法律的行为，不仅损害美利肯公司的合法权益，而且扰乱正常的司法环境秩序，对中国的执法形象也会造成不利的国际影响。

显然，按照民事诉讼的基本原则，如果美利肯公司质疑威海地毯一厂有关使用在先的证据，应当提出必要的反证。如果没有提出有力的相反证据，仅仅是一般性地推测威海地毯一厂的证据是伪造的，指责国家版权局没有尽到审查证据的义务，就是没有说服力的。事实上，当美利肯公司对于国家版权局的《不予行政处罚通知书》提起诉讼后，国家版权局在答辩中也指出，一方面自己核实了威海地毯一厂提出的使用在先的证据，另一方面则是美利肯公司虽然对威海地毯一厂的证据提出质疑，但未举出任何相反证据。最后，国家版权局在对案件进行了深入细致的调查工作后，经集体讨论认为原告美利肯公司投诉威海地毯一厂侵权的证据不足，进而作出了不予行政处罚的通知书。

另一个值得注意的细节是，北京市第二中级人民法院应原告美利肯公司申请，委托公安部物证鉴定中心对被告国家版权局提交的证据二中的第4部分所附的威海地毯一厂与山东畜产进出口分公司威海土畜产进出口支公司于1991年3月7日签订的工矿产品购销合同，以及威海市地毯毛纺厂与山东会计之家于1990年11月6日签订的工矿产品购销合同是否为同一人所书写的问题，进行了鉴定。而公安部物证鉴定中心，也在鉴定之后出具了〔2004〕公物证鉴字7244号物证检验报告。根据北京市第二中级人民法院的判决结果，物证检验报告没有得出伪证的结论。

三、法院的判决结果和理由

北京市第二中级人民法院根据本案的事实，依据原告美利肯公司、被告国家版权局和第三人威海地毯一厂提供的证据，作出了以下的判决：

被告国家版权局所作国权〔2003〕12号《不予行政处罚通知书》认定被投诉人威海地毯一厂生产在先的案件事实，有威海地毯一厂及案外人原威海市地毯毛纺厂与购货单位所签购销合同、购货单位的证明予以佐证，可以形成完整的证据链，该事实认定成立。所以，被告国家版权局认定威海地毯一厂被投诉的此部分地毯图案不构成对原告美利肯公司拥有版权的地毯图案侵权的事实亦成立。原告美利肯公司提交的证据不足以证明该公司主张的该公司对涉案地毯图案设计、生产在先的事实。

被告国家版权局所作国权〔2003〕12 号《不予行政处罚通知书》认定原告美利肯公司投诉的 19 款图案中，编号为 A105/1022 的图案，无法认定是威海地毯一厂的图案，及威海地毯一厂有 2 款被投诉的图案与美利肯公司的图案不存在实质近似的案件事实，有被告国家版权局提交的原告美利肯公司、被投诉人威海地毯一厂的地毯图案、照片等予以佐证，该事实认定亦成立。

在上述事实认定的基础上，被告国家版权局所作国权〔2003〕12 号《不予行政处罚通知书》适用《中华人民共和国行政处罚法》第 38 条，关于"违法事实不能成立，不得给予行政处罚"的规定，决定对威海地毯一厂不予行政处罚，适用法律亦是正确的。

综上，被告国家版权局 2003 年 5 月 30 日所作国权〔2003〕12 号《不予行政处罚通知书》认定事实清楚，适用法律正确，行政程序合法，本院应予维持。另外，对于原告美利肯公司所提"在重新认定事实的基础上，作出威海地毯一厂侵犯原告著作权并承担法律责任的判决"的诉讼请求，因不属行政审判权限范围，依法应予驳回。

专家评析

一、行政执法中的查处程序

国家版权局在受理原告请求的过程中，先是委托山东省版权局调查第三人威海地毯一厂是否侵权，后者又转而委托威海市版权局调查第三人是否侵权。这样，"美利肯公司诉国家版权局"一案，又展示了查处相关案件的程序性问题。

在"美利肯公司诉国家版权局"一案中，原告美利肯公司于 2001 年 2 月向国家版权局提出投诉的时候，主要提出了 5 项请求。其中的第一项请求，涉及了国家版权局的职责，即国家版权局对于威海地毯一厂的侵权行为进行调查。关于这个问题，原告于 2001 年 9 月又向国家版权局递交了补充请求书，请求国家版权局对威海地毯一厂生产和销售的事实进一步收集证据。

这表明，按照著作权行政执法的相关规定，国家版权局不仅要进行侵权与否的调查，而且要进一步收集有关事实的证据。应该说，版权行政执法部门应当帮助当事人收集证据，对于这一点很多人并不了解。事实上，国家版权局在接到原告的投诉之后，于 2001 年 4 月向山东省版权局发出权司〔2001〕22 号著作权案件委托调查函，委托山东省版权局调查下列问题：（1）海马集团公司和威海地毯一厂的基本情况；（2）上述两单位是否存在抄袭复制美利肯公司地毯图案的行为；（3）上述两单位复制生产涉嫌侵权的地毯的时间、过程、数量、价格、销售地区等。显然，委托山东省版权局调查上述事项，一方面是为了查清案件的事实，另一方面则是为投诉人收集有关案件事实的证据。

从调查程序上看，国家版权局接到投诉人的投诉之后，按照地域和方便的原则，委托山东省版权局调查案件的相关事实。随后，山东省版权局又转而委托威海市版权局调查相关的事项。这个程序表明，在著作权侵权的调查中，国家版权局可以自行调查相关的事项，也可以委托省、自治区、直辖市一级的版权部门进行调查。同时，这个程序也表明，省、自治区、直辖市一级的版权部门，还可以委托地级市的版权部门调查有关的事项。显然，这是从方便调查、方便取证的角度作出的安排。而且，这样的安排，也有利于利用现有的行政资源，最大限度地帮助著作权人维护自己的权利。

值得注意的是，威海市版权局在进行调查的同时，还从保护权利人利益的角度出发，采取了必要的临时性措施。一方面，威海市版权局在报告中得出结论，在美利肯公司投诉的 21 件图案中，有一件图案是威海地毯一厂独立设计，另有一件图案的使用早于美利肯公司在美国版权局的登记，至于其他的 19 件图案的对应图案也存在很多不同点及疑点；另一方面，威海市版权局考虑到国家版权局正在调查此案，又通知威海地毯一厂，暂停发行有关地毯图案的宣传品，暂停生产上述图案的地毯。从法律程序的角度来看，威海市版权局是否应当采取这样的临时性措施，还是一个值得讨论的问题。但无论如何，威海市版权局的这种做法，又在事实上最大限度地维护了著作权人的利益。或许，威海市版权局在采取这样的临时措施之前，应当要求投诉人提供一定的担保，以保障被投诉人的利益。至少在笔者看来，仅仅因为国家版权局正在调查美利肯公司的投诉，并且在没有要求美利肯公司提供担保的情况下，就通知威海地毯一厂，暂停发行有关地毯图案的宣传品，暂停生产带有相关图案的地毯，是一种过于偏向投诉人的做法。这种做法在很大的程度上损害了被投诉人的利益。

在"美利肯公司诉国家版权局"一案中，国家版权局在收到威海市版权局的调查报告后，至少又进行了三个值得我们注意的程序。第一，接受了双方当事人对于威海市版权局报告的答辩书或者意见书。例如，威海地毯一厂向国家版权局递交了答辩书，就美利肯公司投诉该厂地毯图案侵权的指控提出了答辩意见。显然是在收到了威海地毯一厂的答辩书之后，美利肯公司又针对威海地毯一厂的答辩意见，提出了自己的陈述意见。第二，国家版权局召集投诉人美利肯公司、被投诉人威海地毯一厂举行了案件调查会，当面听取了双方当事人各自的陈述和意见，并就与案件有关的问题进行了调查核实。第三，在案件调查会结束之后，显然是按照国家版权局的安排，投诉人美利肯公司提交了进一步的陈述意见，以及补充证据。而被投诉人威海地毯一厂也提交了进一步的陈述意见和补充证据。

纵观"美利肯公司诉国家版权局"一案，国家版权局在接到美利肯公司的投诉以后，经历了一系列的程序：（1）委托山东省版权局调查案件事实（后者又转而委托威海市版权局进行调查）；（2）在收到威海市版权局的调查报告后接受被投诉人的答辩书、投诉人的意见书；（3）召集双方当事人举行案件调查会；（4）接受双方当事人提交的进一步的意见和证据。在完成了上述所有的程序之后，国家版权局才依据双方当事人的意见和证据，作出了《不予行政处罚决定书》。

二、著作权侵权认定中的实质性相似问题

著作权是权利人就作品所享有的权利。大体说来，有多少种关于作品的利用方式，著作权人就享有多少种权利。例如，在早期造纸术和印刷术的条件

下,对于作品的利用方式主要是复制和发行。与此相应,著作权人也就享有了复制权和发行权。随着作品传播技术的不断创新,又有了对于作品的广播、放映和在信息网络上的传播。于是,作者也就享有了广播权、放映权和信息网络传播权。除此之外,人们对于作品的利用方式也在不断认识之中,于是改编、汇编、出租、展览等权利也逐渐纳入了著作权的范畴。依据我国《著作权法》,著作权人就其作品享有复制权、发行权、出租权、展览权、表演权、放映权、广播权、信息网络传播权、摄制权、改编权、翻译权、汇编权等。

侵犯他人著作权,是指被控侵权人未经权利人的许可,以复制、发行、展览、表演、改编等方式,使用了他人享有著作权的作品。与此相应,著作权人指控他人侵权,也就有了侵犯复制权、改编权、表演权、展览权、信息网络传播权等。本来,未经许可而使用他人的作品,是侵权人在实施某种行为,例如复制、发行、改编、表演、展览等。然而在具体的司法实践中,或者在著作权行政执法的实践中,法院或者行政执法机关在确定侵权与否的时候,又是从比对原告作品与被告作品的角度来分析的。与此相应,也就有了被告的作品是否侵犯了原告作品的说法。法院在比对原告作品和被告作品的时候,可能出现两种情况。

第一种情况是,被控侵权的作品与原告的作品完全相同或部分相同。被控侵权的作品与原告的作品完全相同,大体是指被告原封不动地复制、发行、表演、展览了原告的作品,或者说被告原封不动地使用了原告的作品。被控侵权的作品与原告的作品部分相同,大体是指被告复制了或抄袭了原告作品中的某些部分。一般说来,两部作品在表达上完全相同或相似,或者部分表达完全相同或相似,就可以断定被告复制了或抄袭了原告的作品,构成了侵权。

第二种情况是,被控侵权的作品与原告的作品不是完全相同或部分相同,只是在表达上具有实质性的相似。例如,被告对原告的作品进行了改头换面的使用,或者使用了原告作品中的一些章节、片断,或者使用了原告作品的基本情节,等等。一般说来,在这种情况下判断侵权与否,要比第一种情况困难。大体说来,法院在判定被告的作品是否与原告的作品实质性相似的时候,会采取一个"接触加相似"的判定方法。即原告的作品在先,被告有机会接触原告的作品,而且被告的作品与原告的作品存在实质性相似。

当然，即使被控侵权的作品与原告作品具有某些部分的相同，也不一定构成侵权。例如，被告是独立创作完成相关的作品，没有机会而且也不可能接触原告的作品。这在被告的作品先于原告作品而完成的情况下尤其如此。又如，被告的作品合理引用了原告作品的某些片段。再如，被告作品和原告作品的某些相同片断都是来源于第三人的作品，等等。

在"美利肯公司诉国家版权局"一案中，美利肯公司先是指控威海地毯一厂侵犯了自己21款地毯图案的著作权，似乎是后者以完全相同的方式抄袭了自己的作品。然而，随着调查的展开和深入，发现威海地毯一厂的地毯图案与原告的地毯图案并不完全一样。在这种情况下，美利肯公司又提出了威海地毯一厂的图案与自己的图案实质性相似的问题。美利肯公司还特别提到，自己的21款地毯图案已经在美国版权局登记，威海地毯一厂有很多机会接触到自己的图案。正是由此出发，美利肯公司推定威海地毯一厂侵犯了自己的著作权。

然而，在案件的调查过程中，威海地毯一厂又提出了相应的证据，证明自己使用的地毯图案早于美利肯公司在美国版权局登记的图案，自己使用的地毯图案或者是自己独立创作，或者是来自于客户，在时间上都早于美利肯公司的图案。这些证据不仅说明了威海地毯一厂的独立创作，而且说明了在先使用相关的图案。与此相应，美利肯公司提出的"接触加实质性相似"，就在证据面前难以成立。

除此之外，威海地毯一厂还指出，在美利肯公司投诉的21款图案中，有的是参照欧洲文艺复兴时期建筑上的卷草纹饰设计的。而美利肯公司提供的地毯图案，也是借鉴欧洲文艺复兴时期建筑上的卷草纹样。这又表明，双方当事人的地毯图案有着相同的来源，因而有可能看上去相似。但是，只要威海地毯一厂没有抄袭美利肯公司的图案，就没有侵权的问题。关于这个问题，国家版权局最后得出的结论是，除去重复的2款图案和1款归属不明的图案，在剩余的18款图案中，有16款图案是威海地毯一厂在先使用，属于独立创作。另有2款图案，与美利肯公司的对应图案相对比，不存在实质性相似的问题。

三、著作权侵权诉讼中的证据问题

知识产权，包括其中的著作权，是一种民事权利。按照民事诉讼的基本原则,在发生了侵犯著作权的时候,是由权利人自己起来主张和维护相关的权利。在这方面,著作权人不能等待相关机关为自己维权,也没有必要抱怨为什么没有人来替自己维权。如果著作权人没有主动站出来维护自己的权利,就意味着处于弃权的状态,并且有可能让侵权者得寸进尺,侵犯著作权人的更多权利。

著作权人起而主张自己的权利,或者向法院提起侵权诉讼,或者向著作权行政执法机关投诉,都应当提交相应的证据。一般说来,权利人提交证据的负担并不繁重,只要证明自己是相关作品的权利人,被告或者被投诉人未经许可使用了自己的作品就可以了。其中的未经许可使用自己的作品,可能是整体的复制、发行、表演、展览或者在信息网络上传播。其中的未经许可使用自己的作品,也可以是改头换面地使用,即被告或者被投诉人接触了自己的作品,被控侵权的作品与自己的作品具有实质性相似。

面对原告提起的侵权指控,以及相应的证据,被告也应当认真调查和分析,然后提出相应的辩解。当然,被告提出的辩解,应当以相关的证据作为依据。可以说,绝大多数原告提出侵权的主张,都是自己的权利受到了侵犯,都是为了维护自己的权利。但是,这并不排除某些原告提起诉讼的目的是恶意骚扰被告,甚至不是权利人而冒充权利人提起诉讼。此外,原告即使是真正的权利人,即使是善意地提起诉讼以维护自己的权利,但由于认识上的原因,也有可能把本来不属于侵权的行为误认为是侵权行为。因此,无论出现何种情况,被告都应该认真调查和分析原告的诉讼主张,同时反思和分析自己的有关行为或活动,然后在此基础上提出自己的辩解和相应的证据。

在具体的司法实践或者行政执法实践中,双方当事人的主张和证据的提出,可能会有几个回合。例如,原告提起侵权的主张和相应的证据,被告提出自己的辩解和相应的证据。在此基础之上,原告又会针对被告的主张和证据,提出进一步的主张和证据,包括放弃某些主张,反驳被告的主张和证据,等等。同样,被告也会再次提出进一步的主张和证据,反驳原告的主张和证据。只有在经过了几个回合的证据交换和主张的修改之后,相关的案件事实才会清晰起来。在此基础之上,法院或者行政执法机关就可以作出最终的判断,原告是否享有权利以及享有什么样的权利,被告是否侵权以及侵犯了什么样的权利。

　　当然,在一个具体的司法案件或者行政执法案件中,双方的主张和举证不可能无限期地进行下去。无论是按照《民事诉讼法》的相关规定,还是按照《行政处罚法》的相关规定,法院或者行政执法机关都会在相关案件的调查中,确定一个提交证据的最后期限,这叫作"证据的关门日"。在此之后,受理案件的法院或者进行查处的行政机关将不再接受当事人提交的证据。显然,确定证据的关门日,有助于法院或者行政执法机关尽快查明事实,进而作出必要的判决或者决定。

　　在"美利肯公司诉国家版权局"一案中,就双方当事人的举证而言,先是美利肯公司提出证据,自己是涉案的21款地毯图案的著作权人,威海地毯一厂未经许可在其生产和销售的地毯上,在相关的宣传资料中,使用了自己的地毯图案。然后是威海市版权局的调查报告指出,美利肯公司主张的21款图案,与威海地毯一厂使用的21款图案,从一一对应的角度来看存在着不少差异。随后,威海地毯一厂向国家版权局提出证据,证明涉案的21款图案,有的是自己独立设计,有的是参考欧洲文艺复兴时期的卷草图案设计,还有的是来自客户的图样。而且,自己的图案与美利肯公司的图案存在明显不同。

　　针对威海市版权局的调查报告和威海地毯一厂的证据,美利肯公司又提出了双方当事人的图案实质性相似的问题。美利肯公司还主张,自己已经在美国版权局登记了涉案的图案,威海地毯一厂有很多机会看到自己的图案,因而可以推断威海地毯一厂未经许可使用了自己的图案,因而构成了侵权。针对美利肯公司的这一主张,威海地毯一厂继续举证,证明早在美利肯公司于美国版权局登记之前,自己就已经在产品上或者宣传手册上使用了其中的15幅图案。这表明自己的图案是独立创作,自己没有接触过美利肯公司的图案。

　　针对威海地毯一厂的上述证据,美利肯公司没有提出进一步的主张,而是质疑证据的真实性,认为相关的证据是伪造的。美利肯公司还指出,威海地毯一厂在相关的调查会之后才提出独立创作的证据,国家版权局不应当采信。然而,从证据的角度来看,美利肯公司的说法是站不住脚的。首先,如果怀疑对方的证据是伪造,就应当提出相应的证据加以反驳,包括证据鉴定机关的文件。其次,在国家版权局没有确定"证据的关门日"之前,双方当事人,包括美利肯公司和威海地毯一厂,都可以提出必要的证据,以证明自己的主张。仅仅提出为什么在案件调查的开始没有提出这些证据,进而否定这些证据的真实性,不具有说服力。事实上,北京市第二中级人民法院委托公安部物证鉴定中心进行的鉴定表明,上述证据并非伪证。

大体说来,在"美利肯公司诉国家版权局"一案中,美利肯公司在第一轮举证(自己是权利人,威海地毯一厂侵权)和第二轮举证(实质性相似,威海地毯一厂有机会接触自己的图案)中,基本尽到了举证的义务。然而在第三轮举证中,对于威海地毯一厂的证据,则没有提出有力的反证。事实上,美利肯公司最终败诉,原因之一就是举证不力。

参考文献

《中华人民共和国著作权法》

《中华人民共和国著作权法实施条例》

《中华人民共和国行政处罚法》

《中华人民共和国民事诉讼法》

《著作权行政处罚实施办法》

李明德、许超:《著作权法》(第二版),法律出版社 2009 年版。

李明德、管育鹰、唐广良:《〈著作权法〉专家建议稿说明》,法律出版社 2012 年版。

王迁:《著作权法》,中国人民大学出版社 2015 年版。

未经许可传播他人作品：

国家版权局处罚天盈九州

| 基本案情 |

投诉人北京中青文文化传媒有限公司（以下简称中青文化），就文字作品《中越战争秘录》享有信息网络传播权。据了解，《中越战争秘录》的作者享有一系列著作权，中青文化向作者购买了信息网络传播权。被投诉人北京天盈九州网络技术有限公司（以下简称天盈九州）开设经营了"凤凰网"，以及苹果智能移动客户端软件"军事秘录合集"和"凤凰开卷"。根据案情，天盈九州未经中青文化的许可，在信息网络上传播了《中越战争秘录》。于是，中青文化向国家版权局投诉，反映天盈九州涉嫌侵犯了自己就该作品所享有的信息网络传播权。

国家版权局在受理中青文化的投诉以后，派出执法人员，对于天盈九州运营的"凤凰网"和智能移动客户端"军事秘录合集""凤凰开卷"进行了检查，以查明天盈九州对于《中越战争秘录》的使用情况。在调查中，国家版权局还对天盈九州公司进行了两次询问，同时还对涉案的有关单位和人员进行了调查询问。国家版权局经过调查发现，投诉人中青文化对于《中越战争秘录》享有信息网络传播权，被投诉人天盈九州未经许可在其网站和移动客户端上传播了该作品。国家版权局在调查中还发现，被投诉人天盈九州还未经许可使用了其他人的作品。

国家版权局认定，被投诉人天盈九州未经许可使用中青文化享有信息网络传播权的作品，属于过失侵权。天盈九州在将《中越战争秘录》下线之后，再次将其上线，属于故意侵权。被投诉人在其网站和移动客户端上未经许可使用《中越战争秘录》，传播范围广泛，持续时间较长，点击数量巨大，破坏了著作权管理秩序，损害了社会公共利益，应当承担行政责任。最后，国家版权局作出《行政处罚决定》(国版函〔2015〕14号),对天盈九州处以25万元的罚款。

▶ **法律问题**

"中青文化诉天盈九州"一案,是一个著作权的行政处罚案件。案情相对简单,投诉人就相关作品享有信息网络传播权,被投诉人未经许可在其网站和移动客户端上传播了相关的作品。同时,在案件调查的过程中,被投诉人没有进行陈述和答辩,也没有提交相关的证据。基于调查的结果和相关的证据,国家版权局作出了行政处罚。尽管案情简单,但其中仍有一些法律问题值得关注。

一、过失侵权与故意侵权

国家版权局在处罚决定中,认定被投诉人天盈九州具有过失侵权的情形。国家版权局经过调查发现,2012年5月,被投诉人天盈九州向北京宇枫博阁文化传媒有限公司采购了120部文字作品的著作权,其中包括涉案的《中越战争秘录》。但是,被投诉人天盈九州没有尽到必要的著作权审查的义务,只是抽样审查了其中10部作品的著作权状况。这样,天盈九州就没有发现《中越战争秘录》等作品存在著作权的问题,也没有发现《中越战争秘录》等41部作品存在授权超越期限的问题。所以,当被投诉人将《中越战争秘录》在网站上和移动客户端上传播的时候,就侵犯了投诉人中青文化的信息网络传播权。从这个意义上说,被投诉人侵犯《中越战争秘录》的信息网络传播权的时候,具有主观上的过失,属于过失侵权。

国家版权局还认定,被投诉人天盈九州具有故意侵权的情形。根据国家版权局的调查,当投诉人发现天盈九州未经许可使用了《中越战争秘录》之后,于2013年6月通知被投诉人天盈九州,指出正在传播的《中越战争秘录》存在著作权问题。随后,被投诉人天盈九州对于《中越战争秘录》采取了下线的措施。然而,到了2015年1月,被投诉人明知传播《中越战争秘录》没有获得权利人的许可,却再次将该文字作品上线,属于故意侵权和反复侵权。除此之外,天盈九州曾经有一段时间获得了许可,在其智能移动客户终端"军事秘录合集"和"凤凰开卷"上传播《中越战争秘录》。到了2015年5月1日授权合同到期之后,在没有权利人进一步授权的情况下,仍然在智能移动客户终端"军事秘录合集"和"凤凰开卷"上传播《中越战争秘录》,明显属于故意侵权。

二、行政处罚程序

在"中青文化诉天盈九州"一案中,中青文化向国家版权局投诉以后,国家版权局展开了对于天盈九州侵权行为的调查。经过国家版权局的调查,初步查清了天盈九州未经许可传播《中越战争秘录》的事实。在即将对被投诉人作出行政处罚决定之前,国家版权局于2015年9月15日向当事人送达了行政处罚事先告知书,告知当事人的违法事实和拟作出的行政处罚,并告知当事人有进行陈述、申辩和提出听证申请的权利。2015年9月17日,当事人提交书面报告,表示无陈述、申辩意见,同时放弃听证权利。

应该说,无论是在侵犯著作权的民事诉讼案件中,还是在著作权的行政查处案件中,很少看到被告或者被投诉人不提出抗辩、不提交进一步证据的情形。就"中青文化诉天盈九州"一案来看,被投诉人大量使用他人的作品,其中既有合法授权的,也有非法使用的,包括表面上购买著作权,实则不做全面审查的作品。在面对中青文化投诉和国家版权局调查的情况下,被投诉人天盈九州显然采取了一个认可侵权、认可处罚的态度。其结果便是没有陈述和申辩意见,并且放弃听证权利。

在"中青文化诉天盈九州"一案中,还有一个事实值得我们注意。国家版权局在查处过程中,发现天盈九州不仅未经许可使用了投诉人的文字作品《中越战争秘录》,而且未经许可使用了一些其他人的文字作品。按照著作权是私权的基本原则,只有当权利人提起诉讼或者投诉的时候,法院才可以追究侵权人的法律责任,行政执法部门才可以查处被投诉人的侵权行为。由于在被投诉人未经许可使用的若干文字作品中,只有中青文化针对自己享有信息网络传播权的《中越战争秘录》提出了投诉,所以国家版权局的查处和最后的处罚决定,也仅限于被投诉人非法使用《中越战争秘录》的行为。

在"中青文化诉天盈九州"一案中,尽管被投诉人天盈九州没有提出陈述和申辩意见,甚至放弃了听证的权利,但国家版权局在《行政处罚决定书》中仍然指出,如果当事人不服行政处罚决定,可在收到本决定书之日起六十日内向国家版权局申请行政复议,也可在收到本决定书之日起六个月内直接向北京市第一中级人民法院提起行政诉讼。国家版权局的这段文字,说明了行政处罚决定作出后,被投诉人可以寻求法律救济的两条途径。一是申请行政复议,由国家版权局依据《行政复议法》,对已经作出的行政处罚决定进行复议;二是向国家版权局所在地的北京市第一中级人民法院提起行政诉讼,要求法院推翻或者修正行政处罚决定。当然,按照相关的程序,如果被投诉人走了行政复议的途径,对于行政复议决定仍然不服的,也可以向北京市第一中级人民法院提起行政诉讼。而依据《行政诉讼法》的相关规定,对于北京市第一中级人民法院的判决不服的,又可以上诉到北京市高级人民法院,甚至向最高人民法院提起再审的请求。

当然,无论是按照《行政复议法》还是按照《行政诉讼法》,在当事人提起行政复议或者行政诉讼期间,行政机关作出的处罚决定,可以不停止执行。正是基于这样的规定,国家版权局的《行政处罚决定书》说明,行政复议和行政诉讼期间,本行政处罚不停止执行。逾期不申请行政复议或者提起行政诉讼,又不履行本处罚决定,经催告后仍未履行义务的,国家版权局将依据《中华人民共和国行政处罚法》第51条第1项的规定,每日按罚款数额的百分之三加处罚款,并依据《中华人民共和国行政强制法》第54条的规定申请人民法院强制执行。

三、行政处罚措施

在"中青文化诉天盈九州"一案中,国家版权局经过调查认定,被投诉人天盈九州在采购著作权时没有尽到必要的著作权审核义务,进而未经许可在其网站和移动客户终端上使用《中越战争秘录》,属于过失侵权;被投诉人明知传播《中越战争秘录》没有获得权利人的许可,再次将《中越战争秘录》上线,属于故意侵权;被投诉人明知传播《中越战争秘录》未经权利人许可,仍然在其移动客户终端上传播该作品,属于故意侵权。

国家版权局经过调查得出结论,被投诉人未经中青文化许可,在其运营的凤凰网和苹果移动客户端软件"军事秘录合集""凤凰开卷"上传播《中越战争秘录》，侵犯了中青文化所享有的《中越战争秘录》信息网络传播权。被投诉人的上述侵权行为在电脑端和移动端双重进行，传播范围广泛，持续时间较长，点击数量巨大，而且反复侵权，社会影响严重，破坏了著作权管理秩序，构成损害公共利益，应承担相应的行政法律责任。

由此出发，国家版权局根据《著作权法》第48条第1项，《著作权法实施条例》第36条、第37条第2款，《信息网络传播权保护条例》第18条以及《行政处罚法》《著作权行政处罚实施办法》的有关规定，处以被投诉人25万元人民币的罚款。国家版权局要求，天盈九州应当自收到本决定书之日起15日内缴纳罚款，并将缴纳罚款的凭据复印件报送国家版权局。

按照相关的后续程序，被投诉人天盈九州还可以申请行政复议和提起行政诉讼，但也有可能不申请行政复议和不提起行政诉讼。所以，国家版权局又在行政处罚决定书中说明，如果天盈九州逾期不申请行政复议或者提起行政诉讼，又不履行本处罚决定，国家版权局将催告天盈九州履行行政罚款的义务。如果经过催告仍未履行义务，国家版权局将依据《行政处罚法》第51条第1项的规定，将每日按罚款数额的百分之三加处罚款，并依据《行政强制法》第54条的规定申请人民法院强制执行。

专家评析

在"中青文化诉天盈九州"一案中，投诉人就《中越战争秘录》享有信息网络传播权，被投诉人未经许可而在网站和移动客户端传播了《中越战争秘录》。关于这一点，双方当事人没有争议，国家版权局的调查结果也很清楚。然而国家版权局的《行政处罚决定书》，在论述被投诉人天盈九州的侵权行为时，得出了天盈九州先是过失侵权，后来又是故意侵权的结论。由于被投诉人天盈九州侵权行为严重，损害了著作权管理秩序和社会公共利益，国家版权局又对天盈九州给予了较为严厉的行政处罚，罚款人民币25万元。下面分别讨论过失侵权与故意侵权，以及行政处罚措施。

一、过失侵权与故意侵权

著作权是一种财产权。如果未经许可使用了他人享有著作权的作品，而且不属于权利的限制与例外，就是侵犯了他人的著作权。正是从这个意义上说，被告的主观意图与侵权的构成无关。或者说，无论侵权人知道自己的行为侵犯了他人的著作权，还是不知道自己的行为侵犯了他人的著作权，只要未经许可使用了他人的作品，就已经构成了侵权。侵权人的主观状态——故意或者过失、知道或者不知道，不是侵权与否的认定中应当考虑的问题。即使侵权人辩称自己不知道，既没有故意也没有过失，也不能否定侵权事实的存在。通常说来，这叫作知识产权侵权构成的"无过错原则"。

知识产权侵权的无过错原则，包括著作权侵权的无过错原则，与责令停止侵权的救济措施密切相关。从责令停止侵权的角度来看，无论侵权人知道还是不知道，有过错还是无过错，只有存在未经许可使用他人作品的客观事实，侵权人就应当停止相关的行为。否则，认可被告没有过错而侵权，进而让侵权行为继续下去，将是非常荒诞的。所以，从这个意义上说，知识产权侵权的无过错原则，包括著作权侵权的无过错原则，是从责令停止侵权或者禁令的角度而言的。

然而在另一方面，当法院或者行政执法机关确定损害赔偿数额的时候，又应当考虑侵权人的主观状态。一般说来，如果侵权人是无辜侵权，不知道或者没有理由知道自己的行为侵犯了他人的著作权，法院或者行政执法机关会在损害赔偿的数额上有所减少。但如果侵权人是故意侵权或者反复侵权，则法院或者行政执法机关会在损害赔偿的数额上有所增加。这表明，在无过错侵权的情况下，虽然侵权人仍然要承担停止侵权的责任，但可以适当减轻损害赔偿的责任。

在"中青文化诉天盈九州"一案中，国家版权局先是确定，被投诉人天盈九州没有尽到著作权审核的义务，从而构成了过失侵权。国家版权局继而确定，被投诉人天盈九州在明知涉案作品没有获得权利人许可的情况下，仍然将《中越战争秘录》上线和在移动客户终端上传播，属于故意侵权和反复侵权。事实上，正是沿着天盈九州故意侵权、反复侵权的思路，国家版权局决定对天盈九州处以人民币 25 万元的罚款。显然，对于一部文字作品来说，人民币 25 万元的罚款确实是一个很大的数额。

值得注意的是，无论是过失侵权还是故意侵权和反复侵权，被投诉人的主观状态，仅仅与罚款的数额有关，而与停止侵权无关。或者说，无论是过失侵权还是故意侵权和反复侵权，天盈九州都必须首先停止侵权行为。

二、行政处罚措施

我国《著作权法》以两个条文规定了侵犯著作权的行为。其中的第 47 条规定了 11 种侵权行为，如侵犯作者的精神权利，未经许可而使用他人的作品，等等。根据规定，侵权人具有这 11 种侵权行为时，应当根据情况，仅仅承担民事责任，如停止侵害、消除影响、赔礼道歉、赔偿损失等。

至于其中的第 48 条，又规定了 8 种侵权行为，如未经许可使用他人享有著作权的作品，出版他人享有专有出版权的图书，制作、出售假冒他人署名的作品，等等。按照规定，侵权人具有上述 8 种侵权行为的，应当根据情况，承担停止侵害、消除影响、赔礼道歉、赔偿损失等民事责任。如果侵权人同时损害公共利益的，可以由著作权行政管理部门责令停止侵权行为，没收违法所得，没收、销毁侵权复制品，并可处以罚款；情节严重的，著作权行政管理部门还可以没收主要用于制作侵权复制品的材料、工具、设备等；构成犯罪的，依法追究刑事责任。

按照《著作权法》第 48 条的规定，著作权行政管理部门可以给予的行政处罚措施，包括责令停止侵权，没收、销毁侵权复制品，并可处以罚款。至于情节严重的，还可以没收主要用于制作侵权复制品的材料、工具和设备等。而且，行政管理部门给予当事人以行政处罚措施的时候，当事人的行为还应当是既侵犯了他人的著作权，又损害了公共利益。如果当事人的行为仅仅侵犯了著作权人的利益，没有损害社会公共利益，则著作权行政管理部门没有必要介入侵权案件的调查，也没有必要给予当事人以行政处罚措施。

在"中青文化诉天盈九州"一案中，国家版权局在认定天盈九州的故意侵权行为和反复侵权行为的时候，还认定天盈九州的侵权行为在电脑端和移动端双重进行，对于中青文化的作品传播范围广泛，持续时间较长，点击数量巨大，社会影响严重，破坏了著作权管理秩序，构成损害公共利益，应承担相应的行政法律责任。正是由此出发，国家版权局决定给予当事人以人民币 25 万元的罚款。

当然，就可以给予的行政处罚措施来说，国家版权局的决定仅仅适用了其中的责令停止侵权和罚款，而没有适用其他的行政处罚措施，例如没收、销毁侵权复制品，没收主要用于制作侵权复制品的材料、工具和设备。显然，这种处罚方式与天盈九州的侵权行为的特点相关。因为，天盈九州是一家信息网络公司，既没有保有侵权复制品，也没有主要用于制作侵权复制品的材料、工具和设备。

参考文献

《中华人民共和国著作权法》

《中华人民共和国著作权法实施条例》

《信息网络传播权保护条例》

《中华人民共和国行政处罚法》

《著作权行政处罚实施办法》

《中华人民共和国行政强制法》

李明德、许超：《著作权法》(第二版)，法律出版社 2009 年版。

李明德、管育鹰、唐广良：《〈著作权法〉专家建议稿说明》，法律出版社 2012 年版。

王迁：《著作权法》，中国人民大学出版社 2015 年版。

未经许可发行他人作品：

阆中中学校诉南充市新闻出版版权局

|基本案情|

    本案的原告是四川省南充市的阆中中学校。根据案情，原告于2009年6月向山西省临汾市的个体户张某某订购了1240册《创新设计·高考总复习·数学》，准备发给本校高三年级的学生使用。这套教学参考书的出版者是陕西人民出版社。到了当年7月，第三人山东金榜苑文化传媒公司向四川省出版物市场稽查总队提交举报函，声称阆中中学校使用的陕西人民出版社出版的《创新设计·高考总复习·数学》共约1240册是盗版图书。随后，四川省出版物市场稽查总队将第三人的举报函转给了南充市新闻出版版权局出版物市场稽查支队，后者前往南充市阆中中学校对高三年级学生使用的《创新设计·高考总复习·数学》进行检查。经过执法人员现场检查，初步鉴别提取的样书一种二册涉嫌盗版陕西人民出版社的图书。为了进一步查实相关的情况，南充市新闻出版版权局于当年8月25日，申请四川省新闻出版局对于涉嫌盗版的样书进行鉴定，是否属于非法出版物。到了当年10月10日，四川省新闻出版局作出（2009）川新出鉴图字第12号《出版物鉴定书》，得出的鉴定结论是，南充市新闻出版版权局提交的样书属于非法出版物。

    随着调查的进行，南充市新闻出版版权局于2010年3月发布公告，将于4月7日下午举行"阆中中学校侵犯著作权听证会"。然而原告阆中中学校却在4月3日提出申请，要求听证会延期举行。显然是在原告没有参加听证会的前提下，南充市新闻出版版权局于2010年6月7日作出了《新闻出版行政处罚决定书》（南市新出罚字（2010）1号），决定责令阆中中学校停止侵权行为，没收侵权复制品1240册，并处非法经营额一倍的罚款，合计人民币37200元。阆中中学校不服行政处罚决定，于当年7月30日向南充市人民政府申请行政复议。当年 8 月 25 日,南充市人民政府作出南府复决字(2010)14 号复议决定书,维持南充市新闻出版版权局的处罚决定。

阆中中学校仍然不服行政处罚决定和行政复议决定,于当年 9 月向南充市顺庆区人民法院提起行政诉讼。这是南充市新闻出版版权局所在地的基层法院。到了 2011 年 3 月 21 日,顺庆区人民法院作出(2010)顺庆行初第 34 号行政判决,认定南充市新闻出版版权局的行政处罚决定,违反了相关的法定程序,因而予以撤销。法院的判决书还要求,南充市新闻出版版权局应当在判决生效后的 30 日内,针对阆中中学校的行为作出新的行政决定。判决送达后,双方当事人在法定的期限内都没有上诉,判决发生效力。然而,直到 2012 年 4 月 10 日,南充市新闻出版版权局才作出新的处罚决定《新闻出版行政处罚决定书》(南市新出罚字(2012)1 号),并且于同年 4 月 16 日送达阆中中学校。

到了 2012 年 7 月 9 日,阆中中学校再次向南充市顺庆区人民法院提起行政诉讼,认为南充市新闻出版版权局没有履行法院的判决,在 30 天内作出新的行政决定,而是在一年之后才作出新的处罚决定。原告认为,被告故意违法,既不在判决履行期限内履行义务,同时不顾本案的基本事实作出决定,属于违法行政,因而要求法院作出判决,撤销被告于 2012 年作出的新的《行政处罚决定书》。

受理案件的顺庆区人民法院,经过收集证据、调查和审理,认定被告南充市新闻出版版权局的行政决定,证据确凿,适用法律法规正确,符合法定程序。法院最后作出判决,维持南充市新闻出版版权局于 2012 年作出的新的《行政处罚决定书》((2012)顺庆行初字第 210 号行政判决)。与此相应,原告阆中中学校应当承担行政处罚决定书中的行政责任,包括停止侵权行为,没收非法复制品 1240 册,并处非法经营额一倍的罚款,合计 37200 元。

▶ 法律问题

"阆中中学校诉南充市新闻出版版权局"虽然是一个行政案件,但是法院在判决中引述原告和被告的主张,至少讨论了三个法律问题:一是阆中中学校是否可以作为侵犯著作权的主体，进而接受行政处罚；二是相关的行政机关在处罚了印制盗版图书的书商之后，是否还应当处罚购买盗版图书的阆中中学校；三是行政执法机关作出行政决定的时限。除此之外，南充市顺庆区法院先以行政程序违法为由，否定了第一个行政处罚决定书，然后又以行政程序合法为由，肯定了第二个行政处罚决定书，也值得略作说明。下面分别讨论这四个法律问题。

一、侵犯著作权的主体

根据本案的案情，阆中中学校分管教学的副校长和教研处，通知各年级的备课组长，在征求任课老师的意见后，确定一种复习资料。高三年级的备课组长在征求任课老师的意见之后，确定《创新设计·高考总复习·数学》作为复习资料。随后，高三年级的备课组长向负责教学的副校长和教研处作了汇报。在学校领导和教研处同意之后，由学校统一征订。关于这一点，校长也在行政机关的调查中表示，使用何种复习资料，由任课老师推荐，再由备课小组集体研究决定，然后上报学校同意，由学校作出决定。

对于上述事实，阆中中学校在诉讼中声称，确定和征订复习资料是教师的个人行为。在发生了购买盗版复习资料的情况下，应当由教师个人承担责任，而不应当由学校承担责任。

然而，南充市新闻出版版权局则在诉讼中指出，通过高三年级备课组长的笔录，以及负责教学的副校长的笔录，可以证明在征订《创新设计·高考总复习·数学》一书时，学校主要领导是知情并同意的，是学校人员在执行工作任务中的侵权行为，不应当视为个人行为。南充市新闻出版版权局还特别指出，事实上，也只有利用职务之便统一征订，才能实现 1240 名学生人手一册的目的。而且，按照查明的事实，学校从书商手里以 3.5 折即 20.5 元的价格征订，再以 30 元的价格售予学生，其中的差价则用于教学科研活动，利益归属于学校。所以，应当认定征订、购买和出售盗版的《创新设计·高考总复习·数学》，属于学校的而非个人的行为。

最后，南充市顺庆区法院的判决支持了南充市新闻出版版权局的上述说法，认定原告阆中中学校应当就征订和购买盗版复习资料承担责任。

二、"一事不再罚"与复制和发行

根据本案的案情,阆中中学校先是向山西省临汾市的书商张某某购买了《创新设计·高考总复习·数学》1240 册,然后以每册 30 元的价格向高三年级的 1240 名学生出售了盗版图书。根据相关的信息,印制盗版图书的张某某已经受到行政处罚。在这种情况下,原告阆中中学校提出抗辩说,在对供货商张某某已经处罚的情况下,不应当再对自己进行处罚,否则就会违反"一事不再罚"的原则。

被告南充市新闻出版版权局则认为,即使在已经处罚了盗版书商张某某的情况下,仍然可以处罚阆中中学校,并且不违反《行政处罚法》规定的"一事不再罚"原则。具体说来,我国《行政处罚法》第 24 条规定,对当事人的同一个违法行为,不得给予两次以上罚款的行政处罚。根据这个规定可以看出,《行政处罚法》规定的"一事不再罚",其适用范围是有限的,仅仅限制两次以上的行政罚款,而不限制其他行政处罚措施的第二次或多次适用。南充市新闻出版版权局还特别指出,张某某和阆中中学校均实施了侵犯著作权的违法行为,张某某和阆中中学校是两个独立的责任主体,因此都应依法受到相应的处罚。即使既处罚张某某又处罚阆中中学校,也谈不上"一事再罚"的问题。

关于这个问题,法院的判决书也支持了南充市新闻出版版权局的说法,认为阆中中学校的行为是发行盗版图书。显然,非法"发行"的行为,不同于非法"复制"的行为。

三、行政处罚决定的时限

在"阆中中学校诉南充市新闻出版版权局"一案中,原告主张被告已经丧失了行政处罚的权力。具体说来,当被告于 2010 年 6 月作出第一份行政处罚决定书以后,原告向南充市顺庆区法院提起了行政诉讼。随后,法院于 2011年 3 月 23 日作出判决,撤销第一份行政处罚决定书,并限定被告在 30 日内重新作出具体行政行为。判决送达后,原告和被告均未上诉,判决发生效力。然而,被告没有在判决设定的期限内履行法定义务,而是在间隔一年后也即2012 年 4 月 10 日才作出新的行政处罚决定书,于 4 月 16 日送达原告。原告认为,被告没有履行法院生效的判决,属于故意违法和违法行政,因而要求法院撤销第二份行政处罚决定书。

被告南充市新闻出版版权局则主张,没有按期履行法院判决书,是因为原告的行为所导致。具体说来,在(2010)顺庆行初字第34号行政判决书生效后,被告依法向原告发出了行政处罚事先告知书、听证申请告知书,告知了其听证申请的权利。但在被告发出听证通知后,原告随即提交了延期听证的申请,后在听证结束后又拒绝在听证笔录上签字,迟至2012年4月6日原告代理人才在关于收到被告提供的听证录音U盘的收条上签字。由此可见,判决书的迟延履行完全是由原告的一再故意拖延造成。显而易见,原告意在通过各种表面合法的拖延手段,掩盖其妄图逃脱法律制裁的非法目的。退一步讲,即使被告有意迟延履行法院判决,原告也可以通过向法院申请强制执行的方式,使涉案的法律关系尽早确定。相反,原告却从未向法院申请强制执行,这也进一步说明,判决的迟延履行正是原告所希望的。

南充市新闻出版版权局还进一步指出,即使迟延履行判决书,也没有使自己丧失行政处罚的依据。我国《行政诉讼法》对迟延履行法院判决的救济方式、法律后果有明确的规定。这与被诉具体行政行为的效力是两个法律关系,两者也没有直接的联系。被告所作的具体行政行为,依据的是原告非法发行盗版物的违法事实和《著作权法》及《著作权法实施条例》等相关法律法规。被告依法告知了原告陈述、申辩及听证等权利,也进行了听证。原告的权利得到了应有的尊重。总之,判决书的迟延履行,不能否定被告作出的行政行为的合法性,更不能以此为由免除原告应当承担的法律责任。

关于这个问题,法院在判决中支持了被告的主张。法院的判决说,被告作为本地区主管新闻出版版权的行政主管部门,具有行政执法主体资格。被告在行政执法过程中发现原告存在违法行为,并对其进行行政处罚,是履行法定职责。从本案被告提供的证据来看,被告认定原告发行盗版《创新设计·高考总复习·数学》的行为属实。被告作出的行政处罚决定,事实清楚,证据充分,符合法律规定。对于原告提出被告已丧失行政处罚权的问题,本院(2010)顺庆行初第34号行政判决书判决被告在该判决生效后30日内重新对原告作出具体行政行为,而被告却在事隔一年后才履行。根据《出版管理行政处罚实施办法》（新闻出版署（1997）第 12 号令）第 50 条："新闻出版行政机关对违法行为的行政处罚决定,应当自立案之日起两个月内作出;案件重大、复杂的,经本机关负责人决定,可以延长,但延长的时间最多不得超过两个月"。这表明,南充市新闻出版版权局的行政程序存在瑕疵。但由于原告阆中中学校存在违法事实,南充市新闻出版版权局在其权限范围内对原告进行行政处罚,并未违反法律规定。而且,该行政处罚亦没有对原告的实体权益产生实质影响,故原告的该项诉讼理由不能成立,法院不予支持。

四、行政处罚程序

南充市顺庆区法院的判决,对于"阆中中学校诉南充市新闻出版版权局"一案,主要是审查涉案的行政处罚决定书是否符合相关的行政程序。

关于 2010 年作出的第一个行政处罚决定书,南充市顺庆区法院认定,南充市新闻出版版权局存在违反法定程序的问题,因而撤销了该行政处罚决定。根据案件的事实可见,南充市新闻出版版权局在案件调查的过程中,曾经发出公示,将于 2010 年 4 月 7 日下午举行"阆中中学校侵犯著作权听证会"。然而原告阆中中学校却在 4 月 3 日提出申请,要求听证会延期举行。显然是在原告没有参加听证会的前提下,南充市新闻出版版权局于 2010 年 6 月 7 日作出第一份行政处罚决定书。在原告提起的行政诉讼中,法院以该决定违反法定程序为由,作出了撤销行政处罚决定的判决。

关于 2012 年作出的第二份行政处罚决定书,同样是南充市顺庆区法院,则作出了维持行政处罚决定书的判决。显然,在作出第二份行政处罚决定书的过程中,南充市新闻出版版权局谨慎处理了行政程序的问题。例如,在顺庆区法院的判决生效之后,南充市新闻出版版权局向阆中中学校发出了行政处罚事先通知书、听证申请告知书,告知了听证申请的权利。不过,当南充市新闻出版版权局发出了听证通知后,原告又提出了延期听证申请书。听证会延期举行后,尽管原告参加了听证会,但在听证会结束后,又拒绝在听证笔录上签字。直到数月之后,原告的代理人才在听证录音的收条上签字。至此,南充市新闻出版版权局走完了受理第三人投诉、现场调查取证、出版物鉴定、行政处罚事先通知书、听证会的程序,最终作出行政处罚决定。

根据法院的判决,南充市新闻出版版权局向法院提交了以下四组 28 项证据:

第一组:(1)南市新出罚字(2012)1 号行政处罚决定书及送达回证,拟证明其重新作出行政处罚决定,并于 2012 年 4 月 16 日送达。

第二组:(2)(2012)顺庆行初字第 34 号行政判决书,拟证明法院判决原行政处罚决定违反法定程序被撤销并要求重新作出。(3)南市新出罚字(2010)1 号行政处罚决定书,拟证明法院判决原行政处罚决定违反法定程序被撤销并要求重新作出。

第三组:(4)举报函,拟证明案件来源。(5)案件受理登记表,拟证明依法受理案件登记。(6)文化市场行政执法现场检查记录,拟证明发现非法出版物并提取样书。(7)证据登记保存清单,拟证明保存盗版书。

第四组:(8)证人证言,拟证明阆中中学校统一征订盗版书的相关情况。(9)阆中中学校出具的证明,拟证明该校高 2010 级的人数为 1240 人。(10)出版管理行政处罚案件立案审批表,拟证明依法行政处罚立案。(11)不予退还出版物告知书。(12)出版物鉴定的申请及送检目录,拟证明依法送检材料并申请鉴定。(13)(2009)川新出鉴图字第 12 号,拟证明出版物为盗版。(14)关于对阆中中学校侵犯著作权案延期结案的申请,拟证明延期结案。(15)立案告知书,拟证明告知陈述和申辩的权利,并要求提供书籍征订等相关证据。(16)出版物鉴定告知书,拟证明依法告知鉴定结论。(17)行政处罚事先告知书及听证申请告知书及送达回证,拟证明依法告知处罚及申请听证的权利。(18)听证公示、听证通知及送达回证,拟证明依法进行听证程序。(19)听证延期申请,拟证明要求延期。(20)行政处罚听证笔录,拟证明依法进行听证。(21)南府复决字(2010)14 号行政复议决定书,拟证明南充市人民政府维持原行政处罚决定。(22)川新出南罚告字(2011)01 号行政处罚事先告知书及送达回证,拟证明依法告知行政处罚。(23)川新出南听告字(2011)01 号行政处罚听证申请告知书及送达回证,拟证明依法告知听证权利。(24)听证申请,拟证明提出申请。(25)听证延期申请书,拟证明申请延期听证。(26)听证通知书及送达回证,拟证明通知听证。(27)听证程序及听证笔录,拟证明依法进行听证。(28)收条,拟证明听证申请人不予配合签字。

以上的很多证据，尤其是第三组和第四组中的很多证据，显示了南充市新闻出版版权局的调查处罚程序，其详细程度多少有些令人惊叹。正是依据上述的证据和证据所显示的行政执法程序，法院最后得出结论说，该行政处罚证据确凿，适用法律法规正确，符合法定程序，进而维持了南充市新闻出版版权局的行政处罚决定。

值得注意的是，在"阆中中学校诉南充市新闻出版版权局"一案中，作为受理行政诉讼的法院，顺庆区法院主要是审查了相关行政行为的程序是否合法，而没有讨论处罚措施是否合法。事实上，这正是绝大多数行政诉讼案件的基本特征。就本案而言，无论是南充市新闻出版版权局作出的第一份行政处罚决定书，还是第二份行政处罚决定书，对于阆中中学校的处罚措施都是相同的，即停止侵权，没收侵权复制品，处以非法经营额一倍的罚款，合计人民币37200元。

专家评析

在"阆中中学校诉南充市新闻出版版权局"一案中，行政执法机关在处罚决定书中、法院在判决中讨论了一系列法律问题，例如侵犯他人著作权的是个人还是作为法人的学校，又如著作权内容中的复制和发行。除此之外，法院对于行政执法机关程序是否合法的监督，也值得略作说明。

一、侵权主体的问题

按照我国《著作权法》第9条，著作权人包括作者，以及其他依照本法享有著作权的公民、法人或者其他组织。按照这个规定，著作权的主体至少包含了三部分人——个人、法人和其他组织。其中的"其他组织"是一个中国语境下的特殊术语，是指介于个人和法人之间的群体或者团体，例如研究所的研究室、大学的系和教研室等。关于这一点，我国于2017年3月通过的《民法总则》，也规定了民事主体包括个人、法人和非法人组织。

显然，不仅是著作权的主体包括了个人、法人和非法人组织，而且侵犯著作权的主体也包括了个人、法人和非法人组织。就未经许可而抄袭、改编、翻译他人作品,就侵犯他人发表权、署名权和作品完整权而言,在绝大多数情况下,都是个人侵犯了他人的著作权。然而在非法复制、发行、表演、放映、信息网络传播等情况下,应当承担侵权责任的,通常都是法人或者非法人单位。在法人或者非法人单位承担侵权责任的情况下,具体实施侵权行为的显然都是法人或者非法人单位中的个人,例如具体从事复制、发行、表演、放映的人员,或者将他人作品上传到网络上的人员。然而在这种情况下,这些从事具体行为的人,基本都是履行法人或者非法人单位赋予自己的职责,或者说是按照法人或者非法人单位的要求而从事相关的行为,并且从事相关行为的目的是服务于法人或者非法人单位,而非为了个人的目的。

按照民事法律的基本原则,包括知识产权法律的基本原则,法人或者非法人单位中的雇员在履行自己职责的过程中,如果发生了侵犯他人知识产权,包括侵犯他人著作权的行为,应当由法人或者非法人单位承担责任。当然在发生严重侵权的情况下,不仅法人或者非法人单位应当承担侵权责任,法人的负责人和主要从事侵权行为的人员,也应当承担必要的侵权责任。这叫作"刺破公司的面纱",以防止有些个人借助公司的"面纱"从事为了私利的侵权行为。

在这方面,我国刑法还规定了个人、法人、非法人单位侵犯著作权的刑事责任。根据《刑法》第217条,以营利为目的,有下列侵犯著作权情形之一,违法所得数额较大或者有其他严重情节的,处三年以下有期徒刑或者拘役,并处或者单处罚金;违法所得数额巨大或者有其他特别严重情节的,处三年以上七年以下有期徒刑,并处罚金:未经许可复制、发行他人文字作品、音乐作品、电影作品、计算机软件和其他作品的;出版他人享有专有出版权的图书的;未经录音录像制作者许可,复制发行其制作的录音录像制品的;制作、出售假冒他人署名的美术作品的。根据《刑法》第218条,以营利为目的,销售明知是刑法第217条规定的侵权复制品,违法所得数额巨大的,处三年以下有期徒刑或者拘役,并处或者单处罚金。

显然,《刑法》第217条和第218条规定的犯罪主体,都是个人或者自然人。然而在此基础之上,《刑法》第220条针对单位犯罪,规定了必要的刑事责任。根据规定,单位犯有本法第217条和第218条所列之罪的,对单位判处罚金,并对其直接负责的主管人员和其他直接责任人员,依照上述各条的规定追究刑事责任。根据这个规定,在单位犯有侵犯著作权犯罪行为的情况下,应当对单位追究刑事责任,例如判处罚金。与此同时,对于直接负责的主管人和其他直接责任人员则应当依据第217条和第218条追究刑事责任。

就"阆中中学校诉南充市新闻出版版权局"一案而言,就其中的发行侵权物品而言,显然不涉及追究刑事责任的问题。由于第三人是向四川省新闻出版版权部门投诉了阆中中学校购买和销售盗版图书的问题,由于案件是一起行政查处案件,所以应当给予当事人的是行政处罚。不过,按照阆中中学校的主张,购买和销售盗版图书,都是年级备课组长、教务处长等人的个人行为。而按照南充市新闻出版版权局的主张,购买和销售盗版图书,应当是学校的行为。任课老师、年级备课组长、教务处长,以至于负责教学的副校长和负责学校全面工作的校长,都是因为执行学校的公务而从事了购买和发行盗版图书的行为。

显然,南充市新闻出版版权局的主张更加符合民事法律的基本原则和本案的具体事实。正是由此出发,受理案件的南充市顺庆区法院也在判决书中支持了南充市新闻出版版权局的主张。

二、著作权的具体内容

著作权是作者就其创作的作品所享有的权利。大体说来,作者在创作作品的过程中,投入了自己的精神、情感和人格的要素,并由此而产生了相应的文学艺术和科学作品。与此相应,对于体现在作品中的那些精神、情感、人格的要素,作者享有精神权利,包括发表权、署名权和保护作品完整权。按照著作权保护的基本原理,作者的精神权利,包括署名权和保护作品完整权属于作者所有,不得转让。

同时,作者对于自己所创作的作品,还享有经济性利用的权利。例如,通过复制、发行、表演、改编、展览、传播的方式利用作品,并且获得一定的经济利益。大体说来,有多少种对于作品的经济性利用方式,作者就应当享有多少种权利。而且,作者所享有的经济权利的内容,是随着作品传播技术的发展而不断丰富的。例如在早期的印刷复制和发行的条件下,作者享有的经济权利主要有复制权和发行权。随着广播技术的产生和发展,随着互联网络技术的产生和发展,作者又享有了广播权和信息网络传播权等内容。同时,随着人们对于作品利用方式的深入认识,翻译权、改编权、汇编权等也逐渐纳入了作者经济权利的范围。

按照著作权保护的基本原理,作者就其创作的作品享有精神权利和经济权利。当然,在我国现行著作权法的框架下,这两种权利又被称为著作人身权利和著作财产权利。然而,按照我国著作权法的这种规定,著作人身权或者精神权利,显然不属于财产权的范畴。但是,按照欧洲大陆著作权法体系的原理,著作权是一项财产权,著作权包括了作者的精神权利和经济权利。按照欧洲大陆著作权法体系的原理,即使作者将自己某一作品的经济权利全部转让了,依据不可转让的精神权利,对于作品的传播和使用仍然享有一定的控制权。而且,在出现了新的对于作品的利用方式之后,作者依据其不可转让的精神权利,仍然可以控制作品的新的利用方式,也即获得了新的经济权利。

作者所享有的经济权利,是由一系列具体权利构成,例如复制、发行、表演、展览、改编等。这可以称之为是一个权利束。按照我国《著作权法》第10条的规定,这个权利束中的权利包括了复制权、发行权、出租权、展览权、表演权、放映权、广播权、信息网络传播权、摄制权、改编权、汇编权,以及应当由著作权享有的其他权利。按照著作权保护的基本原理,作者或者著作权人,可以将上述权利束中的各项权利,分别转让或者许可给不同的人使用。例如,许可给出版社复制、发行自己的作品,许可给演艺团体表演自己的作品,许可给广播电台广播自己的作品,许可给网络公司在信息网络上传播自己的作品,等等。事实上,一些优秀的文学艺术作品,就是通过不同的转让或者许可方式加以广泛利用,同时也使得作者获得了很大的经济利益。

按照同样的原理,对于某一作品著作权的侵犯,也可能发生由不同的主体行使不同的侵权行为的情形。例如某一出版者未经许可而复制了他人的作品,又有人进一步销售或者发行了该盗版作品,则复制者、发行者都应当承担侵权责任。又如,有人未经许可而广播了他人的作品,又有人未经许可而制作了广播录音,然后再有人未经许可发行了相关的录音制品,则广播者、录制者和发行者,都应当承担侵权责任。按照同样的原理,著作权人在追究他人侵权行为的时候,既可以追究非法复制者的责任,也可以追究非法发行者的责任,既可以追究非法广播者的责任,也可以追究非法录制者和发行者的责任。而且,著作权人可以根据自己的方便和需要,挑选相应的侵权人追究责任。在这种情况下,被追究的侵权人不能提出抗辩说,为什么不追究其他人而追究自己的责任。在这里,关键的问题在于,受到追究的人或者单位,是否未经许可使用了他人的作品。

就"阆中中学校诉南充市新闻出版版权局"一案来说,山西省临汾市的个体书商张某某非法复制、发行了《创新设计·高考总复习·数学》,属于侵犯了他人的复制权和发行权。而阆中中学校购买了盗版图书,然后发行或者销售给高三年级的学生,属于未经许可发行了他人的作品。在这种情况下,著作权人既可以追究张某某的侵权责任,也可以追究阆中中学校的侵权责任。在这种情况下,著作权人甚至可以仅仅追究阆中中学校的侵权责任。按照同样的道理,即使是在行政查处的情况下,山西省临汾市行政执法机关查处和处罚了张某某的侵权行为,并不妨碍南充市新闻出版版权局查处和处罚阆中中学校的侵权行为。

正是基于这样的认识,南充市顺庆区法院在判决中否定了原告所谓的"一事不再罚"的主张,支持了南充市新闻出版版权局的主张,即阆中中学校向高三年级学生出售盗版图书的行为,是未经许可发行了他人的作品。

三、行政处罚程序

按照我国《著作权法》和相关法律法规的规定,在著作权受到侵犯的时候,权利人或者利害关系人可以前往法院提起民事诉讼,也可以前往行政执法机关投诉,要求行政执法机关查处。按照《著作权法》第48条的规定,如果当事人具有以下的八种侵权行为,在同时损害公共利益的情况下,可以由著作权行政管理部门责令停止侵权行为,没收违法所得,没收、销毁侵权复制品,并可处以罚款;情节严重的,著作权行政管理部门还可以没收主要用于制作侵权复制品的材料、工具、设备等;构成犯罪的,依法追究刑事责任。第48条规定的八种侵权行为如下:

(一)未经著作权人许可,复制、发行、表演、放映、广播、汇编、通过信息网

络向公众传播其作品的,本法另有规定的除外;

（二）出版他人享有专有出版权的图书的;

（三）未经表演者许可,复制、发行录有其表演的录音录像制品,或者通过信息网络向公众传播其表演的,本法另有规定的除外;

（四）未经录音录像制作者许可,复制、发行、通过信息网络向公众传播其制作的录音录像制品的,本法另有规定的除外;

（五）未经许可,播放或者复制广播、电视的,本法另有规定的除外;

（六）未经著作权人或者与著作权有关的权利人许可,故意避开或者破坏权利人为其作品、录音录像制品等采取的保护著作权或者与著作权有关的权利的技术措施的,法律、行政法规另有规定的除外;

（七）未经著作权人或者与著作权有关的权利人许可,故意删除或者改变作品、录音录像制品等的权利管理电子信息的,法律、行政法规另有规定的除外;

（八）制作、出售假冒他人署名的作品的。

大体说来,对于法院受理著作权侵权案件,包括原告的起诉、被告的抗辩或者反诉,证据的提交,开庭审理,双方当事人的质证和发表各自的主张,社会公众和相关的专家学者相对比较熟悉。然而,对于著作权行政机关的查处程序,以及相关的司法复审程序,社会公众和很多专家学者,可能就不是很熟悉了。显然,"阆中中学校诉南充市新闻出版版权局"一案,为我们提供了一个了解行政查处程序和司法复审程序的生动案例。

首先是行政查处的程序。根据这个典型案例,著作权行政执法机关查处有关的侵权案件,大体要经历以下的程序:权利人或者利害关系人的投诉;行政执法机关的现场调查取证;权威机关对于相关物证的鉴定;行政执法机关发出行政处罚的预先通知书;行政执法机关发出听证通知,告知被查处人相应的权利和义务;召开由被查处人参加的听证会,给予被查处人以答辩的机会。最后,行政执法机关作出行政处罚决定书,并且送达被查处人。就"阆中中学校诉南充市新闻出版版权局"一案来看,被告向法院出示的一系列证据,例如第三人的举报函、四川省新闻出版局对于相关物证的鉴定意见、立案告知书、听证公示、行政处罚决定书、行政复议决定书,都充分说明了行政机关查处相关侵权行为的严格程序。

其次是相关证据的提供和依据证据作出决定。在"阆中中学校诉南充市新闻出版版权局"一案中,被告向法院提交了四组共计28项证据,涉及了阆中中学校购买和发行侵权书籍的事实以及相关行政执法机关的查处程序。显然,这些证据的广度和深度,以及所要证明的问题,超出了很多人对于行政执法的理解。正是依据这些扎实的证据,行政执法机关作出了相应的《行政处罚决定书》。而且也正是依据这些扎实的证据,南充市顺庆区法院得出结论认为,南充市新闻出版版权局的行政处罚决定证据确凿,适用法律法规正确,符合法定程序。

最后则是法院对于行政执法机关的监督。就"阆中中学校诉南充市新闻出版版权局"一案而言,当行政执法机关作出第一份处罚决定书以后,法院经过审查认为,南充市新闻出版版权局存在程序违法的问题,因而判决撤销该处罚决定。行政执法机关作出的第二份处罚决定书,由于纠正了行政处罚程序方面存在的问题,因而又得到了法院的支持。

"阆中中学校诉南充市新闻出版版权局"一案,展示了著作权行政查处程序的各个环节,展示了行政执法机关依据的扎实证据,同时还展示了司法机关对于行政执法机关的监督,是我们了解著作权行政查处程序的一个不可多得的典型案例。

参考文献

《中华人民共和国著作权法》

《中华人民共和国著作权法实施条例》

《中华人民共和国行政处罚法》

《著作权行政处罚实施办法》

《中华人民共和国行政强制法》

李明德、许超:《著作权法》(第二版),法律出版社2009年版。

李明德、管育鹰、唐广良:《〈著作权法〉专家建议稿说明》,法律出版社2012年版。

王迁:《著作权法》,中国人民大学出版社2015年版。

未经许可发行他人作品：

普尔公司诉南京市文化广电新闻出版局

| 基本案情 |

原告南京普尔教育咨询有限公司是一家教育机构（以下简称普尔公司）。2012年5月，根据群众举报线索，普尔公司涉嫌发行盗版教材。于是，南京市文化广电新闻出版局（以下简称文广出版局）所属的文化执法总队，与南京市公安局玄武分局新街口派出所一道，对于普尔公司进行了现场检查。经过权利人的辨认和执法人员的核查，初步认定有646册图书涉嫌盗版。执法人员一方面做了现场检查笔录，另一方面向普尔公司出具了扣押物品清单，并且扣押了涉嫌盗版的图书。执法人员返回单位以后，履行了扣押物品的批准手续，制作了查封扣押的文书。由于普尔公司及其法定代表人邬某某涉嫌侵犯著作权罪，文广出版局将扣押的646册图书和相关资料移送公安机关。

在南京市公安局玄武分局立案侦查的过程中，还委托南京市版权局对于涉嫌盗版的教材进行了鉴定。就在公安机关立案调查的过程中，普尔公司针对文广出版局扣押其涉嫌盗版教材的行为，向南京市玄武区法院提起了诉讼，要求法院判决文广出版局立即退还非法扣押的教材，并责令文广出版局作出书面道歉。2012年12月，南京市玄武区法院作出判决，认定文广出版局可以扣押涉嫌盗版的教材，普尔公司的主张不能成立。普尔公司不服判决，向南京市中级人民法院提起上诉。2013年6月3日，南京市中级人民法院作出行政判决书，认为文广出版局实施的扣押行为并未超过法定期限，其行政程序虽然有瑕疵，但不宜认定违法。因而驳回上诉，维持原判。

回到公安机关和行政执法机关的调查。经过长达一年多的侦查和收集证据，公安机关初步认定，普尔公司及其法定代表人不构成犯罪，因而于2013年9月13日将案件资料退回文广出版局，作为行政案件予以调查处理。于是，文广出版局于 2013 年 9 月 27 日立案调查,并于同日向普尔公司送达了《查封、扣押物品决定书》。随后,文广出版局委托南京市版权局对于扣押的图书进行鉴定,后者认定其中的 36 种共计 472 册为盗版图书,另有 11 种 174 册为非法出版物。到了 2014 年 1 月,文广出版局向普尔公司送达了《行政处罚听证告知书》,告知该局将对普尔公司作出如下的处罚:没收侵权盗版物品 472 册、非法出版物 174 册;并处罚款人民币 3 万元。《行政处罚听证告知书》还告知普尔公司依法享有陈述、申辩和要求听证的权利。同年 1 月 4 日,普尔公司参加听证会,针对拟采取的行政处罚措施进行了申辩,认为自己没有从事非法图书经营活动。

2014 年 1 月 17 日,文广出版局作出《行政处罚决定书》((宁)广文新罚决字(2013)第 36 号),认定普尔公司未经著作权人的许可,复制、发行他人作品,将 472 册盗版图书用于以盈利为目的的教学培训,违反了《著作权法》第 48 条第 1 项的规定,同时损害了社会公共利益,依法应当没收盗版出版物,并且处以罚款。《行政处罚决定书》还认定,普尔公司未经批准并且假冒其他出版单位的名义,复制、发行出版物,将 174 册非法出版物用于以盈利为目的的教学培训,其行为违反了《出版物市场管理规定》第 22 条的规定,依法应当予以没收。最后,《行政处罚决定书》责令普尔公司停止侵权行为,没收侵权盗版出版物 472 册、非法出版物 174 册,并处人民币 3 万元的罚款。

普尔公司不服文广出版局的《行政处罚决定书》,向南京市建邺区法院提起了行政诉讼,并提出了四项要求:(1)审查文广出版局 2012 年 5 月扣押教材的行为是否合法;(2)责令文广出版局退还 2012 年 5 月扣押的教材;(3)对于文广出版局的主要领导和责任人员给予行政处分;(4)审查《行政处罚决定书》是否合法。建邺区法院认为,第 1 项和第 2 项请求,已经由南京市玄武区法院和南京市中级人民法院作出判决,驳回了原告的请求。在相关判决已经生效的情况下,原告是重复起诉,法院没有必要重新审查。关于第 3 项要求,给予相关人员以行政处分,不属于行政诉讼的范围,因而不予受理。关于第 4 项请求,法院经过审理认定,文广出版局的《行政处罚决定书》符合法律规定,应当予以支持((2012)玄行初字第 149 号)。

原告不服一审判决,又向南京市中级人民法院提起了上诉讼。上诉法院经过审理,维持了一审法院的判决((2015)宁行终字第285号)。

▶ 法律问题

在"普尔公司诉南京文广出版局"一案中,原告在向南京市建邺区法院提起行政诉讼的时候,提出了四个问题。其中有关著作权行政执法的问题有两个:一是文广出版局2012年5月的扣押行为是否合法,二是要求法院撤销文广出版局2014年1月17日作出的《行政处罚决定书》。下面分别讨论。

一、文广出版局的扣押行为

2012年5月,在接到群众举报之后,文广出版局下属的综合执法总队,与南京市公安部门一道,对于普尔公司进行了现场检查,并对涉嫌侵权盗版的646册教材进行了扣押。随后,文广出版局的执法人员履行了批准手续,并制作了查封扣押书。由于公安部门对于普尔公司及其法定代表人立法调查,文广出版局将扣押的教材移交给了公安部门。在这个阶段上,可以认为文广出版局是配合公安部门的调查从事了扣押工作。

然而到了2013年9月13日,南京市公安局玄武分局新街口派出所将普尔公司及其代表人的案件退回文广出版局,作为行政案件查处。从这时候开始,有关普尔公司侵犯著作权的案件,就由文广出版局单独处理。在这个背景之下,文广出版局于9月27日决定对普尔公司的违法行为立案调查,并于同日向普尔公司送达了《查封、扣押物品决定书》,决定对普尔公司涉嫌侵权盗版的图书进行扣押,期限为30日。由于南京市版权局对于扣押物品的鉴定没有完成,文广出版局又在2013年11月12日,向普尔公司送达了《查封(扣押)处理告知书》,告知其扣押物品已经于9月29日送鉴定机关鉴定。到了当年12月27日,南京市版权局作出鉴定报告,其中的36种472册为盗版,11种174册为非法出版物。

对于2012年5月的扣押行为,普尔公司曾经向玄武区法院提起行政诉讼,要求法院判令文广出版局立即归还被扣押的教材,并且向普尔公司赔礼道歉。然而,南京市玄武区法院于2012年12月27日作出行政判决,认为普尔公司的主张不能成立,进而驳回了普尔公司的诉讼请求。尽管普尔公司不服一审判决,受理二审案件的南京市中级人民法院仍然维持了一审判决。这表明,文广出版局扣押普尔公司涉嫌盗版侵权的教材是没有问题的。

关于这个问题,原告在针对文广出版局作出的《行政处罚决定书》的行政诉讼中,再次提到了2015年5月的扣押问题。受理一审案件的南京市建邺区法院认为,普尔公司曾经就这个问题向南京市玄武区法院提起诉讼,该案经过玄武区法院和南京市中级人民法院的审理,两级法院对于文广出版局2012年5月的扣押行为的合法性已经进行了审查,判决驳回了普尔公司的诉讼请求。现在普尔公司就这个问题再次提起诉讼,属于重复起诉,应当予以驳回。对于这个问题,南京市中级人民法院在二审判决中也指出,普尔公司以同样的诉讼请求内容、基于相同的事实和理由,已经向南京市玄武区法院提起过诉讼,并且由一审法院和二审法院作出过判决。这表明,普尔公司的诉讼主张,已经为生效的判决所驳回。所以,二审法院裁定驳回普尔公司的这个诉讼请求。

在二审判决书中,南京市中级人民法院还对文广出版局于2013年9月立案查处之后的扣押行为进行了评述。二审法院的判决书说,文广出版局于2013年9月27日立案以后,同日向普尔公司送达了《查封、扣押物品决定书》。到了2014年1月2日,文广出版局又向普尔公司送达了《行政处罚听证告知书》,普尔公司也在1月4日进行了陈述申辩。到了2014年1月17日,文广出版局作出《行政处罚决定书》。这表明,文广出版局作出的行政处罚决定,符合《行政处罚法》的相关规定,程序合法。

二、行政处罚决定书

南京市文广出版局针对普尔公司作出《行政处罚决定书》以后,普尔公司向南京市建邺区法院提起了行政诉讼,要求法院撤销文广出版局的《行政处罚决定书》。建邺区法院经过审理,作出了维持《行政处罚决定书》的判决,并且从四个方面论述了《行政处罚决定书》的合法性。

第一,主体合法。建邺区法院说,按照《著作权法实施条例》第37条的规定,有《著作权法》第48条所列侵权行为,同时损害社会公共利益的,由地方人民政府著作权行政管理部门负责查处。又据《出版管理条例》第6条规定,县级以上地方各级人民政府负责出版管理的部门负责本行政区域内出版活动的监督管理工作。因此,文广出版局具有对违反《著作权法》的行为进行查处的职权。

第二,程序合法。建邺区法院说,2013 年 9 月 13 日,公安机关将普尔公司涉嫌侵犯著作权案移送市文广出版局进行行政查处。市文广出版局立案后,按照《行政处罚法》的有关规定,履行了调查、听证告知程序,并向普尔公司送达了查封、扣押物品决定书及扣押物品清单,程序合法。

第三,事实清楚。建邺区法院说,根据市文广出版局提供的现场检查笔录、扣押清单、讯问笔录等证据证实,涉案的 646 册图书为普尔公司持有,并以营利为目的用于教学培训;关于扣押图书是否为侵权盗版物或非法出版物,市文广出版局依法委托南京市版权局进行了鉴定,鉴定结论认定其中 36 种计472 册为侵权盗版出版物,11 种 174 册为非法出版物。市文广出版局认定普尔公司将 472 册侵权盗版出版物、174 册非法出版物用于以营利为目的的教学培训,事实清楚。

第四,适用法律准确。建邺区法院说,按照《著作权法》第 48 条的规定,有下列侵权行为的,应当根据情况,承担停止侵害、消除影响、赔礼道歉、赔偿损失等民事责任;同时损害公共利益的,可以由著作权行政管理部门责令停止侵权行为,没收违法所得,没收、销毁侵权复制品,并可以处以罚款;情节严重的,著作权行政管理部门还可以没收主要用于制作侵权复制品的材料、工具、设备等;构成犯罪的,依法追究刑事责任:(一)未经著作权人许可,复制、发行、表演、放映、广播、汇编、通过信息网络向公众传播其作品的,本法另有规定的除外。又据《著作权法实施条例》第 36 条的规定,有《著作权法》第 48 条所列侵权行为,同时损害社会公共利益,非法经营额 5 万元以上的,著作权行政管理部门可处非法经营额 1 倍以上 5 倍以下的罚款;没有非法经营额或者非法经营额 5 万元以下的,著作权行政管理部门根据情节轻重,可处 25 万元以下的罚款。因此,市文广出版局依据《著作权法》第 48 条、《著作权法实施条例》第 36 条对普尔公司进行行政处罚,适用法律正确。

在普尔公司提起的上诉中,南京市中级人民法院维持了一审法院的判决。二审法院的判决说,市文广出版局作出的(宁)文广新罚决字(2013)第 36 号

《行政处罚决定书》于法有据,上诉人普尔公司的上诉请求缺乏事实和法律依据,法院不予支持。原审认定事实清楚,适用法律正确,审理程序合法。依据《行政诉讼法》第89条第1款第1项,驳回上诉,维持原判。

三、其他问题

在"普尔公司诉南京市文广出版局"一案中,原告普尔公司在诉讼中共提出了四个问题。除了上面讨论过的2012年5月的扣押行为是否合法,2014年1月的行政处罚决定是否应当撤销,普尔公司还提出了另外两个问题。

一是要求文广出版局退回被扣押的教材并赔礼道歉。显然,退还被扣押的教材,涉及是否应当扣押的问题。如果普尔公司确实侵犯了他人的著作权,相关的教材不仅应当扣押,而且应当没收。所以,这个问题的讨论应当与最终的行政处罚决定联系在一起讨论。

二是要求受理诉讼的法院,通过文广出版局的上级单位或者相关部门,对于文广出版局直接负责的主管人员和其他直接负责人员给予行政处分。显然,这是将法院的职责与行政机关的职责混同了起来。所以,无论是一审法院还是二审法院,都以不属于行政诉讼的受案范围为由,驳回了原告的起诉。

专家评析 ————————————————————

一、行政执法资格和证据登记保存

按照我国《著作权法》第48条的规定,对于该条规定的8种侵权行为,侵权人首先应当承担民事责任。同时损害公共利益的,还可以由著作权行政管理部门责令停止侵权行为,没收违法所得,没收、销毁侵权复制品,并可以处以罚款;情节严重的,著作权行政管理部门还可以没收主要用于制作侵权复制品的材料、工具、设备等;构成犯罪的,依法追究刑事责任。又据我国《著作权法实施条例》第37条规定,行为人犯有《著作权法》第48条规定的侵权行为,同时损害社会公共利益的,由地方人民政府著作权行政管理部门负责查处。国务院著作权行政管理部门可以查处在全国有重大影响的侵权行为。

　　按照《著作权法》和《著作权法实施条例》的上述规定,国务院和地方各级人民政府的著作权行政管理部门可以查处相关的侵权案件。当然,国务院和地方各级人民政府的著作权行政管理部门在查处相关侵权案件的时候,还应当依据《行政处罚法》的相关规定和程序进行。为了更好地规范著作权行政管理部门对于相关侵权案件的查处,国家版权局还于2003年9月发布了《著作权行政处罚实施办法》。到了2009年6月,国家版权局又重新发布了《著作权行政处罚实施办法》。其中详细规定了投诉、立案调查、证据提交、证据鉴定、听证、申辩、行政处罚决定的作出等。其中,关于证据的登记和封存有以下几个规定。

　　《著作权行政处罚实施办法》第16条规定:"办案人员取证时可以采取下列手段收集、调取有关证据:(一)查阅、复制与涉嫌违法行为有关的文件档案、账簿和其他书面材料;(二)对涉嫌侵权制品进行抽样取证;(三)对涉嫌侵权制品、安装存储涉嫌侵权制品的设备、涉嫌侵权的网站网页、涉嫌侵权的网站服务器和主要用于违法行为的材料、工具、设备等依法先行登记保存。"

　　《著作权行政处罚实施办法》第21条规定:"办案人员先行登记保存有关证据,应当经本部门负责人批准,并向当事人交付证据先行登记保存通知书。当事人或者有关人员在证据保存期间不得转移、损毁有关证据。"

　　《著作权行政处罚实施办法》第22条规定:"对先行登记保存的证据,应当在交付证据先行登记保存通知书后七日内作出下列处理决定:(一)需要鉴定的,送交鉴定;(二)违法事实成立,应当予以没收的,依照法定程序予以没收;(三)应当移送有关部门处理的,将案件连同证据移送有关部门处理;(四)违法事实不成立,或者依法不应予以没收的,解除登记保存措施;(五)其他有关法定措施。"

　　在"普尔公司诉南京市文广出版局"一案中,原告一直认为,被告于2012年5月对于涉嫌盗版侵权教材的扣押非法,应当予以退还和作出书面道歉。然而,当原告就这一问题向南京市玄武区法院提起行政诉讼,经过一审法院和二审法院的审理,已经确定原告的主张不能成立。根据案情,在这个阶段上,文广出版局在扣押了涉嫌盗版侵权的教材后,连同案件一起移交给了公安部门。与此相应,文广出版局的扣押和移交,属于配合公安部门立案调查的行为。

到了2013年9月13日,公安部门决定将普尔公司的案件退回文广出版局,作为行政案件查处。自此开始,有关普尔公司侵犯著作权的案件,就成为行政查处案件。依据《行政处罚法》和《著作权行政处罚实施办法》的相关规定,文广出版局于9月27日决定对普尔公司的违法行为立案调查,并于同日向普尔公司送达了《查封、扣押物品决定书》,决定对普尔公司涉嫌侵权盗版的图书进行扣押。由于南京市版权局对于扣押物品的鉴定没有完成,文广出版局又在2013年11月12日,向普尔公司送达了《查封(扣押)处理告知书》,告知其扣押物品已经于9月29日送鉴定机关鉴定。到了当年12月27日,南京市版权局作出鉴定报告,其中的36种472册为盗版,11种174册为非法出版物。

比照《著作权法行政处罚实施办法》的规定可以发现,文广出版局有关涉嫌盗版侵权图书的扣押及其鉴定,符合法律的相关规定。而且,就涉嫌盗版侵权物品来说,在鉴定结论出来以前,而且在涉嫌盗版侵权的可能性很大的情况下,不应当退还普尔公司。至于鉴定结果出来以后,在已经有了盗版和非法出版结论的情况下,只能予以没收和销毁,更不可能退还普尔公司。正是由此出发,南京市建邺区法院和南京市中级人民法院,都认定文广出版局的扣押行为和鉴定行为符合法律程序。

二、行政处罚决定的合法性

如前所述,按照《著作权法》和《著作权法实施条例》的相关规定,国务院著作权行政管理部门和地方各级人民政府的著作权行政管理部门,可以查处著作权侵权行为。但有两个条件,一是可以查处的侵权行为属于《著作权法》第48条规定的8种侵权行为,二是可以查处的侵权行为不仅损害了著作权人的利益,而且在同时损害了社会公共利益。

著作权行政管理部门查处侵权行为,应当依据我国《行政处罚法》的相关规定和程序进行。由于著作权侵权行为的查处具有一些特殊性,例如所涉及的是无形财产,国家版权局又根据《行政处罚法》制定了《著作权行政处罚实施办法》,就著作权行政查处中的一系列问题,例如投诉、立案、证据提交、证据鉴定、行政处罚决定的作出，进行了具体规定。

例如，关于投诉和立案，《著作权行政处罚实施办法》第12条规定："投诉人就本办法列举的违法行为申请立案查处的，应当提交申请书、权利证明、被侵权作品（或者制品）以及其他证据。申请书应当说明当事人的姓名（或者名称）、地址以及申请查处所根据的主要事实、理由。"第13条规定："著作权行政管理部门应当在收到所有投诉材料之日起十五日内，决定是否受理并通知投诉人。不予受理的，应当书面告知理由。"

又如，关于行政处罚决定的作出，《著作权行政处罚实施办法》第26条规定："著作权行政管理部门拟作出行政处罚决定的，应当由本部门负责人签发行政处罚事先告知书，告知当事人拟作出行政处罚决定的事实、理由和依据，并告知当事人依法享有的陈述权、申辩权和其他权利。"第27条规定："当事人要求陈述、申辩的，应当在被告知后七日内，或者自发布公告之日起三十日内，向著作权行政管理部门提出陈述、申辩意见以及相应的事实、理由和证据。当事人在此期间未行使陈述权、申辩权的，视为放弃权利。"

再如，关于处罚措施的规定，《著作权行政处罚实施办法》第4条规定："对本办法列举的违法行为，著作权行政管理部门可以依法责令停止侵权行为，并给予下列行政处罚：（一）警告；（二）罚款；（三）没收违法所得；（四）没收侵权制品；（五）没收安装存储侵权制品的设备；（六）没收主要用于制作侵权制品的材料、工具、设备等；（七）法律、法规、规章规定的其他行政处罚。"

在"普尔公司诉南京市文广出版局"一案中，原告不服文广出版局作出的行政处罚决定，向南京市建邺区法院提起行政诉讼，要求法院撤销《行政处罚决定书》。对于原告的这一主张，受理一审案件的南京市建邺区法院和受理二审案件的南京市中级人民法院，都作出了驳回原告主张的判决。关于文广出版局的《行政处罚决定书》，一审法院认定无论是行政处罚的主体资格还是行政查处的程序，都符合《著作权法》《著作权法实施条例》和《行政处罚法》的规定。一审法院还认定，文广出版局的《行政处罚决定书》认定事实清楚，适用法律准确。与此相应，一审法院维持了《行政处罚决定书》。关于这个问题，南京市中级人民法院也给予了肯定的回答。

回顾整个案件的发展进程就可以发现，先是第三人举报了普尔公司的盗版侵权行为,然后是文广出版局和公安部门的现场调查、取证,包括对于盗版侵权材料的扣押。显然,文广出版局在这个阶段上的行为,是配合公安部门进行扣押、移送等等,不应当适用《行政处罚法》和《著作权行政处罚实施办法》的相关规定。然而,到了公安部门退回案件材料,作为行政处罚案件处理之后,文广出版局显然是按照《行政处罚法》和《著作权行政处罚实施办法》的相关规定,按照法定的程序处理了相关的案件。例如,文广出版局于立案的当天就向普尔公司送达了《查封、扣押物品决定书》。又如,在立案两天之后,就向南京市版权局提交了扣押物品,以供鉴定之用。到了当年 12 月 27 日,南京市版权局作出鉴定报告,其中的 36 种 472 册为盗版,11 种 174 册为非法出版物。

在南京市版权局的鉴定意见作出之后,文广出版局又依据《著作权法》第 48 条的规定,依据《行政处罚法》和《著作权行政处罚实施办法》的相关规定,作出了《行政处罚决定书》。其中所采取的措施包括,没收侵权盗版出版物 472 册、非法出版物 174 册,以及罚款人民币 3 万元。显然,没收侵权出版物和非法出版物,属于《行政处罚法》和《著作权行政处罚实施办法》规定的措施,而罚款 3 万元也在《行政处罚法》和《著作权行政处罚实施办法》规定的罚款范围之内。所以,南京市建邺区法院认定,文广出版局作出的《行政处罚决定书》,主体资格和查处程序合法,事实清楚,适用法律法规正确,因而予以支持。关于这一点,受理上诉案件的南京市中级人民法院也给予了肯定。

当然,在"普尔公司诉南京市文广出版局"一案中,原告要求文广出版局就 2012 年 5 月的扣押行为作出书面道歉,要求法院通过文广出版局的上级机关或者有关部门,对于文广出版局直接负责的主管人员和其他直接负责人员给予行政处分,多少有些胡搅蛮缠的意味。在此不予置评。

参考文献

《中华人民共和国著作权法》

《中华人民共和国著作权法实施条例》

《信息网络传播权保护条例》

《中华人民共和国行政处罚法》

《著作权行政处罚实施办法》

《中华人民共和国行政强制法》

李明德、许超:《著作权法》(第二版),法律出版社 2009 年版。

李明德、管育鹰、唐广良:《〈著作权法〉专家建议稿说明》,法律出版社 2012 年版。

王迁:《著作权法》,中国人民大学出版社 2015 年版。

字帖是否构成作品：

郫县书刊印装厂诉四川省新闻出版局

| 基本案情 |

原告是一家书刊杂志的印刷装订厂，位于四川省郫县县城（以下简称书刊印装厂）。根据案情，1999年1月20日，有群众举报原告正在印刷装订非法出版物。四川省新闻出版局（以下简称四川省出版局）立即派出执法人员对书刊印装厂进行检查。在检查过程中，执法人员发现该厂正在印制、装订的《仿宣纸水写练字帖（书法初级教程）》属于"无书号、无版权、无付印单和任何有效批准文件，涉嫌非法印刷"的书籍。于是，执法人员对于成品2万余册、半成品近6万册口头宣布查封，并于同日立案。

到了次日（1月21日），执法人员再次前往书刊印装厂，出具了编号为0024938的《四川省出版物市场查处违章经营收据》，注明违章的情况是"承印非法出版物"。同时，执法人员还在已经查封的成品和半成品中提取样品，送交四川省出版局鉴定。同日，四川省出版局经过鉴定，作出了编号为01的《出版物鉴定书》，认定《仿宣纸水写练字帖（书法初级教程）》属于无正式出版单位、无版权记录、未经出版管理部门批准的非法出版物。1月22日，当四川省出版局对于书刊印装厂的厂长刘某进行询问时，告知了版权局的鉴定结果。

1月23日，四川省出版局依据《出版物鉴定书》，依据国务院《出版业管理条例》和《印刷业管理条例》，作出了《关于收缴、销毁〈仿宣纸水写练字帖〉的通知》（川新出印（1999）4号），决定对于已经封存的字帖予以收缴、销毁。同时决定，待进一步查清书刊印装厂从事非法印刷活动的事实后，再按照有关规定作出行政处罚。这是第一份行政处罚决定书，仅仅涉及收缴和销毁已经封存的非法出版物。

经过进一步的调查核实，到了当年6月28日，四川省出版局作出了《行政处罚决定书》（川新出印罚（1999）4号），认定书刊印装厂于1998年5月至6月，在没有任何印制手续的情况下，以印制教具的名义印制字帖72000册。《行政处罚决定书》还说，有鉴于此，四川省出版局于1999年1月21日查封该厂成品22000余册、半成品58000册，总码洋（即定价总额）48万元。《行政处罚决定书》认为，书刊印装厂违反《印刷业管理条例》的相关规定，从事了非法印制活动，印制的出版物为非法出版物。基于以上事实，根据《印刷业管理条例》第41条的规定，作出以下行政处罚：第一，对已封存的非法出版物全部销毁。第二，责令该厂写出深刻检查，保证不再发生类似行为。第三，没收非法印制活动所得并处罚款2万元上缴省财政。这是第二份行政处罚决定书，既涉及收缴和销毁非法出版物，又涉及新的"行政处罚措施"，如写出深刻检查，保证不再发生类似行为，以及没收非法印制活动所得，并处2万元罚款。

书刊印装厂不服四川省出版局的两份行政处罚决定书，向成都市中级人民法院提起了诉讼。一审法院经过审理，大体肯定了第一份行政处罚决定书，但认定应当撤销第二份行政处罚决定书（成行初字（1999）第23号）。书刊印装厂不服一审判决，向四川省高级人民法院提起了上诉。二审法院经过审理，又驳回了原告的上诉，维持了一审判决（（2000）川行终字第2号）。

▶ 法律问题

在"郫县书刊印装厂诉四川省新闻出版局"一案中，原告认为自己印制的《仿宣纸水写练字帖（书法初级教程）》，属于教学用具，而非出版物或者书籍。而四川省出版局则认为，原告的《仿宣纸水写练字帖（书法初级教程）》属于书籍，原告印制的书籍属于非法出版物。对于这个问题，一审法院和二审法院都进行了讨论，认定属于非法出版物。在"郫县书刊印装厂诉四川省新闻出版局"一案中，原告还认为四川省出版局在执法程序上，包括给予的行政处罚措施上存在着错误，要求法院予以纠正。对于这个问题，一审法院和二审法院都认定，四川省出版局的第二份行政处罚决定违反法律规定，应当予以撤销。下面分别讨论。

一、非法出版物

在本案中，原告以印制教学用具的名义，印制了《仿宣纸水写练字帖（书法初级教程）》，包括成品和半成品。四川省出版局根据两个理由，认定这属于出版物。第一，原告的《仿宣纸水写练字帖（书法初级教程）》，其中含有"书法初级教程"的字样，表明属于出版物。第二，根据 1989 年版《辞海》关于"书籍"的定义，可以认定原告的《仿宣纸水写练字帖（书法初级教程）》属于出版物。具体说来，书籍是指用文字、图画或者其他符号，在一定材料上记录知识、表达思想并制成卷册的著作物。正是基于这样的认识，四川省出版局还作出了《出版物鉴定书》，认定原告的《仿宣纸水写练字帖（书法初级教程）》属于出版物。但由于原告的字帖无正式出版单位、无版权记录，未经出版行政管理部门批准印刷，属于非法出版物。

成都市中级人民法院的一审判决认为，四川省出版局依据《出版物鉴定书》和国务院《出版管理条例》的相关规定，认为原告印制的字帖属于非法出版物，认定正确。同时，依据《出版管理条例》和其他文件的规定，四川省出版局具有合法的行政管理资格，可以在符合法律规定的条件下封存和销毁非法出版物。

原告在向四川省高级人民法院提起的上诉中声称，四川省出版局仅仅依据字帖上标有"初级书法教程"的字词，以及依据《辞海》关于"书籍"的定义，就认定自己的《仿宣纸水写练字帖（书法初级教程）》属于出版物，是错误的。同时，被告作出的《出版物鉴定书》，其结论也是错误的。而被告四川省出版局则主张，该字帖属于"将若干资料或现成的单独作品进行整理、加工、编排、组合成独立或组织编写的作品"的汇编作品及书籍类的出版物；书籍是指"用文字、图画或其他符号，在一定材料上记录知识、表达思想并制成卷册或缩微胶片等的著作物"。与此相应，印装厂组织编辑、编排及印制并委托四川省新华书店教材发行公司向中、小学征订、发行的行为已构成出版行为的全过程。被告还提出，新闻出版署(1991)新出发字 98 号文《关于认定、查禁非法出版物的若干问题的通知》第 1 条规定："凡不是国家批准的出版单位印制的在社会上公开发行的报纸、期刊、图书、录音带、录像带等，都属非法出版物"。根据同一条的规定,非法出版物的形式主要有,"在社会上公开发行的、不署名出版单位或署名非出版单位的出版物、其他非出版单位印制的供公开发行的出版物"。由此可见,原告的《仿宣纸水写练字帖(书法初级教程)》属于非法出版物。

四川省高级人民法院在判决中,肯定了一审法院关于非法出版物的认定,也认可了被告四川省出版局在这个问题上的一系列主张和证据。基于这样的认定,上诉法院在判决中还肯定了四川省出版局的第一份行政处罚决定书。法院在判决书中说,按照《出版管理行政处罚实施办法》第54条的规定,没收的出版物需要销毁的,纸质出版物应当化浆,其他出版物应当以适当的方式销毁。法院的判决书还特别指出,新闻出版部门对于依法没收的非法出版物,可以采取销毁的方式加以处置。这是新闻出版部门内部的一种处置手段,不具有可诉性。按照四川省高级人民法院的上述说法,第一,原告的《仿宣纸水写练字帖(书法初级教程)》属于非法出版物;第二,新闻出版部门对于依法没收的非法出版物可以销毁,而且这种销毁手段属于新闻出版部门的内部处置措施,不具有可诉性。

二、行政处罚措施

在"郫县书刊印装厂诉四川省新闻出版局"一案中,无论是一审法院还是二审法院,对于被告作出的第一份行政处罚决定书,都给予了肯定和维持。与此相应,第一份行政处罚决定书给予书刊印装厂的处罚措施,例如没收和销毁非法出版物,也获得了法院的肯定和维持。然而对于被告作出的第二份行政处罚决定书,一审和二审法院则从行政处罚措施不当的角度,判决予以撤销。

在四川省出版局作出的第二份行政处罚决定书中,给予书刊印装厂的处罚措施主要有两类。第一类是销毁非法出版物,并责令书刊印装厂写出深刻检查,保证不再重犯类似行为;第二类是没收非法印制活动所得并处罚款2万元。下面分别讨论。

关于第一类处罚措施中的"销毁非法出版物",无论是一审法院还是二审法院,都给予了肯定。二审法院还特别指出,销毁非法出版物,这是新闻出版部门的内部做法,不具有可诉讼性。然而对于其中的"写出深刻检查并保证不再重犯类似行为",一审和二审法院都给予了否定的回答。法院认为,无论是依据《行政处罚法》,还是依据国务院《出版管理条例》和《印刷业管理条例》,其中所规定的行政处罚措施,都没有"写出深刻检查"的种类。与此相应,四川省出版局第二份行政处罚决定书给予书刊印装厂的这一处罚措施,没有法律依据。关于这个问题,二审法院还认为,第一类处罚措施中的"销毁非法出版物",已经出现在第一份行政处罚决定书中。所以,在第二份行政处罚决定书中再次出现销毁非法出版物,属于内容重复。显然,二审法院的意图是,第二份行政判决书应当撤销,但是撤销的内容不包括"销毁非法出版物"。

关于第二类处罚措施,没收非法所得和罚款,一审法院和二审法院都给予了否定的回答。一审法院在判决中说,四川省出版局在没有查清事实、没有相关证据的情况下,就认定书刊印装厂印制的字帖总码洋为 48 万元。在此基础之上,四川省出版局又依据《印刷业管理条例》第 41 条的规定,即出版物印刷企业非法印制他人编印、销售的出版物的,由县级以上新闻出版行政部门根据情节给予警告、没收违法所得并处所印制的出版物总定价 2 至 10 倍的罚款,对印装厂作出没收非法所得并处罚款 2 万元的行政处罚。四川省出版局的这一做法违反了《印刷业管理条例》的相关规定,属于主要证据不足、适用法规错误的情形。一审法院还认为,按照《行政处罚法》的相关规定,在作出行政处罚之前,行政机关应当履行告知程序。但是,四川省出版局没有提供已经告知书刊印装厂的证据。这表明,四川省出版局作出的第二份《行政处罚决定书》,存在着程序上的错误,应当依法予以撤销。

关于这个问题,二审法院维持了一审判决。二审法院在判决中说,根据国务院《印刷业管理条例》第 41 条的规定,非法承接印制他人委托、销售的出版物的,没收违法所得并处所印制出版物总定价 2 至 10 倍的罚款。然而,四川省出版局在没有查清印装厂非法印制活动所得金额具体数目的情况下,在相关证据不足的情况下,就作出了没收非法所得和罚款 2 万元的决定,属于事实不清、证据不足,应当予以撤销。二审法院同样认为,按照《行政处罚法》的相关规定,行政机关在作出行政处罚之前,应当履行告知当事人的程序。然而,四川省出版局提交的证据中,没有告知书刊印装厂的证据。基于以上的论述,二审法院维持了一审判决，同样判决应当撤销四川省出版局作出的第二份《行政处罚决定书》。

专家评析

"郫县书刊印装厂诉四川省新闻出版局"一案，主要涉及的是非法出版物的问题，包括原告的《仿宣纸水写练字帖（书法初级教程）》是否属于出版物，原告印制字帖是否经过了合法的出版管理程序。同时，这个案件还隐含了一个问题，即原告的《仿宣纸水写练字帖（书法初级教程）》是否属于著作权法保护的作品。下面分别予以评述。

一、非法出版物

在中国，对于报刊杂志和书籍的出版发行，有着严格的行政管理制度。例如，报刊杂志的出版发行，要获得新闻出版部门的许可，以及相应的报刊杂志的号码。又如，书籍的出版发行，包括音像制品的出版发行，都需要经过按照法定程序设立的出版单位，并且获得新闻出版部门的书号。凡是符合上述要求的报刊杂志和书籍，就属于合法出版物。如果没有经过新闻出版部门的许可，没有新闻出版部门发放的报刊杂志号或者书号，相关的出版物就属于非法出版物。

正如"郫县书刊印装厂诉四川省新闻出版局"一案所说的那样，国家新闻出版署曾经在1991年发布98号文《关于认定、查禁非法出版物的若干问题的通知》，其中的第1条规定："凡不是国家批准的出版单位印制的在社会上公开发行的报纸、期刊、图书、录音带、录像带等，都于属非法出版物"。根据同一条的规定，非法出版物的形式主要有在社会上公开发行的、不署名出版单位或署名非出版单位的出版物，其他非出版单位印制的供公开发行的出版物"。正是由此出发，无论是四川省新闻出版局，还是成都市中级人民法院和四川省高级人民法院，都认定郫县书刊印装厂印制的《仿宣纸水写练字帖（书法初级教程）》，属于非法出版物。

按照国务院的相关条例，对于报刊杂志和书籍等出版物的管理，不仅有对于报刊杂志社和出版社的管理,还有对于印制单位的管理。就前者而言,国务院制定了《出版管理条例》,就后者而言,国务院制定了《印刷业管理条例》。与此相应,无论是出版物的出版发行者,还是出版物的印制者,都应当在相关的经营活动中,遵守《出版管理条例》和《印刷业管理条例》。

就"郫县书刊印装厂诉四川省新闻出版局"一案来说,原告未经新闻出版部门的批准,印制了《仿宣纸水写练字帖(书法初级教程)》。尽管原告辩称这属于教学用具,但是从四川省出版局的鉴定来看,这显然是书籍或者出版物。值得注意的是,原告仅仅是一家书刊印装厂,而非有资质的出版单位。所以,原告印制的《仿宣纸水写练字帖(书法初级教程)》,就成了"无出版单位,没有版权记录,也未经出版行政部门批准"的非法出版物。与此相应,原告的印制行为,不仅违反了《出版管理条例》,而且违反了《印刷业管理条例》,因而遭到了查封和销毁的行政处罚。

二、《仿宣纸水写练字帖(书法初级教程)》是否属于著作权法保护的作品

准确说来,"郫县书刊印装厂诉四川省新闻出版局"不是一个著作权的案件,而是一个出版管理的案件。同时,被认定为非法出版物的《仿宣纸水写练字帖(书法初级教程)》,也似乎与著作权无关。关于这一点,四川省高级人民法院在判决中提到,该字帖分柳(公权)体、颜(真卿)体,属于历代名人字帖。将历代名人字帖汇集在一起,有可能构成汇编作品。

先来看历代名人字帖。字帖,如柳公权的《玄秘塔碑》《神策军碑》,颜真卿的《多宝塔碑》《颜氏家庙碑》,本身都是作品。然而,柳公权和颜真卿都是唐代人,他们的作品从来没有获得过著作权的保护,并且一直处于公有领域中。所以,无论是过去还是今后,任何人都可以自由使用他们的作品,包括出版发行汇集有他们书法作品的字帖。

再来看《仿宣纸水写练字帖(书法初级教程)》。按照四川省出版局的《行政处罚决定书》和一审、二审判决,郫县书刊印装厂印制的《仿宣纸水写练字帖(书法初级教程)》,汇集了柳公权、颜真卿等历代名人的字帖。按照著作权法的原理,如果汇编者在汇编他人作品时,包括不是作品的数据信息,只要在

选择、编排上具有著作权法所要求的独创性,就可以构成汇编作品受到保护。不过,郫县书刊印装厂的《仿宣纸水写练字帖(书法初级教程)》,似乎只是按照人物的顺序,将柳公权、颜真卿等历代名人的字帖汇集在了一起,显然不具有选择、编排上的独创性。与此相应,无论是从内容上看,还是从形式上看,《仿宣纸水写练字帖(书法初级教程)》都不属于著作权法意义上的作品。

参考文献

《中华人民共和国著作权法》

《中华人民共和国著作权法实施条例》

《中华人民共和国行政处罚法》

《出版管理条例》

《印刷业管理条例》

李明德、许超:《著作权法》(第二版),法律出版社 2009 年版。

李明德、管育鹰、唐广良:《〈著作权法〉专家建议稿说明》,法律出版社 2012 年版。

王迁:《著作权法》,中国人民大学出版社 2015 年版。

未经许可传播他人软件：

厦门市执法支队处罚系统大全网站

| 基本案情 |

　　系统大全网站是一家个人开办的网站，其开办人居住在福建省厦门市。该网站工商登记注册的开办人是雷某，但实际经营者是董某。2016 年 8 月，位于江苏省苏州市的某计算机软件公司向有关部门投诉，声称系统大全网站未经许可，将自己的两款软件"Beyond Compare"和"Coreldraw"放在其网站上，供他人免费下载和安装。接到上级单位转来的投诉资料以后，厦门市文化市场综合执法支队（以下简称执法支队）对该案进行了查处。

　　根据案情，执法支队先是在 2016 年 8 月 16 日，对于系统大全网站进行了远程勘验检查取证，发现该网站确实提供上述两款软件的免费下载。执法人员按照页面的说明，可以免费下载、安装和使用"Beyond Compare"和"Coreldraw"两款软件。在安装的过程中，不需要输入软件版本号、序列号等信息。到了 8 月 26 日，执法支队又前往系统大全网站的营业地进行了实地检查。在相关人员的陪同下，执法人员现场打开系统大全网站，现场操作了有关"Beyond Compare"和"Coreldraw"两款软件的下载、安装和使用。系统大全网站的实际经营者董某确认，系统大全网站的最初开办者是自然人雷某，自己于 2016 年 5 月以 3 万元的价格向雷某购买了网站的经营权。董某还确认，自己在该网站上确实提供了"Beyond Compare"和"Coreldraw"两款软件的免费下载服务。

　　依据权利人的投诉书、执法支队远程勘验检查的取证，以及执法支队对于系统大全网站的现场检查、实际经营人董某的供述，执法支队于 8 月 31 日决定，对于系统大全网站的侵权行为立案调查，并通知了当事人董某。在案件调查过程中，董某给予了配合，并且在 9 月 2 日提供了网站后台记录截图，以及

《网站整改情况说明》，对于侵权活动主动进行了整改。随后案件调查结束，执法支队依据权利人的举报书、执法支队远程勘验检查的记录、执法支队现场调查的记录、网站后台记录截图等证据，经过认真讨论，初步决定给予当事人董某1万元的处罚。在作出初步决定之后，执法支队于2016年9月20日向当事人董某送达了2016年第210号《行政处罚事先告知书》，记载了董某及系统大全网站的违法事实、相关证据、情节认定、处罚依据，以及拟作出的行政处罚内容。《行政处罚事先告知书》还明确告知，当事人享有陈述、申辩的权利。在法定的期间内，当事人董某没有提出听证的申请，也没有提出陈述、申辩的意见。

　　于是，执法支队于2016年9月26日作出了《行政处罚决定书》（厦文执罚字（2016）第210号），责令系统大全网站及其经营者董某立即停止侵权行为，并处人民币1万元的罚款。《行政处罚决定书》还告知当事人，如果不服本处罚决定，可以在收到本行政处罚决定书之日起的60日内，向厦门市人民政府行政复议委员会申请复议，也可以在收到本决定之日起的6个月内向厦门市里湖区人民法院提起行政诉讼。但是在行政复议或者行政诉讼期间，本处罚决定不停止执行。

▶ **法律问题**

　　"厦门市文化市场综合执法支队处罚系统大全网站"是一个案情相对简单的案件。在该案中，系统大全网站未经许可，提供了"Beyond Compare"和"Coreldraw"两款软件的免费下载服务，属于侵权行为。同时，厦门市执法支队依据相关的调查结果，对于当事人给予了行政处罚。下面分别讨论本案中所涉及的两个法律问题：计算机软件的权利和侵权的行政处罚。

一、计算机软件的权利

　　在"厦门市文化市场综合执法支队处罚系统大全网站"一案中，位于苏州的计算机软件公司投诉，主张自己是"Beyond Compare"和"Coreldraw"两款软件的开发者，享有软件作品的著作权。投诉人还主张，系统大全网站未经许可,提供上述两款软件的下载服务,侵犯了自己的著作权。在执法支队调查的过程中,系统大全网站的经营者董某也承认,自己未经许可提供了"Beyond Compare"和"Coreldraw"两款软件的免费下载服务,也即侵犯了上述两款软件的著作权。

执法支队经过调查,依据相关的证据作出了《行政处罚决定书》。关于涉案的两款计算机软件,《行政处罚决定书》说,根据我国《计算机软件保护条例》第2条和第3条,"Beyond Compare"和"Coreldraw"两款软件属于计算机软件作品。同时,根据《计算机软件保护条例》第8条的规定,苏州的软件公司作为上述两款软件的著作权人或者权利人,享有软件的复制权、发行权和信息网络传播权等权利。《行政处罚决定书》还说,当事人董某通过网络获得上述两款软件,然后未经许可,通过系统大全网站提供免费下载服务,损害了著作权人的利益。按照《著作权法》和《计算机软件保护条例》,董某和系统大全网站的上述行为,侵犯了他人的著作权,应当给予相应的处罚措施。

二、行政处罚的依据和处罚措施

在"厦门市文化市场综合执法支队处罚系统大全网站"一案中,当事人董某及其网站,未经许可而将苏州公司的两款软件放在网站上,提供免费下载、安装和使用的服务,属于侵犯苏州公司著作权的行为。按照《著作权法》和《计算机软件保护条例》,著作权人或者利害关系人在发生侵权的时候,应当前往法院提起民事诉讼,并在法院认定侵权后获得相应的民事救济,例如责令被告停止侵权、支付一定数额的损害赔偿,等等。

然而在本案中,苏州公司在发现侵权行为以后,并没有前往法院提起民事诉讼,而是向行政执法部门投诉,要求查处。这样,厦门市文化市场综合执法支队要想调查董某及其系统大全网站的侵权行为,必须认定相关的侵权行为不仅损害了权利人的利益,而且损害了社会公共利益。否则,执法支队就不应当进行调查,更不应该给予董某及其系统大全网站以相应的行政处罚措施。

关于这个问题,执法支队的《行政处罚决定书》在认定董某及其网站侵犯了苏州公司的软件著作权的同时,还认定当事人的侵权行为损害了社会公共利益,应当予以处罚。《行政处罚决定书》指出,当事人未经著作权人许可,通过信息网络传播了著作权人的软件；当事人在获得广告收入的前提下，进行了网站的经营；当事人未经许可，提供免费下载服务，扰乱了市场秩序，构成了损害公共利益。显然，正是由于行政执法机关认定董某及其网站的免费下载行为同时损害了社会公共利益，才对当事人的侵权行为进行了调查，并作出了行政处罚决定。

不过，按照执法支队的认定结果，在行政机关的调查活动中，当事人积极配合调查，并且主动进行了整改。执法支队还认定，当事人对于系统大全网站的经营时间较短，违法经营所得数额较少。其中，软件下载数量为 98 次，符合经营侵权制品 50 册（张或份）以上 120 册（张或份）以下的要素，可以处以货值金额 1 倍以上 5 倍以下的罚款。由于两款软件的货值金额为 9099 元，所以最后决定处以 1 万元的罚款。

专家评析

一、计算机软件与文字作品

我国现行的《著作权法》第 3 条在规定受保护的客体时，规定了"计算机软件"。同时，《著作权法》第 59 条规定，计算机软件的保护办法由国务院另行规定。正是基于这样的规定，依据这个授权，国务院分别在 1991 年颁布了《计算机软件保护条例》，又在 2002 年进行了修订。条例依据《著作权法》的相关条文，规定了计算机软件的保护。然而，是否有必要制定这样一个《计算机软件保护条例》，仍然是一个值得探讨的问题。

按照世界知识产权组织《与贸易有关的知识产权协议》和《世界知识产权组织版权条约》，计算机程序可以作为文字作品受到保护。例如，《与贸易有关的知识产权协议》第 10 条规定："无论是以源代码或者以目标代码表达的计算机程序，均应作为伯尔尼公约 1971 年文本所指的文字作品予以保护。"又如，《版权条约》第 4 条规定："计算机程序可以作为伯尔尼公约第 2 条意义上的文字作品予以保护。"既然计算机程序可以作为文字作品受到保护，完全可以适用文字作品的相关规定，没有必要制定单独的计算机软件保护条例。事实上,很多国家就是在著作权法或者版权法中,直接规定了计算机程序的保护。

当然,计算机程序作为文字作品受到保护,也有一些不同于传统意义上的文字作品的特点。例如,计算机程序可以是人类阅读的源代码构成,也可以是机器阅读的目标代码构成。又如,计算机程序复制件的合法持有者,为了避免机器失灵或者操作失误而造成的损失,可以制作备份。再如,为了计算机程序兼容的问题,程序的使用者可以对相关的程序作出必要的修改。这样,在将计算机程序作为文字作品予以保护的同时,还应当规定特别的有关计算机程序权利的例外,允许计算机程序复制件的合法持有者从事装载、备份和使用相关的计算机程序。

正是基于以上的原因,美国于 1980 年修订《版权法》,只规定了两个内容,就提供了对计算机软件的保护。一是在《版权法》第 101 条中规定了计算机软件的定义:"计算机软件是一系列陈述或指令,可以直接或间接地适用于计算机,以达到某种特定的结果。"二是在《版权法》第 117 条中规定了有关权利的限制,计算机软件复制件的合法所有人,可以为了备份和兼容的目的而复制有关的软件。其余的问题则完全适用《版权法》的有关规定。

中国在制定《著作权法》的同时制定了《计算机软件保护条例》,于 1991年 10 月 1 日起实施。随后,《计算机软件保护条例》又于 2002 年作了修订。然而,仔细比较《著作权法》和《计算机软件保护条例》的规定,就会发现除了有关软件的定义和权利的限制之外,其他的规定都与《著作权法》的相关规定雷同。基于此种情形,学术界很多人都建议,在《著作权法》中增加计算机程序的定义和必要的权利限制,然后废除《计算机软件保护条例》。

将计算机软件作为文字作品予以保护,可以简化对于计算机软件的保护。例如,从软件著作权人享有的权利来说,可以适用《著作权法》第 10 条规定的各种权利,包括作者的精神权利(著作权人身权)和经济权利(财产权),而不必诉诸特别的《计算机软件保护条例》的规定。又如,软件著作权人可以直接依据《著作权法》第 47 条和第 48 条的规定,对于侵权者寻求民事救济、行政处罚和刑事制裁。再如,软件著作权人还可以依据《著作权法》有关技术保护措施和权利管理信息保护的规定,寻求对于自己权利的更加强有力的保护。

从这个意义上，就计算机软件来说，《著作权法》对于文字作品规定了多少种权利，软件著作权人就可以享受多少种权利；《著作权法》对于文字作品提供了多少种法律救济措施，软件著作权人就可以诉诸多少种法律救济措施。

关于"计算机软件"，还有两个问题值得略作陈述。第一，应当使用"计算机程序"而非"计算机软件"的术语。例如，我国《计算机软件保护条例》第2条规定："本条例所称计算机软件（以下简称软件），是指计算机程序及其有关文档。"按照这个定义，计算机软件包括了程序和文档。然而，"文档"本身就是文字作品，可以与文字作品一样获得必要的保护。所以，就"计算机软件"而言，其中真正特殊的是"程序"。所以，学术界一直建议，在废除了《计算机软件保护条例》以后，在进一步修订《著作权法》的过程中，应当使用更为准确的"计算机程序"的术语。

第二，计算机程序除了数字编码的特征，还具有实用性和功能性的方面。一方面，从源程序和目标程序的角度来说，计算机程序可以作为文字作品受到著作权法的保护。然而在另一方面，任何一个计算机程序还具有实用性和功能性的方面。按照国际上通行的做法，体现在计算机程序中的技术方案，或者实用性、功能性的方面，可以在符合相关条件的前提下获得专利法的保护。在这方面，著作权法所保护的作品，是计算机程序中的表达，不应当涉及其中的技术方案，或者实用性、功能性的方面。关于这个问题，只要坚持著作权法所保护的仅仅是作品或者表达，就不会发生通过著作权法保护软件中的技术方案或者实用性、功能性方面的问题。

二、行政处罚程序

按照我国《著作权法》和《著作权法实施条例》的规定，在发生了著作权侵权，包括软件著作权侵权的情况下，权利人可以有两个途径维护自己的权利。一是按照世界各国通常的做法，权利人前往民事法院，提起民事侵权诉讼，并且在法院认定侵权后，获得必要的民事救济，如责令侵权人立即停止侵权，支付一定数额的损害赔偿。二是按照中国特殊的法律规定，前往相应的著作权行政执法部门投诉，由行政执法部门查处相关的侵权行为。经过行政机关的查处，通常也会责令侵权人立即停止侵权，并对侵权人处以行政罚款。但是，行政罚款的款项应当进入国库,而不能支付给权利人。所以就权利人而言,通过行政查处的途径,虽然可以获得责令侵权人立即停止侵权的救济,但不能获得损害赔偿。如果权利人还想获得损害赔偿,则应当向民事法院提起诉讼。

在这方面,我国《著作权法》第 48 条规定,在发生了该条所规定的八种侵权行为的时候,而且在同时损害了公共利益的时候,著作权行政管理部门才可以进行调查。在调查结束的时候,著作权行政管理部门还可以责令当事人停止侵权行为,没收违法所得,没收、销毁侵权复制品,并可处以罚款;情节严重的,著作权行政管理部门还可以没收主要用于制作侵权复制品的材料、工具、设备等。同时,《著作权法实施条例》第 36 条规定,有《著作权法》第 48 条所列侵权行为,同时损害社会公共利益,非法经营额 5 万元以下的,著作权行政管理部门可处非法经营额 1 倍以上 5 倍以下的罚款;没有非法经营额或者非法经营额 5 万元以下的,可处 25 万元以下的罚款。又据《著作权法实施条例》第 37 条,有《著作权法》第 48 条所列侵权行为,同时损害社会公共利益的,由地方人民政府著作权行政管理部门负责查处。国务院著作权行政管理部门可以查处在全国有重大影响的侵权行为。

具体到计算机软件的保护,我国《计算机软件保护条例》第 24 条也规定,犯有该条所规定的五种侵犯软件著作权行为,并且同时损害社会公共利益的,由著作权行政管理部门责令停止侵权行为,没收违法所得,没收、销毁侵权复制品,可以并处罚款;情节严重的,著作权行政管理部门并可以没收主要用于制作侵权复制品的材料、工具、设备等。该条规定的五种侵权行为是:

(一)复制或者部分复制著作权人的软件的;

(二)向公众发行、出租、通过信息网络传播著作权人的软件的;

(三)故意避开或者破坏著作权人为保护其软件著作权而采取的技术措施的;

(四)故意删除或者改变软件权利管理电子信息的;

(五)转让或者许可他人行使著作权人的软件著作权的。

根据规定,有第(一)项或者第(二)项侵权行为的,可以并处每件 100 元或者货值金额 1 倍以上 5 倍以下的罚款;有第(三)项、第(四)项或者第(五)项侵权行为的,可以并处 20 万元以下的罚款。

在"厦门市文化市场综合执法支队处罚系统大全网站"一案中，涉案的两款软件"Beyond Compare"和"Coreldraw"的著作权人——江苏省苏州市的某计算机软件公司，就是在发现当事人"系统大全网站"侵犯了自己的著作权以后，向有关的行政部门进行了投诉。由于当事人系统大全网站位于福建省厦门市，相关的投诉资料转到了厦门市文化市场综合执法支队。随后，厦门市文化市场执法支队对该案进行查处，并且作出了相应的处罚决定，例如责令停止侵权和处以行政罚款。

按照通常的看法，法院在审理相关的案件的时候，非常注重程序、证据，注重对于相关行为是否侵权的定性，依据相关的证据和事实，作出侵权与否的判定，以及相应的救济措施，例如责令停止侵权和确定一定数额的损害赔偿。然而从"厦门市文化市场综合执法支队处罚系统大全网站"一案来看，或者其他著作权行政查处案件来看，完全可以说行政执法同样具有严格的程序，包括有关证据的程序、有关侵权与否认定的程序、基于法律救济的程序。例如在"厦门市文化市场综合执法支队处罚系统大全网站"一案中，先是由软件著作权人提起行政投诉，然后是厦门市文化市场综合执法支队对于案件的调查。在取证的过程中，执法支队先是通过远程勘验的方式取证，然后是前往营业场所取证。最后，在相关证据的基础上，执法支队判定当事人系统网站大全侵犯了权利人的软件著作权，进而责令当事人停止侵权。

值得注意的是，在厦门市文化市场综合执法支队查处的过程中，系统网站大全的实际经营者董某，积极配合行政机关的查处，不仅提供了网站后台记录的截图，而且提交《网站整改情况说明》，对于侵权活动主动进行了整改。同时，执法支队还认定，当事人对于系统大全网站的经营时间较短，违法经营的数额较少。正是基于以上的事实和证据，执法支队显然是从轻处罚，对当事人给予了1万元的罚款。

参考文献

《中华人民共和国著作权法》

《中华人民共和国著作权法实施条例》

《计算机软件保护条例》

《信息网络传播权保护条例》

《中华人民共和国行政处罚法》

《著作权行政处罚实施办法》

《中华人民共和国行政强制法》

李明德、许超:《著作权法》(第二版),法律出版社 2009 年版。

李明德、管育鹰、唐广良:《〈著作权法〉专家建议稿说明》,法律出版社 2012 年版。

王迁:《著作权法》,中国人民大学出版社 2015 年版。

未经许可下载和使用他人软件：

游戏巅峰公司诉北京市文化市场执法总队

| 基本案情 |

2007年3月15日,北京市文化市场行政执法总队(北京市"扫黄打非"办公室)对北京市游戏巅峰软件公司进行检查,发现该公司营业场所内的电脑上复制安装有欧特克公司的3Ds Max游戏软件。对于3Ds Max游戏软件,欧特克公司享有著作权。文化执法总队当即委托北京市公证处对于现场的17台电脑进行了证据保全。后来经过欧特克公司认定,游戏巅峰公司电脑中复制安装的3Ds Max游戏软件,未经欧特克公司的授权许可。2007年3月15日和3月23日,文化执法总队对游戏巅峰公司予以调查,并对相关人员和委托代理人进行了询问。该公司的委托代理人确认,该公司未经欧特克公司的授权许可,在上述17台计算机中复制安装了欧特克公司的3Ds Max软件,其目的是用于网络游戏研发。

2007年3月23日,在上述调查和取证的基础上,文化执法总队向游戏巅峰公司发出了责令限期改正通知书,要求其立即改正违法行为。同时,文化执法总队还向游戏巅峰公司下达了行政处罚告知书和听证告知书,告知对其将要进行处罚的事实、理由、依据,以及游戏巅峰公司享有的相关权利。从相关的案情来看,游戏巅峰公司没有申请听证,也没有进行申辩。

2007年4月2日,文化执法总队对游戏巅峰公司作出处罚决定,并予以送达。《行政处罚决定书》(京文执罚2007第300027号)认定,游戏巅峰公司未经权利人许可,在其17台电脑中安装和使用3Ds Max游戏软件,违反了《计算机软件保护条例》第24条第1款第1项的规定,因而责令其停止侵权行为。同时,依据《计算机软件保护条例》第24条第2款的规定,给予游戏巅峰公司罚款人民币85000元的行政处罚。

游戏巅峰公司收到《行政处罚决定书》以后,向北京市人民政府提出了行政复议。经过复议,北京市人民政府维持了文化执法总队的处罚决定。同年8月20日,游戏巅峰公司向北京市海淀区人民法院提起行政诉讼,要求撤销或变更文化执法总队的处罚决定。

北京市海淀区人民法院经过审理,认定文化执法总队对于游戏巅峰公司的侵权行为具有行政处罚的法定职权;原告未经权利人许可,在其17台电脑中复制、安装3Ds Max游戏软件,不仅侵犯了著作权人的利益,而且损害了社会公共利益;文化执法总队作出的行政处罚决定,认定事实清楚、程序合法、适用法律法规准确,给予游戏巅峰公司以85000元的罚款也属于幅度恰当(2007海行初字第00298号)。由此出发,北京市海淀区人民法院维持了文化执法总队的《行政处罚决定书》。

游戏巅峰公司不服海淀区人民法院的判决,又向北京市第一中级人民法院提起了上诉。上诉法院经过审理,又在执法资格、侵犯权利和行政处罚程序等三个方面,肯定了一审法院的判决(2008一中行终字第199号)。与此相应,文化执法总队的《行政处罚决定书》得以维持。

▶ 法律问题

在"游戏巅峰公司诉北京市文化市场执法总队"一案中,一审法院和二审法院主要讨论了三个问题:第一,文化执法总队是否具有处罚著作权侵权的资格;第二,文化执法总队认定侵权的事实是否有误;第三,行政罚款的数额是否有问题。对于这三个问题,一审法院和二审法院都给予了肯定的回答。下面分别论述。

一、文化执法总队的执法资格

关于这个问题,一审法院和二审法院的判决书都指出,按照《著作权法》第48条和《计算机软件保护条例》第24条的规定,对于侵犯计算机软件的行为,在同时损害社会公共利益的情况下,可以由著作权行政管理部门予以查处。又据《行政处罚法》第16条:"国务院或者经国务院授权的省、自治区、直辖市人民政府可以决定一个行政机关行使有关行政机关的行政处罚权,但限制人身自由的行政处罚权只能由公安机关行使。"这表明,当侵犯著作权的行为,包括侵犯软件著作权的行为,同时损害社会公共利益的时候,可以由行政机关予以查处并给予行政处罚,但限制人身自由的行政处罚权只能由公安机关行使。

文化执法总队的《行政处罚决定书》已经认定,游戏巅峰公司未经权利人的许可,在其 17 台电脑中复制安装了欧特克公司的 3Ds Max 游戏软件,既侵犯了著作权人的利益,又损害了社会公共利益。对此,一审法院和二审法院也予以认可。由此出发,从维护社会公共利益的角度出发,著作权行政管理部门可以对游戏巅峰公司的侵权行为进行查处和处罚。

在本案的诉讼过程中,文化执法总队就自己的执法职责进行了说明。按照中共中央办公厅和国务院办公厅的相关文件,国务院已经授权一些省市自治区设立文化市场综合执法机构和队伍,将原来分别隶属于文化、广播电视、新闻出版部门的执法机构及"扫黄打非"的队伍,并入新设立的文化市场综合执法机构和队伍。与此相应,原来属于新闻、出版、版权行政部门的职能,包括对于侵犯著作权行为的查处之前,归属于北京市文化市场综合执法总队行使。与此相应,文化执法总队可以查处游戏巅峰公司的侵权行为。关于这一点,一审法院在其判决书中给予了肯定。

在原告提起的上诉中,执法总队还提交了另外两份文件:北京市政府办公厅 2005 年第 26 号文件《北京市人民政府办公厅关于印发北京市文化市场行政执法总队(北京市"扫黄打非"办公室)主要职责、内设机构和人员编制规定的通知》;北京市政府 2006 年第 22 号文件《北京市人民政府关于公布市级行政执法主体依据职权进一步推行行政执法责任制工作的通知》。二审法院认为,按照这两个文件,北京市文化执法总队是负责北京市文化市场综合行政执法工作的市政府直属行政执法机构,具有集中行使法律、法规规章规定应由省级文化、广播电视、新闻出版(版权)等行政主管部门行使的行政处罚职责及行政强制、监督检查职责。与此相应,文化执法总队具有原属于新闻出版行政部门职权范围内的对侵犯计算机软件的侵权行为进行查处、给予行政处罚的职责。游戏巅峰公司主张,文化执法总队不是合法的行政处罚实施机关、不具有行政处罚权的资格,缺乏法律依据,本院不予支持。这样,二审法院也认定文化执法总队具有处罚著作权侵权的职责。

二、关于侵犯著作权的认定

在"游戏巅峰公司诉北京市文化市场执法总队"一案中,原告未经欧特克公司的许可,在其 17 台计算机中复制安装了 3Ds Max 游戏软件。执法总队经过调查取证,认定游戏巅峰公司侵犯了欧特克公司的著作权,不仅损害了著作权人的利益,而且损害了社会公共利益。

关于这个问题,北京市海淀区法院在一审判决中认定,游戏巅峰公司未经许可在 17 台电脑中复制安装 3Ds Max 游戏软件,侵犯了欧特克公司的著作权。一审法院在判决中论证说,根据《计算机软件保护条例》第 24 条第 1 款第 1 项,未经著作权人的授权许可,复制或者部分复制著作权人软件的行为,属于侵权行为。一审法院还指出,根据执法总队对游戏巅峰公司委托代理人刘某某的询问笔录,以及其他的相关证据,游戏巅峰公司将 3Ds Max 游戏软件安装于该公司的 17 台电脑中,由该公司研发中心美术部使用,用于网络游戏的研发。因此可以认定,游戏巅峰公司在未取得 3Ds Max 游戏软件著作权人许可的情况下,擅自复制并安装了该软件。游戏巅峰公司的行为,不仅侵犯了软件著作权人的合法权益,而且扰乱了正版计算机软件通过合法途径的发行、使用和传播,对社会公共利益造成了损害。

关于这个问题,北京市第一中级人民法院在二审判决中,也作出了基本相同的认定。具体说来,游戏巅峰公司未经著作权人的许可,在其 17 台电脑中复制安装了 3Ds Max 游戏软件,由该公司研发中心美术部使用,用于网络游戏的研发。依据《计算机软件保护条例》第 24 条的规定,游戏巅峰公司的上述行为,侵犯了欧特克公司的著作权,不仅损害了著作权人的利益,而且损害了社会公共利益。

在本案的上诉中,游戏巅峰公司向二审法院提交了两份证据:一是该公司的《培训通知》《培训人员明细表》和《培训协议》,以证明该公司存在的培训事实;二是一位员工的证言,以证明该公司培训事实的存在,以及相关的软件是培训人员私自从网上下载安装。游戏巅峰公司的上述证据似乎想说明,复制安装在 17 台电脑中的 3Ds Max 游戏软件，不是用于网络游戏的研发，而是用于公司的培训活动。更进一步，在电脑中复制安装 3Ds Max 游戏软件，不是公司的行为，而是员工私自下载安装，并且用于培训活动。

然而，原告的上述证据并不能为其未经许可而复制安装他人软件的行为开脱责任。首先，二审法院直接认定了已经由文化执法总队和一审法院认定的事实，即游戏巅峰公司未经著作权人的许可，在其 17 台电脑上复制安装了3Ds Max 游戏软件，由该公司研发中心美术部使用，用于网络游戏的研发。与此相应，二审法院并不认可游戏巅峰公司关于培训和私人下载的说法。其次，即使承认游戏巅峰公司关于公司培训和私人下载 3Ds Max 游戏软件并用于培训的说法，也应当承担侵权的责任。因为，按照游戏巅峰公司提供的《培训通知》《培训人员明细表》和《培训协议》，相关的培训活动是由该公司组织，属于商业活动或者公司的业务活动。同时，员工私自下载安装 3Ds Max 游戏软件，用于公司的培训活动，仍然属于为了公司的业务活动而下载安装。在这种情况下，即便是员工私自下载安装，也应当由公司承担侵权的责任。

按照《著作权法》和《计算机软件保护条例》的相关规定，只有在为了个人学习、研究或者欣赏的情况下，才可以不经著作权人许可，不向其支付报酬，使用他人已经发表的作品。依据这个规定，员工私自下载安装 3Ds Max 游戏软件，用于公司的培训活动，显然不属于为了个人学习、研究或者欣赏的情况，因而不能开脱侵犯他人著作权的责任。所以，即使是承认游戏巅峰公司的证据和试图说明的情况，游戏巅峰公司仍然应当承担侵犯欧特克公司著作权的责任。在这种情况下，如果行政执法机关和法院认定，游戏巅峰公司的侵权行为，不仅损害了著作权人的利益，而且损害了社会公共利益，则可以依据《著作权法》《计算机软件保护条例》和《行政处罚法》的相关规定，对于游戏巅峰公司进行行政调查和相应的处罚。

三、行政处罚程序和处罚措施

在"游戏巅峰公司诉北京市文化市场执法总队"一案中，文化执法总队在相关的检查活动中发现，游戏巅峰公司未经权利人的许可，在 17 台用于公司经营活动的电脑中，复制安装了欧特克公司的 3Ds Max 游戏软件。这属于行政执法机关的主动查处。当然,执法总队随后联系了游戏软件的权利人欧特克公司,后者不仅认定了游戏巅峰公司未经许可复制安装了自己的游戏软件,而且出具了举报文件。这样,行政机关的主动查处又与个人权利的保护联系了起来。

在本案中,执法总队根据相关的事实和证据认定,游戏巅峰公司侵犯欧特克公司软件著作权的行为,不仅侵犯了著作权人的利益,而且侵犯了社会公共利益。由此出发,依据《计算机软件保护条例》第24条的规定,执法总队一方面责令游戏巅峰公司立即停止侵权,另一方面则给予了85000元人民币的罚款。关于这一点,一审和二审法院都继续认定,游戏巅峰公司的行为既侵犯了著作权人的利益,又侵犯了社会公共利益,应当按照《计算机软件保护条例》第24条给予处罚。其中,一审法院在判决中还指出,游戏巅峰公司擅自复制安装游戏软件的行为,不仅侵犯了软件著作权人的合法权益,而且扰乱了正版计算机软件通过合法途径的发行、使用和传播,对社会公共利益造成了损害。

在本案中,执法总队在查处侵权的过程中,严格遵守了《行政处罚法》所规定的必要程序。例如,当游戏巅峰公司提起了行政诉讼之后,执法总队向一审法院提交了一系列与执法程序相关的文件,例如立案审批表、举报文件、行政执法检查记录、行政执法调查通知书存根、行政执法询问笔录、行政处罚案件告知书、听证告知书及送达回执、行政案件集体讨论记录、《行政处罚决定书》及送达回执、行政复议决定,等等。按照这些证据,执法总队大体走过了现场检查、立案审批、权利人举报、行政执法调查通知、行政执法调查、行政处罚告知、听证告知、案件处理审批表,以及《行政处罚决定书》的作出和送达等程序。正是基于以上的证据和程序,一审法院认定,执法总队作出的行政处罚决定,履行了立案、调查等程序,在作出处罚前告知了当事人享有听证的权利。执法总队的处罚决定认定事实清楚、程序合法,适用法律法规准确。二审法院也认定,执法总队履行了立案、调查、告知当事人享有听证的权利,程序合法,适用法律法规准确。

关于处罚的措施,执法总队按照《计算机软件保护条例》第24条的规定,一方面责令游戏巅峰公司立即停止侵权,另一方面处以85000元的罚款。就责令停止侵权而言,执法总队在调查的过程中,在确认游戏巅峰公司未经许可复制安装了欧特克公司的游戏软件后，还向游戏巅峰公司下达了责令限期改正的通知书。这相当于民事责任中的临时性禁令。而且在后来的调查程序中，执法总队还对整改措施进行了检查，并向法院提交了检查整改措施方面的证人证言。

就罚款而言，《计算机软件保护条例》第 24 条第 2 款规定，如果侵权人未经许可，复制或者部分复制了著作权人的软件，可以并处每件 100 元或者货值金额 1 倍以上 5 倍以下的罚款。在本案中，根据欧特克公司提交的证据，3Ds Max 游戏软件每套价值人民币 31000 元。执法总队依据这个价格，依据游戏巅峰公司在 17 套电脑中擅自复制安装 3Ds Max 游戏软件的事实，给予了游戏巅峰公司 85000 元人民币的罚款。关于这一点，一审法院和二审法院在判决书中都给予了认可，认为执法总队的罚款数额在法律规定的幅度之内，并无不当。

专家评析

一、著作权行政执法机关的演变

按照《著作权法》第 48 条的规定，犯有该条规定的八种侵权行为，同时损害社会公共利益的，可以由著作权行政管理部门责令停止侵权行为，没收违法所得，没收、销毁侵权复制品，并处罚款；情节严重的，著作权行政管理部门还可以没收主要用于制作侵权复制品的材料、工具、设备等；构成犯罪的，依法追究刑事责任。在这方面，《著作权法实施条例》第 37 条规定，犯有《著作权法》第 48 条所列侵权行为，同时损害社会公共利益的，由地方人民政府著作权行政管理部门负责查处。同时，国务院著作权行政管理部门可以查处在全国有重大影响的侵权行为。

不过，就地方政府而言，又存在着省、自治区、直辖市一级，地级市一级甚至区县一级的著作权行政管理部门。这些著作权行政管理部门或者独立存在，或者存在于新闻、文化、出版行政管理部门中。然而，地方政府中的著作权行政管理部门，在处理著作权侵权活动中，往往势单力薄，甚至很难胜任相关的查处活动。同时,新闻、文化和出版部门承担的"扫黄打非"工作,又与查处著作权侵权具有一定的交叉性。因为,其中的"黄"是指淫秽出版物,其中的"非"是指非法出版物(包括侵权复制品)。在原有的体制之下,往往是打击著作权侵权的队伍、打击淫秽出版物的队伍、打击非法出版物的队伍各自为政,既分散了人员的力量,又不能有效地达到行政执法的目的。

进入2000年以后,随着地方行政管理体制的改革,一些地方尝试将隶属于文化、广播电视、新闻出版部门和版权部门的执法机构,以及"扫黄打非"的执法人员整合起来,成立了文化市场综合执法队伍。这一方面加强了打击盗版和扫黄打非的力量,另一方面也强化了文化市场的执法力度。随着探索的进行,国务院充分肯定了设立文化市场综合执法队伍的做法,授权一些地方政府设立了文化市场综合执法机构和队伍。大体说来,在省、自治区、直辖市的层面上,这种文化市场综合执法队伍称为"总队",例如本案中的北京市文化市场执法总队;而在地级市的层面上则称之为"支队",如厦门市文化市场综合执法支队(本书第七个案例)。当然,在某些情况下,也仅仅称为"文化市场综合执法队伍"。

就本案的情况来看,北京市政府于2005年发布了第26号文件《北京市人民政府办公厅关于印发北京市文化市场行政执法总队(北京市"扫黄打非"办公室)主要职责、内设机构和人员编制规定的通知》;于2006年发布了第22号文件《北京市人民政府关于公布市级行政执法主体依据职权进一步推行行政执法责任制工作的通知》。按照这两个文件,北京市成立了文化市场行政执法总队,负责北京市文化市场综合行政执法工作,并且直接隶属于北京市政府。从职能上看,新成立的文化市场行政执法总队,集中行使法律、法规、规章规定应由省级文化、广播电视、新闻出版和版权等行政主管部门行使的行政处罚职责及行政强制、监督、检查的职责。

确实,按照《著作权法》第48条的规定,按照《著作权法实施条例》第36条、第37条的规定,包括按照《计算机软件保护条例》第24条的规定,都是由著作权行政管理部门查处相关的侵权行为,而没有出现"文化市场执法队伍"的字样。正是从这个意义上说,游戏巅峰公司主张,文化执法总队不是合法的行政处罚实施机关,不具有行政处罚的资格。然而,从北京市文化市场执法总队吸收了著作权行政管理部门的执法职责来说，又当然包括了《著作权法》第48条、《著作权法实施条例》第36条和第37条、《计算机软件保护条例》第24条规定的著作权行政管理部门的职责。所以，文化市场行政执法总队可以查处游戏巅峰公司侵犯他人著作权的行为，并且依据相关的法律法规给予当事人以必要的行政处罚。关于这一点，审理案件的北京市海淀区人民法院和北京市第一中级人民法院也给予了充分的肯定。

二、软件著作权的限制与例外

在"游戏巅峰公司诉北京市文化市场执法总队"一案的上诉中，游戏巅峰公司向二审法院提交了两份证据：一是该公司的《培训通知》《培训人员明细表》和《培训协议》；二是员工证言，以证明相关的软件是培训人员私自从网上下载安装。显然，游戏巅峰公司想证明，复制安装在17台电脑中的3Ds Max游戏软件，是用于公司的培训活动，并且属于公司员工私自下载复制。与此相应，员工私自下载安装的行为，属于为了学校课堂学习的使用，属于权利的限制与例外，应当免于侵权责任。

大体说来，世界各国的著作权法或者版权法，都在规定权利人所享有的权利的同时，规定了权利的限制与例外。按照权利的限制与例外，社会公众在某些情况下使用他人已经发表的作品，可以不必经过许可，不必支付报酬，但前提是这种使用属于特例，不得影响权利人对于该作品的正常使用，也不得不合理地损害著作权人的合法利益。在这方面，我国《著作权法》第22条规定了12种权利的限制与例外。

根据规定，在下列情况下使用作品，可以不经著作权人许可，不向其支付报酬，但应当指明作者姓名、作品名称，并且不得侵犯著作权人依照本法享有的其他权利：

（一）为个人学习、研究或者欣赏，使用他人已经发表的作品；

（二）为介绍、评论某一作品或者说明某一问题，在作品中适当引用他人已经发表的作品；

（三）为报道时事新闻，在报纸、期刊、广播电台、电视台等媒体中不可避免地再现或者引用已经发表的作品；

（四）报纸、期刊、广播电台、电视台等媒体刊登或者播放其他报纸、期刊、广播电台、电视台等媒体已经发表的关于政治、经济、宗教问题的时事性文章，但作者声明不许刊登、播放的除外；

（五）报纸、期刊、广播电台、电视台等媒体刊登或者播放在公众集会上发表的讲话，但作者声明不许刊登、播放的除外；

（六）为学校课堂教学或者科学研究，翻译或者少量复制已经发表的作品，供教学或者科研人员使用，但不得出版发行；

（七）国家机关为执行公务在合理范围内使用已经发表的作品；

（八）图书馆、档案馆、纪念馆、博物馆、美术馆等为陈列或者保存版本的需要，复制本馆收藏的作品；

（九）免费表演已经发表的作品，该表演未向公众收取费用，也未向表演者支付报酬；

（十）对设置或者陈列在室外公共场所的艺术作品进行临摹、绘画、摄影、录像；

（十一）将中国公民、法人或者其他组织已经发表的以汉语言文字创作的作品翻译成少数民族语言文字作品在国内出版发行；

（十二）将已经发表的作品改成盲文出版。

除了《著作权法》的上述规定，《计算机软件保护条例》第17条是针对计算机程序的特殊性规定，即为了学习和研究软件内含的设计思想和原理，通过安装、显示、传输或者存储软件等方式使用软件的，可以不经著作权人许可，不向其支付报酬。

以上是我国《著作权法》和《计算机软件保护条例》关于著作权限制与例外的规定。按照上述规定，只有在法律规定的特殊情形下，例如为了个人学习、研究或者欣赏而使用他人的作品（包括计算机软件），才可以不经著作权人许可，不向其支付报酬，使用相关的作品。在"游戏巅峰公司诉北京市执法总队"一案中，原告的员工私自下载安装3Ds Max游戏软件，使用在公司的业务活动中，显然不属于为了个人学习、研究或者欣赏的情况。同时，即使承认游戏巅峰公司的证据和试图说明的情况，即公司员工私自下载安装了他人的软件，公司确实举行了不同种类的培训活动，游戏巅峰公司仍然应当承担侵犯欧特克公司著作权的责任。因为,游戏巅峰公司举行的培训活动,无论是针对内部员工的,还是针对外部人员的,都属于商业性活动。事实上,《著作权法》第22条规定的第六种情形,是指为了"学校课堂教学"而使用他人作品。显然,游戏巅峰公司属于"公司",而非"学校"。所以,《著作权法》第22条规定的这种权利的限制与例外,在任何情况下都不可能适用于游戏巅峰公司。

参考文献

《中华人民共和国著作权法》

《中华人民共和国著作权法实施条例》

《计算机软件保护条例》

《信息网络传播权保护条例》

《中华人民共和国行政处罚法》

《著作权行政处罚实施办法》

《中华人民共和国行政强制法》

李明德、许超:《著作权法》(第二版),法律出版社2009年版。

李明德、管育鹰、唐广良:《〈著作权法〉专家建议稿说明》,法律出版社2012年版。

王迁:《著作权法》,中国人民大学出版社2015年版。

未经许可下载和使用他人软件：

电线电缆公司诉东莞市出版局

| 基本案情 |

本案的原告是正规电线电缆（东莞）有限责任公司（以下简称电线电缆公司），是一家外国法人独资企业，主要从事与电线电缆有关的工程设计工作。本案的第三人也是一家外国公司，拥有 Pro/ENGINEER 软件的著作权。根据第三人的投诉，东莞市文化广电新闻出版局（以下简称东莞市出版局）于 2014年 1 月 7 日，前往电线电缆公司进行调查，以确认该公司是否安装了盗版软件。在电线电缆公司所在地，在工程部的 7 台电脑中发现了安装有第三人的软件 Pro/ENGINEER。但是，现场的工程部门负责人未能提供软件著作权人的许可使用合同。于是，执法人员对于现场拍摄取证，并将涉嫌侵权的 7 台电脑的硬盘进行登记保存，作为证据。2014 年 1 月 22 日，东莞市出版局对于登记保存的 7 台电脑的硬盘，进行了进一步的数据勘验，发现只有 4 台电脑的硬盘复制或者部分复制了第三人的软件。

在相关的调查、取证和对于证据进一步勘验的基础上，东莞市出版局于 2014 年 7 月 15 日向电线电缆公司发出了《行政处罚事先告知书》，说明拟对电线电缆公司作出销毁 4 件复制品，并处 331584 元罚款的行政处罚。同时告知，电线电缆公司享有要求听证的权利。随后，电线电缆公司向东莞市出版局提出了要求听证的申请，并在 2014 年 8 月 12 日举行了听证会。8 月 15 日，电线电缆公司向东莞市出版局提交了《整改情况汇报暨请求减免行政罚款数额申请书》。

2014 年 9 月 16 日，东莞市出版局作出《行政处罚决定书》（文罚字 2014 年第 3 号），决定销毁电线电缆公司的 4 件侵权复制品，并处人民币 331584 元的罚款。电线电缆公司不服处罚决定，向广东省版权局申请复议。2014 年 12

月 3 日,广东省版权局作出《行政复议决定书》,决定维持东莞市出版局的行政处罚决定。电线电缆公司仍然不服,于 12 月 29 日向东莞市第三人民法院提起了行政诉讼。

在诉讼中,原告和被告都向法院提交了各自的证据。其中,原告仅仅提交了《行政处罚决定书》和《行政复议决定书》。而被告则向法院提交了全面的证据:(一)投诉申请书、投诉人提交的初步侵权证据、投诉人提交的有关案涉著作权权利证明,拟证明本案的案件来自群众举报及权利人依法享有著作权的事实,案涉的权利主体是 PTC 公司;(二)检查(勘验)笔录、证据复制(提取)单、现场检查录像、证据先行登记保存通知书及保存物品清单,拟证明被告的办案人员到原告经营场所现场检查,发现侵权行为后,保存 7 台电脑的事实;(三)调查询问通知书、调查询问笔录、原告的登记材料及被调查人身份资料,拟证明原告的工作人员确认原告的电脑存在复制安装侵权软件的事实,并做了相关的笔录;(四)立案审批表,拟证明被告决定对本案侵权行为进行立案调查;(五)电子数据调取材料、电子数据勘验及勘验报告、勘验录像,拟证明原告的工作人员在场见证,从原告电脑中调取的材料显示,原告有 4 台电脑复制安装使用侵权软件,且电脑数据显示为原告工作内容,说明原告用这些电脑进行工作使用;(六)多路硬盘复制机操作结果报告单,拟证明在原告工作人员在场见证下,被告办案人员将原告电脑数据复制和保存的事实;(七)公证书、货值证明清单、销售合同及发票,拟证明案涉侵权软件的货物价值,根据多份销售合同及发票,计算得出案涉软件的平均货值为人民币 82896 元;(八)行政处罚事先告知书及送达回证,拟证明被告依法告知原告有陈述、申辩及要求听证的权利;(九)听证申请书及代理人身份材料、听证通知书、听证申辩意见、听证笔录、听证报告,拟证明本案被告在作出处罚前,依法召开听证会,听取原告的意见;(十)整改汇报及减免罚款数额的申请书,拟证明原告自查整改及申请减免罚款,原告在申请书中确认使用侵权软件的事实,并自行进行整改;(十一)集体讨论笔录、调查终结审批表、行政处罚呈批表,拟证明被告按照法定程序对案件进行讨论及处理;(十二)行政处罚决定书及送达回证,拟证明被告对原告作出行政处罚的结果及依据以及送达给原告;(十三)财物返还清单、销毁侵权复制品说明及录像材料、罚款缴款通知书及罚款收据,拟证明本案行政处罚已全部执行完毕;(十四)行政执法结案报告,拟证明被告按法定程序结案;(十五)行政复议决定书,拟证明原告提出行政复议,广东省版权局经过审理,作出维持本案行政处罚决定。

法院经过审理,维持了广东省版权局的行政复议决定和东莞市出版局的行政处罚决定(2015 东三法知行初字第 1 号)。

▶ 法律问题

在"电线电缆公司诉东莞市出版局"一案中,原告对于其 4 台电脑中复制安装有盗版软件的事实没有否认。但是原告提出,下载和安装第三人的软件,是某些员工的个人行为,不应由公司承担责任。原告还提出,员工个人的下载、安装行为,即使构成侵权,也应当追究民事责任,而不应当给予行政处罚。此外,原告还认为,罚款数额过大,不符合实际情况。下面分别讨论。

一、员工的行为与公司的责任

电线电缆公司在诉讼中说,东莞市出版局的行政处罚决定,将个别员工的行为视为公司的行为,是错误的。事实上,4 台电脑中复制安装的 Pro/ENGI-NEER 软件,是个别员工的个人行为,而非公司的行为。而个别员工下载复制第三人的软件,其目的是用于个人学习和研究。在这方面,原告已经购买了正版的 AUTODESK 软件,在平常的生产经营活动中也是使用 AUTODESK 软件。原告从来没有授权员工在其履行工作职责时,使用涉嫌侵权的 Pro/ENGINEER 软件。原告对于部分员工擅自下载和使用 Pro/ENGINEER 软件的行为并不知情,也无从管理。况且,这几个员工已经离职,无法进一步查实有关的情况。

被告东莞市出版局在答辩中指出,原告电线电缆公司侵犯 Pro/ENGINEER 软件的事实清楚。原告认为,被告在《行政处罚决定书》中错误地将其部分员工的行为视为原告的行为,与事实不符。在这方面,被告提供的第三项证据是调查询问通知书、调查询问笔录、原告的登记材料及被调查人的身份资料,证明原告的工作人员已经确认,原告的电脑复制安装了侵权软件。被告提供的第五项证据是电子数据调取材料、电子数据勘验及勘验报告、勘验录像。根据这些证据,原告有 4 台电脑复制安装使用了侵权软件,并且电脑数据显示为原告的工作内容,说明原告用这些电脑从事了相关业务工作。依据这些证据,原告的员工不仅擅自复制安装了第三人的软件,而且使用盗版软件从事其职责内的工作。

关于这个问题,法院经过审理肯定了东莞市出版局的观点。法院在判决中首先说,依据《著作权法》第 48 条规定,被告作为东莞市的著作权行政管理部门,负有职责对其辖区内的侵害著作权行为进行监督和检查。在本案中,针对原告存在侵害计算机软件著作权的行为,被告东莞市出版局进行了查处,并作出相应的行政处罚决定。

法院继续论证说,原告不服该决定而向法院提起诉讼,其争议的焦点是,被告认定的违法行为以及由此而作出的行政处罚,是否符合法律规定。关于这个问题,东莞市出版局在 2014 年 1 月 7 日对原告单位进行检查时,发现原告办公场所的电脑中有 7 台(后经进一步数据勘验确定为 4 台)存在复制或者部分复制 Pro/ENGINEER 软件的情况。东莞市出版局现场进行了取证,制作了现场笔录、拍摄了现场照片,并将 7 台涉嫌安装侵权软件的电脑硬盘进行证据登记保存。随后,东莞市出版局又对原告的厂长、工程部经理进行了询问并制作了笔录。上述证据的取得符合法律规定,证明了原告存在未经著作权人许可复制或者部分复制著作权人的软件的行为。在本案中,安装有涉嫌侵权软件的电脑为原告所有,原告的员工利用上述电脑为原告提供服务。原告虽然主张涉嫌侵权软件为其员工个人私自下载安装,但没有提供证据证明,法院不予采信。因此,原告存在未经著作权人许可复制或者部分复制著作权人的软件违法行为的事实,法院予以确认。

二、软件侵权与行政处罚

原告在诉讼中主张,被告东莞市出版局在 4 台电脑中发现的 Pro/ENGINEER 软件,是个别员工的个人行为,而非公司的行为。而个别员工下载复制第三人的软件,其目的是用于个人学习和研究。原告对于部分员工擅自下载和使用 Pro/ENGINEER 软件的行为并不知情。与这样的一个事实相对应,一方面被告东莞市出版局将个别员工的行为视为公司的行为,是错误的。另一方面,个别员工擅自下载、安装和使用 Pro/ENGINEER 软件,即使构成侵权,也属于民事侵权行为,应当由权利人通过民事诉讼的途径维护其权利。所以,东莞市执法局依据《著作权法》第 48 条和《计算机软件保护条例》第 24 条进行查处,是错误的。因为,依据《著作权法》第 48 条和《计算机软件保护条例》第 24 条,只有当相关的侵权行为同时损害社会公共利益的时候,才可以由行政机关查处。

被告东莞市出版局在答辩中说,原告在诉讼中主张,原告复制使用侵权软件的行为不符合《计算机软件保护条例》第 24 条规定的关于损害社会公共利益的情形,是没有任何依据和道理的。根据相关的证据,在原告的 4 台电脑中,不仅有擅自复制安装的侵权软件,而且相关的电脑数据显示为原告的工作内容。这表明,擅自下载、安装和使用盗版的 Pro/ENGINEER 软件的,应当是原告电线电缆公司,而非个人行为。与此相应,东莞市出版局可以依据《计算机软件条例》第 24 条的规定,查处原告的行为,并给予相应的行政处罚。

关于这一点,法院在判决中支持了被告东莞市出版局的看法。法院在判决中说,原告主张涉嫌侵权的软件为其员工私自下载安装,但没有提供证据证明。这表明,原告未经著作权人的许可,复制或者部分复制了 Pro/ENGINEER 的软件,侵犯了著作权人的权利。原告的上述行为,违反了《著作权法》第 24 条第 1 款的规定:"使用他人作品应当同著作权人订立许可使用合同,本法规定可以不经许可的除外";违反了《计算机软件保护条例》第 8 条的规定:"软件著作权人可以许可他人行使其软件著作权,并有权获得报酬。"

法院的判决书说,按照《计算机软件保护条例》第 24 条,除了《著作权法》、本条例或者其他法律、行政法规另有规定外,未经软件著作权人许可,有下列侵权行为的,应当根据情况,承担停止侵害、消除影响、赔礼道歉、赔偿损失等民事责任;同时损害社会公共利益的,由著作权行政管理部门责令停止侵权行为,没收违法所得,没收、销毁侵权复制品,可以并处罚款;情节严重的,著作权行政管理部门并可以没收主要用于制作侵权复制品的材料、工具、设备等;触犯刑律的,依照刑法关于侵犯著作权罪、销售侵权复制品罪的规定,依法追究刑事责任。而第 24 条所列举的第一种侵权行为,就是"复制或者部分复制著作权人的软件"。与此相应,东莞市出版局可以依据《计算机软件保护条例》第 24 条,对原告的侵权行为进行查处,并给予适当的行政处罚。

三、罚款数额是否过大

在本案中,被告东莞市出版局依据相关的事实和证据,对于原告电线电缆公司给予331584 元人民币的罚款。原告在诉讼中认为,上述处罚结果与涉嫌违法行为的情节不相适应,因为自己员工涉嫌违法的行为,属于情节轻微。原告还具体提出,共有 4 台电脑涉嫌侵权。但是进一步的勘验表明,其中一台显示系统安装时间是 2013 年 5 月,软件最后使用日期是 2013 年 6 月 22 日;其中一台显示系统安装时间是 2013 年 5 月 11 日,软件最后使用日期是 2013 年 5 月 12 日。以上情形表明,在被查处的电脑上使用涉嫌侵权的软件时间非常短,本案所查处的情况不属于法律规定的"情节严重"情形。

原告在诉讼中还认为,处罚决定的罚款数额超过了法律规定的最高限制。具体说来,没有有效的证据证实,原告使用侵权软件所涉及的非法经营数额的具体数字。因此,即使本案所查处的侵权事实成立,其被告也应当依据《著作权法实施条例》第 36 条的规定,处以 25 万元以下的罚款,而非现在的331584 元。

被告东莞市出版局在答辩中说,自己在本案中作出的处罚决定,适用法律准确。原告声称本案所涉及的违法行为情节轻微,处罚结果与违法行为的情节不相适应,是错误的。具体说来,东莞市出版局提交的第七项证据是公证书、货值证明清单、销售合同及发票,拟证明案涉侵权软件的货物价值。根据多份销售合同及发票,计算得出案涉软件的平均货值为人民币 82896 元。将平均货值乘以 4 台电脑,就是给予原告的罚款数额 331584 元。

关于这个问题,法院经过审理支持了被告东莞市出版局的主张。法院在判决中说,根据《计算机软件保护条例》第 24 条,在犯有"复制或者部分复制著作权人的软件的",可以并处每件 100 元或者货值金额 5 倍以下的罚款。在本案中,被告东莞市版权局是按照复制软件货值金额的 1 倍,对原告处以人民币 331584 元的罚款,没有超出法律规定的处罚幅度。

法院最后得出结论说,被告东莞市出版局作出的行政处罚决定,认定事实清楚、证据充分、程序合法、适用法律正确,应当予以维持。

专家评析

在"电线电缆公司诉东莞市出版局"一案中,原告主要提出了三个问题,即:未经许可下载和安装第三人软件的是自己的员工,公司是否应当承担责任;员工个人的下载安装行为,是否应当由行政机关介入并且给予处罚;以及罚款的数额是否过大。由于罚款数额的问题比较简单,这里仅就前两个问题进行评析。

一、员工的行为与公司的责任

在现代市场经济活动中,公司扮演着非常重要的作用。从民法的角度来看,公司属于法人组织。而所谓的"法人",又是对于自然人的拟制。尽管公司是由一系列的个人,例如各级管理人员、技术人员和各个方面的员工所组成,但是从"法人"的角度来看,这些组成人员都是"法人"的一个组成部分。无论是管理人员,还是技术人员或者各个方面的员工,在执行公司业务活动的时候,都是代表公司在行为,都属于公司的一个不可分割组成部分。如果在发生了问题以后,将责任推给相关的管理人员、技术人员或者员工,显然是没有充分认识到"公司""法人"的性质,没有充分认识到相关的管理人员、技术人员或者员工是公司不可分割的组成部分。从民事法律关系和公司法律关系的角度来看,这种推诿责任的说法是不成立的。

在"电线电缆公司诉东莞市出版局"一案中,原告一直强调,在4台电脑中复制安装 Pro/ENGINEER 软件,是个别员工的个人行为,而非公司的行为。在这方面,原告已经购买了正版的 AUTODESK 软件,在平常的生产经营活动中也是使用 AUTODESK 软件。原告对于某些员工下载、复制、安装他人软件的行为不知情,因而不应当承担责任。然而,根据相关的证据,复制安装有盗版软件的电脑是电线电缆公司的电脑,而且就在公司的办公室里。同时,相关的员工使用这4台电脑,也是在工作时间执行公司的业务活动。所以,原告"电线电缆公司"的辩解不能成立。

原告在诉讼中还辩称，对于部分员工擅自下载和使用 Pro/ENGINEER 软件的行为并不知情，也无从管理。而且这几个员工已经离职，无法进一步查实有关的情况。显然，原告的这个辩解也是不能成立的。因为，作为现代市场经济的一个法人组织，原告电线电缆公司应当依据相关的法律法规从事合法的经营活动。而为了从事合法的经营活动，既谋取一定的利润，又承担起必要的社会责任，任何一个公司或者法人，都应当制定相应的管理规章，都应当对于管理人员、技术人员和其他员工进行必要的培训，要求他们遵守公司的规章制度，要求他们遵守国家的法律法规。原告辩称自己对于员工的盗版侵权行为不知情，甚至说"也无从管理"，仍然是没有充分认识到公司的性质、法人的性质，以及公司员工在执行公司业务时与公司的关系。

在"电线电缆公司诉东莞市出版局"一案中，原告还辩称，个别员工下载复制第三人的软件，其目的是用于个人学习和研究。显然，这是试图借助《计算机软件保护条例》第 17 条的规定开脱自己的责任。具体说来，《计算机软件保护条例》第 17 条规定："为了学习和研究软件内含的设计思想和原理，通过安装、显示、传输或者存储软件等方式使用软件的，可以不经软件著作权人许可，不向其支付报酬。"然而，这里所规定的是为了学习和研究软件"内含的设计思想和原理"而安装、显示软件，而非其他目的的学习和研究。就本案的案情来看，那些擅自下载、安装了 Pro/ENGINEER 软件的员工，既不是软件开发人员，也不是为了学习和研究软件内含的设计思想和原理。事实上，这些员工下载、安装他人软件的目的，是为了从事原告电线电缆公司指定的业务活动。

正是基于以上的原理，无论是进行行政查处的东莞市出版局，还是受理行政诉讼案件的东莞市第三人民法院，都没有认可原告三个方面的辩解：在 4 台电脑中复制安装 Pro/ENGINEER 软件，是个别员工的个人行为，而非公司的行为；对于部分员工擅自下载和使用 Pro/ENGINEER 软件的行为并不知情，也无从管理；个别员工下载复制第三人的软件，其目的是用于个人学习和研究。

二、行政机关查处的依据

在中国现行的体制之下，如果发生了著作权侵权，权利人或者利害关系人

97

可以有两个途径维护自己的权利。一是像绝大多数国家的做法那样,向被告所在地或者侵权行为发生地的法院提起诉讼,寻求法律的救济。二是向当地的或者国务院下属的著作权行政管理部门投诉,要求查处侵权行为。当然,著作权行政管理机关进行查处有一个前提,即侵权人的行为不仅侵犯了著作权人的利益,而且损害了社会公共利益。如果相关的侵权行为仅仅是损害了著作权人的个人利益,而没有损害社会公共利益,则著作权行政管理部门不能予以查处。相关的权利人或者利害关系人,也只能前往法院寻求民事救济。

关于这一点,我国《著作权法》第 48 条明确规定,在发生了该条所规定的八种侵权行为的时候,而且在同时损害了公共利益的时候,著作权行政管理部门才可以进行调查。在调查结束的时候,著作权行政管理部门还可以责令当事人停止侵权行为,没收违法所得,没收、销毁侵权复制品,并可处以罚款;情节严重的,著作权行政管理部门还可以没收主要用于制作侵权复制品的材料、工具、设备等。同时,《计算机软件保护条例》第 24 条也是针对软件著作权侵权的规定,犯有该条所规定的五种侵犯软件著作权行为,并且同时损害社会公共利益的,由著作权行政管理部门责令停止侵权行为,没收违法所得,没收、销毁侵权复制品,可以并处罚款;情节严重的,著作权行政管理部门并可以没收主要用于制作侵权复制品的材料、工具、设备等。

这样,在"电线电缆公司诉东莞市出版局"一案中,双方当事人争执的一个问题就是,行政执法机关是否应当对涉案的侵犯软件著作权的行为进行查处,是否应当给予原告电线电缆公司行政罚款。原告主张,在 4 台电脑上下载、安装 Pro/ENGINEER 软件,是个别员工的个人行为。即使构成侵权,也属于民事侵权行为,应当由权利人通过民事诉讼的途径维护其权利。与此相应,东莞市出版局依据《著作权法》第 48 条和《计算机软件保护条例》第 24 条的规定,对于电线电缆公司进行查处并给予行政处罚,就是错误的。而被告东莞市出版局则依据相关的证据证明,原告有 4 台电脑复制安装使用了侵权软件。同时,这 4 台电脑的数据显示,相关的内容是原告的员工从事业务工作的内容,说明原告用这些电脑从事业务活动。东莞市出版局由此而得出结论认为,原告的员工不仅擅自复制安装了第三人的软件,而且使用盗版软件从事其职责内的工作。

　　关于这个问题，法院在判决中支持了东莞市出版局的主张和看法。法院在判决中还特别指出，原告主张涉嫌侵权的软件为其员工私自下载安装，但没有提供证据证明。这表明，原告未经著作权人的许可，复制或者部分复制了他人的软件，侵犯了著作权人的权利。显然，法院是从证据的角度驳回了原告的主张。事实上，从公司法的角度来看，从民法上"法人"的概念来看，以及从雇主与雇员的关系来看，原告关于员工个人私自下载、安装和使用他人软件的说法，都是不能成立的。而且，4台安装了盗版软件的电脑位于原告公司的办公室内，4台电脑的数据也显示，相关的员工使用4台电脑从事了原告指定的业务工作。

　　尽管行政执法机关和法院都否定了原告的主张，个别原告私自下载、安装了盗版软件，但要证明著作权行政管理机关可以查处原告的侵权行为，可以作出相应的处罚，还必须说明原告的行为同时损害了社会公共利益。关于这一点，可以从涉案金额的数量巨大予以说明。根据东莞市出版局提供的证据，案涉软件的平均货值为人民币82896元，而将平均货值乘以4台电脑，其数额为331584元。显然，对于原告造成数额如此巨大的损失，不仅侵犯了权利人的权利，而且扰乱了正常的计算机软件市场的秩序，损害了社会公共利益。与此相应，被告东莞市出版局完全有理由依据《著作权法》第48条的规定，依据《计算机软件保护条例》第24条的规定，对于原告的侵权行为进行查处，并给予相应的行政处罚。

　　关于原告的侵权行为同时还损害了社会公共利益，我们还可以从《著作权法实施条例》第36条的规定予以印证。依据第36条，有著作权法第48条所列侵权行为，同时损害社会公共利益，非法经营额5万元以上的，著作权行政管理部门可处非法经营额1倍以上5倍以下的罚款；没有非法经营额或者非法经营额5万元以下的，著作权行政管理部门根据情节轻重，可处25万元以下的罚款。按照这个规定，非法经营额5万元以上，就属于同时损害了社会公共利益。在本案中，原告非法下载、安装和使用的软件，其货值已经达到了331584元，显然属于同时损害了社会公共利益。

　　在"电线电缆公司诉东莞市出版局"一案中，原告还主张，即使自己的侵权行为成立，东莞市出版局也应当依据《著作权法实施条例》第36条的规定，处以 25 万元以下的罚款,而非现在的 331584 元。然而,依据《计算机软件保护条例》第 24 条,在犯有"复制或者部分复制著作权人的软件的",可以并处每件 100 元或者货值金额 5 倍以下的罚款。在这个规定中,每件软件处以 100 元以下的罚款,是指相关软件的货值不清楚,或者无法计算。而在货值清楚的情况下,则可以适用 5 倍以下罚款的规定。从这个意义上说,东莞市出版局仅仅给予了相当于货值的罚款,应当属于比较轻的处罚数额了。正是由此出发,法院在判决中也说,被告东莞市出版局是按照复制软件货值金额的一倍,对原告处以人民币 331584 元的罚款,没有超出法律规定的处罚幅度。

参考文献

《中华人民共和国著作权法》

《中华人民共和国著作权法实施条例》

《计算机软件保护条例》

《信息网络传播权保护条例》

《中华人民共和国行政处罚法》

《著作权行政处罚实施办法》

《中华人民共和国行政强制法》

《中华人民共和国公司法》

李明德、许超:《著作权法》(第二版),法律出版社 2009 年版。

李明德、管育鹰、唐广良:《〈著作权法〉专家建议稿说明》,法律出版社 2012 年版。

王迁:《著作权法》,中国人民大学出版社 2015 年版。

未经许可下载安装他人软件:

长沙电脑公司诉岳阳市执法局

| 基本案情 |

2013 年的某一时间,岳阳市岳阳楼区就采购 149 台电脑进行招标,招标后的电脑将提供给岳阳楼区东升小学使用。到了 2014 年 1 月 24 日,招标人向长沙市某某电脑公司(以下简称长沙电脑公司)下达《中标通知书》,告知其在岳阳楼区东升小学新教学楼配套设备的政府采购项目中中标,总金额是 626800 元。

2014 年 2 月 12 日,岳阳楼区教育局与长沙电脑公司签订《岳阳楼区东升小学新教学楼配套设备政府采购项目采购合同》,合同约定由长沙电脑公司提供 149 台电脑及配套设备,总价款为 626800 元,采购的电脑分配到东升小学,其中 130 台电脑配置到东升小学的两个电教室。合同签订后,长沙电脑公司派杨某等三人将电脑送到东升小学,并进行电脑安装调试。2014 年 3 月 12 日,岳阳楼区教育局就该项目出具《验收报告》,该报告载明:"工程开工时间 2014 年 2 月 15 日,竣工时间为 2 月 25 日,验收时间为 3 月 12 日",验收结论为"所安装设备与投标书设备相同,安装调试完成,整套设备运行正常,验收合格。"

然而,到了 2014 年 3 月 15 日,微软中国公司湖南办事处向岳阳市文化市场综合执法局(以下简称岳阳市执法局)进行投诉,举报东升小学在 2014 年 1 月通过政府公开招标采购的教学电脑中,涉嫌非法复制微软公司的 Windows 操作系统和 Office 办公软件。于是,岳阳市执法局立案调查。调查开始之后,长沙电脑公司向岳阳楼区教育局提交了《关于东升小学教学机房出现安装盗版软件的情况汇报》,说明"目前所安装软件均是我方聘请技术人员私自在学校从互联网上下载安装",并表示将"配合校方将所有软件进行清除",落款时间为 2014 年 4 月 10 日。同时，长沙电脑公司还向岳阳市执法局出具了一份《关于岳阳楼区东升小学教学机房出现安装教学试用软件的情况汇报》，说明"按照学校老师要求，我方临聘技术员配合老师从学校互联网上下载了主要软件，提供技术指导，协助校方安装了测试试用软件。"2014 年 4 月 29 日，长沙电脑公司向岳阳楼区教育局出具《关于岳阳楼区东升小学机房安装软件调查情况回复函》，确认在电脑上安装软件是一名临时送货人配合学校老师私自所做的事情。

岳阳市执法局根据调查查实的情况，于 2014 年 5 月 21 日向原告送达《行政处罚事先告知书》（岳文综罚告字 2014〔版〕第 0001 号）和《听证申请告知书》（岳文综罚听字 2014〔版〕第 0001 号），告知拟对长沙电脑公司予以行政处罚，以及长沙电脑公司有陈述、申辩和申请听证的权利。然而，长沙电脑公司在规定的期限内未提出陈述、申辩，也没有申请听证。2014 年 6 月 5 日，岳阳市执法局作出《行政处罚决定书》（岳文综罚决字 2014〔版〕第 0001 号），认定长沙市电脑公司未经软件著作权人许可，擅自复制安装计算机软件，已经构成侵权。而且长沙电脑公司复制安装的数量较大，还同时损害了社会公共利益。所以，根据《著作权法》第 48 条第 1 项和《计算机软件保护条例》第 24 条的规定，对长沙电脑公司作出行政处罚：第一，责令删除盗版软件，停止侵权行为；第二，罚款人民币 696800 元。

原告不服岳阳市执法局的处罚决定，向岳阳市人民政府申请复议。岳阳市人民政府于 2014 年 10 月 9 日作出岳政复决字（2014）38 号《行政复议决定书》，维持了被告的行政处罚决定。原告仍然不服，向岳阳市岳阳楼区法院提起了行政诉讼，请求判令撤销岳阳市执法局作出的《行政处罚决定书》。法院经过审理，维持了岳阳市执法局的行政处罚决定（（2014）岳楼行初字第 54 号）。

▶ 法律问题

在本案中，原告长沙电脑公司与被告岳阳市执法局，在东升小学电脑中复制安装有盗版软件的问题上，没有争议。相关的争议在于，原告临时聘请的工作人员下载安装微软 Windows 系统软件和 Office 办公软件，是否应当由原告长沙电脑公司承担责任。除此之外，临时聘请的工作人员复制安装盗版软件，是否侵犯了社会公共利益，并且让长沙电脑公司承担包括罚款在内的行政处罚。下面分别论述。

一、雇主是否应当为雇员的行为承担侵权责任

原告长沙电脑公司在诉讼中主张，自己经过政府招投标后签订购销合同，向岳阳楼区东升小学提供了149台电脑，并经过岳阳楼区教育局组织验收合格。到了2014年4月22日，接到岳阳市执法局工作人员的电话才知道电脑使用盗版软件一事。经过调查，这149台电脑盗版软件的复制安装，是在公司履行合同验收后，学校老师要求其他人员私自帮忙完成的，不是公司行为。而且，公司不知道软件安装情况，具体安装了哪些软件也不知情。但是，被告岳阳市执法局不顾上述事实，仍然轻率认定原告未经软件著作权人许可，擅自在供应给东升小学的130台电脑中复制安装软件，构成了侵权。

关于这个问题，被告岳阳市执法局回应说，原告长沙电脑公司中标后，将149台电脑分配到东升小学，并将其中的130台电脑配置到两个电教室。具体说来，原告派遣工作人员将电脑送到东升小学，并进行电脑安装调试。在安装调试过程中，原告的工作人员私自卸载了电脑自带的国产红旗操作系统，从网上下载复制130套微软Windows7系统软件和微软Office2003工作软件（同一安装序列号）。由于这些软件是擅自复制安装，所以不能通过合法授权。岳阳市执法局还说，在对原告立案调查之后，原告于2014年4月11日向岳阳楼区教育局提交了《关于东升小学教学机房出现安装盗版软件的情况汇报》，承认所安装的软件是原告聘请的业务员私自从网上下载安装的；4月13日，原告向被告提交《关于岳阳楼区东升小学教学机房出现安装教学试用软件的情况汇报》，再次承认了业务员从网上下载安装软件的行为。

为了支持自己的上述说法，岳阳市执法局还向法院提交了以下证据：（一）《现场调查（勘验）笔录》及图片，拟证明东升小学电教室130台电脑未经授权安装了微软Windows7系统软件和微软Office2003办公软件，共计260份。（二）《岳阳楼区东升小学新教学楼配套设备政府采购项目采购合同》及方正集团股份有限公司《证明函》，拟证明东升小学复制安装盗版软件的130

台电脑均由原告供应并组装、调试,而且该 130 台电脑出厂时已预装国产红旗免费版操作系统。(三)《关于岳阳楼区东升小学教学机房出现安装教学试用软件的情况汇报》《关于东升小学教学机房出现安装盗版软件的情况汇报》《关于岳阳楼区东升小学机房安装软件调查情况回复函》《法人授权委托书》、余某某身份证及《调查笔录》(余某某),拟证明原告已书面承认在东升小学 130 台电脑上复制安装盗版软件的行为人均是其技术人员。(四)《调查询问通知书》《委托函》《调查询问笔录》(刘兴旺)、《行政执法询问笔录》(兰某某)、《法人授权委托书》及杨某身份证,拟证明在东升小学 130 台电脑上复制安装盗版软件的行为人是杨某等三人。(五)原告《企业法人营业执照》《组织机构代码证》,拟证明原告知法违法。

法院经过审理,依据相关证据,支持了被告岳阳市执法局的主张。法院说,原告长沙市电脑公司聘请的工作人员,在安装调试该公司提供给东升小学的电脑上,未经软件著作权人许可,擅自复制安装微软 Windows 操作系统和微软 Office 办公软件。关于这一事实,原告在该公司出具的《关于岳阳楼区东升小学教学机房出现安装教学试用软件的情况汇报》《关于东升小学教学机房出现安装盗版软件的情况汇报》《关于岳阳楼区东升小学机房安装软件调查情况回复函》中予以承认,该公司工作人员余某某在被告对其所做的笔录中也予以确认。这与被告岳阳市执法局对东升小学工作人员的调查结果相吻合,证据充分足以认定。

按照法院的判决,尽管下载、复制和安装微软软件的是原告的工作人员,但应当承担责任的仍然是原告长沙电脑公司。因为,原告的工作人员是在执行原告派遣的任务的过程中,实施了侵权的行为。

二、长沙电脑公司的侵权行为是否侵犯了社会公共利益

根据相关的证据,原告长沙电脑公司的工作人员,擅自在 130 台电脑中复制安装微软系统软件和办公软件,共计 260 份。依据这样的证据,岳阳市执法局认定,原告长沙电脑公司未经软件著作权人许可,擅自复制安装计算机软件已构成侵权,且复制数量较大,同时损害了社会公共利益。于是,岳阳市执法局依据《著作权法》第 48 条第 1 项和《计算机软件保护条例》第 24 条,对原告

作出以下行政处罚：责令删除盗版软件，停止侵权行为；罚款人民币696800元。

对于上述处罚措施，原告不服，先是向岳阳市人民政府提出了复议申请。在行政复议决定维持了岳阳市执法局的处罚措施后，原告又向法院提起了上诉。原告在上诉中说，原告没有指令工作人员复制安装盗版软件，也没有收取有关人员的任何好处，更没有损害社会公共利益。然而，被告岳阳市执法局不顾上述事实，根据《著作权法》第48条第1项和《计算机软件保护条例》第24条的规定，对原告实施处罚，其法律依据完全错误。

针对上述处罚措施，岳阳市执法局在诉讼中提出了两点主张。第一，自己作出的行政处罚决定，程序合法。具体说来，岳阳市执法局对原告作出行政处罚决定，完全依据《行政处罚法》规定的相关程序进行，并经岳阳市人民政府复议维持，程序合法。第二，岳阳市执法局作出的行政处罚决定依据的法律法规正确。具体说来，原告的违法行为，完全符合《著作权法》和《计算机软件保护条例》规定的应予处罚的情形。与此相应，岳阳市执法局据此对原告作出行政处罚决定，适用法律正确。综上，被告岳阳市执法局作出的具体行政行为，事实清楚，程序合法，适用法律正确，请求法院维持被告的具体行政行为。

法院经过审理认定，支持了岳阳市执法局的行政处罚决定。法院在判决中说，被告根据相关的证据和事实，依据《著作权法》第48条第1项和《计算机软件保护条例》第24条第1项和第2项，责令原告立即停止侵权，并处罚款人民币696800元，属于行政处罚恰当。综上所述，被告作出《行政处罚决定书》，认定事实清楚、符合法定程序、适用法律正确，依法应予维持。

专家评析

一、雇主与雇员

在现代社会的经济活动中，公司是一个非常重要的主体。按照《公司法》的分类，公司可以分为有限责任公司、股份有限公司等。公司在法律上具有独立的人格，可以以自己的名义从事相关的经济和社会活动，相当于古代社会的自然人。这就是通常所说的法人。公司是一个由很多自然人组成的机构,包括董事、经理和一般员工等等。通常说来,无论是各个层级的管理人员还是公司各个方面的员工,在执行公司业务的时候,都是代表公司而行为。与此相应,一旦发生了问题,也应当由公司承担必要的责任。从这个意义上说,公司的管理人员和员工都属于一个共同体。

在"长沙市某某电脑公司诉岳阳市文化市场综合执法局"一案中,原告一直强调,在东升小学149台电脑中复制安装盗版软件的,是其员工的个人行为,与公司无关。原告说,自己一直不知道这些员工在调试电脑的过程中,私自卸载了原装的红旗操作系统,然后未经微软公司的许可复制安装了Windows7系统软件和微软Office2003工作软件。事实上,岳阳楼区教育局已经对东升小学的149台电脑进行验收,并得出了验收合格的结论。而依据岳阳市文化市场综合执法局的说法,是原告的员工在安装电脑的过程中,卸载了电脑自带的国产红旗操作系统,从网上下载复制130套微软Windows7系统软件和微软Office2003工作软件,从而构成了盗版侵权。

按照常理,员工私自复制安装盗版的Windows7系统软件和微软Office2003工作软件,公司应当承担侵权的责任。因为,那几名员工是由电脑公司派遣前往东升小学安装和调试电脑的。事实上,本案的原告也在2014年4月11日向岳阳楼区教育局提交了《关于东升小学教学机房出现安装盗版软件的情况汇报》,承认所安装的软件是原告聘请的业务员私自从网上下载安装的。到了4月13日,原告提交《关于岳阳楼区东升小学教学机房出现安装教学试用软件的情况汇报》,再次承认了业务员从网上下载安装软件的行为。从这两个文件来看,原告应当意识到了,其员工的行为与自己有关。与此相应,从公司法的角度来看,从雇主与雇员的关系看,长沙电脑公司应当为这几名员工的侵权行为承担责任。

从公司的组成和法人的角度来看,擅自复制和安装盗版软件的员工,属于公司的组成部分。这些员工前往东升小学安装调试电脑,也是在执行公司的业务。从这个意义上说,公司的主管人员在日常的管理活动中,应当对员工进行必要的培训活动,要求员工在业务活动中遵守相应的规章制度。同时,公司还应当对员工进行必要的教育活动,告诫员工尊重他人的财产权,不从事侵权盗版的活动。只有这样，员工在执行公司业务的时候，才能更好地代表公司，展现公司的良好形象。

如果公司制定了严格的管理制度，对于员工进行了必要的培训和教育，仍然发生了员工擅自复制和安装他人软件的行为，在追究责任上可能有两种情况。一是直接追究相关员工的侵权责任。因为在这种情况下，员工的个人行为违反了公司的意志，应当为自己的行为承担责任。二是先追究公司的责任，然后由公司追究相关员工的责任。显然，如果公司在日常的管理中，对于员工进行了必要的尊重他人知识产权的教育，并且采取了管理措施，那么在绝大多数情况下，都不会发生本案中原告私自卸载原有的软件、未经许可复制和安装盗版软件的行为。

二、侵权与损害社会公共利益

按照我国《著作权法》第48条，在发生了该条所规定的8种侵权行为的时候，而且在同时损害了公共利益的时候，著作权行政管理部门可以进行查处。在调查结束的时候，著作权行政管理部门还可以责令当事人停止侵权行为，没收违法所得，没收、销毁侵权复制品，并可处以罚款；情节严重的，著作权行政管理部门还可以没收主要用于制作侵权复制品的材料、工具、设备等。同时，《著作权法实施条例》第36条规定，有《著作权法》第48条所列侵权行为，同时损害社会公共利益非法经营额5万元以上的，著作权法行政管理部门可以处以非法经营额1倍以上5倍以下的罚款；没有非法经营额或者非法经营额不足5万元的，可处以25万元以下的罚款。

具体到计算机软件，我国《计算机软件保护条例》第24条也规定，犯有该条所规定的5种侵犯软件著作权行为，并且同时损害社会公共利益的，由著作权行政管理部门责令停止侵权行为，没收违法所得，没收、销毁侵权复制品，可以并处罚款；情节严重的，著作权行政管理部门并可以没收主要用于制作侵权复制品的材料、工具、设备等。该条规定的5种侵权行为是：

（一）复制或者部分复制著作权人的软件的；

（二）向公众发行、出租、通过信息网络传播著作权人的软件的；

（三）故意避开或者破坏著作权人为保护其软件著作权而采取的技术措

施的；

（四）故意删除或者改变软件权利管理电子信息的；

（五）转让或者许可他人行使著作权人的软件著作权的。

根据规定，有第（一）项或者第（二）项侵权行为的，可以并处每件100元或者货值金额1倍以上5倍以下的罚款；有第（三）项、第（四）项或者第（五）项侵权行为的，可以并处20万元以下的罚款。

在"长沙市某某电脑公司诉岳阳市文化市场综合执法局"一案中，无论是在行政查处的过程中，还是在行政诉讼的过程中，原告一直强调，擅自复制安装Windows系统软件和Office办公软件的是自己的员工，自己对于相关的情况不知道。原告没有指令工作人员复制安装盗版软件，也没有收取有关人员的任何好处。与此相应，自己的行为没有损害社会公共利益，行政机关既不应当对自己查处，也不应当依据《著作权法》第48条和《计算机软件保护条例》第24条进行罚款。

然而，无论是岳阳市文化市场综合执法局还是岳阳市岳阳楼区人民法院，都认为擅自复制和安装盗版软件的责任不应当由员工负责，而应当由电脑公司负责。具体说来，长沙电脑公司应当为员工复制安装盗版软件的行为承担责任。由此出发，岳阳市执法局依据《著作权法》第48条第1项（未经著作权人许可，复制、发行、表演、放映、广播、汇编、通过信息网络向公众传播其作品的，本法另有规定的除外）和《计算机软件保护条例》第24条第1项（复制或者部分复制著作权人的软件的），对长沙电脑公司进行了行政处罚。根据案情，长沙电脑公司的工作人员，擅自在130台电脑中复制安装微软系统软件和办公软件，共计260份。依据这样的证据，岳阳市执法局不仅责令长沙电脑公司删除盗版软件，还给予了罚款人民币696800元的行政处罚。对于这个行政处罚决定，岳阳市岳阳楼区法院经过审理，作出了予以维持的判决。

显然，在"长沙市某某电脑公司诉岳阳市文化市场综合执法局"一案中，如果认定擅自复制安装盗版软件的行为是员工的个人行为，则不会有行政查处和行政处罚的问题。具体说来，如果相关的员工不是在执行公司业务的过程中，而是在工作之余从事了相关的行为，则美国微软公司只能向民事法院提起诉讼，追究行为人的盗版侵权责任。当然，如果相关员工在工作之余擅自复制安装的软件数量巨大,例如本案的 260 套软件,美国微软公司也可以向行政执法机关投诉,要求予以查处。然而在本案中,长沙电脑公司的员工是在执行公司业务的过程中,从事了盗版侵权的活动,所以只能由长沙电脑公司承担相应的侵权责任,包括接受相应的行政处罚。

参考文献

《中华人民共和国著作权法》

《中华人民共和国著作权法实施条例》

《计算机软件保护条例》

《信息网络传播权保护条例》

《中华人民共和国行政处罚法》

《著作权行政处罚实施办法》

《中华人民共和国行政强制法》

《中华人民共和国公司法》

李明德、许超:《著作权法》(第二版),法律出版社 2009 年版。

李明德、管育鹰、唐广良:《〈著作权法〉专家建议稿说明》,法律出版社 2012 年版。

王迁:《著作权法》,中国人民大学出版社 2015 年版。

销售安装盗版软件的电脑：

电脑专卖店诉玄武工商分局

|基本案情|

2001 年 1 月 6 日,南京市工商行政管理局玄武分局(以下简称玄武工商分局)接到群众举报,对于南京市恒升电脑专卖店(以下简称电脑专卖店)的经营场所进行检查,发现电脑专卖店在柜台上展示有 6 台"恒升"牌笔记本电脑,在其中的 5 台电脑中安装了 5 套 Windows98 中文版第一版软件和两套 Windows98 中文版第二版软件。检查人员在现场没有发现上述软件的复制许可证明,当事人在当时也无法提供上述软件的复制许可证明。为了防止证据灭失,玄武工商分局的执法人员查扣了上述 6 台笔记本电脑。

两天后,也即 2001 年 1 月 8 日,电脑专卖店向玄武工商分局提供了 6 套包装盒封口封签未拆开的 Windows98 中文版第一版光盘和使用指南,试图证明自己已经有合法授权。2001 年 2 月 13 日,玄武工商分局委托微软(中国)有限公司上海分公司,对原告的销售发行方式是否经过许可,以及上述电脑内预装的 Windows98 软件的合法性进行鉴定。微软(中国)有限公司上海分公司认定,电脑专卖店笔记本电脑中安装的 Windows98 软件,是未经微软授权或同意擅自复制安装的,其行为侵犯了微软计算机软件在中国享有的版权。上述软件每套的市场零售价为 1760 元。

随着案件的调查,玄武工商分局于 3 月 2 日解除了扣押电脑的行政强制措施。到了 4 月 27 日,玄武工商分局向电脑专卖店发出《行政处罚听证告知书》,告知了要求听证的权利。随后,玄武工商分局于 5 月 11 日召开了第一次听证会,又于 7 月 2 日召开了第二次听证会。在听证会上,玄武工商分局要求电脑专卖店在 5 日内提供电脑中预装的软件为持有合法光盘及许可证的证明,逾期不提供的,视为提供不能。但是,电脑专卖店始终没有向玄武工商分局提供证明材料。

玄武工商分局于 2001 年 7 月 24 日作出行政处罚决定，认定当事人上述经销安装有盗版软件计算机的行为，违反了国家工商局、国家版权局《关于严厉打击盗版等侵犯著作权行为的通知》第 3 条的规定，构成了《投机倒把行政处罚暂行条例》第 3 条第 1 款第 11 项规定的行为，责令当事人予以改正，并处以人民币 61000 元的罚款（玄工商案字（2001）第 96 号）。

电脑专卖公司不服玄武工商分局的处罚决定，向南京市玄武区人民法院提起了行政诉讼。法院经过审理，维持了玄武工商分局的处罚决定（（2002）玄行初字第 00030 号）。

▶ 法律问题

"南京市恒升电脑专卖店诉南京市工商行政管理局玄武分局"案是一个多少有些奇特的案件。在本案中，电脑专卖店在其出售的笔记本电脑中，未经许可复制安装了 Windows98 软件，侵犯了微软公司的著作权。按照我国行政机关的职责，查处著作权侵权或者盗版，应当是版权行政管理部门的职责。然而在这个案件中，依据群众举报查处侵权并作出行政处罚决定的，则是工商行政管理部门，也即南京市玄武区工商行政管理分局。与这样一个特点相对应，无论是玄武工商分局的处罚决定，还是法院的行政诉讼判决，都带有了一些工商行政管理的特色。下面分别讨论其中的几个问题。

一、行政处罚的法律依据

由于接到群众举报，查处电脑专卖店的是工商行政管理部门，所以最终作出的行政处罚决定，主要是依据工商行政管理部门的法规。例如，玄武区工商行政管理分局依据国家工商行政管理局和国家版权局联合发布的《关于严厉打击盗版等侵犯著作权行为的通知》以及国家工商行政管理局《投机倒把行政处罚暂行条例》《投机倒把行政处罚暂行条例实施细则》，对于当事人给予了行政处罚。又如，当电脑专卖店不服行政处罚决定，向玄武区人民法院提起行政诉讼之后，玄武区工商分局向法院提交的法律依据中，除了上述三个法规,还提交了国家工商行政管理局《关于适用〈投机倒把行政处罚暂行条例〉第三条第一款第(十一)项有关问题的答复》(工商检字(1991)第 211 号),以及江苏省工商行政管理局《关于对江苏经纬电脑公司经销安装有盗版计算机软件行为定性处罚的答复》。

在这方面,电脑专卖店似乎更清楚自己的行为与著作权有关,与计算机软件的保护有关。例如,电脑专卖店向玄武区法院提交的法律依据中,就包括了《计算机软件保护条例》。

回到"南京市恒升电脑专卖店诉南京市工商行政管理局玄武分局"一案。由于工商行政管理部门依据有关"投机倒把"的规定查处电脑专卖店,所以在原告提起的行政诉讼中,双方当事人争论的一个问题就是,原告将电脑摆放在专卖店的柜台上,是否属于销售。显然,按照"投机倒把"的术语,只有将安装有盗版软件的电脑卖出去了,原告才会有赚取了买卖差价的问题。

关于这个问题,原告在诉讼中说,摆放在专卖店柜台上的电脑为样机,只供演示使用,没有销售。而且,专卖店自成立以来,没有销售过一台笔记本电脑。原告还说,被查扣的 6 台恒升笔记本电脑,其所有权归属于北京恒升世纪技术发展有限公司南京分公司,而非电脑专卖店。与此相应,玄武工商分局认定自己销售预装 Windows98 中文版计算机的事实不成立,行政处罚对象错误。

玄武工商分局则认为,原告在店内展示的笔记本电脑中,复制安装有盗版的软件,这是一个不争的事实。原告在店内展示多台装有侵权软件的计算机,其目的是为了销售,已经构成了销售行为。玄武工商分局还认为,虽然装有盗版软件的计算机尚未售出,但售出只是销售的一个过程,不是必然结果。原告持有的计算机连同计算机软件处于正在销售的展示状态时,是否成交并不影响销售行为的构成。由于原告一直无法提供证据证明自己笔记本电脑中复制安装的软件为合法持有,所以可以认定为盗版。玄武工商分局进一步指出,对于原告的行为是否构成投机倒把行为,江苏省工商局已就同类案件的定性作过认定。根据国家工商行政管理局《关于适用〈投机倒把行政处罚暂行条例〉第一款第(十一)项有关问题的答复》,当省工商局针对某一类违法行为进行认定后,可作为辖区内处理这类案件的依据。与此相应,玄武工商分局根据省工商局就同类案件的认定进行处理,有理有据。

关于这个问题,法院的判决书支持了玄武工商分局的主张和说法。法院在判决中说,根据《投机倒把行政处罚暂行条例》第2条的规定,投机倒把行为由工商行政管理机关予以处罚。与此相应,被告作为工商行政管理机关,对管辖区域内的投机倒把行为进行查处,有行政执法权力。法院还说,被告在对原告作出的行政处罚决定中,认定原告"经销安装有盗版软件的计算机的行为",其事实认定成立。因为,原告是恒升电脑的专卖店,专营商品为"恒升牌"电脑,而柜台上陈列的"恒升牌"电脑中,有5台复制安装了7套Windows98中文版软件,电脑旁边还标有电脑的主要配制和售价。这一事实表明,当被告玄武工商分局查处时,这些电脑正处在销售状态;该电脑由原告持有;原告持有的电脑品牌与其"恒升电脑专卖店"的字号相一致;原告持有的处于销售状态的5台电脑中,分别装有7套Windows98中文版软件;无论原告与供货人是否结算了这几台电脑的货款,无论原告在此之前或者之后是否销售过电脑,都不能排除原告"正在以销售为目的展示装有Windows98中文版软件的恒升牌电脑"这一事实。处于销售状态的商品,不论交易是否成功,均不影响销售行为的构成。

二、盗版与否的证据问题

在"南京市恒升电脑专卖店诉南京市工商行政管理局玄武分局"一案中,双方当事人争执的另外一个问题是盗版与否的证据问题。如果电脑专卖店提供的证据成立,则不存在盗版的问题。如果微软中国的证据成立,则存在盗版的问题。所以,双方当事人关于证据的争论,与盗版的成立与否密切相关。

根据案情,玄武工商分局在查处的过程中,发现电脑专卖店放在柜台上展示的5台笔记本电脑中,安装有7套Windows98中文版软件,但电脑专卖店无法提供上述软件的安装复制许可证明。于是,玄武工商分局查扣了相关的电脑。随后,玄武工商分局委托微软(中国)公司上海分公司对于电脑中安装的软件是否合法进行鉴定。微软(中国)公司上海分公司提供的鉴定意见认为,共有5台恒升牌计算机安装了Windows98中文版软件,但没有微软公司的许可协议和正版光盘。鉴定意见还认定,上述Windows98中文版软件是未经微软授权而擅自复制安装在上述计算机内的,该行为侵犯了微软计算机软件在中国享有的版权,违反了微软软件的使用许可方式,微软不允许以没有微软许可协议的方式复制微软软件。鉴定意见最后说,微软 Windows98 简体中文版产品目前市场建议零售价格为 1760 元,微软不限定市场实际销售价格,各零售商有权决定最终零售价格。

关于上述鉴定意见,电脑专卖店在诉讼中提出了质疑。电脑专卖店认为,玄武工商分局委托微软公司上海分公司进行鉴定,其鉴定意见的公正性值得怀疑。这是因为,鉴定人与使用人有利害关系。电脑专卖店还认为,微软公司上海分公司不具有鉴定资格,玄武工商分局依据一个企业的认定结果处罚另一个企业,其行政行为不合法。在这方面,公安部 2000 年发布的《关于公安部光盘生产源鉴定中心行使行政、司法鉴定权有关问题的通知》规定,鉴定中心负责对各地人民法院和行政执法机关在办理制黄贩黄、侵权盗版案件查获的光盘及母盘进行鉴定,以确定送检光盘及母盘的生产企业。这表明,就本案而言,确定原告电脑中复制安装的软件是否属于盗版软件,应当由公安部组建的"光盘生产源鉴定中心"鉴定,而非微软公司上海分公司鉴定。

法院在判决书中认定,微软公司上海分公司的鉴定结论具有证明效力。法院的判决说,被告玄武工商分局为确认其认定的事实成立,委托微软(中国)有限公司上海分公司进行鉴定,并得出结论意见。虽然鉴定人系微软公司在中国设立的企业,不是法定的鉴定机构,但是对 Windows98 软件版权是否经许可使用具备辨别能力。被告玄武工商分局在确认原告的行为是否构成侵犯他人著作权时,为慎重起见征询其意见,并无不妥。鉴定人出具的鉴定结论具有证明效力。被告将鉴定结论作为支持认定案件事实的证据之一使用,合法有效。原告所述,认定计算机中所装入的软件是否属于盗版软件,应由公安部组建的"光盘生产源鉴定中心"鉴定,而不是由微软公司鉴定,是对鉴定性质的错误理解。公通字(2000)第 21 号《通知》所确定的鉴定范围和内容,是"确定送检光盘及母盘的产生企业",而本案争议的是计算机使用的文档和程序及光盘所载内容的著作权使用方式是否构成侵权问题。因此原告据此认为被告委托鉴定违法的理由不能成立,本院不予采信。

应该说,无论是玄武工商分局还是玄武区法院,将微软公司上海分公司对于原告电脑中软件的认定称为"鉴定",将认定意见称为"鉴定意见"是不恰当的。事实上，玄武工商分局委托微软公司上海分公司所做的工作，不过是由其确定相关的软件是否属于正版软件，相关软件的复制和安装是否经过了微软公司的许可。微软公司上海分公司在相关的意见中确认，原告电脑中安装的软件是未经许可而擅自复制安装的，不仅侵犯了微软公司在中国的版权，而且违反了微软软件的许可方式。这样的意见或者结果，显然属于行政查处或者司法中的证据，不同于由权威鉴定机构出具的鉴定意见。

在"南京市恒升电脑专卖店诉南京市工商行政管理局玄武分局"一案中，当玄武工商分局查处电脑专卖店的时候，后者无法在现场提供合法复制安装的证明。但是两天之后，电脑专卖店向玄武工商分局提供了6套包装盒封口封签未拆开的 Windows98 中文版第一版光盘和使用指南，以证明专卖店柜台上摆放的6台笔记本电脑中复制安装的软件，都是合法的。玄武工商分局认为，电脑专卖店后来提供的证据，不能证明其电脑中复制安装的 Windows98 软件是合法的。同时，鉴于微软公司上海分公司作出了盗版侵权的认定，而且电脑专卖店也一直未能提供合法光盘及许可证的证明，所以作出了电脑专卖店侵犯微软公司软件版权的决定。

在向法院提起的行政诉讼中，原告依据其后来提供的证据继续主张说，自己在笔记本电脑中复制安装的7套 Windows98 中文版软件，是通过合法渠道购得的，有购货发票为证。与此相应，在笔记本电脑中的复制安装行为，已经获得软件合法受让者的同意，绝非盗版行为。被告认定原告的计算机中装有盗版软件，不符合事实。基于包装盒封口封签未拆开的 Windows98 中文版第一版光盘和使用指南，以及相应的购货发票，原告继续主张说，自己没有销售软件，只能算一个软件的持有者。原告从合法途径购得该软件，足以认定该软件的合法性。《计算机软件保护条例》(1991 年)第 32 条的规定："软件持有者不知道或者没有合理的依据知道该软件是侵权物品，其侵权责任由该侵权软件的提供者承担。"按照这个说法，即使笔记本电脑中复制安装的软件是盗版的，也应当由软件的销售者承担责任，而非"持有者"承担责任。与此相应，被告依据《投机倒把行政处罚暂行条例》的规定，对原告作出"责令改正，处以61000 元罚款"的决定，于法无据，处罚金额不当。

在向法院提起的行政诉讼中，玄武工商分局则认为，原告提供的光盘、使用指南和发票的复印件,不能证明原告在其笔记本电脑中复制安装的 Windows98 软件是合法的。因为,原告光盘、使用指南中所称的软件,与原告电脑中复制安装的软件种类不符。除此之外,原告一直未能提供证据,证明其电脑中复制安装的软件具有合法来源。所以,玄武工商分局依据《投机倒把行政处罚暂行条例》的规定,给予原告以行政处罚,属于有理有据的处罚。

关于这个问题,法院在判决中也支持了玄武工商分局的主张和理由。判决说,按照我国《著作权法》和《计算机软件保护条例》的规定,著作权的使用,除了著作权的权利限制以外,应当同著作权人订立许可使用合同。在本案中,原告使用 Windows98 软件的方式显然不符合著作权权利限制的条件,所以应当与著作权人订立许可使用合同。然而,原告提供的用以证明获得合法许可的材料,是有关 OEM 版的 Windows98 软件光盘、用户《使用指南》和购买软件的发票,而非原告电脑中复制安装的软件的证明资料。而且,有关 OEM 版软件的光盘表面,以及《使用指南》的封面都已注明"只随新计算机发行,不可单独销售"的字样。此外,原告提供的发票上写明的购买人,也不是本案的原告。即使软件的使用人在市场上单独购买到 OEM 版软件,其取得软件的方式,也违反了权利人版权许可使用方式。由此可以认定,原告提供的上述光盘、《使用指南》和发票,不能证明原告获得了 Windows98 软件版权人的许可。

专家评析

一、外国人著作权的保护

在"南京市恒升电脑专卖店诉南京市工商行政管理局玄武分局"一案中,涉及了外国公司的著作权。具体说来,在恒升电脑专卖店的 5 部电脑中,未经许可复制安装了 5 套 Windows98 中文版第一版软件和两套 Windows98 中文版第二版软件。而软件的著作权归属于美国微软公司所有。这就涉及对于外国人著作权的保护问题。关于这个问题,我国《著作权法》和《计算机软件保护条例》都有规定。

先来看《著作权法》第 2 条的规定。根据规定,"中国公民、法人或者其他组织的作品,不论是否发表,依照本法享有著作权。外国人、无国籍人的作品根据其作者所属国或者经常居住地国同中国签订的协议或者共同参加的国际条约享有的著作权,受本法保护。外国人、无国籍人的作品首先在中国境内出版的,依照本法享有著作权。未与中国签订协议或者共同参加国际条约的国家的作者以及无国籍人的作品首次在中国参加的国际条约的成员国出版的,或者在成员国和非成员国同时出版的,受本法保护"。

大体说来,《著作权法》第 2 条按照中国人、外国人、无国籍人的情形,分别规定了著作权的获得。首先,中国人,包括中国自然人、法人或者其他组织的作品,已经完成,不论是否发表,依照本法享有著作权。这属于著作权的自动获得,不需要履行任何手续,也不需要加注任何标记。其次,外国人和无国籍人,包括自然人、法人或者其他组织的作品,依据其所属国或者经常居住地的国家,与中国签订的协议,或者共同参加的国际条约享有的著作权,受到本法保护。最后,针对外国人和无国籍人还规定了首次出版地的获得保护的条件。例如,外国人、无国籍人的作品首先在中国境内出版的,依照本法享有著作权。又如,未与中国签订协议或者共同参加国际条约的国家的作者以及无国籍人的作品首次在中国参加的国际条约的成员国出版的,或者在成员国和非成员国同时出版的,受本法保护。

再来看《计算机软件保护条例》第 5 条。根据规定,中国公民、法人或者其他组织对其所开发的软件,不论是否发表,依照本条例享有著作权;外国人、无国籍人的软件首先在中国境内发行的,依照本条例享有著作权;外国人、无国籍人的软件,依照其开发者所属国或者经常居住地国同中国签订的协议或者依照中国参加的国际条约享有的著作权,受本条例保护。显然,《计算机软件保护条例》的这个规定,与《著作权法》第 2 条的规定大体相同。

在对于作品的保护方面,国际上最重要的条约有《保护文学艺术作品伯尔尼公约》《世界版权公约》和世界贸易组织《与贸易有关的知识产权协议》。截止到 2017 年 9 月,《伯尔尼公约》共有 174 个成员国,《世界版权公约》共有 94 个成员国,《与贸易有关的知识产权协议》共有 164 个成员。其中,中国于 1992 年 10 月加入《伯尔尼公约》和《世界版权公约》,于 2001 年 12 月加入世界贸易组织及其《与贸易有关的知识产权协议》。在这方面,中美两国都是

《伯尔尼公约》《世界版权公约》和《与贸易有关的知识产权协议》的成员。所以，依据我国《著作权法》和《计算机软件保护条例》的相关规定，依据《伯尔尼公约》《世界版权公约》和《与贸易有关的知识产权协议》，美国微软公司的计算机软件，一经完成就在中国获得了著作权，受到中国法律的保护。

事实上，中美两国对于对方国民著作权的保护，早在1992年3月就已经开始。具体说来，中国于1992年10月15日加入《伯尔尼公约》，于10月30日加入《世界版权公约》。按照惯例，中美两国应当于1992年10月15日开始，相互保护对方国民、法人和其他组织的作品。然而，中美两国于1992年1月17日达成的《关于保护知识产权的谅解备忘录》规定，中美两国自1992年3月17日开始，相互保护对方的作品。这样，在中国正式加入《伯尔尼公约》和《世界版权公约》之前，中国就开始保护美国人的作品，包括美国自然人、法人和其他组织的作品。

关于以上的背景，受理"南京市恒升电脑专卖店诉南京市工商行政管理局玄武分局"一案的南京市玄武区法院也有一段精彩的论述。法院在判决中说，计算机软件的著作权，是权利主体对计算机程序和文档方面所享有的专有权利。Windows98软件的版权归美国微软公司所有。国务院依据《中华人民共和国著作权法》而制定的《计算机软件保护条例》（1991年6月4日发布）第6条第3款规定，"外国人在中国境外发表的软件，依照其所属国同中国签订的协议或者共同参加的国际条约享有的著作权，受本条例保护"。中美两国政府于1992年1月17日就签订了《关于保护知识产权的谅解备忘录》，从1992年3月17日起，美国国民的作品在中国境内就受中国《著作权法》及有关规定的保护。1992年10月15日和10月30日，中国成为《保护文学艺术作品伯尔尼公约》和《世界版权公约》的成员国。根据《保护文学艺术作品伯尔尼公约》的规定，成员国依据自己的版权法给予来源于其他成员国的作品予以版权保护。根据上述国际公约，微软公司的版权，在我国境内受我国法律的保护。我国《著作权法》和《计算机软件保护条例》都规定，著作权的使用，除著作权权利限制以外，应当同著作权人订立许可使用合同。本案原告使用Windows98软件的方式不符合著作权权利限制的条件，应当同著作权人订立许可使用合同。如果未经许可而使用，就会构成侵权。

二、投机倒把与盗版侵权

按照《著作权法》第48条的规定，以及《计算机软件保护条例》第24条的规定，如果侵犯他人著作权的行为，包括侵犯计算机软件著作权的行为，同时损害了社会公共利益，可以由著作权行政管理部门予以查处，并给予相应的行政处罚。无论是依据《著作权法》和《著作权法实施条例》的规定，还是依据《计算机软件保护条例》的规定，都不应当由工商行政管理部门查处软件著作权侵权的行为。

从这个意义上说，在"南京市恒升电脑专卖店诉南京市工商行政管理局玄武分局"一案中，由南京市工商行政管理局玄武分局查处电脑专卖店的侵权行为，就是一个有问题的案件。然而在这个案件中，无论是受到工商行政管理部门处罚的当事人，还是受理案件的南京市玄武区人民法院，都没有对工商行政管理部门的查处行为和行政处罚行为提出质疑。或许在21世纪初，无论是受到行政查处的当事人，还是受理行政诉讼案件的法院，对于行政管理部门的分工尚不十分了解。

当然从另外一个角度来看，南京市工商行政管理局玄武分局对于恒升电脑专卖店的查处，是符合行政查处和行政处罚的程序的。例如，先是有群众的举报，然后是玄武分局对于恒升电脑专卖店的查处。又如，玄武分局的执法人员现场调查取证，包括扣押涉嫌安装盗版软件的电脑。再如，在行政处罚之前，玄武分局向恒升电脑专卖店发出行政处罚听证告知书，告知了可以要求听证的权利，并且应当事人的申请举行了听证会。与此相应，当事人在不服行政处罚决定所提起的行政诉讼中，也没有质疑行政查处和行政处罚的程序。

由于"南京市恒升电脑专卖店诉南京市工商行政管理局玄武分局"一案是由工商行政管理机关查处的，行政执法的依据也就主要是工商行政管理部门的规范。例如，玄武分局依据国家工商行政管理局和国家版权局联合发布的《关于严厉打击盗版等侵犯著作权行为的通知》、国家工商行政管理局《投机倒把行政处罚暂行条例》《投机倒把行政处罚暂行条例实施细则》，对当事人给予了行政处罚。又如，当电脑专卖店不服行政处罚决定，向玄武区人民法院提起行政诉讼之后，玄武区工商分局向法院提交的法律依据中，除了上述三个法规,还提交了国家工商行政管理局《关于适用〈投机倒把行政处罚暂行条例〉第一款第(十一)项有关问题的答复》,以及江苏省工商行政管理局《关于对江苏经纬电脑公司经销安装有盗版计算机软件行为定性处罚的答复》。

由于玄武分局主要是依据工商行政管理方面的法规查处恒升电脑专卖店的侵权行为,所以认定当事人恒升电脑专卖店的行为构成了"投机倒把",并由此而对当事人进行了处罚。显然,从恒升电脑专卖店未经权利人许可而在笔记本电脑中复制和安装 Windows98 软件来看,当事人应当是侵犯了微软公司的软件著作权。与此相应,玄武工商行政管理分局应当是依据《著作权法》和《计算机软件保护条例》对当事人进行处罚。

顺便说一下,"投机倒把"是中国 20 世纪八九十年代出现的一个特别术语,即相关的单位或者个人,在商品交易中以低廉的价格买进来,再以较高的价格卖出去,赚取其中的差价。显然,这是一个与计划经济密切相关的术语。在计划经济的条件下,商品的价格,以及各个地区商品之间的差价,都是由政府主管部门制定的。如果有人在甲地购买了价格较低的商品,然后倒卖到价格较高的乙地,其行为就属于"投机倒把"。到了 20 世纪 90 年代,尽管中国已经开始由计划经济向市场经济过渡,行政管理部门或者司法机关,仍然会在某些特定的时候使用"投机倒把"的术语,制裁某些市场主体的不当行为。后来,随着中国选择了社会主义市场经济的道路,随着市场经济的不断发展和完善,"投机倒把"这个术语就淡出了社会公众的视野。

三、权利的限制与例外

按照我国《著作权法》第 3 条的规定,受保护的作品种类包括计算机软件。这表明,《著作权法》的所有规定,包括有关权利限制与例外的规定,都应当适用于计算机软件。然而,计算机软件又不同于其他种类的作品,只有在与计算机硬件结合并且运行的时候,才能发挥其作用。例如,购买了计算机软件的人需要将相关的软件复制和安装到计算机中。又如,为了与其他软件兼容,计算机软件的持有人需要对软件进行必要的修改。再如,为了防止误删除或者计算机的故障,计算机软件的持有人需要制作备份。

正是基于计算机软件的这些特殊性,《计算机软件保护条例》第 16 条规定,软件的合法复制品所有人享有下列权利：

（一）根据使用的需要把该软件装入计算机等具有信息处理能力的装置内；

（二）为了防止复制品损坏而制作备份复制品。这些备份复制品不得通过任何方式提供给他人使用,并在所有人丧失该合法复制品的所有权时,负责将备份复制品销毁；

（三）为了把该软件用于实际的计算机应用环境或者改进其功能、性能而进行必要的修改；但是,除合同另有约定外,未经该软件著作权人许可,不得向任何第三方提供修改后的软件。

除此之外,按照著作权法仅仅保护思想观念的表达,而不保护思想观念本身的原理,对于计算机软件所享有的著作权,仅仅延及表达,而不延及体现在计算机软件中的功能性要素和设计思想。与此相应,《计算机软件保护条例》第17条规定,为了学习和研究软件内含的设计思想和原理,通过安装、显示、传输或者存储软件等方式使用软件的,可以不经软件著作权人许可,不向其支付报酬。

在"南京市恒升电脑专卖店诉南京市工商行政管理局玄武分局"一案中,电脑专卖店曾经提供了6套包装盒封口封签未拆开的Windows98中文版第一版光盘和使用指南,以证明专卖店柜台上摆放的6台笔记本电脑中复制安装的软件,都是合法的。具体说来,电脑专卖店在合法购买了Windows98软件之后,可以在电脑中复制安装相关的软件,这属于《计算机软件保护条例》第16条第1项规定的情形。但玄武工商分局认为,电脑专卖店后来提供的证据,不能证明其电脑中复制安装的Windows98软件是合法的。

在向法院提起的行政诉讼中,原告继续主张说,自己是通过合法渠道购买了Windows98软件,因而可以在计算机中复制和安装该软件。与此相应,自己没有侵犯美国微软公司的著作权。原告还说,依据相关的购货发票,自己属于软件的持有者。即使有证据证明复制安装在笔记本电脑中的软件是盗版的,也应当由软件的销售商承担责任,而非持有者承担责任。在这方面,《计算机软件保护条例》(1991年)第32条已经有明确的规定,"软件持有者不知道或者没有合理的依据知道该软件是侵权物品,其侵权责任由该侵权软件的提供者承担。"

　　然而，玄武工商分局认定，原告证据中所称的软件，与原告电脑中复制安装的软件种类不符。玄武区法院则明确指出，原告提供的用以证明获得合法许可的材料，是有关 OEM 版的 Windows98 软件光盘、用户《使用指南》和购买软件的发票，而非原告电脑中复制安装的软件的证明资料。同时，原告提供的发票上写明的购买人，也不是本案的原告。这样，相关的证据不能证明原告在其笔记本电脑中复制安装的计算机软件是合法购买的，也就不能证明原告是计算机软件的合法持有人。与此相应，《计算机软件保护条例》中有关软件合法持有人的规定，也就不适用于原告。

参考文献

《中华人民共和国著作权法》

《中华人民共和国著作权法实施条例》

《计算机软件保护条例》

《信息网络传播权保护条例》

《中华人民共和国行政处罚法》

《著作权行政处罚实施办法》

《中华人民共和国行政强制法》

李明德、许超：《著作权法》（第二版），法律出版社 2009 年版。

李明德、管育鹰、唐广良：《〈著作权法〉专家建议稿说明》，法律出版社 2012 年版。

王迁：《著作权法》，中国人民大学出版社 2015 年版。

盗版网站的搜索和链接：

国家版权局处罚快播公司

| 基本案情 |

本案的当事人是深圳市快播科技有限公司（以下简称快播公司），经营和提供了一种"快播播放器软件视窗"，通过第三方网站播放他人享有著作权的影视作品。而第三方网站绝大多数都是小网站，没有获得相关作品的授权。这样，快播公司就通过提供软件和视窗的方式，未经权利人许可大量播放了影视作品和其他作品。

本案的第三人是乐视网信息技术（北京）股份有限公司（以下简称乐视公司），就《高举爱》《大学新生》《新天生一对》《潜伏》《隋唐英雄》《急速特警》《机械师》《女人如花》《青盲》《那样芬芳》等影视作品享有著作权。2013 年的某一天，乐视公司向国家版权局投诉，诉称快播公司未经自己的许可，通过其经营的快播播放器软件，向公众传播其拥有著作权的多部影视作品，浏览量巨大，给权利人造成了巨大损失。

国家版权局接到投诉以后，对快播公司的侵权行为进行了调查，并在相关事实和证据的基础之上，决定依据《著作权法》《著作权法实施条例》和《行政处罚法》，对快播公司给予行政处罚。2013 年 12 月 9 日，国家版权局向快播公司送达了著作权行政处罚事先告知书，说明了快播公司的违法事实和拟作出的行政处罚决定，并告知快播公司有陈述和申辩的权利，以及申请听证的权利。但快播公司表示不提交申辩意见，不申请听证。

2013 年 12 月 27 日，国家版权局作出了针对快播公司的《著作权行政处罚决定书》。国家版权局在《著作权行政处罚决定书》中说，关于本案的事实，有投诉人提交的投诉书、权利证明、侵权事实公证书、调查询问笔录、著作权行政处罚事先告知书、送达回执等材料为证。《著作权行政处罚决定书》进而指出,快播公司在应当知道存在侵犯乐视公司影视作品信息网络传播权的情形下,仍然通过快播播放器,与其内设的搜索网站进行设链,已经构成侵权,且持续时间长、社会影响大,损害了公共利益,应当予以处罚。

最后,国家版权局依据《著作权法》第 48 条第 1 项、《著作权法实施条例》第 36 条、第 37 条第 2 款,以及《行政处罚法》,对快播公司作出了以下两点处罚:责令快播公司停止侵权,立即停止通过信息网络传播侵权作品;罚款人民币 25 万元。

国家版权局在《著作权行政处罚决定书》中还说,如果快播公司不服本处罚决定,可以在收到本决定书之日起 60 天内向国家版权局申请行政复议,或者在收到本决定书之日起 3 个月内依法提起行政诉讼。行政复议和行政诉讼期间,上述行政处罚措施不停止执行。然而,国家版权局作出《著作权行政处罚决定书》以后,当事人快播公司既没有申请行政复议,也没有提起行政诉讼。

▶ 法律问题

"国家版权局处罚快播公司"是一个比较简单的案例。其中快播公司提供播放器软件,进入第三方网站播放他人享有著作权的影视作品。而且,国家版权局作出处罚决定之后,快播公司既没有申请行政复议,也没有提起行政诉讼。从著作权法的角度来看,国家版权局的《著作权行政处罚决定书》,主要涉及了网络服务商的责任和侵权者的主观状态,即是否有主观上的故意或者过失。下面分别论述。

一、快播公司的侵权责任

作品在网络环境中的传播,需要借助于一系列网络服务的提供者。首先是网络传输服务者提供网络通讯服务,例如布设通讯线路(包括有线和无线线路),设立服务器,保障信号或者信息的流通。其次是内容服务提供商提供相关的信息,例如提供让社会公众可以获得的数据、作品等。第三是信息定位服务商,例如提供相关网站、内容、数据的链接或者搜索服务。除此之外,还有一些服务商向社会公众提供各种用于观看、聆听和演示各种信息数据、作品、内容的软件，例如播放器、放大器、信号转换器等。

在通常的情况下，网络传输服务提供者，就其提供网络传输服务来说，不会发生侵犯他人著作权的问题。因为，这类网络服务提供者，例如中国网通公司、中国移动公司等，仅仅提供传输通道的服务。而通过传输通道传播的作品，可能既有合法传输的作品，也有非法传输的侵权作品。只要网络传输服务提供者没有发起、选择和改变被传输的内容，就不会有侵权的问题。当作品在网络上传输的时候，最有可能发生侵权的是内容服务提供商。因为，当这类服务者未经许可而将他人享有著作权的作品上载到网络上、提供给社会公众的时候，就有可能侵犯了他人著作权。至于存储空间的提供者和链接服务提供者，在明知或者应知他人侵权的情况下仍然提供存储服务或者链接、搜索服务，则有可能构成侵权。这种侵权可以称为帮助侵权，即帮助他人实施了侵权活动。除此之外，如果软件提供者提供的软件，例如播放器、放大器、信号转换器等，专门用于或者主要用于侵权活动，软件的提供者也应当承担侵权的责任。

在"国家版权局处罚快播公司"一案中，不涉及网络传输服务提供者，但是涉及了内容服务提供者和链接、搜索服务提供者。其中，那些提供内容服务的小网站，未经许可上载、传播了他人享有著作权的作品，包括第三人乐视公司享有信息网络传播权的影视作品。至于当事人快播公司，则是提供了对于盗版网站的链接和搜索服务。具体说来，国家版权局经过调查发现，当事人的快播播放器软件视窗，通过漂浮文字向用户推荐影视作品，并且设置搜索框。用户点击作品名称或者在搜索框中搜索《高举爱》等影视作品名称后，就会自动跳转到某一影视作品搜索网站。而且按照常识，这些小网站明显不会获得相关作品的授权。正是从这个意义上说，快播公司以提供链接和搜索服务的方式，帮助了他人的侵权活动，从而构成了侵权。

在"国家版权局处罚快播公司"一案中，快播公司还提供了专门用于侵权活动的播放器软件。根据案情，快播公司不仅提供了帮助侵权的链接和搜索的服务，而且在提供给社会公众的快播播放器软件中，并且在播放器中内设了与那些侵权小网站的定向地址链接。只要用户点击搜索框内的作品名称，或者搜索了相关作品的名称后，就会通过播放器软件中内设的定向链接，跳转到提供盗版作品的小网站。同时，为了在这些小网站上下载和观看影视作品，用户又必须下载和安装快播播放器软件。这表明，快播播放器软件是专门用于侵权活动的软件。

正是基于快播公司既提供帮助侵权的链接和搜索服务，又提供专门用于侵权活动的播放器软件，国家版权局认定快播公司构成了侵权。

二、侵权人的主观过错

按照帮助侵权的理论，侵权者在帮助、引诱、教唆他人实施侵权活动的时候，应当具有主观上的故意或者过失。其中的故意，是指侵权者明知自己提供的服务、产品或者其他条件，有可能促成侵权的实施，仍然提供了相关的服务、产品或者其他条件。其中的过失，是指侵权者应当知道自己提供的服务、产品或者其他条件，有可能促成侵权的实施，仍然提供了相关的服务、产品或者其他条件。通常，只要侵权者提供了专门用于侵权活动的服务、产品，无论其主观上知道或者应当知道，就可以认定已经构成了侵权。

在"国家版权局处罚快播公司"一案中，快播公司的主观故意是从两个方面得到证明的：第一，快播公司提供了专门用于播放盗版影视作品的播放器。根据案情，社会公众必须通过快播播放器搜索和链接提供侵权影视作品的小网站，并且只能通过快播播放器观看由此链接的侵权影视作品。而且，为了方便或者促成快播软件的使用者进入盗版网站，当事人还在快播服务器软件中设置了特定的链接。这表明，当事人提供的快播播放器软件，是专门用于帮助他人实现侵权活动的工具。第二，当事人对于搜索的结果进行了修改和整理。根据案情，快播公司提供的播放器软件，在其视窗上通过漂浮文字向用户推荐视听作品，或者让用户通过搜索框搜索相应的视听作品名称。同时，当事人对于搜索的结果，例如有关作品的信息进行了修改、编辑和整理，以方便用户了解相关的盗版作品的信息，进而使用快播播放器加以观看。

国家版权局在《著作权行政处罚决定书》中说，根据上述的编辑、整理，根据定向搜索、链接的行为可知，快播公司应当知道，快播播放器软件与搜索网站共同实施的搜索行为，链接了侵权作品。与此相应，快播公司具有明显的主观过错,应当承担侵权责任。国家版权局还认为,快播公司通过快播播放器的侵权活动,持续时间长,社会影响大,不仅损害了著作权人的利益,而且损害了社会公共利益,依法应当予以处罚。正是由此出发,国家版权局的行政处罚决定责令当事人立即停止侵权,并处以 25 万元人民币的罚款。

专家评析 ———————————————————————

一、网络服务商的侵权责任

在传统的作品传播模式下,权利人通常都会追究直接侵权人的责任。例如未经许可而出版、发行他人作品,未经许可而改编他人作品,未经许可而表演、展览他人作品,权利人都会直接追究出版发行者、改编者、表演者、展览者的侵权责任。在某些特殊的情形下,权利人也会追究共同侵权者或者帮助侵权者的责任。例如在文字作品抄袭侵权的条件下,著作权人除了追究抄袭者的侵权责任,还可以追究出版发行者,例如出版社、报刊杂志社的责任。因为,出版社、报刊杂志社通过出版、发行的行为,促成了或者帮助了抄袭者的侵权,并且获得了一定的经济收益。

然而,随着互联网络时代的到来,侵权、追究侵权者责任的场景发生了巨大的变化。一方面,计算机技术和互联网络技术使得作品得以空前传播,可以让权利人获得更多的利益。另一方面,未经许可而将他人的作品上载、传播也更容易发生,而且同样可以加以广泛传播。在这种情况下,可能会有很多的人,未经许可而将权利人的作品上载和传播。如果说在传统的作品传播条件下,权利人还有可能通过追究直接侵权人的方式,制止对于自己权利的侵犯,那么在网络传播的时代,权利人已经很难通过追究直接侵权者的方式,有效地制止侵权和维护自己的利益。在这种情况下,依据传统的共同侵权或者帮助侵权的理论,追究网络服务商的责任,就成了有效制止版权侵权的途径。

例如在"国家版权局处罚快播公司"一案中,未经许可而将乐视公司享有信息网络传播权的影视作品上载到网站上,并且加以传播的是那些不知名的小网站。这些小网站属于直接侵权者。然而,如果乐视公司针对一个个的小网站发起侵权诉讼,不仅成本很高,而且难以有效制止侵权。但是,如果乐视公司将制止侵权的矛头指向某些网络服务商,例如链接服务提供者、播放器软件提供者,则有可能相对有效地制止侵权,维护自己的利益。例如,通过法院或者行政执法机关的禁令,关闭相关的链接服务,责令不得提供相关的播放器软件,则小网站的侵权活动也就限定在了一定的范围之内。正是基于这样的认识,本案中的乐视公司并没有直接针对侵权的一个个小网站发起诉讼或者提起投诉,而是针对提供链接、搜索服务的快播公司,针对提供专门用于侵权活动软件的快播公司,提起了投诉。

正如本案所显示的那样,随着国家版权局责令快播公司立即停止侵权,包括立即停止提供相关的搜索、链接服务,立即停止提供快播播放器软件,乐视公司也就在很大程度上维护了自己的权利和利益。当然,如果乐视公司要彻底杜绝侵权,还必须针对那些提供侵权作品的小网站提起诉讼或者向行政管理部门提起投诉。

二、共同侵权者或者帮助侵权者的主观状态

在通常的情况下,知识产权的侵权构成,包括著作权侵权的构成,都适用无过错原则。按照这个原则,无论侵权人是否知道自己的行为侵权,也无论侵权人是否具有主观上的故意或者过失,只要发生了侵权的事实,就可以认定为构成了侵权。否则,如果以故意或者过失作为侵权构成的要件,就会发生不知者不为过,而且还可以继续相关侵权行为的荒谬现象。

当然,知识产权侵权的无过错原则,包括著作权侵权的无过错原则,是指在判定是否构成侵权的问题上,不考虑侵权者的主观状态。与此相应,只要构成侵权,侵权人应当承担立即停止侵权的责任。然而在损害赔偿数额的确定上,则应当考虑侵权者的主观状态。大体说来,无辜侵权者、不知而侵权者,可以少支付损害赔偿,甚至可以不支付损害赔偿。而对于那些故意侵权者,以及那些恶意侵权者、反复侵权者,则可以要求他们多支付损害赔偿,甚至加倍支付损害赔偿。目前,我国《商标法》已经规定,而且正在修订的《著作权法》《专利法》都会规定的惩罚性损害赔偿,就是针对恶意侵权和反复侵权而制定的。

尽管在直接侵犯著作权的情况下应当适用无过错责任,但在追究间接侵

权者的责任的时候,则要考虑侵权者的主观故意或者过失。这是因为,直接侵权者是未经许可直接使用了他人的作品,而间接侵权者则是通过提供方便条件的方式,或者通过引诱、教唆的方式,帮助他人实现了侵权的结果。所以,在间接侵权的构成上,应当考虑侵权人的主观意图。如果被控侵权人不知道而且也没有理由知道自己的行为侵犯了他人的著作权,可以不追究侵权责任,包括不支付损害赔偿。但如果是知道或者应当知道自己的行为有可能侵犯他人的著作权,仍然实施了某种行为,则应当追究其侵权责任,包括责令停止侵权和支付损害赔偿。

在计算机技术和网络技术的条件下,由于侵权者众多,权利人就将制止侵权的矛头更多地对准了网络服务商,包括内容服务提供商、存储空间服务提供商、链接服务提供商和搜索服务提供商。然而,如果让网络服务商像传统的出版商一样承担共同侵权或者帮助侵权的责任,又会造成一系列网络服务难以生存和发展的局面,最终不仅会损害网络服务商和社会公众的利益,而且还会损害版权所有人的利益。与此相应,如何平衡版权所有人和网络服务商的利益,划出网络服务商承担或者不承担侵权责任的界限,也就成了各国的立法者、司法者和专家学者必须妥善解决的问题。

例如在美国1993年的"花花公子"一案中,有人未经许可将原告的摄影作品上传到公告板上,原告不仅针对上传者而且针对公告版主(网络服务商)提起了侵权诉讼。法院则依据传统的侵权理论,认定公告版主与用户一道侵犯了原告的版权。显然,这个判决没有将用户的行为与网络服务商的行为区别开来,进而对公告版主的网络服务判处了死刑。不过,法院通过这个判例也敏锐地认识到,为了让网络服务具有一定的生存和发展空间,应当在某些特定的情形下减免网络服务商的侵权责任。例如在1995年的"宗教技术"一案中,法院就采取了另外一个思路。在这个案件中,同样是一些用户未经许可在公告板上张贴了原告的作品,而原告不仅针对上传作品的用户,而且针对公告版主和网络运营商提起了侵权诉讼。法院虽然认定用户的上传行为侵犯了原告的版权,但是却免除了网络运营商的责任。因为,网络运营商仅仅提供传输通道的服务,不可能知道网络用户的侵权行为。而且,即使知道也不可能在不影响其他使用者的前提下,断开公告板的网络传输服务。法院还认为,本案中的公告版主,只有在知道他人侵权,并且以引诱、帮助的方式参与侵权的情况下,才有可能承担责任。显然,这是为网络服务提供者和内容服务提供者开辟了一个避风港,让他们得以生存和发展。

到了1998年,美国制定《数字化时代版权法案》,则明确规定了网络服务商的避风港例外。根据规定,提供网络传输、系统缓存、信息存储和信息定位的网络服务商,可以在一定的条件下免除版权侵权的责任。例如,在网络传输和系统缓存的情况下,相关的服务商通常不承担侵权责任,除非故意更改了传输的路径或者缓存的目的。又如,在信息存储和信息定位的情况下,相关的服务商只有在故意引诱、帮助他人侵权,并且从他人的侵权活动中获得利益的情况下,才承担侵权责任。

除了美国,很多国家和地区也对网络服务商做了类似于避风港的规定。例如,欧盟于2000年发布的《电子商务指令》规定,网络传输服务提供者,只要没有发起、选择和改变被传输的内容,不承担侵权的责任;信息缓存服务提供者,只有没有改变、编辑和技术干预被传输的内容,不承担侵权的责任;信息存储服务提供者,在不知他人侵权,并且在接到权利人的通知后迅速删除侵权客体的,可以不承担侵权责任。

在这方面,我国2006年制定的《信息网络传播权保护条例》也在相关的条文中,针对网络传输服务提供者、存储空间服务提供者、搜索或者链接服务者,分别规定了不同的责任。例如,《信息网络传播权保护条例》第20条规定,网络传输服务提供者,在通常情况下不承担侵权责任,除非故意选择或者改变了被传输的作品、表演和录音录像制品。又如,《信息网络传播权保护条例》第23条规定:"网络服务提供者为服务对象提供搜索或者链接服务,在接到权利人的通知书后,根据本条例规定断开与侵权的作品、表演、录音录像制品的链接的,不承担赔偿责任;但是,明知或者应知所链接的作品、表演、录音录像制品侵权的,应当承担共同侵权责任。"

在"国家版权局处罚快播公司"一案中,国家版权局认定,快播公司提供专门用于播放盗版影视作品的播放器软件,并且在播放器软件内设定了与盗版网络的链接;快播公司还对搜索的结果进行了修改、编辑和整理,以方便用户了解相关的盗版作品的信息,进而使用快播播放器加以观看。由此出发可以看出,快播公司在明知小网站提供盗版影视作品的情况下,仍然提供专门用于播放盗版影视作品的播放器软件,仍然提供关于盗版网站的链接,属于明知或者应知而从事相关的行为,应当承当共同侵权的责任。

参考文献

《中华人民共和国著作权法》

《中华人民共和国著作权法实施条例》

《计算机软件保护条例》

《信息网络传播权保护条例》

《中华人民共和国行政处罚法》

《著作权行政处罚实施办法》

《中华人民共和国行政强制法》

李明德、许超:《著作权法》(第二版),法律出版社 2009 年版。

李明德、管育鹰、唐广良:《〈著作权法〉专家建议稿说明》,法律出版社 2012 年版。

王迁:《著作权法》,中国人民大学出版社 2015 年版。

盗版网站的搜索和链接：

国家版权局处罚百度公司

| 基本案情 |

本案的当事人北京百度网讯科技有限公司（以下简称百度公司），是一家经营互联网络服务的公司。根据案情，当事人经营了一种"百度影音播放器软件"，其页面针对不同类型的影视作品进行了详细的分类和推荐排行。受到分类、获得推荐排行的，既有正版的影视作品，也有盗版的影视作品。

本案的第三人合一信息技术（北京）有限公司（以下简称合一公司），是一家互联网络内容服务提供商。合一公司就一系列影视作品，例如《小爸爸》《新上海滩》《警花缘》《离爱》《神话》《爱缤纷》《随风而逝》《最难忘的人》《学警雄心》《深白》等等，享有信息网络传播权。根据案情，一些小网站未经许可而在互联网络上传播了其中的影视作品，而"百度影音播放器软件"的页面，又对这些影视作品进行了分类和推荐排行。到了 2013 年的某一天，合一公司向国家版权局投诉，诉称"百度影音播放器软件"的页面对于盗版的影视作品进行分类和推荐排行，并且提供相应的盗版网站的链接，侵犯了自己就上述影视作品享有的信息网络传播权。而且，由于"百度影音播放器软件"页面的分类和推荐排行，以及相应的盗版网站的链接，浏览量极大，给自己造成了巨大经济损失。

国家版权局接到投诉后，对于百度公司提供"百度影音播放器软件"的行为，对于播放器页面上相关影视作品的详细分类和推荐排行，以及相应的对于盗版网站的链接行为，进行了调查。经过调查，国家版权局认定百度公司的上述行为，侵犯了合一公司就某些影视作品所享有的信息网络传播权。随后，在相关事实和证据的基础之上，国家版权局决定依据《著作权法》《著作权法实施条例》和《行政处罚法》，对于百度公司给予行政处罚。2013 年 12 月 19 日，国家版权局向百度公司送达了《著作权行政处罚事先告知书》，说明了百度公司的违法事实和拟作出的行政处罚决定，并告知百度公司有陈述和申辩的权利，以及申请听证的权利。12月26日，百度公司向国家版权局提交了书面申辩意见。

到了2013年12月27日，国家版权局作出了针对百度公司的《著作权行政处罚决定书》（国版字2013第16号）。国家版权局在《著作权行政处罚决定书》中说，关于本案的事实，有投诉人提交的投诉书、权利证明、侵权事实公证书、调查询问笔录、现场调查笔录、著作权行政处罚事先告知书、送达回执、百度公司提交的申辩意见等材料为证。《著作权行政处罚决定书》进而指出，百度公司在应当知道"百度影音播放器软件"页面分类、推荐排行和提供链接的行为，侵犯了合一公司影视作品信息网络传播权的情形下，仍然经营"百度影音播放器软件"，并且提供盗版网站的链接，已经构成了侵权。而且，百度公司的侵权活动持续时间长、社会影响大，损害了公共利益，应当予以处罚。

最后，国家版权局依据《著作权法》第48条第1项，《著作权法实施条例》第36条、第37条第2款，以及《行政处罚法》的有关规定，对百度公司作出了以下两点处罚：责令百度公司停止侵权，立即停止通过信息网络传播侵权作品；罚款人民币25万元。

国家版权局在《著作权行政处罚决定书》中还说，如果百度公司不服本处罚决定，可以在收到本决定书之日起60天内向国家版权局申请行政复议，或者在收到本决定书之日起3个月内依法提起行政诉讼。行政复议和行政诉讼期间，上述行政处罚措施不停止执行。然而，当事人百度公司既没有申请行政复议，也没有提起行政诉讼。

▶ 法律问题

"国家版权局处罚百度公司"是一个比较简单的案例。其中，百度公司提供"百度影音播放器软件"，针对不同的影视作品做了详尽分类和推荐排行，并且提供相应的对于盗版网站的链接。国家版权局经过调查认定，百度公司的上述行为侵犯了合一公司就某些影视作品所享有的信息网络传播权，因而决定对百度公司进行行政处罚。国家版权局作出处罚决定之后，百度公司既没有申请行政复议，也没有提起行政诉讼。从著作权法的角度来看，国家版权局的《著作权行政处罚决定书》，主要涉及网络服务商的责任和侵权者的主观状态，即是否有主观上的故意或者过失。下面分别论述。

一、提供链接服务的法律责任

在"国家版权局处罚百度公司"一案中，当事人主要是提供了"百度影音播放器软件"，提供了软件页面对于影视作品的分类、推荐排行，以及提供了相应的盗版网站的链接。在本案中，真正未经许可而将合一公司享有信息网络传播权的影视作品上载到网络上，并且加以传播的，是一些盗版的小网站。但是，当事人提供的"百度影音播放器软件"服务，以及对于盗版网站的链接，却促使盗版的影视作品在更大的范围内传播，造成了合一公司巨大的经济损失。与此相应，百度公司帮助、教唆了相应的侵权行为，属于帮助侵权者，应当承担共同侵权的责任。第三人合一公司正是从这个意义上向国家版权局投诉，主张百度公司的相关行为侵犯了自己就某些影视作品享有的信息网络传播权。

国家版权局经过调查发现，百度公司经营的"百度影音播放器软件"，在其页面上对于不同类型的影视作品进行了详尽的分类和推荐排行。而且，百度公司对于第三人享有信息网络传播权的影视作品，例如《小爸爸》的搜索结果页面，进行了明显的修改、编辑和整理。国家版权局的调查还发现，经过现场勘验，通过"百度影音播放器"搜索《小爸爸》等影视作品，在搜索结果中，排名前三位的基本上是专门提供盗版影视作品的个人网站。而且，这些网站都是使用"百度影音点播系统"建立起来的网站。按照国家版权局的调查，一方面是百度公司提供了"百度影音播放器软件"，提供了搜索影视作品的搜索服务；另一方面，通过"百度影音播放器软件"搜索影视作品，排在前三位都是使用百度影音点播系统建立起来的盗版网站。这样，当事人就通过"百度影音播放器软件"及其搜索服务，通过与盗版网站设定的链接，广泛传播了合一公司享有信息网络传播权的影视作品。

国家版权局在《行政处罚决定书》中说，百度公司在应当知道第三方网站

侵犯合一公司《小爸爸》等影视作品信息网络传播权的情形下，仍然通过其
"百度影音播放器"的搜索和设链，传播合一公司享有信息网络传播权的影视
作品，已经构成了侵权。而且，百度公司所从事的侵权活动持续时间长、社会
影响大，损害了公共利益，应当予以处罚。

二、百度公司侵权活动中的主观过错

在"国家版权局处罚百度公司"一案中，将合一公司享有信息网络传播权
的影视作品上传到网站上供他人下载、观看的，是那些使用百度影音点播系统
建立的专门提供盗版影视作品的个人网站。这些个人网站是直接侵权者。从
著作权侵权的构成来看，无论这些个人网站是否知道或者应当知道未经许可
使用了他人的作品，都应当构成侵权，并且承担停止侵权和支付损害赔偿的
责任。

在"国家版权局处罚百度公司"一案中，当事人百度公司通过"百度影音
播放器"的服务，通过软件页面对于各种影视作品的详尽分类和推荐排行，通
过对于搜索结果的修改、编辑和整理，以及通过对于盗版网站的设链，参与了
侵犯合一公司影视作品著作权的活动。显然，百度公司的这种参与侵权活动，
不同于提供盗版作品的个人网站的行为，属于帮助侵权者。按照知识产权保
护，包括著作权保护的原理，帮助侵权的构成，侵权者应当具有主观上的故意
或者过失。或者说，如果提供帮助的人不具有主观上的故意或者过失，则不会
有帮助侵权的成立。

关于百度公司的主观过错，国家版权局的《著作权行政处罚决定书》说，
依据百度公司对于影视作品搜索结果的修改、编辑和整理，依据百度公司从事
的定向搜索和设定链接的行为，可以推定百度公司在应当知道合一公司对于
相关影视作品享有信息网络传播权的情形下，仍然提供了对于盗版作品的链
接，具有主观上的过错。国家版权局的处罚决定得出结论说，百度公司在应当
知道第三方网站侵犯合一公司相关影视作品信息网络传播权的情形下，仍然
通过"百度影音播放器软件"进行搜索和设定链接，构成了侵权。由于百度公
司的侵权行为持续时间长、社会影响大，损害了公共利益，应当予以处罚。

专家评析

一、链接服务提供者的侵权责任

作品在网络环境中的传播,需要一系列的环节。例如,有人将作品上载到网络存储空间中,又有人通过网络服务将相关的作品下载到终端显示器上,然后观看、聆听,等等。又如,为了实现作品在网络上的传输,需要网络传输服务提供者提供线路、中继器、转换器等一系列的硬件设施。再如,为了作品的传播,需要网络服务商提供作品的存储空间,包括自动存储的空间和非自动存储的空间。最后,为了方便社会公众获得相应的作品,还需要网络服务商的定位服务,如搜索服务、链接服务等。

作品在网络环境中的传播,具有不同于传统的作品传播环境的特点。例如,未经许可而将他人享有著作权的作品上载到网上、存储到网络空间中的人很多,权利人难以针对一个个侵权者发起民事诉讼,有效维护自己的权利和利益。又如,当侵权者未经许可将他人的作品上传到信息网络之后,下载者或者使用者更是难以计数,权利人难以有效阻止下载者对于相关作品的使用。在这种情况下,著作权人为了有效和有力地维护自己的权利,阻止社会公众下载和使用未经许可而存在于网络上的作品,只得把制止侵权的矛头指向网络服务提供者,尤其是网络存储空间服务的提供者和网络搜索、链接服务的提供者。显然,只要能够制止他人将自己享有著作权的作品存储在网络空间中,只要能够制止他人对于侵权作品的搜索、链接,就可以有效地维护自己的权利。

在"国家版权局处罚百度公司"一案中,真正未经许可而将第三人合一公司享有信息网络传播权的影视作品放在网站上的,是一系列小网站。这些小网站明显不可能,而且在事实上也没有获得权利人的许可,属于直接侵权者。然而,合一公司并没有针对这些直接侵权的小公司提起侵权诉讼,而是针对提供搜索和链接服务的百度公司提起了投诉。显然,如果合一公司针对一个个小网站提起诉讼或者投诉,不仅成本很高,而且很难有效维护自己的权利。而针对提供搜索和链接服务的百度公司向行政机关投诉,则可以更加有效地并且成本较低地维护自己的权利和利益。

在"国家版权局处罚百度公司"一案中，国家版权局经过调查和取证，最后确定百度公司通过提供搜索和链接的服务，共同侵犯了合一公司的信息网络传播权。国家版权局还作出处罚决定，责令百度公司停止侵权，立即停止通过信息网络传播侵权作品。显然，这样的处罚决定并没有从根本上解决小网站的侵权问题。但是，从百度公司不得继续提供相关的搜索和链接服务的角度来看，则在很大的程度上缩小了侵权的范围，进而维护了合一公司的权利和利益。

除了提供搜索和链接服务，百度公司还提供了"百度影音播放器软件"，这里也略作论述。大体说来，作品在网络环境中的传播，除了一系列网络服务，还需要一系列软件产品，例如音乐播放器、影视播放器、图片显示器、文字显示器，以及各种作品要素的转换器。显然，如果没有这些产品或者相应的服务，作品在网络环境中的传播也难以实现。应该说，这类软件产品的提供者是否承担侵权责任，与传统环境中的产品提供者是否承担侵权责任，依据同样的原则加以认定。如果相关的产品专门用于侵权或者主要用于侵权活动，则产品的提供者应当承担责任。

显然，百度公司提供的"百度影音播放器"，既可以播放合法传播的作品，也可以播放非法传播的作品。与此相应，"百度影音播放器"不属于专门用于播放侵权作品的产品。这与"国家版权局处罚快播公司"一案中，快播公司提供的"快播播放器"不同。然而，百度公司却在"百度影音播放器"的软件页面上，对于影视作品（包括盗版影视作品）进行了分类和推荐排行，并且提供了相应的盗版网站的链接。正是从这个意义上说，百度公司不是因为提供了"百度影音播放器软件"而构成了帮助侵权，而是因为提供了搜索和链接服务而构成了帮助侵权。这与快播公司的情形不同。

二、帮助侵权者的主观状态

知识产权的侵权，包括著作权的侵权，通常适用无过错原则。按照这个原则，只要行为人未经许可而使用了他人享有著作权的作品，无论是否具有主观的故意或者过失，都应当构成侵权，并且承担停止侵权的责任。如果行为人一方面未经许可使用了他人的作品,另一方面又辩称自己不知道或者不应当知道他人就相关的作品享有著作权,并且以此作为不侵权的辩解,就会发生允许侵权行为继续进行的荒谬结果。

当然,从民事救济的角度来看,侵权人的故意或者过失,还是有一定的意义的。首先,从侵权的构成来看,从责令立即停止侵权的角度来看,著作权侵权的构成,应当适用无过错原则。即无论侵权者的主观状态如何,只要未经许可使用了他人的作品,都应当承担立即停止侵权的责任。但是从损害赔偿的角度来看,则要考虑侵权人的主观状态。如果是故意侵权、恶意侵权、反复侵权,就应当加大损害赔偿的力度。如果是过失侵权,或者无过错侵权,则应当减轻损害赔偿的数额,甚至可以不支付损害赔偿。

严格说来,知识产权侵权构成上的无过错原则,包括著作权侵权的无过错原则,是针对直接侵权而言的。而对于共同侵权,或者帮助侵权、教唆侵权的构成,则适用有过错原则。在共同侵权、帮助侵权或者教唆侵权的构成上,至少应当具备两个条件:一是有实际的直接侵权的发生;二是共同侵权者具有主观上的故意或者过失,从而帮助、教唆或者引诱了实际侵权的发生。其中的故意或者过失,大多是从共同侵权者的行为上加以判断。例如,如果相关的产品、设备专门用于或者主要用于侵权的目的,共同侵权人仍然提供了相关的产品或者设备,就可以推断行为人具有主观上的故意或者过失。又如,共同侵权人提供各种便利条件,包括场地、设施,帮助他人实施侵权行为,就可以推断具有主观上的故意或者过失。

就网络环境中的版权保护来说,直接侵权者通常都是一些小网站或者个人,未经许可将他人享有著作权的作品上载到网络空间中,或者在网络上进行传播。按照著作权侵权的构成原则来说,对这部分人或者网站,应当适用无过错原则,即无论是否知道,是否具有主观上的故意或者过失,都应当追究其侵权责任,包括责令停止侵权和支付一定数额的损害赔偿。而对于网络传输服务提供者、存储空间服务提供者、搜索或者链接服务提供者,则只有在具有主观上的故意或者过失的条件下,才有可能构成共同侵权或者帮助侵权,才有可能承担立即停止侵权和支付损害赔偿的责任。而且,由于网络传输服务提供者、存储空间服务提供者、搜索或者链接服务提供者,在侵权活动的过程中处于不同的环节上，因而对于他们知道或者应当知道的要求也是不同的。

在这方面，我国于 2006 年制定的《信息网络传播权保护条例》，也针对网络传输服务提供者、存储空间服务提供者、搜索或者链接服务提供者，分别规定了不同的知道或者应当知道的条件，以及相应的侵权责任。下面分别说明。

关于网络传输服务提供者，《信息网络传播权保护条例》第 20 条规定：网络服务提供者根据服务对象的指令提供网络自动接入服务，或者对服务对象提供的作品、表演、录音录像制品提供自动传输服务，并具备下列条件的，不承担赔偿责任：（一）未选择并且未改变所传输的作品、表演、录音录像制品；（二）向指定的服务对象提供该作品、表演、录音录像制品，并防止指定的服务对象以外的其他人获得。

关于网络自动存储服务者，《信息网络传播权保护条例》第 21 条规定：网络服务提供者为提高网络传输效率，自动存储从其他网络服务提供者获得的作品、表演、录音录像制品，根据技术安排自动向服务对象提供，并具备下列条件的，不承担赔偿责任：（一）未改变自动存储的作品、表演、录音录像制品；（二）不影响提供作品、表演、录音录像制品的原网络服务提供者掌握服务对象获取该作品、表演、录音录像制品的情况；（三）在原网络服务提供者修改、删除或者屏蔽该作品、表演、录音录像制品时，根据技术安排自动予以修改、删除或者屏蔽。

由《信息网络传播权保护条例》第 20 条和第 21 条的规定来看，网络传输服务提供者和自动存储服务者构成共同侵权或者帮助侵权的可能性很小。只要这些服务提供者没有对于传输中的或者自动存储的作品、表演、录音录像制品作出改变，或者相关的改变是技术安排的自然结果，就不会有共同侵权或者帮助侵权的发生。

关于信息存储空间服务提供者，《信息网络传播权保护条例》第 22 条规定：网络服务提供者为服务对象提供信息存储空间，供服务对象通过信息网络向公众提供作品、表演、录音录像制品，并具备下列条件的，不承担赔偿责任：（一）明确标示该信息存储空间是为服务对象所提供，并公开网络服务提供者的名称、联系人、网络地址；（二）未改变服务对象所提供的作品、表演、录音录像制品;(三)不知道也没有合理的理由应当知道服务对象提供的作品、表演、录音录像制品侵权;(四)未从服务对象提供作品、表演、录音录像制品中直接获得经济利益;(五)在接到权利人的通知书后,根据本条例规定删除权利人认为侵权的作品、表演、录音录像制品。

关于搜索或者链接服务的提供者,《信息网络传播权保护条例》第23条规定:网络服务提供者为服务对象提供搜索或者链接服务,在接到权利人的通知书后,根据本条例规定断开与侵权的作品、表演、录音录像制品的链接的,不承担赔偿责任;但是,明知或者应知所链接的作品、表演、录音录像制品侵权的,应当承担共同侵权责任。

按照《信息网络传播权保护条例》第22条和第23条的规定,信息存储空间服务提供者和搜索、链接服务提供者,如果是在不知或者不应当知道的情况下,提供了相关的存储服务、搜索或者链接服务,可以不承担共同侵权或者帮助侵权的责任。这表明,这些服务提供者如果是在知道或者应当知道相关的作品是侵权盗版作品的情况下,仍然提供了存储、搜索、链接的服务,则会构成共同侵权或者帮助侵权。当然,按照《信息网络传播权保护条例》第22条和第23条,信息存储空间服务提供者、搜索或者链接服务提供者还必须承担一个责任,即在接到权利人的通知之后,应当删除侵权盗版的作品,或者断开与侵权盗版作品的链接。否则,就应当承担共同侵权或者帮助侵权的责任。事实上,如果相关的服务提供者在接到了权利人的通知之后,仍然不删除侵权盗版的作品,仍然不断开与侵权盗版的作品的链接,则相当于是在明知或者故意的情况下,继续从事了共同侵权或者帮助侵权的行为。

在"国家版权局处罚百度公司"一案中,百度公司在提供"百度影音播放器软件"的过程中,以及后续的服务中,不仅存在着共同侵权或者帮助侵权,而且具有主观上的故意或者过失。根据案情,当事人百度公司在明知或者应当知道小网站上存在盗版侵权的影视作品的情况下,提供"百度影音播放器"的服务,通过软件页面对于各种影视作品的详尽分类和推荐排行,通过对于搜索结果的修改、编辑和整理,以及通过对于盗版网站的设链,参与了侵犯合一公司影视作品著作权的活动。

参考文献

《中华人民共和国著作权法》

《中华人民共和国著作权法实施条例》

《信息网络传播权保护条例》

《中华人民共和国行政处罚法》

《著作权行政处罚实施办法》

《中华人民共和国行政强制法》

李明德、许超：《著作权法》（第二版），法律出版社 2009 年版。

李明德、管育鹰、唐广良：《〈著作权法〉专家建议稿说明》，法律出版社 2012 年版。

王迁：《著作权法》，中国人民大学出版社 2015 年版。

盗版网站的搜索与链接：

合肥市出版局处罚许嵩官方网站

| **基本案情** |

本案的当事人是自然人魏某,于2011年开办了一家个人网站,名为"许嵩官方网站"(www.vaecn.com)。魏某还在网站内开办了一些音乐版块,例如"V迷音乐区""声色留痕"等。一些音乐爱好者,利用这些音乐版块提供的空间,设立了一些音乐作品的链接。根据案情,这些音乐作品不是直接出现在"许嵩官方网站"上,而是通过网友设定的链接,从其他网站上下载和聆听相关的音乐作品。

本案的第三人是国际唱片业协会,就大量的音乐作品及其相关的表演、录音享有著作权和相关权,包括"Beyond乐队"演奏的《真的爱你》、陈奕迅的《好久不见》。由于网友在"许嵩官方网站"所设定的链接中,包含了国际唱片业协会享有著作权和相关权的48首音乐作品,协会的北京办事处向国家版权局投诉,指称"许嵩官方网站"未经其会员的许可授权,向公众提供了其会员的录音录像制品。

受国家版权局的委托,合肥市文化广电新闻出版局(以下简称合肥市出版局)对于"许嵩官方网站"的设链行为进行了查处。根据合肥市出版局的调查,在"V迷音乐区""声色留痕"等版块中设立链接和发布音乐作品的是该网站的网友所为,而非魏某的行为。但是,在网友未经许可发布音乐作品的过程中,魏某作为"许嵩官方网站"的所有人,没有尽到审查的义务。由此出发,魏某的行为属于未经许可,通过信息网络擅自向公众提供他人的录音录像作品。

合肥市出版局经过调查取证,提出了以下证据:(一)国际唱片业协会北京代表处的举报函及版权认证报告;(二)北京海蝶音乐出具的告知函;(三)现场检查笔录(2份);(四)文化市场调查询问笔录(3份);(五)现场检查照片；(六)网站主办人、网站技术人员、服务器托管机房维护人员身份证复印件；(七)证据先行登记保存清单；(八)许嵩官方网站(www.vaecn.com)远程取证图片；(九)网络远程取证录像及屏幕录像；(10)许嵩官方网站(www.vaecn.com)相关后台数据；(十一)电子数据证据取证录像；(十二)现场检查录像；(十三)网站数据库源数据；等等。

经过调查和取证，合肥市出版局认定，当事人魏某的行为违反了国务院《信息网络传播权保护条例》第2条的规定。根据第2条："权利人享有的信息网络传播权受著作权法和本条例保护。除法律、行政法规另有规定的外，任何组织或者个人将他人的作品、表演、录音录像制品通过信息网络向公众提供，应当取得权利人许可，并支付报酬。"而在另一方面，合肥市出版局又认定，网友在"许嵩官方网站"上设立链接、发布盗版的音乐作品，主要是作为交流使用。当事人魏某并没有因此而获得经济利益，也没有非法经营额和违法所得。

基于以上的事实和证据，合肥市出版局2014年7月作出《行政处罚决定书》(合肥文罚字(2013)第42号)，认定当事人魏某违反了《著作权法》和《信息网络传播权保护条例》的相关规定，事实清楚、证据确凿，因而责令当事人立即停止侵权行为，并处以人民币5000元的罚款。

合肥市出版局的《行政处罚决定书》还向当事人说明了后续的法律程序。当事人如对本处罚决定不服，可在收到本决定书之日起60日内向安徽省新闻出版广电局或合肥市人民政府申请行政复议，也可在收到本决定书之日起3个月内直接向合肥市蜀山区人民法院提起行政诉讼。行政复议或行政诉讼期间本处罚决定不停止执行。逾期不申请行政复议或者提起行政诉讼，又不履行本处罚决定，经催告后仍未履行义务的，依据《行政强制法》第54条的规定，本机关可申请人民法院强制执行。

▶ 法律问题

"合肥市出版局处罚许嵩官方网站"一案，是一个非常简单的行政处罚案件。从某种意义上说，案情并不简单，涉及了网络服务商的侵权责任，涉及了行政处罚的数额,以及行政处罚的程序。但是,合肥市出版局的《行政处罚决定书》并没有进行深入的探讨,而是以简单的理由作出了最终的行政处罚决定。下面仅依据《行政处罚决定书》,对于其中涉及的法律问题进行简单说明。

一、侵权的构成

根据本案的案情,将第三人的音乐作品上传到信息网络上的是《行政处罚决定书》没有提及的网站,这属于直接侵权者。根据案情,网友们利用"许嵩官方网站"中的音乐版块,例如"V迷音乐区""声色留痕"等,设立了与盗版网站的链接。这种设立定向链接、方便他人进入盗版网站的行为,属于帮助侵权。在这种情况下,魏某只是没有尽到对于设链行为的审查义务,而没有直接未经许可在网络上传播他人作品。与此相应,魏某最多算是一个帮助侵权者。然而,合肥市出版局的《行政处罚决定书》,并没有对不同的法律关系进行区分。

从帮助侵权的构成来看,侵权者还应当具有主观上的故意或者过失。在本案中,那些利用"许嵩官方网站"定向设链的网友,显然具有主观上的故意或者过失,可以认定构成了帮助侵权。至于魏某没有尽到审查的义务,最多是具有主观上的过失。当然,即使是具有主观上的过失,在存在盗版音乐网站的情况下,在网友设立了定向链接的情况下,魏某仍然应当承担一定侵权责任。然而,合肥市出版局的《行政处罚决定书》却没有讨论设链者和魏某的主观过错的问题,直接认定魏某侵权。

根据《行政处罚决定书》,网友未经权利人的许可,在"V迷音乐区""声色留痕"等版块上发布音乐作品,而魏某未履行审查义务,其行为属于未经权利人许可,在信息网络上向公众传播他人的录音录像制品。而且,基于网友们发布音乐作品的链接仅作为交流使用,魏某没有获得经济利益,没有非法经营额和违法所得,《行政处罚决定书》仅仅给予魏某以5000元人民币的罚款。

二、行政处罚的程序

按照《行政处罚法》的规定,按照《著作权法》和《信息网络传播权保护条例》的规定,对于当事人进行行政查处和行政处罚,有一套固定的程序。例如,权利人的举报,行政执法机关的立案,执法人员的调查取证,对于相关证据的公证。又如,处罚之前应当向当事人发出行政处罚说明书,说明将要给予的处罚,以及告知当事人可以申辩、可以申请听证。再如,作出《行政处罚决定书》之后,应当告知当事人可以申请行政复议,可以向法院提起行政诉讼,等等。按照《行政处罚法》的相关规定,行政机关如果没有严格按照行政查处的程序作为,其作出的行政处罚决定有可能被推翻。

在"合肥市出版局处罚许嵩官方网站"一案中,根据《行政处罚决定书》记载的内容,我们可以看到第三人国际唱片业协会北京办事处的投诉书和权利证明,可以看到执法人员的现场调查记录,可以看到"许嵩官方网站"的后台数据等证据,也可以看到合肥市出版局最后作出的《行政处罚决定书》,但似乎没有向当事人发出的《行政处罚事先告知书》。或许,合肥市出版局没有在《行政处罚决定书》中记载这个事项。但是,按照《行政处罚法》的相关规定,如果合肥市出版局没有作出《行政处罚事先告知书》,没有向当事人通知将要给予的行政处罚,没有向当事人说明可以申辩和申请听证的权利,则最后作出的行政处罚决定就会被推翻。在后续的行政诉讼中,法院对于行政机关查处程序的监督,更为严格。在很多行政诉讼案件中,法院对于行政处罚决定的实体内容,例如当事人行为的定性问题、处罚的措施问题,似乎不太干预。但如果行政查处中存在着程序上的重大缺失,法院通常都会推翻行政机关的处罚决定。

从这个意义上说,假如合肥市出版局没有作出《行政处罚事先告知书》,假如当事人魏某又提起了行政诉讼,则合肥市出版局的处罚决定很有可能被推翻。

专家评析

一、网络服务商责任的构成

作品在网络环境中的传播,需要一系列个人或者法人的行为。例如,有人将作品上载到网络上,或者存储在网络空间中并加以传播。又如,有人将作品下载或者传输到计算机终端设备,并且加以阅读、观看、聆听,等等。同时,作品在网络环境中的传播,还需要一系列网络服务商提供的服务才能得以实现。

例如,网络传输服务提供者提供传输线路、设备,让作品得以在网络上传播。又如,网络存储空间服务者提供存储空间,让作品可以在网络空间中存在,进而得以传播。再如,网络搜索、链接服务者提供作品的定位服务,通过搜索和链接,让用户得以快捷地获得作品。除此之外,作品在网络上的传播,还需要浏览器、阅读器、播放器、放大器等软件的存在。

大体说来,经过合法许可的作品在网络上传播,需要上载者、传播者和下载者的实现,需要网络传输服务商、网络存储空间服务商、搜索和链接服务商、各种软件提供商的服务。同样,盗版侵权作品在网络上的传输,也需要上述人员和网络服务商提供的服务才得以实现。这样,为了制止未经许可而传输自己作品的侵权行为,权利人可以追究非法上载者的责任,可以追究非法存储者的责任,甚至可以追究进一步传播盗版侵权作品者的责任。然而在网络环境中,非法上载者、非法存储者和进一步传播盗版侵权作品的人数众多,权利人难以一一针对这些直接侵权者提起诉讼或者投诉,以维护自己的权利和利益。因为,针对为数众多的直接侵权者提起诉讼或者投诉,不仅维权的成本很高,而且难以有效制止侵权。至少,从相关权利人的经验来看,打掉了一个或者数个直接侵权者,可能又会有更多的侵权者产生。

这样,权利人为了有效制止侵权,维护自己的权利和利益,就会针对网络服务商提起侵权诉讼,或者针对网络服务商进行投诉。然而,在其他人直接侵权的情况下,网络服务商即使承担侵权责任,也仅仅是承担共同侵权或者帮助侵权的责任。而共同侵权或者帮助侵权的构成,又需要证明行为人具有主观上的故意或者过失,或者在明知或者应知的情况下,仍然提供了相关的服务,帮助了侵权活动的实现。在通常情况下,网络传输服务提供者、网络自动存储服务提供者,构成共同侵权或者帮助侵权的可能性不大。这是因为,经由网络传输通道传播的作品,经由网络空间自动存储的作品,既有大量的合法传播、存储的作品,也有一些非法传播、存储的盗版侵权作品。只要网络传输服务提供者和网络自动存储服务者没有挑选、修改作品,没有改变作品的传输目的地或者相关作品的传输速度,这些网络服务商就属于不知道或者不应当知道自己传输、存储的作品中含有盗版侵权的作品。另外,即使接到权利人的通知,网络传输服务提供者或者网络自动存储服务提供者也难以删除侵权盗版的作品。因为,一旦采取停止传输、停止自动存储的行为,则会伤及大量的合法作品的传输或者存储。

这样,当侵权盗版的作品在网络中传播的时候,可以追究共同侵权责任或者帮助侵权责任的,就主要是存储空间服务提供者和搜索、链接服务提供者。首先是存储空间服务提供者,如果在知道或者应知自己网站上存储的作品是未经许可而使用的侵权盗版作品时,存储空间服务提供者有可能承担共同侵权的责任或者帮助侵权的责任。而且,即使存储空间服务的提供者不知道或者不应当知道有关的作品是侵权盗版的作品,那么在获得了权利人的通知以后,也应当迅速删除相关的侵权盗版作品,否则也会承担共同侵权或者帮助侵权的责任。其次是搜索链接服务提供者,如果知道被搜索、链接的作品是侵权盗版作品,仍然提供相关的链接和搜索,则有可能承担共同侵权或者帮助侵权的责任。而且,即使搜索、链接服务的提供者不知道相关的作品为侵权盗版作品,一旦获得权利人的通知,就应当断开相关的链接,并且不再提供对于盗版侵权作品的搜索。否则,搜索、链接服务的提供者,有可能承担共同侵权或者帮助侵权的责任。

在"合肥市出版局处罚许嵩官方网站"一案中,一些小网站未经许可而传播了他人享有著作权的音乐作品,应当属于直接侵权者。至于本案的当事人魏某,则相当于存储空间服务的提供者,设立网站,开设版块,供音乐爱好者使用。然而,与通常的存储空间服务提供者不同,音乐爱好者没有将音乐作品(无论是获得授权的还是未获得授权的)上载、存储到魏某的网站上,而是在音乐版块中设立了与盗版音乐网站的链接。所以,提供盗版侵权音乐作品的网站与魏某无关,利用许嵩网站和音乐版块设立链接的也不是魏某,而是许嵩网站的用户。按照通常的做法,应当是由设立链接的用户承担共同侵权或者帮助侵权的责任,并且在接到权利人的通知后,断开相关的链接,以及不再提供对于盗版侵权作品的搜索服务。

不过,魏某作为网站的设立者和管理者,对于其网站内发生的侵权盗版活动,具有一定的监管责任。例如,魏某应当审查存储在自己网站上的作品是否有侵权盗版的嫌疑。又如,魏某也应当审查用户设立的有关其他网站的链接,是否有共同侵权或者帮助侵权的嫌疑。再如,魏某在接到权利人的通知以后,或者在知道或者应当知道相关的盗版侵权音乐作品的情况下,删除相关的作品,或者断开与相关作品的链接。除此之外,魏某还应当通过设立规则,要求用户不得侵犯他人著作权,包括不得上传侵权盗版的作品、不得设定与侵权盗版作品网站的链接,来规范自己用户的行为。

显然,在"合肥市出版局处罚许嵩官方网站"一案中,魏某没有尽到审查的义务,没有对于用户的设链行为尽到注意的义务,从而造成了侵权活动范围的扩大。正是从这个意义上说,合肥市出版局认定当事人魏某没有尽到必要的审查义务,应当承担共同侵权或者帮助侵权的责任。但是,合肥市出版局认定这种没有尽到审查义务的行为,相当于通过信息网络擅自向公众提供了他人的录音录像制品,则不符合本案的具体事实。因为,"相当于通过信息网络擅自向公众提供了他人的录音录像制品",是把共同侵权或者帮助侵权与直接侵权等同起来。

二、行政处罚的数额与侵权的情节

按照《著作权法》《著作权法实施条例》和《行政处罚法》的规定,一旦著作权行政管理部门认定当事人侵犯了他人的著作权,并且同时损害了社会公共利益,可以责令当事人立即停止侵权行为,并且处以一定数额的罚款。

关于行政罚款的数额,我国自 1991 年《著作权法》实施以来,有过不同的变化。例如,依据 1991 年《著作权法实施条例》第 51 条规定,对于《著作权法》第 46 条(相当于现行《著作权法》第 48 条)规定的侵权行为,根据情节轻重,对于当事人给予不同数额的罚款。具体说来,剽窃抄袭他人作品的,可以处以 100 元至 5000 元的罚款。未经著作权人许可,以营利为目的,复制发行他人作品的;出版他人享有专有出版权的图书的;未经表演者许可,对其表演制作录音录像出版的;未经录音录像制作者许可,复制发行其制作的录音录像制品的;未经广播电台、电视台许可,复制发行其制作的广播、电视节目的,罚款 1 万至 10 万元,或者总定价的二至五倍。制作、出售假冒他人署名的美术作品的,罚款 1000 元至 5 万元。

到了 2002 年 9 月发布的《著作权法实施条例》第 36 条,又修改了著作权行政管理部门可以给予当事人的罚款的数额。根据规定,对于《著作权法》第

47 条（相当于现行《著作权法》第 48 条）规定的侵权行为,同时损害社会公共利益的,著作权行政管理部门可以处以非法经营额 3 倍以下的罚款;非法经营额难以计算的,可以处以 10 万元以下的罚款。显然,这个规定不再针对第 47 条列举的具体侵权行为,规定不同的处罚数额的幅度,而是规定了处罚数额的上限,由行政执法机关根据案情斟酌处理。同时,这个规定也提高了罚款数额的上限,反映了中国社会经济的发展变化,包括居民收入增加、货币在一定程度上贬值的现实。

到了 2013 年 1 月,国务院再次修订《著作权法实施条例》第 36 条,调整了著作权行政管理部门可以罚款的数额的上限。根据规定,有著作权法第 48 条所列侵权行为,同时损害社会公共利益,非法经营额 5 万元以上的,著作权行政管理部门可处非法经营额 1 倍以上 5 倍以下的罚款;没有非法经营额或者非法经营额 5 万元以下的,著作权行政管理部门根据情节轻重,可处 25 万元以下的罚款。显然,这个处罚数额的调整,再次反映了中国社会经济的发展变化,包括居民收入的增加、货币的贬值,以及加大著作权侵权惩罚力度等要素。

在"合肥市出版局处罚许嵩官方网站"一案中,合肥市出版局一方面认定,网友在许嵩网站上设定与盗版侵权音乐网站的链接,魏某未履行审查义务,相当于未经许可而向公众传播了他人的录音录像制品。但在另一方面又认定,网友在"许嵩官方网站"上设立链接、发布盗版的音乐作品,主要是作为交流使用。当事人魏某并没有因此而获得经济利益,也没有非法经营额和违法所得。由此出发,合肥市版权局决定,对于当事人魏某处以 5000 元人民币的罚款。

应当说,合肥市出版局的这个行政处罚决定是有问题的。按照《著作权法》第 48 条的规定,犯有该条所列举的侵权行为,同时损害了社会公共利益的,才可以由著作权行政管理部门查处,并给予相应的处罚。然而,合肥市出版局的《行政处罚决定书》说:"网友发布上述音乐作品链接,仅作为交流使用,魏某并未因此获得经济利益,无非法经营额和违法所得。"如果真的按照这段文字,魏某的行为即使构成侵权,也应当由民事法庭审理,而不应当由著作权行政管理部门进行查处。因为,网友的设链仅作为交流使用,当事人没有非法经营额和违法所得,表明这只是一个轻微的著作权侵权案件,著作权行政管理部门既不应当查处,也不应当给予当事人处罚。

当然,对于当事人魏某处以 5000 元的罚款,仍然属于《著作权法实施条例》第 36 条规定的 25 万元以下的额度。

参考文献

《中华人民共和国著作权法》

《中华人民共和国著作权法实施条例》

《信息网络传播权保护条例》

《中华人民共和国行政处罚法》

《著作权行政处罚实施办法》

《中华人民共和国行政强制法》

李明德、许超:《著作权法》(第二版),法律出版社 2009 年版。

李明德、管育鹰、唐广良:《〈著作权法〉专家建议稿说明》,法律出版社 2012 年版。

王迁:《著作权法》,中国人民大学出版社 2015 年版。

行政查处与刑事移送：

莫某某诉广州市执法总队

| 基本案情 |

莫某某是一位自然人，曾经开设网站提供盗版音乐作品的下载，并以此获得经济收益。其具体做法是，通过在线注册的方式，吸引社会公众在其账号上充值，然后提供盗版的音乐作品。经过权利人的举报，广州市文化市场综合行政执法总队（以下简称广州市执法总队），对莫某某提供盗版音乐作品的非法经营活动，立案调查。根据调查结果，广州市执法总队于 2015 年 6 月 29 日作出《行政处罚决定书》（穗文总罚字（2015）第 1045 号），对当事人莫某某作出行政处罚，没收网络服务器，并处以非法经营额 5 倍的罚款，共计 131 万元。

由于莫某某盗版和非法经营数额大，已经达到刑事立案标准，广州市执法总队还将相关资料移送公安机关，进一步侦破。经过公安机关的侦查立案和检察机关的起诉，广州市天河区人民法院经过审理，作出《刑事判决书》（（2016）粤 0106 刑初字 437 号），判处莫某某有期徒刑一年零四个月，并处罚金 5000 元。

到了 2017 年 1 月 17 日，莫某某向广州铁路运输第一法院提起行政诉讼，不服广州市执法总队的行政处罚决定，要求法院变更执法总队的《行政处罚决定书》。原告在诉讼中提出了以下问题：第一，被告广州市执法总队将原告涉嫌犯罪的案件移送公安机关，然后在司法机关作出刑事判决前，作出《行政处罚决定书》，法律依据不足，并且程序错误、超越职权。第二，原告的违法行为已经受到刑事处罚，被告执法总队再对其作出行政处罚，法律依据不足。第三，被告作出的行政处罚决定，对于原告的违法数额的认定有误，应当予以改正。

广州铁路第一运输法院经过审理，认为原告提起行政诉讼的期间，已经超过了法律规定的 6 个月,并由此而驳回了莫某某的诉讼主张((2017)粤 7101 行初 475 号)。具体说来,按照《行政诉讼法》第 46 条的规定:"公民、法人或者其他社会组织直接向人民法院提起诉讼的,应当自知道或者应当知道作出行政行为之日起的 6 个月内提出。法律另有规定的除外。"按照这个规定,广州市执法总队于 2015 年 6 月 29 日作出《行政处罚决定书》,并于当日送达给莫某某。而莫某某直到 2017 年 1 月 17 日才向法院提起行政诉讼。这表明,原告针对执法总队《行政处罚决定书》的行政诉讼,已经超过了法律规定的期限,应当予以驳回。

▶ 法律问题

"莫某某诉广州市执法总队"是一个比较复杂的案件。首先是广州市执法总队对莫某某的盗版侵权和非法经营活动进行了处罚,包括没收网络服务器和罚款人民币 131 万元。其次是经过公安机关的侦查和检察机关的起诉,法院判处莫某某有期徒刑一年零四个月和罚金 5000 元。在此之后则是莫某某不服广州市执法总队的行政处罚决定,提起行政诉讼,要求法院变更《行政处罚决定书》。这里仅依据广州铁路运输第一法院的行政判决书,讨论其中涉及的法律问题。

一、行政处罚与刑事制裁的关系

根据案情,广州市执法总队在对于莫某某一案的调查中,于 2015 年 6 月 29 日要求莫某某到广州市执法总队,送达了已经作出的《行政处罚决定书》。由于莫某某非法经营数额大,广州市执法总队还在当日将莫某某一案移送公安机关进行侦查。后来,经过公安机关的侦查、检察机关的起诉,广州市天河区人民法院作出判决,判处莫某某有期徒刑一年零四个月,罚金 5000 元。莫某某在向广州铁路运输法院提起的行政诉讼中主张,在自己的案件移送公安机关后、在法院作出判决前,广州市执法总队对于自己作出《行政处罚决定书》,法律依据不足,并且程序错误、超越职权,应当予以纠正。

关于这个问题,受理案件的广州铁路运输法院并没有加以讨论,只是以原告的起诉超越了《行政诉讼法》规定的 6 个月期限为由,驳回了原告的诉讼请求。然而,从判决书的相关推理来看,法院显然并不认为广州市执法总队不能作出行政处罚决定。

在本案中,原告莫某某在诉讼中还主张,自己的违法行为已经受到了刑事处分,不应当再受到行政处罚。关于这一点,受理案件的广州铁路运输法院也没有加以讨论。不过,从时间的关系上看,应当是先有了广州市执法总队的行政处罚决定,然后才有了法院的刑事判决。即使是在后的决定应当考虑在前的决定,也应当是天河区人民法院的刑事判决,考虑在先的广州市执法总队的行政处罚决定。从法院的判决来看,行政执法机关的处罚决定,与法院的刑事判决,是可以共存的。

二、非法经营数额的认定

原告莫某某在行政诉讼中主张,被告广州市执法总队认定的非法经营数额有问题,属于事实不清。这又分为两个方面。

第一,被告广州市执法总队将涉案网站已经成功充值的金额 6240 元认定为非法所得,证据不足。虽然涉案网站在线充值 6240 元,但不能将这个数量的金额认定为是关于涉案的 526 首盗版音乐作品的充值。因为,充值金额与盗版侵权的音乐作品之间没有必然的联系。所以,被告广州市执法总队将充值的金额等同于违法所得,证据不足。

第二,被告广州市执法总队认定涉案网站非法经营额为 263787.48 元,证据不足。因为,被告广州市执法总队认定的非法经营额 257547.48 元,是等待付款的充值金额,而非实际支付的充值金额。事实上,按照支付系统的规定,充值人逾期付款即失效,相关的交易也就会关闭,成为客观上无法完成的充值。在这种情况下,被告广州市执法总队不尊重客观事实,将该部分已关闭交易的金额 257547.48 元,认定为未销售产品的定价。不仅如此,被告广州市执法总队还将这个数额与已经成功充值的 6240 元相加,将合计数额 263787.48元认定为非法经营额。原告莫某某认为,这样的认定和计算,既没有事实的依据,也没有法律的依据。

为了论证自己的上述观点,原告莫某某还引述了广州市天河区人民法院刑事判决书的内容。具体说来,最高人民法院和最高人民检察院《关于办理侵犯知识产权刑事案件具体运用法律若干问题的解释》(2004 年)第 5 条规定:

> 以营利为目的,实施刑法第二百一十七条所列侵犯著作权行为之一,违法所得数额在三万元以上的,属于"违法所得数额较大";具有下列情形之一的,属于"有其他严重情节",应当以侵犯著作权罪判处三年以下有期徒刑或者拘役,并处或者单处罚金:
>
> (一)非法经营数额在五万元以上的;
>
> (二)未经著作权人许可,复制发行其文字作品、音乐、电影、电视、录像作品、计算机软件及其他作品,复制品数量合计在一千张(份)以上的;
>
> (三)其他严重情节的情形。
>
> 以营利为目的,实施刑法第二百一十七条所列侵犯著作权行为之一,违法所得数额在十五万元以上的,属于"违法所得数额巨大";具有下列情形之一的,属于"有其他特别严重情节",应当以侵犯著作权罪判处三年以上七年以下有期徒刑,并处罚金:
>
> (一)非法经营数额在二十五万元以上的;
>
> (二)未经著作权人许可,复制发行其文字作品、音乐、电影、电视、录像作品、计算机软件及其他作品,复制品数量合计在五千张(份)以上的;
>
> (三)其他特别严重情节的情形。

又据最高人民法院和最高人民检察院《关于办理侵犯知识产权刑事案件具体运用法律若干问题的解释(二)》(2007 年)第 4 条,对于侵犯知识产权犯罪的,人民法院应当综合考虑犯罪的违法所得、非法经营数额、给权利人造成的损失、社会危害性等情节,依法判处罚金。罚金数额一般在违法所得的一倍以上五倍以下,或者按照非法经营数额的 50%以上一倍以下确定。

原告在行政诉讼中说,广州市执法总队认定自己的非法所得为 6240 元,非法经营额为 263787.48 元,以及在网站上提供了 62286 首盗版侵权的音乐作品。如果以这样的事实作为量刑的依据,原告侵犯著作权的犯罪,应当依法判处三年以上七年以下有期徒刑及并处不低于 6240 元的罚金。然而,天河区法院仅仅判决自己一年零四个月的徒刑和 5000 元的罚款。这表明,天河区法院并没有采信广州市执法总队所认定的违法所得金额、非法经营额及侵权作品数量。由此可以证实,被告广州市执法总队认定的事实有误,证据不足。

对于原告的上述论证,受理行政诉讼案件的广州铁路运输法院也没有加以评论,仍然是以原告提起行政诉讼已经超过法定期间为由,驳回了原告的诉讼主张。

专家评析

一、关于期间的规定

"莫某某诉广州市执法总队"是一个比较独特的案件。因为在这个判决中,广州铁路运输法院,不是从实体的角度,例如是否构成侵权、处罚数额是否符合法律规定等,而是从程序的角度,例如超过了提起行政诉讼的期间为由,驳回了原告的诉讼。由于这个案件是以超过起诉期间为由驳回起诉,审理案件的法院显然也没有必要就其中的实体性法律问题作出论述。

应该说,在程序法中,法定的期间具有非常重要的意义。例如,依据《著作权法》第 56 条,"当事人对行政处罚不服的,可以自收到行政处罚决定书之日起三个月内向人民法院起诉,期满不起诉又不履行的,著作权行政管理部门可以申请人民法院执行"。又如,我国《专利法》第 60 条规定:"未经专利权人许可,实施其专利,即侵犯其专利权,引起纠纷的,由当事人协商解决;不愿协商或者协商不成的,专利权人或者利害关系人可以向人民法院起诉,也可以请求管理专利工作的部门处理。管理专利工作的部门处理时,认定侵权行为成立的,可以责令侵权人立即停止侵权行为,当事人不服的,可以自收到处理通知之日起十五日内依照《中华人民共和国行政诉讼法》向人民法院起诉;侵权人期满不起诉又不停止侵权行为的,管理专利工作的部门可以申请人民法院强制执行。进行处理的管理专利工作的部门应当事人的请求,可以就侵犯专利权的赔偿数额进行调解;调解不成的,当事人可以依照《中华人民共和国民事诉讼法》向人民法院起诉。"

就行政诉讼的期间而言,我国《行政诉讼法》也有一系列的规定。根据《行政诉讼法》第44条的规定,对属于人民法院受案范围的行政案件,公民、法人或者其他组织可以先向行政机关申请复议,对复议决定不服的,再向人民法院提起诉讼;也可以直接向人民法院提起诉讼。其中,既涉及对行政复议决定提起诉讼,又涉及直接提起行政诉讼。关于前者的诉讼期间,《行政诉讼法》第45条规定:"公民、法人或者其他组织不服复议决定的,可以在收到复议决定书之日起十五日内向人民法院提起诉讼。复议机关逾期不作决定的,申请人可以在复议期满之日起十五日内向人民法院提起诉讼。"关于后者的诉讼期间,《行政诉讼法》第46条规定:"公民、法人或者其他组织直接向人民法院提起诉讼的,应当自知道或者应当知道作出行政行为之日起六个月内提出。法律另有规定的除外。"

事实上,程序法律所规定的"期间",绝非表面看上去那么简单。例如,"十五日内""三个月内""六个月内",可能包含了法定节假日,可能涉及了提起诉讼或者复议的方式。所以,我国《民事诉讼法》第82条专门就"期间"的计算方式做了规定。根据规定:期间包括法定期间和人民法院指定的期间。期间以时、日、月、年计算。期间开始的时和日,不计算在期间内。期间届满的最后一日是节假日的,以节假日后的第一日为期间届满的日期。期间不包括在途时间,诉讼文书在期满前交邮的,不算过期。

应当说,从程序法的角度来说,规定必要的时间期限是非常重要的。首先是证据的原因。随着时间的推移,有些证据可能灭失,当事人的记忆也会模糊甚至消失。如果法律不规定一个必要的时间期限,任由当事人在任意时间里提起诉讼,或者在任意时间里提起上诉,必然会造成法院或者行政执法机关的困难,难以查清案件的相关事实,进而难以作出恰当的判决或者决定。其次是确定一种法律状态。如果权利人知道了自己权利受到损害而长时间不提起诉讼,表明权利人放弃了自己的权利。如果当事人在行政执法机关作出了相关的决定之后,或者在法院作出了相关的判决之后,在法定的期间之内不提起诉讼或者上诉,则表明当事人已经认可了相关决定、判决的结果。当相关的决定、判决生效之后,无论是当事人、行政执法机关或者法院,都可以在已经确定的法律状态的基础上,继续向前走。就行政执法机关和法院来说,可以认定相关的案件已经终结,不再考虑后续的诉讼或者上诉,从而将自己的精力投入到其他的工作之中。就当事人来说,无论是权利人还是被控侵权人,无论是接受了行政处罚还是接受了法院判决的当事人,都可以在行政执法机关或者法院确定的法律状态的基础上,继续前行,从事必要的商业活动,继续自己的生活。

在这里有必要强调,无论是行政执法机关作出的行政处罚决定,还是法院作出的有关侵权与否的判决,以及相应的赔偿数额,都属于一种"法律状态"。显然,"法律状态"是一个中性术语,不同于行政决定的对与错,不同于法院判决内容的对与错。事实上,从法制史的角度来看,无论是中国还是欧美国家,无论是过去还是现在,都有一些案件在事后证明是作出了错误的或者不恰当的判决。但是,至少从程序法的角度来说,至少从法律规定的期间的角度来说,当事人在走完了必要的程序之后,相关的案件、决定再过了法律定的期间之后,就确定了一种"法律状态",行政决定的各方当事人、行政诉讼的各方当事人,都应当在这种"法律状体"的基础上继续各自的工作、生活。

就"莫某某诉广州市执法总队"一案而言,广州铁路运输法院在相关的判决中,仅仅以超过了法律规定的期间为由,驳回了原告的诉讼请求。在这方面,法院没有必要,而且在事实上也没有考虑行政机关的处罚决定是否正确、是否恰当。应当说,这就是法律规定的"期间"的意义所在。

二、行政处罚与刑事制裁

就某一个严重的侵权行为来说,可能会在同时触犯若干个利益。例如,一个严重的盗版侵权行为,不仅侵犯了著作权人的利益,而且会在同时损害社会公共利益。从损害著作权人个人利益的角度来看,权利人可以向民事法院提起诉讼,寻求法律救济,维护自己的权利。从损害社会公共利益的角度来看,著作权行政管理部门可以介入调查,并且对于当事人给予相应的行政处罚。而且,如果损害社会公共利益的侵权行为构成了犯罪,还可以由公安机关、检察机关和刑事法庭介入,追究侵权人的刑事责任。

事实上,这正是《著作权法》第48条规定的全部含义。根据规定,有该条所列举的侵权行为,应当根据情况,承担停止侵害、消除影响、赔礼道歉、赔偿损失等民事责任。这属于应当追究民事责任。又据规定,有该条列举的侵权行为,同时损害公共利益的,可以由著作权行政管理部门责令停止侵权行为,没收违法所得,没收、销毁侵权复制品,并可处以罚款;情节严重的,著作权行政管理部门还可以没收主要用于制作侵权复制品的材料、工具、设备等。这属于行政查处和给予行政处罚。最后,有该条列举的侵权行为,同时损害社会公共利益,并且构成犯罪的,应当依法追究刑事责任。这是关于刑事责任的规定。

应该说,按照《著作权法》第48条的规定,没有权利人在追究侵权人的民事责任的同时不能提起行政投诉的含义,更没有当行政机关查处的时候不能由公安机关、检察机关和刑事法庭介入的含义,或者在追究侵权人的刑事责任的同时,不能由行政机关查处和处罚的含义。显然,无论是民事法庭审理相关的著作权侵权案件,还是行政机关查处相关的侵权案件,或是公安机关、检察机关和刑事法庭追究侵权人的刑事责任,都是从不同的角度出发,依据不同的法律规定,维护不同的利益。

例如,依据国家版权局于2009年6月发布的《著作权法行政处罚实施办法》第11条规定,对于《著作权法》第48条列举的违法行为,对于《计算机软件保护条例》第24条列举的违法行为,对于《信息网络传播权保护条例》第18条列举的侵权行为,如果同时损害了社会公共利益,著作权行政管理部门可以自行决定立案查处,或者根据有关部门移送的材料决定立案查处,也可以根据被侵权人、利害关系人或者其他知情人的投诉或者举报决定立案查处。按照这个规定,无论是否有权利人的投诉,在必要的时候,著作权行政管理部门都可以对相关的侵权行为进行查处。按照这个规定,即使著作权人向民事法庭提起了侵权诉讼,只要著作权行政管理部门认为那些侵权行为同时损害了社会公共利益,就可以在必要的时候立案查处。

又如,按照《著作权法》第48条的规定,对于那些严重损害社会公共利益的侵权行为,著作权行政管理机关可以移送公安机关、检察机关和刑事法庭追究行为人的刑事责任,但并没有规定一旦严重到可以追究刑事责任,就可以不进行行政处罚。根据相关的法律规定,根据民事诉讼、行政查处、刑事诉讼的程序,著作权人是从寻求民事救济的角度来维护自己的权利和利益,著作权行政管理机关是从维护社会公共利益的角度对侵权人进行查处,而公安机关、检察机关和刑事法庭则是从刑事诉讼法、刑事法律的角度维护社会公共利益。在这里,不存在一个机构代替另一个机构履行职责的问题,也不存在行政执法机关处罚之后就不能追究侵权人的刑事责任的问题。

由以上的论证可以看出,广州市执法总队对于莫某某的侵权行为作出行政处罚,是著作权行政管理机关维护社会公共利益的行为。而广州市执法总队将莫某某的案件移送公安机关查处,然后由检察机关提起公诉、由刑事法庭作出刑事判决,完全符合法律的规定。与此相应,莫某某关于自己的行为已经受到刑事处罚,不应当再接受行政处罚的说法,就是不成立的。

参考文献

《中华人民共和国著作权法》

《中华人民共和国著作权法实施条例》

《信息网络传播权保护条例》

《中华人民共和国行政诉讼法》

《中华人民共和国行政处罚法》

《著作权行政处罚实施办法》

《中华人民共和国行政强制法》

李明德、许超:《著作权法》(第二版),法律出版社 2009 年版。

李明德、管育鹰、唐广良:《〈著作权法〉专家建议稿说明》,法律出版社 2012 年版。

王迁:《著作权法》,中国人民大学出版社 2015 年版。

刑事案例

XINGSHI ANLI

实用艺术作品的认定：

吴某某侵犯著作权刑事案

| 基本案情 |

常州市新际装饰材料有限公司经营范围包括装饰材料、窗帘的销售等。新际公司委托东莞运城制版有限公司的李某某、赵某某创作35份美术作品，新际公司与前述作者约定美术作品著作权归属新际公司，并由新际公司作为著作权人在江苏省版权局予以登记。2006年12月15日，新际公司将其名下登记的所有的产品图案著作权转让给依丽雅斯公司。依丽雅斯公司将前述美术作品用于窗帘布的生产、销售。

嘉兴市全盛纺织有限公司成立于2004年11月4日，法定代表人吴某某，经营范围包括化纤织品的生产、销售等；嘉兴市盛世装饰布有限公司成立于2006年1月19日，法定代表人吴某某，经营范围包括装饰布的加工、批发等。被告人吴某某为该两公司实际负责人。

2005年至2006年间，被告人吴某某经人介绍，以盛世公司的名义委托杭州运锦制版有限公司制版。被告人吴某某向运锦公司提供窗帘布样布、光盘等并要求运锦公司按样制版，经被告人吴某某所实际负责的公司确认后，运锦公司即制作出印刷版辊并交由盛世公司生产带有图案的印花纸，全盛公司再将印花纸印制到窗帘布上并予以销售。盛世公司、全盛公司通过前述方式生产并销售窗帘布，其图案分别与依丽雅斯公司使用在其窗帘布上的美术作品相同，构成复制关系。

▶ 法律问题

本案是有关窗帘这一实用品上对于他人图案的使用是否构成侵犯著作权

罪的案例,其中涉及实用艺术品是否属于《刑法》第217条关于侵犯著作权罪第1项中所规定的"其他作品"的范围。本案辩护人的辩护意见曾指出:关于对刑法第217条第1项规定的"其他作品"的理解,从罪刑法定的角度看,将美术作品或实用艺术品纳入"其他作品"的范畴是不适当的,应当慎重。

对此,江苏省常州市中级人民法院(2013)常知刑初字第12号刑事判决书指出:本案涉案35幅图案符合我国法律法规关于作品独创性的要求,且具有可复制性,应当认定为经演绎而成的美术作品,演绎者对其演绎作品享有著作权;在我国著作权法对作品类型予以列举的情况下,应当根据著作权法对于作品类型的规定来解释刑法条文中的"其他作品",显然"美术作品"应解释为刑法条文中的"其他作品"的一种;窗帘布仅是涉案美术作品的载体,制版印刷只是对涉案美术作品的复制,窗帘布上的图案与窗帘布分离后,并不影响窗帘布的实用性,因此印花窗帘布并不属于同时具备实用性和艺术性两个方面的实用艺术品;且在权利归属问题上,根据书证涉案35份美术作品的作品登记资料、转让协议、著作权登记证书的相关内容以及相关作者的言词证据,在登记资料中"作品创作完成形式"均注为"委托创作";从相关作者的表述可以看出其均认为自己是相应图案的创作者;没有证据显示涉案美术作品的创作代表的是运城公司的法人意志,且包含涉案美术作品的宣传册《金鸡窗饰20052》上新际公司予以署名,故涉案35幅美术作品不应视为运城公司的法人作品,亦不应视为由运城公司享有著作权的特殊职务作品。因此,盛世公司、全盛公司以营利为目的,未经著作权人许可,复制发行他人美术作品,其要求运锦公司按样制版并将制版图案印制于窗帘布予以销售的行为具有侵犯他人著作权的直接故意,被告人吴某某作为该两公司上述行为直接负责的主管人员,其应当负责的侵权复制品数量为一万九千余份,非法经营数额达十万余元,属情节特别严重,其行为已构成侵犯著作权罪。

在本案江苏省高级人民法院(2014)苏知刑终字第0003号刑事裁定书中撤销了原审判决,发回重新审判。其理由在于:其一是原审判决对涉案作品著作权权属的认定,证据存疑;其二是原审判决对吴某某侵犯著作权犯罪行为的认定是吴某某向运锦公司提供了窗帘样布、光盘(内含窗帘布照片或图案扫描件等素材)等,并要求运锦公司按样制版。但原审判决据以定罪的证据中没有上述窗帘样布、光盘等实物证据，且证明上述窗帘样布、光盘存在并由吴某某向运锦公司提供的证人证言之间相互矛盾。

本案二审中尽管对于实用艺术品的问题并未进行实质性的讨论，但在一审中则认定由于图案可以与窗帘相分离，分离后并不影响窗帘的实用功能，因此窗帘仅仅作为图案的载体而存在，图案作为美术作品毫无争议。这一观点与官方对于著作权法的释义相一致，也就是说，印有图案的壁纸不属于实用艺术品，因为壁纸的图案与纸分离后并不影响壁纸的实用性。这也是实用艺术品同纯美术作品的区别所在。做这一区分背后可能潜藏了一种看法，即对于实用艺术品在著作权保护期间需要区分于一般的美术作品。因而对于符合美术作品要求的，尽管用于工业制品，也不应该适用较短的保护期限。例如在《著作权法（修订草案送审稿）》（2013）第5条第2款第9项中定义了何为实用艺术品，即玩具、家具、饰品等具有实用功能并有审美意义的平面或者立体的造型艺术品。对于其保护期限规定为自作品首次发表开始25年止（第29条第3款）。在物理上可分离的物品，其艺术部分独立于实用功能，且艺术的设计往往并不受到实用功能的限制的情况下，很容易通过对美术作品的认定将其列入一般作品的保护范围。这种情况较多地发生于绘画、书法等美术作品的平面图案贴附在商品上进行实用目的使用以及立体雕塑作品被添加到实用物体之上的情形。在这种情况下并不否定平面图案、立体雕塑的作品适格性，也不因该作品是否是为生产销售实用品目的而创作的而受到任何影响。例如在"南通梦之雨卧室用品有限公司诉南通梦之杰寝室用品有限公司侵犯著作权纠纷案"（江苏省南通市中级人民法院（2004）通中民三初字第0055号民事判决书）中指出："虽然，原告梦之雨公司出于生产床上用品的目的而创作了《丰收季节》作品，但在本案中，原告梦之雨公司通过著作权法保护的是《丰收季节》美术作品的图案，而不是'丰收季节'实用产品本身。况且，原告梦之雨公司有权选择通过著作权法保护，还是通过专利法保护，在未获得国家授予专利权的前提下，原告梦之雨公司通过著作权法，寻求对《丰收季节》作品的保护，是其唯一的和正当的途径。"类似案例也包括"溧阳市一壶春茶业有限公司与刘志荣著作权侵权纠纷上诉案"（江苏省高级人民法院（2006）苏民三终字第0074号民事判决书）。

但是物理意义上不可分的实用艺术品是否承认其构成美术作品,或者在排除其构成美术作品的同时,将其纳入"实用艺术品"这一类别,通过立法给予较短期限的保护,则是一个复杂的问题。在适用侵犯知识产权罪的案例中也存在对典型的实用艺术品玩具进行"复制发行"的案例(广东省汕头市澄海区人民法院(2015)汕澄法刑二初字第 198 号刑事判决书;广东省汕头市澄海区人民法院(2014)汕澄法刑二初字第 193 号刑事判决书),但是两案在适用法律上选择了出售假冒他人美术作品的规范,但是对玩具是否构成美术作品却没有给予任何论证,这点对于实用艺术品问题在民事及刑事领域的解决留下了遗憾之处。故而笔者将从学说与判例入手,探寻我国著作权法中实用艺术品保护的规范构成,进而对刑法第 217 条第 1 项规定的"其他作品"给予清晰的适用。

专家评析

在我国著作权法上并不存在实用艺术品的概念。有学者指出实用艺术品概念的理解应该放在最为广义的程度,即包括了著作权法意义上之美术作品范畴的"实用艺术作品"的有形载体、专利法意义上的含"外观设计专利"的工业品,以及前两项之外的其他具有新式独特造型的产品。在这个意义上就需要考察这种条件下实用艺术品是否可以构成著作权法意义上作为美术作品范畴的"实用艺术作品"。而其判断标准则需要回到著作权法对于作品以及美术作品的定义规定中去。在《著作权法实施条例》中存在对于作品的定义,即第 2 条规定:著作权法所称作品,是指文学、艺术和科学领域内具有独创性并能以某种有形形式复制的智力成果。而在著作权法中列举的各种作品类型中也对"美术作品"给予了定义,即美术作品,是指绘画、书法、雕塑等以线条、色彩或者其他方式构成的有审美意义的平面或者立体的造型艺术作品(《著作权法实施条例》第 4 条第 8 款)。其中"等"中是否包括达到美术作品程度的实用艺术品则存在较大分歧。

在学说上关于实用艺术品的著作权保护主要存在双重保护否定说和双重保护肯定说两种见解。前者从著作权法与外观设计专利保护的相互关系角度出发,认为应该排除著作权法对于应用艺术品的保护,但是随着2001年修订著作权法时删除了1990年《著作权法》第7条"科学技术作品中应当由专利法、技术合同法等法律保护的,适用专利法、技术合同法等法律的规定",这种学说已经逐渐在实践中丧失了地位。现在的学说主要是在双重保护肯定说下逐渐发展出了不同的判断标准。

在有关实用艺术品是否满足作品构成要件的司法实践中,一般可以归纳出三种类型的案例群。

第一种类型在上文也已提及,即较多的发生于绘画、书法等美术作品的平面图案贴附在商品上进行实用目的的使用以及立体雕塑作品被添加到实用物体之上的情形。在这种情况下并不否定平面图案、立体雕塑的作品适格性,也不因该作品是否是为生产销售实用品目的而创作的而受到任何影响。

第二种类型是相比于实用目的来说,更多的是以供鉴赏为目的创作的人偶、玩具、模型等,或者是鉴赏目的和实用目的在观念上可以分离的瓷器、积木等立体性实用品,司法实践中大多承认了其满足独创性标准,仅有个别案例采取了较为严格的判断标准。例如在"程某诉张某某侵犯著作权和违约纠纷案"(广东省东莞市中级人民法院(2007)东中法民三初字第78号民事判决书)中的掌上天使娃娃(立体设计图);在"北京陈幸福玩具设计中心诉上海声像出版社等侵犯著作权案"(北京市第二中级人民法院(2007)二中民初字第85号民事判决书)中的非真实兔形象的陈幸福兔玩具;在"斯平玛斯特有限公司诉蔡杏川侵犯著作财产权纠纷案"(汕头市中级人民法院(2008)汕中法知初字第80号民事判决书)中的玩具的形象与现实中实际形象有显著区别的"玩具Juggernoid";在"浙江克虏伯机械有限公司诉蓝盒国际有限公司等侵害作品复制权、发行权纠纷案"(上海市第一中级人民法院(2015)沪一中民五(知)终字第30号民事判决书)中的具有熊脸面板的"小熊游乐行李车";在"欧可宝贝有限公司诉慈溪市佳宝儿童用品有限公司等侵犯著作权纠纷案"(北京市第二中级人民法院(2008)二中民初字第12293号民事判决书)中的Spidy小兔座便器、Ducka小鸭座便器垫及Buddy小熊沐浴躺椅;在"琼·保罗·戈尔捷与汕头市佳柔精细日化有限公司、赵立廷侵犯著作权纠纷案"(北京市第二中级人民法院(2006)二中民初字第7070号民事判决书)中的"着紧身衣的女性人体形状"香水瓶等众多案例都承认了这些作品具有独创性。当然也有通过独创性高度、可复制性等理由否定作品构成的案例,例如在"西安秦唐尚品文化发展有限责任公司诉白振堂著作权纠纷案"(陕西省西安市中级人民法院(2008)西民四初字第028号民事判决书)中就认定白振堂利用模具生产兵马俑笔系工业化的实施行为,不符合著作权法意义上的复制行为。故作为工业产品的兵马俑笔不属于我国著作权法意义上作品的范围,进而也不属于我国著作权法保护的客体。在这一理由下只要进行了工业生产,而不是单品制作的实用艺术品可能都无法获得著作权法的保护。

第三种类型是具有较高实用性的立体产品,创作性的表达是在产品功能性的限制下实现的,一般公众也将其认知为工业产品,而并不将其认知为文学艺术等领域的鉴赏对象。这种情况下,原则上均否认其构成作品。例如在"英特—宜家系统有限公司诉台州市中天塑业有限公司侵犯著作权案"(上海市第二中级人民法院(2008)沪二中民五(知)初字第187号民事判决书)中指出:玛莫特(Mammut)儿童椅由椅背、椅垫和椅腿三个部分组成,椅背是由1块梯形的实木和3根矩形木条组成,其中上部的梯形实木占据了整个椅背近二分之一的空间;椅垫是一般椅凳的基本结构;椅腿是由4根立椎体组成,呈上窄、下宽的形状。玛莫特(Mammut)儿童凳由凳面和凳腿两部分组成,凳面是上下均等的圆形实体,形状与一般的儿童凳无异,凳腿是4根纺锤状棒体。本案系争的玛莫特(Mammut)儿童椅和儿童凳的设计要点主要体现在造型线条上,但从整体上看其与普通的儿童椅和儿童凳在外形上的区别不大,属于造型设计较为简单的儿童椅和儿童凳,在艺术性方面没有满足构成美术作品的最低要求,因此不属于美术作品范畴中的实用艺术作品,不受我国著作权法保护。在"北京中航智成科技有限公司与深圳市飞鹏达精品制造有限公司侵害著作权纠纷上诉案"(北京市高级人民法院(2014)高民(知)终字第3451号民事判决书)中指出:"歼十飞机(单座)"客观上体现了动感、和谐等美感,属于其中的"艺术"方面。但在飞机,尤其是战斗机的研发、制造过程中,性能参数的更优为设计者或制造者所主要追求的目标。在设计、研发过程中,科研人员需要进行风洞试验等不同的科学测试并根据测试结果不断地作出相应的实质性改进,以实现飞机性能的最优。飞机设计完成后所产生的"艺术"方面仅为其设计过程中的附带产物，且其必然体现了相应的实用功能，而该"艺术"方面的改变亦必然影响相应实用功能的实现，即在"歼十飞机（单座）"中其"艺术"方面与"实用"方面并非相互独立。在"左尚明舍家居用品（上海）有限公司诉北京中融恒盛木业有限公司等侵害著作权纠纷案"（江苏省南京市中级人民法院（2014）宁知民初字第126号民事判决书）中指出：大型组合衣帽间产品往往根据房间墙体结构设计成L形、U形等不同形状，柜体内部依据置物功能有多种不同形式的隔断、抽屉、柜子，柜体之间的组合位置一般会依据订购者、使用者的喜好、房屋结构、环境等因素进行自由组合。且大型衣帽间家具柜体内部置物空间设计通常有较为固定的尺寸，属该类产品常见设计，对称性乃家具设计、制作的基本原则。其生产方式亦采用机械化生产线、自动化流水线的生产方式。故被告中融恒盛公司生产的被控"唐韵红木"衣帽间产品为实用工业产品，其功能性与艺术性无法分离，不构成作品。在"厦门华海达复合材料有限公司诉厦门瑞川复材科技有限公司侵害其他著作财产权纠纷案"（福建省厦门市中级人民法院（2013）厦民初字第963号民事判决书）中指出：讼争巴比伦户外火炉餐桌主要由两部分构成，分别为火炉餐桌的炉身及顶部（顶部由炉头和桌面两部分组成）。炉身为圆柱体，火炉顶部为圆形。炉身的外围由大小不一的长方形文化石或仿文化石层层铺砌组成，纹路为横向不规则纹路，色彩为由文化石层层铺砌所呈现的灰白色、土黄色、青灰色等相间的颜色。火炉餐桌的顶部为一圆形桌面，颜色为黑色，质地光滑。炉头中心与桌面的中心及炉身的圆形横截面中心均在同一直线上。该火炉餐桌整体上看与普通的户外型火炉餐桌在外形上虽具有一定的区别，但区别不大。作为一般公众在看到该产品时，一般并不容易认为该产品属于艺术品。在"深圳市三菱文具有限公司与三菱铅笔株式会社不正当竞争纠纷上诉案"（上海市第一中级人民法院（2013）沪一中民五（知）终字第170号民事判决书）中指出：三菱铅笔株式会社涉案三款笔的部分设计要素具有实用功能。UM-100的握持部采用三个平面，UM-151的握持部采用有波点的橡胶，上述设计便于握笔，具有实用性。UB-150笔杆上的长条形透明窗口，便于观察墨水剩余量，该设计亦具有实用性。一些设计要素属于圆珠笔的常用要素，如六角柱形或圆柱形的笔杆。UM-100没有装饰性图案，UM-151、UB-150有少量的装饰性图案,但尚未达到美术作品应具备的艺术美感。在"爱禄睦国际股份有限公司与惠州新力达电子工具有限公司等著作权、知名商品特有包装侵权纠纷上诉案"(广东省高级人民法院(2006)粤高法民三终字第45号民事判决书)中指出:上诉人爱禄睦公司所要求保护的ELMM—1000型胶带切割机,只是一般造型组件,侧重于实用性,组件本身缺乏审美意义,也无法使人体会其要表达何种意境,单独陈列时具有何种欣赏价值,可见,该胶带切割机更具有实用性,而并未达到相当的审美意义和欣赏价值,因而不能认定该胶带切割机为实用艺术作品。在"史密斯克兰·比彻姆公共有限公司诉扬州明星牙刷有限公司等侵犯商标专用权、实用艺术品著作权纠纷案"(北京市第一中级人民法院(2002)一中民初字第3515号民事判决书)中指出:本案牙刷的s弯形显然是为实现牙刷的随意弯曲功能而设计的,该S弯形不具有著作权法意义上的艺术性,故原告的S弯形设计的牙刷不构成实用艺术作品。在"孙闽峰与罗水根侵害著作权纠纷上诉案"(广东省中山市中级人民法院(2014)中中法知民终字第230号民事判决书)中就指出:孙闽峰涉及的创造性智力成果仅在于灯罩的形状方面,即在特定功能条件下(一开口向下,顶部内凹的罩形)选择不同的对称线条。显然,这种智力成果虽然具有最低程度的审美意义,但其并未达到法律规定对创作给予保护的独创性要求,不构成造型艺术作品。

综上所述,就实用艺术品在著作权法下的保护学说和实践基本达成了以下类型化的共识,即:第一,绘画、书法等美术作品的平面图案贴附在商品上进行实用目的使用以及立体雕塑作品被添加到实用物体之上的情形下,并不否定平面图案、立体雕塑的作品适格性,也不因该作品是否是为生产销售实用品目的而创作的而受到任何影响;第二,相比于实用目的来说,更多的是以供鉴赏为目的创作的人偶、玩具、模型等,或者是鉴赏目的和实用目的在观念上可以分离的瓷器、积木等立体性实用品,也会给予著作权的保护;第三,对于具有较高实用性的立体产品,创作性的表达是在产品功能性的限制下实现的,一般公众也将其认知为工业产品,而并不将其认知为文学艺术等领域的鉴赏对象,这种情况下原则上均否认其构成作品。对于民事上形成的上述判断标准,在对《刑法》第217条第1项规定的"其他作品"的理解,特别是"其他作品"中是否应该包括实用艺术作品时应该予以采纳。

对此,本案一审法院就指出:"涉案35幅图案的创作过程为,设计者将已有的摄影素材或图片经过挑选、编排并利用制图软件制作其他元素、场景,并配以合适色彩融汇而成的具有审美意义的平面绘画,设计者对构成完整图案的相应素材的选择和安排以及整体构图的场景布置方面均展示出源自于设计者自身的个性印记,体现设计者独特的智力选择与判断,达到了一定水准的智力创造高度,符合我国法律法规关于作品独创性的要求,且具有可复制性,应当认定为经演绎而成的美术作品";"窗帘布仅是涉案美术作品的载体,制版印刷只是对涉案美术作品的复制,窗帘布上的图案与窗帘布分离后,并不影响窗帘布的实用性,因此印花窗帘布并不属于同时具备实用性和艺术性两个方面的实用艺术品"。本案就是典型的属于上述第一种类型的案例,符合著作权法和刑法的保护要件,因此本案判决在此处的判断是十分妥当的。

参考文献

程永顺主编:《知识产权疑难问题专家论证(2014—2015)》,知识产权出版社2016年版。

管育鹰:《实用艺术品法律保护路径探析——兼论〈著作权法〉的修改》,《知识产权》2012年第7期。

林娜:《实用美术作品著作权保护的中日比较》,《AIPPI》2017年第3期。

崔国斌:《著作权法:原理与案例》,北京大学出版社2014年版。

胡康生主编:《中华人民共和国著作权法释义》,法律出版社2002年版。

技术标准的可保护性：

王某侵犯著作权刑事案

| 基本案情 |

2010 年 10 月起，被告人王某为牟取非法利益，先后开设 www.pdfez.com、www.normnow.com、www.pdfstd.com、www.buystd.com、www.enstd.com 五家网站，未经授权，将大量 ISO、IEC 等国际标准目录进行分类上传至网站，明码标价，对外销售上述国际标准文件。其中，www.enstd.com 网站上有 ISO 标准文件的目录 28086 条，IEC 标准文件的目录 7865 条；www.buystd.com 网站上有 ISO 标准文件的目录 20084 条。购买者在网站进行购买操作后，向被告人王某注册或控制的 Papal 账号进行交易支付，被告人王某通过与其 Papal 账号绑定的其妻子易某的招商银行账户收取钱款。在支付完成后，被告人王某通过邮件方式向购买者发送其购买的国际标准文件。

被告人王某的辩护人提出被告人王某系以信息网络传播方式发行他人作品，应根据信息网络传播权的概念，按照王某实际传播的数量进行认定的辩护意见。对此辩护意见，上海市杨浦区人民法院（2014）杨刑（知）初字第 35 号刑事判决认为：（1）信息网络传播行为系以有线或者无线方式向公众提供作品，使公众可以在其个人选定的时间和地点获得作品的行为，而本案中，被告人王某仅将欲销售的国际标准文件的目录放置于其开设的网站中，公众无法通过其个人选定的时间和地点获取国际标准文件本身，需购买者在完成支付后由被告人王某通过电子邮件的方式向购买者发送国际标准文件，故该行为不能认定为信息网络传播行为。（2）被告人王某未取得 ISO、IEC 国际标准文件权利人的许可，为获取非法利益，在其开设的网站上传国际标准文件目录，并在相关网站的页面上设置各类国际标准分类、站内搜索框、销量排行、折扣信息等栏目，同时在每一条用于销售的国际标准目录处标注简介、价格，并放置了购买按钮，供他人购买；在被告人王某的电脑及硬盘中存有的其非法复制的国际标准文件中有7000余件同其网站上的国际标准目录一致，故其亦实际持有侵权国际标准文件；根据被告人王某控制的Paypal账户信息、银行账户明细、从被告人王某控制的多个邮箱中提取的邮件等证据，证实被告人王某存在实际销售行为。故被告人王某的行为符合《刑法》第217条规定的"复制发行"行为，应按照7000余件的数量予以认定。最终认定被告人王某以营利为目的，未经著作权人许可，复制发行著作权人的作品，情节特别严重，其行为已构成侵犯著作权罪。

▶ 法律问题

本案涉及国际标准组织声明具有著作权的作品，即ISO、IEC国际标准文件，判决中对于这些标准文件是否属于《著作权法》第5条第1款中不受保护的法律文件并没有产生任何争议。除了本案涉及的国际标准的情形，在一系列有关国家标准的侵权著作权刑事案件中，对于技术标准文本是否可以受到著作权法的保护均有一定的讨论。例如在"花某、上海度深电子商务咨询服务有限公司侵犯著作权刑事案"（北京市海淀区人民法院（2014）海刑初字第1986号刑事判决书、北京市第一中级人民法院（2015）一中刑终字第272号刑事裁定书）中针对被告单位采用将纸质书电子化后形成数据库录入软件，继而进行销售的侵权方式，检察机关就被侵权作品属于建筑类图集及建筑行业标准等，关于"标准"能否被认定为著作权法保护的作品，认真梳理了涉案全部作品的权属证明、版权页、编写说明等材料，严格审查并区别判断，最终扣除"标准"中的"强制性标准"的数量，保证了事实认定的准确性和刑法打击的精确度。因此该案也被最高人民检察院评选为2015年度检察机关保护知识产权十大典型案例。类似案例还可参考"陈某某侵犯著作权刑事案"（浙江省温州市鹿城区人民法院（2012）温鹿刑初字第1309号刑事判决书）。

除了刑事领域频繁出现了有关技术标准文本的案件，在民事侵权领域也存在一系列围绕技术标准是否受著作权法保护的讨论。特别是在《国家版权局版权管理司关于标准著作权纠纷给最高人民法院的答复》（权司〔1999〕50

号)中就将标准区分为强制性标准和推荐性标准,其中强制性标准是具有法规性质的技术性规范;推荐性标准不属于法规性质的技术性规范,属于著作权法保护的范围。当然也有学者指出:国家对推荐性标准的适用是表达了一定的国家意志,这种意志同样具有强制性的本质,因此推荐性标准也不应该受到著作权法的保护。

专家评析

《著作权法》第 5 条规定:"本法不适用于:(一)法律、法规,国家机关的决议、决定、命令和其他具有立法、行政、司法性质的文件,及其官方正式译文;(二)时事新闻;(三)历法、通用数表、通用表格和公式。"其中不给予"法律、法规,国家机关的决议、决定、命令和其他具有立法、行政、司法性质的文件,及其官方正式译文"著作权保护的理由就在于这些作品的内容事关国民的权利与义务,为了让国民更好地了解这些内容,应该承认对其广泛地传播。此处的司法性质的文件理应包含法院作出的判决。

其中对于上述事关国民权利与义务的文件中是否包括外国的法律、法规,国家机关的决议、决定、命令和其他具有立法、行政、司法性质的文件,仍存在争议。笔者认为外国的上述文件同样事关中国国民的权利与义务,因此这些文件同样不应受到著作权的保护。此外,由官方将上述文件编辑成法律汇编集或案例集的,同样也不应该受到著作权的保护。但是由私人主体进行的汇编工作,即使内容上不享有著作权的保护,但是因其汇编上的独创性,仍可以享受著作权的保护。如果汇编的过程仅是将所有法律或案例按照一定的顺序进行网罗式整理的工作,也可能由于不满足汇编作品独创性的要求而不构成汇编作品。

另一个存在争议的则是技术标准文件。标准化活动作为经济活动的重要一环,具有极强的公益属性。技术标准经法律、法规等的引用而具有技术基准的效力,从而成为国民必须遵守的具有强制力的规范。对此将其纳入《著作权法》第 5 条中的其他文件之列不存在太多异议。但对于技术标准来说,从其制定主体和是否具有强制力来看,又存在不同分类。如从制定主体来看,技术标准又分为国际标准、国家标准、行业标准、地方标准与企业标准。其中国家标准由国务院标准化行政主管部门编制计划,组织草拟,统一审批、编号、发布;工程建设、药品、食品卫生、兽药、环境保护的国家标准,分别由国务院工程建设主管部门、卫生主管部门、农业主管部门、环境保护主管部门组织草拟、审批;其编号、发布办法由国务院标准化行政主管部门会同国务院有关行政主管部门制定(《标准化法实施条例》(国务院令1990年第53号)第12条)。对没有国家标准而又需要在全国某个行业范围内统一的技术要求,可以制定行业标准(含标准样品的制作)。制定行业标准的项目由国务院有关行政主管部门确定(《标准化法实施条例》第13条)。行业标准由国务院有关行政主管部门编制计划,组织草拟,统一审批、编号、发布,并报国务院标准化行政主管部门备案(《标准化法实施条例》第14条)。对没有国家标准和行业标准而又需要在省、自治区、直辖市范围内统一的工业产品的安全、卫生要求,可以制定地方标准。制定地方标准的项目,由省、自治区、直辖市人民政府标准化行政主管部门确定(《标准化法实施条例》第15条)。地方标准由省、自治区、直辖市人民政府标准化行政主管部门编制计划,组织草拟,统一审批、编号、发布,并报国务院标准化行政主管部门和国务院有关行政主管部门备案(《标准化法实施条例》第16条)。

从上述对于国家标准、行业标准和地方标准的制定主体规定看,均是由国家公权力主导下统一发布的对于国民权利与义务具有约束效果的规范,因此原则上应该适用《著作权法》第5条的规范。而国际标准在制定主体上是由国际标准化组织主导下制定的,在其效力上,根据《WTO/TBT协定》第2.4条的规定:如需制定技术法规,而有关国际标准已经存在或即将拟就,则各成员应使用这些国际标准或其中的相关部分作为其技术法规的基础,除非这些国际标准或其中的相关部分对达到其追求的合法目标无效或不适当,例如由于基本气候因素或地理因素或基本技术问题。因此WTO协定的各成员方承担了优先采纳国际标准的义务,从而实现消弭各国采取不同技术标准而对国际贸易带来的阻碍。从这个角度看,国际标准也因为涉及国民的权利义务,应为更加广泛范围的国民所知晓,因此不应受到著作权的保护。

但是各标准化组织均强烈要求对其制定的国际标准给予著作权保护,并与各标准化组织成员国签署了国际条约。以国际标准化组织(ISO)为例,在1993年1月1日生效的ISO与IEC(国际电工委员会)共同制定并发布的《ISO/IEC共同版权、文本使用权和销售政策》(简称ISO/IEC POCOSA 1993)中,就将成员国在本国内对于标准化文件给予版权保护作为了一项条约义务。经过不断修改的POCOSA协定,其中最为重要的一项义务就是:ISO的出版物和国家采用的ISO标准,或者其中的部分内容,坚决不能(must not)向第三方免费提供,这旨在禁止ISO标准和国家采标标准通过免费上网而获得,这是ISO成员必须要承担的义务之一。因此从这个角度看,对于国际标准化组织所制定的国际标准应依据其版权保护政策,以及是否存在成员国条约义务要求而判断在一国内是否享有著作权保护。

对于企业标准来说,其是由企业组织制定(农业企业标准制定办法另定),并按省、自治区、直辖市人民政府的规定备案(《标准化法实施条例》第17条)。从这个意义上看,似乎从制定主体以及是否关涉国民权利义务角度看,企业标准可以受到著作权法的保护。但是从作品的独创性要件看,标准往往涉及的是如何更加效率性地表达某一程序或思想,属于典型的功能性作品之一,当制定标准的主体在表达选择的余地十分狭小的情况下,也应该否定其满足独创性要求。

对于技术标准,如果从强制性角度看,又可以区分为强制性标准和推荐性标准。一般来说,国际标准、国家标准、行业标准和地方标准中都可能既包含强制性标准,也包含推荐性标准。企业标准由于仅在本企业得以适用,如果没有被上升为技术基准的话,则一般不具有对其他主体的法的效力。有观点认为应该从强制性标准和推荐性标准的区分入手,将前者排除在著作权保护范围之外,而后者则在著作权保护范围之内。司法实践也持同样观点(在"北京银冠电子出版有限公司与中国建筑标准设计研究所著作权侵权纠纷上诉案"中就认为:建设部批准颁发的具有技术指导性的标准设计文件中的标准设计应认定为推荐性标准。原告据以主张权利的建筑标准设计在编写完成后,虽由国家行政机关以文件的形式颁布,但并不属于修订前的著作权法第5条所规定的内容。作为推荐性标准,属于著作权法所称的作品,应受著作权法的保护)。当然司法实践中也存在将强制性标准纳入著作权法保护范围的实践,如在"中国建筑工业出版社与北京万方数据股份有限公司侵犯著作权纠纷上诉案"（北京市第二中级人民法院（2009）二中民终字第20804号民事判决书）中就指出：涉案标准中部分技术内容为强制性条文，为条文强制形式的强制性标准，是具有法规性质的技术性规范，由建设部依法发布并监督实施。为保证标准的正确发布实施，建设部依职权将强制性标准的出版权授予建工出版社，这既是一种出版资格的确认，排除了其他出版单位的出版资格，同时也应认定是出版经营权利的独占许可。万方公司未经建工出版社许可，亦未支付报酬，将涉案标准扫描录入其制作的《中国标准全文数据库》的行为，客观上损害了建工出版社的民事权益，应当承担停止侵害、赔偿损失的民事责任。

对于上述学说与实践，笔者持不同意见，由于制定主体的公权性，其履行的是公益职能，而技术标准不管是强制性的还是推荐性的都可能产生影响国民权利义务的法律效果，即使是推荐性的标准，也往往作为补充规范决定当事人的权利义务。从尽可能让国民广泛地了解技术标准的角度出发，应该将其排除出著作权法的保护范围。

此外，与标准的著作权法可保护性相关，对于技术标准文本的出版往往由国家指定的出版部门出版，这些出版社享有专有出版权。在《标准出版管理办法》（技监局政发〔1997〕118号）中就规定了：任何单位或个人以经营为目的，以各种形式复制标准的任何部分，必须事先征得享有专有出版权单位的书面同意；任何单位或个人将标准的任何部分存入电子信息网络用于传播，必须事先征得享有专有出版权单位的书面同意；出版单位出版标准汇编时，必须事先征得享有专有出版权单位的书面同意。

对于这种特许性质的垄断性出版，在《国家版权局版权管理司关于标准著作权纠纷给最高人民法院的答复》（权司〔1999〕50号）中就指出：标准由国家指定的出版部门出版，"是一种经营资格的确认，排除了其他出版单位的出版资格"。这种出版资格是一种类似特许性质的行政权，是权力，而不是著作权性质的民事权利。出版社基于这种行政特许开展出版业务并取得经济利益，并不等于说，出版社的经济利益来自于行政权。带给出版社经济利益的是出版社从作者处取得的出版权，即著作权中的财产权的一部分。国家授予出版社行政特许是为了国家便于领导、监督出版事业，并不是让出版社将行政特许直接转化为经济利益。行政权产生的基础必然是行政法,例如出版管理条例,而不是著作权法一类的民事法律。行政法的执法部门也不同于著作权法的执法部门,两者是有区别的。如果没有著作权法保护的基础,是不应该存在类似特许性质的行政权的。

某一领域的出版社接受行政指派汇编某一技术标准集的行为,如果认定其为独立主体的商业行为的话,那么就其汇编的独创性可以享受著作权保护;但是如果将其理解为代表国家行使某种行政权的话,则这一汇编作品也会纳入《著作权法》第 5 条的范围,从而排除保护。因此出版社既不能够以行政权的名义主张著作权,也不能对他人运用同样内容的标准从事其他汇编创作予以禁止。当然,由于作为国际标准化组织的成员方,我国应履行保护国际标准的国际义务,某一国内的标准化组织及其授权的出版社的出版行为可以理解为代表国际标准化组织实施著作权。本案就是在这个意义上对被告人追究了刑事责任。

参考文献

周应江、谢冠斌:《技术标准的著作权问题辨析》,《知识产权》2010 年第 2 期。

王润贵:《国家标准的著作权和专有出版权问题刍议》,《知识产权》2004 年第 5 期。

王渊、熊伟红:《"技术标准"版权性问题研究》,《中国科技论坛》2017 年第 3 期。

大西爱:《标准与著作权:被法规所引用的标准与国家标准的相关问题》,《知财管理》2015 年第 65 卷第 5 号。

法人作品的认定：

郑某某挪用公款案

| 基本案情 |

被告人郑某某在担任杭州市普通教育研究室信息技术学科教研员期间，因教育改革的需要，组织在校教师，主持编写《中学信息技术》《小学信息技术》系列教材。杭州市普通教育研究室根据与出版社签订的出版合同，负责教材的征订工作，以版税的名义从出版社收取书价的 20% 为利润，其中的 8% 由出版社以稿费的名义直接支付给郑某某，作为给郑某某和编写教师的酬劳，以及教材编写过程中的费用开销。2004 年 12 月 31 日至 2010 年 1 月 7 日期间，被告人郑某某在费用发放过程中，利用职务便利，将浙江科学技术出版社按照约定支付到其开户于中国工商银行账号中的钱款部分发放后，转入其开户于中国工商银行私人账号中，用于购买基金进行营利活动，共计挪用公款人民币 51 万元。辩护人辩称，《中学信息技术》《小学信息技术》系列教材的著作权归属于郑某某等人，它既不是单位作品，也不是职务作品，因而其中的 8% 不是"公款"；被告人郑某某的行为不符合挪用公款罪、贪污罪的犯罪构成要件。

▶ 法律问题

本案涉及的是刑法中的挪用公款罪，但其首要争点则在于准确定性因作品所获版税收益是否为公款。这直接涉及作品的著作权归属问题。如果将作品定性为法人作品，那么作品相关的著作权全部归属于法人，因此被告人的行为则涉嫌挪用公款；如果将作品定性为合作作品，那么被告人的行为只能引起在合作者间就版税收益上的民事纠纷，不可能引发挪用公款的刑事责任。所

179

以本案刑事判决的关键取决于民事上对于著作权权属纠纷的解决。本案在程序上既涉及刑事判断,也涉及有关归属争议的民事程序。不同程序在对著作权归属的判断上存在一定的差异。

在本案刑事程序一审中,杭州市下城区人民法院(2011)杭下刑初字第26号刑事判决书指出:被告人郑某某以杭州市普通教育研究室教研员的身份,组织在校老师编写教材应视为代表教研室主持编写,代表教研室的单位意志进行创作;教研室支付给编写者的8%报酬里包括编写中的开销费用,应视为教研室对教材编写的物质支持;该教材由教研室负责征订并承担相应责任,且参与编写的教师与教研室之间并无劳动雇佣关系,故该教材的著作权应归属于杭州市普通教育研究室;包括郑某某经手发放8%报酬在内的20%的利润均系公款性质。被告人郑某某在单位授权其向参与编写的老师发放报酬的过程中,将部分费用用于为自己购买基金的行为完全符合挪用公款罪的构成要件。浙江省杭州市中级人民法院(2011)浙杭刑终字第498号刑事判决书二审判决认为:教研室根据合同规定取得发行收益的20%,其中8%指定、委托郑某某发放给全体编者,郑某某代表单位履行发放职责,未发放给其他编者的部分具有公款性质。

在"郑某某与杭州市普通教育研究室著作权权属纠纷案"(浙江省杭州市中级人民法院(2011)浙杭知初字第995号民事判决书)一审判决中认定:涉案作品虽然署名"《中学信息技术》编写组""《小学信息技术》编写组"编写,但实际上系由杭州市教委教研室组织编写。杭州市教委教研室为完成计算机学科课程改革试点工作,主持编写该套教材;在创作过程中,其创作意志始终围绕计算机学科课程改革这个主题,并根据国家教委《中小学计算机课程指导纲要(修订稿)》的精神进行创作;创作完成后,又由其向各下属教研室、各学校负责征订并获取收益,相应的法律责任也由其承担。因此,《中学信息技术》《小学信息技术》系列书籍,符合著作权法规定的法人作品的全部构成要件,因此,杭州市教委教研室应视为该作品的作者。郑某某虽然曾负责书籍编写中的具体工作,包括代表单位联络各作者,还可能进行过编写,但这只是其完成单位工作任务的一种表现形式。也只有因为是工作任务,郑某某才会将其报送为工作成果并获得奖励。同时,涉案的《中学信息技术》《小学信息技术》系经浙江省中小学教材审定委员会审查、在杭州市内统一发放的教材。这样的书籍，无论从其编写的要求、需要达到的目的、法律责任的承担还有教材的推广等方面，都不可能成为由某一个个人去完成的作品。郑某某虽然在作品中有相应的署名，但这并非是著作权法意义上的署名，而是其在法人作品中完成的某一项工作的署名。法人作品，虽然其著作权归属于法人，但仍需要由自然人来编写，只是因为法律规定的特殊原因，作品的著作权才归属于法人。因此，并不能因为在法人作品上有某种形式的署名即判定为著作权人。

而在"郑某某与杭州市普通教育研究室著作权权属纠纷案"（浙江省高级人民法院（2012）浙知终字第 105 号民事判决书）二审判决中撤销了原审民事判决，并指出：虽然，杭州市教委于 1998 年向浙江省教育委员会报送了《关于在杭州市区部分中学开展计算机学科课程改革试点工作的请示报告》，浙江省教育委员会亦作出浙教基〔1998〕63 号批复，同意进行试点工作，并指示："编写好计算机教学大纲和教材"。但涉案作品《中学信息技术》的第一、二册与《信息学基础》内容基本一致，而郑某某诉称《信息学基础》自 1996 年开始编写，该涉案作品的创作应在浙江省教育委员会下达浙教基〔1998〕63 号批复之前，其作品的创意并非基于浙江省教育委员会的批复。因此，原审法院认为在浙江省教育委员会下达浙教基〔1998〕63 号批复后，才有了涉案教材的编写工作，与事实不符。即使《中学信息技术》和《小学信息技术》其余各分册书籍系杭州市教委按照浙江省教育委员会批复要求编写，杭州市教委系自己组织编写还是分派工作任务让职工编写，是委托他人编写还是选用他人已编好的教材，著作权归属及作品的性质是不同的，只有在法人或其他组织自己组织编写的情形之下，才可能构成法人作品。但普通教育研究室既没有举出充分有效的证据证实其组织人员编写涉案作品，也没有举出证据证实其为创作涉案作品提供物质技术支持，而参与涉案作品创作的编审委员会成员，除郑某某等个别人员为普通教育研究室职工外，其余的编写人员均来自不同的单位，并非普通教育研究室的工作人员，普通教育研究室也没有证据证明对这些编写人员进行了委任、组织等工作，普通教育研究室对此应承担举证不能的法律后果。涉案作品的稿费系作品创作完成出版后，由出版单位直接支付，既非创作作品时的物质投入，也非普通教育研究室支出。涉案作品作为教材，须报批审定后才能投入使用,有其特殊性,但其报批审定及征订、发行,均没有改变作品的内容,不影响著作权的归属与定性。综上,涉案作品既没有代表法人和其他组织意志,也不是由法人和其他组织主持创作,不符合法人作品的构成要件。对于涉案作品著作权的归属,涉案作品封面虽署名《中学信息技术》《小学信息技术》编写组编,但涉案作品的封二均载明编审委员会成员的姓名。本案既没有相应的证据证实法人或其他组织成立编写组,也没有相反的证明否定编审委员会在作品封二上的署名的情形之下,郑某某主张编写组为编写该作品的封二所列的编审委员会成员的集合,即编写组为列于封二的所有编委的整体代称,符合本案实际,应予采信。涉案各版本的《中学信息技术》《小学信息技术》,由来自不同单位的郑某某等编审委员会成员,分别担任各章节的编写及统稿等工作,合作创作完成,著作权由合作作者共同享有之规定,涉案的《中学信息技术》和《小学信息技术》为个人合作作品,著作权由包括郑某某在内的编审委员会的成员共同享有。

在"郑某某与杭州市普通教育研究室著作权权属纠纷案"确定涉案作品为合作作品非法人作品后,在刑事再审案(浙江省杭州市中级人民法院(2013)浙杭刑再字第2号刑事判决书)中认定:教研室与出版社签订的出版合同中,收益的8%部分系由出版社代扣个人所得税后,以稿费的名义直接打入郑某某的个人账户,作为给郑某某和其他编者的酬劳;涉案的51万元款项作为8%款项的一部分,系郑某某发放给其他编者的款项,该部分款项虽然不属郑某某所有,但将郑某某挪用其他编者款项的行为性质认定为挪用公款,依据不足。对于原审被告人郑某某及其辩护人提出本案不构成挪用公款罪的意见,本院予以采纳,郑某某无罪。

本案刑事与民事程序中都重点对法人作品的认定进行了论述。《著作权法》第11条第3款规定的"法人作品",其构成要件包括:由法人或其他组织主持,代表法人或其他组织的意志进行创作,由法人或其他组织承担责任。但对于"组织创作""代表意志""承担责任"的解释则存在较大空间,学说和实践中均存在不同的认识。由于作品著作权的归属问题往往成为决定刑事案件结论的前提性问题,具有特别重大的理论和实践价值,因此以下将从我国法人作品的相关规范入手,在区分职务作品、委托作品、合作作品等的同时,借助司法实践的具体认定更加明确法人作品的构成要件。

专家评析

我国著作权法中规定的法人作品概念继受了日本法的传统，也就是在很大程度上背离了大陆法系国家以"创作者主义"为原则，杂糅了英美法的理念。传统上在大陆法系各国著作权法中一般都坚持所谓的"创作人主义"原则，即只有从事了作为事实行为的作品创作行为的自然人才能原始取得著作权。但是考虑到近代以来大量作品都是通过受雇于组织中的自然人所创造的，而一项作品往往需要众多受雇于组织中的自然人合力而为，如果坚持传统的"创作人主义"原则可能会造成权利主体的分散，进而导致交易成本的飙升，影响作品的利用，所以大多数国家的著作权法也将雇主视为作者，将职务作品著作权原始归属问题作为"创作人主义"原则的例外加以处理，使得雇主可以以原始著作权人的身份统一处理著作权权利行使问题。但是由于政策考量及历史传统的不同，各国对于职务作品的具体规定也大不相同。

例如英美法系国家一般都视法人为作者，《美国版权法》第 201 条（b）规定，就雇用作品而言，雇主或作品为其制作的其他人被认为是本法所称的作者，除非各方在由他们签署的书面文件中明确另外的协议，雇主或作品为其制作的其他人拥有版权所包括的一切权利。《英国版权法》第 11 条第（2）款也规定，如果文字、戏剧、音乐和艺术作品是由雇员在受雇期间创作的，则除非合同中有相反约定，否则雇员的雇主为该作品的原始版权人。

传统上认为属于大陆法系国家的日本也在其《著作权法》第 15 条中规定，基于法人等使用者的提议，从事该法人等使用者的业务的人，在履行职责时创作的作品，如果以法人等使用者的名义发表时，只要在作品创作完成时的合同或者就业规则中没有特别约定，则该法人等使用者视为著作权人。该条第 2 款进一步规定，如果从事法人等使用者业务的人创作的是计算机软件，则不管是否以法人名义发表，只要在创作完成时合同、就业规则没有特别约定，则该法人等使用者视为著作权人。可见日本在这一问题上完全采取了英美法系的立法例。

而法国则采取了折中的处理方法,在《法国知识产权法典》第 L111-1 条中明确规定,智力作品的作者,仅仅依其创作的事实,对作品享有专有的、对抗所有人的无形财产权。智力作品的作者签订的雇佣合同或劳务合同对作者依第一款享有的权利不产生任何消极影响。但是,也并不是说在法国法上并不存在"创作人主义"原则的例外,在有关集合作品(œuvre collective)的第 L113-5 条中规定,如无相反证明,集合作品为以其名义发表作品的自然人或法人的财产,该人被赋予著作权。所谓的集合作品是指由一个自然人或法人发起并由该人编辑、出版及发表的作品,且参与创作的多个作者的个人贡献已融汇到该作品整体中,不可能就已完成的整体赋予他们中任何一人以单独的权利(第 L113-2 条第 3 款)。一般来说该集合作品是指字典、百科全书以及报纸等。此外,对于不属于集合作品的其他作品,尽管不承认雇主原始取得著作权,也存在在一定程度上使权利相对集中的规定。即,对于视听作品(第 L132-24 条),广告的委托作品(第 L132-31 条)、软件及文档作品(第 L113-9 条)规定了对雇主的权利转让推定。

在《德国著作权法》中并不存在职务作品的概念。"创作人主义"原则在现行德国著作权法中毫无例外地得到了贯彻。在《德国著作权法》第 7 条中规定,作品的创作人是作者。但是,对于计算机程序及电影作品也存在对于权利行使的推定规定,以减少因为过于分散的权利归属对于权利行使造成的阻碍。

我国《著作权法》在第 11 条第 3 款的法人作品之外,也规定了职务作品。对于职务作品区分两种情况,分别规定了其著作权归属。对于主要是利用法人或其他组织的物质技术条件创作,并由法人或其他组织承担责任的工程设计图、产品设计图、地图、计算机软件等职务作品,以及法律、行政法规规定或者合同约定著作权由法人或者其他组织享有的职务作品,创作作品的自然人只享有署名权,著作权的其他权利由单位享有;而对于其他职务作品,著作权由作者享有。

当然从法人作品规定诞生伊始,对其存在的合理性就争议不断。但是正如上文所述,法人作品的立法目的就在于:一方面是出于促进法人投资的积极性,使得一些需要大量投资才有可能运营和生产的作品类型得以问世;另一方面的原因是，由大量自然人合力创新产生的作品，外部作品的使用者，对其内部具体的分工与作品著作权的归属分配并不了解，在有些情况下，即使是内部实际参与创作的众多主体间也对于哪部分著作权归属于哪个主体并不清楚，这种情况下，可能出现两种情况：一是不知道何者为著作权主体，进而无法获得许可，并促进作品的市场化利用；二是即使了解何者是主体，但是由于作品整体上存在众多参与创作的主体，相互间就作品的归属形成了合作作品上的共有关系，在共有关系之下，即使有一个主体反对作品的某种市场化利用，也将使得整部作品无法有效利用。因此限制个别作者行使权利的一种法律拟制便是将权利的归属一元化地划归给法人主体，从而确保作品在利用上的便捷。

当然为了确保上述目的，在法律拟制的选择上可能并不需要采取法人作品的形式，因为在法律效果上看，法人作品的著作权完全归属于法人所有，作品的实际创作者丧失了包括署名权在内的著作人格权。此外，就单独的创作行为，实际创作者并不享受任何评价这一创作价值的对价性质的奖励与报酬；更为严厉的是，即使法人和实际创作作品的自然人间因合同行为达成了对于作品著作权归属分配的合意的，也不能排除法人作品在著作权归属上直接适用的强行性规范。相比较来说，出于同样的立法目的，在我国著作权法中同样存在其他作为"创作人主义"的例外，将并非实际创作作品的自然人拟制为作品著作权原始归属的实践，例如《著作权法》第15条通过三层架构表达了"电影作品和以类似摄制电影的方法创作的作品"的作者身份与著作权归属的规范含义。其一是电影作品的著作权原始性归属于制片人；其二是包括编剧、导演、摄影、作词、作曲等在内的电影作品的作者享有署名权，并有权按照与制片者签订的合同获得报酬；其三是电影作品中的剧本、音乐等可以单独使用的作品的作者有权单独行使其著作权。电影是一种综合性艺术表现形式，其创作过程往往涉及众多主体参与，而这些主体在电影作品的创作过程中发挥着不同作用，具有不同分工，其智慧性成果是否构成电影作品构成要件上的创作型表达涉及规范性判断。构成电影作品的创作型表达的，成为电影作品的作者，而电影作品的作者所应享有的权利被限制在署名权和通过合同约定从制片人处取得报酬的权利。不同于将电影作品的著作权首先原始性赋予电影作品的作者，在电影作品的著作权原始性赋予制片人的立法构造下，电影作品作者的权利具有相对性和局限性。而电影作品的著作权人原始性地归属于制片人，制片人一元化地行使电影作品著作权。

而在《著作权法》第 16 条第 2 款中规定了特殊职务作品，在将作品类型限定在工程设计图、产品设计图、地图、计算机软件等与实际创作作品的自然人人格利益相关较为稀松的同时，承认了作者享有署名权，且法人可以给予作者奖励。更为重要的是，法人和雇员间可以通过合同的约定排除特殊职务作品著作权归属的立法规定。这样就有必要通过要件的设置，使得纳入法人作品范围内所产生的排除自然人创作主体分享作品收益的效果，可以限制在一定范围之内。

在要件构成上，尽管规范上只表达了"组织创作""代表意志""承担责任"三个要件，但是其用词之宽泛导致了不少批评，并强调增加其他因素对其限制，而这些增加的因素中就包含了法人作品构成要件中并没有明示的部分。

例如有学者就指出法人作品的构成要件必须要求法人和自然人之间存在雇佣关系，而不是委托关系。二者相比来说，后者具有短期、单次、零散的特征，而前者雇佣关系具有长期、连续、稳定的特征。事实上通过该学者对于司法实践的整理可以发现，大量的认定构成法人作品的情形都没有要求必须存在一个雇佣关系，而是可能仅要求存在一个劳务关系。例如在"杨松云与日喀则地区行署修建灵塔办公室著作权纠纷案"（西藏日喀则地区中级人民法院(1995)日中民初字第 07 号；西藏自治区高级人民法院（1998）藏法民终字第 2 号)中便未涉及是否存在雇佣关系这一问题。而在最高人民法院驳回再审申请通知书((2002)民三监字第 1 号)中提及"付出的劳务活动已经根据合同取得了相应的报酬"，但此处的"劳务活动"依据本案事实来看应为委托创作关系，当事人间不存在雇佣关系。"刘家柱等与云南自然与文化遗产保护促进会等著作权侵权纠纷上诉案"（云南省高级人民法院（2012）云高民三终字第 24 号民事判决书)、"兰州市城关区人民政府等与张弓著作权侵权案"（甘肃省高级人民法院(2012)甘民三终字第 87 号民事判决书)中也持相同观点。在对这些案件判旨质疑的基础上，该学者从对法人作品和委托作品的文义解释和体系解释，以及拟制法人作品的法政策角度，得出法人作品必须以雇佣关系为要件，非基于雇佣关系产生的非个人作品是委托作品的结论。

本案二审判决在对雇佣关系存在与否的认定与判断上存在一定的模糊性,需要仔细解读才能体会判旨中所欲表达的具有约束力的判决理由。在其对于事实的认定中指出:"杭州市教委系自己组织编写还是分派工作任务让职工编写,是委托他人编写还是选用他人已编好的教材,著作权归属及作品的性质是不同的,只有在法人或其他组织自己组织编写的情形之下,才可能构成法人作品……而参与涉案作品创作的编审委员会成员,除郑某某等个别人员为普通教育研究室职工外,其余的编写人员均来自不同的单位,并非普通教育研究室的工作人员,普通教育研究室也没有证据证明对这些编写人员进行了委任、组织等工作"。

首先判决中将"组织创作"这一要件在区分自己组织编写、分派工作任务让职工编写、委托他人编写、选用他人已编好的教材四种情况的基础上,限定为自己组织编写的情形,只有自己组织编写的情况才满足"组织创作"这一要件。其中第四种情况选用他人已编好的教材肯定就排除出了自己组织编写的范围之外。但是由于自己组织编写也可以采取令有雇佣关系的职工作为工作任务参与编写和委托不存在雇佣关系的主体进行编写两种形式,因此仅仅限定为自己组织编写并没有强调雇佣关系的重要性。而在之后的认定中又指出,"参与涉案作品创作的编审委员会成员,除郑某某等个别人员为普通教育研究室职工外,其余的编写人员均来自不同的单位,并非普通教育研究室的工作人员",从对于这个事实的强调来说,似乎体现了对于雇佣关系下的职务行为的看重,由于这部集合了众多自然人合作创作的作品中可能既有职务活动的成果,也有非职务活动接受委托创作的成果,因此并非完全职务活动下产生的,因此在这里法院似乎要求了雇佣关系的要件,但是判旨的最后又指出"普通教育研究室也没有证据证明对这些编写人员进行了委任、组织等工作",假设普通教育教研室能够证明对于这些既包括职务创作的主体,又包括非职务创作主体的创作团队进行了委任、组织工作的话,那么是不是可以认定满足了"组织创作"要件呢? 这样又回到构成法人作品是否必须限于雇佣关系的命题上。

从本案判旨中仍旧不能得出法人作品的构成必须建立在雇佣关系这一基础之上的结论。当然,相比于之前几个判决来说,本案更加强调了区分雇佣关系创作还是委托关系创作的重要性。从法人作品制度目的来看,主要是为了解决外部作品的使用者对于内部具体的分工与作品著作权的归属分配并不了解,在有些情况下,即使是内部实际参与创作的众多主体间也对于哪部分著作权归属于哪个主体并不清楚,而委托外部主体创作的情况下,著作权法已经依据委托创作关系明确了著作权归属的主体关系,因此不会出现需要法人作品一元化集中权利归属的需要。当然也不排除即使不存在雇佣关系,外部的主体无法区分作品众多创作主体对于作品贡献部分的情形,因此也有必要例外地扩张适用法人作品的必要,但是这种情况仅限于极其个别的情况。也就是基本可以说,法人作品本身就不涉及雇佣关系下职务行为以外的主体创作行为。当然此处的雇佣关系还应采取较为广义的解释,不因雇主是否为雇员缴纳了社会保险、是否为劳务派遣等而有所变化,更为重要的是法人与自然人之间是否存在劳动的指挥监督关系。在这个意义上看,本案没有单纯地强调"雇佣关系",而是指出了"委任、组织等工作"的重要性,可能就是从较为广义的雇佣关系角度理解法人作品的构成要件的。

而对于"代表意志"要件来说,有学者就指出对于"意志"要素不加以限定的话,任何法人在作品创作方面的指示都可以成为"法人意志"。而如何进行限定问题上,有观点提出:"单位仅仅提出创作作品任务本身,以及创作者个人根据单位提出的原则性要求去创作的,都不能认为是体现了单位的意志"。本案民事一审判决就强调了"在创作过程中,其创作意志始终围绕计算机学科课程改革这个主题,并根据国家教委《中小学计算机课程指导纲要(修订稿)》的精神进行创作"。而民事二审判决中首先从事实上否定了先有"编写好计算机教学大纲和教材"指示,后有涉案教材的编写工作的事实。更为重要的是"即使"之后的论述,又回到了对于"组织创作"的认定中。也就是说在本案民事二审判决中并未对是否必须满足"代表法人意志"给予独立的评价,并将其与"组织创作"的要件相合并。从原理上看,只要是雇员依据职务行为从事了创作活动,就应该在法人的意志范围之内。即使雇员的创作没有接受到雇主具体的指示,而是自发性地从事创作活动的,只要是在职务范围之内,也应该认定为反映了法人的意志。

对于法人作品的第三个要件"承担责任"来说,在学说上并未给予充分的法解释,相反在有些学说上强调了三要件之外的要素,如认定是否属于法人作品,还可以看作品是否必须由法人署名,而不能由个人署名。如果客观上可以由实际创作者署名,则可以不认定为法人作品,只有实际创作者署名发表不能达到预期创作目的和实现预期社会效果的作品才应视为法人作品。

但是这种观点实际上混淆了署名行为与"承担责任"主体的关联,而仅仅表明了对于某些作品类型必须由法人署名,进而认定为法人作品。作为法人作品应予适用的典型情况,如由秘书起草的讲话,以政府机关的名义由领导予以发布与出版,或由众多公务员撰写的白皮书等,这些以立法、司法、行政等国家政权机关名义发表的作品,的确属于只有实际创作者署名发表不能达到预期创作目的和实现预期社会效果的作品。雇员日常工作中制作的作品,尽管为法人所使用,但很难说署名实际创作者就不能达到预期社会效果,因此就认为这类作品不能构成法人作品。实际是何者主体署名应该作为判断的标准,而不是客观上谁署名能够产生作品预期的社会效果作为判断的标准。这样的话,实际是由法人署名,还是由自然人署名实际上是一个关键的判断标准,这个标准直接可以关联到"责任承担"要件。也就是只有署名的主体才是对作品实际承担责任的主体。

从我国法人作品概念所承自的日本法沿革来看,之所以要求法人作品必须由法人名义发表,否则就不能构成法人作品的原因就在于:最初日本存在出版规制法与版权法并存的现象,其中出版规制法中对于违法出版作品就是以发表名义来判断何者为出版法责任承担主体的。因此著作权法也受此影响将是否承担责任的判断转化为署谁的名,并表达了其为发表主体的判断作为法人作品的构成要件。对此,笔者主张在我国法人作品中"承担责任"的要件的解释应该以"以何者名义发表"为标准。对于此点,在本案中民事二审判决指出:涉案作品封面虽署名《中学信息技术》《小学信息技术》编写组编,但涉案作品的封二均载明编审委员会成员的姓名,本案既没有相应的证据证实法人或其他组织成立编写组,也没有相反的证明否定编审委员会在作品封二上的署名的情形之下,郑某某主张编写组为编写该作品的封二所列的编审委员会成员的集合。即本案将编写组的署名认定为合作作者的署名,从而否定了是以法人主体"杭州市普通教育研究室"名义发表的作品。

当然这其中也存在一定的争议,因为我国的法人作品实际上并不限于法人,还包括了非法人的组织,主要是指大学院系、教研室、课题组、非法人性质的社会团体、法人下属部门等。因此编写组仍有理由被认定为"法人作品"的作者名义。但是本案从署名名义的角度实际上要求法人作品中的其他组织尽管不具有法人资格,但应该是能够依法以自己的名义从事民事活动的组织。而编写组并不具有这种资格,因此只能认定为并未以单位的名义署名。"承担责任"要件以法人以自己作为作者的名义进行发表判断的观点在判断时点上以作品创作时为准,也就是自然人作者在创作作品时是否就已经预定了最终发表的作品将以法人名义发表。对于将来并没有发表计划的作品来说,也同样以在创作时点是否对于将来的发表也会以法人名义为标准。采取这一判断标准还有一个隐含的优点,就是可以在到底以何者的名义发表问题上采纳法人与自然人合意产生的结果。也就是说,法人和雇员间可以通过合同的约定选择以何者的名义发表作品,这样就可以缓解法人作品要件上对于合意的忽略。

综上所述,我国著作权法上的法人作品在构成要件上应以雇佣关系下职务活动中形成的作品为限,并以法人的名义作为作者进行发表。这样可以对法人作品的认定给予较为妥当的判断。本案二审民事判决在上述判断要件下得出了本案作品并不属于法人作品,而是合作作品,因此排除了被告人构成挪用公款罪的可能性,应该说是十分妥当的判断。

参考文献

王迁:《论"法人作品"规定的重构》,《法学论坛》2007 年第 6 期。

蒋舸:《雇佣关系与法人作品构成要件》,《法律科学》2014 年第 5 期。

崔国斌:《著作权法:原理与案例》,北京大学出版社 2014 年版。

委托作品的许可范围：

山东华盛设计院等侵犯著作权刑事案

基本案情

2009年10月，山东金田建设开发有限公司（以下简称金田公司）委托济南华兴建筑设计有限责任公司（以下简称华兴公司）对济南国际商贸城"双泉路商业街"进行工程图纸设计。华兴公司依约设计并交付了10套"工程施工图"。后因金田公司与华兴公司就合同履行发生纠纷，金田公司向华兴公司发函要求解除合同，另行与山东华盛建筑设计研究院（以下简称华盛设计院）签订工程设计合同，委托其对同一工程进行设计。华盛设计院以华兴公司的图纸为基础，根据施工情况修改了约20%，向金田公司提供了署名为华盛设计院的另外10套图纸，并收取了设计费593760元。华兴公司以华盛设计院侵犯其著作权为由，向济南市中级人民法院提起民事侵权诉讼。

经一、二审判决（山东省济南市中级人民法院（2014）济民三初字第926号民事判决书；山东省高级人民法院（2015）鲁民三终字第159号民事判决书）认定：本案涉及的济南国际商贸城工程设计图，是华兴公司按照金田公司设计要求完成的具有独创性及可复制性的图案，属于我国著作权法规定的能为建设施工提供依据的图形作品范畴。在图审中心存档的施工图图审材料，系华盛设计院根据涉案工程施工完毕后的现场实际情况，对华兴公司涉案图形作品进行复制和修改而制作完成。华盛设计院未经著作权人许可，接受金田公司委托，对华兴公司涉案图形作品进行复制、修改并署名的行为侵犯了华兴公司著作权，应承担相应的法律责任。对于停止侵权责任，本案中，华盛设计院被诉侵权行为发生在涉案工程验收环节，如果判令华盛设计院停止使用被诉侵权图纸，会导致此建筑工程长期不能验收、无法投入使用，造成社会资源的浪费。因此，本案不宜判令华盛设计院停止使用被诉侵权图纸；对于损害赔偿责任,判决华盛设计院于判决生效之日起十日内赔偿华兴公司经济损失35.2万元。

之后,华兴公司又以华盛设计院未经许可,非法复制其享有著作权的工程设计图,违法所得数额巨大,已构成侵犯著作权罪为由,向山东省章丘市人民法院提起自诉,要求追究华盛设计院及章丘市住房和城乡建设管理委员会的刑事责任。

山东省章丘市人民法院于2015年11月30日作出(2015)章立刑初字第2号刑事裁定:驳回华兴公司的起诉。一审宣判后,华兴公司不服,向山东省济南市中级人民法院提起上诉。山东省济南市中级人民法院于2016年1月25日作出(2015)济知刑终字第4号刑事裁定:驳回上诉,维持原裁定。法院生效裁定认为:对已经立案,经审查缺乏罪证的自诉案件,自诉人提不出补充证据的,人民法院应当说服其撤回起诉或者裁定驳回起诉。自诉人提供的证据不能证明被告人的行为属于《刑法》关于侵犯著作权罪所规定的"复制发行"行为,故应当裁定驳回自诉人的起诉。

在针对侵犯著作权的民事再审中,最高人民法院(2016)最高法民再336号民事判决书中指出:华盛设计院根据工程建设实际情况复制、修改施工设计图纸,并以设计单位名义署名签章出具图纸用于报审、验收等项目建设工作,系其履行设计单位职责的行为。该行为应当视为委托人金田公司在约定建设项目特定目的范围内继续使用施工设计图纸的行为,不构成对华兴公司著作权的侵犯。华盛设计院接受金田公司委托为完成建设任务而在涉案施工设计图纸上以设计单位身份进行署名,不能当然认定属于表明作者身份的行为。华盛设计院不因前述署名行为而替代华兴公司成为涉案施工设计图纸作品的著作权人,亦不能在完成建设涉案工程特定目的范围之外使用前述施工设计图纸。

▶ 法律问题

本案涉及民事侵权诉讼程序与刑事自诉程序的交错问题,对此,最高人民法院针对"三合一"改革的各种认识指出:"同一行为在可能构成民事侵权的同时又涉嫌构成刑事犯罪的，权利人应当依照相应的民事或刑事程序依法追究行为人的法律责任，但其不能在已提起的民事诉讼程序中请求一并追究行为人的刑事责任。本院提出的知识产权案件审判'三合一'意见，是指将人民法院受理的知识产权民事、刑事和行政案件归由内设的同一审判庭进行审理，而非将不同性质的案件合并在一个诉讼程序中进行审理。华兴公司在向二审法院提出上诉时曾要求一并追诉华盛设计院侵犯著作权罪的刑事责任，后经二审法院释明放弃了此项上诉请求。其现又以相关公安机关立案调查为由提出本案应当依照'先刑后民'或'三合一'原则处理的主张，不符合法律规定。"在涉及著作权归属以及使用权许可的解释问题上，往往刑事程序的结论取决于民事判决的结果。本案中在民事侵权诉讼的一审和二审中均作出了支持原告主张的判决，但是在民事判决后原告提起的侵犯著作权罪自诉案件中均因为原告提供的证据并不足以证明满足了《刑法》第 217 条之要求而被驳回。这也体现了近期实证研究中的结论，即知识产权犯罪刑事自诉制度在司法实践中的适用十分困难，也就是在知识产权刑事领域仍坚持"公诉案件为主，自诉案件为辅"的原则。

当然，在最高人民法院的再审程序中依据《关于审理著作权民事纠纷案件适用法律若干问题的解释》（法释〔2002〕31 号）第 12 条规定：按照著作权法第 17 条规定委托作品著作权属于受托人的情形，委托人在约定的使用范围内享有使用作品的权利；双方没有约定使用作品范围的，委托人可以在委托创作的特定目的范围内免费使用该作品，认定华盛设计院根据工程建设实际情况复制、修改施工设计图纸，并以设计单位名义署名签章出具图纸用于报审、验收等项目建设工作的行为应当视为委托人金田公司在约定建设项目特定目的范围内继续使用施工设计图纸的行为，不构成对华兴公司著作权的侵犯。因此笔者将以"委托作品中约定不明时委托方的使用权范围"为切入点，系统分析本案所涉及的法律问题。

专家评析

《著作权法》第 17 条中特别对委托作品的归属问题进行了规定。其中对于委托作品来说,著作权的归属由委托人和受托人通过合同约定,对于这里规定存在很多值得争论之处。首先这种约定是决定委托作品原始归属的约定,还是继受取得的约定,这在文义上是不明确的。如果认为是前者的话,那么如果存在约定的话,包括著作人格权在内的著作权都会原始性地归属于委托者。如果认为是后者的话,那么原始归属仍然是受托人(可能是自然人也可能是法人),委托人只是根据合同转让了著作权,而这里的著作权仅可能包括著作财产权,因为根据著作人格权的法理论,其具有专属性,并不能够转让。这样的话,就不会出现雇枪手代笔,最终连署名权也归属于委托人的情况出现。

从《著作权法》第 17 条的后半句来看,即合同未作明确规定或没有订立合同的,著作权属于受托人,似乎也很难读出确定的含义。当然,如果采取继受取得的观点的话,似乎《著作权法》第 17 条本身就毫无意义了,因为委托作品的归属并没有任何不同于处理著作权权属规则的特殊性。实际创作作品的自然人或被视为作者的法人都是作品的著作权原始归属主体,而不管该作品的产生是建立在委托关系下,还是自发创作的。而委托关系仅仅是著作权转让合同的一种,适用著作权转让合同的一般规则以及对于合同解释的一般规则处理继受取得的问题。因此很多观点强调委托作品的特殊性,特别是为了使《著作权法》第 17 条具有独立的规范意义,即在法人作品、职务作品、电影作品等之外在著作权原始归属上创设了新的规则,即通过合同可以改变原始归属的分配。

这在有关委托作品权利归属上出现了另外两种情形,特别是针对这两种情形的司法解释中也有体现。在《关于审理著作权民事纠纷案件适用法律若干问题的解释》(法释〔2002〕31 号)第 13 条中规定:除著作权法第 11 条第 3 款规定的情形(法人作品)外,由他人执笔,本人审阅定稿并以本人名义发表的报告、讲话等作品,著作权归报告人或者讲话人享有。著作权人可以支付执笔人适当的报酬。

这属于典型地就"领导讲话"型作品进行的著作权归属安排,针对的就是不属于法人作品,而是作为领导这一自然人享有的情形。在最高人民法院《关于由别人代为起草而以个人名义发表的会议讲话作品其著作权(版权)应归个人所有的批复》(〔1988〕民他字第 21 号)中就指出:"《汉语大词典》主编罗竹风，在中国语言学会成立大会上关于介绍《汉语大词典》编纂工作进展情况的发言稿，虽然是由《汉语大词典》编纂处工作人员金文明等四人分头执笔起草，但他们在起草时应明确是为罗竹风个人发言作准备的；罗竹风也是以主编身份组织、主持拟定发言提纲，并自行修改定稿，嗣后以其个人名义在大会上作发言。因此，罗竹风的发言稿不属于共同创作，其著作权（版权）应归罗竹风个人所有。罗竹风同意在其他刊物署名刊载发言稿全文，不构成侵害他人著作权。对金文明等人在执笔起草发言稿中付出的劳动，罗竹风在获得稿酬后，可给予适当的劳务报酬。"此处包括署名权在内的著作权全部原始归属于委托人个人所有。领导委托秘书起草讲话等其实并不是典型的委托他人创作的情形，而是典型的法人作品适用的情形。在秘书从事职务行为并以领导名义发表时，此处的领导名义实际上是代表了领导所属法人承担最终责任的含义，因此应该不存在使得个人成为作品著作权原始归属主体的情况。在法人作品的情形下，实际创作的个人丧失了任何著作权利，但是事实上也存在雇主不是法人，而是自然人的情况，那么自然人雇主雇佣的主体创作的作品，并以雇主名义发表的情况下是否也可以类推适用法人作品的归属规则呢？笔者认为此条司法解释应该从这个意义上予以理解。首先，在最高人民法院就《汉语大词典》案的答复情况，笔者认为应典型地属于法人作品的情形，即由《汉语大词典》编纂处作为著作权主体。其次，在司法解释第13条所属的规则中，可以理解为是类推扩大适用了法人作品的归属规则，将自然人间的职务行为适用法人作品的归属规则。因此需要满足法人作品的要件和设立的宗旨，如在大量自然人合力创新产生作品的过程中，对于外部作品的使用者来说，对于内部具体的分工与作品著作权的归属分配并不了解，在有些情况下，即使是内部实际参与创作的众多主体间对于哪部分著作权归属于哪个主体也并不清楚，因此限制个别作者行使权利的一种法律拟制便是将权利的归属一元化地划归给法人主体，从而确保作品在利用上的便捷。而法人作品情形下以法人名义发表，在一定程度上也表明了作品与自然人作者人格间联系的稀薄性，适用于作者个性较少体现的作品类别。这样，在自然人间一对一进行委托，实际创作的自然人主体数量并不众多，且创作的作品主题属于较强地体现作者人格的作品类型下，则不应该类推适用法人作品的归属规则。这也是为什么在司法解释中特意强调了讲话、报告等作品类型的原因,司法解释有意限制法人作品类推适用范围的应有之义。在此种情况下,即使没有明确的约定或没有订立合同,也不影响归属于委托者,其原因并不是该司法解释作为委托作品著作权归属的例外而存在,而是因为是对于法人作品著作权归属的类推适用而存在的,并不能用委托作品的归属规则来比较。

在与职务作品的归属规则进行对比时,即使在存在职务关系中创作的作品也是由实际创作者享有著作权,那么委托作品这种委托人和受托人关系下即使存在合意,也不应该认为是关于原始归属的分配规则,而应该理解为是继受取得的规则,其中排除了"默示约定"导致继受取得效果发生的可能性。也就是说,即使从合同的用语或对价的多寡角度足以推知当事人间存在转让的意思时,也不能承认转让的效果发生。而根据合同解释的一般原理,即使在当事人主观意思不明确的情况下,根据合同当事人间的关系等因素,为了合同目的的达成等也有承认转让合同成立的解释。因此可以说这也是著作权法第17条特别规定的意义所在,在一定程度上脱离了合同解释的一般规则,加强了对于受托人的保护。所以从这个角度也可以看出,第17条并不是对于原始归属的分配规则。不同于一般合同解释的原则,在大陆法系国家解释著作权转让合同时,存在一个原则,即目的转让理论(Zwecku bertragungslehre),即即使当事人间存在转让著作权的明确合意,如果超出了达成合同所订立的目的的必要限度的话,也应该限制著作权转让合同的范围,仅在达成合同目的的必要限度范围内承认其转让效力。这一原则典型地体现了自然权论在著作权法中的地位,在德国等大陆法系国家甚至形成了一套不同于一般契约解释规则的著作权合同法。当然在我国著作权法上,还没有在这一程度上承认著作权合同法的特殊性,并从自然权论角度出发加大对于实际创作人享有的著作权的保护。

在上述对于委托作品的归属规则以及继受转让规则的说明之后,与其密切相关的就是委托作品著作权归属于受托人的同时,委托人是否享有使用权的问题。正是因为在继受取得的合同解释上在一定程度上有利于受托人,因此有必要将默示许可的合同解释原则在委托作品许可合同的解释中予以贯彻。这在《关于审理著作权民事纠纷案件适用法律若干问题的解释》(法释

〔2002〕31 号)第 12 条中给予了明确的体现,即按照著作权法第 17 条规定委托作品著作权属于受托人的情形,委托人在约定的使用范围内享有使用作品的权利;双方没有约定使用作品范围的,委托人可以在委托创作的特定目的范围内免费使用该作品。这也是本案所涉及的一个重要争点。也就是在多大程度上承认委托创作的特定目的,并在这一范围内承认委托人对于作品可以免费使用。

在合同解释上存在主观主义与客观主义的分野,具体到委托作品的许可合同解释上来看,当事人间不存在明确的约定的情况下,主要是由于当事人间著作权意识的稀薄而导致的,此时无论如何探寻当事人内心对于著作权许可的意思表示,可能也难以得出妥当的法解释。此时只有不拘泥于当事人主观的内心意思,借由契约之目的探寻合理的解释。在当事人意识到需要处理著作权问题时,会采取何种处理方法的问题设定下,通过对契约目的达成所需的许可条件来默示约定许可的范围。这也是司法解释所欲表达的含义。

在司法实践中,在"杨某诉春风文艺出版社等著作权侵权纠纷案"(上海市第一中级人民法院民事判决书〔2004〕沪一中民(五)知初字第 134 号)中认定:原告接受另一合作作者郭敬明的委托而参与创作,故郭敬明作为委托人无须同原告协商即可按照委托创作的特定目的,将系争插图作为《幻城》中的插图交付出版社,并授权该出版社以图书形式出版发行。该案中小说《幻城》的作者郭敬明为其作品出版的需要,通过他人结识原告杨某并邀请其为该书创作插图的墨线稿。之后授权出版社出版确实属于在原有委托目的之内,因此不存在特别争议。

在"王敏诉六面体服装贸易(上海)有限公司侵犯著作权纠纷案"(上海市第一中级人民法院民事判决书(2007)沪一中民五(知)初字第 149 号)中认定:这些照片的创作意图是为了推广宣传被告经营的服饰商品,原告在接受委托时知道拍摄这些照片的目的是为了宣传被告的服饰商品,被告在向原告支付相关费用后,将涉案照片用于宣传其经营的"Private Color's"品牌服饰商品,该种使用方式应视为在委托创作的特定目的范围内使用。

在"袁兵诉杭州娃哈哈集团有限公司侵害作品复制权、发行权纠纷案"(浙江省高级人民法院民事裁定书(2016)浙民申 3200 号)中,尽管原有的委托合同目的是娃哈哈公司的前身杭州保灵儿童营养食品厂于1988年6月间通过登报征集的方式为该厂新研制的儿童食品"高效能营养液"设计名称和商标图案中使用,但是判决通过文意解释的方法、结合历史因素进行分析以及从交易习惯的角度解释得出:本案中对委托创作目的的解释显然不能拘泥于最初的征稿内容;其为娃哈哈营养液登报征集图案及商标并不能得出该征集图案仅限于娃哈哈营养液使用的明确意思表示;考察娃哈哈公司使用"娃哈哈"系列商标,其实际运用范围并未超越商标使用的总体范畴;娃哈哈公司作为市场经营主体,其根据市场的实际需求,在扩大经营规模的基础上,淘汰旧产品,推出新产品,继续沿用承载良好商誉的原有系列商标,符合市场经营规律和商业交易习惯,亦能保障消费者对商品真实来源的知情权。因此认定娃哈哈公司及其前身使用"娃哈哈"系列商标并未逾越"委托创作的特定目的范围",属正当使用。

在"三门张献广告摄影有限公司诉三门县健跳镇盖门塘村村民委员会侵害著作权纠纷案"(浙江省台州市中级人民法院民事判决书(2016)浙10民初624号)中,认定被告在盖门塘文化长廊中重复使用了原告享有著作权的77幅图片,系在原有约定的范围内使用。

在"杭州聚合网络科技有限公司诉中国移动通信集团浙江有限公司等侵害计算机软件著作权纠纷上诉案"(浙江省高级人民法院民事判决书(2013)浙知终字第289号)判决中推翻了一审判决,指出:对涉案软件"在委托创作的特定目的范围内免费使用"的权利应限于将涉案软件提交给"全省二级以上公立医院"使用,向广大患者提供预约挂号服务,并不包括利用受托人的源代码进行后续开发。融创公司擅自利用聚合公司所开发软件的部分源代码开发新软件,显然不属于"免费使用"的合法范畴,而是不当利用了聚合公司的涉案软件作品所包含的技术成果,侵害了聚合公司就涉案软件所享有的著作权,应承担相应的侵权责任。原审法院认为委托人的免费使用包括全部使用和部分使用,只要是限于委托开发的目的范围之内,且未向第三人提供,则各种使用行为包括对源代码的使用均属于合理范畴,于法无据,应予纠正。该案中二审法院强调了软件作品的特殊性,既包括经源代码编译而来的可执行程序所包含的使用功能,也包括源代码所蕴含的技术成果。根据软件行业的交易习惯及相关法律规定,通常在软件委托开发合同未作明确约定的情况下,受托人负责开发符合委托人要求的软件,并向委托人提供可正常使用的可执行程序,委托人有权通过软件客户端正常使用软件作品的各项功能,受托人享有软件作品的著作权。委托人仅可基于把该软件用于实际的计算机应用环境或者改进其功能、性能的目的,而进行必要的修改,且限于在软件作品委托创作的原有目的范围内继续使用,但并不包括对受托人享有著作权的软件作品作为技术成果加以利用。源代码作为计算机软件作品的核心组成,若在软件委托开发合同中,在软件著作权归属于受托人的情形下,允许委托人未经受托人许可即可对程序源代码随意修改使用或作重新开发利用,会使受托人享有的软件著作权形同虚设,此类行为显然侵入了著作权人专属权利范围,侵害了著作权人的利益,具有可责性。如果受托人向委托人提供可执行程序的同时,提供完整的源代码,并许可委托人自行利用源代码进行后续的修改开发,这种合作模式包含权利的重大让渡,需要双方有明确的约定,不得通过默示许可予以承认。

结合上述司法实践,再来看本案判决,的确被告华盛设计院不仅单纯地使用建筑设计图,而且根据工程建设实际情况复制、修改施工设计图纸。但是建筑物从设计施工图纸到最终成型难免会有所调整,因此最终的建筑物所反映的施工图纸必然不会和原有图纸完全一致,这在建筑行业也是符合交易习惯的。如果原告一直履行该建筑的设计职责,并未中途解约的话,也可以得出其同样会以反映建筑实际的施工设计图纸提交审查。因此最高人民法院指出被告该行为应当视为委托人金田公司在约定建设项目特定目的范围内继续使用施工设计图纸的行为,不构成对华兴公司著作权的侵犯。这一判断是十分妥当的。如果被告超出根据建筑施工实际情况微调施工设计图纸的范围,而是利用原告的设计图纸,在此基础上对建筑物作出重大修改或将其重新开发利用的话,则应该认定超出了委托合同的目的而使用。

本案还涉及的另一个问题就是委托人尽管享有在委托创作目的范围内免费使用作品的权利,但应当尊重受托者的著作人格权。在"张义潜诉临潼县华清池管理处署名纠纷上诉案"(《最高人民法院公报》1989 年第 4 期(总第20 期))中指出:华清池管理处作为壁画使用单位,对该壁画在其议定范围内的正当使用权利,应受法律保护。但是,华清池管理处擅自将作者署名铲除是不妥的。当然该案还涉及另外一个问题,就是壁画有形载体的所有权人破坏作品有形载体的情况下,是否侵害了著作权人的保持作品完整性权,对此法院指出:华清池管理处、省艺研所和作者张义潜都有维护作品完整性的责任,为了共同维护壁画画面的整体艺术效果,张义潜承担修复费三百元,其余费用由华清池管理处负担。也就是认定了有形载体与无形载体的所有权人在维护作品完整性上都应该承担相应的责任。

在本案中就署名权问题,最高人民法院指出:华盛设计院接受金田公司委托为完成建设任务而在涉案施工设计图纸上以设计单位身份进行署名,不能当然认定属于表明作者身份的行为。华盛设计院不因前述署名行为而替代华兴公司成为涉案施工设计图纸作品的著作权人,亦不能在完成建设涉案工程特定目的范围之外使用前述施工设计图纸。也就是说,在施工设计图上没有署名原告,而是署名华盛设计院,最高人民法院认为这种署名不是署名权意义上的署名行为,而是表明对建筑施工设计承担责任的主体。当然,这一解释并不符合署名权的一般理解,应该看作由于施工验收环节需要保持施工设计单位与设计图纸的署名者的一致性,如果在施工设计图纸上署名著作权人的署名,会造成二者不一致的现象出现,进而导致此建筑工程长期不能验收、无法投入使用,造成社会资源的浪费,因此在一定程度上限制了著作权人署名权的行使。

参考文献

高通:《知识产权犯罪自诉制度研究——基于相关数据的实证分析》,《知识产权》2017 年第 6 期。

崔国斌:《著作权法:原理与案例》,北京大学出版社 2014 年版。

田村善之:《著作权法概说》,有斐阁 2001 年第 2 版。

剽窃性质的复制是否构成侵犯著作权罪：

王某某侵犯著作权刑事案

│基本案情│

王某某于 1997 年 8 月间为玉林市东亚实用技术研究院和玉林市中联科技开发公司的办班需要，先后剽窃、抄袭了卢某某于 1996 年 4 月在江苏省无锡市编著近 20 万字的《生料酿酒工艺及其操作方法》一书中第二章第三节"生料酿酒在市场竞争中的优势"和卢某某 1996 年 1 月 5 日发表在《华夏酒报》的论文《生料酿酒的特点及其工艺操作》。抄袭后王某某以"生料酿酒在市场竞争中的优势"为前言，以《生料酿酒的特点及其工艺操作》为主要内容编著了农村发家致富教材之——《生料酿酒技术》一书，并印刷 500 本。之后王某某在《华夏酒报》《广西科技报》《广西日报》等报刊上刊登招揽学员广告，注明转让资料费每份 240 元，将教材作为"转让生料酿酒技术"资料的一部分转让给学员。案发后，王某某将其尚未转让给学员的教材《生料酿酒技术》472 本缴获归档。自诉人兼附带民事诉讼原告人卢某某控诉，王某某未经著作权人许可擅自剽窃、抄袭他人的作品非法获利 100 多万元的行为已触犯《刑法》第 217 条规定，构成侵犯著作权罪。同时自诉人兼附带民事诉讼原告人还请求法院依照《民法通则》和《著作权法》的有关规定判令王某某赔偿其经济损失 21 万元，没收非法所得并处罚金，立即停止侵害，并在报上公开向其赔礼道歉。

辩护人辩称：对教材中的前言部分 1000 多字虽是自卢某某编著的近 20 万字的《生料酿酒工艺及其操作方法》一书中抄袭而来，但情节显著轻微，王某某的行为不构成犯罪；卢某某称王某某抄袭其论文无事实依据。

▶ 法律问题

本案涉及的是对于剽窃、抄袭性质的作品使用行为是否构成《刑法》第217条中"复制发行"的判断问题。一审与二审法院间对于该行为的性质产生了截然相反的认定。在广西壮族自治区玉林市玉州区人民法院（1998）玉区法刑自初字第1号刑事判决书中认定：王某某没有经过著作权人的许可，私自剽窃、抄袭他人的文字作品，编著成教材为之谋取私利，属侵犯著作权的违法行为，但其不是侵犯著作权中的复制、发行未经著作权人许可的文字作品的犯罪行为，故卢某某控诉王某某犯侵犯著作权罪的罪名不成立。在广西壮族自治区玉林市中级人民法院（1999）玉中刑终字第26号刑事裁定书中，以被告人违法所得数额未达到法定数额标准为由，维持了被告人不构成侵犯著作权罪的结论，但是却指出王某某剽窃、抄袭的行为属复制、发行的理由成立。

"抄袭"与"剽窃"都曾作为一种明文列举的侵害著作权类型存在于我国的著作权法中。在1990年的《著作权法》第46条中对于剽窃、抄袭他人作品的，应当根据情况，承担停止侵害、消除影响、公开赔礼道歉、赔偿损失等民事责任，并可以由著作权行政管理部门给予没收非法所得、罚款等行政处罚。在2001年修改著作权法时由于"抄袭"与"剽窃"语义重复，所以将"抄袭"删除，仅保留了"剽窃"，并在现行著作权法中将其列为应当承担停止侵害、消除影响、赔礼道歉、赔偿损失等民事责任的类别。

有观点认为著作权法上的"剽窃"包含很强的道德评价，且容易导致量化的判断标准，这都不利于著作权侵权判断的科学化，因此应该在著作权法中删除这一概念。并非原封不动或者基本原封不动地将他人作品窃为己有，特别是在新的作品中除去原有剽窃的部分还增加了新的创造性表达的行为，在著作权法上是否评价为复制行为，抑或是演绎行为，是破解本案一、二审不同判断的一个重要方面，更为重要的是即使在著作权法上对此种行为均认定为侵权行为，并不存在任何争议，但是有无必要将所谓的高级抄袭纳入《刑法》第217条"复制"的范围，则仍有讨论的余地。因此以下将从著作权法上的"剽窃"与复制、演绎的关系出发，探讨其在民事侵权判断中的意义；并以此为基础论证《刑法》第 217 条中的"复制"概念的应有之义。

专家评析

一、著作权法上的"剽窃"

对于我国著作权法中的"抄袭、剽窃"概念,只在国家版权局版权管理司的答复中给予了一个不具有拘束力的解答。《国家版权局版权管理司关于如何认定抄袭行为给××市版权局的答复》(权司〔1999〕第 6 号)指出:著作权法所称抄袭、剽窃,是同一概念,指将他人作品或者作品的片段窃为己有。从抄袭的形式看,有原封不动或者基本原封不动地复制他人作品的行为,也有经改头换面后将他人受著作权保护的独创成分窃为己有的行为,前者在著作权执法领域被称为低级抄袭,后者被称为高级抄袭。低级抄袭的认定比较容易。高级抄袭需经过认真辨别,甚至需经过专家鉴定后方能认定。在著作权执法方面常遇到的高级抄袭有:改变作品的类型将他人创作的作品当作自己独立创作的作品,例如将小说改成电影;不改变作品的类型,但是利用作品中受著作权保护的成分并改变作品的具体表现形式,将他人创作的作品当作自己独立创作的作品,例如利用他人创作的电视剧本原创的情节、内容,经过改头换面后当作自己独立创作的电视剧本。

众所周知,著作权侵权的构成要件包括:接触+实质相似+法定利用行为。任何侵犯著作权的行为必然都实质呈现了作品的创造性表达,但并不是所有实质呈现了作品创造性表达的行为都构成著作权侵权行为。著作权侵权构成存在一种特殊构造,即著作权法并不是对作品的一切利用行为赋予排他权,而仅仅针对某些法定的利用行为设置了"专属领地",只有未经许可实施这些法定利用行为,并在缺乏法律上免责事由的情况下,才构成著作权侵权。从著作权法的宗旨来看,建立一种与作品的使用价值相对应的对价回流机制应该是最为恰当的,也就是利用者每享受一次作品中的创作性表达,就实现了人类在科学、艺术、文化等领域的愉悦,因此就应该征收一次对价。但现实中对利用行为的每次计价无异于大海捞针,即使勉强作出了按次计价的制度,也会因无力执行而使该等制度无异于具文。针对最终利用者实施的每次利用监控也干预了其私人世界,侵犯了必须划定的私人自由空间。因此著作权法从建立之初就只是针对作品使用行为的一小部分设置排他权。而从实质相似角度看,不管是侵犯了哪种法定排他权,实施了哪种法定利用行为,都必然地"复制"了作品的创作性表达,只是具体的实施行为导致的法定利用行为的归类不同。

正因为如此,有学者指出我国著作权法中的"复制"概念包含了两种意义上的复制:一种复制(reproduction),是指制作作品的复制件的行为;另一种复制(copying),是指两个作品之间存在抄袭或实质相似。前者是侵犯复制权意义上的"复制",而后者是侵犯所有类别法定排他权意义上的"复制"。从这个角度来看,我国著作权法上的"剽窃"应该是指后者,也就是对于他人创造性表达窃为己有的实质相似意义上的"复制",而不是作为法定利用行为一种的"复制行为"意义上的复制。

在法定利用行为意义上的复制是指:以印刷、复印、拓印、录音、录像、翻录、翻拍等方式将作品制作一份或者多份;复制行为所得的复制件一般基本呈现原件所能呈现的内容。其中有判决指出:未经许可,将原作品由一种表现形式改变成另一种表现形式,系对原著作权人作品改编权的侵害。著作权法意义上的复制行为是指与原作品有关、不增加再创作内容的再现作品内容的行为("烟台办公自动化网络工程公司与唐懋宽著作权侵权纠纷上诉案",山东省高级人民法院(2002)鲁民三终字第9号民事判决书;"幻光案",江苏省常州市钟楼区人民法院(2014)钟知民初字第10号民事判决书)。而学理上的演绎行为往往是指在保留原有作品创造性表达的情况下,在原作品基础上创作新作品。演绎行为主体有权控制演绎作品后续利用行为,一般包括我国著作权法上的摄制行为、改编行为、翻译行为、汇编行为等四种行为。其中包含了改变作品类别的演绎与并不改变作品类别的演绎,其共性在于都创作出了具有独创性的新的表达。

事实上,在民事侵权判断中完全区分复制行为与演绎行为几乎是很难完成的任务,而且这种区分在规范效果上也毫无意义。由于存在实质相似意义上的"复制",在不存在构成著作权限制与例外的情况下,不管是复制行为还是演绎行为都构成了著作权侵权。从这个角度看,在著作权法上将"剽窃"概念的外延等同于对作品创造性表达的"复制"在法律效果上是没有任何区别的。这也是在本案判决中尽管一、二审法院对于剽窃行为在刑事责任的认定上有不同的看法，但是在构成民事侵权方面没有任何的分歧。此外，在著作权法上对于"抄袭、剽窃"的理解本身就包含了否定构成《著作权法》第22条第1款第2项"适当引用"的可能性。而如果满足"适当引用"的构成要件的话，即使"复制"了他人作品的创造性表达也可能不构成侵权。

二、刑法上的"复制"概念

如上所述，在著作权侵权的判断上，只要是构成对于他人作品创造性表达的抄袭或剽窃的，不管构成复制行为还是演绎行为都将追究其民事责任。因此剽窃行为构成著作权侵权不存在任何争议。但是在刑事领域是否有必要将原作品由一种表现形式改变成另一种表现形式，或者在剽窃他人原作品的同时创作出新的表达的演绎行为纳入规制的范围，则需要审慎探讨。在解释论上则涉及《刑法》第217条中的"复制"到底是指基本呈现原件所能呈现内容的制作作品复制件意义上的复制，还是包含了一切导致两个作品之间存在抄袭或实质相似的复制或演绎行为。如果是前者的话，那么本案一审判旨的理解则是较为妥当的；如果是后者的话，那么本案二审判旨则应该被采纳。以下将从知识产权刑法保护法益、刑法规制与民事规制的比较等几个方面阐述笔者支持一审判旨，认为应该将在剽窃他人原作品的同时创作出新的表达的演绎行为排除出刑法规制的范畴。

从知识产权刑法的保护法益看，存在单一法益说与双重法益说。在以保护他人的著作权为基础的单一法益说下，刑法的保护法益就是为了便于保护他人著作权，而不是单纯保护国家的著作权管理制度。但是如果采取这一学说的话，凡是在著作权法中列明的侵权行为都应该纳入刑法规制的范畴，但是事实是尽管通过解释在不断扩充我国侵犯著作权罪的适用范围，但是仍然仅仅是将其中一部分侵权行为纳入了刑法规制的范畴，并且在主观要件与认罪数额标准上设置了门槛性的要件。这样来看，知识产权的刑法保护法益不仅仅是著作权人的民事权利，还包含了公益性质的目的，因此双重法益说更加具有说服力。而在双重法益说下，何种侵权行为应该纳入刑法规制的范围则取决于行使规制相比于民事规制的优势之上。

对于某一侵权行为,采取刑法规制与民事规制相比,其优势就在于可以具有实效性地予以执行。特别是在民事救济上对不存在实质上承受了不利益处分的侵权人来说,只有刑罚的适用才能真正对其起到有效的侵权抑制效果。此外,对于使得分散性存在的轻微损害易于产生集聚效果的主体,通过刑法的规制也可以起到效率性抑制侵权行为的效果。但是刑法规制产生实效性的前提条件在于侦查起诉机关、侵权人、一般公众等对于上述行为明确知晓其构成犯罪。如果侦查机关对于侵权与否尚不明确,或者判断的成本极高,一旦起诉后经法院审理有可能宣告无罪的话,将浪费大量的成本。即使最终得到有罪判决,如果并不能使得相关公众产生行使同样的行为也将会受到同样处罚的明确认知的话,也起不到刑法一般预防的效应。这也是对于专利权侵权行为并不设置刑法规制的主要原因。另一方面,刑法规制最大的弊端就在于可能会产生对于从事某种行为的寒蝉效应,可能会导致不明确自己行为是否一定侵权的主体放弃从事某种行动的自由。特别是某种行动的自由不仅关涉私益,更具有促进公益的外部性时,刑法的寒蝉效应的影响可能加倍放大。刑法规制同时也需要调动公共资源,由全民承担对于违法行为的惩治成本,从这个角度也需要更加审慎地设置刑法规制行为的范围。

回到本案所涉及的部分剽窃他人作品并创作新的作品的情况,由于体现他人作品创造性表达的判断体现于一切著作权侵权行为之中,如果刑法将这种意义上的“复制”纳入规制范围的话,等于将所有民事侵权行为都纳入了刑法规制的范畴,这不利于发挥刑罚的功能。另一方面,并非原封不动地“复制”他人作品,而是进行是否实质相似的判断本身就是著作权法上最为复杂的问题,需要专业性的判断,不可能为一般公众所预见与知晓。且著作权法上本来就为了鼓励公众进行创作活动以促进文化的发展,对于在进行新的创作活动时不得不利用他人作品的表现的情况下,在不必征得原作品著作权人的许可下,可以通过适当引用规定利用原作品的表现。所以需要明确该项规定的适用要件,使其既不过分影响著作权人的经济利益,又能在增强后续创作者预测可能性的前提下使其能够自由地借鉴他人作品的表现从而创作新的作品,以促进文化的发展。

考虑到这些因素,应该将《刑法》第217条中的"复制"限缩在基本呈现原件所能呈现内容的制作作品复制件意义上的复制的范围之内。本案中尽管被告人的行为不构成著作权法上的适当引用,构成了侵权,但是相比于20万字的图书,剽窃的部分仅占1000字,不属于基本原封不动抄袭的情况,在此基础上被告人还是创造出了大量新的表达。此种情况下通过民事救济足以实现抑制侵权现象的效果,而无须再通过刑法进行规制。

当然还有一种理解是,由于刑法的规制中有对于定罪标准的门槛标准,比如"违法所得""非法经营数额"等要素。如果以抄袭部分占整体的比例来确定"违法所得""非法经营数额"等要素的话,在抄袭的比例十分低的情况下,就有可能达不到刑法规制的门槛,使主体免于刑事责任的追及。在计算机软件作品的"违法所得""非法经营数额"计算问题上,在"厦门威尔富自动设备有限公司、李某某侵犯著作权案"(福建省厦门市海沧区人民法院(2007)海刑初字第49号刑事判决书)中涉及的就是侵权软件与非侵权硬件组成紧密结合的复合体,且该软件不是单独销售,如何计算其非法经营数额的问题。法院指出:侵权软件与非侵权硬件组成紧密结合的复合体,其侵权产品应认定为操控软件,而不是整个复合体,因该软件不是单独销售,则其没有实际销售价,其非法经营数额应以其市场中间价格进行计算。

也就是说,即使对于计算机软件这种在市场价值上主要用于功能性评价的商品,都很难确定在硬件结合销售时其在整体商品价格中的比率。而对于美术作品或文字作品这种很大程度上取决于主观价值评价的类别上,如何在整体价格中评价单独抄袭的一部分的价值,可能在当事人与相关公众的认识上将存在显著的区别,由此造成的不明确性会严重影响刑法的预防功能的实现。所以从这个角度也应该排除非完全呈现作品表达性质的部分抄袭的刑罚构成。此外,还需注意的是,在"违法所得""非法经营数额"等要素之外,未经著作权人许可,复制发行其文字作品、音乐、电影、电视、录像作品、计算机软件及其他作品,复制品数量合计五百张(份)以上的情况也作为独立的追诉标准,这样单纯地按照抄袭比例而出罪的思考方法就可能很难起到限制刑法适用的规范作用了。

综上所述,增加了再创作内容的高级剽窃行为侵犯了作者的改编行为,不属于侵犯著作权罪中的"复制"行为。本案一审判决认定被告人私自剽窃、抄袭他人的文字作品，编著成教材为之谋取私利，属侵犯著作权的违法行为，但其不是侵犯著作权中的复制、发行未经著作权人许可的文字作品的犯罪行为的判断更加符合《刑法》第217条"复制"概念的解释论，应该予以支持；同时二审法院在结论上并没有推翻原审无罪结论，因此二审法院认为本案"抄袭"也构成《刑罚》第217条"复制"的理由仅是作为附带理由存在，应限缩其对将来同类案件的拘束力。

参考文献

解亘：《驱逐搅乱著作权法的概念："剽窃"》，《华东政法大学学报》2012年第1期。

崔国斌：《著作权法：原理与案例》，北京大学出版社2014年版。

张伟君：《也谈复制与演绎》，http://blog.sina.cn/dpool/blog/s/blog_4da63f410102vc74.html？vt=4，2017年8月6日。

梁志文：《论演绎权的保护范围》，《中国法学》2015年第5期。

谢焱：《知识产权刑法法益分析》，《北方法学》2017年第4期。

出租盗版图书的刑事责任：

张某某侵犯著作权刑事案

| 基本案情 |

被告人张某某于 2009 年开始,在乐清市白石街道上陈村中雁西路 11 号"雅轩书室"出租盗版书籍牟利。2012 年 7 月 17 日 18 时许,被告人张某某在"雅轩书室"被公安民警抓获。公安民警在"雅轩书室"当场查获用于出租的盗版书籍 2052 册。经乐清市出版物鉴定小组鉴定,该查获的 2052 册图书均属非法出版物。另查明,被告人张某某在经营期间违法所得 600 元,且在诉讼期间退赃款 600 元。在浙江省乐清市人民法院(2013)温乐刑初字第 143 号刑事判决书中认定:被告人张某某以营利为目的,未经著作权人许可,复制发行其文字作品,情节严重,其行为已构成侵犯著作权罪。

▶ 法律问题

本案的事实关系并不复杂,但所涉及的法律问题却十分重要,即对图书的出租行为是否可以纳入刑法规制的范围。有观点认为:由于我国《著作权法》中的出租权仅及于电影作品和以类似摄制电影的方法创作的作品、计算机软件三类作品(《著作权法》第 10 条第 1 款第 7 项),并不包括文字作品(图书)。因此不论是对正版图书还是盗版图书,就其有偿性质的出租行为不受著作权人排他权的控制。但是依据《最高人民法院、最高人民检察院、公安部关于办理侵犯知识产权刑事案件适用法律若干问题的意见》(法发〔2011〕3 号)第 12 条的规定:《刑法》第 217 条规定的"发行"包括总发行、批发、零售、通过信息网络传播以及出租、展销等活动。因此将图书的出租行为纳入了刑法规制的范畴之内。在民事规范中公众得以自由活动的领域,缘何在刑事规范中却予以规制?是否能妥当地解答上述疑问涉及对《著作权法》中发行权与出租权的解释,构成了理解本案的枢要问题。

此外,对于《刑法》第217条中的"复制发行",在《最高人民法院、最高人民检察院关于办理侵犯知识产权刑事案件具体应用法律若干问题的解释(二)》(法释〔2007〕6号)第2条中,对《刑法》第217条侵犯著作权罪中的"复制发行",不限于既复制且发行,而是做了宽泛的解释,即包括复制、发行或者既复制又发行的行为。如果是单纯的发行行为也纳入规制范围的话,则未经著作权人许可,再次发行经著作权人许可发行的复制品的行为可能也将纳入刑法的规制范围,但在著作权法理论上,一般认为这种行为构成发行权用尽,而不承担侵权责任。因此如何理解《刑法》第217条中的"复制发行"也构成一个重要的法律问题。以下将从著作权法上的发行与出租和刑法上的"复制发行"两个方面对本案所涉及的法律问题进行评述。

专家评析

一、著作权法上的发行与出租

在我国1990年的《著作权法》中,著作财产权仅包括使用权与获得报酬权,其中"使用行为"中包含了"发行行为"(第10条)。对于发行行为,在1991年的《著作权法实施条例》(国家版权局令第1号)中,"发行"指为满足公众的合理需求,通过出售、出租等方式向公众提供一定数量的作品复制件。因此在当时的规范下,发行行为本身就包含了出租行为。而在2001年修改后的《著作权法》中则将出租行为从发行行为中分离出来,成为独立的著作权人所享有的法定排他权利。其中发行行为是指以出售或者赠与方式向公众提供作品的原件或者复制件,转移其有形载体的所有权的权利;而出租行为是指有偿许可他人临时使用电影作品和以类似摄制电影的方法创作的作品、计算机软件,转移其有形载体的占有的权利。

这一分离一方面是应对TRIPs协定在第11条中作为新排他权设置的出租权;但更重要的则是注意到了由于发行权一次用尽理论的影响,导致出租行为与发行行为间本质性的区别。

众所周知，在著作权人自身或许可他人制作并转让作品有形复制件后，该复制件之后的流通过程发行权均用尽，著作权人不得再主张排他权。之所以产生这种制度，就是因为著作权人在第一次使他人获取复制件过程中已经获得了收益，而这种收益得以确定的前提是著作权人估计今后同一部复制件在流转过程中对作品创造性表达的享受幅度也不会过多地超过平均次数与范围。于是在初次许可复制过程中可以对这一预期设置相应的对价，实现创作的激励。这也不会对于之后流通中第三人的交易安全产生危害。但是当有一种行为使得对于复制件在流通环节的利用超出了著作权人在第一次许可时所预计的前提时，那么著作权人可能就会选择提高第一次许可的对价，这将使得对作品利用频度较低的主体可能无力承受获得复制件的负担，进而无法享受作品创造性表达。因此立法才通过对高频度利用主体与行为，特别是超出了著作权人第一次许可时预计的频度的行为设置排他权。而出租行为就是这种行为的典型，出租店铺只需购买一次复制件，就可以利用这一份复制件反复商业性扩张享受作品创造性表达的受众范围，这与一份复制件流转到二手市场交易的情况相比，极大地超出了著作权人第一次许可时预计的频度。因此比较法上都将出租行为从发行行为中分离出来，针对某些作品类别广泛存在的出租商业模式，单独设置出租权，使其不受发行权一次用尽理论的限制。

但是出租行为从发行行为中分离后也没有改变的事实是：对未经著作权人许可的作品复制件发行/出租行为，则发行权在违法作品的流转过程中并不用尽。其理由就在于著作权人丧失了对第一次复制与流通环节的控制，无法获取可预期的对价。因此对于盗版作品来说，之后任何流通环节的向公众提供作品有形载体的利用行为都在著作权人的控制之下。

从上述理论出发，再来分析"《著作权法》并没有对图书规定出租权，因此单纯出租盗版图书是不可能侵犯出租权"的观点。造成这种观点的存在，就是源于2001年我国著作权法修改时将出租权从发行权中分离出来，导致了所谓的在著作权保护程度上"有退有进"的现象。即当发行行为包含出租行为时，由于发行权一次用尽理论的存在，对于经著作权人许可后复制并首次向公众提供的作品，第三人将其进行出租的行为并不侵害著作权。而将电影作品、类电作品和计算机软件单独规定出租权后，著作权人可以就这三类作品的出租行为行使排他权，因此这是在著作权保护力度上的"进"。但是对于盗版作品来说，发行权在何种情况下都不会用尽，向公众提供（不管是所有权性质还是占有性质）都构成对发行权的侵害。但是将出租权从发行权中分离出去以后，便会给人一种除了电影作品、类电作品和计算机软件这三类之外的作品出租行为都不受著作权控制的感觉。所以在这三类作品外的作品著作权保护力度反而"倒退"了。

但是这种解释论是不符合著作权法上设置发行权、出租权，并产生发行权一次用尽理论的宗旨的。对于我国现行著作权法中出租权与发行权关系的解释，一种妥当的解释论构成是：对于获得了经著作权人合法授权的作品复制件的，再次向公众提供有形载体所有权的行为，以及对于电影作品、类电作品和计算机软件这三类之外的作品进行出租行为都不再受著作权人控制；而对于电影作品、类电作品和计算机软件这三类作品进行出租行为需要就此出租行为再次取得著作权人的许可。对于所有作品类型来说，向公众提供未获得著作权人许可合法制作的复制件的行为，都构成对于发行权/出租权的侵害。

在这一法解释的指导下，本案被告人未经著作权人许可，以营利为目的向公众出租盗版图书的行为在著作权法上也将会被评价为著作权侵权。因而不会出现某一行为在著作权法上评价为不侵权，却受到刑法的规制的情况。尽管对在刑法上设置知识产权刑法保护法益问题存在争议，即单一客体说/双重客体说之争，但存在某一主体享有依法赋予的专有权利仍是基础性的法益。知识产权的刑法保护法益只可能从民法保护法益中抽取一部分通过刑法规制可以具有震慑侵权人、抑制侵权效果的行为予以规制，而不可能出现在民事上不存在实质法益侵害性，却在刑事上评价为犯罪的现象。从这个角度也反证了本案尽管是刑事领域对盗版图书出租行为的规制，也确认了在民事领域对于盗版图书的出租行为同样会评价为侵权的解释论。

二、刑法上的"复制发行"

现行《刑法》第217条中的"复制发行"来源于1994年的《全国人大常委会关于惩治侵犯著作权的犯罪的决定》（主席令第三十号），而《决定》中的

"复制发行"则来源于1990年颁布的《著作权法》第46条。由于"复制发行"之间没有标点符号,因此有观点认为应该将其解释为"既复制且发行",其理由在于《刑法》第218条规定了销售侵权复制品罪,且其定罪标准为"违法所得数额巨大",相比于第218条所规定的侵犯著作权罪的定罪标准"违法所得数额较大或者有其他严重情节的"来说,存在某一行为构成第217条的侵犯著作权罪,而不构成第218条的销售侵权复制品的情形。因此有必要对二者所适用的行为进行区分。如果将第217条中的"复制发行"解释为单纯的发行行为就可以满足的话,则第218条中提高定罪标准而出罪的意义就不复存在了。第217条采取了较低的入罪标准的意义就在于,相比于单纯的销售侵权复制品的行为,既从事了复制又进行发行的应该给予更为严厉的规制。

但是司法解释并没有沿着上述解释论发展,而是不断扩展了"复制发行"的范围,即在《最高人民法院关于审理非法出版物刑事案件具体应用法律若干问题的解释》(法释〔1998〕30号)第3条、《最高人民法院、最高人民检察院关于办理侵犯知识产权刑事案件具体应用法律若干问题的解释(二)》(法释〔2007〕6号)第2条中均指出:《刑法》第217条侵犯著作权罪中的"复制发行",包括复制、发行或者既复制又发行的行为。同时在《最高人民法院、最高人民检察院、公安部关于办理侵犯知识产权刑事案件适用法律若干问题的意见》(法发〔2011〕3号)第12条中对于"发行"包括总发行、批发、零售、通过信息网络传播以及出租、展销等活动。

有人认为,上述宽泛地解释"复制发行"引起了司法解释是否违反罪刑法定原则的质疑。同时复制与发行概念本身在《著作权法》中有明确的定义,两权项与其他法定设置的排他权存在显著的区别。这种区别则是支撑著作权法规范体系的基石,即著作权法并不是对作品的一切利用行为赋予排他权,而仅仅针对法定的某些利用行为设置了"专属领地",只有未经许可实施这些法定利用行为,并在缺乏法律上的免责事由的情况下,才构成对于著作权的侵权。如果不详细区分各个法定行为,而是囫囵吞枣地将其纳入不同类别的概念中去,则著作权法的规范体系将不复存在,这将导致第三人的行动丧失可预见性,而限缩其活动的自由。

对于上述观点,笔者在很大程度上持保留态度。对于司法解释逐渐扩充

"复制发行"概念范围的实践,在立法尚未修改《刑法》的前提下,对于有效地打击犯罪、实效性地抑制侵权起到了突出作用。在处理著作权法与刑法上同样出现的相同用词时,是否必须按照著作权法上的概念来解释刑法中的概念,笔者认为是不必要的,而应仅在刑法范围内独立地进行解释。但正如上节所述,上述解释不能在著作权法所设定的法定利用行为之外的行为上设定刑罚规定。也就是说,著作权法中本身就赋予了著作权人享有信息网络传播权,而当侵权人侵犯信息网络传播权的行为具有严重社会危害性,单纯的民事与行政规制不足以起到震慑作用的时候,通过刑法的解释活动将其纳入"发行"概念之内是十分妥当的。但是著作权法本身对于获得了著作权人许可的合法作品向公众提供有形载体的行为并未设置排他权,则刑法也不应该对这种不存在法益侵害性的行为进行规制。也就是说,尽管《刑法》第217条中单独的发行行为也可以构成侵犯著作权罪,但此处未经著作权人的许可从事的发行行为则不包括合法作品的发行行为,仅指对于盗版作品的发行行为。

另一方面则涉及处理《刑法》第217条与第218条之间的关系。司法解释中的复制和复制且发行两类行为适用第217条的规定不存在太大争议。争议的焦点就在于单独的发行行为如何适用规范。在对于"发行"的解释中,包括了总发行、批发、零售、通过信息网络传播以及出租、展销等活动。其中可以划分为作品通过信息网络传播和作品有形载体流通两类。对于前者将其纳入刑罚规制的范围基本不存在争议,争议的焦点主要就集中在作品有形载体流通中的相关行为出入罪与规范适用上。

从著作权法理论的角度看,对于违法复制品不适用发行权用尽的前提是第三人在交易时对于复制品是未经著作权人许可而制作的情形存在恶意,也就是不构成善意无过失的情形。第三人如果对于所交易的复制件是否为经著作权人许可制作的需要花费很高成本进行调查才可以得知,如果给予第三人此种义务的话,同样有损于作品的流通。因此尽管是发行权并不用尽的违法作品,交易方如果在交易时点是善意无过失的,对其之后的再次交易行为可以不受发行权的控制。但是对于未经著作权人许可制作的复制件,尽管在第三人交易的时点是善意无过失的,但是在再次流转的时点知晓了复制件为违法复制件的,仍旧受到发行权的控制。也就是对于侵权复制品的发行行为必须存在明知其发行的作品为侵权复制品的要件，否则在著作权法上是不能被评价为侵权行为的。在此基础上，如果回到刑法的规制不能超出民事规范所保护法益的范围之内的限定的话，《刑法》第218条中对于销售侵权复制品设置了明知的要件，在此种情况下在著作权法中同样构成侵权行为。而在《刑法》第218条的解释下，包括在发行范围之内的总发行、批发、零售、展销等广义的销售行为并没有要求对于侵权复制件的明知要件，如果将其纳入刑法规制的范畴则不符合法益侵害性的要求。因此一种体系性的解释是对于包括总发行、批发、零售、展销等广义的销售在内的转移作品有形载体复制件的所有权的行为，只有在既复制也销售的情况下才构成《刑法》第217条的侵犯复制权罪。如果仅存在单纯的销售行为，那仅在明知是侵权复制品的情况下才构成《刑法》第218条中的销售侵权复制品罪。而前者的认定标准低于后者，体现出对于前者的规制程度严于后者。对于第217条"发行"中所包含的转移作品有形载体占有的出租行为，由于不涉及和第218条的体系化解释，并不需要要求适用第217条必须为既复制且出租，因此单纯的出租侵权复制品的行为也可以依据第217条入罪。需要探讨的问题则在于是否要求出租人明知其出租的是侵权复制品才构成侵犯著作权罪。从单纯的销售侵权复制品和单纯的出租侵权复制品的危害性比较来看，假设销售10本侵权复制品，对于著作权人来说损失的就是这10本作品可以获得的对价，但是如果将这10本侵权复制品进行出租的话，可以反复多次使得作品所体现的创造性表达为他人所享受，因此对于著作权人来说其丧失的对价远远高于10本侵权复制品的对价。这样单纯的出租侵权复制品的危害性远高于单纯的销售侵权复制品，因此在犯罪构成上设定低于单纯销售侵权复制品的要件也是有一定合理性的。

通过以上解释论的构建，结合到本案来看，被告人出租盗版图书的行为构成《刑法》第217条中"复制发行"的认定是十分妥当的结论。另一方面，本案在认定被告人构成侵犯著作权罪的同时，也指出：被告人张某某已经着手实施犯罪，由于意志以外的原因而未得逞，系犯罪未遂。对于第217条既遂的认定除了违法所得的认定外，根据《最高人民法院、最高人民检察院关于办理侵犯知识产权刑事案件具体应用法律若干问题的解释（二）》（法释〔2007〕6号）第1条的规定：复制品数量合计在五百张（份）以上的，属于刑法第217条规定的

"有其他严重情节";复制品数量在二千五百张(份)以上的,属于刑法第217条规定的"有其他特别严重情节"。本案中查获的2052册图书均属非法出版物,已超过500份,尽管在非法所得方面没有达到法定的标准,也构成了侵犯著作权罪的既遂。

参考文献

王静:《侵犯著作权罪与销售侵权复制品罪的关系——以"复制发行"与"销售"的关系为中心》,《刑事法评论》2012年第2卷。

王迁:《论著作权法中"发行"行为的界定》,《华东政法大学学报》2006年第3期。

王迁:《知识产权法教程》,中国人民大学出版社2011年版。

崔国斌:《著作权法:原理与案例》,北京大学出版社2014年版。

谢焱:《知识产权刑法法益分析》,《北方法学》2017年第4期。

假冒他人署名的美术作品的刑事责任：

廖某某侵犯著作权刑事案

| 基本案情 |

2010年1月至12月期间,被告人廖某某为非法牟利,从他处购得假冒"齐白石""张大千"等人署名的字画作品一批,先后多次在本市白云区沙太路的"日顺酒店""恒进宾馆"等地将上述书画出售给被害人周某,先后收取总价人民币400余万元的售画款。经广东省文物鉴定站对查获的1107幅书画作品进行鉴定,其中1096幅为现代假冒的名家书画作品,没有收藏价值;10幅为现代印刷的名家书画,并经作旧处理,没有收藏价值;1幅为晚清时期一般的书画作品,估价800—1500元。广州市人民检察院以穗检公二诉(2012)308号起诉书指控被告人廖某某无视国家法律,以非法占有为目的,虚构事实、隐瞒真相,骗取他人财物,数额特别巨大,其行为触犯了《刑法》第266条,应当以诈骗罪追究其刑事责任。被告人廖某某无视国家法律,以营利为目的,出售假冒他人署名的美术作品,情节特别严重,其行为触犯了《刑法》第217条第4项,应当以侵犯著作权罪追究其刑事责任。

▶ 法律问题

本案的事实比较简单,但是所涉及的法律问题却十分重要。特别是对于《著作权法》和《刑法》中均出现的"假冒他人署名的美术作品"的理解,以刑法解释为例,对于"假冒他人署名的美术作品",一种是理解为"假冒""他人署名的美术作品";一种是理解为"假冒他人署名"的"美术作品"。按照前者理解的话,他人未署名的美术作品,或自己创作的并署他人名称的美术作品,都不属于"他人署名的美术作品",其中制作、销售他人未署名的美术作品的,可以构成《刑法》第 217 条第 1 项中的"复制发行"其他作品的行为;而销售自己创作的并署他人名称的美术作品在满足诈骗罪的构成要件时,可以构成诈骗罪。当然在这种理解下,制作、销售他人署名的美术作品本身也构成《刑法》第 217 条第 1 项中的"复制发行"其他作品的行为。如果按照后者理解的话,则在一定程度上保持了与《著作权法》通说的理解相一致,特别是在著作权法上设置本规定的目的就在于规制假冒名作家之名发表作品,博取经济利益的同时,也给名作家的声誉带来恶劣影响的行为。

在有关刑法该规定的司法实践中,有案例并未重点考察假冒他人署名与否的事实,而是针对制作、销售假冒的美术作品行为予以适用(仿冒他人玩具作品的案例:广东省汕头市澄海区人民法院(2015)汕澄法刑二初字第 198 号刑事判决书;广东省汕头市澄海区人民法院(2014)汕澄法刑二初字第 193 号刑事判决书)。

而本案则是关于假冒他人署名的案例,但是其特殊之处是由于购买人属于知假买假的情况,在广东省广州市中级人民法院(2013)穗中法刑二初字第 67 号刑事判决书中指出:公诉机关据以指控被告人虚构事实、欺骗被害人的证据有被害人的陈述、证人证言以及被告人的供述,经庭审质证被害人的陈述前后不一致,且从交易的时间、数量、规格、价格等因素判断,认定被告人虚构事实、隐瞒真相,骗取被害人财物的证据不足,不能认定被告人犯诈骗罪;证人何某某的证言及开具给被告人的销货清单均证实销售的美术作品为仿品,被告人的供述亦证实明知是假冒他人签名的美术作品,并加价卖给被害人,被害人的陈述及提供的汇款回单证实支付了被告人 400 余万元,鉴定书证实 1096 幅为现代假冒的名家书画作品。被告人不构成诈骗罪的意见成立,本院予以采纳。

而在否定构成诈骗罪的同时,判决指出:被告人廖某某以营利为目的,出售假冒他人署名的美术作品,情节特别严重,其行为已经构成侵犯著作权罪,依法应予以惩处。

《刑法》第 217 条中的"制作、销售假冒他人署名的美术作品"的判断一方面需要关照《著作权法》上相同规定的适用,同时需要在刑法层面对其进行准确适用,以期在出罪入罪这种关切公民行动自由的问题上给予妥当的判断。

以下将从"著作权法上的假冒他人署名的作品"与"刑法上的假冒他人署名的美术作品"两个方面进行评析。

专家评析

一、著作权法上的假冒他人署名的作品

在1990年的《著作权法》中就规定了"制作、出售假冒他人署名的美术作品的"，应当根据情况，承担停止侵害、消除影响、公开赔礼道歉、赔偿损失等民事责任，并可以由著作权行政管理部门给予没收非法所得、罚款等行政处罚（第46条第7项）。而在现行著作权法中不再将其限定于"美术作品"而是涵盖了所有作品类别（2010年《著作权法》第48条第8项）。

对于该规定的适用，在"吴某某诉上海朵云轩与香港永成古玩拍卖有限公司案"（上海市高级人民法院（1995）沪高民终（知）字第48号民事判决书）中，被告拍卖了署名"吴某某"并载有"炮打司令部"字样的毛泽东肖像画一幅，吴某某认为此画系伪作，起诉被告侵犯其署名权。法院认为：公民的署名权受到法律保护，同时，法律禁止制作、出售假冒他人署名的美术作品。根据现有证据证明，本案系争的毛泽东肖像画，落款非吴某某署名，是一幅假冒吴某某署名的美术作品。朵云轩与香港永成古玩拍卖有限公司在依协议联合主办的拍卖活动中公开拍卖了假冒吴某某亲笔署名的美术作品，共同构成了对吴某某著作权的侵害。该案判决中认定了"制作、出售假冒他人署名的美术作品的"属于侵犯署名权。

对于文字作品，在"黄某某诉中国纺织出版社和世纪慧泉文化公司案"（北京市第二中级人民法院（2010）二中民终字第05274号民事判决书）中，二审法院明确认定：中国纺织出版社和世纪慧泉文化公司确系未经黄某某许可，在其出版的非黄某某创作的涉案图书上署名黄某某为作者，已构成对黄某某署名权的侵犯。

对于司法实践中从"署名权"的角度理解"假冒他人署名的作品"的规定，学界指出了其违反逻辑之处。作为作者所享有的精神权利一种的"署名权"，

必然存在于作品之上。而作品必须于作者建立因创作行为而产生实际联系的关系之中。如果作者没有实际创作作品，那么作者因作品而产生的精神上与经济上的联系则无异于空中楼阁，也将不复存在。在"吴某某诉上海朵云轩案"中，《炮打司令部》并非吴某某所创作，因此吴某某本就不享有在该画作上署名，或阻止他人在该画作上署他人名的权利。因此该案显然侵犯的并不是"署名权"，而是阻止他人利用吴某某的姓名、声誉而谋取不正当利益的行为。对于非本人创作却署本人姓名的行为，事实上与著作权并无多少关系。从我国《著作权法》的立法意图来看，是以特别法的形式，加大了对美术作品的市场管理和对画家姓名权的保护，加大了对制作、销售假冒他人署名的美术作品行为的打击力度。如果从姓名权的角度看，我国《民法通则》第 99 条规定："公民享有姓名权，有权决定、使用和依照规定改变自己的姓名，禁止他人干涉、盗用、假冒。"但是从姓名权的角度理解"假冒他人署名的作品"的规范，依据司法实践则不能解决假冒者将自己的姓名改成与知名作家相同的姓名，然后在自己创作的作品上署上该姓名，从而引起混淆的问题。

在"王某某诉叶某某等案"（湖南省长沙市中级人民法院（2004）长中民三初字第 221 号）中，法院认定被告的行为违反反不正当竞争法，但是并不构成"假冒他人署名的作品"。因为在作品上署的是作者的"合法姓名"，而没有冒用他人的姓名。但是从反不正当竞争的角度看，法院指出：作为文化市场的经营者，作者往往通过在作品上署名，来传扬自己和自己的写作方式。消费者选购图书时，作品题材和作者是其考虑的主要因素。知名作家在作品上的署名，已经成为图书的一种商品标识，发挥着指引消费者作出消费决定的重要作用。知名作家的署名一旦被借鉴、仿冒、攀附或淡化，就可能引导消费者作出错误的消费决定，从而影响到署名人的正当权益，因此这些行为属于不正当竞争。

正是从这个角度，有学者指出，"制作销售他人署名的作品"的立法宗旨并不仅在于一般性地防止冒用他人的姓名，更是禁止通过冒用他人姓名来达到混淆原作的目的。这种行为在构成一般侵犯姓名权的基础上，还在一定程度上破坏了作者与其因创作特定作品而产生的声誉间的一一对应关系。他人对于作者姓名的使用使相关公众对于作品的来源产生了混淆，这一混淆直接导致了作者在精神和经济利益上的损失。特别是他人提供的商品在质量低劣的情况下，还会伤害作者积蓄的具体信用。从这个角度理解"假冒他人署名的作品"的话，则可以类比于法律对于商业标识的保护，某一商品或服务提供者通过对商品质量的改善，在相关公众间实现了对商品质量的恒常性期待，而这一凝结为"信用"的期待对经营者来说意味着可以在市场竞争中占有一席之地。因此为了维持及扩大"信用"范围，附加区分商品来源识别标记，成为经营者提高商品质量的激励。但是如果允许他人未经许可使用该商业标识的话，相关公众可能在混淆商品来源的情况下购买他人商品，这直接导致了原经营者的损失。特别是他人提供的商品质量低劣时，还会伤害原经营者积蓄的具体信用。因此如果不对这种行为予以规制的话，将使得标识区别商品来源的功能无法发挥，进而损害通过标识凝结信用的激励机制。

作为侵犯该规定的要件，只有被假冒的姓名在某一作品形成的市场竞争中有一定的知名度，并且导致公众混淆可能性的情况下，才构成侵权。此时姓名作为人格标志，并不是在民法表达的人格权角度使用的，而是体现了人格利益的商业化利用而出现的权利或利益，这种权利或权益凝结成了作者在作品上的商业声誉，假冒他人署名的行为既损害了作者的声誉，也危及了作品的市场价值。这同样可以类比于《商标法》上对于注册商标侵权构成上的规定，在相同商品和相同商标的情况下，虽然不要求混淆可能性的要件，但是是否是推定混淆，还是不要求这一要件，在学术上还存在争议。特别是对于知假买假的行为，如果是推定混淆的话，当被告可以证明消费者在购买"双同一下"相同商品类别与相同标志的商品时是明知该商品的来源与标识没有任何联系时，就可以免于侵权责任。但是另一方面，如果采取售后混淆的学说，尽管交易相对方在购买时并不产生混淆，但是第三人如果看到交易相对方使用的商品以为是正品而产生混淆的话，也构成混淆可能性的话，则仍旧构成侵权。如果从注册商标人的角度来看，通过不断地投资与提高产品质量，创造出其商品作为"奢侈品"的地位，即使交易者不构成混淆，当市场中广泛流通附着了相同标识的商品时，商标权人所维护的稀缺状态也被损害，实际上这种损害远远高于侵权产品实际销售带来的损害，是商业模式与宣传广告投入的巨大损失。在这个角度看，赋予商标权人在双同一下不需要实际混淆的排他权也是有道理的。

如果回到"假冒他人署名的作品"上来看,由于不具有因注册产生的公示效力,为了防止第三人在因不知作者姓名与作品在商誉上的一一对应关系的情况下而使用姓名,因此应该将在某一作品领域具有驰名程度作为重要的要件。而对于混淆可能性要件是否也应该向注册商标双同一情况下予以处理,则存在不少疑问。

从结论上看,笔者主张在作者的知名度达到某一领域驰名程度下,不应该要求实际交易相对方的混淆要件,其理由就在于美术作品和一般交易中的商品相比存在显著的区别。文化产品及由其组成的文化产品市场一般分为以下三类:现场表演性质文化产品、特有的不可复制的视觉性质文化产品以及可复制的文化产品。其中现场表演性质文化产品包括音乐会、戏剧、歌剧等;特有的不可复制的视觉性质文化产品包括绘画、雕刻等;可复制的文化产品包括文学作品、录音作品、电影等。在特有的不可复制的视觉性质文化产品上,原件和复制品在价值上存在极其显著的区别,名家真品可能价值连城,但冒名仿品可能一文不值。而一般可复制的文化产品在几乎不存在所谓原件和复制件的区别,一体作为市场流通中的一般商品看待。这在著作权法上的权项设置上也能有所体现,依据《著作权法》第18条的规定,美术等作品原件所有权的转移,不视为作品著作权的转移,但美术作品原件的展览权由原件所有人享有。之所以制定这条规定,就是为了调整著作权人及美术作品原作所有权人的利益关系。国内有学者认为这种利益关系的调整是出于以下理由,即美术作品的原件与复制件在价值上相去甚远,他人购买美术作品原件的目的,更多的是希望能够向世人展示自己的艺术收藏,或者在适当的时机出售。如果美术作品的原件的展览权仍由著作权人控制的话,势必严重影响原件所有权人的利益。因此作者在某一艺术领域所维护的原件的稀缺性,远远高于奢侈品的程度,即使交易相对方明知是仿品仍旧购买,市场上遍布仿品的状态也会损害作者所苦心营造的其作品独一无二的稀缺性。另一方面,市场上仿作横行,也会使交易相对方不敢轻易投资,或许要花费极高的鉴定成本,阻碍作品的市场流通,进而影响作者通过市场回流收益的途径。因此在本案中,齐白石、张大千在美术领域具有驰名的程度,尽管交易相对方并没有误认作品为真品,而是明知作品为仿品而交易的，也应该认定在著作权法上构成了制售假冒他人署名的作品。

二、刑法上的假冒他人署名的美术作品

在著作权法上探讨了假冒他人署名的作品的宗旨与构成要件之后，回到刑法上的假冒他人署名的美术作品。"制作、出售假冒他人署名的美术作品"可能存在三种情况：第一是以临摹、誉印等方法，复制他人的作品，然后署上原作者的姓名用于销售的行为；第二是将第三人的作品取来署上某知名作者的姓名，假冒知名作者的作品出售的行为；第三是在自己创作的作品上署某知名作者的姓名进行出售的行为。

首先单纯的假冒美术作品的行为不是本项规定规制的主旨所在。制作、销售他人署名或未署名的美术作品的复制件的，应该依据《刑法》第 217 条第 1 项的规定予以处罚。在这些假冒他人署名的美术作品的复制件中，可能存在假冒的是知名作者的署名的，这同时也是属于《刑法》第 217 条第 4 项所规制的范畴。也就是说第 217 条第 1、4 项并非泾渭分明，相反在上述情况下完全可能出现重合。这种情况下如果交易相对方误认为复制件为原作的话，也可能同时构成诈骗罪。由于诈骗罪的入罪程度相比于侵犯著作权罪的定罪标准较低，为诈骗公私财物价值三千元至一万元以上，因此可能出现在交易方误认的情况下构成诈骗罪而不构成侵犯著作权罪的情况。另一方面，当交易相对方不构成误认，而是知假买假的情况下，仅可能以侵犯著作权罪定罪。

当然，在不属于假冒了他人署名美术作品的情况下，如将第三人的作品取来署上某知名作者的姓名，假冒知名作者的作品出售的行为；在自己创作的作品上署某知名作者的姓名进行出售的行为，则属于《刑法》第 217 条第 4 项主要规制的情形。在非抄袭和剽窃原美术作品的情况下创作的作品却署名家姓名的情况下，是否要求交易相对方知道作品是仿品而不是真品，则需要结合著作权法以及刑法中其他罪名规定予以体系化解释。首先如上所述，著作权法在假冒知名作者署名的情况下并不需要证明消费者并非知假买假。从严厉打击制售假冒美术作品的角度来看，在刑法上也采取严格的解释，并不要求实际交易相对方存在混淆状态也是具有实效性的方案。这样从实际交易方是否混

淆的角度看,如果是知假买假的情况,则不可能构成诈骗罪和侵犯著作权罪的想象竞合,仅构成侵犯著作权罪。而在实际交易方对于作品是否为真品产生混淆时,则同时构成侵犯著作权罪与诈骗罪的竞合。

当然也存在另一种解释方法,就是对于《刑法》第 217 条中的"假冒他人署名的美术作品"要求实际交易相对方必须存在对于作品是否为真伪的混淆。在这种情况下,本罪与诈骗罪就构成了特殊罪名与一般罪名的关系。诈骗罪是用虚构事实或者隐瞒真相的方法,骗取数额较大的公私财物的一般性罪名,而其中假冒他人署名,冒充原作真迹的行为构成特殊性质的诈骗罪。为了加大对艺术品领域的市场整顿力度,因此特别设置假冒他人署名的美术作品的罪名。但是这种一般罪名和特别罪名要求在定罪与量刑标准上体现出差异性。而在考察诈骗罪与侵犯著作权罪的定罪与量刑标准上可以看出,不可能存在不构成诈骗的情况下,仅构成侵犯著作权罪;或在同时构成诈骗罪和侵犯著作权罪的情况下侵犯著作权罪的量刑幅度更高。也就是在两者间的定罪与量刑标准上不存在一般罪名与特别罪名的关系。这在另一个层面说明了《刑法》第 217 条中的"假冒他人署名的美术作品"并不要求实际交易相对方必须存在对于作品是否为真伪的混淆。也就是交易相对方即使明知是仿品而购买的,即使不构成诈骗罪,也不影响该行为构成侵犯著作权罪。

从著作权法上的分析可以看出,"假冒他人署名的美术作品"的保护法益既不是作为作者精神权利之一的署名权,也不单纯是冒用他人的姓名,而是对于知名作者声誉仿冒与攀附。因此在该罪的构成上也应该强调作者在某一作品领域上的知名程度,只有这一知名程度达到众所周知时,才可以选择该罪名的适用,而不是广泛地认定冒用任何主体的姓名都构成该罪。当然,在实践中只有冒用知名作者的姓名才可能获得暴利,在艺术市场中普遍存在的也是这种情况。本案中被告销售的是仿冒现当代著名画家的画作,因此尽管没有构成诈骗罪,也应适用侵犯著作权罪予以处罚,本案的处理是妥当的。

此外,还有一个附带性的问题是假冒他人的署名中的署名是否包括企业名称、法人的商号。由于在我国著作权法上承认法人可以视为作者,在著作权法意义上实际创作作品的自然人和视为作者的法人在著作权上并没有显著区别,因此是否可以得出本项规定的他人署名包含法人的名称呢? 笔者认为在并不是该法人制售的美术作品,他人署名该法人的名称进行销售的,并不应该扩大解释他人的署名概念。如果这样扩大解释的话,相当于对企业名称、商号、字号等表征法人名称的称呼给予了刑法意义上的保护。刑法在设置有关商业标识保护的罪名时,仅将注册商标纳入其中,而排除了其他反不正当行为纳入刑法规制的可能性。在刑法下规制假冒他人署名的美术作品也是为了解决现实中艺术品市场伪作盛行的现象,因此不应该认为此处的他人署名可以扩展到知名自然人作者范围之外。

而上述这个问题又和美术作品是否包括批量生产的实用美术作品相关联。如上所述,之所以强调美术作品的意义,就在于特有的不可复制的视觉性质文化产品,相比于可复制的文化产品来说,原件和复制件在价值上可谓存在天壤之别。之所以省略混淆可能性的要件,也是要维护原件与原作者在商誉上的一一对应关系,并维持这种人为造成的稀缺状态。这样来说,对于具有批量生产性质的实用美术作品,即使在审美程度上满足了美术作品在独创性上的要求,由于其不可能突出具体作者和作品之间在原件与复制件、真品与复制品上的区别,所以不应将其纳入刑法规制的范畴。

参考文献

王迁:《"署名"三辨——兼评"安顺地戏案"等近期案例》,《法学家》2012 年第 1 期。

崔国斌:《著作权法:原理与案例》,北京大学出版社 2014 年版。

王静:《侵犯著作权罪与销售侵权复制品罪的关系——以"复制发行"与"销售"的关系为中心》,《刑事法评论》2012 年第 2 期。

韦之:《著作权法原理》,北京大学出版社 1998 年版。

沈杨:《"假冒他人署名"究竟作何理解》,《知识产权》2002 年第 2 期。

修改计算机程序的刑事责任：

王某某等职务侵占案

| 基本案情 |

被告人王某某原系上海盛大网络发展有限公司游戏项目管理中心运维部副经理，主要负责对服务器、游戏软件进行维护、游戏环境内容的更新等。2004 年 8 月底，被告人王某某与被告人金某预谋利用王某某的工作便利，复制游戏武器装备予以销售。2004 年 9 月起，被告人王某某、金某开始实施该预谋，由被告人金某首先在"热血传奇"游戏中建立人物角色，然后将游戏角色的相关信息通过聊天记录发送给被告人王某某，被告人王某某在盛大公司内利用公司的电脑进入游戏系统，同时打开"热血传奇"服务器 6000 端口，通过增加、修改数据库 Mir.DB 文件中的数据，在被告人金某创建的游戏人物身上增加或修改游戏武器及装备，然后由被告人金某将游戏人物身上的武器及装备通过 www.5173.com 网站或私下交易出售给游戏玩家。2005 年 2 月，被告人王某某又将此事告诉被告人汤某，被告人汤某表示愿意一起加入，并采用同样的方法与被告人王某某共同复制并销售游戏武器及装备。一段时间后，由于被告人王某某认为上述操作方法比较麻烦，就让被告人金某、汤某从网上下载了"热血传奇"私服游戏服务器端，并生成一个伪造的数据包，将每次修改后的数据包发送到服务器，被告人王某某在收到数据包后，提取数据信息再传送到数据库中，在游戏人物的身上增加或修改游戏武器及装备。三被告人约定被告人金某、汤某在出售游戏武器及装备得款后，分给被告人王某某60% 的获利。至 2005 年 7 月，三被告人非法获利共计人民币 202 万余元，其中被告人王某某获利 122 万余元，被告人金某获利 42 万余元，被告人汤某获利 38 万余元。

上海公信扬知识产权司法鉴定所对被告人发送的软件数据包进行了鉴

定,鉴定结论表明:通过手动修改数据库文件和软件修改数据库文件这两种方式都可导致玩家在游戏中的级别、武器、装备等属性值完全发生变化。但这种变化不会引起该游戏软件中的其他部分的改变,只导致玩家运行该游戏软件的结果发生重大变化,即改变或增加玩家的武器、装备级别。

公诉机关认为,被告人王某某分别伙同被告人金某、汤某以营利为目的,未经著作权人许可,复制发行其计算机软件,违法所得数额巨大,其行为均已触犯《刑法》第217条第1项,应当以侵犯著作权罪追究其刑事责任。

辩护人认为被告人的行为不构成犯罪:王某某等人实施的是修改数据的行为,而不是复制计算机软件的行为,且游戏中的虚拟"武器"及"装备"不能认定为软件,因此被告人王某某的行为不能认定是对软件的复制;其次,被告人的行为不属于发行计算机软件,被告人并未实施销售"热血传奇"游戏软件的行为,其销售的是从属于"热血传奇"游戏软件的"武器"及"装备";最后,数据并不是我国著作权法保护的范围,"热血传奇"游戏数据库中的数据并不具有独创性,因此被告人对不具有知识产权利益的数据库文件中的数据进行修改,不构成侵犯著作权罪。

▶ 法律问题

针对被告人犯侵犯著作权罪罪名是否成立问题,上海市浦东区人民法院(2006)浦刑初字第929号刑事判决书(上海市第一人民法院刑事判决书(2007)沪一中刑终字第285号维持原判)指出:本案中三被告人实施的行为是修改游戏软件数据库中的数据的行为,而修改数据后产生的"武器"及"装备"是软件运行后产生的结果,并不是软件本身。根据《计算机软件保护条例》第6条的规定,对软件著作权的保护不延及开发软件所用的处理过程、操作方法等,故本案涉及的游戏中的"武器"及"装备"不属于计算机软件著作权的保护范围。三被告人通过修改数据而复制武器及装备不构成复制计算机软件,因此对三被告人的行为不应以侵犯计算机软件著作权罪论处。

在计算机程序代码的修改问题上,大量案例集中于架设私服(如"燕某某非法架设、运营网络游戏侵犯著作权罪案",广东省深圳市中级人民法院

（2012）深中法知刑终字第 35 号刑事裁定书）与提供外挂（如"张某等侵犯著作权、销售侵权复制品罪案"，上海市第一中级人民法院（2011）沪一中刑终字第 411 号刑事裁定书）的刑事责任之上。而本案所涉及的并不是对于计算机程序代码的修改，是对于游戏数据库中数据的修改。因此区分在著作权法上计算机程序所保护的对象尤为重要。另一个法律问题则涉及修改权，《著作权法》和《计算机软件保护条例》中均规定了修改权，但显然二者具有不同的含义。而修改权往往也成为学术研究与司法实践的争议焦点。因此以下笔者也将对修改权进行讨论。最后一个问题是未经著作权人许可修改计算机程序所应承担的刑事责任问题。

专家评析

一、计算机软件在著作权法上的保护客体

在《计算机软件保护条例》中规定计算机软件是指计算机程序及其有关文档（第 2 条）。而计算机程序是指：为了得到某种结果而可以由计算机等具有信息处理能力的装置执行的代码化指令序列，或者可以被自动转换成代码化指令序列的符号化指令序列或者符号化语句序列（第 3 条）。其中既包含了源程序，也包括目标程序。目标程序是以二进制下 0、1 形式呈现的表达电流通过时元器件开或关的代码。而源程序则是通过计算机语言编写的程序。对于同一计算机程序的源程序和目标程序由于具有一一对应的关系，因此为同一作品。由于代表计算机程序的源代码和目标代码均具有一定的功能性指向，因此采取著作权模式保护计算机程序从其创立伊始就有不同声音。特别是技术的世界不同于文化的世界，并不以追求表达的多样性为圭臬，而是以效率性为标准，为实现某种目标在可供选择的手段中采取最为具有实效性的方法。因此面对某一技术目标，由于技术的发展或早或晚都会实现，因此没有必要对于落后的技术给予长时间的保护，只需对于具有创造性的新的创新活动给予一定激励即可。因此相比于并不要求创造性且具有长保护期限特点的著作权制度来说，在技术的世界采取专利制度更加合适。但是由于以美国为代

表的发达国家的游说,使得计算机程序的著作权保护纳入为国际条约之义务,因此我国也在著作权法中将计算机程序纳入保护客体之中。

当然在作品类别角度,到底是将计算机软件作为文字作品予以保护,还是将其视作独立的保护对象仍存在争议。在性质上文档与文字作品无异,而计算机程序尽管并不是供人们在文学艺术等领域鉴赏的对象,但是源代码和目标代码所构成的表达,也可以从文字作品的角度予以保护。但是存在疑问之处则在于在《著作权法》规定了计算机软件作为保护客体之外,《计算机软件保护条例》中也罗列了一系列通过计算机软件这一客体所享有的排他权种类,其设置与《著作权》不同,因此从这个角度又很难将计算机软件纳入文字作品的范围。计算机程序中除了源代码,也可能包括美术作品、视听作品等其他形式的表达,这些纳入到代码中的相关数据,不应认为构成计算机程序的一部分,而享受计算机程序的保护,而应分别依据其作品类别予以保护。

二、著作权法上的修改权

《著作权法》中的修改权是与署名权、发表权与保持作品完整性权相并列的著作人身权的一种,指作者所享有的修改或者授权他人修改作品的权利。

从著作人身权意义上看,有学者指出修改权应从撤回权的意义予以理解,即作者创作完成后,将著作权许可或转让给他人,或者将作品的原件所有权移转给他人。此后,作者的思想、情感或观点发生变化,希望修改作品,但著作权的被许可人、受让人或作品原件所有人拒绝作者的修改请求。此时,作者的修改自由因为第三人利益的介入而受到制约,已经不可能不受干涉地行使修改自由,故而需要法律进行特别规范。只有在这种情况下,修改权的存在才有意义。因此修改权与保持作品完整权并不是从正反两个角度对同一权利内容作出的规定,而是区别于保持作品完整性权,修改权有其独立的规范适用领域。著作权一般都是从禁用权即排他权的角度去理解的,从修改权的表述来说恰恰是从利用权的角度来表述的,这并不是说著作权就是利用权,而是说当著作权人的修改和既有许可合同中第三人的利益相冲突时,出于人身权的考虑使得作者的人格理由优先于合同利益,因此修改权的创设是从著作人身权角度予以理解的。

　　而在《计算机软件保护条例》中对于计算机软件并未规定保持作品完整性权,而仅规定了修改权,即对软件进行增补、删节,或者改变指令、语句顺序的权利(第8条第3款)。由于作为功能性作品,计算机软件本身与作者的人格关联性就比较低,因此并未赋予其除署名权与发表权之外的人格权利是可以理解的。此处的修改权也并不是从著作人身权的角度予以理解的,从其定义上看,更像是作为经济权利的演绎权。也就是计算机软件的著作权人享有禁止他人未经许可的对于软件进行增补、删节,或者改变指令、语句顺序的权利。

　　对于何种行为构成对于计算机程序修改权的侵害,王迁教授曾指出:只有"代码化指令序列"才构成受保护的计算机程序,因此不修改"代码化指令序列",仅修改被"代码化指令"所调用的数据,并不构成对"修改权"的侵权。用户为改进软件性能和功能而利用"修改工具"在软件"运行过程中"对软件运行结果进行改动,不构成侵权行为。制作并提供"修改工具"者只要未提供修改后的软件,也未教唆或帮助直接侵权,其行为并不直接或间接侵犯"修改权"。王迁教授进而在计算机软件的修改权构成与否的判断标准上提出了"动态修改"和"静态修改"的概念。他认为修改游戏程序运行中产生的数据不构成对游戏程序的"修改"。其中引用了"MDY公司诉暴雪公司案"(629 F.3d 928(9th Cir.2010)),美国第九巡回上诉法院指出"针对魔兽世界的外挂程序Gilder并不会侵犯暴雪公司的任何专有权利,因为其不涉及对魔兽世界游戏软件的修改或复制"。

三、计算机程序的修改行为在刑法上的评价

　　对于侵犯计算机程序修改权是否应当评价为刑法中的侵犯著作权罪,实践中存在分歧。在"谈某某等非法经营案"(北京市海淀区人民法院(2006)海法刑初字第1750号刑事判决书;北京市第一中级人民法院(2007)一中刑终字第1277号刑事判决书)中就曾指出:"控方指控被告人谈某某等人的行为构成侵犯著作权罪有误,现有证据只能证明涉案外挂软件在运行中突破了《恶魔的幻影》游戏软件的技术保护措施并修改数据和调用函数,这一结论并不等同于'复制发行';外挂网站上载《恶魔的幻影》的动画形象仅为网站宣

传,并无经营或销售这些美术作品的目的,且复制数量无证据证明,无法计算经营数额;将谈某某等人利用外挂软件挂接运营《恶魔的幻影》游戏软件的行为认定为"复制发行"行为目前无法律依据。综上,在案证据不足以证明涉案外挂软件是对《恶魔的幻影》游戏软件的复制发行,被告人谈某某等人的行为不构成侵犯著作权罪。"从该案被告人的行为来看,的确并不仅修改了数据,而且也调用了函数(代码),因此构成对于修改权的侵害,但是一审法院指出:擅自制作网游外挂并销售谋取利益的行为侵犯的是游戏软件的修改权而非复制发行权,故不构成侵犯著作权罪。

对此笔者认为在修改计算机程序的过程中必然涉及对既有程序的复制行为,同时又存在被告人增添的创作行为。从计算机程序这一功能性作品受到著作权保护的角度看,的确并不应该仅仅因为在修改过程中部分复制了原有代码就直接将其纳入刑法的规制范畴。在对创作型表达复制的同时,应该对复制的量上有一定的要求,比如是否达到实质性相同或相似的程度,而修改的内容仅仅是为了规避完全同一。例如在"汪某等侵犯著作权案"(上海市徐汇区人民法院(2013)徐刑(知)初字第20号刑事判决书)中就指出:根据鉴定人的当庭陈述,即使按被告人所称的方法予以排除,最终两款软件的服务器端程序文件目录结构相似度达80%以上,文件相似度达70%以上,客户端程序文件目录结构相似度及文件相似度均达90%以上。更何况文件目录结构相似度及文件相似度比例的大小只是判断两款软件是否构成实质性相似的重要依据之一,最终的结论需要鉴定人依据行业标准、专业知识及能力、涉案软件特点及相关行业惯例、鉴定中发现的其他情况等综合判断而得出,法院也是依据案件的其他证据材料再结合鉴定结论从而判定被告人是否构成刑法条款规定意义的"复制"。本院确认各被告人制作的《家育星》软件与《乌龙学苑3.0版》软件虽有一定的不同之处,但主体结构、功能实质性相同,从而两款软件系实质性相似,构成对他人享有著作权的计算机软件的复制。

在"余某、曹某某等侵犯著作权犯罪案"(上海市徐汇区人民法院(2011)徐刑初字第984号刑事判决书)中指出:将外挂程序目录下文件与游戏客户端目录下文件进行比对,398/471得出84.5%的文件相似度,进而从专业角度得出两者存在实质性相似的结论,综合本案相关证据,足以认定被告人实施了非法复制《龙之谷》游戏客户端核心程序文件的行为,外挂程序与客户端程序两者虽有一定的不同之处,但程序文件的实质性相似应理解为著作权法意义及刑法意义上的复制,且《计算机软件保护条例》亦将部分复制著作权人软件同样视为可以依照刑法侵犯著作权罪追究刑事责任的行为,故相关辩护人关于被告人行为不构成复制的意见本院同样不予采纳。

当然也存在并未探讨调用原有代码的比例是否达到实质复制的程度,而认定构成侵犯著作权罪的实践,如"摄某某、赵某某侵犯著作权案"(湖北省罗田县人民法院(2017)鄂 1123 刑初 2 号刑事判决书)中指出:被告人摄某某、赵某某制作网络游戏外挂软件是以网络游戏原有程序为基础,存在着复制网络游戏数据的客观事实。被告人未经著作权人许可,破译和擅自使用了网络游戏的通信协议,这种以营利为目的,未经授权,使用网络游戏通行协议的行为,进一步说明了制作、销售网络游戏外挂软件的行为侵犯了他人的著作权。

笔者则认为对于某些代码片段的复制往往是出于兼容性或其他功能性要求的,即使在修改过程中调用了这些代码,也并不应该将其纳入刑法规制的范围。

当然对于数据的修改可能导致虚拟财产上财产型犯罪的构成,因此应该将非法获取他人虚拟财产的行为认定为财产犯罪。实践中也有仅以修改数据为理由认定构成侵犯著作权罪的案例,如"辛某某等人侵犯著作权案"(黑龙江省大庆市萨尔图区人民法院(2015)萨刑初字第 282 号刑事判决书)中指出:陈某某、姜某等被告人恰恰是通过与《地下城与勇士》游戏对接,破译和擅自使用原网络游戏的通信协议,截取并修改《地下城与勇士》游戏发送到游戏服务器的数据,修改客户端内存中的数据,以达到增强客户端自动功能的目的,因此,被告人陈某某、姜某等人制做外挂程序的行为符合侵犯著作权罪中的"复制发行"的特征。

本案中就是属于典型的并未修改代码,而是对数据进行修改的情形。其中数据的修改直接导致了他人在财产利益上的增加,而这种增加是出于非法目的,并以不正当手段进行的,因此本案从虚拟财产的角度,借由职务侵占罪予以评价,而不是从侵犯著作权罪给予处罚的,应该说是极其妥当的判断。

参考文献

陈惠珍、倪红霞：《王某某等侵犯著作权案》，《人民司法·案例》2007 年第 22 期。

王迁：《论软件作品修改权——兼评"彩虹显案"等近期案例》，《法学家》2013 年第 1 期。

崔国斌：《著作权法：原理与案例》，北京大学出版社 2014 年版。

张伟君：《关于保护作品完整权、修改权和撤回权：对一些观点的商榷》，http://blog.sina.com.cn/s/blog_4da63f410101i08c.html，2017 年 9 月 6 日。

李琛：《被误读的"修改权"》，《中国专利与商标》2004 年第 3 期。

WAP 搜索、储存服务提供者的刑事责任：

北京易查无限信息技术有限公司等侵犯著作权刑事案

| 基本案情 |

被告单位北京易查无限信息技术有限公司成立于 2004 年 2 月,为"易查网"的经营者。该网站设有小说、新闻、美图等多个频道,通过在网页植入广告收取广告收益分成。被告人于某系该公司股东,负责技术工作,并担任法定代表人。自 2012 年起,于某为提高"易查网"的用户数量,通过技术部早已开发的爬虫软件将互联网上发现的小说形成目录索引,用户搜索、点击某小说阅读时,就通过自己开发的程序进行文本样式转码,最后将转码后的小说内容缓存到自己的服务器,从而提高用户的浏览速度;用户访问触发转码,互联网上的小说就自动缓存下来,供移动电话用户在小说频道内免费阅读。

▶ 法律问题

本案涉及的是一种面向手机用户的新型搜索服务,即"WAP 搜索"服务,从判决书的论证就可以明显地看出受到了王迁教授在 2012 年发表的有关"WAP 搜索"服务的著作权法评价的论文的影响。本案的论证可谓十分精彩,并且对于"WAP 搜索与储存"行为在何种程度上可以入罪给予了明确的判定标准。上海市浦东新区人民法院(2015)浦刑(知)初字第 12 号刑事判决书就"易查网"小说频道提供服务的性质指出:在手机阅读领域,转码技术是指将针对台式机、笔记本电脑等 PC 端设备设计的 HTML 格式的网页,转换成适用于手机阅读的网页的一种技术,该技术解决了因手机屏幕小、多媒体处理能力弱而难以访问 HTML 格式网页或访问中用户体验不佳的问题。在网页转码技术中,HTML 格式的网页内容需存储在服务器内存或硬盘上才能进行处理转换,该过程必然涉及对网页中作品的"复制"。若搜索引擎在将转码后的网页传输给手机用户后,即自动删除了在内存或硬盘中临时存储的内容,则该过程所涉及的瞬间、短暂的"复制"行为属于转码技术的必要组成部分,且没有独立的经济价值,不属于侵犯他人复制权或信息网络传播权的行为。但若经营者在使用转码技术的过程中实施了超出了上述必要过程的行为,则有可能因踏入他人著作权的禁止权范围而构成侵权。

本案中,根据鉴定意见所反映的事实,鉴定人在使用"易查网"服务器所搭建的网络环境中,可以在线阅读涉案小说,并从服务器硬盘中下载到涉案小说。可见,"易查网"在将其所谓"临时复制"的内容传输给触发"转码"的用户后,并未立刻将相应内容从服务器硬盘中自动删除,被"复制"的小说内容仍可被其他用户再次利用。因此,易查公司的小说服务模式构成对作品内容的直接提供,在此情形下,即便"易查网"设置了所谓的删除机制,也不改变其行为的性质。对提供搜索及转码服务的经营者而言,当用户点击搜索结果后,地址栏中显示的网址一般为"搜索引擎网址+被链网页网址"的混合网址形式。但本案中,小说阅读页面的地址栏仅显示了"易查网"的网址,也可佐证"易查网"并非提供网络服务。

其中对于出入罪的标准给出了明确的判断,即对网页的转码过程必然导致对其中作品的存储,该存储是否侵权取决于经营者在转码过程中所实施的具体行为。若经营者将转码后的内容传输给触发转码的用户的同时,将其从服务器中自动删除,该内容不能被其他用户再次利用,则该过程中涉及的复制是短暂的或附带性的、构成转码技术内在及必要的组成部分,其唯一目的在于使手机用户对网页中作品的合法利用成为可能,没有独立的经济价值,故不构成对复制权的侵权。若经营者将转码后的内容传输给触发转码的用户后,还将该内容存储在自己的服务器中供其他用户直接获取,则该存储行为并未随着用户浏览网页这一技术过程的结束而终结,具有独立的经济价值,属于对他人作品的复制和信息网络传播,构成侵权。

对判决书与王迁教授提及的上述判断标准笔者也是十分赞同,但是对于临时复制到底是认为其构成复制权范围,还是将临时复制纳入复制权范围同时针对某些情况设置限制与例外,仍存在学理上的争议。此外,也有必要针对搜索引擎提供的一系列服务类型,如网页快照、缩略图等与"WAP 搜索和存储"进行比较与分析,因此以下笔者将从本案中提取两个相关法律问题进行论述,即"临时复制"是否构成侵犯著作权罪中的"复制"以及"WAP 搜索和存储"与其他搜索引擎提供的服务的比较,以期进一步明确"WAP 搜索和存储"服务在著作权法上的定性。

专家评析

一、"临时复制"是否构成侵犯著作权罪中的"复制"

复制权作为著作权人享有的最基本权利,早已为各国立法所规制。伴随着科技的发展,"复制"的含义也在不断变化,即传统著作权法中的"复制"必须将作品内容持续地再现于有形载体,以供眼见耳闻、复制传播。若仅是单纯的再现作品内容,而未透过有形载体展现,则可能构成其他类型的排他权,例如表演、朗诵、放映、广播、向公众传播等。对于作品内容瞬间即逝的展现亦难谓"复制"。而在数字时代,特别是对于随机存储设备(RAM)中所生之暂时性复制是否属于著作权法中所规制的"复制行为"仍有疑问。对于暂时性复制是否属于复制权规制范围问题,国内有观点认为临时复制不构成复制,同时也有观点认为应该在承认临时复制是复制的基础上,将合法性问题交由合理使用或者默示许可等学说来处理似乎更合理一些。

在最初提出的 WCT 草案第 7 条中曾规定:"1.《伯尔尼公约》第九条第一款所赋予文学及艺术作品的著作权人享有的授权他人进行复制的专有权利应包括以任何方式或形式,不论是永久或者暂时,直接或者间接复制其作品;2.依据《伯尔尼公约》第九条第一款之规定,缔约方对于其唯一目的仅在使作品供感知之暂时性复制,或者其复制具有偶然性或附带性的,得以法律限制复制权,但以该复制的发生系著作权人所授权或法律所允许的情况下使用作品为限"。对于 WCT 草案第 7 条的规定,在外交会议中引起了激烈的争议,最终草案第 7 条并未成为最终文本。仅在美国代表的坚持下通过了一项议定声明，即"《伯尔尼公约》第 9 条所规定的复制权及其所允许的例外，完全适用于数字环境，尤其是以数字形式使用作品的情况。不言而喻，在电子媒体中以数字形式存储受保护的作品，构成《伯尔尼公约》第 9 条意义下的复制"。由于此项议定声明仅为经由点名表决（a roll-call vote）通过的，而非经由全体缔约方一致同意（adopted by consensus），因此在解释上对于投反对票及弃权票的缔约方不具有法的约束力，临时复制是否构成数字时代上的"复制"问题仍然没有得到确定的解决，留待于各国的实践。

假设认定暂时性复制行为属于复制权规制范围的话，则使用者基于非营利性目的的使用行为，诸如在电脑上执行电脑程序或于网络上下载相关资料、浏览相关网页时势必发生临时性复制，此时使用者能否主张因私人复制例外而免责，而这一例外又面临着是否满足"三步检验标准"义务的约束。欧盟对此早有定见，早在 1991 年《计算机程序保护指令》中，已明确指出暂时性的复制计算机程序之一部分或全部于任何载体的，属于著作权人之专属权利。而在《数据库指令》第 5 条中也指出以任何方式或形式永久或暂时地复制数据库之一部分或全部的，属于数据库权利人之专属权利。特别是在《WIPO 著作权公约》中讨论是否新增暂时性复制规范后，在《欧盟信息社会指令》第 2 条中也明确表示："缔约国应赋予著作权人专有许可或禁止以任何方式及形式，全部或部分，直接或间接，暂时或永久复制的权利"。其中暂时复制主要是强调在数字时代各种复制形式皆符合本条所述之复制权范围。具体包括暂时性（transient）或附随性（incidental）复制，包括电脑 RAM 中暂时且无法以人类视觉识别，而须透过机械读取的形式。《欧盟信息社会指令》在明确规定暂时性复制属于复制权控制范围之内的同时，又在第 5 条第 1 款中明确规定了例外情况，即第 2 条所规定的暂时性复制，如系属于暂时性或附随性，且系技术过程中不可或缺且必要部分，而其唯一目的系为：（a）作为网络上第三者间的传输中介；（b）合法使用且无独立之经济意义的，应被列为第 2 条所定权利的例外。因此根据该款规定，对于诸如浏览（browsing）与网页快照（caching），以及使得传输系统更加有效率运行的行为等，均构成暂时性复制权的例外而免责。在美国 1993 年 Mai v.Peak 案中，联邦第九巡回法院认定 RAM 中所生之临时复制属于美国版权法中的复制权范围,并认为本案中被告 Peak 公司在帮助客户维修时电脑的电源会开启并持续一段相当时间,在此段时间中,在客户电脑的 RAM 中所暂时储藏的原告计算机软件作品足以符合"使该作品在非瞬时的期间内,足够永久或稳定地让他人感知、复制或传播"的要求。在其后的《知识产权与国家信息基础设施》白皮书中采纳了 Mai v.Peak 案的见解,认为"将作品放进电脑的 RAM 只要一段短暂的时间,就产生了一个复制件",在网络上传输的作品已经形成了多个复制件。

根据王迁教授的整理指出:由于我国政府在国际上本来就反对将"临时复制"视为著作权法意义上的复制行为,而且国内立法也没有将"临时复制"规定为复制行为,因此可以得出我国并未规制"临时复制"的结论。当然也有不同观点指出:临时复制与永久复制的区别有限,从技术上讲,临时复制的复制件已经具备了相对的稳定性,能够满足用户浏览作品的需要,因此应该在承认临时复制是复制的基础上,将合法性问题交由合理使用或者默示许可等学说来处理似乎更合理一些。临时复制是数字环境下对于作品最为重要的使用方式,如果把数字环境下的临时复制设置为"缺省规则"(default rule)的话,网络使用者在每一次利用作品时都需要事先提供其默示许可或合理使用的理由,否则在缺乏著作权人许可的情况下将被视为侵权。对于主张默示许可来说,著作权人可以通过明示排除默示许可的适用,或者对于违法作品再进行临时复制的话本身根本就不构成默示许可的要件。而对于合理使用的主张,则需要单独设定个别限制条款,或通过一般条款进行解释,同时面临国际公约中"三步检验标准"的衡量。

二、"WAP 搜索和存储"与其他搜索引擎提供的服务的比较

数字时代下发展起来的搜索引擎服务大多是通过搜索引擎主动派出"蜘蛛"程序,对一定 IP 地址范围内的网站进行检索,一旦发现新的网站,会自动提取网站的信息和网址,并加入自己的数据库。此种蜘蛛抓取其他网页上涉及著作权内容的行为构成复制行为。此外,根据最终用户的请求,采取网页快照及缩略图快照的行为也可能构成向公众传播行为。另一方面,如果令蜘蛛抓取摘要与搜索结果表示等行为均需逐一经过著作权人许可的话,将会产生

庞大的处理成本,使得效率化的搜索引擎服务难以实现。考虑到网络上层出不穷的信息,如果没有搜索引擎,将使用户迷失于信息的汪洋大海,互联网对人类社会带来的革命性变革则难以实现,因此需要通过权利限制规定的设置实现搜索引擎服务的效率化运转。一般来说,美国版权法通过对合理使用一般性条款的解释,借助"转换性使用"概念灵活地处理了这一问题,而对于大陆法系国家由于个别限制条款中尚未针对此种数字时代商业模式设置新的限制性条款,因此只能借由"默示同意"解决这一问题。

(一)数字搜索引擎中"缩略图"功能的著作权法评价

传统的搜索引擎通过对用户欲搜索的文字与既有网络关键词的关联性为用户提供有用信息,而对于图像的搜索来说往往并不能完全发挥功能。为此搜索引擎服务提供商通过蜘蛛的抓取将其他网站的图像进行扫描,并在添加目录、缩小尺寸的基础上予以保存。与原作品相比,这种缩小尺寸后抓取的图像一般称为"缩略图"。由于缩略图技术的采用,使得搜索引擎服务提供商可以便捷地依据用户检索需求提供相应图像,大大提高了图像检索的功能性。从著作权法上的评价上看,尽管搜索引擎服务提供商的行为构成对原作品的复制行为,但是此种作品利用行为对于原作品本身的市场没有产生任何竞合效果,也就是说对于原作品的经济利益没有任何损害。具体来说,搜索引擎服务所面向的市场包括两种:其一是用户借由互联网搜索相关咨询的市场,其二是搜索引擎通过刊登企业广告获得利益的市场。而图像著作权人的市场往往集中在图像本身所带来经济利益的市场,特别是通过搜索引擎服务的提供可能使得更多的用户认识到图像的存在,进而更加有利于著作权人在作品本身市场上经济利益的实现。因此可以说搜索引擎通过对缩略图的使用并未妨害原作品的正常使用,也未给原作品的正当利益带来损害,反而可能增加原作品的正当利益。但是从另一种角度评价搜索引擎提供的缩略图服务的话,则会发现如果认为"三步检验标准"第二步骤所指"正常利用"意味着著作权人一切利用作品的形式的话,那么即使是缩略图的利用也妨害了著作权人的"正常利用",从而难以满足著作权限制规定的要求。除了在理念上的上述两种区别外,在各国不同著作权限制立法模式中对于搜索引擎所提供的"缩略图"是否构成免责也有不同判断方法。在大陆法系个别限制条款下,在"缩略图"

服务不构成个别限制条款时,首先会通过类推解释试图将其纳入某一个别限制条款的适用范围之内,而在此种做法难以成功的情况下,则会借助民法上的一般原理为"缩略图"服务提供合理化依据。而在美国合理使用一般条款下,则可以轻松地通过对第一要素的解释实现"缩略图"服务的免责。

在美国合理使用一般条款下,一般通过"转换性使用"的解释方法证成"缩略图"使用的合理性。在 Perfect 10.Inc.v.Amazon.Inc.案中,联邦第九巡回法院强调了"转换性使用"与否在合理使用各要素中的重要作用。在该案中 Google 公司在其 Google image search 上对原告拥有著作权的图像进行了缩略图性质的使用,因此原告主张被告行为构成侵权。但是法院认为原告的图像是供娱乐与休闲目的创作并使用的,而被告的"缩略图"是为了信息搜索目的使用的,因此在使用目的上显著地体现出了"转换性"。特别是该案中原告指出其将作品的缩略图出售给手机图片使用商,因此原告在缩略图市场上存在实际经济利益,且手机用户可能从被告搜索引擎中提供的缩略图进行下载,进而不再向原告进行购买,因此被告"对于被使用作品存在潜在市场或价值的影响"。但是相比于合理使用的第四要素,法院明显更加重视第一要素的作用。尽管被告的缩略图提供可能给原告的潜在市场造成损害,但是由于其利用形式具有较强的"转换性",特别是对于社会公益有促进作用,因此允许此种行为构成合理使用。

与上述美国实践明显相异,在 2010 年德国联邦最高法院作出的 Google image 案中则采取了完全不同的解释手法。德国联邦最高法院另辟蹊径,根据民法上的默示许可理论创设了对于"缩略图"的例外规定,具体来说,著作权人在互联网上公开其作品,在一定情况下就意味着其对于搜索引擎通过缩略图的方式使用作品的默示许可。之所以对搜索引擎服务商提供的缩略图服务依据默示许可理论予以免责,其理论基础上存在争议,有观点认为该理论是依据德国民法中有关意思表示与法律行为的一般理论(Rechtsgeschäftslehre),也有观点认为该理论是依据德国著作权法上的转让目的理论(Zweckübertragungslehre)。不管抽象的理论构成如何,从实质角度看,著作权人无偿并不附加任何技术保护措施,而在网上公开其作品的做法本身说明了其寄希望于通过互联网更为广泛地传播其作品,而搜索引擎通过缩略图的服务提供了作品在网上广泛传播的便利,从这个角度是有利于著作权人利益的。另一方面,在现有技术条件下通过技术保护措施的利用,例如事实上在搜索引擎业界存在着权利人的"选择退出"机制,也就是在各网站的 HTML 编码内,通过插入 META NAME ="ROBOTS CONTENT"="NOINDEX, NOFOLLOW"的话,Google 的蜘蛛就不会对该网页内的内容进行抓取。如果插入 META NAME ="ROBOTS CONTENT"="NOARCHIVE"的话,Google 就不会对该网页进行网页快照。也就是说,权利人有手段通过事先声明的形式排除搜索引擎对于网页上作品的利用。而从著作权人的角度看,在网上公开作品的行为如果是经著作权人授权的,由于搜索引擎的存在使得该内容得到链接的机会大幅增加,而这种情况应当是著作权人所乐见的。因此默示许可理论也就存在其合理性。但是德国司法实践所采用的默示许可理论仍然存在较多问题。首先,如果采用默示许可理论的话,由于著作权人已经通过默示许可承认了用户的作品利用行为,因此默示许可与合理的报酬请求是不可能同时存在的。而在缺乏合理的报酬的情况下扩大使用默示许可的范围可能会损害著作权人的正当利益,因此有违"三步检验标准"义务。其次,默示许可理论的适用可能会与权利人的真实意思表示相抵触。特别是如果推定技术保护措施的使用作为权利人意思表示的途径,权利人未采取某种技术保护措施,就推定其默示许可用户使用其作品的话,将会改变著作权法规范体系下建构的排他权体系。最后,对于未经著作权人许可上传到互联网的作品,并经搜索引擎服务商提供缩略图索引的情况下,由于作品本身的来源是违法上传,并不是权利人主动授权上传于互联网,因此无法适用默示许可理论。故而德国司法实践在处理缩略图问题上采取的默示许可理论难以全面应对该问题。而其原因就在于德国著作权法对于权利限制问题采取了个别限制条款的立法模式,并且依严格解释个别限制条款,从而导致在权利限制条款内部难以解决数字时代新问题,而只能借助外在的民法规范的尴尬境地。

(二)数字搜索引擎中"网页快照"功能的著作权法评价

从著作权人的角度看,在网上公开作品的行为如果是经著作权人授权的,由于搜索引擎的存在使得该内容得到链接的机会大幅增加,而这种情况应当是著作权人所乐见的。就算是违反了其意图,通过默示承诺法理也能解决这个问题。而对于未经著作权人许可而在网站上上传其作品的情况,由于搜索引擎服务的存在使得著作权人的损害扩大,这种影响是不容忽视的。但是从网页快照提供行为的存在价值看,网页快照在网站服务暂时中断、堵塞、网速过慢、连接更改、内容删除等情况下,可以选取网页快照来达到查询搜索内容的目的,同时在访问原网站出现障碍时,能够了解到原网页曾经存在的内容,抑或通过网页快照来快速定位查找信息。网页快照作为搜索引擎的附带功能,本身并未给网络服务提供者带来更多的技术负担,且其依附于搜索引擎,丰富了搜索引擎的功能。

从比较法的角度看,在美国涉及网页快照著作权问题的典型案例是 Field v.Google 案。在该案中,法院认定 Google 对于原告作品的网页快照性质的复制与向公众传播构成合理使用。在具体论证中法院认为:对于合理使用的第一要素,由于网页快照具有高度的转换性,因此有利于 Google 的抗辩;对于合理使用的第二要素,考虑到原告作品的整体可能被浩瀚的终端用户无偿使用,因此可能对 Google 的抗辩不利;对合理使用的第三要素,由于转换性使用并未超出对原告作品利用的必要程度,因此该要素在侵权判定中较为中立;对于合理使用的第四要素,由于原告并未举证证明对其作品的潜在市场造成损害之虞,因此有利于合理使用抗辩的认定。在第一要素"作品利用的目的与性质"的判断上,法院指出:Google 的网页快照仅在原网址不能登录的情况下才向搜索服务请求方提供对于原网址内容的快照,因此不构成对原作品的替代;正是由于网页快照的存在,才使得不同时点的网页内容进行横向比较的需求成为现实,因此网页快照服务的功能与原网页提供作品的功能并不竞合;网页快照服务在对原网页内容进行表示时通过突出标记显示在原网页内容中用户所欲搜索内容的位置,有利于搜索服务请求者快速定位欲搜索内容,而这一功能是原网页服务所不能提供的;Google 在提供网页快照服务时为了区别其与原网页的关联,将原网页的网页链接相比于网页快照的网页链接放大表示,因此搜索服务请求者在点击网页快照服务时很清楚自己并不是访问了原网页;网页快照的服务提供者也提供了通过技术手段使得不希望自己网页被快照的主体可以迅速请求撤下快照服务的系统,而且从数亿计快照服务的提供来看,原网页也承认了网页快照服务不与自身服务相冲突。通过上述要素的论证,法院肯定了网页快照服务构成转换性使用。

（三）我国著作权法上对数字搜索引擎服务的评价

根据《最高人民法院关于审理侵害信息网络传播权民事纠纷案件适用法律若干问题的规定》（法释（2012）20 号）第 5 条规定：网络服务提供者以提供网页快照、缩略图等方式实质替代其他网络服务提供者向公众提供相关作品的,人民法院应当认定其构成提供行为。前款规定的提供行为不影响相关作品的正常使用,且未不合理损害权利人对该作品的合法权益,网络服务提供者主张其未侵害信息网络传播权的,人民法院应予支持。

该规定对于作为数字搜索引擎服务的网页快照与缩略图行为的侵权及免责作出了原则性的规定,而在司法实践中如何把握该条规定中的"实质性替代"以及"不影响相关作品的正常使用,且未不合理损害权利人对该作品的合法权益"成为关键。在我国网络著作权司法实践中涉及网页快照较早的案件是"王某诉雅虎公司侵犯著作权案"（北京市高级人民法院民事判决书（2007）高民终字第 1729 号）中,法院认为："网页快照中通常有标题信息说明其存档时间,并提示用户这只是原网站网页页面的存档资料,是搜索引擎自动从原网站上抓取的快照,搜索引擎将根据原网站的更新速度设置网页快照更新周期,定期对网页快照进行更新"；"抓取、存储涉案网页的过程系基于搜索引擎技术发展的一种技术安排"。但法院也同时指出,对利用作品的行为需要进行合理使用的评估："网页快照应当在合理期限内随着原网页的变化而变化,并且,网页快照服务商应当在接到权利人的通知后立即删除涉案侵权网页,否则将超出作为一种基于技术原因而立足的服务所应当允许的界限"。因此依据被告没有主观过错,尽到了告知义务且原告没有证据证明被告提供网页快照已经超过了合理期限为由驳回了原告的诉讼请求。该案中是将网页快照的服务提供者作为 ISP 的一种来看待,而网页快照行为仅是链接行为的一种,在是否承担共同侵权责任时应考察被告的主观状态。

作品快照服务不能不合理地影响著作权人的利益。例如在之后的"泛亚诉百度案"（北京市高级人民法院民事判决书（2007）高民初字第 1201 号）中,法院认定百度将歌词放置在其服务器上,由用户通过点击百度网站 MP3 搜索框的"歌词"按钮的方式向用户提供歌词的行为,其提供的歌词"快照"服务并非仅仅是搜索引擎服务,已经构成在互联网上传播作品的行为,因此搜索引擎服务商应该承担侵犯信息网络传播权的直接侵权责任。

在承认网页快照构成信息网络传播权侵权后,则需要考量是否满足著作权限制规定。在网络环境下,搜索引擎为索引或使版权作品的相关信息能为公众所获取,通常使用网络抓取软件复制网页上的信息,为用户快速获取这些信息提供快照服务,并提供作品摘要、缩略图或试听服务。由于有些搜索结果事前存储在服务提供者的服务器上,就不适用间接侵权的避风港规则,因而其争议焦点便在于其使用行为是否受合理使用保护。在"中国音乐著作权协会案"(北京市第一中级人民法院民事判决书(2010)一中民终字第10275号)中,法院认为:"百度公司完整直接地将歌词放置在其服务上,使得大多数用户在一般情况下无须再选择点击来源网站的网址以获得歌词,已实际起到了取代来源网站的作用,这种提供(作品的行为)并未得到歌词作者的有效许可,该快照方式非属合理使用服务内容的搜索引擎服务。"

而搜索引擎向公众提供缩略图的行为也属于合理使用。在"闻某某与北京阿里巴巴信息技术有限公司侵犯著作权纠纷案"(北京市第二中级人民法院民事判决书(2009)二中民终字第00010号)中,搜索引擎在提供搜索链接服务的过程中,提供了不同的分类信息,出现了缩略图,并采用了直接显示被链接内容的链接技术,且其提供上述服务具有一定的营利目的。但是,分类信息仅是为方便用户选择搜索结果的便捷方法,对搜索结果未经人工整理;在搜索照片过程中所形成的涉案照片的缩略图,是为实现照片搜索的特定目的,方便网络用户选择搜索结果的具体方式,不是对涉案照片的复制;涉案照片的缩略图和大图页面中显示了涉案照片的来源,不会使网络用户产生涉案照片来源于阿里巴巴公司网站的误认。

从上述司法解释及司法实践中可以看出,我国通过对"三步检验标准"后两步骤的扩大性运用,解决了搜索引擎服务作为著作权限制规定的新问题。其中对于"不影响相关作品的正常使用"与"未不合理地损害权利人对该作品的合法权益"两个要件的解释明显体现出了新的特征。对于"作品的正常使用"要件,对其的传统解释为:这个术语并非单纯指权利人如何利用其作品的一些经验性结论,它其实是一个规范性的条件:如果某一例外涵盖了任何具有或者可能具有重大的重要性的作品利用方式，以至于作者对作品所行使的权利展开经济竞争，则此种例外就已经与作品的正常使用相抵触了。而这里判断的关键就是要看作品的利用方式是否能够对原著作权人行使权利产生经济竞争。而对于网页快照行为与来源网页相比，网页快照与其差别就在于对来源网页外进行了加框，该加框中仅显示有其来源网页等少量信息，并无任何广告等营利方式，因此网页快照并不影响作品的正常使用。而对于"未不合理地损害权利人的合法权益"要件的解释应当结合对于"选择性退出"制度的理解。在"北京搜狗信息服务有限公司与丛文辉侵犯信息网络传播权纠纷案"（北京市第一中级人民法院民事判决书（2013）一中民终字第 12533 号）中，如果著作权人已明确向快照提供者发送通知，要求其删除网页快照，则提供者有义务将其删除，否则将可以合理认定该行为已对著作权人的利益造成"不合理"的损害。在"三面向版权代理有限公司诉人民搜索公司案"（北京市第二中级人民法院民事判决书（2013）二中民终字第 15446 号）中，法院认为：被上诉人三面向公司在发现人民搜索公司提供的网页快照中包含涉案作品的部分内容时，并未采取及时有效的方式通知人民搜索公司，且人民搜索公司明确表示如果收到通知将删除涉案网页'快照'中的文字内容，并且实际已经于三面向公司提起本案诉讼前删除了涉案网页快照，故人民搜索公司提供涉案网页快照的行为本身，并未不合理损害权利人对该作品的合法权益。

（四）"WAP 搜索和存储"服务在著作权法上的评价

对于"WAP 搜索和存储"服务在著作权法上的评价事实上涉及两个层面的问题：一个层面是如果认定搜索引擎依据利用者的请求自动转换格式有利于手机阅读时所形成的临时复制件的行为构成复制权控制的范围的话，是否也需要类似于网页快照与缩略图一样对其设置相应的限制与例外。当然在这个层面上如果直接认定了临时复制行为并不纳入复制权控制范围的话，则限制与例外的讨论也没有必要了。另一个层面是如果在搜索引擎的服务器上针对转换格式后的文本提供了永久性复制件，并可以应利用者的请求从该储存的文本直接向公众传播的话，那么就涉及对于信息网络传播权的侵权。对于后者涉及两个法律问题的分析，其一是这种向公众传播的过程是否属于《信息网络传播权保护条例》第 21 条中规定的服务器代理缓存行为，如果构成的话,搜索引擎就只承担著作权间接侵权责任,而不承担直接侵权责任;其二是如果这一行为被评价为著作权直接侵权行为的话,是否有必要为其设置限制与例外。

对于前者,王迁教授已经论证:"系统缓存避风港"针对的"自动存储",仅仅发生在信息从目标网站向用户传输的必经通道之中,"WAP 搜索和存储"并非发生在信息从目标网站至用户的正常传输过程中,因此不构成服务器代理缓存行为。这样也同样不适用针对间接侵权行为而提供的"避风港"免责,即:网络服务提供者为服务对象提供搜索或者链接服务,在接到权利人的通知书后,根据条例规定断开与侵权作品链接的,不承担赔偿责任。但是,明知或应知所链接的作品侵权的,应当承担共同侵权责任。因此本案中,即使被告人于某的辩护人提出,易查网设有法律部门负责处理涉嫌侵权作品的"通知—删除"工作,在收到玄霆公司发来的侵权通知函后即联系对方,要求补充提供侵权链接及版权证明,但未收到任何反馈,玄霆公司的通知函不能构成有效通知,因此易查公司未侵犯玄霆公司对涉案作品享有的著作权。但根据本案证据,易查网作为涉案作品的直接提供者而非链接服务提供者,故并不适用《信息网络传播权保护条例》第 23 条规定的"避风港"规则。易查网即便设置了所谓的删除机制,完成了"通知与移除"程序,也不能免除责任。

对于后者,由于"WAP 搜索和存储"服务明显与网页快照或缩略图不同,并未体现在使用目的上的转换性,这一行为仅仅是单纯再现和利用原作品美感和价值的行为,没有实现与原作品不同的目的或功能,且在经济利益上实现了对于原有网站的替代,因此无法构成著作权限制与例外。

参考文献

王迁:《"WAP 搜索"及相关服务著作权侵权问题研究》,《知识产权》2012 年第 1 期。

叶菊芬、桑清圆:《转码小说网页后的存储构成侵权》,《人民法院报》2017 年 3 月 2 日。

王迁:《网络环境中的著作权保护研究》,法律出版社 2011 年版。

陈锦全:《论 RAM 中暂时性储存之著作权问题(下)——从 MAI v. Peak 案谈起——兼论对网路环境的影响》,《智慧财产权》2010 年第 3 期。

崔国斌:《著作权法:原理与案例》,北京大学出版社 2014 年版。

网络存储与发布服务提供者的刑事责任：

徐某某等侵犯著作权刑事案

| 基本案情 |

2007 年至 2013 年 7 月，被告人徐某某在互联网开办个人网站"999 宝藏网"，域名为 www.rin9.com。"999 宝藏网"系论坛模式，设电脑综合、移动设备、宽带娱乐、文艺休闲、站务管理版块，各版块下设子版块。"999 宝藏网"以发布广告和收取网站会员注册费获利，网站有下载权限注册会员 2 万余人。为增加网站人气、提高收益，被告人徐某某未经著作权人许可，通过"999 宝藏网"鼓励、放任网站会员刘某某等人发布、上传 Windows XP、Windows 7 等侵权操作系统下载帖 4000 余个，供网站会员浏览、下载。其中，被告人刘某某等人未经著作权人许可，自行封装微软操作系统软件，以"999 宝藏网"为平台，发布、上传经其自行封装的微软 Windows XP、Windows 7、Windows 8 等侵权操作系统下载帖，供网站会员浏览、下载，分别从第三方收取推广费用达 100 万、110 万、99 万、15 万余元。被告人丁某系"999 宝藏网"论坛管理员，在明知网站上发布的大量操作系统软件未经著作权人许可，仍对侵权软件帖进行评测、回复、加精、加亮等管理操作，违法所得 4.8 万元。

▶ 法律问题

本案系全国"扫黄打非"工作办公室、最高人民检察院、公安部、国家版权局联合督办的重大网络侵犯著作权案例，被最高人民检察院评选为 2014 年保护知识产权十大典型案例。侵权时间跨度长达 6 年，网站注册会员达 2 万余人，非法获利达 300 余万元，社会关注度较高。本案除了具有巨大社会影响，在法律问题上也具有很强的典型性，即信息存储与发布服务提供者在何种情况下需要为在自身平台上存储和发布的侵权作品承担刑事责任。对此，在安徽省全椒县人民法院(2014)全刑初字第00094号刑事判决书指出：被告人徐某某以营利为目的，未经著作权人许可，利用其开办的"999宝藏网"，以会员制方式传播他人作品，有下载权限注册会员2万余人；被告人刘某某以营利为目的，未经著作权人许可，通过"999宝藏网"传播他人作品，总计被浏览(点击)数93万余次，非法获利100余万元。被告人徐某某、刘某某的行为均已构成侵犯著作权罪，且属特别严重情节。依法应追究两被告人刑事责任。刘某某以"999宝藏网"为平台发布封装的微软侵权操作系统下载帖，供会员浏览、下载；被告人徐某某明知"999宝藏网"注册会员刘某某等人通过"999宝藏网"传播他人作品，其为了增加网站人气，获取更多利益，以发放礼品、提升会员级别的方式，鼓励、放任刘某某等人发布、上传侵权帖及链接，供网站会员浏览、下载，构成以会员制方式传播他人作品。

从本案判旨来看，并未明确对于网络服务提供者到底采取的是何种刑事责任构成。首先，本案中存在直接侵权主体，且直接侵权主体的行为已经构成侵犯著作权罪；其次，本案被告人徐某某明知直接行为主体的行为，且存在鼓励、引诱该行为发生的事实。从这两点来看，应该是在共同犯罪模式下追究的被告人徐某某的刑事责任。但是判旨并未强调共同犯罪的构成，而是认定被告人徐某某的行为构成以会员制方式传播他人作品，即将其认定为直接行为主体，依直接侵权行为确定犯罪构成。且从判决结果看，相比于被告人刘某某，被告人徐某某承担了更为严重的刑事责任(被告人徐某某犯侵犯著作权罪，判处有期徒刑三年六个月，并处罚金15万元；被告人刘某某犯侵犯著作权罪，判处有期徒刑三年，宣告缓刑四年，并处罚金12万元)。如果判旨采取的是共犯理论的话，被告人徐某某的行为仅是提供辅助作用的从犯，而从犯在共同犯罪中应当从轻、减轻或者免除处罚(《刑法》第27条第2款)。如果从判决结果来看，不得不说本案将提供网络存储与发布服务的主体独立评价为通过互联网传播作品的主体，进而追究了其承担侵犯著作权罪的刑事责任。

但是这一结论是否妥当，还有待于更为详尽的考察，特别是结合网络存储与发布服务提供者在著作权法上责任承担形式，可以在结论上得出网络存储与发布服务提供者只能够在间接侵权/共同犯罪模式下追究民事/刑事责任。

以下笔者将从"网络存储与发布服务提供者在著作权法下的责任承担"与"网络存储与发布服务提供者在刑法下的责任承担"两个角度论证这一结论。

专家评析

一、网络存储与发布服务提供者在著作权法下的责任承担

本案被告人的行为在性质上属于提供网络存储与发布平台服务,针对这一类型的服务,在《信息网络传播权保护条例》第 22 条中就其责任承担问题作出了规定,即网络服务提供者为服务对象提供信息存储空间,供服务对象通过信息网络向公众提供作品、表演、录音录像制品,并具备下列条件的,不承担赔偿责任:(一)明确标示该信息存储空间是为服务对象所提供,并公开网络服务提供者的名称、联系人、网络地址;(二)未改变服务对象所提供的作品、表演、录音录像制品;(三)不知道也没有合理的理由应当知道服务对象提供的作品、表演、录音录像制品侵权;(四)未从服务对象提供作品、表演、录音录像制品中直接获得经济利益;(五)在接到权利人的通知书后,根据本条例规定删除权利人认为侵权的作品、表演、录音录像制品。

对于该条规定的性质,存在"免责条件"说与"归责条件"说的争论。如果采取"免责条件"说的话,则前提是默认了网络服务提供者承担侵权责任,只不过由于具备这些免责事由,才免于承担损害赔偿责任。从逻辑上看,我国在著作权侵权构成上采取了广义的看法,即融合了物权请求权的构成和债权请求权的构成。在类似物权请求权的构成上,主要责任承担形式之一的停止侵害承担方式并不要求行为人主观上具有故意或过失,当著作权人承担了发现侵权作品的成本,并经确认时,网络服务提供者就应该承担停止侵害义务。而在债权请求权构成下的责任承担方式的损害赔偿请求则要求行为人存在故意或过失。从这个意义看"免责条件"说存在一定的合理性。而"归责条件"说则建立在网络服务提供者仅承担间接侵权责任的前提下,在何种要件构成下满足间接侵权。其中要求网络服务提供商对于存储和发布的侵权作品知道或应当知道,可以基本对应《信息网络传播权保护条例》第 22 条第 3 款。当然

《信息网络传播权保护条例》第 22 条中还有一些与"免责条件"无关的要件,例如:"(一)明确标示该信息存储空间是为服务对象所提供,并公开网络服务提供者的名称、联系人、网络地址",其中的标示义务,主要也是判断网络服务提供者是否评价为直接行为主体的要件,如果网络服务提供者并未明确标示其网络服务提供者的地位,导致法院无法直接认定作品为用户所上传,则推定网络服务提供者为直接行为者,承担直接侵权责任。当然这一推定可为网络服务商通过其他证据所推翻,证明其并非实际上物理意义上的上传者。"(二)未改变服务对象所提供的作品、表演、录音录像制品",这是判断网络服务提供者是否承担直接责任的要件。如果网络服务提供者改变了物理意义上直接上传人提供的作品的话,那么法律评价上的直接行为者就是网络服务提供者,而不是物理意义上直接上传的主体。至于改变的程度问题,在北京市高级人民法院发布的《关于审理涉及网络环境下著作权纠纷案件若干问题的指导意见(一)(试行)》(京高法发〔2010〕166 号)第 24 条中规定:下列行为不应视为对服务对象提供的作品、表演、录音录像制品进行了"改变":(1)仅对作品、表演、录音录像制品的存储格式进行了改变;(2)对作品、表演、录音录像加注数字水印等网站标识;(3)在作品、表演、录音录像之前或结尾处投放广告以及在作品、表演、录音录像中插播广告。"(四)未从服务对象提供作品、表演、录音录像制品中直接获得经济利益",这一要件类似于美国版权法上在评价网络服务提供者构成间接侵权时所采取的除了帮助侵权模式之外的一种理论构成,即"替代责任"。但是"替代责任"要求网络服务提供者在具有管理支配的同时直接获得经济利益,而本条规定仅要求考察是否直接获得经济利益。对于这一规定仅能理解为作为判断网络服务提供者是否具有过错的因素之一,而不构成独立的免责或归责事由。"(五)在接到权利人的通知书后,根据本条例规定删除权利人认为侵权的作品、表演、录音录像制品",此规定是对网络存储与发布服务提供者引入了"通知—删除"归责。通过这一程序著作权人可以减轻对于"知道或应该知道"要件的证明程度,但是并不意味着权利人没有进行"通知—删除"程序,网络服务提供者就必然免于承担间接侵权责任。在接到权利人的通知后,网络服务提供者删除侵权作品仅是在删除的时点,面向将来履行了停止侵害责任与损害赔偿责任。而删除时点之前对于过去的行为给权利人所造成的损失，仍应该在间接侵权责任框架下予以评价。

从以上分析可以看出，《信息网络传播权保护条例》第22条所规定的各个要件中既有评价侵权责任构成上的归责要件，也有评价行为主体的要件，也包含了判断主观过错程度的要件。因此，单纯地以"归责条件"或"免责条件"去评价该条规定是难以全面衡量其意义的。笔者对此问题的理解是，区分所谓的"归责要件"或"免责要件"的意义并不大，而从著作权人的请求以及可以获得的救济入手分析直接对应效果的要件构成，更有助于问题的解决。具体来说，著作权人在面对网络平台上存在侵权作品时存在两种救济途径：其一是要求停止侵权行为的存在，其二是要求对其损害承担损害赔偿责任。由于停止侵害请求是面向将来时点，在著作权人承担了侵权作品的发现成本时，不管是著作权人采取了侵权警告的形式，还是采取了诉讼的形式，当侵权作品在平台上的存储与发布的事实得以确认时，网络服务提供者均承担了删除侵权作品、停止其继续发布的义务。对于损害赔偿责任来说，是面向过去既已发生的损害事实的评价，根据侵权行为责任承担的一般原则，网络服务提供者仅在存在故意或过失的情况下，才承担损害赔偿责任，而不是采取严格责任的构成。这也是维护平台存续、促进多样化言论自由的体现。这样的话，问题的关键就在于在帮助侵权的框架下评价网络服务提供者在多大程度上知道或应当知道侵权作品的存在。其中最为严格的情况是将侵权作品存在与否的发现责任由著作权人转移到网络服务提供者一方，由网络服务提供者承担主动的过滤等义务。如果网络服务提供者没有履行主动过滤义务，就该承担间接侵权责任。而对于网络服务提供者来说最为宽松的则是完全以"通知—删除"作为评价主观状态的方式，这样发现侵权作品存在的成本完全转移到著作权人一方，网络服务提供者只要在接收到侵权通知，并履行相应程序删除作品后，就不再承担损害赔偿责任。只有其在接到通知后仍旧放任侵权作品的存储与发布，才承担连带责任。当然在这两级之间，存在红旗标准、侵权责任法上"过失"判断的一般准则等一系列处于中间状态的判断标准。

具体到本案的判断中，被告人徐某某是以论坛模式向会员提供存储和发布信息的平台服务。法院认定被告人徐某某明知用户上传的为侵权作品，其理由在于被告人徐某某作为网络服务提供者，配置了论坛管理员，但是论坛管理员在明知网站上发布的大量操作系统软件未经著作权人许可,仍对侵权软件帖进行评测、回复、加精、加亮等管理操作。且被告人徐某某为了增加网站人气,获取更多利益,以发放礼品、提升会员级别的方式,鼓励、放任刘某某等人发布、上传侵权帖及链接,供网站会员浏览、下载。这两个事实表明被告人徐某某既具有对于侵权作品流通发布与否的管理与支配性,也从侵权作品的流通与发布中获取了利益,因此是在替代责任范畴下评价网络服务提供商责任构成的,当然这种构成既可以是直接侵权责任,也可以是间接侵权责任。从比较法上看,在美国版权法上"替代责任"是间接侵权的一种形态;但是在大陆法系国家,则由于服务提供商的商业实践深度参与了"直接行为人"的行为,因此在满足一定要件的前提下,扩张解释"直接行为主体"的范围,将朴素的物理意义上"直接行为主体"判断,即何者在物理意义上亲自实施作品的向公众传播,扩张到经济价值或社会通识意义上的判断,即何者可以拟制为直接行为人。对"直接行为主体"进行扩大性拟制的手法是解决上述问题的较为朴素的想法,而且也在比较法上被普遍使用,其区别只在于拟制的程度。从比较法上看,日本通过"卡拉ok"法理的运用将网络服务提供者具有"管理支配性"与"获利性"条件下,全面地拟制性判断"直接侵权主体",而德国则是在维持以物理意义判断"直接行为主体"的原则下例外性质地拟制了"直接行为主体"。但是事实上这一模式的最大弊端就在于"拟制"的扩大倾向导致的可预见性降低,进而对新技术下商业模式的产生带来强烈的抑制效果。为了克服通过"替代责任"构成拟制直接行为主体所带来的弊端,需要将网络服务提供者所提供的服务进行分类,对于网络信息提供的中介平台来说,存在两种较为典型的区分:其一是平台所从事的行为是诱发"直接侵权行为"大量发生的中介;其二是平台所从事的行为仅仅扩大了私人用户合法利用作品行为的范围。前者的典型就是P2P软件大量诱发了最终用户违法上传作品现象的发生;后者的典型就是为私人提供云储藏服务、提供跨区域视频传输服务以及提供书籍电子化服务等。对于违法作品的上传来说,在中国语境下,无法实现对"初次信息源"的违法传播进行震慑的情况下,对具有"管理与收益"要件的网络服务提供商可以拟制成为直接传播行为主体,追究其侵权责任。

二、网络存储与发布服务提供者在刑法下的责任承担

在刑法上评价网络存储与发布服务提供者的刑事责任问题同样存在在共同犯罪框架内进行评价与独立评价两种观点。如上所述,本案既可能是在共同犯罪模式下评价,因为已经认定了直接行为主体构成了犯罪行为;又可能是独立评价了网络服务提供者的行为,因为并未在刑事责任上从轻、减轻或者免除处罚。

其中共犯责任主要是依据《最高人民法院、最高人民检察院、公安部关于办理侵犯知识产权刑事案件适用法律若干问题的意见》(法发〔2011〕3 号)第15 条中的规定,即明知他人实施侵犯知识产权犯罪,而为其提供生产、制造侵权产品的主要原材料、辅助材料、半成品、包装材料、机械设备、标签标识、生产技术、配方等帮助,或者提供互联网接入、服务器托管、网络存储空间、通讯传输通道、代收费、费用结算等服务的,以侵犯知识产权犯罪的共犯论处。而独立评价网络服务提供者的行为则有不同的理论构成。其中包括将帮助行为正犯化,或以拒不履行法定义务为依据追究不作为型犯罪。

从民事角度看,在比较法上可能存在将网络服务提供者拟制为直接行为主体的实践,从而实现对于损害积聚行为的一网打尽功能;但是在刑事上则不宜突破罪刑法定的限制,而采取拟制的手法,将本不是上传主体的网络服务提供者拟制为行为主体。这样的话,笔者主张对于网络存储与发布服务提供者的刑事责任只能在共犯理论之下进行评价,而本案中既然查明直接行为主体构成犯罪,那么可以在网络存储与发布服务提供者明知的情况下追究其共犯责任。也就是说,本案在定罪量刑方面存在一定问题。当然,在 P2P 服务商将 P2P 检索与传输技术深度整合,并实质呈现作品表达的情况下,司法实践存在独立评价网络链接服务提供者刑事责任的实践("张某某侵犯著作权案",上海市普陀区人民法院(2013)普刑(知)初字第 11 号刑事判决书),理由在于 P2P 服务商深度链接的行为在技术上的参与程度较之网络存储与发布服务提供者更加深入。特别是对于违法作品大量传播的诱发性更加严重,因此刑法的独立评价可以实现有效的规制。而在网络存储与发布服务提供者的情况下,通过共犯理论可能就可以实现规制的实效性,因此应该保持刑法的谦抑性。

参考文献

崔国斌:《著作权法:原理与案例》,北京大学出版社 2014 年版。

王迁:《〈信息网络传播权保护条例〉中"避风港"规则的效力》,《法学》2010 年第 6 期。

王迁:《视频分享网站著作权侵权问题再研究》,《法商研究》2010 年第 1 期。

崔国斌:《网络服务商共同侵权制度之重塑》,《法学研究》2013 年第 4 期。

涂龙科:《网络服务提供者的刑事责任模式及其关系辨析》,《政治与法律》2016 年第 6 期。

网络链接服务提供者的刑事责任：

张某某侵犯著作权刑事案

| 基本案情 |

2009 年底,被告人张某某申请注册网站域名后设立 www.1000ys.cc 网站,并在浙江绍兴租用服务器,通过安装相关软件,完成网站和服务器的连接。嗣后,被告人张某某未经著作权人许可,通过 www.1000ys.cc 网站管理后台,链接至哈酷资源网获取影视作品的种子文件索引地址,通过向用户提供并强制使用 QVOD 播放软件的方式,为 www.1000ys.cc 网站用户提供浏览观看影视作品的网络服务。为提高网站的知名度和所链接影视作品的点击量,被告人张某某在 www.1000ys.cc 网站以设置目录、索引、内容简介、排行榜等方式向用户推荐影视作品。2010 年 2 月,被告人张某某加入"百度广告联盟",由"百度广告联盟"在其设立的 www.1000ys.cc 网站上发布各类广告,从而获取广告收益。经鉴定,www.1000ys.cc 网站链接的影视作品中,有 941 部与中国、美国、韩国、日本等相关版权机构认证的具有著作权的影视作品内容相同。

被告人张某某的辩护人作无罪辩护,指出被告人张某某提供的仅是网络服务行为,并非直接作品提供者。我国现行刑法及相关规定未对该网络服务提供行为构成侵犯著作权罪作明确的规定,根据罪刑法定原则,被告人张某某的行为不构成犯罪。此外,被链哈酷资源网并非直接上传作品的网站,涉案www.1000ys.cc 网站所采技术应为 P2P 技术。

▶ 法律问题

本案被告人张某某主张其实施的并非直接提供作品的行为,而是通过 P2P 软件以加框链接技术提供网络服务的行为。而该行为是否构成侵犯著作权罪则取决于对《刑法》第 217 条规定的理解。根据《最高人民法院、最高人民检察院关于办理侵犯知识产权刑事案件具体应用法律若干问题的解释》(法释〔2004〕19 号)第 11 条:通过信息网络向公众传播他人文字作品、音乐、电影、电视、录像作品、计算机软件及其他作品的行为,应当视为《刑法》第 217 条规定的"复制发行"。本案的争点就在于:司法解释中"通过信息网络向公众传播"是否包括并非直接在自身服务器上存储作品,而是通过 P2P 视频播放软件实施加框链接的网络服务提供行为,还是仅指存在直接作品提供行为。如果将前者纳入"通过信息网络向公众传播"范围之内的话,那么加框链接性质的网络服务提供行为实施主体在现行法律框架内将以侵犯著作权罪的正犯入罪(在理论上可资讨论的包括:间接正犯与不真正不作为犯);如果将"通过信息网络向公众传播"限定于后者的话,那么加框链接性质的网络服务提供行为实施主体仅可能在共犯理论下探讨是否构成共犯(理论上可资讨论的包括:狭义共犯与共同共犯)。

对此,上海市普陀区人民法院(2013)普刑(知)初字第 11 号刑事判决书认定:被告人张某某以营利为目的,未经著作权人许可,发行(通过信息网络向公众传播)他人作品合计数量达 500 部以上的行为,构成"侵犯著作权罪"的正犯。并针对被告人张某某的行为性质指出:尽管其并非直接作品提供者,而是通过 www.1000ys.cc 网站管理后台,链接至哈酷资源网获取影视作品种子文件的索引地址,并通过向用户提供并强制使用 QVOD 播放软件,供 www.1000ys.cc 网站用户浏览观看影视作品,从而完成涉案影视作品在网络上的传播,但是其上述网络服务提供行为,可使公众在其个人选定的时间和地点通过www.1000ys.cc 网站获得作品,符合信息网络传播行为的实质性要件,属信息网络传播行为,因此符合侵犯著作权罪中"发行"(通过信息网络向公众传播)的行为性质。

针对链接条件下如何认定"未经著作权人许可"问题,判决指出:首先,P2P 技术下,基于本案现有证据,最先将作品制作成"种子"置于互联网上的直接作品提供者确实存在分散性和不确定性,但从影视作品权利人的经营模式及授权形式来看,基于 P2P 技术特点,权利人不可能许可其影视作品以设置成"种子"的形式在互联网上免费传播,故最先将影视作品制作成"种子"置于互联网上的作品提供者,其"未经著作人许可"的事实成立。其次,被告人张某某对在 www.1000ys.cc 网站上供用户浏览观看的影视作品具侵权性是明知的。具体事实及理由如下:一是其从互联网论坛获得了通过采集盗版影片资源建立网站并进行牟利的信息及操作技术,定向链接至哈酷资源网,主动采集影片资源,并以设置目录、索引、内容简介、排行榜方式向用户推荐影视作品;二是涉案 www.1000ys.cc 网站上的作品均为影视剧,正版授权的影视视频分享网站是业内公知信息,本案被链的哈酷资源网并非此列;三是被告人张某某开设的是营利性影视视频分享网站,但该网站未获相关行政许可,系非法网站,被告人张某某作为影视视频分享网站的经营者从未获得相关权利人的授权,因其网站的非法性也不可能获得相关作品权利人的合法授权。综上,被告人张某某及最先将作品设置成"种子"的行为人存在"未经著作权人许可"而进行网络传播影视作品的主观故意。

专家评析

一、链接行为是否构成著作权法上的信息网络传播行为

在著作权法领域,近年围绕视频聚合、加框链接、深层链接等新型商业模式,学界与司法实践就信息网络传播权中提供作品行为所采取的"服务器标准"与"实质呈现标准"进行了一系列深入的研究和探讨。其中主张"实质呈现标准"的学者主张:设链平台往往打着加框链接、聚合链接等技术幌子,实质从事诱发侵权作品传播,进而导致网络生态急剧恶化。现实中对违法初次传播信息源的打击力度并不理想,这种在比较法上不遗余力打击的重点,在中国语境下却成为可以"打一枪换一个地方",规范的震慑效果根本没有发挥,实际执法者往往叫苦不迭。因此,不管是行政执法机关的实践参与者还是对中国语境了如指掌的学者,都不约而同地希望能够通过修法活动将链接平台纳入著作权法规制的范围。

而主张"服务器标准"的学者则指出:作为著作权法上的法定利用行为之一的"信息网络传播行为"的本质特征就是初次向公众传播作品信息源的行

为。其中特别强调了"初次"的重要性,正是因为这一特征,可以断定链接行为不是网络传播行为。但这并不妨碍主张"实质呈现标准"的学者针锋相对地提出:在广播权之外,著作权人也享有转播权。既然对传统传播行为可以在立法论上设置广播权与转播权,那为什么不能在网络传播行为上设置传播权和转链接权呢?在转播权的设置上为什么就不再强调"初次"的重要性了呢?事实上,从解释论者看来,上述类比存在一个本质区别。由于传统广播行为往往是单向的,因而受制于时间、地点与载体,故而可以享受广播行为的受众一定是有限的。也就是说,著作权人在广播权控制的行为之下获得的对价仅及于有限的主体,而再次通过有线或无线等技术手段转播他人作品的行为面对的一定是不同的主体,或者相同主体在不同时间、地点或载体上的不同需求。正是因此,在著作权人亲自或许可他人初次广播之时,其对于初次广播的对价征收肯定是面向一个有限范围的受众的。也正是由于转播权的存在,著作权人从行使权利伊始就持有再次向新公众呈现作品时,也要再次征收新对价的预期和手段。而对于网络传播行为,除非著作权人使用了技术保护措施而创设一个类似广播与转播的旧公众与新公众,当著作权人亲自或许可他人初次在网络上传播其作品时,就无法再次区分旧公众与新公众,任何主体都成了具有享受作品创造性表现的潜在对象,并可以突破时间、空间与载体而享受作品。

　　从笔者的理解来看,网络链接行为的本质就是:在互联网海量信息下,对某一特定创作性表达再次引起特定多数群体实际享受创作性表达的行为。而设链权的现实作用就在于:从任意不特定多数群体可以享受某一特定创作性表达的可能性(初次信息源)到实际上某一特定多数群体享受了这一特定创作性表达之间可以获取的商业利益的再次分配。通过立法论赋予著作权人类似"设链权"或者通过解释论扩大解释"信息网络传播权"的思维方式就是"事前"赋予著作权人再次分配这一商业利益的权利;而以"初次信息源"为本质特征界定的"信息网络传播权"则排除了设链主体承担著作权侵权责任,仅是"事后"根据权利人的"选择进入",例如在采取了技术保护措施的情况下,通过禁止他人提供破解技术保护措施的工具的行为,或在证明存在竞争利益基础上依据反不正当竞争法主张权利。

而对于设链主体的侵权责任判断问题,笔者提出应该区分两种情况:其一是平台所从事的行为是诱发"直接侵权行为"大量发生的中介;其二是平台所从事的行为仅仅扩大了私人用户合法利用作品行为的范围。

链接行为中,如果初次上传的作品是未经著作权人许可的,也就是违法作品上传的问题,其中包括违法上传作品"种子"的分散性行为,可以将链接平台视为诱发"直接侵权行为"大量发生的中介;而如果初次上传的作品是经过著作权人许可的,也就是合法作品的上传问题,本质上是扩大私人用户合法利用作品现实范围的行为,因为链接平台能够将分散于网络中的内容集中在一起,对于最终用户而言,可以一次性浏览所有需要的信息,而无须漫无目的地搜索所需信息。对于前者,将设链平台纳入诱发"直接侵权行为"大量发生的中介是有一定道理的。例如有学者指出:"现在,中国很多知名网络服务商不希望直接从事盗版侵权活动,但是依然抵挡不住变相盗版的诱惑。于是,它们与一些无名网站甚至个人合作,由后者冒险提供盗版作品内容,前者提供加框链接"。因此对于违法作品的设链行为通过一定要件的设置使其承担著作权法上的责任追究还是存在合理性的。但是对于后者,则要考虑链接平台到底创造了何种服务,是否属于在时间、空间、载体、精度等角度扩展了最终用户在合法范围内实施行为的自由。

对于违法作品的上传来说,在中国语境下,无法实现对"初次信息源"的违法传播进行震慑的情况下,对具有"管理与收益"要件的链接主体可以评价成为直接传播行为主体。也就是在违法上传作品的情况下,如果设链平台实质性呈现了作品的创造性表达的话,笔者认同认定链接行为就构成直接侵权行为的观点。若想将链接行为纳入传播行为范围之内,对于提供链接平台的主体只能是通过"拟制"的方式认为构成直接传播行为主体。这种"拟制"的手法为各国司法实践较为积极地采取。即由于服务提供商的商业实践深度参与了"直接行为人"的复制行为,因此在满足一定要件的前提下,比较法上不少实践通过扩张解释"直接行为主体"的范围,将朴素的物理意义上"直接行为主体"判断,即何者在物理意义上亲自实施作品的创造性表达的重现,扩张到经济价值或社会通识意义上的判断,即何者可以拟制为直接行为人。将物理意义上或自然属性上非直接行为主体的间接行为人拟制为直接行为主体,可以避免物理意义上的直接行为主体由于构成私人复制例外免责的困境。对于"直接行为主体"进行扩大性拟制的手法是解决上述问题的较为朴素的想法,而且也在比较法上被普遍使用,其区别只在于拟制的程度上。从比较法上看,日本通过"卡拉 ok"法理的运用全面的拟制性判断"直接侵权主体";而德国则是在维持以物理意义判断"直接行为主体"的原则下例外性质地拟制了"直接行为主体"。

另一方面,对著作权人自身或许可他人实施的合法作品上传,链接平台仅仅起到了由浏览可能性到浏览现实性的中介工作,属于扩张最终用户私人利用合法范围的行为,不应一律拟制为直接传播行为主体,只能够通过著作权人或者许可的平台在举证存在诉之利益或竞争利益的基础上,通过反不正当竞争法来实现利益的回流。

二、刑法上对于通过 P2P 软件实质呈现作品行为的评价

在刑法上对于链接行为的评价不能脱离著作权法中所规定的权利范围而单独设置规范。当然,刑法所规制的行为在范围上可以小于著作权法所规制的范围,也就是说刑法具有一定的谦抑性,仅在最能够发挥刑法预防和抑制侵权行为发生的范围内设置才是最合理地运用了资源。因此在解释《最高人民法院、最高人民检察院关于办理侵犯知识产权刑事案件具体应用法律若干问题的解释》(法释〔2004〕19 号)第 11 条中的"通过信息网络向公众传播作品"时,需要关照著作权法中有关民事侵权的规范与实践。其中有观点指出,对于并非直接提供作品,而是提供深度链接性质的实质呈现作品表达的行为,不应该在刑法中评价为"通过信息网络向公众传播作品",而仅可能在间接侵权的范畴内,也就是刑法共犯理论的框架内解决这一问题。对此笔者持不同意见。

在刑法共犯理论下,在规范上适用《最高人民法院、最高人民检察院、公安部关于办理侵犯知识产权刑事案件适用法律若干问题的意见》(法发〔2011〕3 号)第 15 条中的规定,即明知他人实施侵犯知识产权犯罪,而为其提供生产、制造侵权产品的主要原材料、辅助材料、半成品、包装材料、机械设备、标签标识、生产技术、配方等帮助,或者提供互联网接入、服务器托管、网络存储空间、通讯传输通道、代收费、费用结算等服务的,以侵犯知识产权犯罪的共

犯论处。

在适用共犯理论时,有两点很难在 P2P 型深度链接时予以满足。其一就是要求必须存在一个满足犯罪构成要件的直接行为,也就是说直接上传并在服务器内存储作品的主体的行为必须满足刑法关于侵犯著作权罪的犯罪构成。但是基于 P2P 技术特点,最先将影视作品制作成"种子"置于互联网上的作品提供者可能由于上传作品的行为并未达到科以刑事责任的门槛而不能追究其刑事责任,或者由于网络的分散性与匿名性,寻找出满足刑事构成的直接上传者的成本极高,或困难极大,这导致共犯的犯罪构成难以满足。当然在学说上也存在通过共犯的正犯化抛开正犯行为的犯罪认定,而直接评价共犯的行为。在刑法学理论上关于共犯正犯化理论至今也存在着肯定说与否定论之争。其中后者认为:共犯的定罪量刑应依附于正犯,抛开正犯而单独处罚共犯是不符合共同犯罪的基本原理;而前者则认为:正犯化的运用正是因为考虑到共犯行为的特殊性,通过类型化的方式梳理具有严重社会危害性的共犯行为单独成罪。其中《刑法修正案(九)》中将帮助信息网络犯罪活动罪正犯化就是典型一例(未履行作为义务的前提下)。而对于链接行为,在立法并未作出规定,而司法解释仍在共犯前提下定义时,脱离直接行为的犯罪构成讨论共犯责任就存在不妥当之处。其二就是对于共同犯罪下犯意联系的认定,在较为简单的联结关系下,也就是设链者和被链者之间存在意思联络的情况下,很容易认定存在犯意联系。例如在袁某、谭某犯侵犯著作权罪案(江苏省徐州市中级人民法院(2015)徐知刑初字第 13 号刑事判决书)中,被告人袁某与被告人谭某商定,在被告人谭某经营的影视剧导航网站网页上添加虾滚网的链接地址,被告人袁某支付被告人谭某相应的报酬。因此谭某明知被告人袁某经营非法的影视剧网站,仍继续提供链接服务,情节特别严重,被告人谭某系被告人袁某侵犯著作权罪的共犯。但是在 P2P 技术下,最先将作品制作成"种子"置于互联网上的直接作品提供者确实存在分散性和不确定性,设链人与其并不可能存在意思联络,被链方也对于自己上传的作品被链并不知情。当然在刑法理论上存在片面共犯理论,针对的就是设链方与被链方之间在客观上的联系较之主观上的联系则相对紧密的情形。对于犯意的问题,也进一步取决于刑法理论的发展。总之,在本案中以 P2P 软件形式深度链接违法作品的情况下适用刑法共犯理论还是存在种种问题的。因此有必要在正犯理论模式下讨论此种情况下的犯罪构成。

事实上本案判决认定被告的行为尽管其并非直接作品提供者,而是通过 www.1000ys.cc 网站管理后台,链接至哈酷资源网获取影视作品"种子"文件的索引地址,并通过向用户提供并强制使用 QVOD 播放软件,供 www.1000ys.cc 网站用户浏览观看影视作品,从而完成涉案影视作品在网络上的传播,但是其上述网络服务提供行为,可使公众在其个人选定的时间和地点通过 www.1000ys.cc 网站获得作品,符合信息网络传播行为的实质性要件,属信息网络传播行为,因此符合侵犯著作权罪中"发行"(通过信息网络向公众传播)的行为性质。也就是承认了实质呈现作品形式对于违法作品的深度链接行为构成"通过信息网络向公众传播"行为。

在刑法上作出这样的判断笔者持肯定见解。首先,如上所述,笔者主张对于著作权法上违法作品的上传来说,在中国语境下,无法实现对"初次信息源"的违法传播进行震慑的情况下,有必要对具有"管理与收益"要件的链接主体认定为直接传播行为主体。也就是在违法上传作品的情况下,如果设链平台实质性呈现了作品的创造性表达的话,笔者认同认定链接行为就构成直接侵权行为。这样的话并不会出现著作权法尚未规制的行为却被纳入刑法规制的现象出现。其次,刑法上对于实质呈现违法上传作品的链接行为的规制具有实效性,而这种行为在诱发侵权行为发生的恶性上也是远高于独立上传的单个主体。正是因为链接平台的存在,导致了侵权效果的集聚,并在其对热播影视作品等以设置榜单、目录、索引、描述性段落、内容简介等方式进行推荐等行为下更加便利了他人接触侵权作品。这样将此类行为纳入刑法规制范围之内并不违反罪责刑相适应的原则。最后,尽管笔者主张将实质呈现作品形式对违法作品的深度链接行为纳入"通过信息网络向公众传播"行为,但不意味着实质呈现性质链接他人合法作品初次上传的行为也应该纳入刑法规制范围之内。也就是在著作权法上对著作权人自身或许可他人实施的合法作品上传,链接平台仅仅起到了由浏览可能性到浏览现实性的中介工作,属于扩张最终用户私人利用合法范围的行为,不应一律拟制为直接传播行为主体。在刑法上也应该将其出罪。这样出罪与入罪的标准就在于对于被链主体上传的作品是否是著作权人自身或许可他人实施的合法作品上传,这一要件的认定则显得尤为重要。而本案判决最为突出的特点就在于针对"未经著作权人许可"的认定之上。这其中包含两个要件的证明:其一是被链主体上上传的作品是未经著作权人许可的;其二是设链主体对于这一违法上传事实明知。对于这两个要件的证明,本案判决首先通过推定的形式指出:"从影视作品权利人的经营模式及授权形式来看,基于 P2P 技术特点,权利人不可能许可其影视作品以设置成'种子'的形式在互联网上免费传播,故最先将影视作品制作成'种子'置于互联网上的作品提供者,其'未经著作人许可'的事实成立"。但是这一刑事推定不足以证明链接主体所链接的被链主体的作品均为违法上传。事实上,公诉机关应该针对链接的作品逐一确定是否取得著作权人的授权。尽管根据 P2P 技术的特点,上传的种子具有分散性和不确定性,但是在设链主体端已经呈现了作品实质部分的情况下,依据设链主体实质呈现的作品是否最初上传得到著作权人的许可应该并非不能完成的证明程度,所以考虑到刑事责任认定上的证明责任标准,在本案中对于非经著作权人许可的推定上难谓妥当。其次,对于被告人主观的明知性,本案判决指出:"一是其从互联网论坛获得了通过采集盗版影片资源建立网站并进行牟利的信息及操作技术,定向链接至哈酷资源网,主动采集影片资源,并以设置目录、索引、内容简介、排行榜方式向用户推荐影视作品;二是涉案 www.1000ys.cc 网站上的作品均为影视剧,正版授权的影视视频分享网站是业内公知信息,本案被链的哈酷资源网并非此列;三是被告人张某某开设的是营利性影视视频分享网站,但该网站未获相关行政许可,系非法网站,被告人张某某作为影视视频分享网站的经营者从未获得相关权利人的授权,因其网站的非法性也不可能获得相关作品权利人的合法授权"。其中第一与第三个事实的认定实际上与对于作品违法上传与否的认识并无直接关系。第一事实只能表明被告人有从事这一违法行为的动机,而第三事实与明知的认识毫无关系。只有第二事实即涉案 www.1000ys.cc 网站上的作品均为影视剧,正版授权的影视视频分享网站是业内公知信息,本案被链的哈酷资源网并非此列,与对违法上传事实是否明知这一要件有关。这实际上也是采取了一种推定的形式,正版授权的影视视频分享网站存在合法上传的作品,和被链的哈酷资源网不可能存在合法上传的作品之间并不存在绝对的因果关系。也就是说,上述对于主观明知的推定并不能够完全成立。当然对于这一明知的证明,在民事侵权领域也是争议的焦点问题。在网络服务商在何种程度上承担间接侵权责任问题上"明知"(《最高人民法院关于审理涉及计算机网络著作权纠纷案件适用法律若干问题的解释》(2000年)第5条)、"明知或者应知"(《信息网络传播权条例》第23条、《最高人民法院关于审理侵害信息网络传播权民事纠纷案件适用法律若干问题的规定》(2012年)第8条第1款)、"知道"(《侵权责任法》第36条第3款)。其中对于"应知"的判断,在《最高人民法院关于审理侵害信息网络传播权民事纠纷案件适用法律若干问题的规定》(2012年)第9条规定:人民法院应当根据网络用户侵害信息网络传播权的具体事实是否明显,综合考虑以下因素,认定网络服务提供者是否构成应知:(一)基于网络服务提供者提供服务的性质、方式及其引发侵权的可能性大小,应当具备的管理信息的能力;(二)传播的作品、表演、录音录像制品的类型、知名度及侵权信息的明显程度;(三)网络服务提供者是否主动对作品、表演、录音录像制品进行了选择、编辑、修改、推荐等;(四)网络服务提供者是否积极采取了预防侵权的合理措施;(五)网络服务提供者是否设置便捷程序接收侵权通知并及时对侵权通知作出合理的反应;(六)网络服务提供者是否针对同一网络用户的重复侵权行为采取了相应的合理措施;(七)其他相关因素。其中包含了链接主体负有一定主动版权审查义务的要素。当然在学说上也存在通过红旗标准,即只有直接侵权行为像鲜红的红旗在服务商面前飘扬时,才能说服务商"应知"该侵权行为,因此在很大程度上限制了"应知"的范围。

对此,在刑事证明标准上应采取何种态度则事关重要,首先在大多数情况下,要求证明设链主体实际知道被链主体系违法上传的作品的确难度很大,而关键则在于在多大程度上能够通过证据间接证明其实际知道。在民事侵权中,有学者主张的依据"正常合理人"标准可能在刑事领域并不妥当,因为该标准在立法很难事先预测具体注意义务标准的情况下,具有很大的弹性空间,以适应网络环境下不断变化的新挑战。而刑法强调的就是可预见性与罪刑法定原则。因此,笔者认为民事上作为限制"应知"范围而采用的红旗标准在刑事领域也许可以起到一定的判断标准作用,也就是说被链主体所违法上传作品的事实是如此明显,以至于像红旗一样飘扬,任何链接主体都应当认识到其链接的是未经著作权人许可的违法作品。本案中第二事实的认定可能也是从这个角度予以论述的。此外,在主观的证明上并不要求设链主体具有谁在从事侵权活动的具体认知,这也是P2P视频分享技术下所具有的典型特点。

综上所述,对于本案提供深度链接性质的实质呈现违法上传作品表达的行为评价为刑法中的"通过信息网络向公众传播作品"行为,笔者持肯定态度,但对于本案中被链主体上传的作品是否是著作权人自身或许可他人实施的合法作品上传这一要件的证明上存在质疑之处。

参考文献

张佳璐:《张某某侵犯著作权案——网络聚合平台通过P2P技术传播影视作品型网络服务提供行为构成侵犯著作权罪的犯罪认定》,载最高人民法院中国应用法学研究所编:《人民法院案例选》(2014年第4辑:总第90辑),人民出版社2016年版。

凌宗亮:《网络服务提供行为侵犯著作权刑事责任探析》,《中国版权》2014年第4期。

崔国斌:《得形忘意的服务器标准》,《知识产权》2016年第8期。

王迁:《论提供"深层链接"行为的法律定性及其规制》,《法学》2016年第10期。

王冠:《深度链接行为入罪化问题的最终解决》,《法学》2013年第9期。

向公众提供破解技术措施工具的刑事责任：

叶某某侵犯著作权刑事案

| 基本案情 |

2011 年 5 月至 10 月间,被告人叶某某使用其在淘宝网上注册的名为"叶欧 baby"的网店销售《古剑奇谭》游戏破解程序文件。经鉴定,该文件能使得玩家不用购买与该游戏配套的激活码即可运行该游戏。再核实"叶欧 baby"的支付宝交易记录,自 2011 年 5 月 24 日至 10 月 19 日间,叶某某共交易上述破解文件 2983 个。《古剑奇谭》游戏软件是上海烛龙科技信息有限公司开发并享有著作权的一款单机版游戏,该游戏提供实体光盘和网上免费下载客户端后购买激活码的方式供玩家使用。对此,叶某某辩护人的辩护意见为:叶某某销售的破解文件不是烛龙公司或圣唐公司享有著作权的作品,该破解文件和《古剑奇谭》中的同名文件差别极大;刑法并未将故意避开或破坏著作权人为保护其软件著作权而采取的技术措施的行为列入刑事犯罪的范围。

▶ 法律问题

本案涉及的法律问题为向公众提供破坏接触型技术措施的工具行为的刑事责任。对此,北京市石景山区人民法院(2012)石刑初字第 330 号刑事判决书认为:第一,被告人叶某某的行为,不是未经著作权人许可,破坏权利人为保护著作权采取的技术措施的行为,而是以营利为目的,向公众提供破坏权利人所采取的技术措施的行为。两者的区别是显而易见的,前者是以侵犯他人权利的方式使用他人作品,影响范围小,社会危害有限;后者是以通过向公众提供该破坏措施实现营利,传播范围广,社会危害大。第二,鉴定意见书证明,被告人叶某某所售破解文件不能单独运行,需要调用《古剑奇谭》游戏中的文件才可执行。即,如果脱离《古剑奇谭》游戏软件,该破解文件没有实际用途,也不可能被出售获利,可见,该破解文件之所以能销售两千余件,最主要是因为其可以破坏《古剑奇谭》游戏软件的技术措施,实现运行游戏的目的。第三,被告人叶某某向公众提供破解文件时,明示破解文件的使用方法为:先从烛龙公司官网下载游戏客户端(复制他人作品),再按要求安装其所售的破解文件,才能实现运行游戏的目的。被告人叶某某亦应当对下载游戏客户端的行为(复制作品)负责,即叶某某应对复制作品并通过破解文件使用作品的行为负责,故将其行为认定为发行他人作品不违反罪刑法定原则。辩护人认为被告人叶某某没有出售他人作品的意见缺乏事实依据,对该辩护意见不予采纳。综上所述,本案中被告人叶某某以出售破解文件的方式,通过信息网络传播他人作品,故应当认定为发行他人作品的行为。

相比于一系列有关向公众提供破坏接触型技术措施的工具行为的刑事责任案例,本案进行了较为详尽的说理。首先区分了破坏权利人为保护著作权采取的技术措施的行为与向公众提供破坏权利人所采取的技术措施的行为两类行为,并指出后者社会危害性更大更应该予以规制;其次是指出被告向公众提供的工具除了用于破解著作权人技术保护措施,并没有其他实际用途;最后是被告人在向公众提供破解文件时,明示破解文件的使用方法,教唆他人如何实施复制和运行他人计算机程序。正是因为上述三点理由,法院判决被告人以出售破解文件的方式,通过信息网络传播他人的作品,应当认定为发行他人作品的行为。

通过法院判旨与结论可以看出,本案判决在规制向公众提供破解技术措施的工具行为上采取了独立评价为侵犯著作权罪的做法,这不同于采取共同犯罪理论,或将销售破解技术措施的工具视为销售作品复制件进而构成侵犯著作权罪的理论构成,结合法院给出的具体犯罪构成要件,体现了本案判决在解决同类案件上的突出重要性。因此笔者将从"著作权法上向公众提供规避技术措施手段的法律性质与规制手段"与"刑法对于向公众提供破坏技术措施手段的规制"两个问题入手,具体探讨向公众提供破坏技术措施工具的刑事责任问题。

专家评析

一、著作权法上向公众提供规避技术措施手段的法律性质与规制手段

数字技术不仅使得利用者可以便捷地接触并使用作品，也为权利人控制作品的利用形式提供了自助实现的可能性。特别是权利人通过技术保护措施的开发与利用，使其可以控制作品是否被接触、复制或传输。这一事实上的排他权可能导致对原本属于公众合理使用范围内的作品利用行为被排除。由于运用技术保护措施需要付出高昂的成本，更会面临新技术手段的突破。为了避免因陷入技术比拼而无谓地增加成本，著作权人更多地将希望寄托于通过立法手段以及国际条约的缔结来维护自身的利益。关于技术保护措施的立法最早出现于 1996 年的 WCT 中。

有关技术措施是在我国《著作权法》第 48 条第 6 项中规定："未经著作权人或者与著作权有关的权利人许可，故意避开或者破坏权利人为其作品、录音录像制品等采取的保护著作权或者与著作权有关的权利的技术措施的，法律、行政法规另有规定的除外"。从该项规定的构成来看，禁止的是他人实施的避开或者破坏的行为，针对的对象是为保护著作权或者与著作权有关的技术措施。

针对这条规定，存在许多不明确之处：一是该项规定将直接从事避开或破坏行为纳入了违法行为范围之内，但是对于为违法行为提供工具与手段的主体来说，是否仅能在共同违法行为范畴内予以规制，还是需要独立地在一定要件下将其也评价为违法行为。二是为保护著作权的技术措施的含义较为明确，但是为保护与著作权有关的技术措施则并不明确。对于前者来说，即使并不将规避技术措施的行为独立为违法行为，著作权人也可以依据侵犯著作权而主张排他权；但对于后者来说，如果不将规避技术措施的行为独立评价为违法行为，则可能无法给予规制。而在多大程度上评价与著作权有关则直接决定了禁止规避技术措施责任的范围。三是该项规定明确列举了作品、录音录

像制品,但由于之后"等"的存在,又不限于前两种。也就是包括了邻接权在内的广义著作权下,到底延伸到何处。

对于第一点,在《信息网络传播权保护条例》第4条第2款中除了禁止任何组织或者个人从事的直接破坏技术措施行为,也规定了不得故意制造、进口或者向公众提供主要用于避开或者破坏技术措施的装置或者部件,不得故意为他人避开或者破坏技术措施提供技术服务。在这点上也就是将提供教唆帮助的间接行为纳入了违法行为的规制范围之内。也有学者从《信息网络传播权保护条例》的该款规定反推指出:《著作权法》第48条第6项本身并没有将提供规避手段的行为定为侵权,相关规定出现在《信息网络传播权保护条例》第4条第2款。但由于《信息网络传播权保护条例》是授权立法,其对技术措施的保护不能超出《著作权法》的规定,因此《著作权法》第48条第6项中所称的提供规避手段的行为,不仅包括直接规避行为,也包括间接规避行为。在学说上有观点也指出著作权法应该放弃规制直接破解技术保护措施的行为,而仅规制向公众提供破解技术措施的工具与服务的行为。也就是脱离直接规避行为的违法性,独立地评价向公众提供破解技术措施行为的违法性。

对于第二点,在学理上区分为"权利保护"与"接触控制",但这一区分是否可以对应到《著作权法》中的"保护著作权的技术措施"与"与著作权有关的技术措施"仍不明确。《信息网络传播权保护条例》第26条规定:技术措施,是指用于防止、限制未经权利人许可浏览、欣赏作品、表演、录音录像制品的,或者通过信息网络向公众提供作品、表演、录音录像制品的有效技术、装置或者部件。其中浏览、欣赏作品等的行为并不是侵犯著作权的行为,而是一种典型的接触作品的行为,因此可以说《信息网络传播权保护条例》采取了"权利保护"与"接触控制"的学理划分,将保护延伸到了接触控制类的技术措施。在学说与司法实践中,曾尝试通过著作权法上的正当利益要件来限制与著作权有关的技术措施范围过于宽泛的问题。在北京市高级人民法院发布的《关于审理涉及网络环境下著作权纠纷案件若干问题的指导意见(一)(试行)》(京高法发〔2010〕166号)第32条中就规定:《信息网络传播权保护条例》第26条规定的技术措施是指为保护权利人在著作权法上的正当利益而采取的控制浏览、欣赏或者控制使用作品、表演、录音录像制品的技术措施。下列情形中的技术措施不应认定为应受著作权法保护的技术措施:(1)用于实现作品、表演、录音录像制品与产品或者服务的捆绑销售的;(2)用于实现作品、表演、录音录像制品价格区域划分的;(3)用于破坏未经许可使用作品、表演、录音录像制品的用户的计算机系统的;(4)其他妨害公共利益保护、与权利人在著作权法上的正当利益无关的技术措施。

　　从著作权法上看,单独的接触作品的行为是并不侵害著作权的,如个人未经许可阅读、欣赏作品或非商业性运行计算机软件。但是将其排除出著作权排他权范围之外并不是上述行为具有天然的合理性,从著作权法的宗旨来看,建立一种与作品的使用价值相对应的对价回流机制应该是最为恰当的,也就是利用者每享受一次作品中的创作性表达,就实现了人类在科学、艺术、文化等领域的愉悦,因此就应该征收一次对价。但现实中对利用行为的每次计价无异于大海捞针,即使勉强作出了按次计价的制度,也会因无力执行而使该等制度无异于具文。另外,针对最终利用者实施的每次利用监控也干预了其私人世界,侵犯了必须划定的私人自由空间。因此著作权法从建立之初就只是针对作品使用行为的一小部分设置排他权。一般来说,这种法定利用行为是围绕"复制权"与"向公众传播权"两大支柱建立的。但是当著作权人通过技术措施可以实现自力救济时,却由于向公众提供的轻易可以破解技术措施的工具的扩散导致不特定多数用户行为的累积效应,因此防止这种损害的最佳方法是禁止向公众提供规避手段。因此,浏览、欣赏、运行作品的行为都可以看作是与著作权相关的利益,在这些利益上施加了技术保护措施的话,如果他人传播破解工具或提供破解服务,就可以直接规制这类行为。

　　对于第三点来说,在《信息网络传播权保护条例》第26条中列举了作品、表演、录音录像制品。也有观点指出应该包括广播节目信号,对其客体延伸至著作权法所规定的著作权与邻接权的保护客体争议不大。

二、刑法对于向公众提供破坏技术措施手段的规制

　　在刑法上规制向公众提供破坏技术措施工具行为似乎并不存在十分大的争议,正如本案判决所指出的那样:以营利为目的,向公众提供破坏权利人所采取的技术措施的行为,传播范围广,社会危害大,易于造成对于微小损害的

积聚效果,刑法则不失为针对这种行为具有实效性的规制手段。于是关键问题在于通过何种理论构成实现刑法规制的明确性与谦抑性。在既有学说与实践上存在以下三种见解。

(一)直接认定为实质构成销售形式的"发行"行为

根据我国著作权法的规定,发行是指以出售或赠与的方式向公众提供作品的原件或者复制件。通常的观点认为,该行为应当以转移作品有形物质载体所有权的方式提供作品的原件或复制件。即使在刑法上将"发行"的概念进行了扩大,而不拘泥于著作权法上的解释,也需要发行的是作品的行为。但是向公众直接提供序列号,或提供破解序列号的工具的行为,并没有向公众传播作品,通常是软件使用方利用以前合法取得的介质或通过网上下载等方式自行完成安装。但是对于计算机软件而言,通常判断发行商或销售商销售软件是否经过授权,即是否是正版软件,根据的是其能否提供安装序列号、注册码。因此,具有合法的安装序列号通常是有权复制发行的标志。也就是在这一理由下,一系列案例均将向公众提供破解技术措施的行为认定为实质构成销售形式的"发行"行为。例如在霍某某、吴某某等六人侵犯著作权案(北京市海淀区人民法院(2014)海刑初字第 1741 号刑事判决书)中,法院认定:向他人出售涉案软件加密锁,该加密锁避开了著作权人的软件加密保护功能,使他人无需购买正版软件加密锁就可以正常使用涉案软件,属于未经著作权人许可,变相销售他人享有著作权的软件作品行为,应认定为刑法上的"发行"行为。

该案名义上是在销售加密锁,但加密锁"利用其加密程序修改了广联达软件的加密程序,解除了广联达软件的加密功能,从而实现了对广联达软件的破解使用",其实质是绕过广联达公司的销售授权来销售广联达软件;销售所得对应的是软件的使用价值,而非加密锁的价值,即,本案被告人销售的实际对象是广联达软件。故其行为属于未经许可变相销售他人享有著作权的软件作品行为,应当以侵犯著作权罪论处。

在翁某等侵犯著作权案(福州市鼓楼区人民法院(2014)鼓刑初字第 461号刑事判决书)中,被告人首先破解上述被害人公司的工业控制软件,制造出加密锁。接着从被害人公司的官网上下载被侵权软件的安装程序,将其复制到光盘,再与加密锁配套进行销售。事实上,软件销售公司的官网上,对于软件的安装程序都是公开以供使用人下载的。但要使用软件,就必须获得授权许可文件,即购买"序列号"。被告人破解软件,重新"制造"出序列号,将序列号写入加密锁,进行销售。故,本案被告人的行为实际上就是未经软件著作权人许可擅自"伪造授权许可文件"而对软件进行使用的行为。

在李某等侵犯著作权案(北京市海淀区人民法院(2015)海刑初字第255号刑事判决书)中指出:虽没有证据证实李某、刘某实施有相关复制他人软件的行为,但其二人通过淘宝网店向他人出售涉案软件加密锁,该加密锁避开了著作权人的软件加密保护功能,使他人无需购买正版软件加密锁就可以正常使用涉案软件,属于未经著作权人许可,变相销售他人享有著作权的软件作品行为,应认定为刑法上的"发行"行为。

从逻辑上看,侵犯著作权罪中的复制发行行为的客体必然是作品,如果复制发行的不是未经他人许可的作品的话,则无法适用该规定。因此向公众提供自行研发的破解技术措施的软件的行为并没有复制发行他人的软件,因此这种实质性将其认定为发行行为的看法本身就是不符合犯罪构成的。另外,假设销售的破解技术措施的价格远低于整个软件的价值的话,如果将其实质性认定为发行行为的话,可能会将本未达到犯罪数额门槛的行为纳入刑法规制的范围之内。

(二)共同犯罪说

在"王某某侵犯著作权罪案"(上海市浦东新区人民法院(2012)浦刑(知)初字第27号刑事判决书)中,被告人王某某被控构成犯罪的行为之一,是其冒充学生身份从微软公司的官网上免费获取了软件序列号,并在淘宝网上单独销售。法院适用《刑法》第217条判决被告的行为构成侵犯著作权罪。在该案中,被告是在网上出售软件序列号,而不是出售计算机软件光盘。因此,被告的行为不是对计算机软件的复制发行,而是对软件序列号这一规避技术措施的手段的复制发行。因此有学者指出该案的逻辑是一种共犯思维,即:(1)软件序列号的购买者商业性使用计算机软件构成直接侵权。(2)被告提供规避技术措施手段的行为构成帮助侵权,由于情节严重构成犯罪。但是正如该学者指出的那样,在"王某某侵犯著作权罪案"中法院并没有细究他人在购买了软件序列号之后如何使用相关计算机软件这一问题。如果购买者均只是"为了学习和研究软件内含的设计思想和原理"而使用软件,则其行为并不构成直接侵权。此时认定被告提供软件序列号这一规避手段的行为构成侵权乃至犯罪就缺乏依据了。也就是说,在共同犯罪模式下评价向公众提供破解技术措施工具行为时,最终利用破解技术措施工具的主体必须也构成犯罪行为,否则就无法评价帮助犯的刑事责任承担问题。

单纯地利用破解技术措施工具的行为在民事上仅构成违法行为,也有观点指出著作权法根本就不该规制此类直接破坏的行为。因此在民事上规制与否都存疑的情况下,不可能在刑法上评价为犯罪行为。如果破坏技术措施后,必然导致侵犯著作权的,可以通过侵犯著作权罪予以追究。在李某某侵犯著作权、对非国家工作人员行贿案(杭州市西湖区人民法院(2013)杭西知刑初字第1号刑事判决书)中就指出:被告人李某某通过网络购买破解工具并安装使用,系破坏著作权人为保护其软件著作权而采取的技术措施的行为;其又签订合同将著作权人的计算机软件予以销售,系发行著作权人计算机软件的行为,其行为符合侵犯著作权罪的构成要件。

只有当单纯地利用破解技术措施工具的行为过程中必然导致了对于著作权侵权的情况下,当达到侵犯著作权罪的程度时,才满足了存在共犯中的正犯行为。这样仅在破坏"权利保护"型技术措施,且侵权行为构成犯罪的条件下才满足共同犯罪的条件,这事实上极大地限制了惩治向公众传播破解技术保护措施工具的行为。特别是对于计算机软件的使用行为来说,其本身根本不会纳入到刑事责任的追究范围之内。在《最高人民法院关于审理著作权民事纠纷案件适用法律若干问题的解释》(法释〔2002〕31号)第21条规定:"计算机软件用户未经许可或者超过许可范围商业使用计算机软件的,依据著作权法第四十七条第(一)项、《计算机软件保护条例》第二十四条第(一)项的规定承担民事责任。"这是我国法律上第一次对最终用户使用盗版软件的民事责任予以明确,这一规定使得追究商业使用盗版软件有了法律依据。

对于商业使用盗版软件的行为是否追究刑事责任仍不明确,在实践中也没有案例。特别是在获取计算机软件的复制件是在网络上由著作权人提供免费下载,而运行计算机软件则需要"注册码"的情况之下,利用他人提供的破解注册码的工具运行计算机软件的行为由于不存在承担刑事责任的可能性，因此向公众提供破解技术措施工具的行为也无法构成共同犯罪。

在共同犯罪条件下需要存在犯意联络等主观方面的考察，但是单纯在互联网上销售工具，难谓存在对于他人行为构成犯罪的明知等故意。特别是很多破解技术保护措施的工具仍具有"实质非侵权"用途，因此从结论上看依据共同犯罪理论追究向公众提供破解技术措施工具行为的刑事责任并不具有实效性，正如同民事上并不以"间接违法行为"理论考察向公众提供破解技术措施工具行为的违法性一样，对于其规制应探寻独立评价违法性与刑事责任的路径。

（三）独立评价为犯罪行为说

本案就体现了这一观点，即在著作权法所规制的有关技术措施的相关行为中，相比于直接破坏行为，提供破坏技术措施工具的行为更加具有社会危害性。而且相比于大多数存在于私人范围内发生的直接破坏行为，以营利为目的传播破坏工具的行为更具有刑法规制的实效性。因此需要将此行为在刑法中独立评价为犯罪行为。在要件的设置上并不仅限于"权利保护"型的技术措施，也对于"接触控制"型技术措施予以保护。但是对于后者需要体现著作权人的正当利益。此外，破解技术措施的工具需要主要用于破解技术措施。在判断方法上主要考察一个装置的主要功能或目的就是用来从事破解行为的；或除了从事破解功能外是否只有其他有限的商业目的，而该有限商业目的难以作为市场销售时反映价值的依据。当然在主观方面要求被告人明知其工具将用于破解技术措施。

本案判决正是从上述方面论述了向公众提供破坏技术措施工具行为被独立评价为侵犯著作权罪时所需满足的要件。即首先区分了破坏权利人为保护著作权采取的技术措施的行为与向公众提供破坏权利人所采取的技术措施的行为两类行为，并指出后者社会危害性更大，更应该予以规制；其次是指出了被告向公众提供的工具除了用于破解著作权人技术保护措施，并没有其他实际用途；最后是被告人在向公众提供破解文件时，明示破解文件的使用方法，教唆了他人如何实施复制和运行他人计算机程序。因此本案作为刑法直接规制向公众提供破解技术措施工具行为的案例具有突出的重要性，其论证的犯罪构成要件对于今后同类型案件具有很强的指导性。

参考文献

王迁:《论禁止规避技术措施的范围》,《法学家》2016 年第 6 期。

王迁:《论提供规避技术措施手段的法律性质》,《法学》2014 年第 10 期。

王迁:《版权法保护技术措施的正当性》,《法学研究》2011 年第 4 期。

崔国斌:《著作权法:原理与案例》,北京大学出版社 2014 年版。

侵犯著作权罪中违法所得、非法经营额的认定：

湖南大学财税远程教育中心等
侵犯著作权刑事案

| **基本案情** |

从 2000 年下半年起，国家税务总局为配合税务系统机构改革，与湖南大学协商开展税务系统远程学历教育。2001 年 1 月 2 日，湖南大学发文成立湖南大学财税远程教育中心，隶属于湖南大学现代教育技术中心管理。谭某某被湖南大学聘任为财税中心主任。财税中心在办学过程中，向学员收取资源费，发放教材、光盘等教学资料给学员。办学之初，财税中心从湖南大学信息技术有限公司购买了 254.010571 万元的教材和教学光盘，发放给学员使用。

2001 年 4 月，被告人谭某某口头聘用被告人蒋某某到财税中心资源办兼职。2001 年 9、10 月间，财税中心开学在即，需要教材，被告人谭某某认为，根据与湖南大学现代教育技术中心签订的管理合同，财税中心可以使用湖南大学的教材，遂要求资源办翻印教材。蒋某某经请示谭某某同意后，在育华印刷厂印刷了《邓小平理论概论》3 万册、《大学英语预备级 1》3 万册、《现代远程教育基础》3 万册、《internet 基础》1 万册。财税中心翻印教材，没有向印刷厂提供准印证，也没有征得著作权人许可和出版社同意。事后，财税中心付给印刷厂印刷费 48.1793 万元。

其中《邓小平理论概论》定价 11.50 元/册，发放给学员 29187 册，免费配发给各教学点 759 册，库存 54 册，非法经营额为 3 万×11.50＝34.5 万元；《internet 基础》定价为 19 元/册，其中发放给学员 9249 册，免费配发给各教学点 751 册，非法经营额为 19×1 万＝19 万元。

▶ **法律问题**

对于被告人是否应该承担刑事责任,本案一、二审判决作出了截然相反的结论。其中一审长沙市中级人民法院(2004)长中刑二初字第 9 号刑事判决书认为:被告单位湖南大学财税远程教育中心为节约成本、谋取利益,未经著作权人许可和享有专有出版权的出版社同意,非法复制发行《邓小平理论概论》和《internet 基础》,获取违法所得 28 万余元,其行为构成侵犯著作权罪。被告人谭某某作为财税中心负责人、被告人蒋某某作为直接责任人员应当承担刑事责任。

被告人就一审判决提起上诉,指出本案不应以"所得数额"作为认定是否达到刑事责任起点的标准,而应按照非法经营额的标准。按此标准,被告单位湖南大学财税远程教育中心不构成犯罪;即使采用"合理估算收入,扣除直接成本"的方式估算"所得数额",两本书的"所得数额"也未达到 20 万元的刑事责任标准,其行为亦不构成犯罪。

二审湖南省高级人民法院(2004)湘高法刑二终字第 141 号刑事判决书认为:上诉人湖南大学财税远程教育中心为节约成本,未经著作权人许可和享有专有出版权的出版社同意,非法复制发行《邓小平理论概论》《internet 基础》2 本书,系侵犯著作权的行为。财税中心非法复制《邓小平理论概论》一书,因本案案发而未实际获利,没有违法所得;财税中心非法复制《internet 基础》一书,虽实际获利,但由于复制成本费无法查清,折扣率无法确定,不能准确确定其违法所得。一审认定财税中心非法复制上述 2 本书,非法获利 28 万余元的证据不足。根据《最高人民法院关于审理非法出版物刑事案件具体应用法律若干问题的解释》的规定,由于本案中财税中心侵犯著作权的违法所得无法准确认定,则应当以非法经营额来判断是否构罪,本案中财税中心非法复制上述 2 本书的非法经营额为 53.5 万元,亦没有达到犯罪标准 100 万元,故财税中心非法复制上述 2 本书的侵权行为,不构成侵犯著作权罪,从而不能追究该单位主管人员谭某某、直接责任人蒋某某的刑事责任,上诉人谭某某、蒋某某亦不构成侵犯著作权罪。

本案一、二审判决的主要分歧点就在于:对《刑法》第 217 条侵犯著作权罪的定罪标准中"违法所得数额""非法经营数额"等的认定。定罪的数额标准是事关出罪入罪的重要因素,也是追究刑事责任设置的责任门槛,其准确解释关切公民行动之自由,值得特别加以关注。此外,本案二审判决特别强调了被告单位的为节约成本的目的,这也涉及侵犯著作权罪中"以营利为目的"的解释问题。节约经营成本属于消极获取利益的情形,相比于积极获利的情形是否应该给予区别对待也是分析"以营利为目的"时应该特别关注的问题。当然,本案的另一个特殊性还在于本案的发生时点在新的司法解释实施之日前,而审理的时点在新的司法解释实施之后的,这种情况下应如何适用司法解释,特别是前后司法解释对于单位犯罪的定罪标准存在明显不同的标准。因此,笔者将就《刑法》第 217 条中的违法所得数额与非法经营数额、"以营利为目的"的判断以及单位犯罪与自然人犯罪在构成侵犯著作权罪的定罪标准上的差别三个问题进行梳理,以期对于本罪在犯罪构成与定罪标准上给予明确的认识。

专家评析

一、违法所得数额与非法经营数额

侵犯著作权罪中的有关"违法所得数额"与"非法经营数额"的规定是我国在犯罪构成上的"刑事责任门槛"。也就是说,在我国并不是所有著作权侵权行为都会纳入刑事责任的范畴之内。对此,在 TRIPs 协定第 61 条中规定:成员方应规定刑事程序和惩罚,至少适用于具有商业规模的故意的商标仿冒和盗版案件。其中对于"商业规模"的解释,在"中国——影响知识产权保护和实施的措施案"(Panel Report, China-Measures Affecting the Protection and Enforcement of Intellectual Property Rights. WT/DS362/R (Jan. 26, 2009))中:专家组发现,当侵权低于根据侵权货物营业额、利润、销售额或侵权货物复制品所统计的数量门槛时,中国刑事措施排除了这些著作权侵权的刑事责任,但这一事实本身不足以得出措施违反 TRIPs 协定的结论,因为第 61 条并没有要求成员们对所有著作权侵权进行刑事处罚。专家组认为,"规模"是定量的,而"商业"是定性的,如果仅考虑定性,"商业规模"就变成了"商业","规模"这一术语就失去了意义,这种解释方法不符合条约解释的规则。专家组根据制定 TRIPs 的立法沿革指出,条约谈判者当初就不同意将第 61 条第一句规定成"商业目的"的故意盗版行为。作为结论专家组指出:当满足"商业规模"的TRIPs 协定标准在中国适用时,美国提交的事实证据并不能充分证明案件是否排除适用刑事责任。

在比较法上的确存在并不对侵犯著作权罪设置数量门槛的实践,也就是只强调主观故意就可以给予刑事责任。但是在这些国家侵犯著作权罪都纳入自诉案件的范围之内,国家并不主动针对这些行为进行公诉,往往也是达到了一定商业规模的盗版行为,著作权人才给予自诉,因此也在一定程度上考虑了刑事责任门槛的问题。

回到我国《刑法》第 217 条侵犯著作权罪中针对定罪标准,依据不同量刑幅度设置了两种基准:其一是违法所得数额较大或者有其他严重情节的,处三年以下有期徒刑或者拘役,并处或者单处罚金;其二是违法所得数额巨大或者有其他特别严重情节的,处三年以上七年以下有期徒刑,并处罚金。前者要求"违法所得数额三万元以上的",而有其他严重情节的包括"非法经营数额五万元以上的";后者要求违法所得数额在十五万元以上的;而有其他特别严重情节包括"非法经营数额在二十五万元以上的"。

其中对于刑法中"违法所得数额"的解释,在《最高人民法院关于审理生产、销售伪劣产品刑事案件如何认定"违法所得数额"的批复》(法复〔1995〕3号)中指出:"违法所得数额",是指生产、销售伪劣产品获利的数额。结合到侵犯著作权罪的情况下,就是被告人侵权所获利的数额。

在著作权侵权损害赔偿数额计算中,侵害利得作为一种重要的数额计算方法,有其固有的衡量标准。在侵权人利润计算上,司法实践往往采取"净利润"的概念,也就是扣除了固定成本后的利润。但是从著作权人因侵权行为所丧失的利益来看,假设没有侵权行为的话,如果被控侵权产品的市场需求全部由著作权人满足的话,由于固定成本并不会因为产品销量的增加而产生比例性的变化,对著作权人来说是不会增加投入这些成本的,因此对同一市场需求，由著作权人来满足或由被控侵权人来满足，在利润计算上产生明显区别。如果按照"净利润"的概念计算侵害者利得的话，使得著作权人可获得的赔偿数额不足以弥补其市场价值。因此，在此处的所获利润应该采取"边际利润"的概念。具体来说，著作权人只需要证明侵权人的"毛利润"，也就是收入减去成本的数额，就推定为侵害者利得。而由"毛利润"到"净利润"间所扣除的包括固定费、管理费在内的费用，则由侵权人负有举证责任。侵权人所证明的自己所实际支出的费用数额并不能立刻予以在"毛利润"中扣减，而是判断这些费用从权利人角度看来是否也是必须支出的。举例来说，假设没有侵权行为，如果被控侵权产品的市场需求全部由著作权人满足的话，由于著作权人增加满足市场需求的生产量时，一部分管理费用并不会因为产品销量的增加而产生比例性的变化，对于著作权人来说是不会增加投入这些费用的，因此对于同一市场需求，由著作权人来满足或由被控侵权人来满足，在"净利润"计算上不应扣除这些对于著作权人来说并没有增加的费用，因此相比于扣除这些费用后的"净利润"，"边际利润"的数额会相应提高。而这套著作权侵权损害赔偿数额计算中的侵害者利得计算方法也可以同样适用于刑法考量"违法所得数额"的计算之中。

回到本案一审对于违法所得数额的计算之中，一审并未明确 28 万余元的计算过程。由于在办学过程中财税中心向学员收取了包括教材在内的资源费，因此平摊到侵权图书之上可以得到一个针对侵权图书的总收入，而财税中心委托他人印刷盗版图书也支付了对价，这一对价可以作为成本。因此违法所得就是这两者之差。而在二审中法院认为财税中心非法复制《邓小平理论概论》一书，因本案案发而未实际获利，没有违法所得；财税中心非法复制《internet 基础》一书，虽实际获利，但由于复制成本费无法查清，折扣率无法确定，不能准确确定其违法所得。

对于前者认定没有实际获利的理由在于：财税中心虽然将非法复制的《邓小平理论概论》3 万册在第一学年发放给了学员 29187 册，但按照财税中心的教学计划，开设《邓小平理论概论》这一课程属于第二学年的课程，并不属于第一学年的课程，因此，该课程的教材《邓小平理论概论》并不属于第一学年的发放范围，财税中心应在第二学年收取该课程的教材即《邓小平理论概论》一书的资源费用。事实上,财税中心亦未在第一学年收取这一课程的教材费用,而是因为该案在第一学年就案发,湖南大学网络学院接手财税中心的有关事务后收取了第二学年的 600 元资源费,并且使用了财税中心于第一学年发放的《邓小平理论概论》教材,故财税中心没有实际获利,因而没有违法所得。

对于这一事实如何在"违法所得数额"规范中予以评价,笔者持不同看法。在向学员发放盗版教材、收取资源费、教材在哪一学期使用等事实中,向学员发放盗版教材就表明了盗版产品的所有权进行了转移,同时学员有向财税中心支付资源费的对价义务。因此不论教材是在哪个学期使用的,都应以这一时点作为计算"违法所得数额"的时点。因此本案二审对这一事实的评价显然并不妥当。

对于后者由于复制成本费无法查清,折扣率无法确定,不能准确确定其违法所得的理由也不能成立,因为根据复制盗版书籍支付的对价,正版书籍的码洋价格和发放给学员的价格间计算折扣率等都是可以通过财会手段查明的事实,不应以不能准确确定而敷衍塞责。

当然在"违法所得数额"中更常见的问题是由于侵犯著作权罪不仅包括发行、销售等流通环节可以获得收益的情形,还包括仅进行了复制,还未销售的情形。由于复制行为本身就构成了犯罪构成上的既遂,被告人可能尚没有侵权违法所得,因此很难使用这一方法计算。由于违法所得数额并不是入罪的唯一标准,刑法中还列举了非法经营数额、复制品数量等一系列并列的择一式的定罪标准。其中本案涉及的另一个定罪标准就是"非法经营数额"的计算。在《最高人民法院、最高人民检察院关于办理侵犯知识产权刑事案件具体应用法律若干问题的解释》(法释〔2004〕19 号)第 12 条中规定:本解释所称"非法经营数额",是指行为人在实施侵犯知识产权行为过程中,制造、储存、运输、销售侵权产品的价值。已销售的侵权产品的价值,按照实际销售的价格计算。制造、储存、运输和未销售的侵权产品的价值,按照标价或者已经查清的侵权产品的实际销售平均价格计算。侵权产品没有标价或者无法查清其实际销售价格的,按照被侵权产品的市场中间价格计算。

根据这一解释,对于已销售的侵权产品的非法经营数额以实际销售的价格予以计算。这种情况下并不以书籍标价为计算依据（当然实际销售就是以标价为准的除外），而是考虑实际销售价格，这点的计算与"违法所得数额"计算中的总收入是一致的。但是对于未销售的侵权产品如何计算，则给出了三种计算方法：按照标价、已经查清的侵权产品的实际销售平均价格、被侵权产品的市场中间价格。由于三种计算方法的依据完全不同，因此三者间在适用上是否存在优先顺位也是决定出入罪的一个重要问题。从解释中的顺位可以发现，标价与已经查清的侵权产品的实际销售平均价格的适用优先于被侵权产品的市场中间价格计算，只有前二者无法查清的情况下，才适用第三种计算方法。而对于前二者来说并没有给出清晰的顺位。但是在知假买假的情况下，盗版图书的实际销售定价往往远低于正版图书的标价，如果以标价作为基础的话，将导致两种计算方法下数额上十分巨大的差距。因此有学者主张应该确立实际价格优先的原则，以防止在直观上明显违反罪责刑相适应原则的发生。

笔者认为从有效打击侵权的角度出发，应该确立推定标价为"非法经营数额"计算基础的理念，而由被告人负有证明其实际销售价格的义务；如果其并不能证明实际销售价格的，依据标价进行计算。因为从对于著作权人利益侵害角度来看，以假充真和以假卖假两种情况并不存在本质的区别，如果以实际销售价格为优先的话，将加重公诉机关或自诉人在举证责任上的负担，因此以推定标价，辅以被告人证明实际销售价格的方式可能是较为妥当的选择。当然从著作权人角度看，在现实中也很少有著作权人以标价销售图书，都是在标价基础上打一定的折扣予以销售。但是不管是"违法所得数额"还是"非法经营数额"，都是从被告人的违法收入角度考虑的，而不考虑著作权人的应获利益。这点与以填平损害为原则，以"假如没有侵权行为，权利人本可以达到的利益水平；却因为侵权行为的存在，导致丧失的利益"之间的差额为依据的逸失利益计算方法存在本质的不同。这也体现了民法的救济和刑法的救济上理念的本质差异。

二、"以营利为目的"的判断

本案中被告单位盗印图书的主要目的是在于节约办学成本，并不会产生经济利益。对于此种情况,有一种观点是将"以营利为目的"下的利益区分为"积极利益"与"消极利益",并认为利益仅限于积极利益,对于消极利益的获得,如节约成本等不应纳入其中。尽管这一学说是建立在商业性使用盗版软件,从而节约购置软件成本这一具体情况之下的,但是对于本案中单位为节约成本而私自翻印他人享有著作权的书籍的,则难以运用这一理论排除其具有"营利目的"。

从侵犯著作权罪的规范构成上看,即使是将盗版图书无偿赠与学员使用,也构成"复制发行"行为,对于此种情况下"非法经营数额"的算定以正版图书标价为依据。因为即使被告人没有实际销售收入,但是对于著作权人来说,其由刑法所保护的法益受到了实际的损害。被告人成本的降低是以损害著作权人利益为代价而取得的。因此不管是消极利益还是积极利益,都应该纳入"非法经营数额"的计算之内,而不应以是否"以营利为目的"否定侵权构成。在侵犯著作权罪中的"以营利为目的"应该解释为排除了个人使用等为个人学习、研究或者欣赏目的的非营利性使用。由于在著作权法上,对于使用目的,我国未以营利性与非营利性使用作为区分标准,而是明确列举了为个人学习、研究或者欣赏三种目的。特别是对于欣赏目的,存在较多质疑之声,认为欣赏目的的设定可能极大地损害权利人的经济利益,并有违"三步检验标准"。而在比较法上普遍以营利或非营利进行区分,很少采取个别列举目的的方式,其中营利目的包括直接与间接营利之目的。对于企业或其他团体内部的雇员以业务上利用为目的的使用,均因具有间接营利目的而排除私人复制规定的适用。

从结论上看,在著作权法上应依据营利与非营利目的划分个人使用例外的目的要件,从而扩大其适用范围,创造作品私人范围内共享的环境。而对应于《刑法》中的"以营利为目的",则主要指的是排除构成著作权限制与例外的非营利目的使用作品的情形。

三、单位犯罪与自然人犯罪在构成侵犯著作权罪的定罪标准上的差别

本案的另一个特殊之处就是适用的是在侵犯著作权上对单位犯罪和自然

人犯罪在定罪与量刑标准上存在明显区别的司法解释。而我国在规范上逐渐改变了先前已经出台的对单位犯罪和自然人犯罪采取不同标准的司法解释,在后来出台新的司法解释规定中给予了单位犯罪和自然人犯罪使用相同的定罪标准。

《最高人民法院关于审理非法出版物刑事案件具体应用法律若干问题的解释》(法释〔1998〕30号)第2条规定:以营利为目的,实施刑法第217条所列侵犯著作权行为之一,个人违法所得数额在五万元以上,单位违法所得数额在二十万元以上的;个人非法经营数额在二十万元以上,单位非法经营数额在一百万元以上的,属于"有其他严重情节"。此时单位犯罪的定罪标准分别是自然人犯罪的四倍和五倍。

《最高人民法院、最高人民检察院关于办理侵犯知识产权刑事案件具体应用法律若干问题的解释》(法释〔2004〕19号)第15条规定:单位实施刑法第213条至第219条规定的行为,按照本解释规定的相应个人犯罪的定罪量刑标准的三倍定罪量刑。

在《最高人民法院、最高人民检察院关于办理侵犯知识产权刑事案件具体应用法律若干问题的解释(二)》(法释〔2007〕6号)第6条中规定:单位实施刑法第213条至第219条规定的行为,按照《最高人民法院、最高人民检察院关于办理侵犯知识产权刑事案件具体应用法律若干问题的解释》和本解释规定的相应个人犯罪的定罪量刑标准定罪处罚。

通过对上述司法解释的梳理可以得知:在侵犯著作权罪上,单位犯罪和自然人犯罪定规定了完全相同的定罪标准,实际上大大降低了单位犯罪的入罪门槛。这种做法也是符合刑法设置此规定的保护法益的,在单位和个人侵犯著作权角度看,所侵害的法益是同一的,不应在入罪标准上有所区别。此外,之前区别的做法还可能造成个人为了逃避刑法的制裁而通过注册公司从事侵犯著作权行为,达到规避刑罚的目的。这也不利于有效打击形成商业规模的侵权活动。因此本案如果发生在2007年司法解释之后,则无疑将会追究法人的刑事责任。在实践中也存在针对多个自然人设立一家公司后,该公司以实施侵犯著作权犯罪为主要活动的,不应以单位犯罪论处,应认定多个行为人构成共同犯罪的实践("余刚、曹志华等侵犯著作权犯罪案",上海市徐汇区人民法院(2011)徐刑初字第 984 号刑事判决书)。

参考文献

罗筱玲:《谭慧渊、蒋菊香侵犯著作权案——对于司法解释是否需要适用从旧兼从轻原则》,载最高人民法院刑事审判第一庭编:《刑事审判参考》(2006 年第 6 辑·总第 53 辑),法律出版社 2007 年版。

柏浪涛:《侵犯知识产权罪研究》,知识产权出版社 2011 年版。

李文广、刘晓虎:《梁云侵犯著作权案——侵犯著作权犯罪非法经营数额以及犯罪停止形态的认定》,《人民司法·案例》2012 年第 20 期。

赵能文:《单位犯罪与自然人犯罪的处罚标准宜统一》,《法学》2015 年第 1 期。

谢焱:《"以营利为目的"在网络著作权案件中的刑法适用》,《东方法学》2017 年第 4 期。

民事案例

MINSHI ANLI

广播体操是否构成作品：

中国体育报业总社诉北京图书大厦公司等著作权案

| 基本案情 |

国家体育总局组织创编《中华人民共和国第九套广播体操》，并在全国推广。2011年6月27日，国家体育总局群众体育司代表国家体育总局与中国体育报业总社签订《第九套广播体操出版合同》，就《中华人民共和国第九套广播体操》系列产品的出版协议，将第九套广播体操系列产品复制、出版、发行和网络信息传播权独家授予中国体育报业总社（人民体育出版社），并授权其对未经授权的复制、发行、网络传播等非法行为依法进行追究。2011年8月，经国家体育总局审定批准，人民体育出版社出版《第九套广播体操图解手册》，包括DVD、CD各一张，《第九套广播体操手册》一本，彩图一张。其中DVD的主要内容为第九套广播体操的演示教学片，包括动作演示、分解动作讲解、背后角度演示、集体演示四段影像。演示教学片的示范员是经选拔专家组严格选拔、国家体育总局批准的北京奥运会艺术体操项目亚军隋剑爽等人。CD内容为第九套广播体操的伴奏音乐，带口令和不带口令的各一段。《第九套广播体操手册》封面载有"国家体育总局编"字样，其中收录的第九套广播体操伴奏音乐乐谱署名"作曲：单炳波　单冲"。彩图的内容为第九套广播体操各节动作真人图解及文字说明，并载有"国家体育总局审定"字样。授权出版物包装盒，DVD、CD的盘盒及盘封上亦载有"国家体育总局审定"字样。

被告广东音像公司出版DVD《第九套广播体操》，由被告豪盛文化公司总经销，内容为第九套广播体操的演示教学片，包括全套正面演示、分解动作教学演示（八节）、全套背面演示等十段影像，使用了第九套广播体操的伴奏音乐(带口令)。示范讲解员为李美(字幕显示),另有若干名儿童与其一同演示,演示、讲解的动作与第九套广播体操的动作基本相同。2012年3月至5月,原告中国体育报业总社分别在北京图书大厦、北京图书大厦亚运村分店、沈阳新华书店北方图书城有限公司等购买被控侵权DVD《第九套广播体操》各一张,支出价格为15元/张。2012年5月8日,原告委托代理人孙耀刚对淘宝网(包括淘宝商城即"天猫")上载有销售第九套广播体操DVD电子商务信息的相关页面进行公证。2012年5月22日,原告指派孙耀刚分别向北京图书大厦和广东音像公司发送律师函,要求其停止侵权行为并提出解决方案,否则将提起诉讼。北京图书大厦、广东音像公司收到律师函后未作回应。原告于2012年6月11日诉至北京市西城区人民法院。

原告诉称,国家体育总局投入人力物力,经过多年努力,在前八套广播体操的基础上,创编了中华人民共和国第九套广播体操(简称"第九套广播体操"),享有著作权保护。三被告的行为侵犯了原告对于第九套广播体操动作设计编排、伴奏音乐、口令以及相关音像制品所享有的专有复制、发行权,请求判令:

1. 三被告停止侵害,被告广东音像公司、被告豪盛文化公司在《人民法院报》刊登声明,消除影响;

2. 三被告赔偿原告经济损失490000元;

3. 三被告承担原告为打击侵权行为而支出的公证费、调查费、律师费、交通费、住宿费等合理开支共计17585元。

北京市西城区人民法院受理该案后,依法组成合议庭,于2012年10月12日公开开庭进行了审理。

被告广东音像公司、被告豪盛文化公司共同辩称:第一,广播体操不属于著作权法保护的作品范畴;第二,原告虽然就《第九套广播体操》享有录音录像制作者权保护,但其无权限制他人另行录制以"第九套广播体操"为题材的音像制品,另行录制与原告完全不同的版本没有侵犯原告的录音录像制作者权;第三,虽然《第九套广播体操》伴奏音乐系音乐作品,受《著作权法》保护,但由于国家体育总局已将其录制为录制品,使用其中的伴奏音乐属于法定许可的情形,不需要征得权利人同意,仅需支付报酬,因此不属于侵权行为。请求法院驳回原告的全部诉讼请求。

被告北京图书大厦辩称:其销售的涉案出版物系正规出版物,有正规合法的进货渠道,其已经进行过严格的审查,接到起诉状副本后,已将涉案产品下架,故不应承担连带赔偿责任。

北京市西城区人民法院审理认为,本案涉及的焦点问题主要有两个:第一个问题是第九套广播体操的动作是否属于著作权法意义上的作品。第二个问题是被告对伴奏音乐的使用是否构成侵权。法院认为,第九套广播体操的动作本质上属于思想而非表达,不属于著作权法意义上的作品,不受著作权法保护。被控侵权 DVD 中使用的伴奏音乐是国家体育总局制作的录音制品,并不是重新演奏、录制的,不符合法定许可的规定,构成侵权。最后,法院依据《中华人民共和国著作权法》第一条、第三条,《中华人民共和国著作权法实施条例》第二条、第二十三条等法律法规之规定判决:三被告停止侵害,被告广东音像公司、被告豪盛文化公司消除影响并连带赔偿原告经济损失及诉讼合理开支共计 10 万元。

宣判后,当事人均未提起上诉,本案一审生效。

▶ 法律问题

本案以一审法院部分支持原告诉讼请求告终,主要涉及广播体操是否属于作品、法定许可的构成以及著作权侵权产品销售者的法律责任等三个法律问题。下面,我们将结合北京市西城区人民法院所作的一审生效判决,说明这三个问题。

一、广播体操是否属于作品

原告在向北京市西城区人民法院起诉时称,三被告的行为侵犯其对于第九套广播体操动作设计编排、伴奏音乐、口令以及相关音像制品所享有的专有复制、发行权。原被告双方以及法院针对原告的上述诉讼请求进行了详细的讨论。

原告认为,国家体育总局组织投入人力物力,经过多年努力,在前八套广播体操的基础上创编中华人民共和国第九套广播体操。三被告的行为侵犯了原告对于第九套广播体操动作设计编排、伴奏音乐、口令以及相关音像制品所享有的专有复制、发行权。被告广东音像公司、被告豪盛文化公司认为，广播体操是一种锻炼身体的"方法"，不属于著作权意义上的作品，不应纳入著作权保护的客体。被告北京图书大厦仅就其应承担的赔偿责任发表意见，未对相关权利的合法性提出意见。北京市西城区人民法院在判决书中指出，原告在本案中，将第九套广播体操的动作、伴奏音乐、口令以及相关录音录像制品，均列为其主张权利的客体，但其认为只有部分主张可以得到支持，因此逐一论述了上述权利客体获得著作权保护的可能性。其中第九套广播体操的动作是否属于著作权法意义上的作品是本案的焦点问题之一。

对于这一问题，法院分别从作品的构成要件和作品法定形式两个角度进行分析。首先，法院从作品构成要件进行分析，认为作为著作权法意义上作品应当具备以下条件：其一，必须属于文学、艺术和科学技术领域内的智力成果；其二，必须是具有一定有形方式的表达；其三，必须具有独创性。广播体操是一种具有健身功能的体育运动，由曲伸、举振、转体、平衡、跳跃等一系列简单肢体动作组成，是以肢体动作产生的运动刺激来提高机体各关节的灵敏性，增强大肌肉群的力量，促进循环系统、呼吸系统和精神传导系统功能的改善。因此，广播体操的动作有强身健体之功用，而无思想情感之表达，不属于文学、艺术和科学领域内的智力成果，不属于著作权法意义上作品，不受著作权法保护。但是，第九套广播体操动作的文字说明、图解作为文字作品和美术、摄影作品均受著作权法保护。因此，在本案中，被告只是单纯示范、讲解或演示第九套广播体操的动作以及录制、发行相关教学示范录像制品的行为，不涉及对文字说明、图解等方面的使用，因此不构成著作权侵权。其次，从作品法定形式的角度来说，《著作权法》第3条规定作品的法定形式，第九套广播体操的动作不属于上述任何一种形式。法院还专门讨论了广播体操作为汇编作品的可能性，认为作为汇编结果的整套动作（整套体操）不是文学、艺术和科学领域内的智力成果，且本质上属于思想而非表达，不属于著作权保护的汇编作品。第九套广播体操的动作不是文学、艺术和科学领域内的智力成果，本质上属于思想而非表达，不具备作为作品的法定条件，且无法归入任何一种法定作品形式或类型,故不属于著作权法意义上作品,不受著作权法保护。

二、伴奏音乐的使用是否构成侵权

在本案中,被告广东音像公司、被告豪盛文化公司承认《第九套广播体操》伴奏音乐系音乐作品,受《著作权法》保护,但指出国家体育总局已将其录制为录制品,因此在新的录音制品中使用该伴奏音乐属于法定许可的范畴,也就是使用该配乐制作涉案录制品不需要征得权利人的同意,仅需支付报酬,因此不构成侵权。被告的这一辩解中,对《第九套广播体操》伴奏音乐系音乐作品的承认获得法院的认可。法院认为,伴奏音乐,即第九套广播体操的乐曲,是以乐谱为表现形式、以旋律和节奏为基本表现手段的音乐作品,系著作权客体。广东音像公司、豪盛文化公司主张,由于国家体育总局已将其享有著作权的第九套广播体操配乐录制为录制品,故使用该配乐制作涉案录制品无需征得其同意,仅需支付报酬,因此不构成侵权。法院认为这一观点是不符合法律规定的。根据《著作权法》第40条第3款规定,录音制作者使用他人已经合法录制为录音制品的音乐作品制作录音制品,可以不经著作权人许可,但应当按照规定支付报酬。该规定明确将法定许可的条件限定为使用音乐作品制作录音制品,而被控侵权DVD是录像制品,故并不适用。此外,使用他人已合法录制的音乐作品,不能将他人已录制的录音制品直接复制到自己的录制品上,而只能是使用该乐曲,由表演者重新演奏,重新制作录音制品,否则构成对著作权人、表演者、录音制作者权利的侵犯。本案中,被控侵权DVD中使用的伴奏音乐就是国家体育总局制作的录音制品,并不是重新演奏、录制的,故亦不符合法定许可的规定。综上,被控侵权DVD使用第九套广播体操的伴奏音乐,不符合法定许可条件,实际上构成了对音乐作品著作权和伴奏音乐录音制作者权的侵权。

此外,法院还专门讨论了第九套广播体操的口令是否为作品的问题。法院认为第九套广播体操的口令仅为对连续数字1到8的二次或四次简单重复,不具有独创性,不是著作权法意义上的作品。在口令本身不构成作品的情况下,口令员的口令声音属于伴奏音乐录音制品的组成部分,不具有独立的著作权意义。

三、著作权侵权产品销售者的法律责任

本案中,原告主张三被告应共同赔偿原告经济损失的法律责任。被告北京图书大厦认为,其销售的涉案出版物系正规出版物,其通过正规进货渠道进货,接到起诉状副本后,已将涉案产品下架,故不应承担连带赔偿责任。法院认为,由于原告未能举证证明被告北京图书大厦与被告广东音像公司、豪盛文化公司之间有意思联络,故北京图书大厦与其他二被告没有共同过错,不构成共同侵权,不应承担连带责任。另外,侵权 DVD 具备合法出版物的形式特征,北京图书大厦提交的出库单、购销合同等证据亦可证明其进货渠道正规合法,故其作为一般零售商已尽到了合理注意义务,主观上并无过错,可不承担赔偿损失的法律责任,但应当停止销售侵权 DVD。

专家评析 ————————————————————

在"中国体育报业总社诉北京图书大厦有限责任公司等三被告"案中,案件的起因在于被告豪盛文化公司未经中国体育报业总社许可,擅自出版《第九套广播体操》并销售。对于被告的这样行为,原告认为国家体育总局授权自己独家享有的"第九套广播体操系列产品复制、出版、发行和网络信息传播权"受到侵犯,协商未果,因而向北京市西城区人民法院起诉。但是北京市西城区人民法院认为,第九套广播体操的动作不是文学、艺术和科学领域内的智力成果,本质上属于思想而非表达,不受著作权法保护;第九套广播体操的口令不具有独创性,不受著作权法保护;伴奏音乐属于音乐作品,被告在自己制作、出版的 DVD 中使用该录制的音乐,构成著作权侵权,判令三被告停止侵权,并判定被告广东音像公司、豪盛文化公司二被告共同赔偿损失。对于法院的这一判决,当事人均未提起上诉,本案一审生效。在整个诉讼过程中,法院和双方当事人都紧紧围绕以下三个问题展开讨论,即广播体操是否属于作品,被告对伴奏音乐的使用是否构成侵权,以及著作权侵权产品销售者的法律责任。解决了上述三个问题,就意味着解决本案所涉的纠纷。下面,我们仅就上述三个法律问题的核心,即思想观念与表达、法定许可的构成以及著作权侵权

产品销售者的法律责任,进行逐一讨论。

一、思想观念与表达的分界

著作权的客体是作品。作品是不同形式的对于思想观念的表达。著作权法的一个基本原则是只保护对于思想观念的表达,不保护思想观念本身。这是世界各国著作权法或版权法确定的基本原则,也是 TRIPs 协议明确的规定。例如,《美国版权法》第 102 条第 2 款规定,"在任何情况下,对于作者独创性作品的保护,都不延及于思想观念、程序、工艺、系统、操作方法、概念和发现,无论它们在该作品中是以何种形式描述、解释、说明或者体现的"。TRIPs 协议第 9 条第 2 款也规定,"版权保护应延及表达,而不延及思想观念、工艺、操作方法或者数学概念之类"。根据我国《著作权法》第 3 条规定,"本法所称的作品,包括以下列形式创作的文学、艺术和自然科学、社会科学、工程技术等作品",并列举了文字作品、口述作品、音乐作品、美术作品、摄影作品、电影作品、图形作品和计算机程序等八类作品。关于什么是作品,是由我国《著作权法实施条例》第 2 条进行界定的,即"本法所称作品,是指文学、艺术和科学领域内具有独创性并能以某种有形形式复制的智力成果。"我国《著作权法》虽然没有明确的关于这一原则的类似规定,但规定著作权保护的是文学艺术和科学作品,并且《著作权法实施条例》对作品的定义中隐含了只保护表达不保护思想观念的命题。当然,《著作权法实施条例》对作品的定义是有问题的,其没有将"表达"这一作品要素明确地规定出来。因此,在我国《著作权法》第三次修订的过程中,中国社会科学院知识产权中心建议,在规定作品的定义时,应当同时出现"表达"和"独创性"的要素,并且删除"能以某种形式复制"的说法,即采用"本法所称的作品,是指文学、艺术和科学领域内具有独创性的表达"。这样,关于著作权保护的这一基本原则就能够很好地在《著作权法》中得到体现了。

著作权只保护对于思想观念的表达,不保护思想观念本身,也是我国法院在司法实践中普遍遵守的一项原则。比如,在北京市西城区人民法院作出的本案判决中,也明确地表达"著作权保护表达,而不保护思想"。从理论上来说,思想与表达的区分似乎很明显,但是在具体的案例中,尤其在某些特定的案例中,思想观念与表达的边界不容易划分。思想观念是指概念、术语、原则、客观事实、创意、发现、思路、理论、工艺、系统、操作方法、技术方案等;著作权法中的表达是指对上述思想观念的各种形式的表述,包括以文字的、音符的、数字的、线条的、色彩的、造型的、形体动作的表述或者传达等。但是,关于什么是术语、原则、工艺、操作方法,以及什么是表达,仍然必须在具体的案例中得到澄清。

如果将上述有关思想观念与表达的区分原则,具体适用到本案中,那就将"广播体操是否是作品"这一问题,具体转化为"广播体操是一种思想观念还是关于思想观念的表达"。众所周知,广播体操是一种具有健身功能的体育运动,是由曲伸、举振、转体、平衡、跳跃等一系列简单肢体动作组成的。这一系列的肢体运动能够提高机体各关节的灵敏性,增强大肌肉群的力量,促进循环系统、呼吸系统和精神传导系统功能的改善。尽管本案中的系列体操动作,相对于通过"相应动作来锻炼和健身"这一观念来说,似乎也是这一观念的一种体现和表达。但是这种"表达",很明显与舞蹈中的动作具有完全不同的意义,体操中的动作是为了健身效果,而舞蹈中的动作是为了展示思想情感。正是在这一意义上,法院将广播体操本质上定义为"一种健身方法、步骤或程序",而方法、步骤和程序均属于著作权法不保护的思想观念范畴。这种分析是符合我国《著作权法》的基本精神的。本案中,法院还从作品法定形式的角度分析,认为广播体操不属于《著作权法》所规定作品的某一法定形式或类型。应当说,法院实际上不能以"某一作品不属于作品的法定形式"为由,拒绝为不具有法定表达形式的作品提供著作权保护。因为,著作权法第3条之(九)规定"法律、行政法规规定的其他作品",是关于作品法定形式的一个兜底条款,这也就意味着还存在其他一些不属于上述法定表达形式的作品,仍然属于著作权保护的对象。因此,之所以不能对第九套广播体操的动作赋予著作权法保护,是因为由系列动作组成的体操,在本质上是一种"技术方案""操作方法",属于思想观念的范围。

二、法定许可的构成

知识产权不是一种绝对的权利,法律明确规定了一系列知识产权的限制与例外，这是由知识产权保护的客体是人类智力活动成果所决定的。知识产权的限制与例外制度的设计，能够很好地平衡知识产权权利人与社会公众的利益。在著作权领域，世界各国的著作权法也都规定了各种限制与例外，合理使用与法定许可是其中最重要内容之一。在本案中，原告主张被告未经许可直接利用《第九套广播体操》的伴奏音乐，是一种著作权侵权行为。被告则辩称其利用的是 DVD、CD 中的音乐，用来制作 DVD，应属于《著作权法》第 40 条规定的利用录音制品的音乐作品制作录音制品的法定许可，不需要经过许可，只需支付报酬即可，因此不属于著作权侵权行为。

法定许可，又称非自愿许可，即通过法律明确规定，他人使用有关作品，不需要获得著作权人的许可，但应支付报酬。在这种情况下，法律为了保障作品利用人的利益，明确剥夺了著作权人商谈许可条件的机会，只留下获得使用报酬的权利。这种报酬的标准，通常是由有关法律、法规、行业协议、商业惯例所确定的。我国著作权法目前规定了教科书法定许可、报刊转载法定许可、制作录音制品法定许可以及播放已发表作品的法定许可。原被告在本案中关于伴奏音乐的使用是否侵权的问题焦点，就在于对伴奏音乐的利用是否属于制作录音制品法定许可。欧美国家著作权法通常将这一著作权的限制规定为制作录音制品的强制许可，主要是为防止第一家获得许可的录音制品制作者垄断有关的录音制品市场。但在我国著作权法中规定的是制作录音制品的法定许可。根据《著作权法》第 40 条第 3 款规定，"录音制作者使用他人已经合法录制为录音制品的音乐作品制作录音制品，可以不经著作权人许可，但应当按照规定支付报酬；著作权人声明不许使用的不得使用。"根据这一规定，制作录音制品的法定许可只适用于以下情况：（1）只适用于已经被合法录制为录音制品的音乐作品；（2）只允许用于制作录音制品；（3）著作权人没有声明不得使用；（4）可以不经许可；（5）但应支付报酬。

值得注意的是，我国著作权法规定的制作录音制品的法定许可，从本质上是欧美国家关于制作录音制品强制许可制度的翻版，但是两者的法律效力已经发生了变化。首先，虽然法定许可与强制许可都是对著作权的一种限制，但是法定许可要比强制许可对著作权的限制更加强烈，强制许可通常必须以合理的商业许可无法达成并有可能损害公共利益的情况下，才有可能实施。而法定许可是不以商业许可的是否达成为前提条件的。其次,我国的制作录音制品法定许可是有条件的著作权限制,只有在著作权人没有声明不许使用的情况下才能实施法定许可。对于这一规定,有学者认为,既然赋予著作权人可以通过声明来排除法定许可的适用,这就使得该项制度对于防止相关市场垄断的效果大大打了折扣,基本难以实现了。再次,考虑到目前的录音制品的销售市场情况,纯粹的录音制品在市场中的分量越来越少,是不是有必要考虑将录制制品改为视听作品,有待进一步考量。

具体到本案中,正如西城区人民法院分析的那样,本案的情形至少有两点与法定许可的条件不符:(1)法定许可必须限定为使用音乐作品制作录音制品,而本案中被控侵权 DVD 是录像制品;(2)法定许可下的使用他人已合法录制的音乐作品,不是将他人已录制的录音制品直接复制到自己的录制品上,而是使用该乐曲,由表演者重新演奏,重新制作录音制品,否则直接将已经合法录制的录音制品中的音乐复制在录音制品上,将构成对著作权人、表演者、录音制作者权利的侵犯。因此,本案中被告的行为不是一种法定许可的行为,而是一种直接侵犯著作权的行为,应承担相应的法律责任,包括损害赔偿责任。

三、著作权侵权产品销售者的法律责任

著作权是一种排他性权利,只能由权利人行使。如果他人未经许可利用了享有版权保护的作品,又不属于权利的限制与例外,就构成了对著作权的侵权,包括直接侵权和第三人责任。对于著作权侵权的理解应放到整个知识产权侵权的大背景下理解。知识产权"侵权"与传统民法/侵权责任法中的"侵权"的理解是有所不同的,知识产权的"侵权"对应的英文是"infringement",而传统民法中的"侵权"指的是"tort"。用郑成思老师的解释,知识产权领域的侵权指的是所有未经许可,进入相关知识产权权利范围,又不属于法律规定的限制与例外情形,均构成侵权,不管行为人的主观上是否存在故意。但是在民事赔偿责任的承担方面,必须要考察行为人的主观状态,只有存在故意或者过失情况的,才有可能承担赔偿责任。而传统民法上考察一个行为是否构成侵权,通常要考察行为人的主观状态,只有行为人主观上存在故意或者过失的状

态,才有可能承担相应的法律责任,除非法律明确规定某些情形适用无过错责任原则或者过错推定原则。

本案所讨论的著作权侵权就是在"infringement"意义上的侵权。这里主要讨论著作权侵权产品销售者的法律责任问题。在本案中,原告提出应由三被告共同赔偿原告因著作权侵权造成的经济损失。被告北京图书大厦认为其销售的涉案出版物系正规出版物,有正规合法的进货渠道,并且接到起诉状副本后,已将涉案产品下架,不应承担连带赔偿责任。法院对被告北京图书大厦的法律赔偿责任也进行明确的分析,认为原告未能举证证明被告北京图书大厦与被告广东音像公司、豪盛文化公司之间有意思联络,所以北京图书大厦与其他两被告没有共同过错,不构成共同侵权,不应承担连带责任。此外,北京图书大厦提交出库单、购销合同等证据亦可证明其进货渠道正规合法,并且侵权 DVD 具备合法出版物的形式特征,法院认为北京图书大厦提交的证据已经证明其作为一般零售商已尽到了合理注意义务,主观上并无过错,所以判定北京图书大厦不承担赔偿损失的法律责任,但应当停止销售侵权 DVD。

从上述法院的分析情况看,很明显,法院首先从传统侵权责任法上共同侵权构成的角度来分析北京图书大厦销售侵犯著作权产品的行为,既然北京图书大厦与其他两被告没有共同侵权的故意,因此不构成共同侵权行为,不承担连带责任。其次,法院仍然从传统侵权责任法上侵权行为的构成角度,来评判北京图书大厦销售侵犯著作权产品的行为,认为北京图书大厦在主观上不存在侵权的故意或过失,因此不承担赔偿损失的法律责任,但应当停止销售侵权 DVD。判决书没有明确北京图书大厦销售侵犯著作权产品的行为是否构成侵权,也没有明确根据什么法律依据来判定其不承担赔偿损失的法律责任。如果我们放弃用传统侵权行为的构成要件,而回到知识产权侵权基本含义,来理解北京图书大厦销售侵犯著作权产品的行为,就显得非常明了。北京图书大厦销售侵犯著作权产品的行为,就是著作权侵权行为,而且是直接侵权行为,侵犯了著作权人的发行权。根据《著作权法》第 48 条规定,应当承担停止侵害、消除影响、赔偿损失等民事责任。从上述分析可以看出,判决书对被告北京图书大厦的行为是否构成侵权,以及为何不承担赔偿损失的法律责任的分析,明显不够透彻。

　　这里还要提及一下有关知识产权侵权产品销售者的法律责任问题,根据现行的相关法律规定,《专利法》《商标法》和《著作权法》对于相关知识产权侵权产品的销售者规定的法律责任是不同的。《专利法》第70条规定,"为生产经营目的使用、许诺销售或者销售不知道是未经专利权人许可而制造并售出的专利侵权产品,能证明该产品合法来源的,不承担赔偿责任"。《商标法》第64条第2款规定,"销售不知道是侵犯注册商标专用权的商品,能证明该商品是自己合法取得并说明提供者的,不承担赔偿责任"。但是,在《著作权法》中没有类似条款,这意味着著作权侵权产品的销售者目前只能根据《著作权法》第48条的规定来判定销售者的侵权赔偿责任,如果法院要免除其损害赔偿责任,必须进行充分的论证。当然,从法律责任统一的角度来说,在《著作权法》第四次修订中,应充分考虑和借鉴《专利法》和《商标法》的相关规定,在《著作权法》中明确"销售不知道是侵犯著作权的商品,能证明该商品是自己合法取得并说明提供者的,不承担赔偿责任"。

参考文献

《中华人民共和国著作权法》

《中华人民共和国专利法》

《中华人民共和国商标法》

《中华人民共和国著作权法实施条例》

《最高人民法院关于审理著作权民事纠纷案件适用法律若干问题的解释》

郑成思:《版权法》,中国人民大学出版社1997年版。

李明德:《知识产权法》(第二版),法律出版社2014年版。

李明德、管育鹰、唐广良:《〈著作权法〉专家建议稿说明》,法律出版社2012年版。

王迁:《著作权法》,中国人民大学出版社2015年版。

魔术作品的认定：

Yigal Messika 诉爵克公司等著作权案

| 基本案情 |

原告 Yigal Messika 是以色列公民,职业魔术师,拥有美利坚合众国(简称美国)永久居留权。2008 年 3 月,原告设计一种名为狼蛛的魔术道具,通过对狼蛛道具的操作,可以实现将物体悬浮的艺术效果。为表现该套魔术的手法和艺术效果,原告在他人协助下摄制了一张 DVD,记录了原告对狼蛛道具的操作和演示、狼蛛魔术达到的艺术效果、观众对狼蛛魔术的反应热烈。狼蛛DVD 自 2009 年 2 月 19 日起在美国与狼蛛道具一同正式发售。另外,原告还设计了狼蛛道具的包装盒、狼蛛 DVD 的包装彩页。2009 年末,原告发现被告杨某、北京爵克文化发展有限公司(以下简称爵克公司)未经许可销售了狼蛛DVD 及道具,经对比鉴定,两被告销售的狼蛛 DVD 及道具均为非法复制的产品。

原告认为两被告未经原告许可,非法复制、发行、传播、出售原告享有著作权的作品,诉至北京市第一中级人民法院。

原告 Yigal Messika 诉称:原告通过操作狼蛛道具,通过指法及形体,辅之转移观众注意力等表演技巧,实现魔术艺术效果。因此,狼蛛道具的运用和演示本身已经构成魔术作品。同时,原告依法对狼蛛 DVD 享有著作权。另外,原告设计的狼蛛道具的包装盒、狼蛛 DVD 的包装彩页,此均属于《著作权法》规定的美术作品,应受到《著作权法》保护。两被告销售的狼蛛 DVD 及道具均为非法复制的产品。综上,两被告未经原告许可,非法复制、发行、传播、出售原告享有著作权的作品,严重侵犯原告的著作权。故请求法院判令:(1)两被告立即停止侵犯原告著作权的行为,消除影响,并向原告赔礼道歉;(2)两被告连带赔偿原告经济损失人民币 10 万元;(3)两被告连带赔偿原告为制止侵权行为所支出的合理费用共计人民币 16.6 万元。

被告杨某辩称:(1)原告购买的狼蛛产品,不是杨某销售的,原告要求杨某承担连带责任缺乏事实与法律依据。(2)原告未提交证据证明其经济损失,其赔偿请求没有证据支持。综上,原告的诉讼请求缺乏事实和法律依据,请求人民法院驳回原告的诉讼请求。

被告爵克公司未进行答辩。

▶ 法律问题

在对案件事实进行审理之后,法院认定:

第一,关于原告的主体资格问题。

根据《著作权法》第 2 条的规定,外国人的作品根据其作者所属国或者经常居住地国同中国签订的协议或者共同参加的国际条约享有的著作权,受《著作权法》保护。原告是以色列国民,经常居住地为美国,以色列、美国及我国均是《伯尔尼公约》的成员国,根据《伯尔尼公约》第 3 条 1.(a)的规定,原告作品无论是否已经出版,都在我国受到保护。同时,鉴于原告在我国请求著作权保护,故应当依据我国法律确认著作权的权利归属和内容。

第二,关于原告主张其享有狼蛛魔术作品的著作权能否成立。

首先,根据《著作权法》第 3 条第 3 项的规定,该法所称的作品包括杂技艺术作品。《著作权法实施条例》第 4 条第 7 项规定,杂技艺术作品是指杂技、魔术、马戏等通过形体动作和技巧表现的作品。根据《伯尔尼公约》第 5 条有关国民待遇原则的规定,作者在作品起源国以外的本同盟成员国中享有各该国法律现在给予和今后可能给予其国民的权利,享有和行使这些权利不需要履行任何手续,也不论作品起源国是否存在保护。因此,不论魔术作品在以色列、美国是否受到保护,其在我国都可以成为《著作权法》保护的对象。

其次,著作权法保护的作品,是具有独创性的表达。因此,在判断魔术是否构成作品时,一是要看该魔术是否为一种表达,能否以有形形式复制;二是看该魔术是否满足"独创性"的要求。根据《现代汉语词典》中关于"魔术"一词的释义,并结合生活经验可知,魔术是由观众可感知的部分,即呈现给观众的动作和景象以及观众难以感知的部分,即被技巧或装置掩盖的动作构成的。这里所谓"动作",是指表演者的形体动作、姿势等;所谓"景象",是指由布景、道具等构成的视觉画面。结合《著作权法实施条例》有关魔术等杂技艺术作品是指通过形体动作和技巧表现的作品的规定,法院认定,受《著作权法》保护的魔术作品应当是魔术中呈现给观众的形体动作、姿势的表达。对于独创性,法院认为,原告表演的狼蛛魔术通过对狼蛛道具的操作和一定技巧的运用,可以使观众感觉到戒指等物体悬浮于空气中的视觉效果。整个魔术在呈现给观众的形体动作、姿势的编排上体现了一定构思,同时,被告并未提交证据证明或说明这些形体动作、姿势的编排是已有作品中存在的,因此,认定原告的魔术具有一定的独创性。因此,原告主张的魔术已构成著作权法意义上的作品。

再次,魔术的根本特性和生命力并非体现在以魔术作品形式保护的形体动作、姿势的表达,而是体现在被技巧或装置掩盖的、不为观众所知晓的秘密。《著作权法》第11条第4款规定,如无相反证明,在作品上署名的公民、法人或者其他组织为作者。对于魔术作品而言,由于其发表方式一般是魔术师的表演,多数情况下不具备署名的条件,因此,当作者身份未能通过适当方式表明时,法院认为,从维护魔术作品著作权人合法权利的角度出发,考虑到魔术的秘密性特征,在没有证据证明魔术作品由他人创作完成的情况下,可以推定魔术作品的表演者为魔术作品的作者。

综合上述三点,法院认定,原告所主张的魔术构成作品,原告作为魔术作品的作者,可依据中国著作权法的规定主张魔术作品的著作权。

第三,被告是否侵犯原告对狼蛛魔术作品享有的著作权。

原告在本案中主张记录了狼蛛魔术表演的狼蛛 DVD 构成以类似摄制电影的方法创作的作品,被告未经许可复制、发行狼蛛 DVD 的行为侵犯了其对狼蛛魔术作品享有的著作权。

首先,原告提交的狼蛛 DVD 记录了原告在街头与观众互动表演狼蛛魔术的场景以及原告在室内揭秘、示范狼蛛魔术的场景,整张 DVD 记录的内容在画面内容的选择、角度和色度、镜头的切换、画面的剪接、声音的衔接等方面反映了拍摄者的构思,表达出了某种精神内容,具有一定程度的独创性,已构成

303

《著作权法》所保护的以类似摄制电影的方法创作的作品。

其次，根据《著作权法》第15条规定，电影作品和以类似摄制电影的方法创作的作品的著作权由制片者享有，但编剧、导演、摄影、作词、作曲等作者享有署名权，并有权按照与制片者签订的合同获得报酬。第15条第2款规定，电影作品和以类似摄制电影的方法创作的作品中的剧本、音乐等可以单独使用的作品的作者有权单独行使其著作权。

根据上述规定，电影作品的整体著作权归属于制片人，制片人有权许可他人使用电影作品，或者对未经许可使用电影作品的行为主张权利。电影作品中包含的独立作品的作者享有在电影作品中署名和获得报酬的权利。电影作品中包含的独立作品的作者虽然可以单独行使其著作权，包括单独对未经许可使用其作品的行为主张权利，但此应当限于他人的使用行为是单独使用该独立作品的行为，而非以电影作品的形式使用该独立作品的行为。

本案中，以狼蛛DVD为载体的作品整体上构成了以类似摄制电影的方法创作的作品，而狼蛛魔术是其中包含的独立作品，由于被控的未经许可复制、发行狼蛛DVD的行为，是对以狼蛛DVD为载体的整体作品的使用，而不是脱离整体作品单独使用狼蛛魔术作品的行为，所以，即便原告享有狼蛛魔术作品的著作权，其亦无权主张被告未经许可复制、发行狼蛛DVD的行为侵犯了其对狼蛛魔术作品享有的著作权。

因此，对于原告主张被告侵犯其对狼蛛魔术作品享有的著作权的诉讼请求，法院不予支持。

法院据此判决，驳回原告诉讼请求。

专家评析

本案是我国首例魔术作品侵权案，曾入选北京高院2012年十大知识产权典型案例。

根据著作权法的规定，魔术作品属于杂技艺术作品。在1990年《著作权法》中，并没有明确把杂技艺术作品作为其保护对象。2001年著作权修订时增加了杂技艺术作品。随后修订的《著作权法实施条例》对杂技艺术作品做了明确规定："是指杂技、魔术、马戏等通过形体动作和技巧表现的作品。"

根据著作权法原理，杂技、魔术和马戏本身是不可能构成作品的。原因在于，"杂技、魔术、马戏"的根本目的就是展示技巧本身，"技巧"属于一种"操作方法"，属于思想的范畴；而著作权法只保护具有独创性的表达，不保护作为思想的操作方法。《与贸易有关的知识产权协定》（TRIPs 协定）第 9 条第 2 款对此明确规定："版权的保护仅延伸至表达，而不延伸至思想、程序、操作方法或数学概念本身。"因此，世界各国的著作权法或版权法并未将魔术作为作品进行保护，将包括魔术在内的杂技艺术作品纳入著作权法的保护，可以说是我国的首创。

之所以在 2001 年修订著作权法时，增加杂技艺术作品，立法者主要是出于保护传统文化和民间技艺的考虑。但随之而来的一个问题是，根据《伯尔尼公约》第 5 条有关国民待遇原则的规定，作者在作品起源国以外的本同盟成员国中享有各该国法律现在给予和今后可能给予其国民的权利，享有和行使这些权利不需要履行任何手续，也不论作品起源国是否存在保护。因此，不论魔术作品在其他国家是否受到保护，其在我国都可以成为《著作权法》保护的对象。因此，中国的高水平保护同样要给予《伯尔尼公约》的其他成员国。如此一来，对于在本国内享有一般保护水平的其他成员国的权利人而言，在中国其实是受到了超越本国的更高水平的保护。本案中，原告是以色列国民，经常居住地为美国，以色列、美国及我国均是《伯尔尼公约》的成员国，因此，其作品在我国不仅受到保护，还依据我国法律作为魔术作品受到保护，这是在以色列和美国都无法达到的。尤其是，立法者的立法目的是保护中国的传统文化和民间技艺，而首例涉及魔术作品的案件保护的却是外国当事人，这无疑是非常遗憾的。

本案中，法院虽然在现行著作权法的框架下认定了原告表演的狼蛛魔术属于《著作权法》所保护的魔术作品，但对于魔术中的要素进行了区分对待，并认为只有魔术中的形体动作、姿势的表达构成魔术作品，其他的要素则不然。法院首先对魔术这一艺术形式中包含的要素进行了分析：魔术是由观众可感知的部分，即呈现给观众的动作和景象以及观众难以感知的部分，即被技巧或装置掩盖的动作构成的。这里所谓"动作"，是指表演者的形体动作、姿势等;所谓"景象",是指由布景、道具等构成的视觉画面。著作权法保护的作品应当是能以有形形式复制的智力成果,是可以被他人客观感知的外在表达。其中,魔术中呈现给观众的形体动作、姿势的表达构成《著作权法》保护的魔术作品;呈现给观众的由布景、道具等构成的视觉画面可以考虑是否构成美术作品;至于被技巧或装置掩盖的动作,由于其无法被观众客观感知,故其不能成为《著作权法》保护的客体。法院的这一认定是符合著作权法的基本原理的。

本案的特殊之处在于,法院虽然认定了原告主张的狼蛛魔术属于《著作权法》所保护的魔术作品,但判决最终还是驳回了原告的诉讼请求,原因在于,原告的诉讼请求是,被告未经许可复制、发行狼蛛 DVD 的行为侵犯了其对狼蛛魔术作品享有的著作权。法院认为,被诉的狼蛛 DVD 在画面内容的选择、角度和色度、镜头的切换、画面的剪接、声音的衔接等方面反映了拍摄者的构思,表达出了某种精神内容,具有一定程度的独创性,已构成《著作权法》所保护的以类似摄制电影的方法创作的作品,著作权归制片人所有。即使该魔术作品属于电影作品中包含的独立作品,著作权人可以单独行使其著作权,包括单独对未经许可使用其作品的行为主张权利,但此应当限于他人的使用行为是单独使用该独立作品的行为,而非以电影作品的形式使用该独立作品的行为。因此,由于被控的未经许可复制、发行狼蛛 DVD 的行为,是对以狼蛛 DVD 为载体的整体作品的使用,而不是脱离整体作品单独使用狼蛛魔术作品的行为,所以,即便原告享有狼蛛魔术作品的著作权,其亦无权主张被告未经许可复制、发行狼蛛 DVD 的行为侵犯了其对狼蛛魔术作品享有的著作权。

如果根据著作权的基本法理,回归到国际上通行的保护水平,即将魔术等艺术形式排除在著作权保护的范围之外,那么,魔术等艺术形式是否还能得到有效的保护呢? 答案是肯定的。

首先,根据法院的认定,魔术中构成作品的部分是魔术呈现给观众的形体动作、姿势的表达。而根据《著作权法实施条例》的规定:舞蹈作品,是指通过连续的动作、姿势、表情等表现思想情感的作品。由此不难看出,按照著作权法规定的作品的构成要件,在对魔术作品中不属于表达的成分进行排除之后,最终构成作品的部分实则为舞蹈作品。因此,即使不再将魔术作为作品保护,其中构成具有独创性的表达亦可寻求舞蹈作品的保护。

其次，即使不再将魔术作为作品保护，作为魔术的表演者，亦可通过表演者权进行保护。通过国际公约的规定和其他国家的立法例来看，是行得通的。从目前生效的国际公约来看，表演者为表演著作权法意义上之作品的人，但允许各国扩大范围。具体而言，《罗马公约》将"表演者"定义为演员、歌唱家、音乐家、舞蹈家和表演、歌唱、演说、朗诵、演奏或以别的方式表演"文学或艺术作品"的其他人员。《罗马公约》同时规定，各缔约国均可以根据其国内法律和规章，将公约提供的保护扩大至不表演文学或艺术作品的艺人。法国文学艺术产权法规定：表演者为表演、演唱、背诵、朗诵、演奏或以其他方式表演文学艺术作品、杂耍、马戏、木偶或其他项目的人，但不包括职业习惯认定的辅助演员。如此看来，魔术、杂技演员并不会因其表演的内容不构成著作权法意义上的作品，也就不受表演者权的保护。

但遗憾的是，我国著作权法规定表演者，是表演文学、艺术作品的人，如魔术不再作为作品进行保护，那么魔术的表演者也就无法寻求表演者权的救济。因此，对于魔术等艺术形式而言，规定其不构成作品与表演者的范围扩大至不表演作品的人必须相结合。

再回归到本案。法院虽然认定了原告主张的狼蛛魔术属于《著作权法》所保护的魔术作品，但判决最终还是驳回了原告的诉讼请求，理由在于即便原告享有狼蛛魔术作品的著作权，其亦无权主张被告未经许可复制、发行狼蛛 DVD 的行为侵犯了其对狼蛛魔术作品享有的著作权。换一种思路来看。假如原告的诉讼请求为被告未经许可复制、发行狼蛛 DVD 的行为侵犯了其对狼蛛 DVD 享有的著作权，笔者认为，这一诉讼请求是可以被法院支持的。理由在于，第一，本案中对于狼蛛 DVD 已构成以类似摄制电影的方法创作的作品，且原告享有狼蛛 DVD 著作权的事实，法院已经予以认可。同时，在案证据表明，原告事先已就被告侵权的行为作出了警告，被告对狼蛛 DVD 是明知的。且经过比对，被告销售的狼蛛 DVD 均为非法复制的产品。被告的行为满足了"接触+实质性相似"的要件，理应被认定为侵犯了原告狼蛛 DVD 享有的复制权和发行权。

此外，原告亦曾主张狼蛛道具、狼蛛 DVD 的包装彩页、狼蛛道具的包装盒的著作权。可以肯定的是,道具、包装彩页以及包装盒,如果满足独创性的要求,是可以构成相应的作品,比如,道具构成实用艺术品,包装彩页以及包装盒构成美术作品。

参考文献

《中华人民共和国著作权法》

《中华人民共和国著作权法实施条例》

李明德、许超:《著作权法》(第二版),法律出版社 2009 年版。

李明德、管育鹰、唐广良:《〈著作权法〉专家建议稿说明》,法律出版社 2012 年版。

摄影作品的侵权认定：

薛某某诉燕某某著作权案

| **基本案情** |

　　原告薛某某为摄影家，系中国摄影家协会会员，被告燕某某为油画创作者。原告认为燕某某擅自将其创作的摄影作品《无名（特征为戴戒指的老人）》（简称《老人》）演绎为油画作品《奶奶》并进行展览、出版，侵犯了其对摄影作品享有的改编权，诉至北京市朝阳区人民法院。

　　原告薛某某诉称：2005年，我与燕某某相识，燕某某以欣赏为由向我索要作品。我遂将一些作品的洗印件或书籍赠与燕某某。但近来，我发现燕某某擅自将我创作的摄影作品《无名（特征为戴戒指的老人）》（简称《老人》）演绎为油画作品《奶奶》并进行展览、出版。燕某某将上述油画作品均收录在其所著的《山上山下：燕某某油画作品》一书中。我认为，燕某某未经许可对我所创作的摄影作品进行演绎，并进行展览、出版，侵犯了我对作品享有的改编权。因此，我起诉至法院，请求判令燕某某停止侵权、销毁侵权作品，在《中国摄影报》及一家全国性美术报刊上公开赔礼道歉，赔偿经济损失1.5万元。

　　被告燕某某答辩称：第一，涉案被控侵权的油画作品是我独立创作完成，不存在侵犯薛某某著作权的行为。第二，我的油画作品发表时间在先，客观上不存在抄袭薛某某摄影作品的可能性。第三，我的油画作品市场售价达到几十万元一幅，而薛某某的作品价格只有几十元，我完全没有必要去临摹其作品。第四，薛某某主张摄影作品的改编权缺乏法律依据，著作权规定的改编权主要限于文字作品。第五，薛某某的起诉已经超过诉讼时效。涉案油画作品已经在我2006年举办的个人画展上展出，至今也已经超出了诉讼时效。综上，我不同意薛某某的诉讼请求，请求法院驳回其诉讼请求。

　　一审法院认为，根据现有事实，原告无法证明燕某某在创作涉案油画时有

燕某某油画作品《奶奶》

薛某某《无名（特征为戴戒指的老人）》

机会接触到其摄影作品。另外，著作权法允许不同作者对同一思想、题材进行各自的独立创作，只是创作过程中不得使用他人作品具有独创性的表达方式。就本案而言，薛某某的摄影作品《老人》和燕某某的油画《奶奶》是以相同人物为特定创作对象的写实作品，但作为不同类型的作品，油画《奶奶》与摄影作品《老人》的创作手法、使用的介质材料、表现方式上均存在差异。综上所述，不能认定燕某某在油画《奶奶》中使用了薛某某摄影作品《老人》的内容，燕某某并未侵犯薛某某的著作权。因此，对薛某某的诉讼请求，法院不予支持。

原告薛某某不服一审判决，上诉至北京市第二中级人民法院。

二审法院认为,本案的争议焦点问题为燕某某是否改编了薛某某拍摄的涉案摄影作品。首先,薛某某并未举证证明其曾向燕某某提供过涉案摄影作品,亦未举证证明涉案摄影作品在燕某某创作涉案油画之前曾发表。其次,虽然涉案油画与涉案摄影作品的内容为同一真实人物,该人物本身的形象不是上述两作品的著作权保护要素。据此,驳回上诉,维持原判。

▶ 法律问题

"接触+实质性相似"是著作权侵权判断的普遍标准。本案中,两审法院亦采取了此种标准。

对于接触的可能性。本案中,薛某某虽然提供了形成于 2005 年的《老人》照片的底片,但薛某某未就涉案摄影作品的发表情况提供证据。燕某某提供了 2006 年 12 月天津人民艺术出版社主办的《中国油画》杂志,2007 年 5 月,燕某某出版的油画作品集《娅娅山上的故事》,均体现了涉案油画作品。

薛某某没有证据证明其向燕某某提供了涉案照片的底片或冲洗件,也没有举证证明该作品已经对外发表,现有证据无法证明燕某某在创作涉案油画时有机会接触到其摄影作品。

对于是否构成实质性相似。著作权法允许不同作者对同一思想、题材进行各自的独立创作,只是创作过程中不得使用他人作品具有独创性的表达方式。《最高人民法院关于审理著作权民事纠纷案件适用法律若干问题的解释》第 15 条规定,不同作者就同一题材创作的作品,作品的表达系独立完成且有独创性的,各自享有独立的著作权。就本案而言,薛某某的摄影作品《老人》和燕某某的油画《奶奶》是以相同人物为特定创作对象的写实作品。通过比对,二者存在的相同之处主要属于人物本身固有的形象、姿势和神态,既非燕某某臆想产生,也非薛某某在拍摄过程中创造产生。作为不同类型的作品,油画《奶奶》与摄影作品《老人》的创作手法、使用的介质材料均不相同,且油画《奶奶》的尺寸、颜色以及局部细节等表现方式与摄影作品《老人》也存在差异。此外,由于涉案油画与涉案摄影作品的内容为同一真实人物,该人物本身的形象不是上述两作品的著作权保护要素。

综合上述分析,两审法院均认定了燕某某未侵犯薛某某拍摄的涉案摄影作品的改编权。

专家评析

本案属于北京市法院受理的首例摄影作品著作权人指控油画作品创作人侵权的案件,曾入选北京高院 2012 年十大知识产权典型案例。

近年来,油画创作者参考他人摄影作品创作油画的事例不在少数,甚至油画创作者自己在绘画之前,也会先将素材用相机拍下来。但涉及一些原本不太知名的摄影作品,在被绘画者参照并创作成油画后,油画的知名度和市场价值大增,此时,上述问题就变得更为敏感和引人关注。因此,本案一出,即引发了摄影界、绘画界的广泛关注。

本案的特殊之处在于:薛某某未能举证证明其摄影作品在先发表或被告能够接触到其摄影作品的可能性,因此,不符合"接触+实质性相似"这一著作权侵权认定的一般规则。法院实则是没有就"临摹他人的作品的行为属于复制还是改编"这一问题给出回应。但同时,法院认定燕某某所创作油画的尺寸、颜色以及局部细节等与原告的摄影作存在差异,属于独立创作。这一认定似乎又在说明,摄影被称为"瞬间艺术"或者"快门艺术",主要是对客观形象的迅速、准确记录,作者只是将某种形象固定而非创作。因此,法律对摄影作品不应给予过强的保护,而油画作品的创作者所付出的创作活动更多,只要在油画作品中体现了自己的构思,使作品在整体画面、尺寸、细节等方面呈现出与照片不同的特点和差异即不构成侵权。

摄影与绘画是两种不同艺术形式,相应的,摄影作品和美术作品为两种不同的作品。本案衍生出的一个具有争议性的问题就是,油画创作者参照他人的摄影作品进行创作的行为如何定性?推而广之,参照他人作品进行的创作行为如何定性?不限于美术作品和摄影作品之间的相互参照,还包括其他不同类型作品之间。再创作形成的临摹品如何定性?

首先,对于油画本身而言,是否构成著作权法意义上的作品,要看其是否具有独创性。

　　所谓独创性，是指作者在创作过程中投入了某种智力性的劳动，创作出来的作品具有最低限度的创造性。参照他人的摄影作品进行创作不是通过简单的物理方法或借助机械能力的再现，而是通过对原作品的细致观察，结合油画创作者自己的观察、体会、思考，再利用专业技术和专业能力，融入个人对于原作品内涵的理解和阐释后，人工地再现原作的外在形态及内在。这种再现一定会或多或少地体现油画创作者的个人印记，不同的油画创作者由于艺术修养和能力甚至思维方式、思想感情的不同，创作的油画也会存在相应的差异，而这些不同就使油画具有了一定的"个性"，或者说是"独创性"。正如郑成思先生所说：两个人不可能临摹出完全相同的画来，即使他们在临摹中"无限接近地泯除一切个人特征"，但终究因为他们是有精神的人而不是机器，他们只能"接近"而已，却永远不能"到达"。

　　因此，参照他人作品创作而成的临摹品是构成著作权法意义上的作品的。本案中，法院的态度亦是如此，认为油画作品和摄影作品均构成作品，分别享有著作权。

　　其次，参照他人作品的创作的临摹品与原作品之间的关系问题。

　　既然参照他人作品创作而成的临摹品是构成著作权法意义上的作品的，那么该作品与原作品之间是什么关系呢？本案中，因为无法证明接触可能性，法院并未对油画作品和摄影作品之间的关系作出认定。但理论和实务中的争议主要是在于参照他人作品的创作属于复制还是改编。

　　关于临摹行为到底是复制还是演绎的争论，根源于两大法系对于构成作品的独创性的标准存在差别。大陆法系国家的著作权法以"天赋人权"的自然法思想作为其立法基础，认为作品是作者的创作物，是思想与愿望的表现形式，作品是作者人格的延伸。大陆法系的著作权立法不仅关注作者对于作品的经济性权利，更关注作者的精神性权利，因此对于独创性的要求比较高。而英美法系国家的版权理论强调的是对于作品的利用，注重对作者的财产权利的保护，同时通过刺激人们对作品的创作来促进新作品的产生和传播。基于该思想，版权的保护对象涵盖了通过智力创造活动、凭技巧从事的活动，甚至是劳动直接产生的能被复制的成果。在英美法系国家的著作权法中，对于独创性的认定标准是比较低的。

对于临摹到底属于复制还是演绎，在相关国际公约和各国的立法中并没有达成一个共识。而对于临摹品的独创性的认定，各个国家也没有按照两大法系进行站队，即大陆法系国家认定临摹品不具有独创性，临摹行为属于复制，而英美法系国家则认为临摹品满足独创性的要求，构成改编作品。

临摹品是否享有著作权，我国著作权立法经过了一个由明确到模糊的过程。1990年的《著作权法》第52条曾规定："本法所称的复制，指以印刷、复印、临摹、拓印、录音、录像、翻录、翻拍等方式将作品制作一份或者多份的行为。"明确将临摹视为复制的一种方式，那么未经许可的临摹就构成对著作权的侵犯，临摹品也即复制品，是不享有著作权的。但2001年修改后的著作权法第10条有关复制的规定中，却将临摹从复制的几种方式中删除。但对临摹品的性质和临摹品应受到何种法律保护的问题仍没有作出具体规定。因此，有关临摹品的法律性质，到底是改编作品还是复制品，在理论和实践中便产生了争议。

就性质而言，从原作品到复制品，还是一个作品，只是存在原件与复制件的差异；而从原作品到改编后的作品，则是两个作品，即使后者以前者为基础的。

《著作权法》第12条明确规定："改编、翻译、注释、整理已有作品而产生的作品，其著作权由改编、翻译、注释、整理人享有，但行使著作权时不得侵犯原作品的著作权。"改编、翻译、注释、整理已有作品而产生的作品，我们统称为演绎作品。演绎作品是基于现有的作品，通过重新创作或改变而形成的作品，演绎作品的著作权只及于临摹者独创出来的部分，演绎著作权的产生虽然不依赖于原作品作者的准许，但演绎作品的发表和利用则一直依赖于原作者的许可。只有在原作品的著作权保护期届满，或原作者放弃原作著作权的情况下，演绎者才能就其演绎之作享有独立的完整的著作权。

由此我们不难得出结论，是否享有权利是一码事，权利的行使则是另一码事。第一，我们承认临摹品在一定程度上反映了临摹者的个人意志，体现了其人格特征，并不是完全等同于原作品，因此，临摹者就其临摹作品是享有著作权的。第二，在抽离了临摹作品与原作品实质性相似的部分之后，临摹者就临摹作品所付出的创造性智力劳动较少，他所享有的著作权也就十分有限了。

尤为重要的,临摹者要想再进一步利用临摹作品,比如出版、发行、复制、传播、演绎,则必须经过原作品著作权人的许可。因此,对于善意的临摹者而言,其临摹属于改编而非复制,则免去了被控侵权之虞;对于恶意的临摹者来说,临摹仅仅是第一步,此时认定临摹者就其临摹品享有著作权也未有不可,接下来更重要的一步则是,依靠临摹品去获利,此时再由原作著作权人对临摹者利用临摹品的行为叫停,使恶意的临摹者空享有一个名义上的著作权,但却不能依此权利而获得实质上的利益,这也可以有效地遏制恶意临摹的行为。

因此,将临摹作品作为演绎作品赋予相应的著作权,非但不会助长恶意临摹者的气焰,反倒可以使临摹作品与原作品之间的关系更加明晰,在司法实践中也不必考虑原作是否在保护期内,以及哪些部分构成实质性相似,而哪些部分又具有独创性这一系列复杂的问题,便于理解和操作。

再次,是否存在权利的限制和例外。

纵观现行的《著作权法》,除了 22 条第(十)项对设置或者陈列在室外公共场所的艺术作品进行临摹属于合理使用之外,并未有其他规定对其他作品权利作出限制和例外。

因此,本案中,法院的关于"由于涉案油画与涉案摄影作品的内容为同一真实人物,该人物本身的形象不是上述两作品的著作权保护要素",并认定油画享有著作权的认定是值得肯定的,但法院同时更多的是考虑到公共利益与保护著作权人之间的利益的平衡,对两者的关系未作出正面回应。笔者认为,临摹品体现了其创作者的独创,虽然属于对原作品的改编,但仍然构成著作权法意义上的作品。同时,需要注意的是,作为演绎作品,临摹者要想再进一步利用临摹作品,比如出版、发行、复制、传播、改编,则必须经过原作品著作权人的许可。

参考文献

《中华人民共和国著作权法》

《中华人民共和国著作权法实施条例》

郑成思:《版权法》,中国人民大学出版社 2009 年版。

李明德、许超:《著作权法》(第二版),法律出版社 2009 年版。

体育赛事节目能否构成作品：

新浪互联公司诉天盈九州公司著作权案

| 基本案情 |

依据《国际足联章程》和《中国足球协会章程》的规定,中国足球协会是中超联赛所产生的所有权利的拥有人。中国足球协会与中超联赛有限责任公司(以下简称中超公司)签订合同,授权其独家代理开发经营中超联赛的电视、广播、互联网及各种多媒体版权,以及各种其他各种无形资产,包括对上述资源在全球范围内的市场开发和推广,接洽、谈判及签署相关协议等,有权经中国足球协会备案后在本授权范围内进行转委托。上述授权的有效期为十年,2006 年 1 月 1 日至 2015 年 12 月 31 日。

2012 年 3 月 7 日,中超公司与本案原告新浪互联公司签订协议,约定中超授权新浪互联公司在 2012 年 3 月 1 日起至 2014 年 3 月 1 日期间,在门户网站领域独家播放中超联赛视频,包括但不限于比赛直播、录播、点播、延播;中超不得再以任何形式与包括但不限于腾讯网、搜狐、网易、凤凰网、TOM、人民网、新华网等门户网站合作,并确保上述门户网站,不得以任何形式,包括但不限于直接盗用电视信号直播或录播中超赛事以及制作点播信号,以跳转链接的方式,公然虚假宣传其拥有或者通过合作获得直播、点播中超赛事的权利。有效期届满后本授权自动终止。2013 年 12 月 24 日,中超公司向新浪互联公司出具授权书。

中超公司还与体奥动力签订协议书,约定在 2012 年 2 月 1 日至 2014 年 12 月 31 日期间,体奥动力获得中超联赛的电视转播权、电视产品权、网络视频权、手机应用软件开发权、大陆境外的电视转播权和网络视频权;并拥有将网络视频权独家授予第三方网站或互联网机构播出的权利,但无权授予门户网站等网络;中超公司保留授权门户网站等中超联赛网络视频权的权利;如被授权门户网站运营商涉及信号传输费用，由被授权方与乙方另行协商。2012年3月15日，中超公司向体奥动力出具授权书，载明：中超公司与体奥动力在中超联赛地方台广播电视转播、非门户网络视频版权、手机应用软件、海外电视转播、海外网络视频开发进行合作，协议有效期至2014年12月31日。

2012年3月15日，体奥动力向PPLive Corporation Limited（聚力传媒技术有限公司，以下简称聚力公司）出具授权证明，授权聚力公司2012—2014赛季中超联赛所有比赛的独家信息网络传播权及分销权，包括直播、延播、点播及制作集锦。

2013年4月19日，聚力公司与乐视网、乐视网信息技术（香港）有限公司签订2013—2014赛季中超联赛内容许可协议书，授权乐视网在自运营网站（仅限于域名为www.letv.com的网站）上，以个人计算机（包括PC网页端及PC客户端，不包括手持移动设备、PAD、手机、电视机等）为终端，向公众播放2013—2014赛季中国足协超级联赛之赛事节目。未经聚力公司许可，乐视网不得以链接、共建合作平台等方式，与第三方合作或授权第三方使用授权节目。

2013年8月1日，原告新浪互联公司发现被告天盈九州公司在凤凰网（www.ifeng.com）上中超频道首页，在网址为"ifeng.sports.letv.com"页面下的"体育视频直播室"提供比赛的直播：（1）鲁能VS富力（8月1日）；（2）预告—19：35视频直播申鑫VS舜天（8月1日）。凤凰网（www.ifeng.com）为天盈九州公司所有并负责运营，页面域名（www.ifeng.sports.letv.com）由第三人乐视网信息技术（北京）股份有限公司（以下简称乐视公司，系视频网站乐视公司（www.letv.com）的经营者）与天盈九州公司合作共建。

为此，原告新浪互联公司向北京市朝阳区人民法院起诉被告天盈九州公司著作权侵权及不正当竞争。朝阳区人民法院受理后，被告提起管辖异议申请，被法院驳回，被告不服该裁定，上诉至北京市第三中级人民法院。北京市第三中级人民法院于2014年12月12日终审裁定"驳回上诉，维持原裁定"。在诉讼中，朝阳区人民法院依据《民事诉讼法》第56条第2款之规定，通知乐视公司作为第三人参加诉讼。

原告新浪互联公司诉称，天盈九州公司未经合法授权，在网站上设置中超频道,非法转播中超联赛直播视频,其享有以类似摄制电影方式创作的涉案体育赛事节目的作品著作权;同时认为,赛事组织者的赛事转播的授权制度是一种值得法律保护的正当的竞争秩序,天盈九州公司的行为破坏了这种商业模式构成的竞争秩序和其所体现的商业道德,构成了不正当竞争。请求判令天盈九州公司承担停止侵权,赔偿经济损失1000万元,并在其经营的凤凰网首页及《中国电视报》上发表声明,消除侵权及不正当竞争行为造成的不良影响。

被告天盈九州公司辩称:(1)新浪互联公司诉求不明;(2)其起诉于法无据,足球赛事不是著作权法保护对象,对体育赛事享有权利并不必然对体育赛事节目享有权利;(3)新浪互联公司不适格,其未获得作者授权,且其获得的授权有重大瑕疵;(4)新浪互联公司起诉的被告不正确;(5)其主张的赔偿数额缺乏依据。

第三人乐视公司述称,其有权使用涉案赛事的转播权;其与天盈九州公司曾就涉案域名(www.ifeng.sports.com)有过合作,但就涉案赛事没有与其合作,转播赛事并非来源于乐视公司网站,不构成共同侵权。

在审理过程中,被告天盈九州公司就该案向本院提起管辖异议申请,朝阳区人民法院以"驳回被告北京天盈九州网络技术有限公司对本案管辖权提出的异议"作出裁定。天盈九州公司不服该裁定,上诉于北京市第三中级人民法院。北京市第三中级人民法院终审裁定"驳回上诉,维持原裁定"。

针对被告天盈九州公司提出的新浪互联公司未获得授权,且其获得的授权有重大瑕疵的抗辩,北京市朝阳区人民法院认为,中超公司经中国足球协会独家授权,有权代理中国足球协会开发经营中超联赛的电视、广播、互联网及各种多媒体版权;可以对上述资源进行全球范围内的市场开发和推广,有权进行接洽、谈判及签署相关协议等,有权经中国足球协会备案后在本授权范围内进行转委托;且该授权为,可以认定2013年12月24日中超公司向新浪互联公司出具的授权书,具有法律效力。对被告的抗辩不予支持。

对于乐视公司的陈述,根据涉案转播赛事的网络地址设置以及涉案赛事网页显示的入口状态,同时乐视公司不能就其与凤凰网播出的涉案赛事的页面内容的不一致进行举证,法院对乐视公司提出其对凤凰网播放涉案赛事行为并不知晓的述称，不予支持；并认定凤凰网转播涉案赛事的信息源系由乐视网决定并输出。天盈九州公司实施的链接行为已经不是单纯的网络服务行为，而是以链接为技术手段与乐视公司分工协作，属于未经许可共同向网络用户提供涉案赛事的转播，侵犯了同为门户网站的新浪网就涉案赛事享有的转播权利，应停止侵权。

针对新浪互联公司提出的涉案转播的赛事呈现的画面属于我国著作权法保护的作品范畴的观点，法院认为，对赛事录制镜头的选择、编排，形成可供观赏的新的画面，是一种创作性劳动，且该创作性从不同的选择、不同的制作，会产生不同的画面效果，反映了其独创性。即赛事录制形成的画面，构成我国著作权法对作品独创性的要求，应当认定为作品。因此，法院认定乐视公司、天盈九州公司以合作方式转播的行为，侵犯了新浪互联公司对涉案赛事画面作品享有的著作权，即属于"应当由著作权人享有的其他权利"。

对于原告新浪互联公司就天盈九州公司的行为同时提起的不正当竞争诉讼，法院认为新浪互联公司作为赛事转播授权一方，其权利受到的侵害，在本案中已通过著作权法的保护得到救济补偿，无需再以反不正当竞争法进行规制，驳回对新浪互联公司涉案提起的不正当竞争行为的诉请。

根据上述分析，法院于 2015 年 6 月 30 日作出如下判决：(一)判决被告天盈九州停止播放中超联赛 2012 年 3 月 1 日至 2014 年 3 月 1 日期间的比赛。(二)判决被告于本判决生效之日起 30 日内履行在其凤凰网首页连续 7 日登载声明的义务，消除不良影响。(三)判决被告赔偿原告经济损失 50 万元，于本判决生效之日起 10 日内给付。(四)驳回原告北京新浪互联信息服务有限公司其他诉讼请求。

一审判决宣判后，凤凰网不服，上诉北京知识产权法院。北京知识产权法院于 2016 年 8 月 18 日上午公开开庭审理了此案，双方围绕体育赛事节目是否构成作品等焦点问题进行了激烈辩论。

▶ 法律问题

本案由北京市朝阳区人民法院于 2015 年 6 月 30 日作出一审判决，部分支持原告诉讼请求,并驳回其同时就天盈九州在凤凰网上播放中超联赛构成不正当竞争行为的诉讼请求。该案主要涉及体育赛事转播中形成的画面是否构成作品、互联网上的侵权案件的管辖权确定以及损害赔偿数额的确定三个主要的法律问题。下面,我们将结合北京市朝阳区人民法院所作的一审判决,说明这三个问题。

一、体育赛事转播中形成的画面是否构成作品

原告新浪互联公司诉称被告天盈九州公司擅自将电视台正在直播的中超比赛的电视信号,通过信息网络同步向公众进行转播的行为,侵犯了原告享有以类似摄制电影方式创作的涉案体育赛事节目的作品著作权,认为涉案转播的赛事呈现的画面应受属于我国著作权法保护的作品范畴。

被告天盈九州公司辩称,足球赛事不是著作权法保护对象,对体育赛事享有权利并不必然对体育赛事节目享有权利。法院认为,依照法律规定,具有独创性并能以某种有形形式复制的智力成果,才可构成我国著作权法所保护的作品。是否具有独创性,成为法院判断涉案赛事转播画面是否构成作品的关键。

法院在判决书中分析认为,对体育赛事的转播画面,不是由固定摄像机直接录制的结果,而是经过了编导的制作程序。观众看到的画面不仅仅是对赛事的录制,还包括回看的播放、比赛及球员的特写、场内与场外、球员与观众,全场与局部的画面,以及配有的全场点评和解说。这是编导通过对镜头的选取,即对多台设备拍摄的多个镜头的选择、编排的结果。对赛事录制镜头的选择、编排,形成可供观赏的新的画面,是一种创作性劳动,且该创作性会因不同的选择和不同的制作而产生不同的画面效果,达到我国著作权法对作品独创性的要求。因此,涉案转播赛事呈现的画面满足了作品的创造性要求,即通过摄制、制作的方式,形成画面,以视听的形式给人以视觉感应、效果,构成作品。因此,乐视公司、天盈九州公司以合作方式转播的行为,侵犯了新浪互联公司对涉案赛事画面作品享有的著作权。本案中的转播行为,尽管是在信息网络环境下进行,但不能以交互式使得用户通过互联网在任意的时间、地点获得,此种转播行为不是侵犯我国著作权法上信息网络传播权,而是侵犯了"应当

由著作权人享有的其他权利"。根据上述分析,法院支持了原告提出天盈九州公司侵犯其著作权的主张,判决被告天盈九州公司停止侵权、赔偿经济损失及消除影响。

二、管辖权的确定

本案被告天盈九州公司在诉讼过程中提出管辖权异议,其理由是天盈九州公司住所地位于北京市海淀区,本案应移送至北京市海淀区人民法院审理。北京市朝阳区人民法院作出（2014）朝民（知）初字第 40334 号管辖权异议民事裁定,认为被告所提管辖权异议不成立,驳回原审被告对本案管辖权提出的异议。其理由是对法人或者其他组织提起的民事诉讼,由被告住所地人民法院管辖。法人的住所地是指法人的主要营业地或主要办事机构所在地。法院根据凤凰网网站底端"企业信用评级证书"显示的信息、天盈九州公司工作人员名片中登载的公司地址,以及天盈九州公司向一审法院提交的《授权委托书》明确记录"住所地"均为"朝阳区望京启阳路 4 号中轻大厦 16 层",因此确认上述地址为天盈九州公司的主要营业地或主要办事机构所在地。

天盈九州公司不服一审裁定向北京市第三中级人民法院提起上诉,上诉理由是天盈九州公司住所地位于北京市海淀区海淀路 165 号凤凰会馆 605号,公司工商登记公开信息以及其他相关证照上,均显示天盈九州公司住所地系上述地址。"朝阳区望京启阳路 4 号中轻大厦 16 层"是凤凰网办公地址。诉讼管辖应以企业住所地为准,而不是企业的办公地址,办公地址可能有多个。因此,本案应由北京市海淀区人民法院管辖。被上诉人新浪互联公司认为,其提供的天盈九州公司在北京市朝阳区实际办公的照片以及《企业信用评级证书》和已经生效的法律文书均证明天盈九州公司实际办公地址在北京市朝阳区,并且本案侵权行为地亦在北京市朝阳区,朝阳区人民法院对本案具有管辖权。

北京市第三中级人民法院经审查认为,该案系新浪互联公司以不正当竞争纠纷为由,起诉要求天盈九州公司停止侵害等。因侵权行为提起的诉讼,由侵权行为地或者被告住所地人民法院管辖。

本案审理中,上诉人天盈九州公司认可其是域名 www.ifeng.com 的经营者,经现场勘察认定北京市朝阳区郎家园 6 号院郎园 vintage 8 号楼是凤凰网的实际办公地点,认定本案的侵权行为地位于北京市朝阳区,一审法院有管辖权。同时,针对天盈九州公司认为北京市朝阳区郎家园 6 号院郎园 vintage 8 号楼系其公司无线办公客户端项目,非 ifeng.com PC 客户端项目之抗辩,法院认为,无线应用客户端项目及 PC 客户端项目系天盈九州公司内部部门管理事项,对外并不具有公开性,不足以否定该地址作为侵权行为实施地的事实。因此,法院裁决上诉理由不成立,驳回上诉,维持原裁定。

三、损害赔偿数额确定

在本案中,原告新浪互联公司认为被告在其门户网站播放中超联赛节目的行为,侵犯其拥有的中超联赛视频的独占传播、播放权,并同时构成不正当竞争,要求赔偿经济损失 1000 万元。被告天盈九州公司认为,原告主张的赔偿数额缺乏依据。法院认为,新浪网的转播行为产生的服务器、宽带、机架、硬件折旧,包括广告等费用损失都具有其合理性,但其损失是以 2013 赛季作为赔偿依据,与涉案转播两场中超赛事有较大差距。本案中的损害赔偿应以涉案两场转播赛事为考量的基础确定涉案损失,最后判决被告北京天盈九州公司赔偿原告北京新浪互联公司经济损失 50 万元。

专家评析

在"北京新浪互联公司诉被告北京天盈九州公司著作权侵权及不正当竞争纠纷"案中,案件的起因在于被告北京天盈九州公司未经许可,擅自在其所属的凤凰网上播放中超联赛直播。该项权利原本属于获得中超公司独家授权的新浪互联公司。对于被告的这一行为,原告认为体育赛事转播节目构成作品,天盈九州公司未经许可擅自在凤凰网上播放,侵犯了其对于体育赛事转播节目的著作权,并构成不正当竞争,向北京市朝阳区人民法院起诉,要求停止侵权,消除影响,并赔偿损失 1000 万。北京市朝阳区人民法院经审理,认为体育赛事的转播画面是编导通过对镜头的选取,即对多台设备拍摄的多个镜头的选择、编排的结果,属于著作权法上的作品。被告在其门户网站上擅自转播中超联赛直播的行为侵犯了原告对该作品享有的"应当由著作权人享有的其他权利"，判决被告天盈九州公司停止侵权、赔偿经济损失50万元及消除影响。被告北京天盈九州公司不服该判决向北京知识产权法院提起上诉。在本案审理过程中，被告曾提出管辖权异议，认为本案应由被告公司住所地的北京市海淀区人民法院审理，不应由公司办公地点之一的北京市朝阳区人民法院管辖。北京市朝阳区人民法院驳回被告的管辖权异议。被告不服，上诉至北京市第三中级人民法院，又被驳回上诉，维持原裁定。在本案一审的整个诉讼过程中，法院和双方当事人讨论的核心问题是体育赛事节目是否构成作品，这同样是二审法院公开审理中双方当事人辩论的关键问题。同时，在本案的一审审理过程中，还特别讨论了本案的管辖权确定问题。此外，本案中原告提出的损害赔偿数额为1000万元，法院最终确定50万元，因此损害赔偿数额的确定问题同样也备受关注。下面，我们仅就上述三个法律问题的核心，即体育赛事节目能否获得著作权保护、管辖权的确定以及损害赔偿数额的确定，进行逐一讨论。

一、体育赛事直播节目能否获得著作权保护

著作权的客体是作品。根据《著作权法实施条例》第2条的界定，作品是指"文学、艺术和科学领域内具有独创性并能以某种有形形式复制的智力成果"。从这个定义来看，著作权法上的作品至少应符合以下条件：（1）作品必须是智力成果；（2）作品属于文学、艺术和科学领域内的成果；（3）作品必须具有独创性；（4）作品必须能以某种有形形式复制。其中关于第（4）要件，从字面意思理解上有作品"固定"的意思，即作品必须具有可被感知的外在表达，还部分隐含了"著作权不保护思想，只保护思想观念表达"的意思。

本案主要涉及第（3）要件的讨论，即独创性。这是一个作品能否受到著作权保护的必要条件，也是作品区别于其他人类劳动成果的关键，具有非常丰富的内涵。作品的独创性，又称作品的原创性，是指作者在创作作品的过程中投入了某种智力性劳动，创造出来的作品具有最低限度的创造性。作品的独创性主要包括以下两层含义。

第一，作品是由作者独立创作的，而非抄袭的，也就是作品必须是来自作

者。这里要求的"独立创作"是指作者对相关思想观念的表达必须是新的或者是原创的,是来自作者自己的表达,而不是复制或者抄袭他人的表达。著作权法没有要求受著作权法保护的作品所表达的主题或者思想观念是新的,即使对于某些人尽皆知的思想主题,比如"三人行必有我师""少年强则国强"等,如果作者有着与众不同的方式、不同的情境等来表达,均可满足"独立创作"的要求。甚至在某些情况下,不同的作者采用了相同的表达,均属于各自独立的创作,同样也符合作品的"独立创作"要求。也就是说,著作权法上作品表达的"独立创作"与"专利法"上的"新颖性"要求是不同的。著作权法上的"独立创作"要求,可以理解为一部后来的作品即使与原先的作品相同,只要是独创,不是抄袭的,就符合独立创作要求。经典的例子是"有两位诗人互不相知,但创作了相同的诗。两部作品都不是新颖的,但都是独创的,因而都可以获得版权"。由上可见,著作权法上的"独立创作"要求作品必须是源于作者自己的思想情感而创造出的表达,而不仅仅是借用他人的表达。

第二,作品必须具有最低限度的创造性,达到智力创作的高度。

对于作品"创造性"的判断,是一个较为复杂的问题。从本质上来说,英美法系国家和大陆法系国家对作品"创造性"的判断和理解是有区别的。对于英国版权法以及以英国版权法作为参考来源的美国、加拿大、澳大利亚、新加坡等国家来说,通常只要作品中含有作者"独立的艰苦劳动"并具有实际价值,就可以满足版权法对作品独创性的要求。曾经的"额头冒汗"理论是英美法系国家对作品独创性要求的经典解释,尽管美国在1991年有关电话号码簿的 Feist 案中否定了关于"额头冒汗"独创性标准,而将"最低限度的智力创造性"作为作品获得版权保护的条件,但与坚持"作品是作者人格或精神的外延"的大陆法系国家相比,仍然明显有所不同。什么样的"最低限度的智力创造性"才能达到版权保护的要求呢? 德国著作权法学家雷炳德在其著作《著作权法》中强调,"创作必须更多地属于在自己的作品类型领域比人们所期待的普通的智力劳动能带来更多的活动","那些运用普通人的能力就能做到的东西,那些几乎每个人都可以做成的东西,即使这些东西是新的,也不能作为作品受到保护"。因此,总体来说,大陆法系国家对"最低限度的智力创造性"的理解,要更加注重作者的人格或精神在作品中的体现。也正是出于这样的原因,英美法系国家通常只将版权视为财产性权利,而大陆法系国家的著作权中则包含着作者的精神权利和经济权利。

通过上述对作品独创性的讨论,本案的关键问题"体育赛事节目能否获得著作权保护",实际上可以转化为"体育赛事节目"是否达到了"最低限度的智力创造性"这一问题。当然,"体育赛事节目"本身是一个比较广泛的概念,在实践中可以将所有涉及体育赛事的节目均称为"体育赛事节目",既包括结合赛事的进展对运动员所进行的访谈,也可以只是对体育赛事的直播节目。应该说不同类型的体育赛事节目包含不同的独创性,无法进行统一的判断。本案所涉及的体育赛事节目,实际是以体育赛事的进展为主体的直播节目。

体育赛事直播节目能获得什么样的知识产权保护,实践中有三种不同的观点。第一种观点认为,体育赛事直播节目可以构成著作权法意义上的作品,进而获得著作权法的保护。持这种观点的代表是本案的一审法院。第二种观点是对体育赛事的录制构成录像制品。第三种观点认为可以通过反不正当竞争法进行保护。

作品是作者人格或精神的外延,表明作者在创造作品的过程中融入了自己的思想情感和精神特质。在体育赛事直播的过程中,体育赛事的录制者虽然在摄像机的架设、录制镜头的选择、编排方面投入了部分源于自己的创意,并且直播节目中通常会穿插赛事解说员的解说以及某些特写镜头,但是这种对摄像机位置的安排是以尽可能地记录整个赛事的进展为目的,对体育赛事的解说是以对赛事进展的描述为主要内容,某些特写镜头也是为了让观众更好地了解体育比赛中的某些动作,所有这些看似创意的设计本身都不是录制者和解说员表达自己的思想情感,而是为了更加真实地记录赛事。因此,可以说,主导体育赛事直播节目的灵魂不是体育赛事节目的制作者,而是体育赛事本身。从此种意义上来说,体育赛事直播节目实际上还无法达到作品获得著作权保护的独创性要求。从上述分析也可看出,与其说体育赛事直播节目是作品,不如说是录像。

根据《著作权法》(2010年)第42条规定,"录音录像制作者对其制作的录音录像制品,享有许可他人复制、发行、出租、通过信息网络向公众传播并获得报酬的权利",体育赛事直播节目制作者对其制作的体育赛事直播节目享有录音录像制作者权的保护。在本案中,原告能否通过主张这一权利,要求被告损害赔偿呢?答案是否定的。因为被告通过信息网络直播体育赛事的行为,是一种定时的单向的播放行为,不属于信息网络传播权所控制的通过信息网络向社会公众提供的交互行为,因此本案原告无法通过主张录音录像制作者权的方式来获得被告的赔偿。

本案原告能否通过反不正当竞争法来阻止被告通过网络直播体育赛事节目呢?根据《反不正当竞争法》(1993年)的相关规定,与本案有关联的是第5条"经营者不得采用下列不正当手段从事市场交易,损害竞争对手……(二)擅自使用知名商品特有的名称、包装、装潢,或者使用与知名商品近似的名称、包装、装潢,造成和他人的知名商品相混淆,使购买者误认为是该知名商品;(三)擅自使用他人的企业名称或者姓名,引人误认为是他人的商品……"这一规定。《反不正当竞争法》对不正当竞争行为具有明确的规定,未经许可盗播体育赛事节目的行为,不属于该法规定的任何一项不正当竞争行为。当然,在本案中,有一点值得注意,即凤凰网上出现了"中超联赛"频道。这种对"中超联赛"字样的使用,足以误导观众以为凤凰网对体育赛事的播送行为已经合法许可。这种行为是《反不正当竞争法》(1993年)第5条第2项和第3项所规范的行为。《反不正当竞争法》该条规范的凤凰网使用"中超"标志行为,但仍然不能对未经许可转播体育赛事直播的行为进行规范。也有人认为凤凰网的这一行为违反了《反不正当竞争法》第2条"一般条款"的规定,原告可以通过主张被告的行为违反了诚实信用原则而要求被告赔偿。根据《反不正当竞争法》的规定,不正当竞争,是指经营者在生产经营活动中,违反本法规定,扰乱市场竞争秩序,损害其他经营者或者消费者的合法权益的行为,这意味着《反不正当竞争法》所规范的不正当竞争行为都是《反不正当竞争法》所明确规定的,没有明确的,就不应属于该法的规制范围。李明德教授在《关于反不正当竞争法的几点思考》一文中早就明确指出,"试图将一般条款凌驾于法律规定的具体事例,或者将法律没有明确规定的行为纳入违反诚实信用的范畴,是没有法律依据和理论依据的"。

很多人认为,对于像凤凰网未经许可播放体育赛事直播节目的行为,似乎必须要受到惩罚才算公平。对于这样的观点,李明德教授给出了不同的回答,

"对于我国《反不正当竞争法》没有明确予以制止的行为,应当采取一种宽容的态度,不必计较这些行为可能或者已经对他人造成了这样或者那样的损害,这样才最大限度地避免将新型的竞争模式和技术方案以不正当竞争的名义扼杀在摇篮之中"。同样的,很多人认为体育赛事直播节目具有很大的经济效益,应当给予知识产权保护。在对这一问题进行回答的时候,必须回到著作权保护的起点,获得著作权保护的条件不是因为相关创作物具有经济效益,而是因为相关作品具有独创性。所有不符合独创性要件的作品,所有不属于作品的创作物,即使具有经济价值,仍然不能获得著作权保护。这是由著作权制度本身的逻辑所决定的。

二、管辖权的确定

管辖权确定的问题也是本案一审涉及的关键问题之一。本案属于公司企业间的侵权诉讼。根据《民事诉讼法》的规定,对法人或者其他组织提起的民事诉讼,由被告住所地人民法院管辖,因侵权的行为提起的诉讼,由侵权行为地或者被告住所地人民法院管辖。本案可以由侵权行为地或者被告住所地人民法院进行管辖。什么是被告住所地,根据《最高人民法院关于适用〈中华人民共和国民事诉讼法〉的解释》规定,法人或者其他组织的住所地是指法人或者其他组织的主要办事机构所在地。关于侵权行为地的界定,上述司法解释规定《民事诉讼法》第28条规定的侵权行为地,包括侵权行为实施地、侵权结果发生地,信息网络侵权行为实施地包括实施被诉侵权行为的计算机等信息设备所在地,侵权结果发生地包括被侵权人住所地。

在本案中,被告天盈九州公司的住所地位于北京市海淀区,因为其法人的主要营业地或主要办事机构所在地在海淀区。因此,被告要求朝阳区人民法院将案件移送至北京市海淀区人民法院管辖。朝阳区人民法院则根据凤凰网网站底端"企业信用评级证书"显示的信息、天盈九州公司工作人员名片中登载的公司地址,以及天盈九州公司向一审法院提交的《授权委托书》等确定被告"住所地"为"朝阳区望京启阳路4号中轻大厦16层",并作出驳回管辖权异议的决定。事实上,一审法院没有解决如何确定法人住所地标准的问题,具体来说就是没有回答"为什么作为工商登记的海淀区没有作为法人住所地进行认定"这一问题。被告不服一审法院的驳回管辖权异议的决定,上诉至北京市第三中级人民法院。北京市第三中级人民法院没有沿着通过被告住所地确定管辖的思路,而是采用侵权行为地的标准来确定案件的管辖权。法院认为上诉人天盈九州公司认可其是域名 www.ifeng.com 的经营者,凤凰网的实际办公地点是经现场勘察认定的北京市朝阳区郎家园 6 号院郎园 vintage 8 号楼。这是上诉人实施侵权行为的地点,因此认定本案的侵权行为地位于北京市朝阳区,并认为一审法院有管辖权,驳回管辖权异议的上诉。二审法院对侵权行为地的确定,完全符合《最高人民法院关于审理涉及计算机网络著作权纠纷案件适用法律若干问题的解释》第 1 条的规定,即"网络著作权侵权纠纷案件由侵权行为地或者被告住所地人民法院管辖。侵权行为地包括实施被诉侵权行为的网络服务器、计算机终端等设备所在地。对难以确定侵权行为地和被告住所地的,原告发现侵权内容的计算机终端等设备所在地可以视为侵权行为地"。这是关于网络著作权侵权诉讼中对侵权行为地最为具体的界定。

三、损害赔偿数额确定

本案是作为著作权侵权之诉为法院所受理的。对于著作权侵权损害赔偿的计算,《著作权法》明确规定,"侵犯著作权或者与著作权有关的权利的,侵权人应当按照权利人的实际损失给予赔偿;实际损失难以计算的,可以按照侵权人的违法所得给予赔偿。赔偿数额还应当包括权利人为制止侵权行为所支付的合理开支。权利人的实际损失或者侵权人的违法所得不能确定的,由人民法院根据侵权行为的情节,判决给予五十万元以下的赔偿"。上述规定表明,我国著作权侵权赔偿有三种计算方法:(1)以被侵权人的实际损失为依据;(2)以侵权人的违法所得为依据;(3)法定赔偿。这三种关于损害赔偿的计算方式,不是可以由权利人随意选择的,而是必须遵守先后顺序,只有前一种损害赔偿的计算方式不能适用时,才能选择适用后一种损害赔偿的计算方式。

在本案中,原告新浪互联公司首先选择了"以被侵权人的实际损失为依据"的损害赔偿计算方式,但其提供的损害赔偿依据不够精确,缺乏合理的计算依据,被一审法院所否定。由于双方没有提出采用"以侵权人的违法所得为依据"计算损害赔偿,最后由法院以涉案两场转播赛事为考量的基础确定涉案损失,最后判决被告北京天盈九州公司赔偿原告北京新浪互联公司经济损失 50 万元。这里的 50 万元损害赔偿数额,是法院依职权作出的法定赔偿数额。

参考文献

《中华人民共和国著作权法》

《中华人民共和国反不正当竞争法》

《中华人民共和国民事诉讼法》

《最高人民法院关于适用〈中华人民共和国民事诉讼法〉的解释》

《最高人民法院关于审理涉及计算机网络著作权纠纷案件适用法律若干问题的解释》

郑成思:《版权法》,中国人民大学出版社 1997 年版。

李明德:《知识产权法》(第二版),法律出版社 2014 年版。

李明德、管育鹰、唐广良:《〈著作权法〉专家建议稿说明》,法律出版社 2012 年版。

王迁:《著作权法》,中国人民大学出版社 2015 年版。

飞机模型能否构成作品：

中航智成公司诉飞鹏达公司著作权案

| 基本案情 |

本案中，成都飞机设计研究所设计了"歼十飞机（单座）"，并于 2007 年 1 月通过新闻发布会，推出和介绍了"歼十飞机（单座）"。原告中航智成公司是飞机模型经营者，于 2007 年 11 月与成都飞机设计研究所签订《关于模型制作授权协议》，获得制作和销售"歼十飞机（单座）"飞机模型的独占许可和相关诉讼资格授权。被告飞鹏达公司亦是飞机模型经营者，通过案外人鄢某获得"飞机模型（歼十）"外观设计专利（授权公告日为 2008 年 10 月 1 日）的使用许可，并自 2011 年 6 月开始，制作和销售"45cm 小歼十"飞机模型。

原告认为，被告制作和销售的飞机模型与"歼十飞机（单座）"的飞机模型在外观上非常近似，侵犯了其对"歼十飞机（单座）"的设计图、飞机模型和飞机本身分别享有的图形作品、美术作品或模型作品的复制权和发行权，遂向北京市第一中级人民法院提起著作权侵权之诉。北京市第一中级人民法院一审判定被告不构成著作权侵权（（2013）一中民初字第 7 号民事判决书）。原告不服，向北京市高级人民法院提起上诉，二审法院推翻了一审法院的判决，判定被告构成著作权侵权（（2014）高民（知）终字第 3451 号民事判决书）。

▶ 法律问题

本案中，一审法院和二审法院讨论的法律问题包括："歼十飞机（单座）"的外观是否构成美术作品，"歼十飞机（单座）"的飞机模型是否构成模型作品，以及"歼十飞机（单座）"的设计图是否构成图形作品和美术作品。下面，我们将结合一审判决和二审判决对上述问题进行具体说明。

一、"歼十飞机（单座）"的外观是否构成美术作品

原告认为，"歼十飞机（单座）"的外观构成美术作品。被告抗辩认为，"歼十飞机（单座）"的外观并不构成著作权法意义上的作品。

对于这个问题，一审法院认为，"歼十飞机（单座）"属于实用艺术品，由"艺术"方面和"实用"方面构成。"实用"方面体现了技术方案、实用功能等思想元素，不属于著作权法的保护客体。只有当实用艺术品的"艺术"方面与"实用"方面能够相互独立，且"艺术"方面具有独创性时，其"艺术"方面才可作为美术作品获得保护。虽然"歼十飞机（单座）"的外观具有美感，但实用性能是飞机设计、制造所追求的主要目标。由于"歼十飞机（单座）"的外观是各项科学测试和根据测试结果不断改进的结果，它与飞机性能密切结合，其"艺术"方面与"实用"方面无法相互独立。故"歼十飞机（单座）"的外观并不构成美术作品，无法受到著作权法保护。二审法院维持了一审法院的该项判定。

二、"歼十飞机（单座）"的飞机模型是否构成模型作品

原告认为，"歼十飞机（单座）"飞机模型是"歼十飞机（单座）"按照一定比例缩小制作而成，构成模型作品。被告认可"歼十飞机（单座）"飞机模型构成作品，但抗辩认为，其飞机模型的制作获得了第三人的外观设计专利的许可。

对于这个问题，一审法院认为，原告所主张权利的飞机模型是根据"歼十飞机（单座）"等比例缩小制作而成，属于"歼十飞机（单座）"的精确复制，并非由原告独立创作而成，不具有作品所要求的"独创性"，不构成著作权法上的作品。而且，"歼十飞机（单座）"的外观与飞机模型属于相同表达的不同表达方式，由于"歼十飞机（单座）"的外观不能获得著作权保护，相应飞机模型亦不能获得著作权保护。

二审法院推翻了一审法院的该项判定。二审法院认为，模型作品是根据一定比例对物体放大或缩小的结果。为了展示、实验或观测等目的，模型与原物的近似程度越高，其独创性越高。虽然"歼十飞机（单座）"飞机模型是原物的等比例缩小，但该模型的独创性恰恰体现于此，构成著作权法上的模型作

品。针对被告提出的第三人外观设计专利抗辩，二审法院认为，由于原告"歼十飞机（单座）"模型的完成时间早于第三人外观设计专利的申请时间和被告飞机模型的制作时间，第三人和被告均具有接触该作品的高度可能性，故无法证明被告制作和销售的飞机模型是由被告独立完成。故判定被告未经许可制造、销售相关飞机模型的行为，侵犯了原告对"歼十飞机（单座）"飞机模型享有的复制权和发行权。

三、"歼十飞机（单座）"的设计图是否构成图形作品和美术作品

原告认为，"歼十飞机（单座）"的设计图构成图形作品和美术作品。对于这个问题，一审法院认为，该设计图属于为制造"歼十飞机（单座）"而绘制的产品设计图，并非美术作品。如果构成作品，它仅能构成著作权法中的图形作品。由于图形作品的保护并不包括设计图中的技术方案，故图形作品复制权的权利范围仅限于"平面到平面"的复制。由于被告制作飞机模型的行为属于"平面到立体"的复制，实质上利用的是设计图所蕴含的技术方案，故被告并未侵犯原告基于该设计图的复制权。由于原告在二审中明确放弃了对该设计图的著作权主张，故二审法院并未探讨设计图的著作权问题。

专家评析

本案起因于被告制作和销售了与原告"歼十飞机（单座）"飞机模型近似的飞机模型。原告认为被告侵犯了其享有的著作权，一审法院判定不构成著作权侵权，二审法院判定构成著作权侵权。而在具体的判决中，一审法院和二审法院所讨论的问题均是，"歼十飞机（单座）"的外观、飞机模型以设计图是否构成受著作权法保护的作品。下面我们将从思想与表达的二分法和作品的构成要件两方面对本案进行评析。

一、思想与表达的二分法

著作权法的基本原理是，只保护思想观念的表达，而不保护思想观念本身。这就是著名的思想与表达的二分法（idea-expressiondichotomy）。一方面，

思想观念包括概念、原则、公式、名词术语、客观事实、科学发现和科学原理等,它们属于人类的共同财富,无论它们在作品中以何种形式被描述、解释、说明或体现,都不能为任何人所垄断,人人都可以获得并利用思想观念开展文学艺术作品的创作。例如,爱因斯坦的"相对论"、牛顿的"万有引力"定律,本身就是科学原理,属于思想观念的范畴,并不能为爱因斯坦、牛顿所独占,人人都可以利用它们进行科学技术的创新和文学艺术的创作;又如,唐朝"贞观之治"和"安史之乱"均是历史事实,本身亦属于思想观念的范畴,任何人都可以根据它们进行文学艺术作品的创作。

事实上,不仅仅是著作权法不保护思想观念本身,即便是专利法、商标法、反不正当竞争法等知识产权法也同样不保护单纯的思想观念,它们所保护的是技术方案、能够指示商品或服务来源的标记、制止不正当竞争的权利。

另一方面,基于思想观念所形成的表达,包括文字的、音符的、数字的、线条的、色彩的、形体动作的表述或表达等,可以在满足独创性时构成文字作品、音乐作品、美术作品、计算机软件作品等,进而获得著作权法的保护。例如,尽管爱因斯坦的"相对论"和牛顿的"万有引力"定律属于思想观念的范畴,但科学家基于"相对论"和"万有引力"定律而撰写的科研论文或书籍,可以构成文字作品而受到著作权法保护;尽管唐朝"贞观之治"和"安史之乱"属于思想观念的范畴,但根据"贞观之治"和"安史之乱"所创作的文学作品、电影作品,均可受到著作权法的保护。

正是由此出发,《保护文学和艺术作品伯尔尼公约》第 2 条从"表达"的角度对受保护作品作了规定,即:"'文学和艺术作品'是指文学、科学和艺术领域内的所有产物,无论其表达(expression)的方式或形式如何……"《与贸易有关的知识产权协议》第 9 条更是明确规定:"版权保护应当延及于表达(expressions),而不延及与思想(idea)、程序(procedures)、操作方法(methods of operation)或数学概念(mathematical concepts)之类"。

需要注意的是,与思想与表达的二分法密切相关的问题是,思想与表达的合并问题。即思想观念与表达密不可分,或者某种思想观念只有某几种有限的表达方式,以至于思想观念与表达融为一体。此时,即便相关表达具有独创性,也不能获得著作权法保护;否则,会同时将思想观念的内容纳入保护范围,进而使思想观念为某人所垄断起来，违反知识产权法不保护思想观念这一基本原理。思想观念表达的合并往往体现在功能性或事实性的作品，如竞赛规则、游戏规则、实用品的外观设计等。

具体到本案，无论是"歼十飞机（单座）"的外观，还是"歼十飞机（单座）"的飞机模型，乃至"歼十飞机（单座）"的设计图，体现在其中的思想观念并不能成为著作权法保护的客体，只有体现在其中的表达才可能成为著作权法保护的客体。当然，获得著作权法保护的相关表达还应当满足独创性的要件。正是由此出发，一审法院和二审法院判决所探讨的焦点问题是，"歼十飞机（单座）"的外观、飞机模型和设计图能否构成受著作权法保护的作品。

二、作品的构成要件

相关表达能够获得著作权法保护的前提是构成作品（works）。作品具有两个构成要件：一是构成表达，二是该表达具有独创性（originality）。

一方面，就表达而言，包括文字、图形、音符、数字、形态动作等方式，而且随着科学技术的发展，表达的方式也不断扩张，进而促进作品的种类亦不断丰富。例如，早期的表达方式只有文字、音符、美术、形态动作等，而随着科技的发展，又出现了数字、电影、摄影等表达方式。正是由此出发，《保护文学和艺术作品伯尔尼公约》第2条明确规定，文学和艺术作品包括文字作品、口述作品、戏剧或者音乐作品、舞蹈作品和哑剧、配词或未配词的乐曲、电影作品和以类似设置电影的方法表现的作品、美术作品、摄影作品和以类似摄影的方法表现的作品，等等。

另一方面，就独创性而言，它是指作者在作品的创作过程中投入了最低限度的创造性。大陆法系和英美法系关于作品的独创性存在一定差别。大陆法系中作品的独创性标准较高，要求作品体现出作者的精神或人格的印迹；而英美法系中的作品独创性并没有这样的要求，只要相关表达来自于作者就满足了独创性的要求。

大陆法系和英美法系关于作品独创性的区分，也导致了二者对表演者权、录音制作者权、广播组织者权采取了不同的保护制度。由于大陆法系的独创性需要融入精神和人格，而表演者、录音制作者和广播组织者仅仅是作品的传播者,他们的智力活动成果难以达到独创性的要求,故大陆法系并不将它们纳入作品的保护范围,而是通过邻接权制度予以保护。与之对应,英美法系作品的独创性较低,表演者、录音制作者和广播组织者投入的智力活动成果符合作品的构成要件,被纳入版权的保护范围。

根据我国《著作权法实施条例》的规定,作品是指文学、艺术和科学领域内具有独创性并能以某种有形形式复制的智力成果。这样,我国著作权法保护的作品应当满足三个要件:一是智力成果(即表达),二是独创性,三是有形形式复制(即固定)。不难发现,我国作品的构成要件,多了一项"固定"的要求,即只有当有关作品或表达能够固定在有形的介质之上时,才能获得著作权法保护。尽管《伯尔尼公约》规定,成员国可以自由规定作品以某种物质形式的固定作为作品保护条件,但考虑到我国著作权法规定了口述作品这一作品类型,规定"固定"的构成要件,无疑会使口述作品难以获得著作权法保护。故只需要规定"表达"和"独创性"两个要件即可。同时,由于智力成果不仅包括表达,还包括技术方案、商业秘密、商标等内容。为避免歧义,应当明确规定"表达"这一术语。因此,在《著作权法》第三次修订过程中,建议删除"有形形式复制"这一要件,同时明确规定"表达"和"独创性"的作品构成要件。

具体到本案,"歼十飞机(单座)"的外观、飞机模型和设计图形是否构成著作权意义上的作品,应当满足表达和独创性两个要件,同时注意思想与表达合并的问题,具体分析如下。

首先,关于"歼十飞机(单座)"的外观是否构成美术作品。"歼十飞机(单座)"具有作战功能,也具有一定美感,属于实用艺术品。从我国《著作权法》规定的作品类型来看,我国并没有规定实用艺术作品。根据《伯尔尼公约》第2条第7款规定,如果成员国并未提供实用艺术作品的专门保护,那么实用艺术作品将作为艺术作品得到保护。由此,原告主张"歼十飞机(单座)"构成美术作品,具有法律依据。当然,实用艺术品由"艺术方面"和"实用方面"组成,即便可以作为美术作品获得保护,也只能保护实用艺术品的"艺术方面",其"实用方面"并不能成为著作权法的保护客体。这样,对于实用艺术品而言,其获得著作权法保护的前提是,其"艺术方面"与"实用方面"可以相互独立。否则,在保护"艺术方面"的同时,必然将"实用方面"纳入著作权法的保护范围，违背著作权法不保护实用功能的基本原理。

在此基础上，需要讨论"歼十飞机（单座）"外观中的"艺术方面"与"实用方面"能否相互独立。正如一审法院和二审法院所指出的，"歼十飞机（单座）"外观的设计，需要进行大量的实验，并根据实验数据不断对飞机的外观进行调整。在此过程中，实用性成为飞机设计的首要追求目标，而美感仅仅是飞机设计过程中的附带产物。由此，"歼十飞机（单座）"外观的"实用方面"与"艺术方面"紧密结合，无法相互独立。在此情形下，如果对其"艺术方面"作为美术作品保护，必然将其"实用方面"纳入保护范围。故"歼十飞机（单座）"并不构成美术作品。此外，从思想观念与表达合并的角度分析来看，"歼十飞机（单座）"的外观蕴含了众多科学原理，同时又体现了具有美感的表达，二者紧密结合无法分离。根据思想观念与表达合并的原理，"歼十飞机（单座）"外观中的科学原理和美感表达均无法获得著作权法的保护。这样，一审法院和二审法院判定"歼十飞机（单座）"的外观并不构成著作权法意义上的美术作品，是非常正确的。

其次，关于"歼十飞机（单座）"的飞机模型是否构成模型作品。我国《著作权法实施条例》规定，模型作品是指为展示、试验或者观测等用途，根据物体的形状和结构，按照一定比例制成的立体作品。是否构成模型作品同样应当满足"表达"和"独创性"两个要件。显然，飞机模型并非飞机原物，属于表达的范畴。这样，关键的问题是，飞机模型这一表达是否具有独创性。

根据定义，模型的制作需要按照"一定比例"对原物进行缩小或放大，制作者应当精准地复制原物，才能实现展示、实验或者观测的用途。可见，模型的制作过程更多依靠的是技术因素。而随着科技的发展，尤其是"3D"打印技术的出现，模型的制作变得相当简单，只要设置好相应的参数，通过"3D"打印机即可轻易完成模型的制作。可以想象，在模型的制作过程中，制作者根本没有施展自己表达的空间，更无法将自己思想、感情、精神和人格融入相关的模型当中。由此产生的模型缺乏独创性，显然不能构成著作权法保护的作品。因此，学界普遍认为，在《著作权法》第三次修订过程中，应当删除"模型作品"这一法定作品类型。

具体到本案，原告的主张，"歼十飞机（单座）"飞机模型属于"歼十飞机

(单座)"的精准复制，飞机模型复制了飞机原物的整体外观。显然，这一制作过程当中，制作者无法，也不应当融入任何个人的创意和修饰，由此而产生的飞机模型是无法体现制作者之独创性的。二审法院以"为实现展示、实验或者观测等目的，模型与原物的近似程度越高或越满足实际需要，其独创性越高……虽然该模型是'歼十飞机（单座）'造型的等比例所辖，但……该模型的独创性恰恰体现于此"为由，判定"歼十飞机（单座）"飞机模型构成模型作品，进而受到著作权法保护，显然违背了构成作品应当满足独创性的著作权法基本原理。

最后，关于"歼十飞机（单座）"设计图是否构成图形作品。根据《著作权法实施条例》第 4 条的规定，图形作品是指为施工、生产绘制的工程设计图、产品设计图，以及反映地理现象、说明事物原理或者结构的地图、示意图等作品。构成图形作品同样需要满足表达和独创性两个要件。显然，设计图属于一种线条形式的表达。同样，关键的问题在于"歼十飞机（单座）"的设计图是否具有独创性。

图形作品的独创性在于蕴含于工程设计图、产品设计图、地图、示意图当中的科学之美。当然，图形作品的独创性与美术作品的独创性并不相同，前者处于科学领域，以服务于科学目的为宗旨，而后者处于艺术领域，以服务于审美需求为目的。正是由此出发，我国《著作权法》将图形作品与美术作品归为不同的作品类别。可以想象，对作战性能要求极高的战斗机而言，其设计过程经历了大量的科学实验。与之对应，在大量科学实验基础上形成的飞机设计图，必然蕴含着严谨、精确等科学之美，具有独创性。因此，"歼十飞机（单座）"的设计图满足"表达"和"独创性"两个要件，构成图形作品。

就产品设计图的保护范围而言，笔者在后文的"工程设计图的保护范围：水韵园林公司诉泰和通公司、华联公司著作权案"中作了详细论述，这里仅略作提及。产品设计图保护范围的确定，应当区分两种情形。第一种情形，如果根据设计图而获得的实物并不构成著作权法意义上的作品，那么设计图的保护范围仅限于"平面到平面"的复制行为，即仅能控制印刷、复印、翻拍等"平面到平面"的复制行为，并不能控制他人根据设计图生产实物的行为。第二种情形，如果根据设计图而获得的实物构成著作权法意义上的三维艺术作品，那么设计图的保护范围不仅包括"平面到平面"的复制行为,而且还包括"平面到立体"的复制行为。如前所述,由于"歼十飞机(单座)"的外观并不构成美术作品,故根据相关设计图建造实物的行为并不构成著作权法上的复制行为。

这样,在"歼十飞机(单座)"的设计图构成图形作品的情况下,该图形作品的复制权仅仅限于"平面到平面"的复制,并不能控制他人"平面到立体"的复制。由于被控侵权的飞机模型属于立体产品,"歼十飞机(单座)"设计图的著作权不能控制被告立体飞机模型的制作行为。由此,一审法院判定被告并未侵犯原告基于"歼十飞机(单座)"的设计图所享有的复制权,是正确的。

需要指出的是,本案中,无论是原告的主张,还是一审判决和二审判决,在讨论"歼十飞机(单座)"的设计图能否构成图形作品时,均使用"设计图纸"的概念。这种说法并不准确,"设计图纸"仅仅是"设计图"的物质载体,本身无法构成作品。能够构成作品进而获得著作权法保护的只能是"设计图"本身。事实上,《著作权法》第3条规定的是"工程设计图、产品设计图……等图形作品",并非"工程设计图纸、产品设计图纸……等图形作品"。应当明确,构成图形作品的是图形本身,而非承载图形作品的物质载体。

参考文献

《保护文学和艺术作品伯尔尼公约》

《与贸易有关的知识产权协议》

《中华人民共和国著作权法》

《中华人民共和国著作权法实施条例》

李明德:《知识产权法》(第二版),法律出版社2014年版。

李明德、管育鹰、唐广良:《〈著作权法〉专家建议稿说明》,法律出版社2012年版。

王迁:《知识产权法教程》(第五版),中国人民法学出版社2016年版。

胡康生主编:《中华人民共和国著作权法释义》,法律出版社2002年版。

古籍点校作品的侵权认定：

中华书局诉汉王科技公司著作权案

| 基本案情 |

二十四史为中国古代纪传体通史,系统完整地记录清代以前各朝代的历史,共计 3249 卷。《清史稿》由民国初年设立的清史馆编写,按照历代正史的体例,分纪、志、表、传四部分共 536 卷,完稿时间为 1927 年。旧版二十四史版本较多,文字不划分段落,没有现代汉语所使用的标点符号,且因各种原因在文字上有错讹疏漏。中华书局于 1959 年到 1978 年间组织百余位文史专家,投入巨大成本,完成对从《史记》到《明史》的二十四史及《清史稿》的点校,并系统出版。中华本二十四史成书分为繁体竖排版和简体横排版两种,前者自 1959 年开始陆续出版,后者于 2000 年 1 月出版,共计 63 册,两种版本均采用每卷正文后附校勘记的编排方式。《清史稿》为繁体版,1977 年 8 月出版,共 48 册。二十四史和《清史稿》的字数共计 55799 千字。2005 年 8 月,北京市高级人民法院在审理(2005)高民终字第 422 号天津市索易数据技术有限公司上诉一案时,确认中华本二十四史构成著作权法意义上的法人作品,受著作权法保护,中华书局对中华本二十四史享有著作权。

此后,中华书局发现由汉王科技股份有限公司(以下简称汉王公司)制作发行的 518 型号的国学版汉王电子书收录了上述作品,并于 2009 年 10 月 21 日,在北京市中信公证处的公证下购买四种型号的汉王电子书,发现均有国学本二十四史的内容,认为汉王公司道德行为侵犯了中华书局对中华本二十四史享有的署名权、复制权、发行权和获得报酬权。于是向北京市海淀区人民法院起诉,请求判令汉王公司停止制作发行含有涉案内容的电子图书,在《中国新闻出版报》公开赔礼道歉,赔偿经济损失 123.2 万元及合理费用 14580 元。中华书局同时向海淀区人民法院提交了汉王公司电子书销售数量的证据,为诉讼的合理支出证据。

被告汉王公司辩称,其电子书中的二十四史内容来源于北京国学时代文化传播股份有限公司(以下简称国学公司)。该公司是一家国内知名的专业从事古籍数字化研究开发、古籍整理与出版以及国学电子出版物研制的专业公司,2005 年完成制作大型中华古籍全文检索数据库《国学宝典》,其中包含由国学公司选择底本和参考版本,以及自行整理的二十四史的点校本(以下简称国学本二十四史)。汉王公司电子书中包含的《国学备览》系从《国学宝典》中精选出的常见的 280 种经史子集。汉王公司取得国学公司授权,并支付使用费。汉王公司认为,其在签约前已经审查了国学公司的业内资质,尽到了合理审查和注意义务,支付了合理对价,认为其没有侵犯中华书局对中华本二四史享有的著作权,请求法院依法驳回其诉讼请求。在审理过程中,汉王公司向法院澄清国学版电子书的销售数量,提交销售凭证,其与国学公司的合作协议,国学公司的概况以及社会评价情况。

本案审理的关键问题是对二十四史的点校国学本是否对中华本构成侵权。在审理过程中,原告中华书局强调,其对古籍进行整理,划分标点,分段和校勘,与国学本的对比采用了三种方式,每种挑选十处举例说明。一是“我用你也用”,即中华本使用的标点,国学本也使用;二是“我改你也改”,即认为古籍中脱字、错字的地方,在中华本中进行了修正,并在校勘中做了记载,国学本使用了改正后的结果;三是“我错你也错”,即中华本点校存在错误的情况,被某些专家指出,国学本也发生同样错误。中华书局认为,综合以上三种情况的举例说明,可以看出双方版本的一致性。对原告的上述说明,被告汉王公司委托代理人尹小林认为:(1)对古文进行点校分段,绝大部分内容的一致应属正常,中华书局的第一种方式在此并不适用;(2)中华书局提出的多处中华本改正的地方,国学公司系直接参照古本内容使用,并非照抄中华本(其表示中华书局选择的底本并非最佳,这样才能表现出其点校时发现错误的高明之处);(3)关于“你错我也错”的情形,尹小林认为,所谓错,只是个别学者对中华本提出的个人意见,也是探讨性的学术意见,不能说就是中华本的错误,国学本的使用也属正常,这个情况区别于一般作品中认定的“你错我也错”的情形。他同时说明,国学公司的点校工作系选择武英殿本作底本,以四库全书和中华点校本作参考。在古籍点校工作中，参考好的版本是惯例，是必然，已经公认是对的没有必要更正。中华书局不过是占了先机。中华本已经成为业内主流意见，后人都采用其方式，背道而驰有悖学术的发展。中华书局认可国学本与中华本存在不同之处，但认为参考即为使用，未经许可使用即为侵权。

在第二次开庭中，中华书局补充提交了《三国志》卷46《吴书》（一）中的部分内容进行了比对，举例说明其在针对各种史书底本不同的内容，将其认为正确和错误的字并列写出，并将错的用圆括弧，正确的用方括弧标出。国学公司对正确的未加括弧，对错误用黑括弧标注。中华书局认为上述标注的方式和内容相同，只是更换了具体形式。汉王公司表示，此种做法是古籍点校工作的常用做法，目的是尽最大可能维持古书的原貌，对任何改正都要求有说明和出处。国学本使用的字就是古书中原有的字，且使用了不同的符号。汉王公司向法院提交了国学公司在点校过程中形成的五大纸箱稿件，稿件的用纸黄旧，随意抽取可以看到多人多处修改评点笔迹。汉王公司表示，带来的内容并非全部，国学公司处尚有四十箱，可随时查阅，可以证实国学公司进行点校时所做的大量工作，并非抄袭中华本。

中华书局认可上述材料，但表示从材料看出，国学公司点校的基础不是完全没有标点和分段的古文，而是有标点的版本，不能证明其自身进行了自始至终的点校。汉王公司表示，最初的古文版本系先由学校内古文专业的学生使用电脑进行前期标点，打印后由多名专家对照原本和参考版本逐一点校，不断修改。汉王公司认为，上述大量的材料和修改的内容证明，国学公司在国学本的点校过程中参考了多位专家的意见，做了大量的工作。中华书局不认可国学公司请学生参与点校的陈述，但认可国学公司做了大量工作，同时认为上述工作均是在中华本基础上进行的。汉王公司表示，国学公司做的是标点本，只是给古文加标点，没有校勘记；中华书局的点校本与此不同，其享有权利的是校勘记，这在行业内是有区分的。中华书局表示不了解是否存在这种区分。

汉王公司进行了部分版本的对比，以证明国学本和中华本的不同，如其中部分中华本有错误的地方，国学本因最初即选择了正确的版本，故没有发生错误。尹小林在庭审时出示其给中华本内容挑出的多处错误。中华书局认可上述错误，表示中华本繁体版中错误很多，简体版错误更多。其认可国学本确实参考使用了其他版本,但认为国学本系在中华本的基础上进行点校,与中华本构成实质性相似。汉王公司表示,点校本的内容本身即基本相同,参考不能认为是实质性相似。

北京市海淀区人民法院经审理认为,中华书局对二十四史和《清史稿》点校整理形成的中华本凝聚了古籍整理人员的创造性劳动,构成著作权法意义上的作品,应受著作权法保护。本案中实际制作涉案数字图书内容的是国学公司,汉王公司通过国学公司的授权,支付费用,获得国学本内容的使用权,并在其生产销售的汉王电子书中直接复制使用上述内容。诉讼过程中,汉王公司曾申请追加国学公司作为共同被告或第三人参加本案诉讼,但中华书局坚持不同意追加。在上述情况下,法院将本案的审理范围限定在汉王公司的行为是否存在过错,是否因其未尽到合理的注意和审查义务,直接向中华书局承担侵权责任。法院经审理认为,汉王公司通过了解国学公司在业内的地位,向国学公司购买其电子出版物中内容的使用权,支付合理费用,在汉王电子书中复制使用的行为,尽到了合理的注意义务和应尽的审查义务,主观上没有过错,且已停止销售涉案电子书。故无论国学本二十四史侵权与否,汉王公司均无须向中华书局直接承担责任,对中华书局在本案中针对汉王公司提出的全部诉讼请求均不予支持。

法院还讨论了本案涉及的古文点校作品著作权侵权的认定方法上的特殊性。法院认为,古文点校的工作非常特殊,点校本身包含对古文的断句、加标点、修正错误等内容,对文章的主体内容不能私自增改,稍有改变必须说明原因和注明出处;而加标点和断句又必须遵循一般语言表达的规律,所以点校的结果总体应基本一致,只在细微处存在区别,否则会产生理解歧义。这种特殊性决定了,点校本著作权的认定不同于其他任何作品,如非直接复制,需要严格把握侵权行为的认定标准。中华书局采用的三种方法基本源于对一般性文字作品的对比,但对于古文点校作品,汉王公司根据行业特点提出的多项反驳意见亦有其合理之处。此外,古文点校本等对古籍进行整理的成果,尤其是主流成果,后人必然参照学习,这是后代学人的必然选择,也是文化传承和发展的必然趋势。在汉王公司提出证据,证明国学公司对国学本的内容做了大量工作的情况下,中华书局一再强调参考即为使用,使用即为侵权的意见,值得商榷。古文点校的权威范本,不应禁止他人的学习和参考。参考本身如果被直接认定侵权,是对文化传承和发展的阻断。

海淀法院于 2010 年 12 月 20 日作出判决,依照《中华人民共和国著作权法》第 11 条第 3 款,驳回原告中华书局的全部诉讼请求。案件受理费 16019 元,由原告中华书局负担(已交纳)。

原告中华书局不服一审法院的判决,向北京市第一中级人民法院提起上诉,请求判定原审判决系错判,撤销原审判决,改判支持上诉人在原审中提出的全部诉讼请求。上诉人中华书局在上诉中提出三点理由:(1)本案不需要追加国学公司为诉讼参加人,原审法院认为需要追加没有法律依据;(2)原审法院认为国学本的点校者未被起诉因此汉王公司没有侵权的审理逻辑是错误的;(3)被上诉人所称的参考完全是对点校本二十四史和《清史稿》的照搬,早已超出正常范围,构成著作权法上的未经许可的使用作品。

北京市第一中级人民法院确认了第一审法院认定的事实和证据,并另查明部分事实,如中华书局提出曾通过邮件以律师函的形式将相关通知发给汉王公司,但后者予以拒收。汉王公司则表示其未收到中华书局的律师函,对此中华书局未能提供证据。中华书局在二审询问时表示不同意将国学公司追加为本案共同被告。

二审法院经审理,于 2011 年 6 月 13 日作出判决,驳回上诉,维持原判。理由如下:(1)关于被上诉人在一审中提交的五箱稿件超出举证期限应不予认可其真实性问题,虽然上述证据确实属于超出举证期限而提交的材料,但由于中华书局在一审中已经对上述证据进行了相关质证,且在质证中并未否认上述证据的真实性,故原审法院对上述证据予以采信,不违反有关法律规定。(2)中华书局主持完成的中华本点校作品构成著作权法意义上的作品,应受著作权法保护。(3)本案中,虽然实际制作涉案数字图书内容的单位是国学公司,但是汉王公司是被控侵权作品的制作者、发行者,是适格被告,在原告不同意追加国学公司为诉讼参加人时,原审法院没有追加的做法,符合法律规定。(4)古文点校作品的特殊性、复杂性与专业性决定了其著作权侵权认定标准不能采用一般文字作品"实质性相似"原则,需要慎重把握侵权行为的认定标准,结合案情进行具体情况具体分析。中华书局提出的三种方法仅适合一般意义上文字作品的侵权对比,在本案中不能适用。(5)关于汉王公司的合理注意义务问题,法院认为汉王公司通过了解国学公司在业内的地位,向国学公司购买其电子出版物中内容的使用权,支付合理费用,在汉王电子书中复制使用的行为,尽到了合理的注意义务和应尽的审查义务,主观上没有过错,在汉王公司已经停止销售涉案电子书的情况下,无论国学本侵权与否,汉王公司均无须向中华书局直接承担责任。

▶ 法律问题

本案由北京市海淀区人民法院于 2010 年 12 月 20 日作出一审判决,驳回原告诉讼请求。原告中华书局不服一审判决,向北京市第一中级人民法院提起上诉,请求撤销原审判决,改判支持上诉人在原审中提出的全部诉讼请求。北京市第一中级人民法院经审理于 2011 年 6 月 13 日判决,驳回上诉,维持原判。该案主要涉及古文点校作品的著作权侵权认定问题,在审理过程中还涉及作为电子书制作者对电子书内容是否侵权的合理注意义务,以及诉讼当事人的追加等法律问题。下面,我们将结合上述两个法院的判决,说明这三个问题。

一、国学本是否构成对中华本的著作权侵权

原告中华书局诉称被告汉王公司制作销售的电子书中含有二十四史和《清史稿》的点校国学本,构成对其主持完成的法人作品中华本的侵权,提出中华本与国学本进行侵权对比的三种方法,并且每种挑选十处举例说明。一是"我用你也用",即中华本使用的标点,国学本也使用;二是"我改你也改",即认为古籍中脱字、错字的地方,在中华本中进行了修正,并在校勘中做了记载,国学本使用了改正后的结果;三是"我错你也错",即中华本点校存在错误的情况,国学本也发生同样错误。综合以上三种情况的举例说明,中华书局认为,可以看出国学本与中华本在内容上的一致性。

被告汉王公司认为,对古文进行点校分段,绝大部分内容的一致应属正常,中华书局提出的第一种侵权比对方式,即"我用你也用"的比对方式,不能

适用于古文点校作品的侵权比对。中华书局提出的第二种侵权比对方法，"我改你也改"的比对方式，也不能适用。尽管中华本多处改正的地方，国学公司直接参照古本内容使用，但并非照抄中华本。中华书局提出的第三种侵权比对方法，"我错你也错"的比对方法，同样不能简单适用。汉王公司认为，所谓错，只是个别学者对中华本提出的个人意见，也是探讨性的学术意见，不能说就是中华本的错误，国学本对这些"错误"的使用属于正常的学术性使用。同时，被告汉王公司指出，国学公司的点校工作系选择武英殿本作底本，以四库全书和中华点校本作参考。在古籍点校工作中，参考已经出版的权威版本是学术惯例，不能视为侵权。

一审法院认为，本案涉及的古文点校作品，其著作权侵权的认定方法具有特殊性，因为古文点校的工作非常特殊，点校本身包含对古文的断句、加标点、修正错误等内容，对文章的主体内容不能私自增改，稍有改变必须说明原因和注明出处；而加标点和断句又必须遵循一般语言表达的规律，所以点校的结果总体应基本一致，只在细微处存在区别，否则会产生理解歧义。这种特殊性决定了点校本著作权的认定不同于其他任何作品，如非直接复制，不能简单认定为侵权，应严格把握侵权行为的认定标准。中华书局采用的三种侵权对比方法基本适用于对一般性文字作品的侵权比对，但对于古文点校作品，汉王公司根据行业特点提出的多项反驳意见，有其合理之处。此外，古文点校本等对古籍进行整理的成果，尤其是主流成果，后人必然参照学习，这是后代学人的必然选择，也是文化传承和发展的必然趋势。不能以国学本对中华本的参考，就认定为构成著作权侵权。

二、汉王公司是否尽到合理注意义务

本案中实际制作涉案数字图书内容的单位是国学公司，汉王公司与国学公司签约，支付费用，获得国学本内容的使用权，并在其生产销售的汉王电子书中直接复制使用上述内容。一审法院认为，汉王公司通过了解国学公司在业内的地位，向国学公司购买其电子出版物中内容的使用权，支付合理费用，在汉王电子书中复制使用的行为，尽到了合理的注意义务和应尽的审查义务，主观上没有过错，且已停止销售涉案电子书，因此无论国学本二十四史侵权与否,汉王公司均无须向中华书局直接承担责任。

上诉人中华书局认为,由于被上诉人系侵权产品的复制者、发行者,所以被上诉人实际上是法律意义上的出版者。现行法规定出版者对其出版行为的授权、稿件来源和署名、所编辑出版物的内容等负有合理审查义务,故请求二审法院予以纠正。

二审法院基本支持一审法院对被告汉王公司是否尽到合理注意义务的认定,认为汉王公司的主营业务为制作销售电子书,其没有古籍整理和出版的行业背景,对古籍整理行业的特点及信息了解有限,无法判断国学本是否对中华本构成著作权侵权,因此,其在签约前对国学公司资质进行审查,要求获得许可并支付使用费的做法已经表明其尽到合理注意义务。同时,含有国学本内容的电子出版物在市场已经销售多年,中华书局也从未对国学公司提出权利要求,因此,汉王公司向国学公司签订授权合同并支付使用费的做法,也表明其已经尽到了合理注意义务。

二审法院还讨论,与之相关的问题,即是否有必要将国学公司列为诉讼参加人的问题。二审法院认为,上诉人中华书局不愿意将国学公司列为共同被告,并且认可国学版对中华版点校本不属于直接复制。鉴于点校作品著作权侵权认定的复杂性,认为原审法院在只有汉王公司进行抗辩的情况下,才能对国学版与中华版点校本进行直接比对,并给予国学公司以抗辩和陈述权利的情况下,才能对国学本是否侵权作出裁决。如果不列国学公司为诉讼参加人,直接审查国学本的著作权情况,将可能损害案外人的正当权利而显失公平。在这种情况下,二审法院认为,原审法院将审理范围限定在汉王公司的行为是否存在过错,是否因其未尽到合理的注意和审查义务,是否需要直接向中华书局承担侵权责任,而对国学本内容是否构成侵权不作认定,是符合法律规定的,且不影响上诉人的民事实体权利的实现,并驳回上诉人与此有关的诉讼主张。

三、国学公司是否应该被追加为共同被告

本案中,原告中华书局认为,被告汉王公司在其电子书中使用二十四史和《清史稿》的点校国学本的行为,侵犯了其主持完成的二十四史和《清史稿》的

点校中华本的著作权,要求被告停止侵权、赔礼道歉和赔偿损失。被告汉王公司辩称涉案汉王电子书中的二十四史内容来源于国学公司,其在制作电子书前已经与国学公司签订授权合同,支付许可费用。国学公司作为一家国内知名的专业从事古籍数字化研究开发、古籍整理与出版以及国学电子出版物研制的专业公司,汉王公司有理由相信国学本没有对中华本构成著作权侵权。在一审诉讼过程中,汉王公司提出申请追加国学公司作为共同被告或第三人参加本案诉讼,但中华书局坚持不同意追加。一审法院认为中华书局不同意追加国学公司为诉讼当事人的做法,对本案在诉讼过程中查明相关事实形成一定的阻碍,也使真正的国学本权利人国学公司不能正常参加诉讼,针对国学本内容是否侵权的问题进行抗辩,并通过其他诉讼程序维护其自身权益。

上诉人中华书局认为,一审法院的上述陈述不符合法律逻辑,认为被上诉人与国学公司之间系合同法律关系,仅具有相对效力,不能对抗合同之外的第三方。中华点校本二十四史和《清史稿》是在传统图书市场上长期销售并享有极高声誉的图书,作为知名商品,已为普通公众知晓。因此,原审判决关于对"合理度"的认定,关于内容提供者未被起诉因而出版者亦未侵权的审理逻辑显然背离了立法的宗旨、背离了司法的实践、背离了基本的客观事实。

二审法院在二审中再次询问上诉人是否愿意追加国学公司为共同被告,中华书局仍不同意追加国学公司作为共同被告。二审法院认为,根据《中华人民共和国民事诉讼法》第 119 条规定,必须共同进行诉讼的当事人没有参加诉讼的,人民法院应当通知其参加诉讼。在本案中,由于国学公司不属于必须共同进行诉讼的当事人,在上诉人没有在本案中起诉国学公司的情况下,原审法院的相关处理符合法律规定,且未对本案各方当事人的民事权利和诉讼权利造成实质影响。

专家评析

在"中华书局诉汉王科技公司侵犯著作权案"中,案件的起因在于被告汉王公司在其制作销售的电子书中包含了二十四史和《清史稿》的点校本,原告中华书局认为该行为侵犯了其主持完成的法人作品二十四史和《清史稿》点校本的著作权,向北京市海淀区人民法院起诉,要求被告停止侵权、赔礼道歉、赔偿损失。被告汉王公司辩称其电子书中的二十四史和《清史稿》的点校本来自国学公司。国学公司是一家知名的专业从事古籍数字化研究开发、古籍整理与出版以及国学电子出版物研制的专业公司,具有深厚的学术背景,社会评价好。汉王公司与其签订授权合同,支付使用费。汉王公司认为对国学公司进行资质审核、签署授权合同以及支付使用费等行为,表明其已经对电子书中二十四史和《清史稿》的点校本的使用是否侵权事项尽了合理的注意义务。北京市海淀区人民法院对该案进行了审理,认为由于本案原告不同意追加国学公司为共同被告或者第三人,导致法院无法对国学本是否对中华本构成著作权侵权进行审理,并且无论国学本是否对中华本构成侵权,对本案中被告是否承担侵权责任没有影响,因此本案的审理范围限于审理本案被告对二十四史和《清史稿》点校本的使用是否尽到合理注意义务。从原被告双方提交的证据看,被告已经尽到了合理的注意义务,不应向原告承担侵权责任,因此判决驳回原告诉讼请求。本案原告对一审法院的判决不服,向北京市第一中级人民法院提起上诉,要求改判一审判决,支持其诉讼请求。北京市第一中级人民法院在审理过程中,补充部分证据,对上诉人的上诉请求进行审查,依然判决驳回上诉人的上诉请求,维持原判。在本案的整个诉讼过程中,最为核心的问题是国学本是否侵犯中华本的著作权,更深层次来说,也就是古籍点校本的著作权保护问题。与本案相关的另一个需要说明的问题是著作权侵权的构成要件。在本案的审理过程中,还涉及两个诉讼程序方面的问题:超过举证期限提交的证据效力问题和诉讼当事人的追加问题。限于篇幅,我们仅就古籍点校作品的著作权保护、著作权侵权的构成要件以及诉讼当事人的追加这三个问题进行逐一讨论。

一、古籍点校作品的著作权保护

著作权的客体是作品。受著作权保护的作品必须具有独创性,没有独创性的表达,不能获得著作权的保护。这里的独创性指的是作者在创作作品的过程中投入了某种智力性劳动,使得创造出来的作品具有最低限度的创造性。《著作权法》第 3 条明确列举了 9 种可以受到著作权保护的作品类型。中国是世界文明古国之一，拥有非常丰富的古籍文献。这些古籍文献，通常来说文字不划分段落，没有现代汉语所使用的标点符号，且因各种原因在文字上会有错讹疏漏，甚至文字形式也会有变化。这些古文献，从作品类型的角度来看，应当属于文字作品，但是其本身属于公共领域的作品，不受著作权法保护。为了更好地展示我国古代的优秀文明成果，国家相关机构或者社会团体会及个人会组织文史专家对相关古籍进行整理。本案涉及的二十四史和《清史稿》的点校就是其中重要的古籍整理工程。本案中，中华书局在 1959 年到 1978 年间，组织了百余位文史专家，投入巨大成本，完成从《史记》到《明史》的二十四史及《清史稿》的全面系统整理，包括进行点校、改正错字、填补遗字、修改注释、加注标点、划分段落、撰写校勘记，并陆续出版相关文本。之后又对这些整理成果进行修订、再版，对发现的点校失误进行更正，从而形成中华本二十四史，被誉为新中国最大的古籍整理工程成果。文史专家对古籍《史记》到《明史》及《清史稿》的整理，不仅仅是简单的技巧性劳动，首先要选择底本和参考本，并根据底本和参考本进行点校，写出校勘记，对底本进行改正错字、填补遗字、修改注释、加注标点以及划分段落。所有的这些工作都花费相关专家巨大的智力投入，同时错字的改正、遗字的填补、注释的修改、标点的加注以及段落的划分，尤其是校勘记的撰写，表达了相关专家对相关问题的观点和看法。因此，毫无疑问，经过系统整理的二十四史中华本已经达到著作权保护所需的独创性要求，应当受到著作权保护。其他主体，包括国学公司对二十四史的点校工作，也有可能形成独立的受著作权保护的作品。这些点校作品的著作权是相互独立的。

二十四史中华本或者国学本作为具有独创性的文字作品，应当受到著作权保护。根据著作权法的相关规定，著作权人对其享有发表权、署名权、修改权、保护作品完整权等精神权利，也享有复制权、发行权、改编权等 12 项经济权利。但是，古文点校工作非常特殊，尽管点校本身包含对古文的断句、加标点、修正错误等内容，但是这些断句、标点和文字错误的修正，是有条件的，即要求创作者对文章的主体内容不能私自增改，稍有改变必须说明原因和注明出处，加标点和断句必须遵循一般语言表达的规律。这些古文点校工作的特殊性决定了创作者只能在相对有限的空间内进行创作，同时也决定了不同创作者的点校结果有可能存在高度的一致性。也就是说,古文点校作品的著作权保护,与一般文字作品的著作权保护有一定的区别。由于古文点校必须受到古籍资料本身的限制,还要遵循一般语言的表达规律,所以古文点校作品中断句、标点和错误修正实际上属于对某一思想的几种有限表达,这种类型的表达就相当于思想本身,因而很难完全受到著作权法的保护。古文点校工作中的校勘记是其中表达最为灵活的部分。因此,不同主体对相同的古籍进行点校,有可能形成不同的具有独立著作权保护的古文点校作品。完成在前的古文点校作品的著作权人不能阻止其他人对相关古籍重新进行点校。即使在后完成的古文点校作品在断句、标点、错误修正方面,与在先完成的古文点校作品具有很大的一致性,也不能直接判断构成著作权侵权。

由于古文点校作品的著作权保护的特殊性,在相关作品的著作权侵权认定上,也具有一定的特殊性。对于一般的文字作品而言,著作权侵权判定通常采用"接触加实质性相似"的判定方法,也就是说主要看被控侵权作品是否复制了或者来源于原告的作品,两部作品之间是否存在着表述上的相同或者实质性相似。这种侵权判定方式,从根本上来说,是不适用于古文点校作品的。在本案中,原告中华书局提出的三种侵权比对方法,即"我用你也用""我改你也改""我错你也错"仅适用于一般的文字作品,不适用于古文点校作品。因为古文点校作品的特点决定了对相同古籍形成的不同点校作品之间存在大量的一致性,或者说是高度的一致性,是正常的。那是不是就无法判定点校作品之间的侵权了呢? 当然不是这样的。对于点校作品的侵权认定,与一般文字作品的侵权认定不同,应更加注重对被控侵权者创作点校作品过程的考察,比如在本案中要求被告说明点校工作的开展情况,要求提供记录点校过程的证据,以及对于具体点校的说明等。通过这些间接的证据证明被控侵权者是否真正开展了点校工作。如果被控侵权者独立开展了点校工作,即使他的点校作品与原告的点校作品存在大量的相同或者实质性相似表达,也不会构成著作权侵权。这里还要注意一点,就是校勘记的侵权比对问题。校勘记的侵权比对,是可以采用一般文字作品的"接触加实质性相似"的判定规则的。本案中,一审法院和二审法院在设立过程中,均注意到了上述问题,法庭调查、质证和辩论的过程中被告积极提供记录其独立点校工作的证据,并作出说明。

这里还要提及一点,就是古文点校工作对在先完成并受著作权保护的点校文本的参考问题。尽管这一问题在本案中没有涉及,但是在大多数古文点校工作中,都会不可避免地使用已经出版在先的点校作品作为底本或者参考文本,如果被参考的底本或者参考文本是受著作权保护的,使用者必须在自己的点校作品中,以适当的形式予以说明。这种处理方式,既是对在先点校作品著作权的尊重和保护,也是古籍整理者遵守学术规范的具体体现。如果不作出相关说明,同样构成对在先点校作品的侵权,侵犯了在先点校作品著作权人的署名权。

二、著作权侵权的构成要件

著作权是一种排他权利,只能由权利人行使。根据《著作权法》规定,著作权人对其创作的作品享有署名权、发表权、修改权和保持作品完整权四项精神权利,以及复制权、发行权、出租权、展览权、表演权、放映权、广播权、信息网络传播权、摄制权、改编权、汇编权等 12 项经济权利。如果他人未经许可使用了享有著作权保护的作品,又不属于合理使用,就侵犯了著作权。也就是说,他人未经著作权人许可,以复制、发行、演绎、表演、展览等方式直接利用了有关作品,这种利用不属于对著作权的合理使用,而是构成著作权侵权。在著作权侵权领域,除了上述直接侵犯著作权行为外,还存在特殊的第三人责任,即第三人虽然没有直接侵犯他人的著作权,但由于他协助了第二人的侵权,或者由于他与第二人之间存在某种特殊关系,因此应承担一定的侵权责任。第三人责任的情况,世界各国通常不在著作权法或者版权法中规定,而是由侵权责任法或者司法实践进行裁决,让没有直接实施侵权行为的第三人为第二人的侵权行为承担责任。第三人责任,也可以表达为间接侵权,或者有些类似共同侵权。实践中,还存在违约侵权和侵犯作者精神权利的情形。这里重点讨论著作权直接侵权和第三人责任的构成要件。

按照世界各国著作权法的惯例,在追究著作权直接侵权行为的法律责任时,不需要考虑侵权人的主观状态。也就是说,只要未经许可使用了享有著作权保护的作品,又不属于合理使用,就侵犯了著作权,不管侵权行为人的主观状态如何,即著作权直接侵权的构成适用的是无过错原则。对著作权侵权责任的承担,主要有停止侵权和赔偿损害两种方式。一般来说,只要存在著作权侵权行为,行为人就应当承担停止侵权的责任,但对于是否承担损害赔偿责任,则应当考虑侵权人的主观状态。如果无过错侵权,法院可以不判或者少判损害赔偿金;如果是过失侵权,法院一般会减轻损害赔偿责任的承担;如果是故意侵权,侵权人不但要赔偿所有损失,甚至还可能承担双倍或者三倍罚金。

对于间接侵权来说,世界各国通常要考虑侵权者的主观状态。例如,在协助侵权的构成中,侵权者应当具有主观上的故意,即在"知道"情况下,以引诱、促使或者以提供物质手段方式协助他人侵权,并造成侵权行为的实现。在替代责任中,侵权者必须具有主观上的过失,即侵权者应当知道代理人或者其他人的侵权活动,并且从中受益。追究第三人的非直接侵权责任,主要是为权利人在诉讼上提供便利。因为,权利人选择起诉第三人,往往是由于难以或者无法追究直接侵权人的法律责任,或者追究了直接侵权人的法律责任也难以得到足够的赔偿。因此,间接侵权的构成,或者说第三人责任的追究,通常是以直接侵权行为的实施为前提的。在互联网环境下,追究第三人的侵权责任,能够更有效地制止侵权,维护著作权人的合法权益。

在本案中,事实上也涉及对著作权侵权行为类型的判断问题。本案一审原告为二十四史中华版点校本的著作权人,发现一审被告汉王公司的制造销售的电子书中含有与中华版点校本内容非常相似的二十四史点校文本,怀疑其未经许可使用了中华版点校本,即汉王公司未经许可实施了本应由中华书局控制的对中华版点校本的复制权和发行权,因而向北京市海淀区人民法院提起诉讼,要求停止侵权、赔礼道歉、赔偿损害。假如汉王公司的此种行为得到证实的话,实际上是一种著作权直接侵权行为。被告中华书局需要证明汉王公司制造销售含有二十四史点校本电子书,是否属于未经许可使用了中华本,不需要证明汉王公司的主观状态。汉王公司以二十四史点校本的使用来自国学公司的授权提出抗辩,并要求追加国学公司为共同被告或者第三人参加诉讼。原告中华书局不同意追加国学公司为诉讼参加人。在这种情况下,法院可以单就本案的被控侵权行为是否成立进行审理。必须强调的是,被告汉王公司的行为是否构成著作权侵权行为,不以其是否尽到合理注意义务为条件,而是以电子书中含有的点校本是否侵犯了中华本的著作权为准。也就是说,法院必须对国学本是否复制了中华本的点校内容作出裁决。国学本是否具有独立的著作权,直接关系到案外第三人国学公司的利益,因此国学公司可以作为无独立请求权的第三人申请参加诉讼,辅助本案被告参加诉讼。

国学本的点校是否抄袭中华本是本案核心法律问题。如果国学本二十四史点校本不能获得独立著作权保护,不管汉王公司是否尽到合理注意义务,也不管其是否与国学公司签过授权合同,支付过使用费,均应向本案原告承担停止侵权的法律责任,在特定情况下,还有可能承担赔礼道歉、损害赔偿的法律责任。在此种情况下,虽然汉王公司实施著作权侵权行为与国学公司在事实上有所关联,但在法律上,这是两个独立的侵权行为。中华书局可以对这两个侵权行为提起共同诉讼,也可以分别提起侵权之诉,还可以仅选择汉王公司或者国学公司提起侵权之诉,放弃对另一侵权人追究侵权责任。这些都是中华书局可以自行处置的民事权利。在汉王公司向中华书局承担完上述法律责任后,其可以再向国学公司请求承担违约责任。如果国学本二十四史点校本获得了独立的著作权保护,则汉王公司制造销售电子书的行为就是经过授权的合法行为,不需要承担侵权责任。本案中,一审法院和二审法院认为由于中华书局不同意追加国学公司作为共同被告或第三人参加本案诉讼,法院将本案的审理范围限定在汉王公司的行为是否存在过错,是否因其未尽到合理的注意和审查义务而应直接向中华书局承担侵权责任,这一做法值得进一步商榷。

三、诉讼当事人的追加

本案作为著作权侵权之诉,原被告双方之间的权利义务关系与案外第三人国学公司关系密切。原告中华书局发现被告汉王公司制造销售的电子书中含有二十四史和《清史稿》的点校本,这个点校本与中华书局主持完成并享有著作权保护的中华本在内容上具有很强的一致性。因此,中华书局以汉王公司为被告向北京市海淀区人民法院提起著作权侵权之诉。经法院审理发现,汉王公司所使用的二十四史和《清史稿》的点校本是由国学公司以武英殿本作底本,以四库全书和中华点校本作参考整理而成的。本案一审和二审均讨论过是否应该将国学公司列为共同被告或者第三人的问题,原告中华书局均明确表示不同意追加国学公司为诉讼当事人。国学本是否构成对中华本的侵权是本案的核心问题。

从著作权侵权诉讼的角度来看，虽然汉王公司是通过国学公司的授权获得对国学本的使用权的，但是汉王公司实施的被控侵权行为与国学公司的（未来可能被控的）侵权行为，对于原告中华书局而言，是完全独立的民事侵权行为。也就是说，如果中华书局同时对汉王公司和国学公司提起著作权侵权诉讼的话，这两个诉讼属于诉讼标的是同一种类的共同诉讼。根据《民事诉讼法》第52条规定，"当事人一方或者双方为二人以上，其诉讼标的是共同的，或者诉讼标的是同一种类、人民法院认为可以合并审理并经当事人同意的，为共同诉讼"，人民法院追加国学公司为本案被告，应经原告中华书局同意。当事人不同意追加当事人的，人民法院无权依据职权进行追加。由于对诉讼标的没有共同权利义务的，因此其中一人的诉讼行为对其他共同诉讼人不发生效力。

对本案诉讼当事人的理解，还可以从第三人之诉角度进行。从本案的总体案情可以看出，即使原告中华书局没有在本案中将国学公司列为共同被告，但是本案的裁决结果与国学公司具有法律上利害关系。如果判决汉王公司的行为构成著作权侵权，那么中华书局可以针对国学公司另行提起著作权侵权之诉，本案的裁决将会成为中华书局诉国学公司著作侵权的重要证据，同时国学公司还应向汉王公司承担违约责任，赔偿相应的损失。《民事诉讼法》第56条第3款规定，"对当事人双方的诉讼标的，第三人虽然没有独立请求权，但案件处理结果同他有法律上的利害关系的，可以申请参加诉讼，或者由人民法院通知他参加诉讼。人民法院判决承担民事责任的第三人，有当事人的诉讼权利义务"。《最高人民法院关于适用〈中华人民共和国民事诉讼法〉的解释》第81条规定，"无独立请求权的第三人，可以申请或者由人民法院通知参加诉讼"。国学公司可以作为无独立请求权的第三人，申请参加中华书局与汉王公司之间的诉讼。如果国学公司自己没有申请参加诉讼，人民法院认为有必要的，也可以通知国学公司参加诉讼。根据《最高人民法院关于适用〈中华人民共和国民事诉讼法〉的解释》第82条规定："在一审诉讼中，无独立请求权的第三人无权提出管辖异议，无权放弃、变更诉讼请求或者申请撤诉，被判决承担民事责任的，有权提起上诉。"如果法院在诉讼中判决国学公司承担民事责任的,国学公司将享有诉讼当事人的权利义务,其中包括提出抗辩、参加质证、提起上诉等权利。

在本案中,一审法院和二审法院仅将相关诉讼视为诉讼标的是同一种类的共同诉讼,在原告中华书局不同意追加国学公司为被告,同时法院认为是否追加国学公司作为共同被告,与汉王公司是否承担以及如何承担侵权责任没有关联性的情况下,尽管国学公司总经理尹小林作为本案被告汉王公司的委托代理人参加诉讼过程,但国学公司本身始终没有以自己独立的法律地位参加到中华书局与汉王公司的诉讼中来。

参考文献

《中华人民共和国著作权法》

《中华人民共和国反不正当竞争法》

《中华人民共和国民事诉讼法》

《最高人民法院关于适用〈中华人民共和国民事诉讼法〉的解释》

郑成思:《版权法》,中国人民大学出版社 1997 年版。

李明德:《知识产权法》(第二版),法律出版社 2014 年版。

李明德、管育鹰、唐广良:《〈著作权法〉专家建议稿说明》,法律出版社 2012 年版。

王迁:《著作权法》,中国人民大学出版社 2015 年版。

汉字字体是否构成作品：

方正公司诉宝洁公司著作权案

| 基本案情 |

原告北京北大方正电子有限公司（以下简称方正公司）是我国最早从事字库开发的专业厂家，其文字库中的汉字，字体结构优美、造型独特、字形丰富、品质精良。1998 年 9 月，该公司通过合同获得字体设计师齐立设计的倩体字稿的著作权，后经过大量劳动完成倩体字体的数字化和字库化转换，命名为方正倩体系列字库字体，于 2000 年 8 月 31 日首次发表。2008 年 4 月 22 日，方正公司以演绎作品著作权人的身份对方正倩体系列（粗倩、中倩、细倩）在中国版权保护中心申请著作权登记，登记作品为美术作品，登记证上记载的完成时间为 2000 年 7 月 7 日，首次发表时间为 2000 年 8 月 31 日。后来，原告发现广州宝洁有限公司（以下简称宝洁公司）未经许可，在其生产的多款产品的包装、标识、商标和广告中使用倩体字，于 2008 年 3 月通知宝洁公司，告知其使用行为侵权，要求该公司停止使用，进行赔偿。宝洁公司 4 月回函表示调查此事，此后无音信。于是，原告向北京市海淀区人民法院起诉，认为被告保洁公司在其生产的 24 款产品上使用倩体"飘柔"二字，侵犯原告所享有的倩体字库和单字的美术作品著作权，具体涉及署名权、复制权、发行权和展览权，主观上存在过错，请求判令宝洁公司停止使用并销毁所有带有倩体"飘柔"二字的包装、标识、商标和广告宣传产品，赔偿经济损失 50 万元，承担诉讼合理支出 119082 元（包括鉴定费 3 万元，律师费 8 万元，公证费 2000 元，产品购买费用 1982 元，翻译费 5100 元），并且公开致歉、消除影响。同时，原告将销售保洁公司产品的北京家乐福商业有限公司（以下简称家乐福公司）也列为共同被告，要求其承担侵权责任，停止销售上述侵权产品，公开致歉、消除影响。

宝洁公司辩称,汉字凝聚了东方悠久的历史文明,汉字的笔画、笔数、字形等系历史形成,属公有领域,不是著作权法保护的对象,不能为任何人独占。倩体字与公有领域的字体差异微小,难以构成著作权法意义上的美术作品。方正公司对汉字的字库化工作,属于借助技术手段完成的机械加工劳动,没有实质性的艺术贡献,不能产生新的有独创性的演绎作品。方正公司可以就其劳动成果主张其他保护,但是尚不足以对字库中的单个汉字享有美术作品的著作权。

被告家乐福公司辩称,其公司销售的宝洁公司的产品均通过正规渠道进货,来源合法,尽到注意义务,不构成侵权。宝洁公司使用的字体由设计公司设计,系合理使用,没有侵犯方正公司的权利。

一审法院查明,方正公司已经针对方正倩体系列(粗倩、中倩、细倩)在中国版权保护中心申请了著作权登记,并且从倩体字设计者齐立处购买了粗倩字体,并在此基础上开发电脑字库。在制作字库的过程中,方正公司主要进行了下列具体工作:(1)由专业设计师设计风格统一的字稿;(2)扫描输入电脑,经过计算形成高精度点阵字库,给出字库编码;(3)进行数字化拟合,按照一定的数学算法,自动将扫描后的点阵图形抽成接近原稿的数字化曲线轮廓信息,通过参数调整轮廓点、线、角度和位置;(4)人工修字,提高单字质量,体现原字稿的特点和韵味;利用造字工具可提高效率,保证质量;强大的拼字、补字功能可有效索引,以造出与字稿风格统一的字;(5)质检,使字形轮廓光滑,结构合理,配合技术规范,提高存储效率和还原速度;(6)整合成库,配上相应的符号、数字和外文,转换成不同编码和不同格式;(7)整体测试;(8)商品化。方正公司对最终用户的协议内容包括:可以在一台计算机上使用该软件,可用于计算机屏幕显示和打印机打印输出。用户协议中的限制内容为:未经方正公司书面许可,该"软件产品"的全部或部分不得被仿制、出借、租赁、网上传输;禁止将字库产品的全部或部分用于再发布用途(包括但不限于电视发布、电影发布、图片发布、网页发布、用于商业目的的印刷品发布等),禁止将本产品字形嵌入到可携式文件中(包括但不限于 PDF 等文件格式),禁止将该产品使用于网络及多用户环境,除非取得各终端机使用权的授权使用协议书。如果用户使用需求超出了本协议的限定,请与方正公司联系以获取相应授权。

在审理过程中,方正公司提交了其授权商业性使用的价格明细表,用以证实其授权收费的标准,提交保洁公司对倩体字"飘柔"使用情况的公证文件。同时,还向法院提交了方正公司2008年7月委托科技部知识产权事务中心作出的司法鉴定意见书。该意见书认为涉案被控侵权产品中的"飘柔"二字与方正公司倩体字库的笔画、笔数及汉字部件的位置关系一致,字体一致,设计风格和特征一致。

宝洁公司提出,其公司使用的"飘柔"二字系使用正版倩体字库设计的,提交美国NICE公司(NICOSIA Creative Expresso Ltd.)设计的飘柔洗发水的设计样本、评估表、订单和账单,以及NICE公司于2004年11月购买方正兰亭字库V1.0版本的发票、产品包装盒、光盘照片和最终用户许可协议。同时指出,NICE公司购买的方正字库光盘中的用户协议,只明确不得被仿制、租赁、出借、网上传输和再发布,并未限制商业性使用。

方正公司则认为,NICE公司虽购买了方正字库,但许可协议中有对二次使用的限制,其没有授权NICE公司再许可权,该公司无权再许可第三方使用。设计公司购买正版软件,按照许可协议约定设计样稿没有问题,但宝洁公司将设计样稿印在产品的包装上,直接复制、发行了倩体字,应承担侵权责任。宝洁公司坚持,直接使用字库并获益的是设计公司,方正公司应直接起诉设计公司,而非使用设计结果的最终用户。

北京市海淀区人民法院经审理认为,方正倩体字库字体具有一定的独创性,符合我国著作权法规定的美术作品的要求,可以进行整体性保护;但对于字库中的单字,不能作为美术作品给予权利保护。方正公司以侵犯倩体字库中"飘柔"二字的美术作品著作权为由,要求认定最终用户宝洁公司的使用行为侵权,没有法律依据,其以此为基础,对宝洁公司和家乐福公司提出的全部诉讼请求,不予支持。

方正公司不服,于法定期限内向北京市第一中级人民法院提起上诉。上诉理由如下:(一)被上诉人宝洁公司未经授权在被控侵权产品包装上擅自使用涉案倩体字库中"飘柔"二字的行为构成对上诉人复制权、发行权的侵犯,被上诉人家乐福公司销售被控侵权产品的行为是否构成对上诉人发行权的侵犯。(二)原审判决未针对涉案倩体字库中的"飘柔"二字是否构成美术作品予以审理,存在漏审情况。(三)原审判决认定事实错误、适用法律不当。
(1)原审判决错误认为涉案美术作品首要功能是"传情达意",并混淆"飘柔"
倩体单字使用与倩体字库的使用情况,以及涉案"飘柔"倩体单字与倩体字库
软件的使用情况。(2)原审判决对系列作品的独创性判定规则适用有误,违
背了我国著作权法关于作品独创性判定的基本标准。(3)原审判决书认定字
库整体具有美术作品的独创性,却否认单字的美术作品的独创性,既没有法律
根据而且完全不合逻辑。综上,请求二审法院撤销原审判决,判决支持上诉人
原审的全部诉讼请求。被上诉人宝洁公司及家乐福公司仍坚持其在原审程序
中的答辩意见,并认为原审判决认定事实清楚,适用法律正确,请求二审法院
依法予以维持。

北京市第一中级人民法院确认了一审法院查明的事实,认为本案审理的
焦点如下:(一)被控侵权产品上使用涉案"飘柔"二字是否构成对上诉人所享
有的复制权及发行权的侵犯,被上诉人家乐福公司销售被控侵权产品的行为
是否构成对其发行权的侵犯;(二)原审法院对涉案倩体字库中的"飘柔"二字
是否构成美术作品这一问题是否存在漏审;(三)上诉人主张原审法院存在其
他法律及事实认定错误,理由是否成立。

经审理,对于上述关键问题,北京市第一中级人民法院审理认为,NICE 公
司系方正倩体字库正版软件的购买者,其有权使用倩体字库产品中的具体单字
进行广告设计,并将其设计成果许可客户进行后续的复制、发行。这是字体软
件购买者合理期待的使用行为。被上诉人宝洁公司在其产品上使用 NICE 公司
设计的"飘柔"二字,属于正当的使用行为,在权利人没有明确限制的情况下,属
于权利人的默示许可行为不构成侵权。对于字库中的单字是否属于构成美术
作品,二审法院认为原审法院已经审理并认定将字库中的每一个单字都确认具
有独创性,享有美术作品的著作权,依据不足,并认为原审法院不存在事实认定
错误的情形,于 2011 年 7 月 5 日作出终审判决,驳回上诉,维持原判。

▶ 法律问题

本案由北京市海淀区人民法院于 2008 年作出一审判决,驳回原告诉讼请

求。原告方正公司不服一审判决,向北京市第一中级人民法院提起上诉,请求撤销原审判决,支持上诉人在原审中提出的全部诉讼请求。北京市第一中级人民法院经审理于 2011 年 7 月 5 日判决,驳回上诉,维持原判。该案主要涉及倩体字是否属于著作权法上的作品,字库软件著作权保护能否延及字库产品,以及宝洁公司利用 NICE 公司通过方正字体软件涉及的"飘柔"二字是否属于方正公司的默示许可行为这三个法律问题。下面,我们将结合上述两个法院的判决,说明这三个问题。

一、倩体字是否属于著作权法上的作品

原告方正公司诉称被告宝洁公司在其产品上使用倩体"飘柔"二字,侵犯了其对倩体字库和单字享有的美术作品著作权,具体涉及署名权、复制权、发行权和展览权。倩体字库是由方正公司在字体设计师齐立设计字体的基础上,投入大量的创造性劳动,完成倩体字体的数字化和字库化转换等工作。方正公司认为,该字库中的字体具有幽雅、柔美和华丽的特点,每个汉字均是基于独特的笔画、构造、顺序而创造,属于著作权法保护的美术作品,并且就字库软件和其中包含的字体申请了著作权登记。宝洁公司未经许可在产品包装上使用倩体"飘柔",侵犯了方正公司对其享有的署名权、复制权、发行权和展览权。为证明字库产品构成美术作品,方正公司提交(2003)一中民初字第 4414 号和(2005)高民终字第 443 号民事判决书。

宝洁公司认为,汉字的笔画、笔数、字形等系历史形成,属公有领域,不是著作权法保护的对象,不能为任何人独占。涉案字体尽管在已有汉字字体的基础上,加入一定设计风格和特征的演绎作品,但倩体字与公有领域的字体差异微小,难以构成著作权法意义上的美术作品。方正公司仅借助技术手段完成的机械加工劳动,不能产生新的有独创性的演绎作品。因此,方正公司可以就其劳动成果主张其他保护,尚不足以对字库中的单个汉字享有美术作品的著作权。另外,宝洁公司认为方正公司登记的是字库软件,提供了全部字库字体打印件,作为整体可以得到保护,但不能对软件生成成果中的单字和符号单独主张权利。著作权法没有把对字库字体的保护延及单字,如限制对其使用违背了字体使用的根本目的,影响了字库的实用性和流转性。对方正公司提

交的两份判决书,宝洁公司认为,这两份判决书针对的使用对象是字库软件及整体数据库的使用,与本案委托设计公司设计标识,使用单字的情况不同,不应直接参照上述判决考量。

一审法院认为,方正公司自行研制的倩体计算机字体及对应的字库软件是具有一定独创性的文字数字化表现形式的集合。方正公司从齐立处取得其设计的倩体字体的权利,综合具有独创性的汉字风格和笔形特点等因素,通过设计字稿、扫描、数字化拟合、人工修字、整合成库、对设计的字稿设定坐标数据和指令程序等处理方式和步骤,形成由统一风格和笔形规范构成的具有一定独创性的整体字库内容,使具有审美意义的字体集合具有一定的独创性,符合我国著作权法规定的美术作品的特征,应受到著作权法保护。方正公司对倩体字库字体内容享有著作权。对于此种字库作品,他人针对字库字体整体性复制使用,尤其是与软件的复制或嵌入相配合的使用行为,可以认定侵权成立。对于字库中的单字,无论相关字体达到何种审美意义的高度,字体始终是带有工业产品的属性,是执行既定设计规则的结果。如果认定字库中的每一个单字构成美术作品,必然影响汉字作为语言符号的功能性,也会对汉字这一文化符号的正常使用和发展构成障碍,不符合著作权法保护作品独创性的初衷。因此,方正倩体字库字体具有一定的独创性,符合我国著作权法规定的美术作品的要求,可以进行整体性保护;但对于字库中的单字,不能作为美术作品给予权利保护。方正公司以侵犯倩体字库中"飘柔"二字的美术作品著作权为由,要求认定最终用户宝洁公司的使用行为侵权,没有法律依据。

二审法院对本案的审理重点转向被上诉人的复制、发行行为是否获得上诉人的许可这一问题,没有就字库本身以及子库中的单个字是否属于著作权法保护的作品进行讨论。

二、字体软件著作权能否延伸保护字体

在本案中,宝洁公司委托 NICA 公司设计产品包装,NICE 公司购买了由方正公司开发的字库软件,其中宝洁系列产品包装上的"飘柔"二字即由方正的字库软件设计而成。方正公司认为其对字库软件以及字库中的字体均享有著作权保护,宝洁公司在其产品包装上使用"飘柔"二字侵犯了其对"飘柔"这

一美术作品的署名权、复制权和发行权。上文讨论了倩体字是否属于著作权法上作品的问题,本案一审法院明确认定字体本身不是著作权法上的作品,但认为方正公司对字库的设计投入了智力创作,使具有审美意义的字体集合具有一定的独创性,符合我国著作权法规定的美术作品的特征,应受到著作权法保护,可以进行整体性保护。如果他人针对字库字体整体性复制使用,尤其是与软件的复制或嵌入相配合的使用行为,可以认定侵权成立。但对于字库中的单字,不能确认具有独创性,不能作为美术作品给予权利保护。也就是说,对字库软件赋予著作权保护,不能延及其中不属于作品的字库中的单字体。因此,方正公司以侵犯倩体字库中"飘柔"二字的美术作品著作权为由,要求认定最终用户宝洁公司的使用行为侵权,没有法律依据,其以此为基础,对宝洁公司和家乐福公司提出的全部诉讼请求,原审法院不予支持。

三、宝洁公司利用"飘柔"二字是否属于方正公司的默示许可行为

二审法院确认了双方当事人在一审中提出的事实及相关证据以及一审法院查明事实,根据上诉人提出的上诉理由整理了审理焦点。但在审理思路上,与原审法院相比,出现了较大的变化。原审法院的审理重点集中在字库和子库中的单字是否属于著作权法上的作品这一问题,但二审法院审理的重点则放在被上诉人实施的复制、发行行为是否获得上诉人的许可这一问题。二审法院认为,被控侵权产品上使用的"飘柔"二字系由被上诉人宝洁公司委托NICE公司采用正版方正倩体字库产品设计而成。NICE公司有权使用倩体字库产品中的具体单字进行广告设计,并将其设计成果许可客户进行后续的复制、发行,被上诉人宝洁公司及家乐福公司的行为均系对该设计成果进行后续复制、发行的行为,故两被上诉人实施的被控侵权行为应被视为经过上诉人许可的行为。二审法院作出上述论断的理由如下:(一)当知识产权载体的购买者有权以合理期待的方式行使该载体上承载的知识产权时,上述使用行为应视为经过权利人的默示许可。(二)具体到汉字字库产品这类知识产权载体,基于其具有的本质使用功能,本院合理认定调用其中具体单字在电脑屏幕中显示的行为属于购买者合理期待的使用行为,应视为经过权利人的默示许可。(三)对于汉字字库产品这类知识产权载体,在产品权利人无明确、合理且有

效限制的情况下，购买者对屏幕上显示的具体单字进行后续使用的行为属于购买者合理期待的使用行为，应视为经过权利人的默示许可。（四）对于汉字字库产品这类知识产权载体，权利人可以对购买者的后续使用行为进行明确、合理、有效的限制。（五）具体到本案，本院合理认定 NICE 公司调用该产品中具体单字进行广告设计，并许可其客户对设计成果进行后续复制、发行的行为，属于其合理期待的使用行为，应视为已经过上诉人的默示许可。也就是说，宝洁公司在其产品包装上使用"飘柔"二字，实际上是属于方正公司的默示许可行为，因为方正公司没有作出明确的权利限制。二审法院没有明确的是，方正公司对后续的字库购买者是基于其享有的什么权利进行默示许可或者进行限制，是基于其对字库软件享有的著作权保护还是基于对字库中字体享有著作权保护。

专家评析

在"北京北大方正电子有限公司与广州宝洁有限公司等侵犯著作权纠纷案"中，案件的起因在于被告宝洁公司在其生产的产品包装上使用了 NICE 公司设计的产品包装，其中的"飘柔"字体是使用方正公司的字库软件获得的。方正公司认为宝洁公司在其产品包装上使用倩体"飘柔"二字，侵犯了其对倩体字库和单字享有的美术作品著作权，具体涉及署名权、复制权、发行权和展览权，将宝洁公司和销售宝洁产品的家乐福公司作为被告，向北京市海淀区人民法院起诉，要求被告停止侵权、赔礼道歉、消除影响、赔偿损失。被告宝洁公司辩称，汉字的笔画、笔数、字形等系历史形成，属公有领域，倩体字与公有领域的字体差异微小，难以构成著作权法意义上的美术作品。尽管方正公司可以就字库软件享有著作权保护，但仅限于对全部字库字体作为整体可以得到保护，软件生成成果中的单字和符号无法按照书法作品获得保护。宝洁公司在产品包装上使用的倩体"飘柔"，是正常利用正版字库软件获得的成果，不构成著作权侵权。被告家乐福公司辩称，其销售的宝洁公司的产品均通过正规渠道进货，来源合法，尽到了注意义务，不构成侵权。北京市海淀区人民法院经审理认为，方正倩体字库字体具有一定的独创性，符合我国著作权法规定的美术作品的要求,可以进行整体性保护;但对于字库中的单字,不能作为美术作品给予权利保护。宝洁公司对倩体"飘柔"的使用行为不侵权,驳回原告的全部诉讼请求。原告不服一审法院的判决,向北京市第一中级人民法院提起上诉。北京市第一中级人民法院在审理过程中,没有就字体能否获得著作权保护进行讨论,而是重点审理被上诉人宝洁公司使用倩体"飘柔"是否获得上诉人的许可这一问题。经审理认为,尽管上诉人方正公司可以就字库软件中的字体使用作出明确的限制,但在本案中,其软件许可协议没有就字体的使用作出限制,因此推定为其对字库软件购买者使用字库字体的行为构成默示许可,因此宝洁公司使用倩体"飘柔"不构成侵权,驳回上诉人的上诉请求。

在本案的整个诉讼过程中,无论是原被告的阐述还是一审法院和二审法院的讨论中,均重点讨论有四个相互关联的概念,即字体软件、字库、字体、字的著作权法保护问题。这里首先明确,这四个概念中,字体软件是专门用来设计字体的软件,是一种具有设计字体功能的计算机程序。字库,是字体软件的组成部分,由若干种类型字体组成。单个字体表现为具有某种形状特征的字符,字体与字在本案的语境中实际也是等同的。所以本案涉及的关键词主要有三个,即字库软件、字库和字体,本案涉及的最为核心问题是字库软件中的字体能否获得著作权保护。与此相关的问题包括:字库能否获得著作权保护,字库软件的著作权保护能否延伸至字体,以及默示许可与权利用尽等问题。下面对上述问题进行逐一讨论。

一、字体、字库能否获得著作权保护

著作权的客体是作品。作品是沟通作者内心世界与客观外在世界的桥梁,是能够传递思想情感或者展示文艺美感、信息或者展示美感的特定表达。受著作权保护的作品必须具有独创性,没有独创性的表达,不能获得著作权的保护。《著作权法》第3条明确列举了9种可以受到著作权保护的作品类型。尽管字画作品可以作为美术作品获得著作权保护,但是在美术作品意义上的字与我们本案讨论的字体是完全不同意义的表达。美术作品中的字,主要是通过对字的不同的书写方式来表达书写者的不同情感。而字库软件中的字体本身,虽然某种程度上能够传达软件开发者对字的美观与否方面的情感,但这不是字体的应有的功能。字体更多的是一种具有内在实用性的特质，是用来撰写各种文本的工具。字库软件设计者是将字体作为工具的基础上，再对字体的美观性有所考虑。因此，能够撰写各种合适的文本是字体的首要功能，在符合此种功能的前提下，再通过字体本身的美观性在一定程度上传达文本作者的情感。早在数字化时代以前，美国的立法、行政和司法机关就已经认识到字体的实用性特质，并形成共识，印刷字体或者字形属于实用品，不能获得版权保护。进入数字化时代以后，美国版权局延续这一思路，规定生成字体、字形和字库的计算机软件可以获得版权保护，但字体、字形和字库本身不能获得版权保护。

在本案中，原告方正公司主张其制作完成的倩体字库和单字应享有美术作品著作权的保护，理由是其在倩体字体的数字化和字库化转换中付出了大量创造性的劳动，其中每个汉字均是基于独特的笔画、构造、顺序而创造，字体本身具有幽雅、柔美和华丽的特点，如少女亭亭玉立的倩影。被告宝洁公司认为，尽管涉案字体系在已有汉字字体的基础上，加入一定设计风格和特征的演绎作品，但是制作字库的工作是一种仅借助技术手段完成的机械加工劳动，缺乏著作权法上规定的原创性特点，而且倩体字与公有领域的字体差异微小，难以构成著作权法意义上的美术作品。同时，宝洁公司也强调文字是信息传递的主要载体，是具有实用价值的工具，如果给予著作权保护，将使社会公众付出高昂的字体使用费。

一审法院详细考察了方正公司制作字库的主要过程包括：（1）由专业设计师设计风格统一的字稿；（2）扫描输入电脑，经过计算形成高精度点阵字库，给出字库编码；（3）进行数字化拟合，按照一定的数学算法，自动将扫描后的点阵图形抽成接近原稿的数字化曲线轮廓信息，通过参数调整轮廓点、线、角度和位置；（4）人工修字，提高单字质量，体现原字稿的特点和韵味；利用造字工具可提高效率，保证质量；强大的拼字、补字功能可有效索引，以造出与字稿风格统一的字；（5）质检，使字形轮廓光滑，结构合理，配合技术规范，提高存储效率和还原速度；（6）整合成库，配上相应的符号、数字和外文，转换成不同编码和不同格式；（7）整体测试；以及（8）商品化。经审理认为，方正公司自行研制的倩体计算机字体及对应的字库软件是具有一定独创性的文字数字化表现形式的集合。方正公司在制作字库的过程中投入了智力创作,使具有审美意义的字体集合具有一定的独创性,符合我国著作权法规定的美术作品的特征,应受到著作权法保护,因此倩体字库字体内容应享有著作权,可以进行整体性保护;但对于字库中的单字,不能作为美术作品给予权利保护。二审法院没有就字库、字体的著作权保护问题进行讨论。

从一审法院判决来看,其既意识到字体本身具有实用性的特点,认为"无论达到何种审美意义的高度,字库字体始终带有工业产品的属性,是执行既定设计规则的结果",字库中的单字不能作为美术作品给予权利保护,但是其又认为字体"整体性的独特风格和数字化表现形式"应受到保护,最后得出"字库是美术作品,著作权法应对字库给予整体性保护"的结论。一审法院判决书中的这种分析,实际上将字库软件、字库本身和字体相互混淆。从判决书的整个描述以及被告宝洁公司的辩解中,可以看出方正公司对于字库软件的编制,毫无疑问是具有原创性的智力投入的,因此字库软件可以获得著作权保护。宝洁公司也认同这一事实。字库是字库软件的组成部分,是单个字体的组合,在字库软件中表现为特定的目标代码和源代码。但从字库的角度来说,如果将字库软件形成的字体视为单独体,既然单个字体具有实用性的特点,字体的组合仍然是实用性的,无法获得著作权的保护。一审法院既然将字体认定为实用品,却又把字库认定为美术作品,并且要对字库给予整体性保护,但又说这种保护不能延及单个字体。这种分析逻辑,实际上是将字库等同为字体本身,即将美化后的字体视作美术作品,同时又把对计算机软件的著作权保护直接赋予对字库的保护。

从一审法院对字库制作过程的描述中,可以看出方正公司制作字库的工作并不是一种具有原创性的劳动,而是一种机械性的劳动投入,其中部分还属于字库软件的编制过程。在分析本案案情的时候,必须明确哪些工作属于字库软件的编制过程,哪些属于字库的制作工作,哪些属于字体的设计过程。尽管方正公司设计的倩体字,与一般的字体具有一定的区别,但这种区别不是由于文学、艺术、科学表达的需要,而是为了实用的需要。所以,字体是一种实用品,不能获得著作权保护。字库,作为字体的集合,并没有进行特定的选择、编排,而仅仅是字体的集合,同样也是一种实用品,无法获得著作权保护。在本案中,尽管方正公司已经将字体进行著作权登记,登记只是著作权产生以及权利归属的初步证据,并不能决定相关创作物能够是否真正获得著作权保护。用于选择字体、制作文本的字库软件,作为一种计算机程序,可以获得著作权保护。

二、字体软件著作权能否延伸保护字体

经过上述讨论,在本案中,倩体字和倩体字组成的字库,都是一种实用品,无法获得著作权的保护。但是用于运行字库的软件,也就是字库软件,根据已经确定的著作权保护规则,是可以获得著作权法的保护。对于软件著作权的保护,必须根据《计算机软件保护条例》的相关规定进行。根据该条例规定,(一)未经软件著作权人许可,发表或者登记其软件的;(二)将他人软件作为自己的软件发表或者登记的;(三)未经合作者许可,将与他人合作开发的软件作为自己单独完成的软件发表或者登记的;(四)在他人软件上署名或者更改他人软件上的署名的;(五)未经软件著作权人许可,修改、翻译其软件的;(六)复制或者部分复制著作权人的软件的;(七)向公众发行、出租、通过信息网络传播著作权人的软件的;(八)故意避开或者破坏著作权人为保护其软件著作权而采取的技术措施的;(九)故意删除或者改变软件权利管理电子信息的;(十)转让或者许可他人行使著作权人的软件著作权的,等等这些行为属于侵犯软件著作权的行为。具体到本案中,如果某一主体复制或者部分复制了方正公司的字库软件,也是有可能构成对该软件著作权的侵犯。但是,对于利用字库软件产生的字体,在未经许可的情况下进行使用,则很难被认为侵犯该软件的著作权。也就是说,对字库软件的著作权保护,不能延伸到对某个字体实施著作权保护。

三、默示许可与权利用尽

在本案中,二审法院认为,被控侵权产品上使用的"飘柔"二字系由被上诉人宝洁公司委托 NICE 公司采用正版方正倩体字库产品设计而成的,NICE公司有权使用倩体字库产品中的具体单字进行广告设计,并将其设计成果许可客户进行后续的复制、发行,被上诉人宝洁公司根据 NICE 公司的许可对其

设计成果进行后续复制、发行,家乐福公司销售被上诉人的产品。尽管上诉人没有明确授权被上诉人实施相关行为,但是两被上诉人实施的被控侵权行为应视为上诉人默示许可行为。什么是默示许可呢?通常来说,默示许可是指在著作权人可以作出"不得转载、摘编"的声明以阻止他人对其作品的有偿使用而有意识地不作为,或者在著作权人明知其不作"不得转载、摘编"的声明其他人就可以、可能对其版权作品进行有偿使用的情况下有意识地不作这样的声明,等于是默许他人对其版权作品的有偿使用。从默示许可的界定中可以看出,能够作出默示许可的主体,首先是著作权权利人,也就是说是对相关作品享有著作权的人。在本案中,涉及的是倩体"飘柔"二字的使用是否侵权的问题,也就是说只有被上诉人对倩体"飘柔"享有著作权保护的情况下,被上诉人才有权利进行默示许可。本案中的字体、字形是一种实用品,无法获得著作权保护。被上诉人只享有对字体软件的著作权保护。那么本案关注的问题就转化为字体软件的著作权人是否有权阻止他人复制发行通过字体软件设计出来的字体呢?

根据《著作权法》和《计算机软件保护条例》的相关规定,软件著作权人对相关软件所享有的权利,与一般文字作品著作权所享有的权利相同,应包括以下精神权利和经济权利,具体来说是发表权、署名权、修改权利和保护作品完整权,以及复制权、发行权、表演权、放映权、广播权、信息网络传播权、改编权、翻译权、汇编权以及其他相关权利。什么行为可以构成对软件著作权的侵权呢?《计算机软件保护条例》做了明确规定,未经许可使用享有著作权保护的字体软件设计的字体,不属于《计算机软件保护条例》规定的任何一种侵犯软件著作权的行为。

为什么对字体软件的著作权保护不能延伸到由字体软件设计的字体呢?这就涉及著作权的权利用尽问题。权利用尽原则,也称权利穷竭原则或者首次销售原则,是指知识产权所有人或经其授权的人制造的含有知识产权的产品,在第一次投放到市场后,权利人即丧失了在一定地域范围内对它的进一步的控制权,权利人的权利即被认为用尽、穷竭了。凡是合法地取得该知识产权产品的人,均可以自由处分该知识产权。权利用尽制度的宗旨是,在保护专利权人合法利益的前提下,防止知识产权人过度控制含有知识产权的产品,以维护正常的市场交易秩序,保护经营者和一般消费者的合法利益。具体到本案中,字体软件的著作权人一旦将字体软件在市场上进行销售了,就没有权利控制软件购买者对字体软件的使用,以及利用字体软件设计字体并使用,只要软件购买者不实施软件著作权控制的行为。也就是说,本案被上诉人有权通过合同约定方式明确软件的许可条件,或者确定较高的软件使用价格,但是无法直接通过行使软件著作权的方式限制软件购买者使用甚至商业性使用由字体软件设计的字体。

更明确一步说,尽管方正公司对字体软件设计的字体没有著作权,其对字体软件的著作权也不能直接延伸到由该软件设计的字体,但是其可以通过许可协议对软件设计字体的使用规定为许可条件(这些许可条件包括二审判决中说的区分软件的个人版和企业版,也可以对字体软件设计字体规定使用条件和费用等),前提必须是软件的被许可人明确同意接受这些条件。方正公司对字体的权利不是基于著作权,而是基于软件许可双方的合同义务。本案中方正公司对用户的许可协议文件,由于并非安装时必须点击,因此方正公司无法证明被许可方 NICE 公司已经接受该协议。即使 NICE 公司被证明已经接受方正公司的许可协议文件,方正公司只能追究 NICE 公司的违约责任,不能直接追究宝洁公司的侵权责任,因为基于合同产生的义务具有相对性,仅对合同双方具有法律约束力。

参考文献

《中华人民共和国著作权法》

《计算机软件保护条例》

李明德:《知识产权法》(第二版),法律出版社 2014 年版。

李明德:《美国版权法与字体、字型和字库》,《电子知识产权》2011 年第 6 期。

王迁:《著作权法》,中国人民大学出版社 2015 年版。

民间文学艺术的保护：

安顺市文化和体育局诉新画面公司等著作权案

│基本案情│

"安顺地戏"是贵州省安顺地区历史上"屯田戍边"将士后裔屯堡人为祭祀祖先而演出的一种傩戏，是一种地方戏剧。2006 年 6 月，国务院将"安顺地戏"列为国家级非物质文化遗产。2005 年，北京新画面影业有限公司和香港精英集团（2004）企业有限公司共同摄制电影《千里走单骑》，该影片编剧、导演为张艺谋，制片为张伟平。影片放映至 6 分 16 秒时，影片画面为戏剧表演《千里走单骑》，画外音为"这是中国云南面具戏"。影片中戏剧表演者有新画面公司从贵州省安顺市詹家屯"三国戏曲演出队"所聘请的演员，影片片尾字幕列有演职员名单，其中标有"戏曲演出：贵州省安顺市詹家屯三国戏队詹学彦等八人"字样。

本案原告贵州省安顺市文化和体育局（简称安顺市文化和体育局）认为安顺市詹家屯的詹学彦等八位地戏演员在电影《千里走单骑》中表演的是"安顺地戏"传统剧目中的《战潼关》和《千里走单骑》，但该影片中却将其称为"云南面具戏"，且上述三被告没有在任何场合为影片中"云南面具戏"的真实身份正名，以致观众以为影片中的面具戏的起源地、传承地就在云南，歪曲了"安顺地戏"这一非物质文化遗产和民间文学艺术，侵犯了"安顺地戏"的署名权，违反《中华人民共和国著作权法》的相关规定，并在事实上误导了中外观众，造成前往云南寻找影片中的面具戏的严重后果，向北京市西城区人民法院起诉。要求张艺谋、张伟平、新画面公司分别在《法制日报》《中国日报（英文）》中缝以外版面刊登声明消除影响；新画面公司在以任何方式再使用影片

《千里走单骑》时,应当注明"片中的'云南面具戏'实际上是'安顺地戏'"。

  本案被告张艺谋、张伟平、新画面公司原审辩称:(1)影片《千里走单骑》的出品人是新画面公司,出品人是电影作品的所有人,故要求驳回安顺市文化和体育局对张艺谋、张伟平的诉讼请求;(2)《千里走单骑》拍摄于2004年11月,上映于2005年12月,而"安顺地戏"列为国家级非物质文化遗产是在2006年5月,安顺市文化和体育局无权追溯主张署名权;(3)《千里走单骑》是一部虚构的故事片,而非一个专门介绍傩戏、面具戏或地戏的专题片或纪录片,安顺市文化和体育局不能要求作为艺术创作者的被告承担将艺术虚构与真实存在相互对接的义务。因此,请求法院驳回安顺市文化和体育局的诉讼请求。

  北京市西城区人民法院(以下简称原审法院)经审理认为,"安顺地戏"作为我国非物质文化遗产项目之一,应当依法予以高度尊重与保护。但涉案电影《千里走单骑》使用"安顺地戏"进行一定程度创作虚构,不违反我国《著作权法》的规定,于2011年5月24日判决驳回安顺市文化和体育局的诉讼请求。原告安顺市文化和体育局不服,于法定期限内向第一中级人民法院提起上诉。上诉理由如下:(一)"安顺地戏"是国家级非物质文化遗产,属于《著作权法》第6条规定的民间文学艺术作品,涉案电影中将"安顺地戏"称为"云南面具戏",侵犯了这一民间文学艺术作品的署名权。(二)原审判决认定事实及适用法律错误。原审被告坚持原审诉讼中的答辩意见。被上诉人张艺谋、张伟平、新画面公司坚持原审诉讼中的答辩意见。

  北京市第一中级人民法院确认了一审法院查明的事实,另外查明上诉人认为原审被告在影片《千里走单骑》中把"安顺地戏"说成是"云南面具戏",是侵犯了"安顺地戏"的署名权,不是原审判决中的"侵犯了原告的署名权"这一表述。北京市第一中级人民法院经审理认为,本案主要涉及四个焦点问题,具体包括:(1)安顺市文化和体育局是否有资格提起本案诉讼。(2)张艺谋、张伟平、新画面公司是否应为被控侵权行为承担民事责任。(3)涉案电影中对"安顺地戏"的使用是否构成对"安顺地戏"署名权的侵犯。(4)上诉人安顺市文化和体育局认为原审判决认定事实及适用法律错误的上诉理由是否成立。对于上述四个问题,北京市第一中级人民法院分别作出了回答。对于第一个问题,安顺市文化和体育局虽然并非"安顺地戏"的权利人,但依据《非物质文化遗产法》规定,安顺市文化和体育局作为"安顺地戏"的管理及保护机关,有资格代表安顺地区的人民就他人侵害"安顺地戏"的行为主张权利并提起诉讼,因此,安顺市文化和体育局有权提起本案诉讼。对于第二个问题,本案中,上诉人安顺市文化和体育局指控的侵权行为系涉案电影《千里走单骑》中将"安顺地戏"错误地称为"云南面具戏",却不对其予以澄清的行为。由于电影作品的著作权归电影作品的制片者享有,制片者有权就电影作品对外行使著作权并获得利益,本案中的制片者就是出品人,因此,电影《千里走单骑》被控涉嫌侵权,应由其制片者新画面公司作为被告,而不应由张艺谋、张伟平承担民事责任。对于第三个问题,根据《著作权法》署名权是作者就其创作的作品所享有的表明其身份的权利,"安顺地戏"作为一个剧种,是具有特定特征的戏剧剧目的总称,不属于著作权法上的作品。涉案电影将"安顺地戏"称为"云南面具戏",属于艺术创作时对使用的艺术元素进行相应虚构的行为,不构成对"安顺地戏"署名权的侵权。对于第四个问题,原审法院适用法律正确,上诉人的上诉理由不能成立。因此,二审法院于 2011 年 9 月 14 日判决驳回上诉,维持原判。

▶ 法律问题

本案由北京市西城区人民法院于 2011 年 5 月 24 日作出一审判决,驳回原告诉讼请求。原告安顺市文化和体育局不服一审判决,向北京市第一中级人民法院提起上诉,请求撤销原审判决,支持上诉人在原审中提出的全部诉讼请求。北京市第一中级人民法院经审理于 2011 年 9 月 14 日判决,驳回上诉,维持原判。该案主要涉及安顺市文化和体育局是否有资格提起本案诉讼,张艺谋、张伟平、新画面公司是否应共同作为被告,以及涉案电影中对"安顺地戏"的使用是否构成对"安顺地戏"署名权的侵犯这三个法律问题。下面,我们将结合上述两个法院的判决,说明这三个问题。

一、安顺市文化和体育局是否有资格提起本案诉讼

根据《中华人民共和国民事诉讼法》(2007 年)第 108 条规定,民事案件的适格原告应是与案件有直接利害关系的公民、法人和其他组织。本案中,"安

顺地戏"系国家级非物质文化遗产,依据《非物质文化遗产法》,县级以上地方人民政府的文化主管部门负责本行政区域内非物质文化遗产的保护、保存工作,安顺市文化和体育局作为"安顺地戏"所在地的县级以上地方人民政府的文化主管部门,是"安顺地戏"的管理及保护机关,有资格代表安顺地区的人民就他人侵害"安顺地戏"的行为主张权利并提起诉讼。

二、张艺谋、张伟平、新画面公司是否应共同作为被告

原告诉称由张艺谋导演、张伟平担任制片、新画面公司出品的电影《千里走单骑》在影片中将"安顺地戏"称为"云南面具戏",违反了《中华人民共和国著作权法》(简称《著作权法》)的相关规定,侵犯了非物质文化遗产和民间文学艺术"安顺地戏"的署名权。因此将张艺谋、张伟平以及新画面公司共同列为被告,起诉其侵权,并承担民事侵权责任。一审法院认为被控侵权不成立,因此判决驳回原告的诉讼请求。原告不服向北京市第一中级人民法院提起上诉,并坚持将张艺谋、张伟平与新画面公司共同列为被上诉人。二审法院认为,张艺谋、张伟平是否承担相应的侵权责任是本案审理的焦点之一。根据《著作权法》第15条规定,电影作品和以类似摄制电影的方法创作的作品的著作权由制片者享有,但编剧、导演、摄影、作词、作曲等作者享有署名权,并有权按照与制片者签订的合同获得报酬。也就是说,电影作品的著作权归电影作品的制片者享有,制片者有权就电影作品对外行使著作权并获得利益。编剧、导演等民事主体虽享有署名权,但其并非电影作品的著作权人,无权就电影作品对外行使著作权并获益。虽然张伟平在涉案电影中标注为"制片人",但这与《著作权法》意义上的制片者不同。本案中,作为出品人的新画面公司才有资格享有权利并对外承担法律责任,是本案被控侵权行为的民事责任承担主体。因此,张艺谋、张伟平均非本案被控侵权行为的民事责任承担主体,不应对被控侵权行为承担民事责任。

三、涉案电影中对"安顺地戏"的使用是否构成对"安顺地戏"署名权的侵犯

电影《千里走单骑》在影片中将"安顺地戏"称为"云南面具戏",安顺市

文化和体育局认为电影的这一行为违反了《著作权法》对于民间文学艺术作品署名权保护的相关规定,侵犯了"安顺地戏"这一民间文学艺术作品的署名权。一审法院认为,"安顺地戏"作为国家级非物质文化遗产,应当依法受到国家的保护、保存,任何非法侵占、破坏、歪曲和毁损等侵害和不利于非物质文化遗产保护、保存、继承和弘扬的行为都应当予以禁止和摒弃。涉案电影《千里走单骑》将真实存在的"安顺地戏"作为一种文艺创作素材用在影片《千里走单骑》作品中使用,此种演绎拍摄手法符合电影创作的规律,与不得虚构的新闻纪录片有区别。而且,被告在主观上并无侵害非物质文化遗产的故意和过失,从整体情况看,也未对"安顺地戏"产生法律所禁止的歪曲、贬损或者误导混淆的负面效果。因此,一审法院驳回原告的诉讼请求。

一审原告即上诉人安顺市文化和体育局主张,"安顺地戏"是国家级非物质文化遗产,属于《著作权法》第6条规定的民间文学艺术作品,涉案电影中将"安顺地戏"称为"云南面具戏",却未在任何场合对此予以澄清,其行为构成对"安顺地戏"这一民间文学艺术作品署名权的侵犯,违反《著作权法》对于民间文学艺术作品署名权保护的相关规定。

二审法院认为,根据《著作权法》规定,"署名权,即表明作者身份,在作品上署名的权利"。署名权中的"名"指的是权利主体(即作者)的名称,而非权利客体(即作品)的名称,他人只有在使用作品而未署"作者"的名称时,其行为才可能构成对署名权的侵犯。上诉人安顺市文化和体育局将署名权理解为对"作品"名称的标注,与《著作权法》的相关规定不符。在本案中,"安顺地戏"作为一个剧种,是具有特定特征的戏剧剧目的总称,是对戏剧类别的划分,不属于受《著作权法》保护的作品,任何人均不能对"安顺地戏"这一剧种享有署名权。涉案电影中将"安顺地戏"称为"云南面具戏",属于对于特定剧种名称的使用,其不是对署名权权利主体(作者)的标注,亦不是对权利客体(作品)的标注,仅仅是涉案电影在进行艺术创作时对使用的艺术元素进行相应虚构,具有其合理性,不构成侵权。

二审法院还指出,由于上诉人安顺市文化和体育局明确主张构成作品且享有署名权的是"安顺地戏",而非其中的"具体剧目",故仅对"安顺地戏"这一剧种是否构成作品进行认定,不涉及其中的"具体剧目"。对于"安顺地戏"

中的具体剧目（如涉案电影中使用的《千里走单骑》等剧目），因相关剧目属于对于思想的具体表达，可以认定构成受《著作权法》保护的作品，属于民间文学艺术作品，民事主体可以针对具体剧目主张署名权。

专家评析

在"安顺市文化和体育局诉新画面公司等侵犯著作权案"中，案件的起因在于被告新画面公司摄制的电影《千里走单骑》中将"安顺地戏"称为"云南面具戏"。作为"安顺地戏"所在地县级以上地方人民政府的文化主管部门，安顺市文化和体育局负责对当地非物质文化遗产的保存和保护工作，认为电影《千里走单行》的行为，构成了对"安顺地戏"署名权的侵权，因此将张艺谋、张伟平以及新画面公司共同列为被告，起诉其侵权，并承担民事侵权责任。一审法院北京市西城区人民法院审理认为，尽管"安顺地戏"作为我国非物质文化遗产项目之一，但涉案电影《千里走单骑》在电影中使用"云南面具戏"代替"安顺地戏"，属于合理的文学创作，不违反我国《著作权法》的规定，判决驳回安顺市文化和体育局的诉讼请求。原告不服向北京市第一中级人民法院提起上诉。二审法院针对上诉人的上诉请求，重点分析了本案涉及的三个关键问题，原告的起诉资格问题，被告张艺谋、张伟平是否需要单独承担侵权责任，以及民间文艺的署名权问题，经审理，最终维持原判，驳回上诉。下面就与上述问题相关的三个法律问题进行逐一讨论。

一、安顺市文化和体育局的起诉资格

《民事诉讼法》（2007年）第108条规定，起诉必须符合下列条件：（一）原告是与本案有直接利害关系的公民、法人和其他组织；（二）有明确的被告；（三）有具体的诉讼请求和事实、理由；（四）属于人民法院受理民事诉讼的范围和受诉人民法院管辖。其中，原告必须是与本案有直接利害关系的公民、法人和其他组织，这是相关民事主体作为原告的资格。在本案一审中，本案被告就质疑原告的起诉资格，认为《千里走单骑》拍摄于2004年11月，上映于2005年12月，而"安顺地戏"列为国家级非物质文化遗产是在2006年5月，

安顺市文化和体育局无权追溯主张署名权。如何判断本案的原告安顺市文化和体育局是与"安顺地戏"存在直接利害关系,是其具有起诉资格的关键。非物质文化的保护与著作权保护,前者主要是行政保护,后者主要是民事保护,这是两种完全不同的法律关系。从原告安顺市文化与体育局的本意来说,主张的是非物质文化的保护,安顺市文化与体育局是否有资格就被控侵权行为提起诉讼应适用非物质文化保护方面的法律法规。

我国于2011年2月25日正式颁布《非物质文化遗产法》,于2011年6月1日起施行。本案一审判决于2011年5月24日作出,二审判决于2011年9月14日作出。两个判决正好处于《非物质文化遗产法》的实施前后。这意味着,原告起诉资格的确定以及案件中相关权利义务的法律依据将可能根据不同的法律规范进行确定。在《非物质文化遗产法》颁布之前,文化部于2006年10月25日颁布《国家级非物质文化遗产保护与管理暂行办法》。因此,本案一审主要应依据《国家级非物质文化遗产保护与管理暂行办法》来确定原告的资格,二审法院则明确根据《非物质文化遗产法》确定原告资格。根据《国家级非物质文化遗产保护与管理暂行办法》第4条第3款规定,"国家级非物质文化遗产项目所在地人民政府文化行政部门,负责组织、监督该项目的具体保护工作"。安顺市文化与体育局作为"安顺地戏"这一国家级非物质文化遗产所在地的人民政府文化行政部门,有权组织、监督该项目的具体保护工作,因此有权对被控侵权行为提起诉讼。本案二审的审理正好在《非物质文化遗产法》实施之后,因此,二审法院以《非物质文化遗产法》为法律依据。根据该法第7条规定,"国务院文化主管部门负责全国非物质文化遗产的保护、保存工作;县级以上地方人民政府文化主管部门负责本行政区域内非物质文化遗产的保护、保存工作",安顺市文化与体育局同样享有起诉的资格。

本案被告还质疑《千里走单骑》拍摄于2004年11月,上映于2005年12月,而"安顺地戏"列为国家级非物质文化遗产是在2006年5月,言外之意是电影上映拍摄时"安顺地戏"还未列入国家非物质文化遗产名录中,因此没有对当时还没有作为国家级非物质文化遗产的"安顺地戏"造成不良影响,安顺文化与体育局无权起诉。事实上,由于电影《千里走单骑》上映后一直处于不断被观众观赏的可能性中,也就是说在"安顺地戏"被列为国家级非物质文化遗产之后，《千里走单骑》对安顺地戏地理来源的误导行为一直存在，也就是被控侵权行为一直存在，一直处于诉讼时效之中，所以安顺市文化与体育局可以针对这一行为提起诉讼。

二、电影作品著作权侵权责任的承担

电影作品是一种典型的法人作品，由法人组织主持，代表法人意志创作，并由法人承担责任。根据国家广播电视总局电影事业管理局于 2004 年 11 月 11 日颁发《中外合作摄制电影许可证》，影片《千里走单骑》由北京新画面影业有限公司和香港精英集团（2004）企业有限公司合作摄制。同时，国家广播电视总局电影事业管理局于 2005 年 7 月 14 日颁发的《电影公映许可证》，载明电影《千里走单骑》的出品人为新画面公司。此外，根据《著作权法》规定："电影作品和以类似摄制电影的方法创作的作品的著作权由制片者享有，但编剧、导演、摄影、作词、作曲等作者享有署名权，并有权按照与制片者签订的合同获得报酬。电影作品和以类似摄制电影的方法创作的作品中的剧本、音乐等可以单独使用的作品的作者有权单独行使其著作权。"可见，涉案电影《千里走单骑》是新画面公司负责拍摄，并由其承担责任的作品，其著作权也归属于该公司。也就是说，《电影公映许可证》中的出品人就是《著作权法》中的制片人。鉴于电影作品制作过程中需要投入巨额资本，并有可能血本无归的风险，为了激励更多的公司投入电影创作，《著作权法》明确规定了电影作品的著作权归属，属于制片人所有。但根据电影行业的惯例，投入电影创作资本的公司通常被称为出品人，而由某个特定的个人担任电影"制片"或者"制片人"。正如二审法院在判决中认定的那样，"因《著作权法》中对于作为著作权人的'制片者'在电影作品中的标注形式并无要求，实践中亦存在多种标注方式，故对制片者身份的认定应结合案件具体事实予以考虑，而不能仅依据电影作品中的标注形式予以确定"。在本案中，尽管该电影的片头字幕显示张伟平为制片，但真正属于承担拍摄电影的法律责任的主体是新画面公司。所以，电影《千里走单骑》将"安顺地戏"称为"云南面具戏"被诉侵权，该被控侵权行为的实施者和相关责任的承担者是新画面公司。

尽管影片片头字幕显示的相关制作人员包括编剧、导演张艺谋、制片张伟平等,但是根据《著作权法》的相关规定,这些人员享有署名权,并有权按照与制片者签订的合同获得报酬。可见,这些人员与公司的关系或者是公司的内部职工,或者是合同关系,属于内部的工作关系,只有新画面公司有权利对外行使有关电影产生的权利,承担因电影出现的法律责任。所以,在本案中,只有新画面公司才是适格的被告,张艺谋和张伟平不应当作为被告。

三、民间文学艺术的知识产权保护

近年来,传统知识、民间文学艺术表达及遗传资源的保护已经成为全球共同关注的话题。自 1998 年以来,世界知识产权组织已为此召开一系列国际会议,并在 2000 年成立一个专门的政府间委员会"知识产权与遗传资源、传统知识及民间文学艺术表达政府间委员会",专门研讨相关问题。WTO 成员也开始考虑在 WTO 框架内解决 TRIPs 协议与传统知识、民间文学艺术表达及遗传资源保护方面的关系问题。到目前为止,一些国家或地区以及相关国际组织已经就上述问题或者进行了国内立法,或者达成了相关协议。其中,民间文学艺术保护方面的《突尼斯著作权样板法》《保护民间文学艺术表达形式、防止不正当利用及其他侵害行为的国内示范法》、非洲法语国家的《班吉协定》等尤其值得关注。郑成思教授在思考中国提高知识产权特别是"自有知识产权"拥有及利用道路问题时指出,"力争把中国占优势而国际上还不保护(或者多数国家尚不保护)的有关客体纳入国际知识产权保护的范围,以及提高那些现有知识产权制度仅仅给予弱保护而中国占优势的某些客体的保护水平",是目前中国可以行得通的道路。2008 年 6 月颁布的中国《国家知识产权战略纲要》在"专项任务"部分也明确提到有关传统知识、民间文学艺术表达及遗传资源的保护、开发和利用问题。《著作权法》第 6 条规定保护民间文艺作品,同时又规定保护办法由国务院另行规定。这表明,民间文艺是一种特殊的受保护对象。严格说来,《著作权法》第 6 条用"民间文艺作品"的表达是不准确的,因为既然是作品,即使是利用民间文艺作为素材的作品,同样都应适用《著作权法》。《著作权法》第 6 条实际应该是指对民间文学艺术或者是民间文学艺术表达的保护应由国务院另行制定保护办法。2007 年开始,国家版权局开始制定《民间文学艺术作品保护条例》,目前已经公布征求意见稿。从目前国际实践看,虽然对民间文艺进行保护的必要性和迫切性均已达成广泛共识,但如何进行保护、利用和开发,以及如何与现有的知识产权制度相协调的问题仍然没有解决。

(一)运用现行知识产权制度保护民间文学艺术的可行性分析

民间文学艺术的保护,其保护的客体当然是"民间文学艺术",但从相关的国际文件以及各国的立法状况看,人们对民间文艺的内涵和外延至今尚未形成统一的界定,仅在其所能涵盖的社会现象上达成共识。然而,对这些现象的区分和判断是选择恰当保护方式的关键。"民间文学艺术表达(expression of folklore)",也有的称民间文学艺术(folklore),实际上是"传统知识"的下位概念,也是传统知识中最早明确采用法律制度保护的内容。根据唐广良教授的研究,其主要指文学艺术领域里的传统知识,即由特定群体通过代代相传,尤其是以口传的方式流传下来的文学、文化、艺术、工艺特征、风格、形式及方法。这种特征、风格、形式及方法可能通过一系列与版权保护的作品相类似的表达予以体现。这些表达包括:故事与传说、叙事诗、曲艺、舞蹈、服饰与装束、礼仪与仪式、手工艺品与其他实用艺术品、乐器、绘画与雕刻,等等。

要解决"选择怎样的方式来保护、开发和利用民间文学艺术"这一问题,首先必须回到提出保护民间文学艺术的最早根源。对民间文艺最早提出保护的源头与传统知识的保护有关。尽管关于传统知识和民间文学艺术的保护议题早在20世纪六七十年代就开始了,然而真正引起发展中国家特别关注,是从印度学者发现某些发达国家的医药化学公司将印度的传统药品,几乎未加更多改进就申请了专利这一事实之后。因为现有的知识产权制度仅对符合专利、商标、版权、商业秘密等保护条件的智力活动成果给予保护,并赋予相关权利人以排他性的专有权利,而将其他的智力活动成果,包括传统知识和民间文学艺术等,均排除在保护范围之外。这就意味着同样作为智力活动成果的传统知识与民间文学艺术被理所当然地视为公有领域的文化资源,可以任人免费使用,民间文艺相关的创作人得不到任何回报。但是,一些发达国家的跨国公司,特别是医药化工方面的公司,可以凭借手中较为先进的技术以及巨额资本,对这些传统知识或民间文艺元素加以改进,通过知识产权保护机制,就可以获得相关的知识产权进行营利。鉴于此,发展中国家强烈呼吁应给予传统知识与民间文学艺术来源地创作群体以相关的权利。这种权利的保护到目前为止主要停留在以国家公权力为主导的静态消极保护的层面上，而私权层面，特别是知识产权层面的保护、开发和利用还远远不足。究其原因，一是由于发达国家出于自身利益的考虑不愿意作出这样的让步，二是由于传统知识与民间文学艺术和现有知识产权制度所保护的客体区别甚大。

那么，传统知识与民间文学艺术到底能否纳入知识产权体系进行保护呢？发达国家与发展中国家对这一问题基本上作了两种截然相反的回答。发达国家基本持否定态度，其中最为关键的理由是他们认为所谓的传统知识与民间文学艺术由某一社会群体共同创作、共同拥有，无法区分特定的权利人，因而被视为公有领域的知识。一旦对这些知识提供知识产权上的保护，将会严重影响文化与科技的创新，而损害知识产权制度建立的基础。发展中国家则坚持需要纳入知识产权保护的立场，而至于如何保护的问题，从过去的经验来看，还有待进一步研究。

从理论上说，将传统知识与民间文学艺术的保护纳入知识产权体系是可以得到解释的。首先，知识产权理论体系的起点就是为人类的智力劳动成果提供保护以鼓励创新。尽管知识产权的体系随着社会的科技进步而不断得到拓展，其宗旨与目标在不同时代也有所变化，但这一起点至今仍未任何改变。传统知识与民间文学艺术毫无疑问属于人类的智力活动成果，符合知识产权理论体系的起点要求。其次，传统知识和民间文学艺术符合知识产权所强调的创新条件。正如传统知识概念所确定的那样，传统知识并不意味着这些知识来自古代，而是特指这些知识与相关群体的生活特征紧密相连，并且处于不断的创新积累过程中。从这个意义上看，传统知识是一种处于不断创新状态的知识流。再次，从知识产权制度的宗旨看，除了鼓励创新外，还必须考虑到公共利益与私人利益的平衡。正如郑成思教授所说，现代知识产权制度在保护今天的各种智力创作与创造之"流"时，在长时间里忽略了对传统知识、民间文学艺术等为代表的"源"保护，不得不说是一种缺陷。所以，将作为创作或创造之"源"的创新活动纳入知识产权制度的保护，不但有利于全面促进社会的智力劳动成果的创新，还有利于真正平衡创作之"流"与创作之"源"的利益。

也许有的学者还在考虑由于知识产权制度的垄断与专有,对创作之"源"的知识产权保护将会导致文化和科技创新与交流的阻碍,但知识产权制度本身就是一项神奇的设计,不但以权利专有的方式促进和保护创新,而且以设定权利保护期限的方式将创新的成果推往公共领域,从而促进社会的整体发展和进步。也就是说,知识产权制度所保护的创造越多,将来进入公有领域的创造也越多。因此,将传统知识与民间文学艺术的保护纳入知识产权制度是可行的选择。

(二)民间文学艺术应当采用"特别权"的保护制度

正如前文分析,将民间文学艺术纳入知识产权体系保护符合知识产权制度的理论基础,但以何种知识产权模式保护却是一个有待解决的问题。在这一保护模式中所要解决的关键问题是设计怎样的一种知识产权制度解决民间文学艺术的创造群体与使用群体之间的利益分配问题。

从国际经验来看,采用何种模式保护包括传统知识与民间文学艺术在内的传统资源,是一个至今仍未达成一致的话题。根据管育鹰教授的研究,《突尼斯著作权样板法》和《班吉协定》试图将著作权制度引入民间文学艺术领域的保护,从实践看,运作得不太成功。1982 年 WIPO 与 UNESCO 共同颁布的《保护民间文学艺术表达形式、防止不正当利用及其他侵害行为的国内示范法》则试图为传统知识的保护提出一种"特别权利"的保护模式,2000 年颁布的巴拿马特别法与 2002 年通过的《太平洋地区保护传统知识和文化表达形式的框架协议》尽管规定的保护措施有所不同,但基本遵循"特别权利"保护模式的理念。为了防止传统知识被专利误用行为的发生,印度专门于 1999 年开发建立传统知识数字图书馆(TKDL),采用包括北印度语在内的五种国际语言,通过筛选和对照公共领域可得到的知识,把包括印度草医学在内的传统知识的现有文献整理成数字形式,供全球的专利审查员检索与 TK 有关的信息。印度还于 2002 年修改专利法,要求对涉及生物材料与传统知识有关的专利进行来源披露,增加有关传统知识破坏新颖性、创造性的问题。

国内学者对于传统知识的保护模式问题,目前也尚未达成相对统一的意见。有的学者认为只要将传统知识与民间文学艺术直接规定为知识产权即可;也有的学者认为应当改造现有的知识产权制度,如将版权制度延伸至民间文学艺术领域,将专利制度增加某些披露要求与事先知情同意以及惠益分享机制,或者建立传统知识集体性专利权,等等;还有的提出采用"知识产权+特别权利+反不正当竞争"的综合保护模式,尤其强调"特别权利"机制的作用空间。当然,这里的"知识产权"指的是以专利、商标、版权及商业秘密为主的传统知识产权保护制度,事实上,整个综合保护模式依然都是在知识产权的框架内加以讨论的。所以,要强调的是"传统知识与民间文学艺术特别权保护制度"本身就是未来知识产权制度的组成部分。这种"特别权"保护制度作为一项知识产权的特别制度,专门用于解决保护、开发和利用传统知识与民间文学艺术的问题,应该说是一种比较恰当的选择。

首先,传统知识与民间文学艺术所具有的特征与传统的知识产权客体存在明显不同,如果将传统知识与民间文学艺术生硬纳入现有的知识产权保护体系,势必引起具体制度设计上的冲突与执行上的困难。例如,传统知识和民间文学艺术均由某一群体共同拥有、共同创造,并处于不断的创造过程中;而现行知识产权的客体必须是已经完成的智力活动成果,并由某一个体或组织专有。直接运用版权制度保护民间文学艺术表达,或者直接创制传统知识集体性专利权将会损害现有版权制度和专利制度的内在统一。这也是《突尼斯著作权样板法》遭受国际社会冷落的原因之一。其次,相对于印度对传统知识采用数据库公布的消极保护而言,特别权制度的保护显得更为积极,不但解决传统知识的保护问题,还包括了传统知识的开发和利用。印度的传统知识数字图书馆在一定程度上可为运用传统知识破坏专利新颖性提供丰富的材料和证据,但是也为那些跨国医药公司提供了丰富的发明素材,还有可能涉及泄露某些珍贵信息。最后,特别权制度专门针对传统知识与民间文学艺术的保护特点而设计,能更好地解决传统知识与民间文学艺术的保护、利用和开发的问题,特别是这些知识的创造群体与使用群体之间的利益分享问题。

(三)民间文学艺术"特别权"的设定与利用规则

在设定民间文学艺术的特别权方面,尤其要注意以下问题:

关于特别权的客体。与版权制度为代表的传统知识产权制度所保护的"作品"不同,民间文学艺术特别权所保护的是"民间文学艺术",往往由不特定的人参与创造或创作,通常没有固定的表现方式,其内容与创造群体的生活紧密相关,在一定范围内相对公开并共同拥有。"民间文学艺术",确切地说是"民间文学艺术表达",涵盖了特定群体在文学艺术领域所展示的所有元素,这些元素本身就是这一群体生活的艺术表达,是一种"活"的艺术。一旦这些表达"固定",就只能视为"具有民间文学艺术特征的作品",而不是"民间文学艺术"本身。因此,"民间文学艺术"的保护与"民间文学艺术作品"的保护具有本质的区别,后者完全可以纳入版权制度的保护。至于到底哪些民间文学艺术表达元素可以设定"特别权",则需要在司法实践中通过个案不断积累,逐渐形成统一的保护目录。当然,这一保护目录是开放型的,可以在实践中不断增加。

关于特别权的归属与权限。相关民间文学艺术的权利归属与权限是该特别权制度必须要解决问题之一。2000年的巴拿马特别法首先承认了原住民对其创造和保有的传统文化享有相关经济利益的权利,《南太平洋示范法》也同样赋予了"传统所有人"在习惯法范围之外对传统知识和传统文化表达享有任何利用的控制权,包括署名和禁止歪曲的权利。我国民间文化艺术特别权保护制度也应确认相关民间文学艺术的创造与保有群体所享有的经济利益,以及要求信息披露与禁止歪曲方面的权利。这些权利可由相关民间文学艺术的创造或保有群体中的任何一员或委托相关机构行使,经济方面的收益应有全体成员享有。特别权利的保护期限具有永久性,相关使用费的支付,不因利用民间文学艺术完成的发明或作品的保护期的终止而停止。也就是说,对民间文学艺术的保护与相关作品的保护是相互独立的。

关于开发与利用的规则。对于民间文学艺术的使用,一般来说,包括原生境使用与非原生境使用。特别权利保护制度主要是用于规制非原生境的使用行为。所谓非原生境使用,系指由产生并自然传承了特定民间文学艺术之群体以外的任何人所为的使用。这种非原生境的使用最好采取"获取自由+信息披露+惠益分享"规则。"获取自由"确保了传统知识与民间文艺开发和利用的自由空间,符合保持文化多样性以及促进创新的目标。"信息披露"是指要求使用人必须在相关作品中对其所利用的民间文学艺术的来源进行披露,体现了使用人对民间文学艺术创造群体的尊重。"惠益分享"强调的是"分享",也就是相关的经济收益不得完全私人占有,必须用于提高和改善特定群体的生活和生产水平。这种"分享"从另一角度也说明了"特别权保护制度"更强调利益的平衡,而不是完全出于对创新的激励和追逐。

在本案中,"安顺地戏"从本质上来说属于民间文艺的一种。但是在我国,民间文艺如何进行保护尚没有定论。本案原告在某种程度上只能将"安顺地戏"作为"国家级非物质文化遗产"进行保护。二审法院曾分析"安顺地戏"本身作为一个剧种,是具有特定特征的戏剧剧目的总称,是对戏剧类别的划分,不属于著作权法上的"作品",而只是作品的名称而已。安顺市文化与体育局主张对"安顺地戏"的署名权,其真实的意思是要求电影《千里走单骑》明确说明"安顺地戏"字样,以强调该戏剧来自安顺,而不是云南。本案虽然涉及民间文艺的相关问题,但重点并不在于讨论对民间文艺的保护问题。

参考文献

《中华人民共和国民法通则》

《中华人民共和国著作权法》

李明德:《知识产权法》(第二版),法律出版社 2014 年版。

管育鹰:《知识产权视野中的民间文艺保护》,法律出版社 2006 年版。

唐广良:《遗传资源、传统知识及民间文艺表达国际保护概述》,《知识产权文丛》(第 8 卷),中国方正出版社 2002 年版。

时事新闻的认定：

东星公司诉慧聪公司著作权案

| 基本案情 |

本案中，原告东星公司与摄影师杨某某签订劳动合同，约定聘用期间，由杨某某独立或与他人联合构思、开发、完成的技术成果属于职务技术成果，相关知识产权由东星公司所有。2009 年 4 月 9 日，杨某某在首都机场拍摄了艺人陈某某抵达机场的照片，并将其中的 28 张照片上传至原告网站，配有《陈某某神秘现身北京机场"潮人范儿"心情不错摆弄手机》标题。该网站标明东星公司为上述照片的著作权人，网络用户输入用户名和密码即可浏览并保存上述照片。被告慧聪公司未经原告许可，于 2009 年 4 月 10 日在其网站上使用了东星公司上述照片中的 12 张，配有《陈某某好心情现身北京一改落魄家居形象》标题，但并未标注其使用的照片来自东星公司。

原告认为，被告未经许可在相关网站上使用涉案照片，亦未向原告支付相关报酬，侵犯了原告对涉案照片享有的信息网络传播权，遂向北京市昌平区人民法院提起著作权侵权之诉。北京市昌平区人民法院一审判定被告构成信息网络传播权侵权（（2010）昌民初字第 2125 号民事判决书）。被告不服，向北京市第一中级人民法院提起上诉，二审法院维持了一审法院的判决（（2010）一中民终字第 10328 号民事判决书）。

▶ 法律问题

本案中，一审法院和二审法院主要讨论的法律问题是，被告是否侵犯了原告对涉案照片享有的信息网络传播权。下面我们将结合一审判决和二审判决对该法律问题进行具体说明。

原告认为,被告未经许可在相关网站上使用涉案照片,也未向原告支付相关报酬,侵犯了原告对涉案照片享有的信息网络传播权。被告抗辩认为,根据《著作权法》第5条的规定,涉案照片属于时事新闻,不受著作权法的保护。《信息网络传播权保护条例》第6条也规定,通过信息网络提供他人作品,属于为报道时事新闻,在向公众提供的作品中不可避免地再现或者引用已经发表的作品的,可以不经著作权许可,不向其支付报酬。

对于这个问题,一审法院认为,除非构成著作权的限制与例外,使用他人摄影作品应当经过许可并支付报酬,否则应承担相应的法律责任。被告慧聪公司未经原告东星公司的许可,在其网站上使用涉案照片,未向东星公司支付报酬,侵犯了东星公司的信息网络传播权。

二审法院维持了一审法院的判决。二审法院首先指出,时事新闻是指通过报纸、期刊、广播电台、电视台等媒体报道的单纯事实消息。单纯事实消息不受《著作权法》的保护,一方面是因为单纯的事实消息仅仅表达了客观事实,通常不具有独创性,另一方面是为了促进时事新闻的传播,使公众能尽快知悉近期发生的相关事实。就摄影作品而言,即使其内容反映了客观事实,通常亦体现了拍摄者对于拍摄时机、角度、构图等的选择,具有独创性,而且使用照片亦非传播时事性消息或相关事实所必需。故涉案照片属于著作权法意义上的作品,应受到著作权法的保护,不属于《著作权法》第5条所称的时事新闻。

二审法院进一步指出,涉案照片属于摄影师杨某某接受工作任务所拍摄,属于职务作品。根据东星公司与杨某某签订的劳动合同,涉案照片除署名权之外的著作权由东星公司享有。被告未经许可在其网站使用了涉案照片,使公众可以在选定的时间和地点获得涉案照片,且该照片使用并不属于新闻时事的报道行为,故被告侵犯了原告享有的信息网络传播权。

专家评析

本案起因于被告未经许可在其网站使用了原告的相关照片,且并未向原告支付报酬。原告认为被告构成著作权侵权,被告抗辩认为原告的照片属于时事新闻,不受著作权法的保护。一审法院和二审法院均支持了原告的诉讼请求,判定被告侵犯了原告享有的信息网络传播权。由于一审法院和二审法院讨论的相关问题涉及时事新闻、摄影作品以及新闻报道中的作品使用,下面我们将从时事新闻、摄影作品的独创性以及著作权的限制与例外三个方面对本案进行评析。

一、时事新闻

时事新闻又称为纪实新闻,是用简单的文字将客观现象或事实记录下来而形成的资讯。例如,2008年8月8日第29届夏季奥林匹克运动会在北京开幕;2017年9月3日到5日,金砖国家领导人第九次会晤在福建省厦门市举行。

时事新闻并不能获得著作权法的保护。一方面,时事新闻仅仅记录了新闻发生的时间、地点、人物、事件、经过、结果等客观事实,并未融入作者的精神和人格,并不具有独创性,无法构成受著作权法保护的作品;另一方面,时事新闻仅仅使用简单的表达描述客观事实,使得"客观事实"与"表达"出现混同,即时事新闻等同于客观事实,并不能获得著作权法的保护。将时事新闻排除在著作权法的保护范围之外,有利于社会公众迅速地了解国内外发生的重大事件,也为相关详细报道、新闻评论的开展奠定了基础。

正是由此出发,相关国际公约和各国著作权法均将时事新闻排除在著作权法的保护范围之外。《伯尔尼公约》第2条第8款规定:"本公约的保护不适用于日常新闻或纯属报刊消息性质的社会新闻。"我国《著作权法》第5条第2项也规定,著作权法并不适用于时事新闻。《著作权法实施条例》第5条第1项还对时事新闻做了解释,即"时事新闻,是指通过报纸、期刊、广播电台、电视台等媒体报道的单纯事实消息"。这样,单纯的事实消息在我国并不能构成作品而获得著作权法的保护。

需要指出的是,应当对"时事新闻"和"时事新闻作品"进行区分。时事新闻本身属于客观事实的范畴,无法获得著作权法的保护;但基于时事新闻而形成的独创性表达,已经不仅仅是客观事实本身,可以构成时事新闻作品而获得著作权法的保护。事实上,由于媒体所代表的政治立场、价值取向、道德标准、学术见解具有多元性,对于相同的时事新闻,不同媒体作出的解读和评论往往不同,这也为相关新闻报道构成作品提供了可能。

例如,"2008 年 8 月 8 日第 29 届夏季奥林匹克运动会在北京开幕",这属于时事新闻,无法获得著作权法保护,人人都可以报道和传播。但关于该开幕式精彩纷呈的详细报道,关于相关节目体现的中国元素的新闻评论,或者展现运动员精神状态的相关照片,都属于具有独创性的新闻作品,他人未经许可不得擅自使用和传播。又如,"2016 年 6 月 23 日英国举行脱离欧盟的全民公投,公投结果是支持脱离欧盟",这也属于事实新闻,无法获得著作权法保护。但关于英国脱离欧盟对各方产生的影响的新闻评论,或者关于英国脱离欧盟的原因分析,则属于具有独创性的新闻作品,能够获得著作权法的保护。

具体到本案,2009 年 4 月 9 日艺人陈某某抵达北京首都机场,这属于时事新闻,无法获得著作权法的保护,任何人都可以自由报道和传播。也正是由此出发,对于该时事新闻,原告和被告均有权使用各自的标题进行报道和评论。然而,基于该时事新闻而形成的详细报道和拍摄的照片,都可以构成作品而获得著作权法的保护。由此可见,被告关于涉案照片属于时事新闻并不能获得著作权法保护的抗辩,显然并未注意到时事新闻和时事新闻作品之间的区分。事实上,摄影师杨某某拍摄的艺人陈某某抵达北京时的照片,在构成独创性的情况下,可以构成摄影作品而获得著作权法的保护。故被告在报道中使用涉案照片是否构成著作权侵权,关键在于涉案照片是否达到作品所要求的独创性标准,从而构成摄影作品。

二、摄影作品的独创性

《著作权法实施条例》第 4 条规定:"摄影作品,是指借助器械在感光材料或者其他介质上记录客观物体形象的艺术作品。"摄影作品尽管只是对客观物体形象的记录,但拍摄过程也为拍摄者提供了融入独创性元素的较大空间,能够使拍摄的照片具有艺术美感。例如,对拍摄角度、拍摄时间、拍摄距离、拍摄对象以及拍摄光线的不同选择,都会产生不同的艺术效果。又如,不同动作姿态表情的安排、服装道具的选择、拍摄对象的突出或虚化,也会影响照片的艺术效果。而且,对已拍摄照片进行的后期艺术加工与完善,也可以达到突出主题的艺术效果。

应该说，关于摄影作品的保护，关键的问题在于如何认定摄影作品的独创性。大陆法系和英美法系关于摄影作品的独创性标准并不相同。英美法系对摄影作品的独创性要求较低，只要相关照片来自拍摄者，就满足摄影作品的独创性要求。这样，在英美法系国家，除了精准复制型的翻拍，或者由机器自动拍摄的照片，一般照片都可以构成摄影作品进而能够获得版权法的保护。而按照大陆法系著作权法理论，摄影作品的独创性要求较高，必须达到体现作者的精神和人格的程度，方能获得著作权法的保护。这样，在大陆法系国家，记录日常生活事物的照片，绝大多数都无法构成摄影作品，进而无法获得著作权法的保护。然而，对于无法达到摄影作品独创性的照片，往往也具有一定的价值，任由他人擅自使用，对拍摄者也会造成一定的损害。正是由此出发，大陆法系国家在对符合独创性标准的摄影作品提供著作权保护的同时，对无法达到独创性标准的照片，还提供邻接权的保护。

例如，《意大利著作权法》第2条规定，著作权法的保护应当延伸至"摄影作品和以类似摄影的方法表达的作品，前提是它们并非本法第二部分第五章相关条款保护的简单照片（simple photographs）"。即"摄影作品和以类似摄影的方法表现的作品"与"简单作品"并非相同类别，前者享有著作权的保护，后者享有邻接权的保护。《意大利著作权法》第87条对"简单作品"的范围做了规定，即"通过摄影方法或者类似方法获得的人物形象，或者自然或社会生活的元素或事件的形象，包括拍摄美术作品（figurative art）或电影画面而形成的照片（stills of cinematographic film）。本条款不应当适用于著作（writings）、文献（documents）、商业文件（business papers）、实物（material objects）、技术图纸（technical drawings）和类似物品（similar products）的照片"。此外，《意大利著作权法》第92条还规定，"简单照片"排他性权利的保护期是自照片拍摄之日起20年。

我国是大陆法系的著作权法体系，作品的独创性要求较高。相关照片应当达到体现作者的精神和人格的标准，方能构成摄影作品而获得著作权法保护。这就意味着日常生活中随意拍摄的照片并不能构成摄影作品，其他法律也无法为其提供保护。然而，我国司法实践中对摄影作品的保护，普遍存在独创性要求较低的问题。即日常生活中拍摄的很少体现拍摄者的精神和人格的照片,也作为摄影作品进行保护,进而产生向英美法系摄影作品保护靠拢的趋势。

例如,在"烟台万利医用品有限公司与朱晓明著作权侵权纠纷上诉案"中,上海市高级人民法院就判定,从手术录像中截取的6个手术中运用"生物可吸收医用膜"的关键画面构成摄影作品,并认为:"在考量是否构成摄影作品时,不应将医学等科学领域所拍摄照片的'艺术性'程度要求与普通艺术领域照片的'艺术性'程度要求相等同……被上诉人结合自身的临床经验,从自己实施的手术录像中截取了临床应用医用膜的关键画面……付诸了一定程度的智力性劳动……独创性达到了著作权法要求的最低限度,由此应获得著作权法的保护。"本案中,朱晓明医生根据自己的临床经验,从手术录像中截取6个关键画面,虽然能够体现一定的智力选择,但这一过程并未融入作者的精神和人格,故无法达到作品独创性的要求,无法构成摄影作品。二审法院判定涉案截图画面构成摄影作品,显然采用了英美法系摄影作品的独创性标准,拉低了对摄影作品独创性的要求。

笔者认为,我国是大陆法系的著作权法体系,作品的独创性应当采用统一的标准,且应当达到体现作者的精神和人格的程度。对摄影作品采用较低的独创性标准,不利于法律适用标准的统一。应当提高司法实践中摄影作品较低水平的独创性标准,使之与美术作品、文字作品的独创性标准相统一。对于没有达到作品独创性标准的相关照片,即使具有一定的价值,也不应纳入著作权法的保护范围。至少,在知识产权国际公约层面,并不存在对尚未达到作品独创性标准的照片提供保护的规定。

具体到本案,摄影师杨某某拍摄的艺人陈某某抵达首都机场时的照片,并非对客观事实的简单记录,而是在了解艺人陈某某背景资料的情况下,选择了适当的角度,抓拍到了艺人陈某某抵达背景时的动作和神情,进而表达了"陈某某神秘现身北京机场'潮人范儿'心情不错摆弄手机"的思想感情。应该说,涉案照片能够体现拍摄者的精神和人格,达到了作品独创性的要求,构成了受著作权法保护的摄影作品。对于该摄影作品,未经著作权人许可,他人不得擅自使用。对于艺人陈某某抵达北京首都机场的时事新闻,虽然被告慧聪公司有权进行报道,但在报道中不得侵犯他人的著作权。被告未经许可使用涉案照片的行为,使社会公众能够在选定的时间和地点获得涉案照片,构成信息网络传播行为。但被告是否构成信息网络传播权侵权,还应当判定被告未经许可的作品使用行为,是否构成著作权的限制与例外。如果构成著作权的限制与例外,则该未经许可的作品使用行为也不构成著作权侵权。正是由此出发,被告根据《信息网络传播权保护条例》第 6 条的规定,提出报道时事新闻中的作品合理使用抗辩。

三、著作权的限制与例外

是否构成著作权侵权,不仅需要判定被告是否未经许可实施了相关著作权项控制的作品使用行为,而且还需要判定该作品使用行为是否构成著作权的限制与例外。在后文的"'作品片段'是否侵犯著作权:王某诉谷歌公司著作权案"中,笔者将对著作权的限制与例外做详细论述,判定的核心在于"三步检验法",即"特殊情况+不与作品的正常使用相冲突+没有不合理地损害著作权人的合法利益",在此不再赘述。由于本案被告根据《信息网络传播权保护条例》第 6 条的规定提出著作权限制与例外的抗辩,笔者将从时事新闻报道中的著作权限制与例外的角度进行评析。

时事新闻是人们了解国内外发生的重大事件的重要渠道。为了全面报道时事新闻,使社会公众尽可能详细地了解时事新闻的内容,报纸、期刊、广播电台、电视台等媒体可能在新闻报道中不可避免地使用或者再现他人已经发表的作品。在此情形下,如果允许以侵犯著作权为由阻止时事新闻的报道,将不利于时事新闻的快速传播。例如,对于中央电视台每年举办的《春节联欢晚会》,某电视台在新闻报道的过程中,为更加真实地报道《春节联欢晚会》的盛况,不可避免地需要对相关音乐节目、戏曲节目、小品节目等进行剪辑,在相关新闻画面中必然再现相关音乐作品、戏曲作品和文字作品。又如,在中国美术馆中举行的画展或者摄影作品展,某电视台在新闻报道中,不可避免地需要再现某些作品。在这种情况下,如果允许相关著作权人以侵犯著作权为由禁止在新闻报道中再现其作品,必然使得上述新闻的真实性大打折扣。

正是由此出发,《伯尔尼公约》第 10 条之二专门就特定文章和广播作品的自由使用、时事新闻中看到或听到的作品的自由使用做了规定。具体而言，该条的第一款规定："本同盟各成员国的法律得允许通过报刊、广播或对公众有线转播，复制发表在报纸、期刊上的讨论经济、政治或者宗教的时事性文章，且具有同样性质的已经广播的作品，但以对这种复制、广播或有线传播并未明确予以保留为限。然而，均应明确说明出处；对违反这一义务的法律责任由被要求给予保护的国家的法律确定。"该条的第二款规定："在用摄影或电影手段，或通过广播或对公众有线传播报道时事新闻时，在事件过程中看到或听到的文学艺术作品在为报道目的的正当需要范围内予以复制和公之于众的条件，也由本同盟各成员国的法律规定。"可见，《伯尔尼公约》规定，报纸、期刊、广播电台、电视台等媒体有权在报道时事新闻中再现相关作品，但再现相关作品的具体条件由各成员国法律进行规定。

我国著作权法亦根据《伯尔尼公约》的上述规定，将在报道时事新闻中不可避免地再现他人作品的行为规定为著作权的限制与例外。《著作权法》第22条第3项规定："为报道时事新闻，在报纸、期刊、广播电台、电视台等媒体中不可避免地再现或者引用已经发表的作品"，可以不经著作权人许可，不向其支付报酬，但应当指明作者姓名、作品名称，并且不得侵犯著作权人依照本法享有的其他权利。从相关立法解释来看，使用上述《著作权法》第22条第3项进行抗辩的，应当满足以下四个要件：第一，引用作品的目的是为了报道时事新闻；第二，引用的作品必须是已经发表的；第三，引用他人作品应当指明作者的姓名、作品名称、作品出处，且不得侵犯著作权人享有的其他权利；第四，引用他人已经发表的作品，是为报道时事新闻而不可避免地引用。只有同时满足上述四个要件的行为，方能适用《著作权法》第22条第3项规定的特殊情形。在此基础上，还需要考察相关使用行为是否与作品的正当使用相冲突，以及是否不合理地损害了著作权人的合法利益。

具体到本案，被告慧聪公司提出著作权限制与例外的抗辩的依据是《信息网络传播权保护条例》第6条。由于该条规定来源于《著作权法》第22条第3项的规定，故被告的抗辩理由能否成立，可以根据《著作权法》第22条第3项的四个要件进行判定。首先，从被告使用的《陈某某好心情现身北京—改落魄家居形象》的标题来看，被告使用涉案照片的目的并未是为了报道时事新闻,而是为了表达相关思想观念或者开展新闻评论。其次,涉案照片已经在相关网站上发表。再次,被告使用涉案照片并未指明其具体来源。最后,被告使用涉案照片并非不可避免,被告完全可以自己去拍摄相关照片。综上所述,被告使用原告享有著作权的涉案照片的行为并不符合《著作权法》第22条第3项的规定,不能构成著作权的限制与例外,构成信息网络传播权侵权。由此可见,一审法院和二审法院均判定被告侵犯了原告的信息网络传播权,是非常正确的。

参考文献

《中华人民共和国著作权法》

《著作权法实施条例》

《信息网络传播权保护条例》

《保护文学和艺术作品伯尔尼公约(1971年巴黎文本)》

《意大利著作权法》

李明德、许超:《著作权法》(第二版),法律出版社2009年版。

李明德、管育鹰、唐广良:《〈著作权法〉专家建议稿说明》,法律出版社2012年版。

王迁:《知识产权法教程(第五版)》,中国人民大学出版社2016年版。

刘春田主编:《知识产权法(第五版)》,中国人民大学出版社2015年版。

胡康生主编:《中华人民共和国著作权法释义》,法律出版社2002年版。

作品的许可使用：

梁某诉中央芭蕾舞团著作权案

| 基本案情 |

本案中，原告梁某是电影文学剧本《红色娘子军》的作者。被告中央芭蕾舞团是舞剧表演组织，于1964年获得原告的许可，将电影文学剧本《红色娘子军》改编为芭蕾舞剧《红色娘子军》并公演。1991年《著作权法》实施后，双方于1993年6月根据《著作权法》签订了一份协议书。该协议书确认了芭蕾舞剧《红色娘子军》改编自原告电影文学剧本《红色娘子军》，约定芭蕾舞剧《红色娘子军》的宣传资料中应注明"根据梁某同名电影文学剧本改编"字样，根据《著作权法》和国家版权局《关于表演作品付酬标准的规定》中相关规定向原告一次性支付报酬，以及原告不再许可他人以舞剧形式改编原著。

原告认为，上述协议是著作权许可协议，有效期为十年。2003年6月之后，被告未经许可，持续表演芭蕾舞剧《红色娘子军》的行为，侵犯了其著作权，遂向北京市西城区人民法院提起著作权侵权之诉。北京市西城区人民法院一审判定被告并未侵犯原告的改编权和表演权，但构成署名权的侵权（（2012）西民初字第1240号民事判决书）。原告不服，向北京市第一中级人民法院提起上诉，二审法院部分维持了一审法院的判决，判定被告并未侵犯原告的改编权，但侵犯了原告的表演权和署名权（（2015）京知民终字第1147号民事判决书）。

▶ 法律问题

本案中，一审法院和二审法院讨论的法律问题包括被告是否侵犯原告的改编权，被告是否侵犯原告的表演权，以及被告是否侵犯原告的署名权。下面我们结合一审判决和二审判决对上述法律问题进行具体说明。

一、被告是否侵犯原告的改编权

原告认为,1964年被告的改编行为并未经过其许可,该改编行为侵犯了其改编权。被告认为,其改编行为获得了原告的许可,并未侵犯原告的改编权。

关于这个问题,一审法院认为,被告1964年的作品改编行为得到了原告的许可,这种许可既包括口头应允的形式,也包括亲自参与改编工作的方式,判定被告的改编行为获得了原作品作者的许可。虽然该许可并未采取书面形式,但考虑到当时的政治、法律和社会背景,对这种许可形式应当充分尊重。且被告具有改编者和表演者的双重身份,这种许可既包括改编权的许可,也包括表演权的许可。

二审法院维持了一审法院的该项判定。二审法院认为,原告对被告改编电影文学剧本《红色娘子军》提供了实质性帮助,在无相反证据的情况下,该帮助改编的事实构成对被告的改编行为和表演行为的事实许可。双方1993年签订的协议书属于对该事实许可的确认,产生了著作权法上的许可效力。而现有证据无法证明2003年之后演出的芭蕾舞剧《红色娘子军》对原告作品重新进行了改编,故判定被告并未侵犯原告的改编权。

二、被告是否侵犯原告的表演权

原告认为,1993年协议书是有效期为十年的表演权许可协议,2003年之后其有权重新订立许可协议,被告未经许可表演芭蕾舞剧《红色娘子军》,侵犯了其表演权。被告认为,1993年协议书是对原告报酬的一次性解决,其后续的表演行为无须获得原告许可,也无须支付报酬;而且,其表演的是改编作品芭蕾舞剧《红色娘子军》,而非原告的电影文学作品《红色娘子军》。

关于这个问题,一审法院认为,根据1991年《著作权法》的相关规定,表演者无论是使用已经发表的作品,还是使用改编作品,都无须征得原作品著作权人的许可,只须向原作品著作权人支付相应的报酬,故原告和被告1993年签订的协议书是关于表演改编作品支付报酬的约定,而非许可使用的约定。

而根据 1991 年著作权法，该约定有效期为十年。故被告 2003 年之后有权继续表演改编作品，其表演行为并未侵犯原告的表演权，但应当向原告支付报酬。

二审法院部分维持了一审法院的该项判定。二审法院认为，无论是原告 1964 年对被告改编和表演的事实许可，还是 1993 年双方签订的协议书，都没有任何限制表演期限的意思表示，故 2003 年之后被告的演出无须经过原告许可。而 2001 年《著作权法》和 2010 年《著作权法》规定的表演权，均包括禁止权和获酬权。虽然被告 2003 年 6 月之后的表演无须经过原告许可，但并未向原告支付报酬，该行为亦构成对原告表演权的侵犯。同时，由于改编作品的表演同时涉及改编作品和原作品的内容，被告主张其表演的是改编作品而非原作品的抗辩理由不能成立。

三、被告是否侵犯原告的署名权

原告认为，被告官方网站中关于芭蕾舞剧《红色娘子军》的介绍，并未提供原告的署名，侵犯了其署名权。一审法院认为，被告在使用原告作品时，无论采取何种形式都应为原告署名，且信息网络传播具有传播快、受众广的特点，被告在官方网站中介绍芭蕾舞剧《红色娘子军》时，未能给原告署名，构成了对原告署名权的侵犯，故判定被告以书面形式向原告赔礼道歉，但无需登报赔礼道歉。二审法院维持了一审法院的该项判定。

专家评析

本案的相关事实跨越了《著作权法》尚未颁布的时期和《著作权法》颁布施行后的时期，具有一定特殊性。本案起因于被告表演改编作品芭蕾舞剧《红色娘子军》而未向原作品著作权人支付报酬，原告认为被告侵犯了其享有的改编权、表演权和署名权。对于这个问题，一审法院判定被告并不构成改编权和表演权侵权，仅构成署名权侵权。二审法院部分维持了一审法院的判决，认为构成表演权和署名权侵权。从一审法院判决和二审法院判决来看，相关问题均围绕改编权、表演权和署名权而展开。下面我们将从作者的精神权利和经济权利两方面对本案进行评析。

一、精神权利

作者的精神权利(moral right)是指作者就作品中所蕴含的人格和精神所享有的权利。根据著作权法的基本理论,作品是作者思想感情、精神状态和人格的延伸,是作者的精神产物,作者对作品所体现的人格和精神拥有绝对权利。因为在作品的创作过程中,作者或多或少地会将自己的思想感情、精神状态或人格融入作品之中,由此使得作品体现了作者的人格印迹。例如,对于亲情、友情、爱情等主题,由于生活阅历、性格特点、思维方式的不同,作者所使用的表现手法、表达方式也各具特点,所要表达的思想感情也存在很大差异。可以说,作品就是作者精神和人格的写照,于是才有"文如其人""字如其人"等说法。

大陆法系和英美法系对作者的精神权利之保护具有不同的态度。在高举天赋人权大旗的大陆法系国家,其著作权法将作者的精神权利放在核心地位,著作权法首要保护的就是作者的精神权利,其次保护的才是经济权利。甚至当所有的经济权利不复存在时,作者仍然可以凭借手中的精神权利,根据作品新的利用方式或传播方式而获得新的经济权利。同时,由于作品是作者精神和人格的延伸,作者对作品享有的精神权利具有很强的人身属性,具有不可转让也无法转让的特点。而在崇尚版权理论的英美法系,其版权法注重对经济权利进行保护,尽管也提供作者精神权利的保护,但并没有像大陆法系国家那样将精神权利放到至高无上的地位。例如,美国版权法并未规定精神权利的内容,仅仅在《视觉艺术家权利法》中规定了美术作品的作者精神权利。当然,这并不代表美国并不保护作者的精神权利。事实上,美国主要通过合同法、反不正当竞争法等法律对作者的精神权利提供保护。

一般而言,作者的精神权利包括四项权利,即发表权、署名权、保护作品完整权和收回作品权。发表权,即将作品公之于众的权利;署名权,即表明作者身份,在作品上署名的权利;保护作品完整权,即保护作品不受歪曲、篡改的权利;收回作品权,即收回已发表作品的权利。不同国家的著作权法所规定的精神权利不尽相同。例如,法国、德国、意大利的著作权法规定了上述四种精神权利,英国、加拿大和美国则仅规定了其中的署名权和保护作品完整权两项权利。《伯尔尼公约》第6条之二从精神权利的内容、作者死亡后的精神权利两个方面对精神权利的保护做了规定。就精神权利的内容而言,《伯尔尼公约》规定了作者的署名权和保护作品完整权两项权利。

我国《著作权法》第10条规定了四项精神权利,即发表权、署名权、修改权和保护作品完整权。不难发现,我国《著作权法》规定了一项"修改权"。事实上,修改权和保护作品完整权是一个问题的两个方面,即修改权是从修改作品的角度,使作品更好地体现作者的精神或人格;而保护作品完整权则从禁止他人修改作品的角度,保护作品所体现的作者的精神或人格。正是由此出发,学界认为,应当根据《伯尔尼公约》的规定,删除修改权,只保留保护作品完整权。正是由此出发,《中华人民共和国著作权法(修订草案送审稿)》删除了修改权,只保留了发表权、署名权和保护作品完整权,体现了立法的进步性。

值得注意的是,关于作者对体现在作品中的精神和人格所享有的权利,《伯尔尼公约》使用的是"精神权利"这一术语。事实上,《伯尔尼公约》第6条之二的标题就是"精神权利"(moral rights)。而我国《著作权法》使用的相应术语是"著作人身权"。"著作人身权"虽然体现了精神权利属于人身权的特点,但无法突出精神权利是作者就体现在作品中的精神和人格所享有的权利这一本质特点,而且容易导致望文生义者将人身权中的生命健康权、姓名权、肖像权、名誉权等人格权,以及监护权、亲权等身份权,误认为属于作者精神权利的范畴。正是由此出发,很多知识产权法学者呼吁使用"精神权利"的术语。建议《著作权法》第三次修订过程中采纳学界建议,明确使用"精神权利"这一术语。

具体到本案,原告是电影文学剧本《红色娘子军》的作者,该作品中体现了作者的精神和人格,作者对该作品享有署名权。由于被告的芭蕾舞剧《红色娘子军》是在原告的电影文学剧本《红色娘子军》基础上改编而来,该改编作品必然体现或者保留了原作品作者的精神和人格,由此决定了原告梁某对改编作品芭蕾舞剧《红色娘子军》亦享有署名权。即使原告和被告签订的协议书中并没有"根据梁某同名电影文学剧本改编"的约定,原告也有权要求被告为自己署名。正是由此出发,一审法院判定"中央芭蕾舞团在使用梁某作品时，不论采取何种形式都应为其署名"，体现的就是署名权的基本原理。由于被告网站在介绍改编作品芭蕾舞剧《红色娘子军》时，并未说明由原告电影文学剧本《红色娘子军》改编而来，该行为显然侵犯了原告的署名权。一审法院和二审法院判定被告侵犯原告署名权，是非常正确的。

二、经济权利

与作者的精神权利相对应，作者对作品还享有经济权利（economic rights），它是指作者利用作品获得经济利益的权利。著作权法的宗旨是鼓励作品的创作和传播，促进文化、科学和经济的发展，只有赋予作者以一定的经济权利，才能达到激励作品创作的目的。由此，无论是相关国际公约，还是各国著作权法都规定了作者的经济权利。作者的经济权利是一个历史发展的过程。在著作权制度创立之初，作者仅仅享有复制权。而随着作品使用方式的日益发展，作者逐渐享有了表演权、改编权、翻译权、公开朗诵权等经济权利。再后来，随着科技的发展，作品的传播方式也日益多元化，又逐步出现了放映权、广播权、电影摄制权、信息网络传播权等经济权利。

根据著作权法理论，在不构成著作权限制与例外的情形下，所有未经许可的作品使用行为都是作者经济权利的控制范围。经济权利的保护，关键问题在于如何对经济权利进行划分。在这方面，相关国际公约和各国著作权法的规定均存在较大差异。《伯尔尼公约》规定了翻译权、复制权、公开表演权、广播权、公开朗诵权、改编权、电影摄制权七项经济权利。法国著作权法只规定了复制权和表演权两项经济权利，但两种权利都采取了广义的解释。例如，通过任何技术或手段的翻译、改编、改动、整理，都是复制权的控制范围；而以任何方式向公众传播作品的权利，包括传统的"舞台表演"和放映、广播等形式的"机械表演"，都属于表演权的控制范围。美国版权法规定了复制权、发行权、演绎权、表演权和展览权五项经济权利，其中的演绎权，包括了改编、翻译、汇编等权利，其中的表演权，同时包括了"舞台表演"和"机械表演"两种形态。

我国《著作权法》规定的经济权利与《伯尔尼公约》较为接近。《著作权法》第10条规定了复制权、发行权、出租权、展览权、表演权、放映权、广播权、信息网络传播权、摄制权、改编权、翻译权、汇编权12项经济权利，以及"应当由著作权人享有的其他权利"的兜底权利。应该说,我国《著作权法》对作者的经济权利的规定还存在较大改进空间,理由如下。

第一,尽管立法者的初衷是为了便于理解和适用著作权法,但我国《著作权法》单列12项之多的经济权利,过于烦琐,不利于著作权人的理解、司法实践的运用以及著作权法的学习研究。而且,各项经济权利之间存在交叉现象,以至于著作权人都难以分清其何种权利受到了侵犯。例如,摄制权就属于改编权的范畴;而放映权、广播权和信息网络传播权亦都属于表演权——机械表演的范畴。

第二,现有经济权利的设置过多地以作品传播技术为依据,忽略了作品的传播行为之本质。以传播技术而非以传播行为设置经济权利,容易导致司法实践将精力过多地放在传播技术的区分,而忽略作品传播行为的实质。而且,依据作品传播技术设置经济权利,难以应对运用新技术传播作品的行为。例如,现有的广播权仅仅能够调整无线广播行为、无线转播和有线转播行为以及通过扩音器等工具公开播放广播作品的行为,对于通过"网络广播""有线广播""网络转播"而传播作品的行为难以纳入广播权的控制范围。事实上,无论是采用放映、广播和网络手段的作品传播行为,还是采用"网络广播""有线广播""网络转播"手段的作品传播行为,它们仅仅在传播技术方面存在差异,在传播作品行为方面并没有实质性区别。

正是由此出发,学界一直呼吁,有必要对现有的经济权利做较大的调整,根据作品的使用方式或传播行为,对现有的经济权利予以整合分类。笔者赞同中国社会科学院知识产权中心《〈著作权法〉第三次修改专家建议稿》提出的设置六项权利,再加兜底条款的方案。即设置复制权、发行权、演绎权、传播权、展览权、出租权,和以其他方式使用作品的权利。该方案将现有的摄制权、改编权、翻译权、汇编权整合为"演绎权",将表演权、放映权、广播权、信息网络传播权整合为"传播权",具有进步性。首先,以作品的使用和传播行为为依据的权利划分,避免了对作品传播技术的过多强调,有利于著作权的保护和著作权法的学习研究。其次,"演绎权"和"传播权"的术语内涵更为丰富,可以解释的空间更大,有利于应对因科学技术发展而产生的新的作品传播行为和使用行为。最后,兜底条款的设置,不仅突出了经济权利是一种"使用作品"的权利,而且使法律规定更为周延,有利于应对司法实践中可能出现的新问题。建议《著作权法》第三次修订过程中采纳上述建议。

值得注意的是,关于作者利用作品获得经济利益的权利,《伯尔尼公约》使用的是"经济权利"的术语,即在第6条之二规定了与"精神权利"对应的"经济权利"的术语。使用"经济权利"的术语能直接地体现该项权利的本质特点,即利用作品获得利益。我国《著作权法》一直使用"著作财产权"这一术语,虽然该术语突出了该项权利的财产属性,但容易造成"著作人身权"并不属于财产权的误解。事实上,著作权是一种公认的财产权,作为其内容的"著作人身权"自然也属于财产权的范畴。知识产权属于国际通行的规则,在知识产权的法律术语方面,我们没有必要标新立异,应当尽量使用国际通行的法律术语。由此,建议在《著作权法》第三次修改过程中,明确使用"经济权利"的术语。

就本案而言,涉及作者享有的两项经济权利,即改编权和表演权。首先来看改编权。根据《著作权法》第10条的规定,改编权是指改变作品,创作出具有独创性的新作品的权利。由此,作者有权禁止或许可他人改编自己的作品。应该说,芭蕾舞剧《红色娘子军》是在电影文学剧本《红色娘子军》基础上改变和创作而来,属于改编行为。虽然本案的改编行为发生在《著作权法》尚未颁布施行时期,但是相关证据表明,原告对被告的1964年的改编行为具有事实上的许可。而在《著作权法》颁布实施之后,双方通过签订协议的方式,对上述改编事实予以了确认,产生了法律上的许可效力。应该说,无论是事实许可,还是法律上的许可,被告改编电影文学剧本《红色娘子军》均获得了原告的许可。一审法院和二审法院判定被告并未侵犯原告改编权,是非常正确的。

其次来看表演权。根据《著作权法》第10条的规定,表演权是指公开表演作品,以及用各种手段公开播送作品的表演的权利。由于改编作品是在原作品基础上创作形成,其中也保留了原作品的表达,故改编作品的表演,必然同时包含原作品的表演。正是由此出发,《著作权法》第12条规定,改编已有作品而产生的作品,其著作权由改编人享有,但行使著作权时不得侵犯原作品的著作权。本案中,被告的芭蕾舞剧《红色娘子军》是在原告电影文学剧本《红色娘子军》基础上改编形成,其中必然包含原作品的表达,该改编作品的表演应当获得原作品著作权人的许可。被告抗辩认为,其表演的是改编作品而非原作品,显然是无法成立的。而原告所主张的,也正是改编作品中所体现的原作品之表演权。然而,本案一审法院和二审法院所查明的相关事实表明,原告对被告表演改编作品具有事实上和法律上的许可,而且正如二审法院所指出:"梁某……对于中央芭蕾舞团的表演行为并无限制期限的意思表示。"可见,被告表演其芭蕾舞剧《红色娘子军》无须再向原告寻求许可。

尽管如此,我国《著作权法》第10条在规定作者经济权利的同时,还在第10条第2款中规定,著作权人可以许可他人行使其享有的经济权利,并依照约定或者本法有关规定获得报酬。故表演权不仅包括许可他人表演自己作品的权利,而且还包括获得报酬的权利。正如二审法院所指出的:"表演权均既包括禁止权,亦包括获得报酬权。"由此可见,被告虽然有权继续表演改编作品芭蕾舞剧《红色娘子军》,但其未向原告支付报酬的行为,也构成对原告表演权的侵犯。因此,二审法院判定被告侵犯了原告享有的表演权,是非常正确的。

参考文献

《保护文学和艺术作品伯尔尼公约(1971年巴黎文本)》

《中华人民共和国著作权法》

《中华人民共和国著作权法(修订草案送审稿)》

李明德:《美国知识产权法》(第二版),法律出版社2014年版。

李明德、管育鹰、唐广良:《〈著作权法〉专家建议稿说明》,法律出版社2012年版。

胡康生主编:《中华人民共和国著作权法释义》,法律出版社2002年版。

侵犯保护作品完整权的判定：

陈某某诉北京快乐共享公司、天津教育出版社著作权案

| 基本案情 |

陈某某为《老板与孔子的对话》《老板与老子的对话》《老板与孙子的对话》(以下简称《对话》系列作品)三本书的作者。2009年12月17日,陈某某与北京快乐共享文化发展有限公司(以下简称快乐共享公司)签订了《图书授权出版合同》,约定由快乐共享公司代理出版上述作品。

快乐共享公司未经陈某某同意,将书名更改为《老板〈论语〉释义》、《老板〈老子〉释义》、《老板〈孙子〉释义》(简称《释义》系列图书),并删除了总序、前言、后记、作者简介四部分。2011年1月,天津教育出版社出版了更名后的《释义》系列图书。陈某某认为快乐共享公司及出版方天津教育出版社侵犯了其保护作品完整权,诉至北京市丰台区人民法院。

陈某某一审诉称:快乐共享公司在未和我协商的情况下擅自更改涉案作品的名称出版发行,同时,我发现三本书缺漏错误太多,侵害我的保护作品完整权,损害本人名誉,给本人造成精神损害。根据有关法规,快乐共享公司必须恢复作品原状,按原稿重新印刷发行6000册以维护我的作品完整权与声誉。天津教育出版社作为出版方,在接受快乐共享公司代理我的作品出版时,未尽到保护我作品完整权的责任,应和快乐共享公司负连带责任。据此,请求一审法院判令:(一)快乐共享公司、天津教育出版社按原稿重新印刷发行《老板与孔子的对话》《老板与老子的对话》《老板与孙子的对话》修订版各6000册;(二)快乐共享公司、天津教育出版社赔偿因侵害保护作品完整权给陈某某造成的经济损失18000元;(三)快乐共享公司、天津教育出版社回收已经

印刷发行的《老板〈论语〉释义》、《老板〈老子〉释义》、《老板〈孙子〉释义》三本书;(四)快乐共享公司、天津教育出版社在全国性媒体上公开道歉,以挽回因侵害作品完整权给陈某某造成的名誉损失;(五)快乐共享公司、天津教育出版社承担本案诉讼费用。

快乐共享公司一审辩称:(一)涉案作品总序、前言、后记和作者简介四部分实质性内容比较少,且修改既未歪曲作品原意,也未篡改任何实质性内容,更谈不上对陈某某的损害;(二)我公司在合作过程中,一直就书稿的包装销售方面与陈某某保持积极的交流与沟通,书名修订的事实,陈某某早已知悉,但是并未就此提出异议;(三)我公司已经在2011年5月23日把稿费付给陈某某,陈某某现在才起诉,超过了诉讼时效;(四)陈某某称我公司篡改书名导致无法和相关方面签约出版电子书,我公司除了书名做了更符合书稿内容和市场需求的修改之外,并未改动作者署名,作品与作者之间的归属关系明确清楚,何来无法确定著作权归属之说。综上,不同意陈某某的全部诉讼请求。

北京市丰台区人民法院一审认为,总序、前言、后记和作者简介均非涉案图书的主要部分,两被告并未对作品的核心内容进行变动,并不影响读者理解、认识作者在作品中所要表达的观点和看法,两被告未侵害陈某某的保护作品完整权。

陈某某不服一审判决,上诉至北京知识产权法院。

陈某某上诉的理由主要是:作品的总序、前言、后记及作者简介等内容是作品表达思想最关键的组成部分,删除这些内容实质性改变了作者在作品中原本要表达的思想、情感,导致作者声誉受到损害,故快乐共享公司、天津教育出版社的行为侵犯了陈某某的保护作品完整权。

快乐共享公司答辩称:快乐共享公司对作品的修改是正常的编校行为,且在删除之前已经跟陈某某沟通过了。上述修改既未歪曲作品原意,也未篡改任何实质性内容,并未侵犯陈某某的保护作品完整权。

二审法院经审理认为,上诉人陈某某是涉案作品的作者,依法享有包括保护作品完整权在内的著作权。被上诉人快乐共享公司、天津教育出版社未经上诉人陈某某许可,在涉案图书中未使用"总序"及三本书的"前言"和"后记"的行为,使上诉人陈某某的学术思想不能完整、准确、系统地呈现在公众面前,构成对涉案作品的实质性修改,改变了涉案作品的内容、观点和形式,客观上达到了歪曲、篡改的效果,侵害了上诉人陈某某享有的保护作品完整权。而"作者简介"只是对作者陈某某的介绍,而非涉案作品的内容,删除"作者简介"未侵害陈某某就涉案作品享有的保护作品完整权。据此,撤销一审判决,并判令被告立即停止出版发行涉案图书,并向原告陈某某公开赔礼道歉。

▶ 法律问题

本案一审法院和二审法院作出了完全相反的判决,争议的焦点问题是删除作品的总序、前言、后记及作者简介是否属于侵犯作者保护作品完整权的行为。同时,还涉及作者的认定、侵害保护作品完整权的民事责任形式。

关于焦点问题一:快乐共享公司、天津教育出版社是否构成对保护作品完整权的侵犯。

本案中,涉案作品的修改主要体现在三部分:第一,书名;第二,总序、前言、后记;第三,作者简介。就书名而言,一审法院认为,原告自认"书名的变更虽然没有离题",既然没有离题,就不存在对其思想、感情的改变,至于原告提及的市场价值问题,与其在本案中主张的保护作品完整权无关,故原告关于被告对书名的更改侵犯其保护作品完整权的主张,一审法院不予支持。就总序、前言、后记和作者简介而言,一审法院认为,总序、前言、后记和作者简介均非涉案图书的主要部分,被告并未对作品的核心内容进行变动,并不影响读者理解、认识作者在作品中所要表达的观点和看法,故快乐共享公司、天津教育出版社的上述行为,亦未侵害陈某某的保护作品完整权。

二审法院在审理上述问题时,首先对于判断是否侵犯保护作品完整权的标准进行了说明。一般来说,在作品发表之时,原则上必须尊重作品的全貌,如果此时改动作品,会损害作者的表达自由,因为作者有权以自己选择的方式表达思想,此时可采主观标准。采主观标准,有利于加大对著作权的保护,增强公众尊重他人权利、维护他人作品统一性的意识。此外,我国现行著作权法规定的保护作品完整权并没有"有损作者声誉"的内容,应当认为法律对于保护作品完整权的规定不以"有损作者声誉"为要件。另外,是否包含"有损作者声誉"的限制,涉及权利大小、作者与使用者的重大利益,对此应当以法律明确规定为宜;在著作权法尚未明确作出规定之前,不应对保护作品完整权随意加上"有损作者声誉"的限制。保护作品完整权维护的是作品的内容、观点、形式不受歪曲、篡改,其基础是对作品中表现出来的作者的个性和作品本身的尊重,其意义在于保护作者的名誉、声望以及维护作品的纯洁性。从这个意义上说,即使未对作品本身作任何改动,但使用方式有损作者的名誉、声望的,亦属于对作者人格的侵害,可以通过保护作品完整权予以规制。同时,不论使用者是恶意还是善意,是否出于故意,只要对作品的使用客观上起到歪曲、篡改的效果,改变了作品的内容、观点、形式,就应判定构成对作品完整权的损害。

就总序、前言、后记而言,"总序"及三本书的"前言"和"后记"是对于涉案作品在学术理论方面的提炼和升华,体现了作者在涉案作品中想要突出表达的系统化的观点,是涉案作品的有机组成部分。被上诉人快乐共享公司、天津教育出版社未经上诉人陈某某许可,在涉案图书中未使用"总序"及三本书的"前言"和"后记"的行为,使上诉人陈某某的学术思想不能完整、准确、系统地呈现在公众面前,构成对涉案作品的实质性修改,改变了涉案作品的内容、观点和形式,客观上达到了歪曲、篡改的效果,侵害了上诉人陈某某享有的保护作品完整权。

就书名而言,上诉人快乐共享公司、天津教育出版社未经上诉人陈某某许可,擅自更改涉案作品的标题,但对作品名称的改动并未改变涉案作品系孔子、老子、孙子思想对于体现现代市场经营管理代表老板的指引、教导的含义,并未达到歪曲、篡改涉案作品的程度,被上诉人快乐共享公司、天津教育出版社的上述行为并未侵害上诉人陈某某就涉案作品享有的保护作品完整权。

就作者简介而言,由于"作者简介"只是对作者陈某某的介绍,而非涉案作品的内容,上述行为也并未达到歪曲、篡改涉案作品的程度,故被上诉人快乐共享公司、天津教育出版社的上述行为并未侵害上诉人陈某某就涉案作品享有的保护作品完整权。

关于焦点问题二:侵害保护作品完整权的民事责任形式。

二审法院认为,鉴于侵害保护作品完整权的民事责任形式中的停止侵害是指不得继续进行侵害行为，而不是指重新出版发行以及回收侵权作品，因此上诉人陈某某关于被上诉人快乐共享公司、天津教育出版社回收已经出版发行的涉案图书并重新出版发行涉案图书修订版的请求，于法无据，不予支持；但上诉人陈某某的该项上诉请求中包含的停止侵害的内容，于法有据，本院予以支持。

同时，鉴于保护作品完整权系著作人身权利而非著作财产权利，故侵害保护作品完整权的民事责任形式中并不包含赔偿经济损失的内容，因此上诉人陈某某关于被上诉人快乐共享公司、天津教育出版社赔偿其经济损失的请求，于法无据，不予支持。

专家评析

保护作品完整权属于著作人身权中的重要权项。对于是否侵犯保护作品完整权的认定，存在主观和客观的不同标准。主观标准认为，不论使用者是恶意还是善意，是否出于故意，只要对作品的使用客观上起到歪曲、篡改的效果，改变了作品的内容、观点、形式，就应判定构成对作品完整权的损害。客观标准认为，只有对作品的"歪曲、篡改"客观上损害了作者声誉时，才有可能侵害保护作品完整权，客观标准的保护水准较低。

《伯尔尼公约》1971年文本第6条之二规定，在作者之经济权利之外，甚至在经济权利转让之后，作者仍有权反对对其作品所为的有损于其声望与名誉的任何歪曲、割裂或其他修改，或者其他损害行为。《伯尔尼公约》采取的即是客观标准，即他人对作品的歪曲、篡改和割裂，必须达到有损作者声誉的程度。

世界上诸多国家并也未采严格主观标准，而是较为严格地遵循了《伯尔尼公约》较低保护水准的规定，采取客观标准，即只有当他人改变作品行为损害了作者名誉或者声望的情况下，才侵害保护作品完整权。比如，《西班牙知识产权法》第14条第4项规定，作者有权要求尊重其作品之完整，并有权反对对其作品所为之歪曲、修改或变动或与此有关的任何可能损害其合法利益或危及其声誉的行为。《德国版权与邻接权法》第14条也规定，作者应有权禁止可能损害其在作品上之合法智慧与人身利益而对作品所为之任何弯曲或任何其他割裂性行为。《英国版权法》第 80 条规定为"反对对作品进行损害性处理权",基本原则是:受版权保护之文学、戏剧、音乐或艺术作品之作者,受版权保护之影片之导演,有权依本条之规定使其作品免受损害性处理。处理具有损害性则是指其已达到对作品之歪曲与割裂之程度,或在其他方面损害了作者或导演之声望或名誉。

我国《著作权法》规定,保护作品完整权,即保护作品不受歪曲、篡改的权利。因此,在侵害保护作品完整权的判断标准上,我国著作权法实际上采用的是保护水平较高的主观标准。

在本案中,法院亦是采取了主观标准,首先认为我国现行著作权法规定的保护作品完整权并没有"有损作者声誉"的内容,应当认为法律对于保护作品完整权的规定不以"有损作者声誉"为要件。其次,保护作品完整权维护的是作品的内容、观点、形式不受歪曲、篡改,其基础是对作品中表现出来的作者的个性和作品本身的尊重,其意义在于保护作者的名誉、声望以及维护作品的纯洁性。因此,不论使用者是恶意还是善意,是否出于故意,只要对作品的使用客观上起到歪曲、篡改的效果,改变了作品的内容、观点、形式,就应判定构成对作品完整权的损害。

但实践中也有法院采用客观标准。在"王清秀与中国人民公安大学出版社侵犯著作权纠纷案"再审(最高人民法院(2010)民提字第 166 号民事判决书)中,最高人民法院认为,"即使认定公安大学出版社更改书名及相应的内容未经王清秀同意,但由于公安大学出版社没有歪曲、篡改王清秀作品,故王清秀认为公安大学出版社侵犯其保护作品完整权不能成立"。虽然最高法院并没有对"歪曲、篡改"的含义进行具体解释,但从其表述中明显可以看出,其倾向于将保护作品完整权控制的"歪曲、篡改"行为理解为客观上导致作者声誉或者作品声誉受损害的行为,而不仅仅是"未经作者同意的修改"行为。再如在"郑钧诉北京新浪互联信息服务有限公司侵犯著作权"(北京市海淀区人民法院(2006)海民初字第 26333 号民事判决书)一案中,北京市海淀区法院认为,被告仅对乐曲中反复的部分有所删节并未达到歪曲、篡改该作品的程度,尚不足以破坏作品的完整性,不会造成公众对郑钧或涉案作品评价的降低。

当然,过度严格的主观标准势必限制作品的利用。实际上,对于作品的善意的修改有利于作品的传播,也为作者所接受。我国《著作权法》在立法上同样规定了保护作品完整权的例外,如《著作权法》第34条第2款规定,"报社、期刊社可以对作品作文字性修改、删节";《著作权法实施条例》第10条规定:"著作权人许可他人将其作品摄制成电影作品和以类似摄制电影的方法创作的作品的,视为已同意对其作品进行必要的改动,但是这种改动不得歪曲篡改原作品。"

笔者认为,对于保护作品完整权的保护标准,我国可与《伯尔尼公约》保持一致,即他人对作品的歪曲、篡改和割裂,必须达到有损作者声誉的程度,而不再采用保护水平更高的主观标准。如此一来,司法中仅需对是否有损作者声誉进行判断,一方面维护作者的保护作品完整权,另一方面,又可以将善意修改区别对待,从而保证作品的传播。而对于未损害作者声誉,或者提高了作者声誉的对作品的改变,则需判断改变后是否构成新的作品。如未形成新作品,则不侵害原作品的保护作品完整权;如果改变后构成新的作品,则原作品著作权人可以通过演绎权控制此种改变行为,此时不再涉及保护作品完整权的问题。

此外,侵害作者人身权的民事责任问题亦是本案的焦点问题。根据现行《著作权法》的规定,侵犯作者保护作品完整权的,应承担停止侵害、消除影响、赔礼道歉、赔偿损失等民事责任。

对于侵犯作者的保护作品完整权,依据各国的著作权法或者版权法,一般都有责令停止侵权或者发布禁令的做法。对于是否给予损害赔偿,各国的做法则不同。英美法系在侵犯作者精神权利的情况下,仅下达禁令,不判给赔偿。例如,《英国版权法》第103条就仅规定了禁令的救济,没有规定损害赔偿的救济。而大陆法系国家,在下达禁令的同时,一般还会依据情况判给损害赔偿。例如《德国著作权法》第97条第2款规定,在作者和表演者的精神权利遭到侵犯的情况下,即使他们没有因此而遭受经济上的损失,也可以获得法院判给的损害赔偿。我国《著作权法》显然也是认为,损害作者的精神权利必然造成作者经济利益的损失,因此,在适当情况下,可以判给损害赔偿。我国著作权法中还规定了"消除影响、赔礼道歉"的侵权责任,主要是考虑到著作权是一项民事权利,在侵权责任上沿用了《民法总则》的规定。同时,在作者精神权利被侵害的情况下,规定侵权者说明、恢复名誉的责任是有必要的。

在本案中,法院判决被告停止侵害,对于是否赔偿损失,可结合案情具体分析,但法院认为:"鉴于保护作品完整权系著作人身权利而非著作财产权利,故侵害保护作品完整权的民事责任形式中并不包含赔偿经济损失的内容",显然是无法律依据的。

参考文献

《中华人民共和国著作权法》

《中华人民共和国著作权法实施条例》

《英国版权法》

李明德、许超:《著作权法》(第二版),法律出版社 2009 年版。

李明德、管育鹰、唐广良:《〈著作权法〉专家建议稿说明》,法律出版社 2012 年版。

作品抄袭的认定:

琼瑶诉于正等著作权案

┃基本案情┃

陈某(笔名:琼瑶)为台湾知名作家,1992年至1993年间创作完成了电视剧剧本及同名小说《梅花烙》(统称涉案作品)并在中国大陆地区多次出版、发行,拥有广泛的读者群与社会认知度、影响力。余某(笔名:于正)为影视编剧、制片人,于2012年至2013年间,创作电视剧剧本《宫锁连城》,湖南经视公司、东阳欢娱公司、万达公司、东阳星瑞公司共同摄制了电视剧《宫锁连城》。陈某认为,余某未经其许可,擅自采用涉案作品核心独创情节进行改编,严重侵害了陈某依法享有的著作权,遂诉至北京市第三中级人民法院。

陈某诉称:其为电视剧剧本及同名小说《梅花烙》的著作权人,余某未经其许可,擅自采用涉案作品核心独创情节进行改编,创作电视剧剧本《宫锁连城》,湖南经视公司、东阳欢娱公司、万达公司、东阳星瑞公司共同摄制了电视剧《宫锁连城》,涉案作品全部核心人物关系与故事情节几乎被完整套用于该剧,严重侵害了陈某依法享有的著作权。在发现侵权之前,陈某正在根据其作品《梅花烙》潜心改编新的电视剧剧本《梅花烙传奇》,余某、湖南经视公司、东阳欢娱公司、万达公司、东阳星瑞公司的侵权行为给陈某的剧本创作与后续的电视剧摄制造成了实质性妨碍,让陈某的创作心血毁于一旦,给陈某造成了极大的精神伤害。而余某、湖南经视公司、东阳欢娱公司、万达公司、东阳星瑞公司却从其侵害著作权行为中获得巨大收益,从该剧现有的电视频道及网络播出情况初步判断,该剧已获取了巨大的商业利益。陈某通过网络公开发函谴责余某的侵权行为后,余某不但不思悔改,竟然妄称"只是巧合和误伤",无视陈某的版权权益。因此,陈某提起诉讼,请求法院判令:(1)认定余某、湖南经视公司、东阳欢娱公司、万达公司、东阳星瑞公司侵害了涉案作品的改编权、摄制权;(2)余某、湖南经视公司、东阳欢娱公司、万达公司、东阳星瑞公司停止电视剧《宫锁连城》的一切电视播映、信息网络传播、音像制售活动;(3)余某在新浪网、搜狐网、乐视网、凤凰网显著位置发表经陈某书面认可的公开道歉声明;(4)余某、湖南经视公司、东阳欢娱公司、万达公司、东阳星瑞公司连带赔偿陈某人民币 2000 万元;(5)余某、湖南经视公司、东阳欢娱公司、万达公司、东阳星瑞公司承担陈某为本案支出的合理费用共计人民币 31.3 万元。

余某及东阳欢娱公司共同辩称:第一,对于陈某的著作权人身份存疑。电视剧《梅花烙》的编剧署名是林久愉,林久愉应为剧本《梅花烙》的作者及著作权人,陈某在本案中的诉讼主体不适格。剧本《梅花烙》从未发表过,余某、东阳欢娱公司不存在与该剧本内容发生接触的可能,电视剧《梅花烙》的播出也不构成剧本《梅花烙》的发表。第二,陈某主张的著作权客体混乱。所谓《梅花烙》"剧本""小说""电视剧"既无法证明各自的著作权归属,也不能证明余某、东阳欢娱公司曾有过接触,因此陈某的指控没有事实和法律基础。陈某提交的剧本《梅花烙》是在本案起诉后才进行的认证,有可能是在电视剧《宫锁连城》播映后比照该剧进行的修改,这样的比对相似度肯定非常高。因此,对剧本《梅花烙》内容的真实性存疑。第三,陈某指控侵权的人物关系、所谓桥段及桥段组合属于特定场景、公有素材或有限表达,不受著作权法保护,不能因为陈某写过言情戏的主题,此类表达就被陈某垄断。陈某在本案中主张的桥段不是作品的表达,是其根据自己的想象归纳出的思想。第四,陈某指控的余某改编涉案作品的事实根本不存在,剧本《宫锁连城》是独立创作。余某有证据证明剧本《宫锁连城》是在自己大量创作素材的基础上独立创作出来的,是受法律保护的作品。陈某主张的作品主题、思想不是著作权法保护的对象。

湖南经视公司为《宫锁连城》的摄制方,其主要答辩理由为:第一,湖南经视公司并没有参与剧本《宫锁连城》的创作,没有侵害陈某的改编权。第二,湖南经视公司作为电视剧《宫锁连城》的联合摄制方,已经尽到了合理注意义务。

万达公司为《宫锁连城》的投资方,其主要答辩理由为:万达公司仅对电视剧《宫锁连城》进行了投资,不享有该剧的著作权,主观和客观上没有侵权故意和事实。

一审法院经审理认为:第一,认定小说、剧本《梅花烙》的作者及著作权人均为陈某。第二,被告具有接触剧本《梅花烙》的机会和可能,从而满足了侵害著作权中的接触要件。第三,剧本《宫锁连城》构成对涉案作品的改编。第四,余某、湖南经视公司、东阳欢娱公司、万达公司及东阳星瑞公司在剧本《宫锁连城》的创作过程中,存在着明知或应知剧本《宫锁连城》侵害他人著作权的共同过错。上述公司依法应当承担连带责任。

判决:(一)湖南经视公司、东阳欢娱公司、万达公司、东阳星瑞公司于判决生效之日起立即停止电视剧《宫锁连城》的复制、发行和传播行为;(二)余某于判决生效之日起 10 日内在新浪网、搜狐网、乐视网、凤凰网显著位置刊登致歉声明,向陈某公开赔礼道歉,消除影响;(三)余某、湖南经视公司、东阳欢娱公司、万达公司、东阳星瑞公司于判决生效之日起 10 日内连带赔偿陈某经济损失及诉讼合理开支共计人民币 500 万元;(四)驳回陈某的其他诉讼请求。

余某、湖南经视公司、东阳欢娱公司、万达公司、东阳星瑞公司均不服原审判决,向北京市高级人民法院提起上诉。

主要的上诉理由为:(一)原审判决认定事实不清,证据不足。(二)原审判决认定《宫锁连城》剧本、电视剧侵犯涉案作品的改编权、摄制权与事实和法律严重相悖。(三)原审判决判令余某赔礼道歉、赔偿损失人民币 500 万元于法无据。

陈某服从原审判决。

▶ 法律问题

第一个焦点问题,对于诉讼主体资格的确认。本案中陈某主张了剧本、小说《梅花烙》的著作权。

对于剧本《梅花烙》,陈某主张剧本《梅花烙》于 1992 年 10 月创作完成,依据该剧本拍摄的电视剧《梅花烙》于 1993 年 10 月 13 日起在台湾地区首次电视播出,内容与该剧本高度一致。电视剧《梅花烙》字幕虽有"编剧林久愉"的署名安排,但林久愉本人出具的《声明书》已明确表示其并不享有剧本《梅花烙》著作权的事实。林久愉根据陈某口述整理剧本《梅花烙》,是一种记录性质的执笔操作,并非著作权法意义上的整理行为或融入独创智慧的合作创作活动,故林久愉并不是剧本《梅花烙》的作者。因此,应认定剧本《梅花烙》的作者及著作权人均为陈某。

小说《梅花烙》系根据剧本《梅花烙》改编而来,于 1993 年 6 月 30 日创作完成,1993 年 9 月 15 日起在台湾地区公开发行。鉴于小说《梅花烙》的署名为陈某,故认定小说《梅花烙》的作者及著作权人均为陈某。

判断被诉行为是否侵犯权利人的改编权,通常需要满足接触和实质性相似两个要件。

第二个焦点问题,接触的可能性问题。接触的可能性判断被诉行为是否侵犯权利人的改编权,通常需要满足接触和实质性相似两个要件。接触是指被诉侵权人有机会接触到、了解到或者感受到权利人享有著作权的作品。接触可以是一种推定。权利人的作品通过刊登、展览、广播、表演、放映等方式公开,也可以视为将作品公之于众进行了发表,被诉侵权人依据社会通常情况具有获知权利人作品的机会和可能,可以被推定为接触。根据剧本《梅花烙》拍摄的电视剧《梅花烙》早已在中国大陆地区公开播放,电视剧《梅花烙》是对剧本《梅花烙》内容的视听化。比对陈某提供的剧本《梅花烙》打印文本所载内容与电视剧《梅花烙》内容,两者高度一致,相关公众通过观看电视剧《梅花烙》即可获知剧本《梅花烙》的内容,尤其是结合陈某在二审诉讼中提交的证据,余某微博中的表述清楚地表明其观看过电视剧《梅花烙》,由此更可以印证余某已经知悉电视剧《梅花烙》的内容。因此,电视剧《梅花烙》的公开播放可以视为剧本《梅花烙》的发表,并可据此推定余某、湖南经视公司、东阳欢娱公司、万达公司、东阳星瑞公司接触了剧本《梅花烙》。

第三个焦点问题,是否构成实质性相似。二审法院首先明确,剧本和小说均属于文学作品,文学作品中思想与表达界限的划分较为复杂。文学作品的表达,不仅表现为文字性的表达,也包括文字所表述的故事内容,但人物设置及其相互的关系,以及由具体事件的发生、发展和先后顺序等构成的情节,只有具体到一定程度,即文学作品的情节选择、结构安排、情节推进设计反映出作者独特的选择、判断、取舍,才能成为著作权法保护的表达。确定文学作品保护的表达是不断抽象过滤的过程。

对某一情节,进行不断的抽象概括寻找思想和表达的分界线的方法无疑是正确的,如果该情节概括到了"偷龙转凤"这一标题时,显然已经属于思想;如果该情节概括到了"福晋无子,侧房施压,为保住地位偷龙转凤",这仍然是文学作品中属于思想的部分;但对于原审判决所认定的包含时间、地点、人物、事件起因、经过、结果等细节的情节,则可以成为著作权法保护的表达,且不属于唯一或有限表达以及公知领域的素材。陈某对于情节1中的设计足够具体,可以认定为著作权法保护的表达,剧本《宫锁连城》的相应情节与其构成实质性相似。

对于人物关系和人物设置,应对人物与情节的相互结合互动形成的表达进行比对。如果事件次序和人物互动均来源于在先权利作品,则构成实质性相似。经比对,剧本《宫锁连城》中对于男女主人公的角色设置与情节互动、情节推进,包含了剧本《梅花烙》的上述要素,故二者构成实质性相似。虽然不可否认,剧本《宫锁连城》中的人物设置更为丰富,故事线索更为复杂,但由于其包含了剧本《梅花烙》的主要人物设置和人物关系,故原审法院认定剧本《宫锁连城》的人物设置和人物关系是在涉案作品的基础上进行改编及再创作,并无不当。

文学作品中,情节的前后衔接、逻辑顺序将全部情节紧密贯穿为完整的个性化表达,这种足够具体的人物设置、情节结构、内在逻辑关系的有机结合体可以成为著作权法保护的表达。如果被诉侵权作品中包含足够具体的表达,且这种紧密贯穿的情节设置在被诉侵权作品中达到一定数量、比例,可以认定为构成实质性相似;或者被诉侵权作品中包含的紧密贯穿的情节设置已经占到了权利作品足够的比例,即使其在被诉侵权作品中所占比例不大,也足以使受众感知到来源于特定作品时,可以认定为构成实质性相似。

此外,需要明确的是,即使作品中的部分具体情节属于公共领域或者有限、唯一的表达,但是并不代表上述具体情节与其他情节的有机联合整体不具有独创性,不构成著作权法保护的表达。部分情节不构成实质性相似,并不代表整体不构成实质性相似。

陈某主张的剧本《梅花烙》的21个情节(小说《梅花烙》的17个情节),前后串联构建起整个故事的情节推演,虽然小说和剧本在部分情节上有细微差别,但是并不影响剧本和小说两部作品在整体内容上的一致性,陈某主张的上述情节在前后衔接、逻辑顺序上已经紧密贯穿为完整的个性化表达。剧本《宫锁连城》虽然在故事线索上更为复杂,但是陈某主张的上述情节的前后衔接、逻辑顺序均可映射在剧本《宫锁连城》的情节推演中,即使存在部分情节的细微差别,但是并不影响剧本《宫锁连城》与涉案作品在情节内在逻辑推演上的一致性。陈某主张的上述情节,如果以剧本《宫锁连城》中的所有情节来计算,所占比例不高,但是由于其基本包含了涉案作品故事内容架构,也就是说其包含的情节设置已经占到了涉案作品的足够充分的比例,以至于受众足以感知到来源于涉案作品,且上述情节是《梅花烙》的绝大部分内容。因此,剧本《宫锁连城》与涉案作品在整体上仍然构成实质性相似。

电视剧《宫锁连城》系根据剧本《宫锁连城》拍摄而成。剧本《宫锁连城》基于上述分析,系未经许可对涉案作品进行改编而成,作为改编作品的剧本《宫锁连城》,未经陈某许可即被摄制为电视剧,构成对涉案作品著作权人陈某所享有的摄制权的侵害。

第四个焦点问题,是否构成共同侵权。二审法院认定,对于剧本《宫锁连城》而言,余某、东阳欢娱公司、湖南经视公司、东阳星瑞公司对剧本《宫锁连城》的创作存在共同的意思联络,其相互之间的行为共同侵害了陈某的改编权,构成了共同加害行为,应承担连带责任。对于电视剧《宫锁连城》而言,东阳欢娱公司、湖南经视公司、东阳星瑞公司是电视剧《宫锁连城》的制片者,应承担相应的侵害摄制权的责任。余某作为编剧,拍摄电视剧《宫锁连城》得到其许可,且作为电视剧的制片人、出品人等身份,为电视剧《宫锁连城》的拍摄提供了实质性的帮助,与东阳欢娱公司、湖南经视公司、东阳星瑞公司构成共同侵权,应承担连带责任。万达公司作为电视剧《宫锁连城》的制片者,应对侵犯改编权、摄制权的行为承担连带责任。

第五个焦点问题,侵权责任。根据《著作权法》第47条第6项规定,未经著作权人许可,以展览、摄制电影和以类似摄制电影的方法使用作品,或者以改编、翻译、注释等方式使用作品的,应当根据情况,承担停止侵害、消除影响、赔礼道歉、赔偿损失等民事责任。对于本条规定的四种侵权责任的适用,二审

法院的观点如下:

关于停止侵害的责任。二审法院认为,是否判令侵权人停止侵害,应综合考虑以下因素:第一,权利人和侵权人之间是否具有竞争关系。如果存在竞争关系,则不宜对停止侵害请求权进行限制,否则,相当于给侵权人发放了强制许可。第二,侵权人的市场获利是否主要基于著作权的侵权。如果侵权人的商业成功并非来源于著作权发挥的功能,或者著作权发挥的功能对商业成功的贡献较少,那么可以对权利人的停止侵害请求权进行限制。第三,权利人的主观意图和侵权人的实际状况。如果权利人自获知侵权的事实后,具有积极维权的主观意图,且侵权人停止侵害并非不可实现或并非实现困难,那么不能对权利人的停止侵害请求权进行限制。第四,社会公众利益。如果对权利人的停止侵害请求权进行限制将会损害社会公共利益,那么不宜判令侵权人承担停止侵权的责任。在综合考虑上述因素后,二审法院认为,一审法院判令湖南经视公司、东阳欢娱公司、万达公司、东阳星瑞公司应当承担停止复制、发行、传播的责任,并无不当。

关于赔礼道歉、消除影响的责任。二审法院认为,从《著作权法》第47条规定的字面含义来看,在改编权、摄制权受到侵害时,并不排除赔礼道歉、消除影响责任和赔偿损失责任的并行适用。

关于损害赔偿,二审法院同时考虑到了侵权人的主观过错、具体的侵权行为、侵权后果等因素,对一审赔偿数额予以支持。

综上,二审法院判决驳回上诉,维持原判。

专家评析

台湾作家琼瑶在大陆有极高的知名度和影响力,早在起诉之前,琼瑶即在微博上发布公开信,怒斥于正新作《宫锁连城》抄袭《梅花烙》,同时,本案涉及当前编剧行业的敏感问题,因此,受到广泛的关注与讨论。正是基于本案的典型性和重大影响力,本案曾入选最高人民法院发布2015年中国法院十大知识产权案件、2015年度人民法院十大民事行政案件、2015年度北京法院知识产权十大典型案例。

本案中，值得关注的有以下几个问题。

第一，陈某是否为本案的适格主体。

本案中，陈某主张著作权的作品有剧本《梅花烙》和小说《梅花烙》。对于剧本《梅花烙》，陈某主张的剧本《梅花烙》未以纸质方式公开发表，但依据该剧本拍摄的电视剧《梅花烙》内容与该剧本高度一致，与电视剧《梅花烙》的影像视听内容形成基本一致的对应关系，结合小说《梅花烙》"创作后记"中关于剧本创作完成在先的原始记载，陈某提交剧本《梅花烙》内容的真实性，应予认可。电视剧《梅花烙》字幕虽有"编剧林久愉"的署名安排，但根据林久愉本人出具的《声明书》，其已明确表示并不享有剧本《梅花烙》著作权的事实。同时，法院认为，林久愉根据陈某口述整理剧本《梅花烙》，是一种记录性质的执笔操作，并非著作权法意义上的整理行为或融入独创智慧的合作创作活动，故林久愉并不是剧本《梅花烙》的作者。电视剧《梅花烙》制片者怡人公司出具的《电视剧〈梅花烙〉制播情况及电视文学剧本著作权确认书》（简称《确认书》）也已明确表述剧本《梅花烙》的作者及著作权人均为陈某，对此应予确认。

对于小说《梅花烙》，根据小说《梅花烙》的署名，陈某为该小说的作者，在无相反证据的情况下，其对该作品享有著作权。法院采信相关证据，认定琼瑶是剧本《梅花烙》和小说《梅花烙》的作者及著作权人，无可非议。

第二，关于思想和表达的临界点。

"保护表达而不保护思想"是著作权法律制度的基本原则。著作权的客体是作品，但并非作品中的任何要素都受到著作权法的保护。思想与表达二分法是区分作品中受保护的要素和不受保护的要素的基本原则，其内涵是著作权法保护思想的表达，而不保护思想本身。

对于文学作品而言，作品的主体如爱情、科幻、悬疑无疑属于"思想"；作品的遣词造句，则属于"表达"；处在这两端之间的如故事情节，到底属于"思想"还是"表达"，则是需要个案认定的。情节越具体，越有可能被归入"表达"，反之越有可能被归入"思想"。如果将"思想"的范畴放大，并认为人物设置、人物关系、场景、故事发展线索等要素均属于"思想"，则可能出现"扒剧"不被认定为侵权的可能；反过来看，如果扩大"表达"的范畴，将上述要素认定为"表达",则可能在某种程度上限制了文学创作。因此,厘清"思想"和"表达"的界限就显得极为重要。

以本案为例,对文学作品中的要素进行抽象和概况,一般包括如下要素:第一,主题情节,如本案中的"偷龙转凤",因该情节极为抽象,属于公知素材和通用场景,被大量的文学作品借用,显然属于思想。在主题情节的基础上,进一步展开,如"福晋无子,侧房施压,为保住地位偷龙转凤",该情节设置还是停留在思想的层面上。如再进一步细化,成为包含时间、地点、人物、事件起因、经过、结果等细节的情节,则可以成为著作权法保护的表达,且不属于唯一或有限表达以及公知领域的素材。同样的,对于人物关系和人物设置,"母子""恋人"等人物关系属于思想,但当人物与情节的相互结合,则构成了具有独创性的表达。如在特定的情形下,人物关系进行了相应的变化。同样,随着人物关系的改变推动了特点的故事情节,那么,人物关系和人物设置也构成表达。

著作权法的实质性相似,应当是表达构成实质性相似。在构成表达的层面对两部作品进行比对,两审法院均认为剧本《宫锁连城》相应情节与剧本《梅花烙》构成实质性相似。

第三,实质性相似的是部分还是全部。

本案中,法院认为,如果被诉侵权作品中包含足够具体的表达,且这种紧密贯穿的情节设置在被诉侵权作品中达到一定数量、比例,可以认定为构成实质性相似;或者被诉侵权作品中包含的紧密贯穿的情节设置已经占到了权利作品足够的比例,即使其在被诉侵权作品中所占比例不大,也足以使受众感知到来源于特定作品时,可以认定为构成实质性相似。此外,需要明确的是,即使作品中的部分具体情节属于公共领域或者有限、唯一的表达,但是并不代表上述具体情节与其他情节的有机联合整体不具有独创性,不构成著作权法保护的表达。部分情节不构成实质性相似,并不代表整体不构成实质性相似。

陈某主张的剧本《梅花烙》的 21 个情节(小说《梅花烙》的 17 个情节),前后串联构建起整个故事的情节推演,虽然小说和剧本在部分情节上有细微差别,也并不影响剧本和小说两部作品在整体内容上的一致性,陈某主张的上述情节在前后衔接、逻辑顺序上已经紧密贯穿为完整的个性化表达。剧本《宫锁连城》虽然在故事线索上更为复杂,但是陈某主张的上述情节的前后衔接、逻辑顺序均可映射在剧本《宫锁连城》的情节推演中,即使存在部分情节的细微差别,但是并不影响剧本《宫锁连城》与涉案作品在情节内在逻辑推演上的一致性。陈某主张的上述情节,如果以剧本《宫锁连城》中的所有情节来计算,所占比例不高,但是由于其基本包含了涉案作品故事内容架构,也就是说其包含的情节设置已经占到了涉案作品的足够充分的比例,以至于受众足以感知到来源于涉案作品,且上述情节是《梅花烙》的绝大部分内容。因此,剧本《宫锁连城》与涉案作品在整体上仍然构成实质性相似。

出于上述的考虑,在判决被告承担停止侵害时,判令停止复制、发行、传播电视剧《宫锁连城》。

剧本《宫锁连城》侵犯了剧本、小说《梅花烙》的改编权是毋庸置疑的,但在何种范围内侵权是值得讨论的。根据法院认定的事实,剧本《宫锁连城》在故事线索上更为复杂,陈某主张的上述情节,如果以剧本《宫锁连城》中的所有情节来计算,所占比例不高。因此,认定被诉作品中构成实质性相似的部分侵犯改编权,其余部分不认定为侵权是较为合理的。但对于文学作品、影视作品而言,作为一个整体,情节的串联、人物关系、逻辑顺序等是难以拆分的,尤其是对于电视剧而言,如删掉构成侵权的部分,剩余的部分亦无任何实际的价值。因此,考虑到认定为部分侵权并无可操作性,法院认定整体侵权并无不可。

参考文献

《中华人民共和国著作权法》

《中华人民共和国著作权法实施条例》

李明德、许超:《著作权法》(第二版),法律出版社 2009 年版。

王迁:《著作权法》,中国人民大学出版社 2015 年版。

广播权的保护范围：

央视国际公司诉百度公司著作权案

| 基本案情 |

本案中，《春晚》由中央电视台编排和制作，于 2012 年 1 月 22 日晚播出。原告央视公司根据中央电视台的《授权书》，获得了包括《春晚》节目在内的所有电视频道节目通过信息网络向公众传播、广播、提供之权利的独占许可，并授权搜狐网站提供网络实施转播服务。被告百度公司是搜索引擎经营者，在"百度一下"搜索结果的"百度应用—我的应用"中，向网络用户提供《春晚》节目的网络实时转播服务。被告提供的《春晚》节目网络实时转播画面的顶部显示"搜狐视频>2012 年央视春节联欢晚会直播"，播放画面的右上角显示"搜狐视频直播"。

原告认为，被告未经许可，擅自在百度搜索网站中提供《春晚》节目直播画面的行为，侵犯了其根据中央电视台《授权书》享有的通过信息网络向公众广播《春晚》的权利，遂向北京市海淀区人民法院提起诉讼。北京市海淀区人民法院一审驳回了原告的诉讼请求（（2012）海民初字第 20573 号民事判决书）。原告不服，向北京市第一中级人民法院提起上诉，二审法院推翻了一审法院的判决，判定被告侵犯了原告对《春晚》享有的广播权（（2013）一中民终字第 3142 号民事判决书）。

▶ 法律问题

本案中，一审法院和二审法院讨论的主要法律问题是，被告百度公司未经许可提供《春晚》网络实时转播的行为，是否构成对原告著作权的侵犯。下面，我们结合一审判决和二审判决对该法律问题具体说明。

原告认为,被告百度公司未经授权,在"百度一下"搜索结果中提供《春晚》网络实时转播服务,该行为侵犯了原告享有的《著作权法》第10条第17项"应当由著作权人享有的其他权利"。被告抗辩认为,在百度应用开放平台实施《春晚》网络实时转播的主体是搜狐公司,百度公司只是提供了通向搜狐网站的技术接口服务,百度公司并没有实施《春晚》的网络实时转播行为,并未侵犯原告享有的著作权。

对于这个问题,一审法院认为,原告根据中央电视台《授权书》获得的独占许可权利,是广播权中以有线传播或者转播的方式向公众传播广播的作品的权利,并非原告主张的《著作权法》第10条第17项规定的权利,故原告的诉讼主张,无法律依据。而相关公证书显示,百度公司在播放《春晚》时,无论是视频播放图标旁边,还是视频画面顶部,都显示"来自搜狐视频""搜狐视频>2012年央视春节联欢晚会直播""搜狐视频直播"等字样,且搜狐公司亦认可其通过百度应用开放平台提供了《春晚》的在线直播。由此,一审法院判定,在"百度一下"搜索结果中播放的《春晚》是由搜狐公司提供,并非通过接收无线广播信号而在线播放,并未侵犯原告对《春晚》享有的广播权。

二审法院推翻了一审法院的判决。二审法院首先指出,现有证据难以证明百度公司对《春晚》实施的网络实时转播行为与搜狐公司存在合作关系,亦无法证明百度公司仅仅提供搜索链接服务,故判定百度公司未经许可,实施了《春晚》节目的网络实时转播行为。针对百度公司侵犯原告何种著作权的问题,二审法院进一步指出,如果百度公司转播内容的初始传播行为采用的是无线方式,则构成对原告享有的广播权的侵犯;如其初始传播方式采用的是有线方式,则构成对原告享有的兜底权利的侵犯。二审法院最后指出,百度公司提供网络实时转播的《春晚》数据流来源于搜狐网站,而搜狐网站中提供的《春晚》来源于央视公司提供的信号源,该信号源采用的是无线方式,故百度公司未经许可提供《春晚》网络实时转播的行为落入了广播权的控制范围,侵犯了原告享有的广播权。

专家评析

本案起因于被告百度公司未经许可,在其网站内提供《春晚》网络实时转播服务，原告认为被告的网络实时转播行为侵犯了其著作权。对于这个问题，一审法院判定不构成著作权侵权，二审法院判定被告侵犯了原告享有的广播权。根据原告提供的《授权书》，原告对《春晚》享有网络实时转播和信息网络传播的权利。由于百度公司提供的网络实时转播服务并不具有交互式的特点，故百度公司并不构成信息网络传播权侵权。由于二审法院判定百度公司侵犯了原告享有的广播权，下面我们将从广播权和现行《著作权法》作品传播权利的组合两个方面对本案进行评析。

一、广播权

广播权是《伯尔尼公约》明确规定的一项经济权利。《伯尔尼公约》第11条之二"广播和相关权利"规定，文学和艺术作品的作者享有下述专有权利：（1）授权广播（broadcasting）其作品或以任何其他无线传送符号、声音或图像的方法向公众传播其作品；（2）授权由原广播机构以外的另一机构通过有线传播或转播的方式（by wire or by rebroadcasting）向公众传播广播的作品；（3）授权通过扩音器或其他任何传送符号、声音或图像的类似工具向公众传播广播的作品。需要注意的是，根据《伯尔尼公约指南》的规定，上述专有权利第（1）项中的"广播"和第（2）项中的"转播"，均指的是无线广播或无线转播。

由此，《伯尔尼公约》中规定的广播权，事实上赋予作者从三个环节控制作品的传播。首先，赋予作者控制将作品转化为电磁信号进行无线广播的行为。其次，当无线广播传输出去后，赋予作者控制该无线广播的转播行为，包括有线方式和无线方式的转播。最后，当载有作品的信号到达终端用户后，赋予作者控制终端用户通过扩音器等工具公开广播作品的行为。这样，作者享有的广播权就实现了从载有作品信号的转化，到载有作品信号的传输，最后到载有作品信号的输出的全过程控制。

我国《著作权法》也规定了广播权这一经济权利。根据规定，广播权是指"以无线方式公开广播或者传播作品，以有线传播或者转播的方式向公众传播广播的作品，以及通过扩音器或者其他传送符号、声音、图像的类似工具向公众传播广播的作品的权利"。从该定义来看，我国《著作权法》规定的广播权基本上照搬了《伯尔尼公约》关于广播权的相关规定。这样,我国《著作权法》中的广播权也控制三种行为,即无线广播行为、以无线或有线方式转播的行为以及公开广播接收到的广播的行为。

应该说,无论是《伯尔尼公约》,还是我国的《著作权法》,关于广播权的规定,实际上都采取了以传播技术设置调整行为的立法模式。例如,无线广播、有线传播或者转播以及通过扩音器或其他工具向公众传播等。事实上,这样的立法模式存在很大的立法缺陷。首先,以传播技术设置调整行为,很容易忽略其他现有技术,或未来将会涌现出的新技术,导致在涉及其他传播技术或新传播技术的案件中,面临无法可依的司法困境。其次,以传播技术设置调整行为,容易出现相同的作品传播或提供行为,仅仅因为所采取的传播技术不同而得出截然相反的判决结果,不利于著作权人对法律的理解和司法裁判尺度的统一。最后,以传播技术设置调整行为,容易导致司法实践中将过多的精力投入到相关传播技术的争执中,而忽略作品是否被传播或提供的实质问题,不利于著作权的保护。

具体到《伯尔尼公约》和我国《著作权法》规定的广播权,尽管相关规定赋予作者从信号的转化、信号的转播以及信号的公开播放全过程控制作品的传播,但该相关控制行为具有按照传播技术而"有针对性"进行设置的缺陷。首先,广播权控制的行为起点被限制在"无线广播",对于通过"有线广播"和"网络广播"的传播行为,显然无法纳入广播权的控制范围。其次,广播权控制的行为中点被限制在"有线传播或者转播",即有线方式或者无线方式的转播,对于通过"网络转播"的传播行为,显然也难以纳入广播权的控制范围。事实上,在作品传播方面,无论是"无线广播""有线广播"和"网络广播",还是"有线传播或者转播"和"网络转播",它们除了在传播技术方面存在差别外,在向公众提供作品这一点上并没有实质性区别。正如本案二审判决所说:"著作权具体权项的设置与划分应以行为本身的特点为确定依据,而非该行为所采用的具体技术手段,我国《著作权法》中对广播权采用的以技术手段作为划分依据的做法系立法缺陷所致。"

当然,《伯尔尼公约》之所以没有规定"有线广播""网络广播"和"网络转播"的传播行为,是因为《伯尔尼公约》最近文本是1971年的巴黎文本,当时并没有出现互联网,自然没有规定以互联网为基础的网络广播和网络转播行为。而通过有线的方式传送作品,在当时并不被认为是广播,故"有线广播"也并未纳入广播权的范围,而是通过《伯尔尼公约》第 11 条作品表演的有线传送的规定、第 11 条之三作品朗诵的有线传送的规定、第 14 条电影的有线传送的规定予以规制。

本案是《伯尔尼公约》和我国《著作权法》广播权立法模式缺陷的典型体现。具体而言,对于百度公司未经许可实施的《春晚》节目网络实时转播行为,能否纳入广播权的控制范围,学界存在两种观点。第一种观点认为,我国《著作权法》中广播权所调整的转播行为是"有线传播或转播"行为,并不包括网络实时转播行为,故无法纳入广播权的调整范围。未经许可的网络实时转播行为,应当由《著作权法》第 10 条第 17 项"应当由著作权人享有的其他权利"予以调整。

第二种观点认为,应当根据世界知识产权组织《版权条约》和我国《著作权法》对"信息网络传播权"的规定,对广播权中的"有线传播或转播"予以扩张解释,将网络实时转播行为纳入广播权的调整范围。事实上,本案的一审法院和二审法院均采取了第二种观点。例如,一审法院认为:"《授权书》中关于授权央视公司通过信息网络向公众广播《春晚》的权利系广播权中以有线传播或者转播的方式向公众传播广播的作品的权利。"又如,二审法院认为:"鉴于对初始传播为'无线广播'的转播行为属于广播权的调整范围,故在被上诉人百度公司无证据证明其已获得著作权人许可的情况下,其实施的上述网络实时转播行为构成对上诉人央视公司广播权的侵犯。"

笔者赞同第一种观点,即从《伯尔尼公约》和我国《著作权法》的现有规定来看,网络实时转播行为难以纳入广播权的调整范围,由《著作权法》第 10 条第 17 项调整较为合适。因为广播权所能控制的有线转播和无线转播,均指传统意义上的传播技术,均无法涵盖网络转播。就无线转播而言,是指将接收到的无线广播信号采用无线的方式转播到更广泛的区域,让更广泛的受众能够接收到或清晰地接收到载有节目的信号。就有线转播而言,是指有线传送者将接收到的无线广播信号采用有线的方式,转播到与其签订合同并安装有线系统的用户,具有相对固定的"点到点"的特点。而在网络实时转播情况下。

相关用户通过互联网获取载有作品的数据流,与传统的有线转播或无线转播在传播手段上存在很大的区别。尤其是移动互联网的迅速发展,手机用户可以在任意地点获取网络转播的作品,已经难以用"有线或无线"的传统术语来描述或解释。如果按照第二种观点,对"有线传播或者转播"做扩大解释,虽然将网络实时转播行为纳入广播权的调整范围,但会使偏离"有线"或"无线"的内在含义,不利于法律的理解和适用。

当然,正如前文所述,"有线传播或者转播"与"网络实时转播"仅在作品传播技术方面存在差别,在作品传播行为方面并无本质区别。在这种情况下,将网络实时转播行为纳入《著作权法》第10条第17项调整,是以传播技术设置调整行为的立法模式下的无奈选择。

二、作品传播权利的整合

应该说,不仅是广播权存在以作品传播技术设置调整行为的立法缺陷,《著作权法》设置的以作品传播为内容的相关经济权利,均存在根据作品传播技术进行设置的立法缺陷,包括表演权、放映权、广播权、信息网络传播权。如前所述,这种以传播技术为依据设置经济权利的立法模式存在很大的缺陷,不利于突出作品传播行为的本质特点,从而不利于规制运用新技术传播作品的行为。尽管我国《著作权法》设置了兜底权利——"应当由著作权人享有的其他权利",能够规制那些未经许可而传播作品的新行为,但这并不能改善立法缺陷的现实问题,而且还容易导致兜底条款的滥用。对《著作权法》中相关经济权利进行整合,根据作品传播行为设置作品传播权利,成为学界共同的呼声。

事实上,根据作品传播行为设置经济权利具有比较法上的立法经验。考虑到《伯尔尼公约》在经济权利的设置方面存在立法缺陷,很多国家的著作权法并未采纳《伯尔尼公约》的经济权利设置模式,而是根据作品传播行为和使用行为的特点,设置相应经济权利。例如,《法国知识产权法典》第 L.122-1 条只规定了两项经济权利——复制权和表演权。表演既包括公开朗诵、音乐演奏、戏剧表演、公开演出、公开放映以及在公共场所转播远程传送的作品,又包括远程传送。故未经许可的作品传播行为属于表演权的控制范围。

又如，《美国版权法》第 106 条规定了复制权（reproduce）、演绎权（derivative）、发行权（distribute）、表演权（perform）和展览权（display）五项经济权利。而按照《美国版权法》第 101 条的规定："表演一部作品是指，以直接或通过任何装置或程序来朗诵、提供（render）、演奏、舞蹈或者表现（act）该作品，或者在电影（motion picture）或者其他影视作品（audiovisual work）的情况下，以任何连续的方式（in any sequence）展现其形象或者使伴随的声音被听见。"故《美国版权法》规定的表演权既包括舞台表演，也包括机械表演。这样，未经许可的作品传播行为亦落入表演权的控制范围。

正是由此出发，《中华人民共和国著作权法（修订草案送审稿）》（以下简称《送审稿》）采纳了学术界的建议和各国著作权法的立法经验，将放映权和广播权予以整合，规定了更为广泛的"播放权"。该规定体现了根据作品传播行为设置经济权利的思路，是一个进步的立法方向。然而，笔者认为，《送审稿》的该项规定仍然没有将根据作品传播行为设置经济权利的立法思路贯彻到底。事实上，无论是放映权和广播权，还是表演权和信息网络传播权，它们所调整的都是向公众传播作品的行为，应当将它们整合到一项权利之中。

就作品传播的经济权利的整合设置而言，中国社会科学院知识产权中心《〈著作权法〉第三次修订专家建议稿》（以下简称《专家建议稿》）的方案值得关注。该《专家建议稿》将现行《著作权法》中的表演权、放映权、广播权和信息网络传播权予以整合，设置一项"传播权"的经济权利，即"以现场表演或非现场传送的方式，包括有线和无线，交互式和非交互式，向公众传播作品的权利"。

笔者认为，设置"传播权"这一整合性的经济权利，具有合理性。第一，从传播作品角度而言，无论是表演权、放映权、广播权和信息网络传播权，它们在传播作品方面并没有实质性区别，仅仅在传播作品的技术方面存在差别。将它们整合到一项经济权利之中，避免了对作品传播技术的强调，有助于司法实践将审查的精力聚焦于作品传播行为，有效保护著作权人的权利。第二，"传播权"具有很大的解释空间，所有非交互式和交互式的作品传播行为都可以纳入传播权的控制范围，能够有效应对因科学技术发展而产生的新问题，提高著作权的保护水平。第三，使用"传播权"的术语，突出了作品传播行为的本质,更容易被著作权人、社会公众所理解,也有利于司法实践准确地适用法律。

这样,对于本案涉及的百度公司实施的网络实时转播行为,就可以直接纳入"传播权"的调整范围。无论是法官还是学术界,都不用大费周折地论证网络实时转播行为是由广播权来调整,还是由兜底权利来调整。建议《著作权法》第三次修订过程中,明确设置"传播权"这一项经济权利。

参考文献

《中华人民共和国著作权法》

《中华人民共和国著作权法(修订草案送审稿)》

《保护文学和艺术作品伯尔尼公约(1971年巴黎文本)》

《保护文学和艺术作品伯尔尼公约(1971年巴黎文本)指南》

《美国版权法》

李明德:《美国知识产权法》(第二版),法律出版社2014年版。

李明德、管育鹰、唐广良:《〈著作权法〉专家建议稿说明》,法律出版社2012年版。

《法国知识产权法典(法律部分)》,黄晖译,郑成思审校,商务印书馆1999年版。

王迁:《知识产权法教程》(第五版),中国人民大学出版社2016年版。

胡康生主编:《中华人民共和国著作权法释义》,法律出版社2002年版。

深度链接是否侵犯信息网络传播权：

腾讯公司诉易联伟达公司著作权案

| 基本案情 |

本案中,原告腾讯公司是电视剧《宫锁连城》信息网络传播权的独占许可权利人,授权乐视网在其乐视 APP 中在线播放《宫锁连城》电视剧。乐视网在其网页中声明禁止任何第三方对其进行视频盗链,并对其全部视频内容采取了反盗版和防盗链的技术措施,同时添加、设置了权利管理电子信息。被告易联伟达公司经营快看 APP 视频聚合平台,未经许可对乐视网中的《宫锁连城》电视剧设置了深层链接,使用户点击其快看 APP 界面中的链接,即可播放乐视网中的《宫锁连城》电视剧。同时,被告屏蔽了乐视网对《宫锁连城》电视剧设置的前置广告、暂停广告和"乐视网"水印,并在快看 APP 界面中对《宫锁连城》电视剧的观看模式、集数布局做了调整。但在快看 APP 界面的网址来源一栏显示相关视频的来源是乐视网,而非直接存放于快看 APP 的服务器。

原告认为,被告播放的《宫锁连城》电视剧不可能有任何合法来源,并对涉案作品的链接内容进行了编辑和处理,破坏了乐视网的技术保护措施,其行为具有主观故意。同时,被告故意引诱用户使用其应用,未支付任何版权、广告、宣传等成本,却提供《宫锁连城》电视剧的点播和下载服务,侵犯了其享有的信息网络传播权,遂向北京市海淀区人民法院提起著作权侵权之诉。一审法院判定被告构成信息网络传播权侵权((2015)海民(知)初字第 40920 号民事判决书)。被告不服,向北京知识产权法院提起上诉,二审法院推翻了一审法院的判决,判定不构成信息网络传播权侵权((2016)京 73 民终 143 号民事判决书)。

▶ **法律问题**

本案中,一审法院和二审法院主要探讨了两个问题,即侵权演绎作品的保护问题;被告设置深度链接的行为否构成信息网络传播权侵权问题。下面我们将结合一审判决和二审判决对上述两个法律问题进行具体说明。

一、侵权演绎作品的保护问题

被告指出,北京市高级人民法院已经在"琼某诉于某"案中终审判定《宫锁连城》电视剧侵犯了琼某的著作权((2015)高民(知)终字第1039号民事判决书),故《宫锁连城》电视剧为侵权演绎作品,不受到法律保护,原告腾讯公司享有的信息网络传播权存在重大权利瑕疵,其权利不应受到法律保护。

对于这个问题,一审法院认为,虽然北京市高级人民法院的终审判决认定《宫锁连城》电视剧侵犯了琼某的著作权,但这并不意味着相关拍摄方、信息网络传播权人对《宫锁连城》这一演绎作品不再享有任何权利,他人对《宫锁连城》电视剧的信息网络传播权亦不能随意侵犯。

二审法院维持了一审法院的该项判定。二审法院指出,侵权作品是否可以获得著作权法保护取决于其是否具有独创性表达,与其是否侵权并无直接关联。只要作品中具有独创性部分,作者对该独创性部分就依法享有著作权,有权禁止他人使用。只是对其中存在侵权的部分,无权自行使用并禁止他人使用。《宫锁连城》电视剧既包括对他人作品的抄袭部分,亦包括作者的独创性部分,对于涉案作品的独创性部分,著作权人仍然享有著作权,有权禁止他人以著作权控制的方式使用该部分,且所获得的保护水平与其他作品并无不同。

二、被告是否侵犯原告享有的信息网络传播权

原告认为,被告未经许可,通过信息网络非法向公众提供《宫锁连城》电视剧的在线播放,且播放时无显示来源,直接进入播放页面,并屏蔽了涉案作品播放的前置广告、暂停广告以及"乐视网"水印等信息,侵犯了其所享有的

信息网络传播权。被告抗辩认为，涉案作品并非在快看影视上播放，而是在具有合法授权的乐视 APP 上播放，自己只提供设链服务，并非信息存储空间，并未侵犯原告享有的信息网络传播权。

对于这个问题，一审法院认为，判定被告的设链行为是否侵犯信息网络传播权，应当综合考虑独家信息网络传播权人分销授权的商业逻辑、影视聚合平台经营获利的商业逻辑、影视聚合平台是否仅提供单纯链接服务、影视聚合平台盗链行为的非法性及主观过错、影视聚合平台盗链行为不属于合理使用五个因素。

在此基础上，一审法院判定，被告经营的快看影视 APP 并非仅提供链接技术服务，还进行了选择、编辑、整理、专题分类等行为，主观上存在积极破坏他人技术措施、通过盗链获取不当利益的过错。被告的一系列行为相互结合，实现了在其聚合平台上向公众提供涉案作品播放等服务的实质性替代效果，对涉案作品超出授权渠道、范围传播具有一定控制、管理能力，导致原告本应获取的授权利益在一定范围内落空，侵犯了原告享有的信息网络传播权。

二审法院推翻了一审法院的判决。二审法院认为，确定信息网络传播行为的认定标准是本案的首要问题，当前存在"服务器标准""用户感知标准""实质性替代标准"。二审法院认为，"服务器标准"是信息网络传播行为认定的合理标准。按照"服务器标准"，信息网络传播行为是指将作品置于向公众开放的服务器中的行为。"服务器"泛指一切可存储信息的硬件介质，包括网站服务器、个人电脑、手机等。"用户感知标准"不应作为信息网络传播行为的认定标准。按照"用户感知标准"，信息网络传播行为以网络用户的感知作为判定标准，具有较强的主观性和不确定性，无法确保客观事实认定的确定性，与信息网络传播行为所具有的客观事实的特性并不契合。

"实质性替代标准"同样不应作为信息网络传播行为的认定标准。按照"实质性替代标准"，因选择、编辑、整理等行为，破坏技术措施行为以及深层链接行为对著作权人所造成的损害和为行为人所带来的利益，与直接向用户提供作品的行为并无实质差别，上述行为构成信息网络传播行为。"实质性替代标准"并未对选择、整理、编辑行为，为设置链接而实施的破坏或避开技术措施的行为进行清晰地划分，有违信息网络传播行为的客观事实标准。同时,该标准采用了竞争案例的审理思路,混同了著作权利益与经营利益、合同利益。此外,采用"实质性替代标准",众多深层链接将会落入信息网络传播权的控制范围,无论是对网络用户还是互联网产业的发展均产生不利影响。

在此基础上,二审法院运用"服务器标准"对被告的设链行为进行认定,判定被告并未实施将《宫锁连城》电视剧置于向公众开放的服务器中的行为,其虽然实施了破坏技术措施的行为,但该行为仍不构成对《宫锁连城》电视剧信息网络传播权的侵犯。

专家评析

本案涉及的是视频聚合平台深度链接的侵权问题。近年来,围绕视频聚合平台设置深度链接的行为,司法实践中出现了一系列案例,有的案例判定深度链接侵犯著作权人的信息网络传播权,而有的案例则判定不构成著作权侵权,还有的案例判定构成不正当竞争。应该说,此类案件的关键问题是如何认定深度链接的性质。正是在此基础上,本案二审判决对信息网络传播行为的认定标准做了详细分析论述。同时,本案的一个特殊之处在于,相关终审判决判定《宫锁连城》电视剧侵犯了他人著作权,对于侵权的演绎作品,是否受到保护的问题,也成为本案的一个焦点问题。下面,我们将从侵权演绎作品的保护和我国信息网络传播权的保护两个方面对本案进行评析。

一、侵权演绎作品的保护

演绎作品,是在已有作品的基础上,经过重新创作或改编而形成的作品,其中既包括原有作品的部分,也包括演绎者具有独创性的部分。作者对其作品享有演绎权,演绎者在他人已有作品的基础上创作演绎作品,应当获得原作品作者的许可。如果演绎者并未获得原作品作者的演绎许可,那么演绎而形成的演绎作品就属于侵权演绎作品。

对于侵权演绎作品的保护问题,不同国家存在一定的差异。一些国家的著作权法规定,未经许可的演绎行为属于侵权行为,侵权行为人没有资格获得著作权法保护,故侵权演绎作品无著作权可言。例如,《美国版权法》第103

条第 1 款就规定:"版权法第 102 条列举的版权客体包括汇编作品和演绎作品
(compilations and derivative works),但对于一件使用享有版权的材料而创作的
作品的保护,并不延伸至非法使用此类材料的作品的任何部分。"美国众议院
的立法报告还指出:"法案防止了侵权者通过版权保护而从非法行为中获利,
但又保留了对作品中未使用已有作品的那些部分的保护。"根据该规定,如果
未经许可而创作的演绎作品完全建立在他人享有版权的材料之上,那么由此
而产生的演绎作品并不能获得版权保护。当然,如果演绎作品中仍然包含其
他并未使用已有作品的部分,演绎者仍然享有版权保护。

而大多数国家的著作权法规定,虽然未经许可的演绎行为是侵权行为,但
演绎者在演绎过程中付出了智力劳动,在原有作品基础上形成了具有独创性
的表达,它与不劳而获的复制权侵权行为完全不同。虽然演绎者未经许可而
从事演绎行为,侵犯了原作品作者的演绎权,应当承担侵权的民事责任,但并
不影响其对演绎作品享有著作权。例如,《瑞士著作权法》第 4 条第 1 款就规
定:"翻译或改编一件作品的人,或将该作品转化为其他文学或艺术形式的
人,应当对新形式的作品享有版权,但他利用作品的权利应当受到原作品版权
的限制(subject to the copyright in the original work)。"又如,1973 年的《巴西著
作权法》第 6 条就曾规定,演绎作品的保护以获得原作品权利人的许可为条
件,但 1998 年新修订的《巴西著作权法》删除了该规定。此外,英国、德国、西
班牙和加拿大等国家均作出了类似的规定。

我国《著作权法》第 12 条规定:"改编、翻译、注释、整理已有作品而产生
的作品,其著作权由改编、翻译、注释、整理人享有,但行使著作权时不得侵犯
原作品的著作权。"从该条的规定来看,我们并没有像美国版权法那样,明确
否定侵权演绎作品的著作权保护。由此,对于侵权演绎作品,我国著作权法与
大多数国家的著作权法态度一样:未经许可的演绎作品仍然可以获得著作权
的保护,有权禁止未经许可而使用演绎作品的行为。但由于演绎作品中同时
包括原作品的部分和作者演绎形成的独创性部分,故侵权演绎作品的使用,应
当获得演绎作品著作权人和原作品著作权人的双重许可。

具体到本案,由于"琼某诉于某"案的生效判决判定《宫锁连城》剧本和电
视剧侵犯了琼某对《梅花烙》剧本及小说的改编权和摄制权,说明电视剧《宫

锁连城》属于侵权演绎作品。但正如以上所论述的,侵权演绎作品在我国仍然能够获得著作权法的保护,他人未经许可使用演绎作品的行为,仍然会落入侵权演绎作品著作权的控制范围。原告作为《宫锁连城》电视剧信息网络传播权的独占许可权利人,有权禁止他人未经许可而使用该作品。一审法院和二审法院判定《宫锁连城》有权获得著作权法保护,不予支持被告关于《宫锁连城》电视剧不受著作权法保护的抗辩,就是非常正确的。

二、我国信息网络传播权的保护

随着互联网的日益发展,互联网日益成为作品传播的重要渠道。与之相应,为应对互联网对已有版权制度提出的挑战,在 1996 年日内瓦召开外交会议上,世界知识产权组织主持缔结了两个重要的国际条约,即《版权条约》(WIPO Copyright Treaty)和《表演与录音制品条约》(WIPO Performances and Phonograms Treaty)。两个国际条约规定了著作权人通过信息网络向公众传播作品、表演、录音的权利。《版权条约》第 8 条"向公众传播权"(right of communication to the public)规定,在不损害《伯尔尼公约》相关条款的前提下,"文学和艺术作品的作者应享有专有权利,以授权将其作品以有线和无线方式向公众传播,包括将其作品向公众提供,使公众中的成员在其选定的地点和时间可以获得这些作品"。《表演与录音制品条约》对表演者和录音制品制作者也规定了大体相同的权利。这样,通过信息网络向公众传播作品、表演、录音的行为就成为著作权人的控制范围。

我国 2001 年修订的《著作权法》第 10 条亦规定了类似的经济权利——信息网络传播权,即以有线或者无线方式向公众提供作品,使公众可以在其个人选定的时间和地点获得作品的权利。《著作权法》还规定,表演者和录音、录像制作者对其表演和录音也享有信息网络传播权。同时,为保护著作权人和邻接权人的信息网络传播权,国务院于 2006 年还颁布了《信息网络传播权保护条例》,并于 2013 年重新对该条例做了修订。此外,为正确审理侵害信息网络传播权民事纠纷案件,最高人民法院于 2012 年还颁布了《关于审理侵害信息网络传播权民事纠纷案件适用法律若干问题的规定》。这样,通过信息网络向公众提供作品、表演、录音的行为也成为我国著作权人和邻接权人的控制范围。

信息网络传播权属于一项法定权利,其侵权判定的关键在于,判定相关行为是否构成信息网络传播行为,进而落入信息网络传播权的控制范围。未经许可直接将他人作品上传至互联网,是典型的侵犯著作权人信息网络传播权的行为。但在司法实践中,行为人往往并不会明目张胆地从事这种侵权行为,因为这种侵权手法过于简单明了。更多的情况是,行为人通过破坏他人网站的技术措施进而设置链接的方式,使用户无需访问被链接的网站,在行为人经营的网站或客户端就直接获得作品。这种情况下,设立链接的行为是否构成信息网络传播行为就显得至关重要:如果构成信息网络传播行为,则设链行为构成直接侵权,著作权人可获得禁令和损害赔偿的有效救济;如果并不构成信息网络传播行为,则著作权人只能退而求其次,追究行为人破坏技术措施、共同侵权或不正当竞争的责任,但后者的救济效果显然不及前者更为直接有效。

围绕设链行为是否构成信息网络传播行为,司法实践出现了不同的认定标准,包括“服务器标准”“用户感知标准”“实质呈现标准”。根据“服务器标准”,构成信息网络传播行为应当以将作品置于向公众开放的服务器为要件。“服务器标准”比较直观,如果行为人未经许可将作品上传至向公众开放的服务器,那么其行为构成信息网络传播行为,构成直接侵犯信息网络传播权;相反,则并不构成信息网络传播行为。在“服务器标准”下,设链网站并没有将作品上传服务器的行为,向公众提供作品的仍然是被链接网站,故设链行为并不构成信息网络传播行为,自然就不构成信息网络传播权的直接侵权。本案中,二审法院即采用“服务器标准”,正如二审法院指出的:“因任何上传行为均需以作品的存储为前提,未被存储的作品不可能在网络中传播,而该存储介质即为服务器标准中所称‘服务器’……任何链接行为本身均不会使用户真正获得作品,无法如初始上传行为一样,满足信息网络传播权定义中有关使用户‘获得作品’的要求。”

根据“用户感知标准”,设链行为是否构成信息网络传播行为,以设链行为的外在表现形式作为判定标准。相关外在表现形式包括设链网站是否标注被链接网站的网络地址、是否标注相关作品来源于被链接网站、是否存在页面跳转等。如果相关外在表现形式使网络用户认为,相关作品直接来源于设链网站,那么设链行为构成信息网络传播行为;相反,如果网络用户认为设链网站仅仅是提供链接服务,并非作品的直接提供者,则设链行为并不构成信息网络传播行为。"用户感知标准"下,设链行为可以落入信息网络传播权的控制范围,为法院判定设链行为侵犯信息网络传播权提供了可能。但由于"用户感知标准"过于强调网络用户的感知,设链网站通过简单提示相关作品来源于被链网站,就可以规避信息网络传播行为的认定。正如本案二审判决所指出的:"越来越多的深层链接提供者会在提供链接服务时,采用各种足以使用户认知的方式明确表明其链接者的身份。这一情形的出现使得即便按照用户感知标准,越来越多的深层链接行为亦不会被认定属于信息网络传播行为。"正因为如此,"用户感知标准"常常受到学界和司法实践的批判。

根据"实质呈现标准",设链行为是否构成信息网络传播行为,以设链网站是否实质性呈现了相关作品作为判定标准,网络用户是否能够认识到设链行为的存在无关紧要。如果通过设链行为,使网络用户无需进入被链接网站,而在设链网站就可以获得相关作品,那么这等于设链网站实质性地向网络用户呈现了作品,那么该设链行为即构成信息网络传播行为,进而落入信息网络传播权的控制范围。"实质呈现标准"强调设链行为是否导致实质呈现作品的结果,设链网站是否合理提示相关作品来源于被链接网站已无关紧要。同时,即便设链行为获得了被链接网站的许可,著作权人仍然能够追究设链网站的侵权责任,被链接网站是否遭受损害亦无关紧要。可见,"实质呈现标准"强调实质呈现相关作品的客观行为,弥补了"用户感知标准"主观性的缺陷。正是由此出发,本案二审法院指出:"实质性替代标准属于用户感知标准的升级版。该标准的适用并不需要考虑用户是否认识到该行为是链接行为,而仅考虑提供链接者的获益及对著作权人的损害……因此,根据实质性替代标准,具有经营性质的深层链接行为必然属于信息网络传播行为。"

综观司法实践的相关案例,上述"服务器标准""用户感知标准""实质呈现标准"均在相关判决中有所体现。由于"用户感知标准"将信息网络传播行为这一客观事实的判定建立在具有主观性的网络用户感知基础上,强调网络用户是否发生"混淆可能性",混淆了著作权法和商标法的侵权判定标准,故"用户感知标准"基本上没有得到学界和司法实践的普遍认可。且随着 2012

年《最高人民法院关于审理侵害信息网络传播权民事纠纷案件适用法律若干问题的规定》的出台，"用户感知标准"基本上没有了市场。当前，学界和司法实践的争议主要集中在"服务器标准"和"实质呈现标准"。从法律适用的角度而言，"服务器标准"似乎更符合相关司法解释的字面规定。正是在此基础上，二审法院判决详细论证了"服务器标准"的合理性，并得出结论说："服务器标准与信息网络传播行为的性质最为契合，《最高人民法院关于审理侵害信息网络传播权民事纠纷案件适用法律若干问题的规定》虽未采用服务器标准的概念，但其对作品提供行为的判断标准实质上与服务器标准并无差别。"

　　笔者认为，在对"服务器标准"和"用户感知标准"评判之前，我们有必要回到问题的起点，审视信息网络传播权，乃至著作权法的目的。著作权法通过对著作权人的保护，使之能够控制作品的使用方式和传播范围，并以此获得相关收益，达到鼓励更多文学和艺术作品创作的目的。具体到信息网络传播权，它是为应对互联网对版权制度的挑战而产生的权利，通过赋予著作权人和邻接权人控制作品、表演、录音在互联网中的使用和传播，保护著作权人和邻接权人的利益。应该说，从信息网络传播权设立的目的来看，所有未经许可而通过信息网络向公众提供作品的行为，都属于信息网络传播权的控制范围。信息网络传播权关注的核心是通过信息网络向公众提供作品的"行为"，而非通过信息网络向公众提供作品的"技术"或"工具"。我国著作权法对信息网络传播权的界定，落脚点也正是"向公众提供作品"这一行为。

　　由此出发，不难发现，无论是普通链接，还是深度链接，抑或是加框链接等，都属于作品传播的"技术"或"工具"，本身并不是信息网络传播权的调整对象。但如果相关链接产生无需进入被链接网站，在设链网站内即可直接播放被链接网站作品的效果，设链者就实际上扮演了提供作品的角色，就已经在实质上构成了向公众提供作品的行为，显然应当落入信息网络传播权的控制范围。至于实际上是哪个服务器在播放作品，仅仅是一个技术层面的问题，并不影响"向公众提供作品"的行为判定。事实上，具有实质性呈现作品效果的设链行为，使著作权人丧失了作品传播方式和传播范围的控制能力，严重损害了著作权人的利益。试想，如果那些具有实质性呈现作品的设链行为被排除在信息网络传播权的控制范围之外，那么导致的后果必然是，大量网络服务提供者不会选择耗费巨资而购买影视作品的著作权,而直接选择设置链接的方式"免费"播放被链接网站中的作品。这样的结果将严重影响文学和艺术作品的创作动力,与著作权法的目的相背离。

"服务器标准"将关注的焦点集中在通过信息网络传播作品"技术"层面,而并未聚焦通过信息网络传播作品"行为"的本质层面。虽然通过服务器向公众提供作品的行为构成信息网络传播行为,但信息网络传播行为却并不必然建立在服务器的基础之上,只要网络用户通过相关网站获得了作品,那么相关网站就实施了向公众提供作品的行为。事实上,通过服务器向公众提供作品,与非通过服务器向公众提供作品,除了二者在提供作品的"渠道""工具"或"技术"方面存在差别外,在向公众提供作品的效果方面并没有实质性的区别。"实质呈现标准"将关注的焦点放在行为人是否实质性向公众提供作品这一行为,从最终效果角度来评价设链行为的性质,体现了著作权法对信息网络传播权规定的本质特点——向公众提供作品。在"实质呈现标准"下,著作权法规制的是未经许可而实质性地提供或呈现作品的行为,链接技术,抑或是未来可能出现的互联网"新技术"本身并不会被贴上侵权的标签,这些互联网技术仍然可以被广泛运用,体现了"技术中立"的立法原则。

可见,从著作权法的宗旨出发,从设置信息网络传播权的目的出发,从信息网络传播权控制向公众提供作品的行为本质出发,实质性呈现或提供作品的设链行为落入了信息网络传播权的控制范围,侵犯了著作权人的信息网络传播权。

具体到本案,被告未经许可,通过破坏乐视网采取的技术保护措施设置链接、屏蔽被链接网站广告和水印等行为,在客观上使得网络用户无需进入被链接的乐视网,即可在被告经营快看 APP 客户端直接点播《宫锁连城》电视剧,已经在实质上通过互联网向公众提供了涉案作品。显然被告的行为已经侵犯了原告对电视剧《宫锁连城》享有的信息网络传播权。由此,笔者认为,二审判决采用"服务器标准"判定被告并不构成信息网络传播权侵权,有欠妥当。一审判决虽然采取"实质呈现标准"判定被告构成信息网络传播权侵权,但其相关说理并不充分,并没有将相关理由和论证聚焦到被告通过其网站实质性向公众提供了作品的行为之上。

本案二审法院在判决中还表达了适用"实质呈现标准"的担忧，即"如依据实质性替代标准……将有相当数量会落入信息网络传播权控制的范围……从而使得行为人在提供上述服务时将必须经过著作权人许可……这一结果对于网络用户以及互联网行业整体发展所造成的负面影响无需多言"。笔者认为，虽然我国当前大力发展"互联网+"产业，但这并不意味着互联网产业的发展可以建立在侵犯他人著作权的基础之上。对于那些运用互联网技术肆意分割著作权人利益的侵权行为，不能容许其凭借技术的外衣而逃避侵权的指控。事实上，优秀影视作品的创作需要投入巨大的成本，如果允许网络服务提供者未经授权而运用互联网技术免费提供著作权人的作品，必然使得著作权人无法得到应有的回报，挫败优秀影视作品的创作热情，不利于互联网产业的可持续发展，也背离了著作权法的基本初衷。与其维持缺乏法律依据的现状，倒不如通过"实质呈现标准"的采纳，引导网络服务提供者树立起版权意识，诚实守信地开展正版影视作品的经营，进而鼓励优秀文学艺术作品的创作，为互联网产业的可持续发展培育新的动力。

参考文献

《中华人民共和国著作权法》

《信息网络传播权保护条例》

《最高人民法院关于审理侵害信息网络传播权民事纠纷案件适用法律若干问题的规定》

郑成思：《版权法》，中国人民大学出版社 2009 年版。

李明德：《美国知识产权法》（第二版），法律出版社 2014 年版。

王迁：《知识产权法教程》（第五版），中国人民大学出版社 2016 年版。

崔国斌：《加框链接的著作权法规制》，《政治与法律》2014 年第 5 期。

芮松艳：《深度链接行为直接侵权的认定：以用户感知标准为原则，以技术标准为例外》，《中国专利与商标》2009 年第 4 期。

"作品片段"是否侵犯著作权:

王某诉谷歌公司著作权案

| 基本案情 |

本案中,原告王某(笔名:棉棉)是《盐酸情人》图书的作者,该书包含11篇文章,除《序:棉棉的意义》外,《香港情人》《九个目标的欲望》《白色飘飘》等其余10篇文章均由原告创作。第一被告北京谷翔公司是"Google 谷歌"搜索服务商,经营"google.cn"搜索引擎,在相关搜索页面中提供了《盐酸情人》的图书概述、作品片段、常用术语和短语、作品的版权信息等内容。第二被告是美国的谷歌公司,对原告的《盐酸情人》图书进行了数字化扫描,并将数字化扫描的电子版本保存在其位于美国的服务器中。同时,将所扫描图书的很少部分(即"片段")开放给"google.cn"搜索引擎,使搜索结果中出现少量"片段"。用户可以通过搜索结果中出现的图书"片段"确认相关图书,并决定是否购买该图书。但是,用户在没有购买或未得到授权的情况下,无法通过"google.cn"搜索下载或阅读原告的整部作品。

原告认为,第一被告未经许可,通过信息网络向公众提供《盐酸情人》的作品片段,侵犯了其享有的信息网络传播权;第二被告未经许可,对其作品实施全文数字化扫描行为,侵犯了其享有的复制权;第二被告将《盐酸情人》扫描后,将扫描件拆分为片段提供给第一被告并进行传播的行为,侵犯了其享有的保护作品完整权。遂向北京市第一中级人民法院提起著作权侵权之诉。北京市第一中级人民法院一审判定,第一被告通过搜索引擎提供作品片段的行为属于合理使用,并未侵犯原告的信息网络传播权;第二被告未经许可实施的扫描行为侵犯了原告享有的复制权;第二被告对作品拆分行为并不构成对作品的歪曲和篡改,并未侵犯原告享有的保护作品完整权((2011)一中民初字第1321号民事判决书)。被告谷歌公司不服,向北京市高级人民法院提起上诉,二审法院驳回上诉,维持了一审法院的判决((2013)高民终字第1221号民事判决书)。

▶ 法律问题

本案中,一审法院和二审法院主要讨论的著作权法律问题包括:第一被告对作品片段的使用是否侵犯原告的信息网络传播权,第二被告全文数字化扫描原告作品的行为是否侵犯了原告的复制权,以及第二被告将扫描后的原告作品进行拆分的行为是否侵犯原告的保护作品完整权。下面,我们将结合一审和二审的判决,对这三个问题进行具体说明。

一、第一被告是否侵犯原告的信息网络传播权

原告认为,第一被告未经许可通过信息网络向公众提供其作品的片段,侵犯了其享有的信息网络传播权。第一被告抗辩认为,其实施的是对原告作品的搜索、链接行为,并非信息网络传播行为,并在知晓诉讼后立即删除了涉案作品的片段,其行为并不构成侵权。

对于这个问题,一审法院首先认为,考虑到涉案作品的传播过程均处于第一被告网站页面中,说明涉案作品存储于第一被告的服务器中,第一被告实施了对涉案作品的信息网络传播行为,第一被告认为其提供的是搜索、链接服务的主张不能成立。一审法院进一步认为,第一被告的信息网络传播行为是否侵犯信息网络传播权,还应当考虑是否经过著作权人许可和是否构成合理使用。考虑到第一被告的信息网络传播行为并不属于对原告作品的实质性利用行为,尚不足以对原告作品的市场价值造成实质性影响;同时,第一被告对作品采取片段化的提供方式,具有为网络用户提供方便快捷的图书检索服务的功能,不会不合理地损害原告的合法利益。由此,一审法院判定第一被告对原告作品片段的使用,虽然未经许可,但构成对作品的合理使用,并未侵犯原告享有的著作权。二审法院维持了一审法院的该项判定。

二、第二被告是否侵犯原告的复制权

原告认为,第二被告未经许可全文扫描其作品的行为侵犯了其复制权。

第二被告认可对涉案作品进行的"全文扫描",但抗辩认为,其未经许可的扫描行为在美国具有合法性,构成合理使用。

对于这个问题,一审法院认为,第二被告未经许可的全文扫描行为是否侵犯原告享有的复制权,关键在于该行为是否构成合理使用行为。就行为方式而言,第二被告已经与原告的正常利用方式相冲突;就行为后果而言,第二被告的全文扫描行为已对原告作品的市场利益造成潜在危险,将不合理地损害原告的合法利益。在此基础上,一审法院判定,第二被告对原告作品的全文复制并不构成合理使用,侵犯了原告享有的复制权。此外,一审法院还做了两点强调:第一被告的信息网络传播行为是否构成合理使用,与第二被告的全文复制行为是否构成合理使用,并无必然联系;是否存在对复制件的后续使用或传播行为,原则上不影响对复制行为本身是否构成合理使用的认定。

二审法院维持了一审法院的该项判定。二审法院认为,第二被告的全文复制并不属于我国《著作权法》第22条规定的合理使用行为,应当初步推定涉案复制行为构成侵权。但仍不排除该复制行为构成合理使用行为的可能性,在《著作权法》第22条规定的具体情形之外认定合理使用,应当从严掌握认定标准,综合考虑相关因素,包括使用作品的目的和性质、受著作权法保护的作品的性质、所使用部分的质量及其在整个作品中的比例,以及使用行为对作品现实和潜在市场及价值的影响等因素。上述考虑因素涉及的事实问题,应当由使用者承担举证责任。由于第二被告并未就其复制行为构成合理使用提交证据,故其主张复制行为构成合理使用,证据不足。针对一审法院上述两点强调,二审法院认为,虽然未经许可的复制行为原则上构成侵权,但专门为了合理使用而实施的复制行为,应当与后续的使用行为结合起来看待,该复制行为同样有可能构成合理使用。

三、第二被告是否侵犯原告的保护作品完整权

原告认为,第二被告将数字化扫描后的作品,拆分为作品片段提供给第一被告并进行传播,侵犯了其享有的保护作品完整权。

对于这个问题,一审法院认为,歪曲、篡改他人作品的行为,构成对著作权人保护作品完整权的侵犯。设立保护作品完整权的目的是为了保护作者声誉

不受损害，故通常情况下只有对作品的使用实质性地改变了作者在作品中原本要表达的思想感情，才可构成对保护作品完整权的侵犯。第二被告将涉案作品拆分为片段并提供的行为虽然使得读者无法知晓该作品的完整意义，但并不足以导致作者的声誉受到损害。由此，一审法院判定第二被告并未侵犯原告的保护作品完整权。二审法院维持了一审法院的该项判定。

专家评析

本案起因于美国谷歌公司自 2004 年开始实施的"数字图书馆计划"。该计划将公共图书馆和大学图书馆中馆藏的图书进行数字化扫描，建立数字化的图书馆。网络用户在谷歌搜索引擎中通过关键词检索，就可以在搜索结果中显示相关图书的信息，同时在搜索页面中还提供了销售该图书的网上书店或藏有该书的图书馆的网络链接，但并未向网络用户提供所扫描图书的整本书阅读或下载。本案正是发生于这样的背景之下，即美国谷歌公司未经原告许可，将其作品进行数字化扫描，并在其搜索引擎中向网络用户提供其作品的片段，以方便用户搜索相关图书并决定是否购买。一审法院和二审法院均判定美国谷歌公司未经许可的全文复制行为侵犯了原告的复制权，但并未侵犯原告的保护作品完整权；而北京谷翔公司在搜索引擎中提供作品片段的行为构成合理使用。下面我们将从权利的限制与例外、复制权和保护作品完整权三个方面对本案进行评析。由于在"'网页快照'的著作权限制与例外——丛某某诉搜狗公司著作权案"中，笔者已对著作权限制与例外的相关理论作了详细评析，故在此仅对权利的限制与例外略作分析。

一、权利的限制与例外

权利的限制与例外（limitations and exceptions）来源于国际公约，是指使用他人享有著作权的作品，可以不需要经过著作权人的许可，也不需要向著作权人支付报酬，但应当尊重作者的精神权利。《保护文学和艺术作品伯尔尼公约》第 9 条第 2 款规定："本联盟成员国的立法可以准许在某些特定情况下复制上述作品，只要这种复制不与该作品的正常利用相冲突，也不致不合理地损害作者的合法利益"。这就是权利限制与例外的"三步检验法",即"特殊情况下+不与作品正常使用相冲突+不致不合理地损害作者的合法利益"。但《伯尔尼公约》中的"三步检验法"仅仅适用于复制权。《与贸易有关的知识产权协议》和《版权条约》又将"三步检验法"扩张适用于所有的著作权内容。例如,《版权条约》第10条"限制与例外"规定:"缔约各方在某些不与作品的正常利用相抵触,也不无理地损害作者合法利益的特殊情况下,可在其国内立法中对依本条约授予文学和艺术作品作者的权利规定限制或例外"。

我国著作权法亦规定了权利的限制与例外制度。根据《著作权法》第22条规定了12种构成著作权的限制与例外的特殊情况。同时,《著作权法实施条例》第21条规定,使用可以不经著作权人许可的已经发表的作品的,不得影响该作品的正常使用,也不得不合理地损害著作权人的合法利益。上述两个条款相结合,权利限制与例外的"三步检验法"在我国就得到了完整体现。这样,判定未经许可的作品使用行为是否构成著作权侵权,首先应分析该行为是否落入相应著作权的控制范围,其次运用"三步检验法"判定该行为是否构成权利的限制与例外。

具体到本案,第一被告通过搜索引擎向公众提供原告作品片段的行为,具有使公众可以在选定的时间和选定的地点获得原告作品片段的特点,构成信息网络传播行为,落入了信息网络传播权的控制范围。接着,分析该行为是否构成著作权的限制与例外。运用"三步检验法"分析,不难发现,该行为并不属于我国《著作权法》第22条规定的12种特殊情况。因此,第一被告通过信息网络向公众提供作品片段的行为,无法通过"三步检验法",一审法院和二审法院判定第一被告的行为构成合理使用,严格来说已经突破了著作权法的现有规定。

该案体现了我国著作权法权利的限制与例外制度的僵化性,即对构成权利限制与例外的特殊情况进行穷尽性列举,并未设置兜底条款,不利于应对科学技术和商业模式发展所产生的新问题。对我国著作权法中的权利限制与例外制度作出修订,采取开放性列举的立法模式,具有现实的必要性。一审法院和二审法院从权利限制与例外的立法宗旨角度,判定第一被告构成合理使用,一定程度上弥补了我国著作权限制与例外制度的僵化性,是一种有益的探索。

二、复制权

复制权,是指著作权人享有的许可或禁止他人复制作品的专有权利。复制权是经济权利中最为核心的权利,是著作权制度或者版权制度的基石。随着印刷技术的发展,作品的复制变得日益简单和高效,于是产生了保护作者权利的著作权制度,而复制权就是早期著作权制度的主要权利。随着科学技术的不断发展,作品的类型不断丰富,而相关经济权利也在复制权的基础上得到极大的扩张,产生了广播权、翻译权、改编权、摄制权。随着互联网技术的发展,又产生了信息网络传播权,并诞生了应对互联网挑战而缔结的《版权条约》和《表演与录音制品条约》。

可以说,随着科学技术发展而产生的上述经济权利,都是建立在广义的复制权的基础之上。例如,广播权所控制的是以广播形式进行的复制;翻译权控制的是以翻译形式进行的复制。正是由此出发,法国著作权法仅仅规定了复制权和表演权这两项经济权利,并将复制权进行最为广义的解释。根据《法国知识产权法典》第 L.122—4 条规定:"未经作者或其权利所有人或权利继受人的同意,进行全部或部分的表演或复制均属非法。通过任何技术和手段的翻译、改编、改动、整理或复制均属非法"。可见,根据法国著作权法,翻译、改编、改动、整理均属于复制权的控制范围。

早期的复制权仅仅指的是从平面到平面的纸质介质的复制,但随着科学技术和作品传播手段的不断发展,复制权的内容也变得日益丰富。就复制的载体而言,不仅包括纸张、画布、磁带、胶带等传统介质,还包括 CD、DVD、优盘、硬盘、服务器等数字化介质。就复制的方式而言,不仅包括印刷、复印、拓印、录音、录像等传统的机械复制,还包括作品上传、下载、存储等以互联网为基础的数字化复制。就复制的数量而言,不仅包括全部的复制,还包括部分的复制。就复制的类型而言,包括平面到平面的复制、平面到立体的复制、立体到平面的复制、立体到立体的复制以及"无载体到有载体"的复制。其中,平面到立体的复制,仅包括根据美术作品或设计图制作立体艺术品,以及根据建筑作品的设计图建造立体建筑物的行为,并不包括根据产品设计图制作立体的实用产品,否则功能性要素会被纳入著作权法的保护范围,与著作权法仅保护思想观念的独创性表达的基本原则相违背。

正是在此基础上,《保护文学和艺术作品伯尔尼公约》采用了广义的复制权概念,其第 9 条规定:"受本公约保护的文学和艺术作品的作者,享有授权以任何方法或形式复制该作品的专有权。"《伯尔尼公约指南》对该条的解释说,"以任何方法或形式"(in any manner or form)足以包括所有的复制方法,包括印刷、照相复制、静电复制、机械录制或磁性录制,以及其他所有已知的和未知的复制过程。它仅仅是一个用某种物质形式将作品固定下来的问题,显然既包括对声音也包括对景象的录制。可见,《伯尔尼公约》规定的复制权,包括了以任何技术手段和任何形式的复制,只要体现在有形物质上,都属于复制。

我国《著作权法》规定的第一项经济权利就是复制权,是指"以印刷、复印、拓印、录音、录像、翻录、翻拍等方式将作品制作一份或者多份的权利"。与《伯尔尼公约》规定的复制权相比,我国《著作权法》对复制的界定似乎较为狭窄,仅仅包含印刷、复印、拓印等机械复制,并没有体现数字化复制的特点。同时,仅仅规定了一份或多份的全部复制,并没有体现部分复制的内容。值得注意的是,《中华人民共和国著作权法(修订草案送审稿)》亦注意到关于复制权规定过于狭窄的不足,并对复制权的界定作出了修改,即"复制权,即以印刷、复印、录制、翻拍以及数字化等方式将作品固定在有形载体上的权利"。与现行《著作权法》相比,该修订草案虽然增加了"数字化"方式的复制,但仍然没有体现出全部复制和部分复制的内容。建议《著作权法》第三次修订过程中对复制权的界定,增加全部复制和部分复制的内容。

具体到本案,第二被告未经许可,实施了将原告享有著作权的图书进行全文数字化扫描的行为。根据我国关于复制权的界定,对原告图书进行全文扫描的行为显然落入了复制权的控制范围。关于复制权,我国《著作权法》第 22 条规定的权利限制与例外的 12 种特殊情况并不包含对作品的全文复制。因此,第二被告实施的复制行为也并不构成复制权的限制与例外。可见,一审法院和二审法院判定第二被告全文数字化扫描原告作品的行为侵犯了原告的复制权,是非常正确的。

一审法院和二审法院还讨论了复制行为和基于复制件的后续使用行为之

间的关系。一审法院认为，复制行为与基于复制件的后续使用是两个不同的行为，二者并没有必然联系。二审法院则认为，专门为了合理使用行为而进行的复制，应当与后续使用行为结合起来看待，该复制行为同样有可能构成合理使用。

笔者认为，正如前文所述，复制权是著作权制度或者版权制度的基石，相关经济权利很多都以作品的复制为基础，由此也决定了著作权的限制与例外与作品的复制密切相关。例如，为个人学习、研究或欣赏，使用他人已经发表的作品，以及为课堂教学或者科学研究，翻译或者少量复制已经发表的作品等情况，都以对作品进行复制作为前提。既然著作权法将相关特殊情况规定为著作权的限制与例外，那么意味着构成著作权的限制与例外的前置复制行为也属于著作权的限制与例外的范畴，不应当被单独认定构成复制权侵权行为。由此看来，一审法院认为复制行为与基于复制件的后续使用行为之间并无必然联系，显然无法成立。正如二审法院所指出的："专门为了合理使用行为而进行的复制，应当与后续使用行为结合起来作为一个整体看待，不应当与后续的合理使用行为割裂开来看。"

当然，本案中，第二被告对原告作品的全文扫描行为，并非后续提供作品片段的必要前置行为。但如果第二被告仅仅是扫描了少量的原告作品片段，并通过其搜索引擎向公众提供该作品片段，不排除该作品片段的扫描行为构成权利限制与例外的可能性。

三、保护作品完整权

保护作品完整权是作者享有的精神权利之一，是指作者防止他人通过歪曲、篡改或割裂的方式破坏其作品，损害体现在作品中的作者的精神和人格的权利。保护作品完整权只有达到有损于作者声誉的程度，方能获得著作权法保护。正是在此基础上，《伯尔尼公约》第6条之二规定："不受作者的经济权利的影响，甚至在上述权利转让后，作者仍有权请求就其作品……反对任何曲解、割裂或以其他方式篡改该作品，或者与该作品有关的可能损害其荣誉或名誉的其他毁损行为。"

由此可见，保护作品完整权，涉及的是对蕴含在作品中的作者的精神权利的任何曲解、割裂或其他篡改,应当产生对作者荣誉或名誉的毁损之后果。我国《著作权法》亦对保护作品完整权做了类似的界定,即"保护作品不受歪曲、篡改的权利"。其中,歪曲是指故意改变事物的本来面目或对事物作不真实的描述;而篡改是指用作伪的手段对作品进行改动或曲解。故我国《著作权法》规定的保护作品完整权亦强调,制止违背作者思想而进行的删除、添加或其他损害性改动,维护作者的名誉和声望。

正是由此出发,出版社、报纸杂志社可以不必经过作者的许可,对作品作适当的文字性修改;建筑作品的施工者也可以根据施工的需要,不必经过作者许可而对建筑作品作适当的修改。因为这些修改属于善意的修改,并没有达到歪曲、篡改或割裂作品的程度,并不会毁损体现在作品中的作者的精神和人格。同样,对于电影作品而言,必然在摄制过程中涉及对小说或剧本的较大修改,只要这种修改并未达到损害作者名誉和声望的程度,就不构成对保护作品完整权的侵犯。在此基础上,我国《著作权法实施条例》第 10 条明确规定:"著作权人许可他人将其作品摄制成电影作品和以类似摄制电影的方法创作的作品的,视为已同意对其作品进行必要的改动,但是这种改动不得歪曲篡改原作品。"

具体到本案,第二被告通过将数字化扫描后的作品,拆分为作品片段提供给第一被告并进行传播,仅仅是对原告作品进行拆分,并未涉及对原告作品的内容进行删除、添加或其他损害性改动,并没有达到对原告体现在作品中的精神和人格造成损害的程度。一审法院和二审法院判定第二被告并未侵犯原告享有的保护作品完整权,是非常正确的。

参考文献

《中华人民共和国著作权法》

《著作权法实施条例》

《保护文学和艺术作品伯尔尼公约(1971 年巴黎文本)》

《与贸易有关的知识产权协议》

《版权条约》

李明德:《知识产权法》(第二版),法律出版社 2014 年版。

李明德、管育鹰、唐广良:《〈著作权法〉专家建议稿说明》,法律出版社 2012 年版。

王迁:《知识产权法教程》(第五版),中国人民大学出版社 2016 年版。

《法国知识产权法典(法律部分)》,黄晖译,郑成思审校,商务印书馆 1999 年版。

胡康生主编:《中华人民共和国著作权法释义》,法律出版社 2002 年版。

"缩略图"是否侵犯著作权：

闻某某诉阿里巴巴公司著作权案

| 基本案情 |

本案中，原告闻某某为大陆明星许晴拍摄了一张照片，是该照片的著作权人。被告阿里巴巴公司是雅虎中国网站的经营者，通过"缩略图"提供图片搜索服务。即通过自动搜索含有照片的网页，自动生成一个缩略图，并收录到照片索引数据库中。当用户输入搜索指令后，系统自动检索数据库中与指令相匹配的缩略图和原图链接，并将缩略图显示于结果页面中。用户点击相关缩略图，即可进入原图所在的第三方网站。相关公证书显示，2006 年 5 月 11 日，在雅虎中国网站的首页，依次点击"照片""魅力女星""大陆女星""许晴"，得到载有许晴照片缩略图的结果页面。在显示该结果页面的同时，在该页面上方的搜索栏中自动添加了"许晴"二字。在该结果页面中，点击下方写有"许晴写真"文字的缩略图，得到与该缩略图对应大图的详情页面。结果页面包括了原告拍摄的涉案照片的缩略图，且点击该缩略图即可进入存储涉案照片原图的第三方网站。

原告认为，其从未授权任何网站传播其涉案照片，被告阿里巴巴公司未经许可，在其经营的雅虎中国网站上通过深层链接的方式复制并传播了涉案照片，既未注明照片的署名，也未支付报酬，侵犯了原告对涉案照片享有的署名权、复制权和信息网络传播权，遂向北京市朝阳区人民法院提起著作权侵权之诉。北京市朝阳区人民法院一审判定阿里巴巴公司并未侵犯原告享有的著作权（（2008）朝民初字第 13556 号民事判决书）。原告不服，向北京市第二中级人民法院提起上诉，二审法院维持了一审法院的判决（（2009）二中民终字第 00010 号民事判决书）。

▶ **法律问题**

本案中,一审法院和二审法院讨论的主要法律问题是,被告阿里巴巴公司在搜索结果中提供涉案照片的链接服务是否侵犯原告的信息网络传播权,以及在搜索结果中显示涉案照片的缩略图是否侵犯了原告享有的著作权。下面我们将结合一审判决和二审判决对这两个问题进行具体说明。

一、被告提供涉案照片的链接服务是否构成侵权

原告认为,被告对相关照片做了搜集整理分类,并提供了照片的深层链接,该行为并不是简单的搜索服务,应当承担较高的注意义务。在原告未授权任何网站传播涉案照片的情况下,被告"应当知道"被链接的涉案照片存在侵权的可能,却仍然提供涉案照片的搜索链接服务,侵犯了原告享有的著作权。被告抗辩认为,其提供的网络服务是搜索引擎服务,涉案照片并不存储在被告的服务器中,而是存储在第三方网站上。被告对相关照片进行分类整理,目的并不是将网络用户引向侵权的第三方网站或特定内容,而只是使用户更加方便地使用搜索工具,对被链接内容是否侵权并非"应知"。在收到起诉状后,被告及时断开了涉案照片的链接,尽到了合理注意义务,不构成著作权侵权。

对于这个问题,一审法院认为,尽管被告事先设置了查找涉案照片的路径,但这并不是对照片本身的复制和编辑,涉案照片仍是通过搜索的方式得到的。被告本质上提供的是搜索引擎的搜索服务,而非通过深层链接方式的复制涉案照片。原告并未证明被告明知或者应知涉案第三方网站上的照片侵权,也未证明按照《信息网络传播权保护条例》的要求向被告发出了通知,而被告在接到起诉状后及时断开了涉案照片的链接,故被告并未侵犯原告享有的著作权。

二审法院维持了一审法院的判决。二审法院指出,涉案相关第三方网站上载并传播涉案照片并未经过原告的许可,其行为构成对原告享有的信息网络传播权的侵犯。被告作为搜索链接服务商,只有在收到权利人通知后不断开链接,或明知、应知被链接内容侵权的情况下,才承担相应的法律后果。原

告并未证明向被告发出了符合相关法律要求的通知,亦未证明被告明知或应知涉案第三方网站上的照片侵权。故在被告接到起诉状后断开了与涉案照片的链接的情况下,被告不构成著作权侵权。

二、被告提供涉案照片的缩略图是否构成侵权

原告认为,被告在搜索结果中提供涉案照片的缩略图,侵犯了原告的著作权。被告抗辩认为,缩略图是由程序自动生成的,并临时存储在被告的服务器上,目的仅仅是为了显示搜索结果,并非复制,也不能传播。以缩略图的方式显示搜索结果是照片搜索行业的通用方式,如果无缩略图的显示,就完全失去了照片搜索的意义。

对于这个问题,一审法院认为,被告网站在搜索照片过程中形成的涉案照片缩略图,其目的不在于复制、编辑照片,而是向网络用户提供搜索。搜索结果显示缩略图的方式符合照片搜索的目的,也最方便网络用户选择搜索结果。涉案缩略图仅仅是搜索结果的一种表现方式,并未改变其是搜索引擎搜索技术的本质。故被告在搜索结果中显示涉案照片的缩略图并未侵犯原告的著作权。

二审法院维持了一审法院的该项判定。二审法院认为,涉案照片的大图实际存储在第三方网站上,并不存储在被告网站上,被告提供的服务性质是搜索链接服务。虽然被告提供了不同的分类信息,出现了缩略图,且采用直接显示被链接内容的链接技术,但分类信息仅是为了方便用户选择搜索结果的便捷方法。在搜索照片过程中所形成的涉案照片的缩略图,是为实现照片搜索的特定目的,不是对涉案照片的复制。原告并未证明被告网站上存储有缩略图库,涉案照片的缩略图和大图页面中也显示了涉案照片的来源,网络用户并不会产生涉案照片来源于被告网站的误认。在此基础上,二审法院驳回了原告的主张。

专家评析 ————————————————————————————————————

本案起因于被告提供了涉案照片的缩略图和链接服务。原告认为自己从

未许可任何网站通过信息网络传播涉案照片,被告在搜索结果中显示涉案照片的缩略图和提供链接的行为侵犯了原告享有的著作权,一审法院和二审法院均驳回了原告的诉讼请求。由于一审判决和二审判决主要探讨了被告在搜索结果中提供涉案照片缩略图和链接服务是否构成著作权侵权,下面我们将从"避风港"原则和著作权的限制与例外两个方面对本案进行评析。

一、"避风港"原则

"避风港"原则是指,网络服务提供者在某些特定的情况下,在履行了某些特定义务的条件下,可以不用承担著作权共同侵权责任。在互联网环境下,网络传输服务、网络存储空间服务、网络搜索服务、网络链接服务等网络服务提供者都参与到作品的传播过程。例如,网络搜索服务使网络用户更加轻松地找到相关作品,网络链接服务可以使网络用户更加便捷地访问存储相关作品的网站,而网络存储空间服务和传输服务更是加速了作品的上传、下载和传播。应该说,这些网络服务对作品的传播客观上提供了实质性的帮助。在相关作品构成著作权侵权的情况下,著作权人往往会追究网络服务提供者的共同侵权责任,包括帮助侵权和替代责任,以有效遏制著作权侵权行为。

然而,在网络环境下的作品传播与传统环境下的作品传播具有一定的差异。一方面,网络环境中存在着海量的作品,不仅包括电影作品、音乐作品,还包括大量的文字作品和摄影作品。再加上互联网并没有国界的限制,各国人民的作品都会出现在同一互联网环境中。面对海量的作品,要求网络服务提供者对侵权作品进行筛选和过滤,显然不太现实。另一方面,作品在网络环境中的传播速度非常快,要求网络服务提供者监控网络用户上传、存储、传输和下载的每一份文件,及时发现侵权作品并阻止侵权作品的传播,亦不太现实。在发生著作权侵权的情况下,如果不加区分,一律要求网络服务提供者承担著作权共同侵权责任,必然使得网络服务提供者在作品侵权与否的审查方面投入过多的经营成本,甚至直接影响网络服务提供者的生存,阻碍互联网产业的整体发展。

正是由此出发,各国著作权法均为网络服务提供者规定了"避风港"原则的例外。大体来说,对于特定的网络服务,只要网络服务提供者对著作权侵权行为并没有"明知或者应知"的主观状态,而且在收到著作权人的通知后,及时地采取断开链接、删除作品等必要措施,网络服务提供者就可以免于承担著作权共同侵权责任。

例如,《欧盟电子商务指令》第12条、第13条、第14条分别就纯传输服务(Mere conduit)、缓存服务(Caching)和存储服务(Hosting)适用"避风港"原则的条件做了规定。其中,《电子商务指令》第14条规定:"当一项信息社会服务是对该服务的接收者所提供的信息进行存储时,成员国应当确保服务提供者对因服务接收者之要求而存储的信息不承担责任,但应当满足以下条件:(a)服务提供者并不实际知道违法活动或信息,当涉及赔偿请求时,服务提供者并不能意识到显示违法活动或信息的事实或情形。(b)服务提供者,在知道或意识到上述违法活动或信息时,迅速地移除信息或断开该信息的链接。"

又如,针对网络搜索和链接服务提供者"避风港"原则的适用,《美国版权法》第512条第(d)款规定了三个条件,即:(1)(A)并不知道相关材料或者行为属于侵权;(B)在这种不知道的情况下,也并没有意识到导致侵权行为很明显的事实或情形;(C)或者在知道或意识到之后,采取移除相关资料,或断开接触该资料的渠道;(2)在服务提供者有权利和能力控制侵权行为的情况下,服务提供者并没有直接从侵权行为中获得金钱利益;(3)在收到被控侵权的通知后,迅速移除被控侵权资料,或者断开接触该资料的渠道。

我国对网络服务提供者"避风港"原则的适用也做了规定。《侵权责任法》对网络服务提供者适用"避风港"原则做了一般性规定。《侵权责任法》第36条第2款、第3款就规定,网络用户利用网络服务实施侵权行为的,被侵权人有权通知网络服务提供者采取删除、屏蔽、断开链接等必要措施。网络服务提供者接到通知后未及时采取必要措施的,对损害的扩大部分与该网络用户承担连带责任。网络服务提供者知道网络用户利用其网络服务侵害他人民事权益,未采取必要措施的,与该网络用户承担连带责任。

《信息网络传播权保护条例》对相关网络服务提供者适用"避风港"原则的条件做了专门规定。《信息网络传播权保护条例》第20条、第21条、第22条、第23条分别针对网络传输服务提供者、网络系统缓存服务提供者、网络信息存储空间服务提供者、网络搜索或者链接服务提供者的免责事由分别做了规定。例如，关于网络搜索或者链接服务提供者适用"避风港"原则的条件，第 23 条就规定："网络服务提供者为服务对象提供搜索或者链接服务，在接到权利人的通知书后，根据本条例规定断开与侵权的作品、表演、录音录像制品的链接的，不承担赔偿责任；但是，明知或者应知所链接的作品、表演、录音录像制品侵权的，应当承担共同侵权责任。"在发生著作权直接侵权的情况下，不符合相关免责事由的网络服务提供者，应当承担著作权共同侵权责任。

需要强调的是，"避风港"原则仅仅是著作权共同侵权的一个例外，让网络服务提供者承担共同侵权责任是一般原则。只有当相关网络服务属于法律明确规定的情形，且网络服务提供者履行了法律规定的特定义务时，才能适用"避风港"原则。事实上，我国《侵权责任法》第 36 条第 1 款就规定，网络用户、网络服务提供者利用网络侵害他人民事权益的，应当承担侵权责任。只有在采取了必要措施之后，才能免于承担共同侵权责任。

具体到本案，被告通过雅虎中国网站经营搜索链接服务，属于我国《信息网络传播权保护条例》第 23 条规定的可以适用"避风港"原则的情形。在原告并未许可任何网站通过信息网络传播涉案照片的情况下，涉案第三方网站擅自提供涉案照片的行为，构成对原告享有的信息网络传播权的直接侵权。被告对该侵权网站中的涉案照片提供搜索链接服务，客观上为第三方网站的侵权行为提供了帮助，使得该侵权行为的影响范围进一步扩大，有可能构成著作权共同侵权。但是否构成著作权共同侵权，还需要考察被告是"明知或者应知"其所链接的涉案照片构成侵权；或者在接到原告的通知书后，被告是否及时地断开了与侵权的涉案作品的链接。

首先分析被告是否"明知或者应知"涉案图片构成侵权。根据案情，现有证据无法表明被告"明知"涉案照片属于侵权照片。对于"应知"的判定，司法实践认为，提供主动链接的服务者，要比提供被动链接的服务者承担更高的认知义务，链接到影视作品或知名歌手的音乐作品的服务者，要比链接到文字和图片作品的服务者承担更高的认知义务。本案中，被告虽然事先设置了查找涉案照片的路径，但这仅仅是为了方便网络用户使用图片搜索工具，并非对涉案照片的主动链接，不能据此判定被告对所链接的涉案照片并没有合法来源具有"应知"的主观状态。可见，被告并没有"明知或者应知"的主观状态。

其次分析被告是否在接到原告通知后,及时断开了涉案照片的链接。由于原告并未证明被告事先接到了相关侵权通知,且被告在通过起诉状知道侵权的涉案照片后,及时断开了与涉案照片的链接。故按照上述《信息网络传播权保护条例》第23条的规定,被告符合"避风港"原则的适用条件,并不承担著作权共同侵权责任。一审法院和二审法院关于被告提供链接的行为并不构成著作权侵权的判定,是非常正确的。

二、著作权的限制与例外

判定相关作品使用行为是否构成著作权侵权,第一步需要考察该行为是否属于相关著作权项控制的行为,第二步需要考察该行为是否构成著作权的限制与例外。就著作权限制与例外的判定而言,相关国际公约规定了"三步检验法",即是否属于著作权法规定的特例,是否与作品的正常使用相冲突,是否不合理地损害著作权人的合法利益。例如,《与贸易有关的知识产权协议》第13条"限制与例外"规定:"全体成员国均应将专有权的限制或例外局限于一定特例中,该特例应不与作品的正常利用(normal exploitation)相冲突,也不应不合理地损害权利持有人的合法利益(legitimate interests)。"

我国著作权法亦规定了著作权的限制与例外。《著作权法》第22条规定了12种构成著作权限制与例外的特殊情形。同时,《著作权法实施条例》第21条规定,使用可以不经著作权人许可的已经发表的作品的,不得影响该作品的正常使用,也不得不合理地损害著作权人的合法利益。这样,将上述两个条款结合起来,国际公约所要求的著作权限制与例外的"三步检验法"在我国就得到了完整体现。然而,就著作权限制与例外的特殊情形而言,我国《著作权法》第22条采用封闭式列举的立法模式,并没有设置兜底条款。这种封闭式列举的立法模式虽然使相关特殊情形清晰明确,但具有不可避免的僵化性,不利于应对科学技术发展而产生的新问题。

近年来,在我国司法实践中,不断出现在《著作权法》第22条规定的12种特殊情形之外,判定构成著作权限制与例外的相关案例。例如,在"王某诉谷歌公司著作权案"(北京市高级人民法院(2013)高民终字第1221号民事判决书)中,法院判定在搜索引擎中使用"作品片段"的行为构成著作权的限制

与例外;在"丛某某诉搜狗公司著作权案"(北京市第一中级人民法院(2013)
一中民终字第 12533 号民事判决书)中,法院判定搜索引擎中的"网页快照"
亦构成著作权的限制与例外。应该说,这些案例突破著作权法的现有规定,判
定相关作品使用行为构成著作权的限制与例外,是司法实践应对立法僵化性
的大胆探索。与此同时,无论是学术界还是司法界,均主张对《著作权法》第
22 条进行修改,即在现有 12 种特殊情形的基础上,增加一项兜底条款,以增
强著作权限制与例外制度的弹性。正是由此出发,国务院法制办《中华人民
共和国著作权法(修订草案送审稿)》第 43 条在现行《著作权法》第 22 条基础
上,增加了"(十三)其他情形"。显然,这是一个进步的立法方向。

就本案而言,被告在搜索结果中显示的缩略图,显然属于涉案照片的数字
化复制,属于复制权或者信息网络传播权的控制范围。在此基础上,还需要判
定涉案缩略图是否构成复制权的限制与例外。通过"三步检验法"检验不难
发现,涉案缩略图并不属于我国《著作权法》第 22 条所列的 12 种特殊情形。
在原告并未许可任何网站传播涉案照片的情况下,如果严格按照我国《著作
权法》的现有规定,涉案缩略图并不符合"三步检验法"的要求,并不构成著作
权的限制与例外。

然而,正如前文所述,我国《著作权法》第 22 条规定的著作权限制与例外
具有僵化性,不利于应对科学技术发展中产生的新问题。而本案的缩略图就
是科学技术发展中产生的新问题之一。事实上,缩略图是照片搜索服务的前
提,它是相应大图的缩小版,并不具有欣赏的目的,仅仅是方便用户在搜索结
果中事先预览相关照片,以确定是否是自己正在寻找的照片,进而提高照片搜
索的效率。正如二审法院指出的:"在搜索照片过程中所形成的涉案照片的
缩略图,是为实现照片搜索的特定目的,方便网络用户选择搜索结果的具体方
式。"根据缩略图确定是正在寻找的照片后,网络用户往往会点击缩略图的链
接,进入第三方网站获取更为清晰的大图,以实现照片欣赏或下载的目的。故
缩略图的目的并不是用于欣赏,并不产生替代相应大图的效果。

由此可见,根据我国现行《著作权法》,尽管缩略图并不符合"三步检验
法"的第一步,但却符合第二步和第三步:并不与作品的正常使用相冲突;也
没有不合理地损害著作权人的合法利益。在此情形下,如果严格按照我国著

作权法的现有规定,判定在搜索结果中显示缩略图的行为构成著作权侵权,网络搜索服务提供者要么寻求摄影作品著作权人的许可,导致经营成本大大增加;要么干脆放弃在搜索结果中使用缩略图,网络用户搜索照片的效率也将受到影响,不利于社会公共利益的发展。因此,在权衡各方面利益的基础上,显然不宜判定缩略图构成著作权侵权。

本案中,一审法院和二审法院并未从著作权限制与例外的角度进行分析,而是简单地判定涉案缩略图并不构成对涉案照片的复制,显然有欠妥当。尽管如此,就判决结果而言,一审法院和二审法院判定被告在搜索结果中显示的涉案缩略图不构成著作权侵权,是正确的。

参考文献

《中华人民共和国著作权法》

《信息网络传播权保护条例》

《中华人民共和国著作权法(修订草案送审稿)》

《与贸易有关的知识产权协议》

《欧盟电子商务指令》

《美国版权法》

李明德:《美国知识产权法》(第二版),法律出版社 2014 年版。

李明德、管育鹰、唐广良:《〈著作权法〉专家建议稿说明》,法律出版社 2012 年版。

"网页快照"是否侵犯著作权:

丛某某诉搜狗公司著作权案

基本案情

本案中,原告丛某某是文字作品《可耻的幸灾乐祸》的作者,2002年发表于《球报》报纸,后来天涯社区网站未经许可转载了原告的作品。被告搜狗公司提供搜索引擎服务,在其经营的搜狗搜索引擎中,提供了通往天涯社区网站所转载的原告作品的链接,并在该链接的下方提供"网页快照"服务,网络用户点击"快照"即可显示原告作品的内容。相关法院判决确认天涯社区网站于2010年9月删除了其所转载的原告的作品。原告提供的公证书显示,2011年2月12日,点击上述被告提供的链接显示网页无法打开,页面载明"抱歉,您所访问的页面不存在,该页面可能已被删除、更名或暂时不可用",但点击链接下方的"快照"仍然可以显示原告作品的内容,且文章落款处显示署名"丛某某"。

原告认为,被告搜狗公司未经许可,通过其搜索引擎的"网页快照"服务,向公众提供其作品,且在天涯社区网站删除该作品后,被告仍然未根据技术安排予以删除,侵犯了其享有的信息网络传播权,遂向北京市海淀区人民法院提起著作权侵权之诉。北京市海淀区人民法院一审判定被告构成信息网络传播权侵权((2013)海民初字第11368号民事判决书)。被告不服,向北京市第一中级人民法院提起上诉,二审法院推翻了一审法院的判决,判定被告在"网页快照"中提供原告作品的行为构成合理使用,并不构成信息网络传播权侵权((2013)一中民终字第12533号民事判决书)。

▶ 法律问题

本案中,一审法院和二审法院所讨论的法律问题是被告搜狗公司未经许可在"网页快照"中提供原告作品的行为是否构成信息网络传播权侵权。下面我们将结合一审判决和二审判决对该问题进行具体说明。

原告认为,被告搜狗公司未经许可,通过"网页快照"向公众提供其作品,侵犯了其信息网络传播权。被告抗辩认为,其作为搜索服务提供商,仅仅承担在收到著作权人和原网站通知后,断开或删除链接的义务。原告在起诉之前,并未向其发出删除、屏蔽网页快照的通知,且在原告起诉之前,已经自动删除了涉案作品的链接,并不存在侵权的主观过错,已经按照法律的要求履行了相应义务,并不构成侵权。

对于这个问题,一审法院认为,搜狗公司的网页快照中完整地展现了涉案作品,使得网络用户无需进入原始网站即可获得涉案作品,且在原始网站已经删除涉案作品时,被告的网页快照仍可完整地呈现涉案作品。被告的行为并不符合《信息网络传播权保护条例》第21条规定的免责条款,侵犯了原告的信息网络传播权。

二审法院推翻了一审法院的该项判定。二审法院首先认为,《信息网络传播权保护条例》第21条规定的免责事由针对的是"系统缓存"服务行为,被告提供网页快照的行为并不属于"系统缓存"行为,一审法院根据该条款判定被告构成信息网络传播权侵权,属于适用法律错误。二审法院进一步认为,被告通过网页快照提供原告作品的行为构成信息网络传播行为,该行为是否构成信息网络传播权侵权,关键在于是否构成合理使用。被告的行为虽然并不属于《著作权法》第22条规定的12种合理使用情形,但如果满足以下两个条件,仍然可以构成合理使用:是否符合合理使用行为的实质条件;如认定不构成合理使用,是否会对社会公众产生较大影响。二审法院进行逐一分析后,判定被告的行为构成合理使用,并不构成信息网络传播权侵权。

专家评析

本案起因于被告未经许可,在其提供的网页快照中再现了原告的作品。对于这个问题,一审法院判定构成信息网络传播权侵权,二审法院判定构成合理使用,并不构成信息网络传播权侵权。从一审判决和二审判决讨论的问题来看,相关问题主要集中在被告的行为是否构成著作权的限制与例外。下面我们将从权利的限制与例外和合理使用两方面对本案进行评析,并顺带提及《著作权法》第三次修订中权利的限制与例外条款的修订。

一、权利的限制与例外

权利的限制与例外(limitations and exceptions)是著作权法中的一项重要制度,它体现了作者的专有权利与社会公共利益之间的平衡。一方面,著作权法为作者规定了广泛的专有权利,让作者可以通过控制作品的使用与传播,进而获得合理的经济回报,激励优秀文学艺术作品的创作。另一方面,著作权法又对作者的专有权利作出一定的限制,防止著作权成为一种绝对的垄断权,妨碍社会公众对作品的正当使用和作品的正常传播,不利于科学文化事业的发展和繁荣。这样,虽然相关行为落入了著作权的控制范围,但如果属于权利的限制与例外的情形,亦并不构成著作权侵权行为。

正是由此出发,相关国际公约对权利的限制与例外作出了明确规定。最早规定权利的限制与例外的是《伯尔尼公约》,其第9条明确规定了复制权的例外,即"本联盟成员国的立法可以准许在某些特定情况下复制上述作品,只要这种复制不与该作品的正常利用相冲突,也不致不合理地损害作者的合法利益"。这就是著名的"三步检验法"(three-step-test),即相关复制是特殊情况下的复制,不与作品的正常使用相冲突,没有不合理地损害作者的合法利益。只要未经许可的复制能通过"三步检验法"的检验,即不构成复制权侵权。值得注意的是,《伯尔尼公约》权利的限制与例外仅仅适用于复制权,并不适用于著作权的其他内容。

到了《与贸易有关的知识产权协议》,"三步检验法"的适用范围得到扩张,从复制权扩张到了所有的经济权利和精神权利。协议第13条"限制与例外"规定:"全体成员均应将专有权的限制或例外局限于一定特例中,该特例应不与作品的正常利用冲突,也不应不合理地损害权利持有人的合法利益。"《版权条约》也做了类似的规定,其第10条"限制与例外"规定:"缔约各方在某些不与作品的正常利用相抵触,也不无理地损害作者合法利益的特殊情况下,可在其国内立法中对依本条约授予文学和艺术作品作者的权利规定限制或例外。"这样,权利的限制与例外在著作权国际公约层面得到了规定,并以"三步检验法"作为检验标准。只要未经许可的作品使用行为符合"三步检验法",即不构成著作权侵权。

至于"三步检验法"中的特殊情形的范围,相关国际公约并未明确,而是交由各国著作权法作出具体规定。按照大陆法系的立法模式,由于著作权的限制与例外属于对天赋人权的限制,应当尽可能明确,故采取穷尽式列举的立法模式。例如,《德国著作权法》第 44 条到第 63 条,规定了 10 余种著作权的限制与例外的情形,并就其适用的具体条件做了规定。欧盟《信息社会版权指令》第 5 条也列举了 21 项权利的限制与例外,包括:公共图书馆、教育机构、博物馆和档案馆所从事的某些复制行为;广播组织为了自己播放节目的目的,通过自己的广播设施对作品所制作的暂时录音制品;等等。甚至英国版权法,其权利的限制与例外制度,也采取了穷尽式列举的立法模式。《英国版权法》第 29 条到第 30 条规定了三种"合理处置"(fair dealing)情形,包括:为了研究和个人学习的目的的作品使用;为了报道时事新闻的目的的作品使用;为了批评或评论目的的作品使用。一般而言,采取穷尽式列举的权利限制与例外制度,清晰和明确是其立法宗旨,相关作品使用行为只有严格属于所列的具体情形,方具有构成著作权的限制与例外的可能性,不允许对所列的具体情形作出扩大解释。

与大陆法系著作权限制与例外制度的立法模式类似,我国著作权法对构成权利限制与例外的特殊情形也采取了穷尽式列举的立法模式。《著作权法》第 22 条列举了 12 种构成权利的限制与例外的特殊情形,包括:为了个人学习、研究或者欣赏,使用他人已经发表的作品;为了介绍、评论某一作品或者说明某一问题,在作品中适当引用他人已发表的作品;为报道时事新闻,在报纸、期刊、广播电台、电视台等媒体中不可避免地再现或者引用已经发表的作品;等等。值得注意的是,我国《著作权法》第 22 条仅仅规定了"三步检验法"中的特殊情形,并未规定不与作品的正常使用相冲突和没有不合理损害作者的合法利益。但《著作权法实施条例》第 21 条规定:"依照著作权法有关规定,使用可以不经著作权人许可的已经发表的作品的,不得影响该作品的正常使用,也不得不合理地损害著作权人的合法利益。"这样,将《著作权法》第 22

条与《著作权法实施条例》第 21 条结合起来,国际公约中的"三步检验法"在我国著作权法中得到完整体现。

由此,我国著作权限制与例外的判定,亦适用"三步检验法"作为检验标准,即相关作品使用行为应当属于《著作权法》第 22 条规定的 12 种特殊情形之一,且该作品使用行为不得影响作品的正常使用,也不得不合理地损害著作权人的合法利益。只有同时满足上述三个标准的未经著作权人许可的作品使用行为,才能构成著作权的限制与例外。任何一个标准的不符合,都意味着相关作品使用行为并不构成著作权的限制与例外,应判定构成著作权侵权行为。

具体到本案,被告未经许可,在其提供的网页快照服务中向公众提供了原告的作品,其行为具有使公众在选定的时间和选定的地点获得原告作品的特点,已经构成信息网络传播行为。然而,该行为是否落入原告的信息网络传播权的控制范围,应当考察该行为是否构成著作权的限制与例外。这样,关键问题就在于被告的信息网络传播行为能否通过"三步检验法"的检验。显然,正如二审法院所指出的,被告对原告作品提供网页快照服务的行为并不属于我国《著作权法》第 22 条所列举的 12 种情况,也不属于《信息网络传播权保护条例》第 6 条规定的 8 种情况。在此情形下,被告未经许可向公众提供原告作品的行为,在客观上确实无法通过"三步检验法"的检验。严格来说,在此情形下,二审法院判定被告未经许可在网页快照中再现原告作品的行为仍然构成合理使用,已经突破了著作权法的现有规定。

应该说,我国著作权的限制与例外,并没有设置兜底条款,这种穷尽式列举的立法模式具有僵化性,不利于应对科学技术和商业模式发展所产生的新问题。而本案就是我国著作权限制与例外制度的僵化性的典型体现。事实上,正如本案二审判决指出的,被告在网页快照中使用原告作品,并不会"不合理"地损害著作权人的利益,对社会公众而言亦具有不可替代的实质价值。如果认定不构成权利的限制与例外,将对社会公共利益产生较大影响。二审法院从合理使用的实质要件和社会公共利益的角度出发,认为我国《著作权法》第 22 条规定的 12 种情形之外的其他特殊情形,也可以构成作品的合理使用,在一定程度上弥补了我国著作权限制与例外制度的僵化性,是一种有益的探索。

鉴于我国《著作权法》第22条权利的限制与例外制度具有僵化性,加之我国司法实践已判断《著作权法》第22条规定的12种特殊情形之外的其他情形亦可构成合理使用,有必要对我国著作权的限制与例外制度作出修订,以增强其应对科学技术发展的弹性。正是在此背景下,《中华人民共和国著作权法(修订草案送审稿)》第43条在现行《著作权法》第22条的基础上,增加了"(十三)其他情形"这一兜底条款。这样,在其他特殊情形下,如果相关作品使用行为并不影响作品的正常使用,也没有不合理地影响作者的合法权利,那么相关行为就可能不被判定为著作权侵权行为。应该说,该兜底条款的增加能够改善现有权利的限制与例外制度的僵化性,为应对科学技术发展所出现的新问题提供了法律空间,是一个进步的立法方向。

二、合理使用

严格来说,我国《著作权法》第22条规定的是"权利的限制与例外",并非一些著作权法教材和个别法院判决所称的"合理使用",它们属于两种不同的抗辩制度。"合理使用"是指美国版权法第107条规定的合理使用(fair use)。在著作权法体系中,包括我国《著作权法》中,只有权利的限制与例外制度,并没有美国版权法意义上的"合理使用"抗辩制度。

关于权利的限制与例外,美国版权法采取了独特的立法模式,它既规定了权利的限制与例外制度,也规定了合理使用抗辩制度。具体而言,美国版权法第108条到第122条规定了权利的限制与例外制度,诸如图书馆和档案馆复制的例外,关于临时复制的例外等具体情形。该种权利的限制与例外在美国版权法中被称为"法定许可"(statutory license),使用者无需经过版权人许可,但仍需要向其支付报酬。同时,美国版权法第107条还规定了合理使用抗辩制度,包括合理使用的一般性规定和合理使用的四个判定因素。合理使用的一般性规定是:"为了诸如批评、评论、新闻报道、教学(包括为了课堂使用的多份复制)、学术或研究的目的,而对享有版权的作品的合理使用,包括诸如以复制品或录音方式的复制,或者以第106条规定的其他任何方式的使用,都不是版权侵权行为。"合理使用的四个判定因素包括:"(1)使用的目的和特点,包括该使用是否具有商业的特点,或是为了非营利的教育目的;(2)享有版权的作品的特点;(3)与享有版权的作品的整体相比,使用部分的数量和质量;(4)使用对享有版权的作品的潜在市场或价值产生的影响。"

值得注意的是,美国版权法对合理使用抗辩制度的规定,并没有采用诸如"三步检验法"一样的严格界定,而是一种开放式的非穷尽性列举。同时,判定合理使用的四个因素也并非决定性和排他性,它仅仅为法院判定被控侵权行为是否构成合理使用提供了一个指南,在具体的案件中,法院仍然可以考虑其他判定因素。可见,美国版权法第107条规定的合理使用抗辩制度具有较大的弹性,只要被告能够证明其未经许可的作品使用行为达到合理使用的实质要求,即可不被判定为版权侵权。

这样,根据美国版权法的规定,在具体的案件中,被控侵权者可以首先寻求美国版权法第108条到第122条所具体列举的法定许可作为抗辩。当上述抗辩无法成立时,被控侵权者仍然可以寻求美国版权法第107条规定的合理使用作为抗辩。

应该说,美国版权法既规定权利的限制与例外,又规定合理使用抗辩制度,具有较强的灵活性。对于有利于促进社会公共利益且不影响作品的正常使用,也不存在不合理损害作者的合法利益的作品使用行为,可以根据合理使用进行抗辩,从而实现权利人利益和社会公共利益之间的平衡。例如,在"作家协会诉谷歌公司"(Authors Guild v.Google Inc.)案中,原告认为,被告未经许可扫描图书并通过谷歌搜索引擎向公众提供作品片段的行为,侵犯了美国版权法第106条规定的复制权、发行权和展览权。被告根据美国版权法第107条提出合理使用抗辩。美国纽约南区地方法院在对合理使用的四个判定因素逐一分析后,判定被告扫描图书并向公众提供作品片段的行为构成合理使用,并不构成版权侵权。可见,美国版权法既规定权利的限制与例外,又规定合理使用抗辩制度的立法模式,有利于实现权利人利益与社会公共利益之间的利益平衡,能够有效应对科学技术的发展带来的新问题,具有借鉴意义。

笔者认为,我国《著作权法》第22条权利的限制与例外条款的修订,可以借鉴美国的合理使用抗辩制度。具体而言,可以采取将传统大陆法系的"清单式"列举与美国版权法中合理使用制度相结合的立法模式,即在保留《著作权法》第22条规定的基础上,规定合理使用抗辩制度及其判定因素,以增强我国著作权法中权利限制与例外制度的灵活性。笔者赞同中国社会科学院知识产权中心《〈著作权法〉第三次修订专家建议稿》的建议,在权利的限制与例外的现有 12 种情况的基础上,增加"(十三)其他属于合理使用的情形"。该条款与《中华人民共和国著作权法(修订草案送审稿)》第 43 条的"(十三)其他情形"相比,虽然均具有开放性和灵活性的特点,但引入合理使用抗辩制度,尤其是合理使用的判定因素,对司法实践或许更具有指引性。至于合理使用抗辩的判定因素,则由《著作权法实施条例》或最高人民法院司法解释作出进一步规定。这样,通过将权利的限制与例外制度与合理使用抗辩制度相结合,有利于我国应对科学技术和商业模式发展过程中出现的新问题。

同时,鉴于我国权利限制与例外的"三步检验法"分散在《著作权法》和《著作权法实施条例》当中,为了便于司法实践对权利限制与例外制度的理解和适用,建议在《著作权法》第三次修订过程中,将《著作权法实施条例》第 21 条的规定引入《著作权法》第 22 条,从而使"三步检验法"同一条款中得到完整体现。

参考文献

《中华人民共和国著作权法》

《著作权法实施条例》

《信息网络传播权保护条例》

《中华人民共和国著作权法(修订草案送审稿)》

《保护文学和艺术作品伯尔尼公约(1971 年巴黎文本)》

《与贸易有关的知识产权协议》

《版权条约》

《欧盟信息社会版权指令》

William Cornish, David Llewelyn, Tanya Aplin, *Intellectual Property*: *Patents*, *Copyright*, *Trade Marks and Allied Rights*（8*th Edition*）, Sweet & Maxwell, 2013.

李明德:《美国知识产权法》(第二版),法律出版社 2014 年版。

李明德、管育鹰、唐广良:《〈著作权法〉专家建议稿说明》,法律出版社 2012 年版。

未经许可登载时事性文章：

经济参考报社诉世华时代公司著作权案

| 基本案情 |

2012 年 7 月 25 日、7 月 27 日、8 月 3 日、8 月 10 日，《经济参考报》刊登了《营改增企业所获财政资金将征税》《财政部：继续实施积极财政政策》《营改增扩围 8 省市试点模式仿上海》《营改增规则现"盲区"纳税双方喊"头疼"》4 篇文章，文章作者署名均为记者张某、梁某某。同时，世华时代公司在其网站财讯网（网址为 www.caixun.com）刊登了 4 篇题目分别为《营改增企业所获财政资金将征税》《财政部：严格实施差别化住房税收政策》《营改增试点 9 月起逐步扩至 8 省市模式仿上海》《营改增规则现"盲区"纳税双方喊"头疼"》的文章。上述文章均未注明作者，文章内容与《经济参考报》同日登载的对应文章《营改增企业所获财政资金将征税》《财政部：继续实施积极财政政策》《营改增扩围 8 省市试点模式仿上海》《营改增规则现"盲区"纳税双方喊"头疼"》相比，除部分内容有增删外，主要内容基本一致。

经济参考报社认为财讯网侵犯了其信息网络传播权，起诉北京市大兴区人民法院。

经济参考报社向一审法院起诉称：经济参考报社的记者张某、梁某某共同于 2012 年 7 月 25 日、7 月 27 日、8 月 3 日、8 月 10 日在《经济参考报》上发表了上述 4 篇文章，世华时代公司未经许可在其网站财讯网上转载了上述文章。根据经济参考报社与上述文章记者的约定，文章著作权属于经济参考报社所有，世华时代公司行为侵犯了经济参考报社的信息网络传播权，经由经济参考报社律师发函要求付费使用，世华时代公司不予理会。故请求一审法院判令世华时代公司：（1）支付经济参考报社著作权侵权赔偿费用 2500 元；（2）承担经济参考报社为本案支出的合理费用律师费 874 元，公证费 65 元，其他开支

106 元。

世华时代公司在一审法院答辩称:经济参考报社的公证书公证时间为 2012 年 8 月 8 日,经济参考报社称向世华时代公司发过律师函,但世华时代公司从未收到过,经济参考报社亦没有证据证明已发过律师函,经济参考报社起诉时已超过 2 年诉讼时效;经济参考报社公证书公证程序存在重大瑕疵,不能作为认定侵权的证据;财讯网是为股民设立的免费资讯平台,并非营利机构,世华时代公司于 2014 年 5 月 14 日关闭该网站并删除涉案文章;涉案文章为时事性文章,世华时代公司的使用系合理使用,无需支付报酬;即使世华时代公司行为构成侵权,经济参考报社主张的赔偿金额过高,公证费、律师费及其他合理开支过高。故不同意经济参考报社的全部诉讼请求。

一审法院审理认为,根据涉案文章在《经济参考报》上刊载时的署名,在无相反证据情况下,可以认定张某、梁某某是涉案文章的作者。结合经济参考报社提交的《聘用合同书》,可以认定涉案文章系上述两作者在经济参考报社工作期间完成的职务作品,文章除署名权外的其他著作权归经济参考报社所有。世华时代公司未经经济参考报社许可,在其所有的网站财讯网上登载经济参考报社享有权利的文章,侵犯了经济参考报社作品的信息网络传播权,应当承担赔偿损失的法律责任。同时本案未超过诉讼时效。在具体经济损失数额方面,一审法院参考涉案作品独创性程度、字数,世华时代公司的主观过错、侵权情节、侵权持续时间、影响范围并参考作品稿酬标准等因素酌情予以确定。

世华时代公司不服一审判决,上诉至北京知识产权法院。世华时代公司诉称:(1)经济参考报社于 2012 年 8 月发现世华时代公司网站传播涉案作品,于 2015 年 5 月 15 日提起本案诉讼,经济参考报社的起诉已经超过诉讼时效期间。(2)涉案作品是关于政治、经济问题的时事性文章,根据《中华人民共和国著作权》第 22 条第 4 项的规定,世华时代公司使用涉案作品属于合理使用。(3)世华时代公司网站是一个免费的咨询平台,使用涉案作品在主观上没有过错;世华时代公司网站一直亏损,已于 2014 年 5 月 14 日关闭,在客观上没有给经济参考报社造成任何影响。(4)即使世华时代公司构成侵权,一审法院判决的经济损失和合理支出的数额也过高。

经济参考报社辩称，不同意世华时代公司的上诉请求。理由是：（1）经济参考报社就本案纠纷曾多次向世华时代公司致函主张权利，诉讼时效应当中断，故经济参考报社提起本案诉讼并未超过诉讼时效期间。（2）涉案作品是经济参考报社的记者撰写的关于财经问题的文章，不属于时事性文章。（3）世华时代公司的侵权行为给经济参考报社造成巨大的经济损失。

二审法院认为：（一）涉案文章是经济参考报社的记者撰写的关于财经问题的文章，并不属于"关于政治、经济、宗教问题的时事性文章"，世华时代公司使用涉案文章的行为不构成合理使用；（二）经济参考报社的起诉未超过诉讼时效期间；（三）综合考虑世华时代公司具有明显主观故意、严重客观影响的因素以及涉案文章具有较高的行业指导意义和市场价值，一审法院判决的经济损失及合理支出金额未超过合理限度。

二审法院驳回上诉，维持原判。

▶ 法律问题

本案涉及三个焦点问题：第一，涉案文章属于时事新闻、时事性文章抑或其他？世华时代公司使用涉案文章的行为是否构成合理使用。第二，经济参考报社的起诉是否超过诉讼时效期间。第三，经济损失及合理支出的判定。两审法院在上述问题上意见并不一致。

首先，根据涉案文章在《经济参考报》上刊载时的署名，在无相反证据情况下，可以认定张某、梁某某是涉案文章的作者。结合经济参考报社提交的《聘用合同书》，可以认定涉案文章系上述两作者在经济参考报社工作期间完成的职务作品，文章除署名权外的其他著作权归经济参考报社所有。世华时代公司未经经济参考报社的许可，通过其经营的财讯网向公众提供涉案文章，使公众可以在其个人选定的时间和地点获得涉案文章。世华时代公司的上述行为落入经济参考报社对于涉案文章享有的信息网络传播权所直接控制的行为范围之内。

针对第一个焦点问题，世华时代公司提出了涉案文章系时事性文章，其被诉行为属于合理使用的抗辩。根据《著作权法》第22条第1款规定：在下列情况下使用作品,可以不经著作权人许可,不向其支付报酬,但应当指明作者姓名、作品名称,并且不得侵犯著作权人依照本法享有的其他权利:……(四)报纸、期刊、广播电台、电视台等媒体刊登或者播放其他报纸、期刊、广播电台、电视台等媒体已经发表的关于政治、经济、宗教问题的时事性文章,但作者声明不许刊登、播放的除外……因此,如果涉案作品构成时事性文章,他人即可合理使用。而一审法院认为,时事性文章是指通过报纸、期刊、广播电台、电视台等媒体报道的单纯客观事实,而涉案文章则表达了作者对相关事实、问题的选择和思考,在结构和言辞上体现了作者的独特构思和表达,而并非对某一客观事实的简单陈述,故不属于时事性文章。因此,涉案文章作为普通的文字作品,并不存在合理使用的问题,世华时代公司侵犯了涉案文章享有的信息网络传播权。

二审法院则认为,一审法院认定涉案文章不属于可以合理使用的时事性文章的结论是正确的,但论述中,却将时事性文章等同于"单纯客观事实",这一论述是不准确的。所谓"单纯客观事实",指的是《著作权法实施条例》第5条第1项规定的"时事新闻",即通过报纸、期刊、广播电台、电视台等媒体报道的单纯事实消息。"时事新闻"不属于著作权法保护的作品。因此,"时事新闻""时事性文章"和"其他文字作品"的概念应予以明确,即"时事新闻"不构成作品,"时事性文章"虽然构成作品,但可以合理使用,"其他文字作品"构成作品,不存在权利的限制与例外。

同时,二审法院还进行了进一步阐述说,即使涉案文章属于"时事性文章",世华时代公司使用涉案文章时未注明作者,并且修改了文章的标题和内容,已不再构成合理使用,相反,已经侵害了经济参考报社对于涉案文章享有的修改权。

对于第二个焦点问题,两审法院均认为世华时代公司上传涉案文章的时间为 2012 年 8 月 10 日前,其侵权行为自登载之日持续至 2014 年 5 月 14 日,而本案经济参考报社起诉时间为 2015 年 5 月 15 日,距世华时代公司停止侵权时间并未超过 2 年时间。

第三个焦点问题,侵权损害赔偿如何确定。一审法院认为,本案计算侵权赔偿数额的时间应当自经济参考报社起诉之日向前推算 2 年,且应当减去世华时代公司停止侵权之日至经济参考报社起诉之日的期间，也就是计算侵权损害赔偿的期间为 2013 年 5 月 15 日至 2014 年 5 月 14 日。经济参考报社主张的损害赔偿为：（1）侵权赔偿 2500 元；（2）合理支出共计 1045 元。一审法院认为经济参考报社未就其实际损失或世华时代公司的违法所得提供确实证据予以证明，因此，参考涉案作品独创性程度、字数、世华时代公司的主观过错、侵权情节、侵权持续时间、影响范围并参考作品稿酬标准等因素，判决世华时代公司赔偿经济参考报社经济损失及合理开支 1700 元。

二审法院首先对世华时代公司关于其使用涉案文章没有主观过错和客观影响的上诉主张作出回应，认为涉案文章发表于《经济参考报》，并有作者署名。在这种情况下，世华时代公司未经许可，擅自将涉案文章在其经营的财讯网上传播，主观故意明显，客观上亦产生了剥夺《经济参考报》的部分市场利益的效果。不仅如此，世华时代公司具有主观故意并产生客观影响还表现在：第一，《经济参考报》与财讯网主要发布的就是财经方面的具有时效性的文章，这恰好是双方共同的主要盈利内容；第二，涉案文章在《经济参考报》发表后的第一天，世华时代公司就在其经营的财讯网传播了涉案文章，这一时间属于涉案文章受到业界和社会高度关注，具有最大市场价值的期间；第三，世华时代公司侵权使用经济参考报社同类文章的数量巨大，具有大规模侵权的特征。

而在确定经济损失的问题上，二审法院除了考虑世华时代公司具有明显主观故意和严重客观影响的因素之外，还应当考虑到涉案文章具有较高的行业指导意义和市场价值。因此，经济参考报社主张的侵权损害赔偿总和已经超过了一审法院判决经济损失和合理支出共计 1700 元的数额了。但鉴于本案只有世华时代公司提出上诉，经济参考报社并未提出上诉，因此关于判赔经济损失和合理支出的问题，二审法院只能就该数额是否过高作出判决，而无权就该数额是否过低作出判决。

综上，二审法院驳回上诉，维持原判。

专家评析

本案对于"时事性文章"的界定有一定的指导意义。

首先,所谓"时事性文章",可见于《著作权法》第 22 条第 4 项的规定,即"报纸、期刊、广播电台、电视台等媒体刊登或者播放其他报纸、期刊、广播电台、电视台等媒体已经发表的关于政治、经济、宗教问题的时事性文章,但作者声明不许刊登、播放的除外",以及《信息网络传播权保护条例》第 6 条第 7 项的规定,即向公众提供在信息网络上已经发表的关于政治、经济问题的时事性文章,可以不经著作权人许可,不向其支付报酬。

与"时事性文章"息息相关的另外一个概念"时事新闻"。

众所周知,"时事新闻"是著作权法明确排除在外的不予保护的对象。根据《著作权法实施条例》的规定,时事新闻,是指通过报纸、期刊、广播电台、电视台等媒体报道的单纯事实消息。从学理上来说,"时事新闻"不享有版权,基本原因在于其在"形式与内容"结合时,具有"唯一表达"性。也就是说,其他记者或报刊表达同一新闻事实时,也只可能以同样方式表达。这种单纯事实消息如果享有版权,就会妨碍信息的传播。我国《著作权法》第 5 条规定的"时事新闻"则是来源于《伯尔尼公约》第 2 条第 8 款,其内容是"本公约的保护不适用于日常新闻或纯属报刊消息性质的社会新闻"。因此,也不难看出,这里所指的"时事新闻"是指事实本身。

而对于描述"时事新闻"的文字而言,如果其仅仅是按照新闻报道的要求,说明了时间、地点、人物、事件,则该文字表达很可能无法满足著作权法对独创性的要求,因此其并不构成作品。典型案例如"金报电子音像出版中心诉北方国联信息技术公司案"(北京市第一中级人民法院(2010)一中民终字第 10328 号民事判决书),其中涉案的新闻报道为:"第 36 届世界期刊大会今天进入第二天,今天进行的主要议题是发展中国家的期刊市场、期刊与搜索引擎:挑战还是机遇、商业媒体的全球化变革、传统期刊的数字化发展战略等,这些议题将在四个分会场同时进行,人民网传媒频道全程图文直播。在昨天的开幕式上,国务委员陈至立、新闻出版总署署长柳斌杰、北京市市长王岐山、国际期刊联盟执行主席唐纳德·库墨菲尔德等先后在开幕式上致辞。大会秘书长、新闻出版总署副署长李东东主持开幕式。共有来自全球 45 个国家和地区的 1000 多位期刊出版业精英出席了此次大会。"法院指出:该文中"议题、出席人员、发言人员等都是客观事实的组成部分,没有明显的思想、情感、修辞、评论成分。基于新闻报道的真实性要求，报道者只能按照时间、地点、顺序对客观事实进行叙述，没有作者发挥的余地，也没有个性表达的空间"，并据此认定上述内容属于著作权法上的时事新闻。

"时事性文章"完全不同于"时事新闻"的地方在于，"时事性文章"满足著作权法对于独创性的要求，已经构成作品。但出于作品创作者和社会公众之间利益的平衡，又针对"时事性文章"规定了权利的限制。对于"时事性文章"的合理使用固然是出于公共利益的考虑，但该条规定往往也成了被诉侵权人的抗辩理由，即转载的涉案作品系已发表的时事性文章。因此，准确界定涉案作品是否属于时事性文章尤为重要。

《著作权法》第 22 条第 4 项规定的"报纸、期刊、广播电台、电视台等媒体刊登或者播放其他报纸、期刊、广播电台、电视台等媒体已经发表的关于政治、经济、宗教问题的时事性文章，但作者声明不许刊登、播放的除外"，以及《信息网络传播权保护条例》第 6 条第 7 项规定的向公众提供在信息网络上已经发表的关于政治、经济问题的时事性文章，可以不经著作权人许可，不向其支付报酬，源于《伯尔尼公约》第 10 条第 2 款第 1 项的规定，即"本同盟各成员国的法律得允许通过报刊、广播或对公众有线传播、复制发表在报纸、期刊上的讨论经济、政治或宗教的时事性文章，或具有同样性质的已经广播的作品，但以对这种复制、广播或有线传播并未明确予以保留的为限。然而，均应明确说明出处；对违反这一义务的法律责任由被要求给予保护的国家的法律确定"。当时公约的制订者认为促进信息在国际间的自由流动，特别是让一国民众了解其他国家报刊上出现的政治观点，比保护作者的著作权更为重要，因此在作者没有作出保留声明的情况下，一国的报刊可以自由地复制和翻译其他国家报刊中登载的文章，而对于讨论政治问题的文章，其他国家的报刊有复制和翻译的绝对自由，作者甚至不能通过作出保留声明而阻止这种行为。随着各国报刊业的发展和记者与其他作者权利意识的增强，《伯尔尼公约》在后续的几次修订中逐渐加强了对报刊中登载的作品的保护，并缩小了允许自由复制的范围。因此，即使对这一规定予以保留，也应作出严格解释：只有当一篇文章涉及对当前政治、经济和宗教生活中重大问题的讨论且具有很强的时效性时，对它的转载和广播才可能被认定为"合理使用"。本案中，二审法院虽未对"时事性文章"给出定义,但举例称:《人民日报》刊登的社论文章就属于典型的"关于政治问题的时事性文章"。

既然难以对"时事性文章"给出明确定义,那不妨从反面,即什么样的文章不构成"时事性文章"。本案中,涉案文章表达了作者对相关事实、问题的选择和思考,在结构和言辞上体现了作者的独特构思和表达,而并非对某一客观事实的简单陈述,故不属于时事性文章。

在早期的北京三面向版权代理有限公司与合肥邦略科技发展有限公司著作权侵权纠纷案中(安徽省高级人民法院(2007)皖民三终字第0029号),法院亦持这样的观点。在该案中,北京三面向公司为《国产手机乱象》一文的著作权人,并将《国产手机乱象》一文发表于中国营销传播网,但未声明"不得转载",合肥邦略公司在其邦略·中国网站的相关网页上刊载了该文,并注有"来源:中国营销传播网"的字样。仅从行为要件来看,此案更加符合合理使用的构成要素,合肥邦略公司亦主张了涉案作为属于关于政治、经济以及宗教问题的"时事性文章",其转载属于合理使用。此案的二审法院认为:涉案文章《国产手机乱象》一文,作者从国产手机厂家面临的严峻形势起笔,主要评论了他们各自寻求出路的营销策略。关于严峻形势的内容约为文章篇幅的四分之一左右,而营销策略部分则占到四分之三左右。此外,从表达方式上看,"时事性文章"主要体现为在进行时事报道的同时夹叙夹议地对"时事"进行描述、评论,其语言较为严谨、理性、客观。观《国产手机乱象》一文,作者文笔飘逸,使用了大量修辞手法,融入了许多主观色彩。因此,原审判决将"时事性文章"界定为"当前受到公众关注的涉及政治、经济或宗教问题的文章"显然失之于宽,过于关注时效性,而忽略了重大性,不利于对著作权人的保护。北京三面向公司将"时事性文章"理解为"党政机关为某一特定事件而发表的文章,类似于官方文件"显然失之于严,过于关注主体特定性和重大性,而忽略了时效性,不利于公众信息权的保障。可见,上述两种解释均不足取。由于"国产手机乱象"并不能归结为"国内外大事",缺乏重大性特征,《国产手机乱象》一文虽可以认定为关于经济问题的文章,但不能当然地认定为经济问题的"时事性文章"。有鉴于此,合肥邦略公司未经著作权人许可转载该文,在北京三面向公司受让取得《国产手机乱象》一文的相关权利后,仍未支付相应费用,构成了对北京三面向公司的侵权。

综合上述分析,我们不难得出结论,作为客观事实的"时事新闻"不构成作品,因此也不受著作权法的保护。"时事性文章"虽然是着眼于与政治、经济、宗教相关"时事新闻",但不再是对"时事新闻"的简单描述,而是体现了最低限度上的独创性,此时,"时事性文章"已构成作品,但出于对公共利益的考虑,《伯尔尼公约》以及各国著作权法均规定了权利的限制,在某些情况下可以合理使用。但合理使用需有必要限度:第一,作者未公开声明"不得转载";第二,合理使用是必须指明作者姓名、作品名称,并且不得侵犯著作权人享有的其他权利,如不得对作品进行改编;第三,转载仅限于新闻媒体之间。此外,对于绝大多数的基于"时事新闻"的文章,已融入了创作者的主观构思,在内容上已体现了创作者的独特表达,已超出了"时事性文章"而构成普通的文字作品,已不再适用《著作权法》第22条第4项款规定的限制与例外。

对于诉讼时效的问题。《著作权法》关于诉讼时效的规定与《民法通则》一致,自权利人知道或者应当知道之日起两年。但与有形财产权不同的是,侵犯有形财产权往往是一次性的,诉讼时效的计算方式自然是从知道或应当知道权利被侵害之日起计算两年。但著作权属于无形财产权,其侵权行为有连续性的特点,因此,在诉讼时效的计算上,是把侵犯著作权视为"连续侵权",也就是说,把连续侵权的每一个侵权行为分别视为一个起算点,只追究起诉之日起往前推算两年之内的侵权行为。而对于权利人在某一侵权行为发生后两年之内未提起诉讼,也不会因此而导致其诉权的丧失,只要侵权行为在继续,权利人随时可以提起诉讼。但在损害赔偿的问题上,权利人就只能追究自诉讼提起之日起回推两年内的侵权行为。

本案中,世华时代公司上传涉案文章的时间为2012年8月10日前,其侵权行为自登载之日持续至2014年5月14日,而本案经济参考报社起诉时间为2015年5月15日,距世华时代公司停止侵权时间并未超过2年时间。但在损害赔偿上,经济参考报社只能主张2013年5月15日至2015年5月15日之间的损害赔偿,除去世华时代公司停止侵权的时间,也就是计算侵权损害赔偿的期间为2013年5月15日至2014年5月14日。

参考文献

《中华人民共和国著作权法》

《中华人民共和国著作权法实施条例》

《保护文学和艺术作品伯尔尼公约(1971年巴黎文本)》

李明德、许超:《著作权法》(第二版),法律出版社2009年版。

李明德、管育鹰、唐广良:《〈著作权法〉专家建议稿说明》,法律出版社2012年版。

工程设计图的保护范围：

水韵园林公司诉泰和通公司、华联公司著作权案

| **基本案情** |

　　本案中，被告泰和通公司负责被告华联公司"新光天地"商场一处水幕工程的设计、制作和安装。泰和通公司先是委托英国设计师完成了涉案水幕工程的概念图纸，后来又委托原告水韵园林公司，在该概念图纸的基础上进行深化设计。水韵园林公司根据该概念图纸，对涉案水幕工程进行了详细设计，并就该水幕工程进行了两次模拟样板实验。同时，根据泰和通公司的要求，将全部设计图提交给了泰和通公司。水韵园林公司的设计图与英国设计师的概念图纸相比，二者在图形的点、线、面以及图形结构等方面存在显著差异。后来，由于水韵园林公司与泰和通公司并未就涉案水幕工程价款和签约事宜达成合意，二者终止了后续合作。泰和通公司转而委托其他公司对涉案水幕工程进行深化设计与施工，最终使该工程竣工并通过验收。

　　原告认为，自己在英国设计师的概念图纸基础上，对涉案水幕工程进行了大量改进和深化设计，完成了整体水幕成品的设计图，构成著作权法保护的工程设计图作品。而泰和通公司委托其他公司对涉案水幕工程进行施工建设的过程中，实际使用了其工程设计图，包括水幕形成的基本核心技术、水幕墙使用了亚克力材料、水幕墙表面的钢条形状及安装方法、水幕出水技术措施、供水措施、整体水质处理技术等方面。故泰和通公司和华联公司未经许可使用该设计图建造水幕工程的行为，侵犯了其对设计图享有的复制权。遂向北京市朝阳区人民法院提起著作权侵权之诉。北京市朝阳区人民法院判定被告并不构成著作权侵权，驳回了原告的诉讼请求（（2015）朝民（知）初字第22682

号民事判决书)。

▶ 法律问题

本案中,一审法院所讨论的核心问题是,被告根据涉案工程设计图建造涉案水幕工程的行为,是否侵犯原告对其工程设计图享有的复制权。下面我们将结合一审法院的判决对该问题进行具体说明。

原告认为,涉案水幕工程的设计图构成受著作权法保护的工程设计图作品,被告未经许可按照该工程设计图作品施工建造涉案水幕工程的行为,侵犯了其享有的复制权。被告泰和通公司抗辩认为,涉案工程设计图并不构成作品,涉案水幕工程是根据其他公司的设计图进行施工,并未使用原告的设计图。且本案属于缔约过程中产生的纠纷,并非著作权纠纷,原告无权提起侵害著作权诉讼。被告华联公司抗辩认为,本案属于泰和通公司与原告之间的合同纠纷,而非著作权侵权纠纷,自己并非合同当事人,不应承担法律责任。

对于这个问题,一审法院首先认为,根据著作权法只保护思想观念的表达,而不保护任何思想、技术方案、实用功能、操作方法之类的基本原理,工程设计图作品的独创性体现在由点、线、面及各种几何图形构成的表达,而非其中所体现的施工方案、技术措施、操作方法。由此也决定了工程设计图作品的独创性体现在创作者的智力判断和选择,而非其中所体现的思想、技术方案、实用功能等内容。

一审法院进一步认为,对于工程设计图作品的保护,应当考察相关作品利用行为是否体现了作品本身的科学美感,而非考察是否实现了工程设计图所蕴含的实用功能、施工方案、操作方法等。根据工程设计图建造工程实物的过程不是一个再现科学美感的过程,而是实现工程设计图中所蕴含的实用功能、施工方案、技术方案等的过程。由此,著作权法对工程设计图作品的保护应当是禁止以平面到平面的复制形式使用作品,而不包括按照工程设计图进行施工建造工程实物。

一审法院得出结论说,原告的工程设计图在点、线、面等方面与英国设计师的概念设计存在显著差异,具有独创性,构成著作权法保护的工程设计图作品。该工程设计图的保护仅限于禁止未经许可的印刷、复印、翻拍等平面到平面的复制。原告主张的侵权行为是被告根据涉案工程设计图建造涉案水幕工程实物的行为，该行为并非平面到平面的复制行为，故被告并未侵犯原告对其工程设计图享有的复制权。此外，原告主张侵权的诸如水幕形成的基本核心技术、水幕墙使用了亚克力材料、水幕墙表面的钢条形状及安装方法等具体内容，均属于实用技术、操作方法等思想层面的内容，即使被告建造的涉案水幕工程体现了原告主张的上述内容，也不构成对原告涉案工程设计图作品的复制，并不构成著作权侵权。

专家评析

　　本案起因于原告为涉案水幕工程提供了工程设计图，而被告未经许可在工程建造过程中使用了原告的工程设计图。原告认为，被告按照工程设计图建造工程实物的行为侵犯了其对工程设计图享有的复制权。一审法院认为，涉案工程设计图作品的保护仅限于禁止平面到平面的复制行为，被告根据工程设计图建造工程实物的行为并未侵犯原告享有的著作权。由于本案涉及的核心法律问题是工程设计图的保护范围，而工程设计图在我国著作权法中属于图形作品的范畴。下面我们将从图形作品的角度对本案进行评析。同时，由于一审法院并未就被告提出的本案属于合同纠纷而非著作权纠纷的抗辩进行回应，我们将就著作权违约侵权的问题一并予以评析。

一、图形作品

　　根据著作权法的基本原理，著作权法只保护思想观念的表达，而不保护思想、工艺、操作方法或数学概念之类。一切能够承载思想观念的表达，都有可能构成著作权法的保护客体，包括文字的、图形的、音符的、数字的以及形态动作等方式。正是由此出发，《保护文学和艺术作品伯尔尼公约》第2条明确规定，"'文学和艺术作品'是指文学、科学和艺术领域内以任何方法或形式表现的一切产物"。在此基础上，《伯尔尼公约》将"与地理、地图、建筑或科学有关的图解（illustrations）、地图（maps）、设计图（plans）、草图（sketches）和立体作品（three-dimensional works）"明确列为著作权法保护的客体。

我国《著作权法》将上述作品归入"图形作品"这一类型。根据《著作权法实施条例》的规定，图形作品是指"为施工、生产绘制的工程设计图、产品设计图，以及反映地理现象、说明事物原理或结构的地图、示意图等作品"。从上述界定来看，与文学、音乐、美术等作品类型相比，图形作品具有典型的实用性特点，即工程设计图和产品设计图是以施工、生产为目的而绘制，地图和示意图是以反映地理现象、说明事物原理和结构而绘制。

应该说，根据著作权法只保护思想观念的表达，并不保护实用功能的基本原理，图形作品当中所蕴含的实用功能并不属于著作权法的保护范围，这些实用功能在符合专利的构成要件的情况下，可以申请专利进而获得专利法的保护。著作权法对图形作品的保护内容，仅仅限于图形作品当中的独创性表达。例如，地图当中反映地理现象的事实并不属于著作权法的保护内容，但地图绘制者独创的指示性或艺术性成分（如以熊猫表示动物园、以火车表示火车站、以篮球表示体育场等），属于著作权法保护的作品。又如，工程设计图当中所蕴含的技术方案、操作方法等实用功能也并非著作权法的保护内容，但体现在工程设计图之中的由点、线、面和几何图形构成的科学美感——独创性表达，属于著作权法保护的作品。

正是由此出发，图形作品独创性的判定并不取决于图形作品中实用功能之优劣，而在于图形作品是否体现具有独创性的科学美感。当然，这种科学美感与美术作品的艺术美感并不相同，前者处于科学领域，以服务于科学目的为宗旨，后者处于艺术领域，以服务于审美需求为目的。由此，我国著作权法将图形作品与美术作品归为不同的作品类别。一般而言，体现了图形绘制者独特选择、编辑、布局的图形设计就符合独创性的要求，并不要求图形作品具有如同美术作品一样的艺术水平，也不要求图形作品当中所体现的技术方案、操作方法或科学原理具有新颖性、创造性或实用性。

就图形作品的保护范围而言，工程设计图和产品设计图具有特殊之处。一般而言，基于美术作品的复制权，不仅包括禁止平面到平面的复制行为，而且包括禁止平面到立体的复制行为。例如，北京奥运会的吉祥物"贝贝""晶晶""欢欢""迎迎""妮妮"的形象构成美术作品，不仅未经许可将它们印刷出版会侵犯著作权人的复制权，而且将它们制作成为立体的毛绒玩具也将侵犯著作权人的复制权。对于工程设计图和产品设计图而言，其保护范围显然也包括禁止从平面到平面的复制行为，但能否包含禁止从平面到立体的复制行为，则与根据设计图而产生的客体是否构成作品密切相关。

一方面，如果根据设计图而产生的客体并不构成著作权法保护的作品，那么他人擅自使用工程设计图建造工程的行为，或者使用产品设计图生产产品的行为，均不属于著作权法意义上的复制，并不构成著作权侵权。此时，设计图的保护范围仅能获得禁止他人从平面到平面的复制行为。如果允许禁止他人从平面到立体的建造、生产行为，必然导致将实用功能以著作权法的方式保护起来，与著作权法并不保护实用功能的基本原理相违背。也正是由此出发，我国 1990 年《著作权法》第 52 条第 2 款规定："按照工程设计、产品设计图纸及其说明进行施工、生产工业品，不属于本法所称的复制。"

另一方面，如果根据设计图而产生的客体构成著作权法保护的建筑作品或三维艺术作品，那么他人擅自使用工程设计图建造工程的行为，或者使用产品设计图生产产品的行为，均构成对设计图的复制行为，著作权人有权予以制止。其基本原理是，建筑作品或三维艺术品的建造、生产，往往需要先绘制相关的设计图，再根据该设计图进行具体施工建设或生产。如果根据设计图建造、生产建筑作品或三维艺术作品的过程不属于复制的范围，那么建筑作品或三维艺术作品的著作权人仅能防止他人未经许可的平面到平面的复制，《著作权法》对建筑作品或三维艺术作品的保护也将会受到严重影响。故这种情况下，设计图的保护范围既包括制止从平面到平面的复制行为，也包括制止从平面到立体的复制行为。也正是由此出发，在我国 2001 年《著作权法》增加"建筑作品"后，相应删除了 1990 年《著作权法》第 52 条第 2 款的概括性规定。

可见，对于根据工程设计图和产品设计图建造、生产实物的行为，是否属于著作权人控制的复制行为，需要对相应实物是否构成建筑作品或三维艺术作品进行判定。如果相应实物构成作品，那么根据设计图建造、生产实物的行为构成著作权法意义上的复制行为；相反，根据设计图建造、生产实物的行为就不构成著作权法意义上的复制行为。从这个意义上说，全国人大常委会法制工作委员会《中华人民共和国著作权法释义》中关于"著作权法保护工程设计、产品设计图纸及其说明,仅指以印刷、复印、翻拍等复制形式使用图纸及其说明,不包括按照工程设计图、产品设计图纸及其说明进行施工、生产工业品"的立法解释,具有一定的片面性。

具体到本案,原告据以主张权利的是涉案水幕工程设计图,该工程设计图中包括水幕形成的基本核心技术、水幕墙使用了亚克力材料、水幕墙表面的钢条形状及安装方法、水幕出水技术措施、供水措施、整体水质处理技术等技术方案。根据上述分析,无论该工程设计图中所包含的技术方案多么具有新颖性、创造性或实用性,均不影响工程设计图本身的独创性判定,也不影响著作权法并不保护技术方案的基本原理。这些技术方案仅能在符合专利构成要件的情况下,申请专利进而获得专利的保护。根据案情,原告在英国设计师概念图纸基础上进行了深化设计,完成了28页的工程设计图,且原告的工程设计图与英国设计师的概念图在图形的点、线、面以及图形结构等方面存在显著差异,体现了绘制者对于点、线、面和几何图形的独特选择、编辑、取舍和布局,构成著作权法意义上的图形作品。

这样,接下来的问题是,如果被告确实根据原告的工程设计图建造了涉案水幕工程,是否侵犯了原告享有的著作权。如前所述,根据设计图建造、生产实物的行为是否落入图形作品的保护范围,应当区分相关实物是否构成著作权法意义上的作品。显然,水幕工程并不属于建筑作品。那么,该水幕工程是否属于三维艺术作品呢?不可否认,作为一种人造景观,该水幕工程具有一定的美感。但能否构成三维艺术作品还需要考察其"艺术方面"和"实用方面"能否进行分离。显然,该水幕工程美感的产生是相关技术方案、科学原理和操作方法综合作用的结果,其"艺术方面"与"实用方面"无法实现物理上或观念上的分离。如果对该水幕工程作为三维艺术作品提供著作权法的保护,必然在保护其"艺术方面"的同时,将"实用方面"纳入著作权法的保护范围,与著作权法只保护思想观念的表达,并不保护实用功能的基本原理相违背。由此,该水幕工程也并不构成三维艺术作品。

由此,在该水幕工程既不构成建筑作品,也不构成三维艺术作品的情况下,涉案工程设计图作为图形作品的保护范围,仅限于制止他人未经许可以印刷、复印、翻拍等平面到平面的复制行为,并不能制止他人根据涉案工程设计图建造实物工程的行为。由此看来,原告认为被告根据其工程设计图建造实物工程的行为侵犯了其著作权,并没有法律依据。一审法院判定原告工程设计图中的相关技术方案并不属于著作权法的保护客体,是非常正确的。但一审法院在分析涉案工程设计图的保护范围是否包括平面到立体的复制行为时,并未考虑到建筑作品或三维艺术作品的特殊情形,而直接认为"著作权法保护工程设计图作品应当是指禁止他人未经许可以印刷、复印、翻拍等平面到平面的复制形式使用作品,不包括按照工程设计图进行施工建造工程实物",显然这样的分析不够周延。但从判决结果来看,一审法院判定被告建造的涉案水幕工程即使使用了原告的工程设计图,也不构成对该工程设计图的复制,并未构成对原告著作权的侵犯,该判决结果是非常正确的。

二、著作权违约侵权

根据我国著作权法的规定,作品的使用应当签订著作权许可合同或转让合同。合同当事人并未履行合同,或者并未完全履行合同的,可能合同违约行为,进而依据合同法承担违约责任。例如,一小说作家与一出版社签订小说出版合同,约定由该出版社出版、发行其小说作品。同时,约定该出版社应向作家支付相应报酬。如果该出版社认为小说作品并无多大市场而并未履行出版义务,或者该出版社并未按照约定向作家支付报酬,那么该出版社并未按照合同约定履行义务的行为,构成合同违约行为,作家只能提起合同违约之诉。正是由此出发,我国《著作权法》第54条规定,当事人不履行合同义务或者履行合同义务不符合约定条件的,应当依照《民法通则》《合同法》等有关法律规定承担民事责任。

然而,并未按照著作权许可或转让合同履行义务的行为,不仅可能构成违约行为,还可能同时构成著作权违约侵权,即合同当事人未经许可实施了相关著作权项的控制行为,又不构成著作权的限制与例外。例如,在上述小说作家与出版社的例子中,如果该小说作品具有很好的市场销量,该出版社擅自将该小说作品翻译为英文出版发行,或者将该小说图书扫描为电子版通过信息网络进行传播,那么该出版社不仅违反了出版合同的约定,而且还构成了对该小说作者享有的翻译权和信息网络传播权的侵犯。又如，著作权转让合同仅仅约定转让信息网络传播权，但如果权利受让人不仅通过信息网络向公众提供作品，而且还通过无线广播对作品进行传播，那么权利受让人将同时构成合同违约行为和广播权侵权行为。也正是由此出发，《著作权法》第27条明确规定，许可使用合同和转让合同中著作权人未明确许可、转让的权利，未经著作权人同意，另一方当事人不得行使。

应该说，著作权违约侵权属于民法中侵权责任与违约责任竞合的情形，即一个行为同时符合两种法律责任的构成要件。根据我国《合同法》第122条的规定，因当事人一方的违约行为，侵害对方人身、财产权益的，受损害方有权选择依照合同法规定要求其承担违约责任或者依照其他法律规定要求其承担侵权责任。这样，在著作权违约侵权中，著作权人有权选择追究行为人的违约责任或侵权责任。

具体到本案，原告根据被告的委托，对涉案水幕工程进行了详细的工程设计图设计，原告也根据被告的要求将详细的工程设计图交付给了被告。根据《合同法》第43条的规定，当事人在订立合同过程中知悉的商业秘密，无论合同是否成立，不得泄露或者不正当地使用；泄露或者不正当地使用该商业秘密给对方造成损失的，应当承担损害赔偿责任。可见，尽管原告和被告后来并未就该水幕工程的价款和签约事宜达成合意，但对订立合同过程中获得的原告的工程设计图，被告应当承担不得泄露或不得进行不正当使用的义务。如果被告未经许可而擅自使用原告的工程设计图，不仅违反合同法的规定，而且构成著作权的直接侵权。在这种情况下，被告如果未经许可不正当地使用原告的工程设计图，将会产生与著作权违约侵权类似的法律效果，即原告有权选择提起著作权侵权之诉，也有权选择根据合同法的上述规定提起损害赔偿之诉。

被告泰和通公司提出的本案属于缔约过程中产生的纠纷，并非著作权纠纷的抗辩，显然并未认识到，如果其未经许可而擅自使用原告的工程设计图，将会导致既违反合同法相关规定，也同时可能构成著作权侵权行为之后果的问题。原告有权选择根据著作权法提起著作权侵权之诉，也有权选择根据合同法的规定提起损害赔偿之诉。如果原告选择根据合同法的规定提起损害赔偿之诉，只能起诉与原告具有缔约关系的被告泰和通公司。如果原告选择根据著作权的规定追究侵权责任,由于被告泰和通公司和被告华联公司具有委托合作关系,原告可以单独追究被告泰和通公司的著作权直接侵权责任,也可以同时追究被告华联公司的著作权共同侵权责任。可见,被告泰和通公司和被告华联公司关于本案属于合同纠纷的抗辩理由无法成立。一审法院尽管最终判决是正确的,但并未针对两个被告提出的本案属于合同纠纷的抗辩进行分析,显然有失偏颇。

参考文献

《中华人民共和国著作权法》

《著作权法实施条例》

《中华人民共和国合同法》

《保护文学和艺术作品伯尔尼公约(1971年巴黎文本)》

李明德:《知识产权法》(第二版),法律出版社2014年版。

王迁:《知识产权法教程》(第五版),中国人民大学出版社2016年版。

胡康生主编:《中华人民共和国著作权法释义》,法律出版社2001年版。

未经许可提供侵权作品的链接服务：

果子电影公司诉时越公司著作权案

| 基本案情 |

本案中，原告果子电影公司是电影作品《海角七号》的著作权人，被告时越公司是"悠视网"经营者，提供影视作品的搜索链接和在线播放服务，包括电影作品《海角七号》。相关公证书显示，在悠视网的"视频"栏目中输入"海角七号"后，出现6个搜索结果，点击其中任一搜索结果，均可实现电影作品《海角七号》的在线播放。该公证书还显示，其他作品的搜索结果均采用了相同的命名规则，如电视连续剧《大宋提刑官》包括94项搜索结果，其名称分别为"大宋提刑官01""大宋提刑官02"等，电视连续剧《柳树屯》包括49项搜索结果，其名称分别为"柳树屯01""柳树屯02"等。

原告认为，自己并未授权被链接网站对电影作品《海角七号》进行在线播放，被告未经许可擅自提供涉案电影的在线播放，侵犯了其享有的信息网络传播权，遂向北京市第一中级人民法院提起著作权侵权之诉。北京市第一中级人民法院判定被告并不构成信息网络传播权的直接侵权，但构成信息网络传播权的共同侵权（（2010）一中民初字第11822号民事判决书）。

▶ 法律问题

本案中，一审法院讨论的核心问题是，被告对原告电影作品《海角七号》提供在线播放的行为是否构成信息网络传播权侵权。下面我们将结合一审法院的判决对这个问题进行具体说明。

原告认为，被告未经许可擅自提供涉案电影的在线播放，该行为构成信息网络传播权侵权。被告抗辩认为，网络中虽然存在大量未经许可传播的内容，但亦存在大量正版内容的合法传播，作为搜索、链接服务提供者，其对被链接网站的内容是否构成侵权既不明知也不应知，且在接到原告发出的侵权通知后，自己已经及时断开了涉案电影的链接，故不构成著作权侵权。

对于这个问题，一审法院首先认为，对原告电影作品实施信息网络传播行为的行为人是被链接网站，被告仅仅是对被链接网站的内容提供搜索和链接服务，被告并不构成信息网络传播权的直接侵权。由于被告提供的搜索和链接服务客观上帮助了被链接网站内容的传播，故被告有可能构成信息网络传播权的共同侵权行为。在满足被链接网站实施直接侵权、被告的链接服务使得网络用户在被链接的页面即可获得原告电影作品、被告对被链接网站直接侵权具有"明知"或"应知"的主观状态三个要件的情况下，可以认定被告构成共同侵权行为。对于"应知"的判定，提供主动链接的服务者，要比提供被动链接的服务者承担更高的认知义务，链接到影视作品或知名歌手的音乐作品的服务者，要比链接到文字和图片作品的服务者承担更高的认知义务。

一审法院进一步认为，由于原告并未授权被链接网站提供涉案电影的在线播放，被链接网站构成信息网络传播权的直接侵权，被告提供的链接服务使得网络用户在被链接页面上可以直接获得涉案电影的在线观看，故被告提供了直接链接服务，对直接侵权提供了客观上的帮助。且公证书显示的其他作品的相同命名规则，说明被告对搜索结果进行了编辑整理，应当知晓被链接网站中提供的《海角七号》并未获得著作权人许可，故被告对于被链接网站的行为构成著作权侵权具有"应知"的主观状态。一审法院最后判定，被告实施的搜索、链接服务行为符合共同侵权的全部要件，构成对原告享有的信息网络传播权的共同侵权。

专家评析

本案起因于被告对原告的电影作品《海角七号》提供搜索、链接服务，而被链接的网站恰好并未获得原告信息网络传播权许可，导致该链接服务客观上对被链接网站的直接侵权起到了帮助作用，扩大了直接侵权行为的影响范围。一审法院认为，被告提供涉案搜索、链接服务时，对被链接网站的直接侵权具有"应知"的主观故意,构成信息网络传播权的共同侵权行为。由于本案既涉及被链接网站未经许可而实施的直接侵权,又涉及被告通过提供搜索、链接服务而实施的共同侵权,下面我们将从直接侵权和第三人责任两个方面对本案进行评析。

一、直接侵权

著作权直接侵权是指,未经著作权人的许可,通过复制、发行、演绎、表演、传播、展览等方式,直接侵犯作者的精神权利和经济权利,且并不构成权利的限制与例外的作品使用行为。著作权是各项专有权利的统称,每一项专有权利都控制着特定的行为类型,如复制权控制的是未经许可复制作品的行为,信息网络传播权控制的是未经许可通过信息网络向公众提供作品的行为。在作品使用行为落入了相应专有权利控制范围的情况下,还应当考察该使用行为是否构成权利的限制与例外。例如,是否为了个人学习、研究或者欣赏目的而使用作品,是否为了引用目的而使用作品,是否为了科学研究和教学目的而使用作品等。故判定相关作品使用行为是否构成著作权直接侵权,关键是看该行为是否落入了著作权的控制范围,以及是否构成权利的限制与例外。

著作权直接侵权适用无过错责任归责原则。即只要他人未经许可的作品使用行为落入了相应著作权项的控制范围,而又不构成权利的限制与例外,那么就构成著作权直接侵权,行为人故意或者过失的主观状态、是否造成实际损害等因素均不影响直接侵权的判定。事实上,不仅是著作权直接侵权适用无过错责任归责原则,在整个知识产权法领域,都适用无过错责任归责原则,即只要落入相关知识产权的控制范围,就构成知识产权侵权,权利人不需要证明行为人的主观状态即可获得禁令救济。至于行为人的主观过错,它仅仅是法院判定损害赔偿的数额时考虑的因素之一。正是在此基础上,《与贸易有关的知识产权协议》第45条第2款规定:"……在适当场合,即使侵权者(infringer)不知道,或没有充分理由知道自己从事侵权活动(infringing activity),成员仍可以授权司法当局责令侵权者返还利润(recovery of profits),和/或支付法定赔偿金(pre-established damages)。"

我国《著作权法》第47条规定了11项直接侵权行为,这些侵权行为分别对应相关著作权和邻接权。例如，"未经著作权人许可，发表其作品的""未经合作作者许可，将与他人合作创作的作品当作自己单独创作的作品发表的"对应的是"发表权"；"没有参加创作，为谋取个人名利，在他人作品上署名的"对应的是"署名权"；"歪曲、篡改他人作品的"对应的是"保护作品完整权"。事实上，未经许可而实施相关著作权和邻接权控制的行为，又不构成权利的限制与例外的，必然构成著作权和邻接权的直接侵权。由此看来，上述规定似乎具有重复规定的意味。

笔者认为，该条规定主要是为了强调，未经许可而实施由著作权和邻接权控制的行为，应当承担相应法律责任。至于何种行为构成著作权和邻接权侵权行为，可根据专有权利的相关条款进行判定。可见，《著作权法》第 47 条没有必要再对侵权行为的具体形态做重复规定。正是由此出发，《中华人民共和国著作权法（修订草案送审稿）》对此做了相应修改，即第 72 条规定："侵犯著作权或者相关权，违反本法规定的技术保护措施或者权利管理信息有关义务的，应当依法承担停止侵害、消除影响、赔礼道歉、赔偿损失等民事责任。"该条删除了现行《著作权法》第 47 条规定的 11 种直接侵权形态，改为"侵犯著作权或者相关权"。显然，这是一个进步的立法思路。

具体到本案，原告是电影作品《海角七号》的著作权人，享有信息网络传播权，有权禁止他人未经许可而通过信息网络向公众提供其作品。根据案情，被链接网站未经原告许可，提供原告电影作品的在线播放，使不特定的社会公众可以在选定的时间和地点获得该作品，该行为落入了原告信息网络传播权的控制范围，且该行为并不构成著作权的限制与例外，构成对原告信息网络传播权的直接侵权。该直接侵权的构成并不需要考察被链接网站是否具有主观过错，也不需要考察被链接网站是否给原告造成实际损害。由此可见，一审法院判定被链接网站构成对原告享有的信息网络传播权的直接侵权，是非常正确的。

二、第三人责任

如前所述，著作权法通过专有权利的方式，保护著作权人的利益。相关行为只有落入专有权利的控制范围，又不构成权利的限制与例外，才构成著作侵权。与之相应,在著作权制度发展之处,著作权法的主要调整对象也是著作权直接侵权行为。例如,盗版他人图书的行为,擅自提供盗版电影在线播放的行为,侵犯了复制权和信息网络传播权,著作权人有权请求法院下达禁令和判决损害赔偿。事实上,在一般的著作权侵权之诉中,著作权人往往也是起诉直接侵权者。然而,在某些情况下,起诉直接侵权者往往面临诸多困难。例如,当存在大量个人侵权者时,对他们进行逐一起诉,不但耗费巨大诉讼成本,而且即便获得胜诉,也未必能够获得充分的赔偿。

正是由此出发,司法实践中逐步发展出了第三人责任制度,即虽然第三人并未实施著作权直接侵权,但由于他对直接侵权行为的发生提供了帮助,或者由于他与直接侵权者存在某种特殊的关系,应当承担法律责任。第三人责任制度的产生,为著作权人提供了诉讼上的便利,有利于权利人从不同角度维护自己的权利。一方面,追究第三人的侵权责任,不仅避免了逐一起诉直接侵权者的弊端,而且在直接侵权以第三人的帮助为前提的案件中,能够达到"釜底抽薪"的效果,迅速制止直接侵权。另一方面,相对于个人侵权者而言,第三人可能具有更强的经济实力,能够确保损害赔偿能够得到有效的执行,实现著作权人诉讼的目的。

例如,在美国"Fonovisa, Inc. v. Cherry Auction, Inc."案中,原告是音乐唱片的版权拥有者,被告是跳蚤市场经营者,将若干个摊位出租给小商贩。在明知众多小商贩销售包括原告音乐唱片在内的假冒商品的情况下,该跳蚤市场经营者并没有采取有效的制止措施,仍然为这些小商贩提供经营场地服务。在这种情况下,如果原告对销售盗版唱片的小商贩逐一提起侵权诉讼,必将面临巨大的诉讼成本,或者即使胜诉,小商贩也难以支付法院判决的损害赔偿,进而无法有效维护自身权利。也正是出于上述考虑,原告选择追究跳蚤市场经营者的第三人责任,进而有效地维护了自己的权利。

第三人责任包括帮助侵权(contributory infringement)和替代责任(vicarious liability)两种类型。帮助侵权,是指通过教唆、引诱或提供物质手段的方式帮助他人实施直接侵权而构成的侵权行为。构成帮助侵权,往往需要满足以下三个要件:第一,存在直接侵权行为;第二,帮助侵权者对直接侵权客观上提供了教唆、引诱或物质手段的帮助;第三,帮助侵权者对直接侵权的发生具有"明知"或"应知"的主观故意。例如，在前述"Fonovisa, Inc. v. Cherry Auction, Inc."案中，跳蚤市场经营者在明知租用其场地的小商贩销售盗版唱片的情况下，仍然为其提供经营场所而未采取有效的制止措施，法院判定该跳蚤市场经营者构成帮助侵权。

替代责任，是指第三人与直接侵权者之间存在雇佣、合作、代理等特殊关系，并基于该特殊关系而应当承担的侵权责任。但著作权法中的替代责任并不限于上述特殊关系，即便第三人与直接侵权者之间不存在上述特殊关系，如果第三人有能力对直接侵权行为进行监控，并且从直接侵权行为中获得了经济利益，那么该第三人也应当承担替代责任。构成著作权侵权替代责任应当满足如下两个要件：第一，替代责任者有能力控制相关侵权活动；第二，替代责任者从直接侵权人的侵权活动中获得了经济利益。这样，著作权法中的替代责任，不仅存在于雇佣、合作、代理的关系，还可以延伸到连锁经营、租赁经营等诸多关系当中，因为在这些关系当中，连锁经营者和租赁经营者均有能力控制直接侵权行为，且从直接侵权行为当中获得了经营利益。

例如，在美国"Shapiro, Bernstein and Co. v. H. L. Green Co."案中，原告是录音制品的版权持有者，被告是一家连锁商店经营者。被告的一位承租者销售了原告录音制品的盗版制品。法院认为，被告与其承租者之间签订了租赁合同，规定承租者应当遵守被告所制定的管理规定，表明被告对其承租者的行为具有控制能力。该租赁合同还约定，承租者应当将相应比例的营业所得上交给被告，这说明被告从其承租者的直接侵权活动中获得了经济利益。由此，虽然被告并不知道承租者从事侵权活动的事实，但法院仍然判定被告应当承担版权侵权的替代责任。

随着互联网时代的到来，作品传播的速度和广度得到迅速提高，大大降低了著作权侵权的成本。面对海量的网络用户，著作权人或者难以找到直接侵权者，或者即便找到直接侵权者，也往往面临证据收集、直接侵权者无法充分支付损害赔偿等困难。在此背景下，各国著作权法对网络服务提供者在规定"避风港"原则保护的同时，也明确规定了网络服务提供者承担第三人责任的条件。例如，美国版权法第512条详细规定了临时的网络传输（ransitory digital network communications）、系统缓存（system caching）、信息存储（information residing）、信息定位工具(information location tools)的网络服务提供者免于承担第三人责任的条件。例如,针对信息定位工具(包括指南、索引、参考、指针和超级链接)服务商免于承担第三人责任的问题,该条第(d)款规定了以下三个条件:(1)(A)并不知道相关材料或者行为属于侵权;(B)在这种不知道的情况下,也并没有意识到导致侵权行为很明显的事实或情形;(C)或者在知道或意识到之后,采取移除相关资料,或断开接触该资料的渠道;(2)在服务提供者有权利和能力控制侵权行为的情况下,服务提供者并没有直接从侵权行为中获得金钱利益;(3)在收到被控侵权的通知后,迅速移除被控侵权资料,或者断开接触该资料的渠道。

我国并没有规定第三人责任制度,我国通过共同侵权制度来追究第三人责任。《侵权责任法》第9条规定,教唆、帮助他人实施侵权行为的,应当与行为人承担连带责任。针对网络服务提供者的共同侵权,《侵权责任法》第36条第3款规定:"网络服务提供者知道网络用户利用其网络服务侵害他人民事权益,未采取必要措施的,与该网络用户承担连带责任。"此外,《信息网络传播权保护条例》第20条、第21条、第22条、第23条分别针对网络传输服务提供者、网络系统缓存服务提供者、网络信息存储空间服务提供者、网络搜索或者链接服务提供者的免责事由分别作了规定,不符合免责事由的网络服务提供者,有可能构成著作权共同侵权。例如,《信息网络传播权保护条例》第23条就规定:"网络服务提供者为服务对象提供搜索或者链接服务,在接到权利人的通知书后,根据本条例规定断开与侵权的作品、表演、录音录像制品的链接的,不承担赔偿责任;但是,明知或者应知所链接的作品、表演、录音录像制品侵权的,应当承担共同侵权责任。"

具体到本案,被告并未直接实施著作权侵权行为,实施直接侵权行为的是被链接网站。但正如相关公证所显示的,有6家被链接网站未经许可擅自提供原告电影作品《海角七号》的在线播放。如果原告对这6家网站经营者逐一提起著作权侵权之诉,不仅耗时耗力,而且未必能够获得有效赔偿。在此情形下,原告选择对提供搜索、链接服务的本案被告提起著作权侵权之诉,追究其第三人责任,避免了起诉著作权直接侵权者所面临的现实困难,显然具有诉讼上的便利,有利于实现其诉讼目的。

　　如前所述，第三人责任分为帮助侵权和替代责任两种类型。不难发现，作为网络搜索、链接服务的提供者，其与被链接网站并不存在雇佣、合同或代理关系，也无法控制被链接网站的侵权活动，故被告并不构成替代责任。再来看被告是否有可能构成帮助侵权。构成帮助侵权，应当满足三个要件，即存在直接侵权行为。行为人对直接侵权活动的发生提供了教唆、引诱或物质手段的帮助，行为人对直接侵权的发生具有"明知"或"应知"的主观故意。被链接网站未经许可而擅自提供原告作品在线播放的行为，已经直接侵犯了原告享有的信息网络传播权，且被告的搜索、链接服务使得该直接侵权行为的侵权范围和侵权后果均得到加剧。由此，被告提供搜索、链接服务的行为满足帮助侵权的前两个要件。

　　然而，符合前两个要件并不必然导致帮助侵权的成立。如果第三人主观并没有任何过错，乃至并不知道直接侵权行为的存在，也并不构成帮助侵权。由此，剩下的问题是本案的被告是否具有"明知"或者"应知"的主观故意。应该说，第三人主观的"明知"或者"应知"属于心理状态，难以用客观的证据进行直接证明，大多数情况下，是根据案件事实和第三人的外部行为进行推断。一审法院从搜索结果的相同命名规则的案件事实出发，推断被告实施的是主动链接行为，由此判定被告应当承担较高的认知义务。一审法院还从涉案作品为电影作品的事实出发，判定被告有义务认知被链接网站是否提供正版内容。应该说，一审法院从主动链接而非被动链接的角度，从电影作品而非文字、图片作品的角度，推断被告"应知"的主观故意，是一种比较适合的探索，也属于法院自由裁量权的范围。

　　在此基础上，被告对被链接网站中的原告电影作品提供搜索、链接服务的行为符合帮助侵权的三个构成要件，构成著作权帮助侵权，应当承担第三人责任。考虑到第三人责任在我国表现为共同侵权责任，一审法院判定被告构成共同侵权，是非常正确的。

参考文献
《中华人民共和国侵权责任法》
《中华人民共和国著作权法》

《中华人民共和国著作权法(修订草案送审稿)》

《信息网络传播权保护条例》

《与贸易有关的知识产权协议》

《美国版权法》

李明德:《知识产权法》(第二版),法律出版社 2014 年版。

李明德:《美国知识产权法》(第二版),法律出版社 2014 年版。

王迁:《知识产权法教程》(第五版),中国人民大学出版社 2016 年版。

诉前责令停止侵权：

杨某某诉中贸圣佳公司、李某某著作权案

┃基本案情┃

本案中,诉前责令停止侵权申请人为杨某某,是我国著名的作家、翻译家、国外文学研究家(2016 年 5 月去世),她与我国著名文学研究家、作家钱某某(1998 年 12 月去世)为夫妻关系,钱某(1997 年 3 月去世)是二人的女儿。杨某某、钱某某、钱某与被申请人李某某为朋友关系,三人先后向李某某寄送私人书信上百封,这些信件由李某某收存。2013 年 5 月,被申请人中贸圣佳公司发布公告,准备于 2013 年 6 月 21 日举行"也是集——钱某某书信手稿"公开拍卖活动,公开拍卖杨某某、钱某某和钱某的上述私人信件,并准备于 2013 年 6 月 18 日举行预展活动。

杨某某认为,上述私人信件属于著作权法保护的文字作品,自己是该文字作品著作权的享有者和继承者。被申请人即将实施的公开拍卖活动,以及正在实施的公开展览、宣传活动,将会侵害其享有和继承的著作权,如果不及时制止,将会对其合法权益造成难以弥补的损害。遂向北京市第二中级人民法院申请诉前责令停止侵权,请求法院责令被申请人立即停止公开拍卖、公开展览、公开宣传等活动。2013 年 6 月 3 日,北京市第二中级人民法院下达裁定,支持了杨某某的诉前责令停止侵权申请((2013)二中保字第 9727 号民事裁定书)。

▶ 法律问题

本案中,北京市第二中级人民法院裁定涉及的法律问题是著作权的诉前责令停止侵权问题。下面我们将结合该案裁定对这个问题进行具体说明。

杨某某认为,钱某某、杨某某、钱某分别对各自创作的书信作品享有著作权,钱某某的著作权中的财产权由杨某某继承,署名权、修改权和保护作品完整权由杨某某保护,发表权由杨某某行使;钱某的著作权中的财产权由杨某某与钱某之配偶共同继承,署名权、修改权和保护作品完整权由杨某某和钱某之配偶保护,发表权由杨某某和钱某之配偶共同行使。由于钱某之配偶明确表示在本案不主张权利,故杨某某依法有权主张相关权利。被申请人中贸圣佳公司和李某某即将实施的私人信件公开拍卖活动,以及正在实施的公开展览、宣传等活动,将侵害杨某某享有和继承的著作权,如不及时制止上述行为,将会使杨某某的合法权益受到难以弥补的损害。

对于这个问题,北京市第二中级人民法院认为,涉案书信属于著作权法保护的文字作品,其著作权由信件的作者享有。任何人包括收信人和其他合法取得书信手稿的人,在对书信手稿进行处分时均不得侵害著作权人的合法权益。杨某某作为著作权人或著作权的继承人,享有涉案书信作品的发表权。在杨某某明确表示不同意公开书信手稿的情况下,被申请人中贸圣佳公司和李某某即将实施的公开预展、公开拍卖、公开宣传涉案书信手稿的行为,将构成对著作权人发表权的侵犯。如果不及时予以制止,将会给著作权造成难以弥补的损害。在此基础上,北京市第二中级人民法院裁定:被申请人中贸圣佳公司在拍卖、预展及宣传等活动中,不得以公开发表、展览、复制、发行、信息网络传播等方式,实施侵害钱某某、杨某某、钱某写给李某某的涉案书信手稿著作权之行为。

专家评析

本案起因于被申请人未经著作权人许可即将实施涉案书信手稿的拍卖行为。申请人杨某某认为,涉案书信构成作品,享有著作权,被申请人即将实施的拍卖行为将构成著作权侵权,给著作权人造成难以弥补的损失,故向法院申请诉前责令停止侵权的救济。北京市第二中级人民法院支持了原告的诉前责令停止侵权申请。由于该案涉及的主要问题是著作权的诉前责令停止侵权,下面我们将从诉前临时措施的角度对本案予以评析。同时,本案也涉及作者死亡后其精神权利发表权的保护问题,我们将对作者精神权利的保护问题一并予以评析。

一、诉前的临时措施

诉前的临时措施(provisional measures),是在权利人提起诉讼之前,由法院下达的以保护权利人利益为目的的临时性措施。知识产权诉前的临时措施在《与贸易有关的知识产权协议》中得到了明确规定。该协议第 50 条第 2 款明确规定:"在适当情况下,司法当局应有权在开庭之前依照一方当事人(in-audita altera parte)请求,采取临时措施,尤其是在一旦有任何延误则很可能给权利持有人造成不可弥补的损害的情况下,或在有关证据显然有被销毁的危险的情况下。"这样,在国际公约层面上,知识产权诉前的临时措施包括两种类型:诉前责令停止侵权和诉前证据保全。

在此基础上,协议第 50 条第 3 款规定了诉前临时措施申请的条件,即申请人应当向司法当局提供相关证据,证明自己是相关知识产权的权利持有人,以及相关侵权活动即将发生的事实。同时,权利持有人还应当提供诉讼保证金或担保。协议第 50 条第 4 款还规定,依单方请求而采取的临时措施,应当及时通知受此影响的当事各方,并在通知之后的合理期限内根据被告的请求提供复审,包括给被告以陈述的权利。此外,协议第 50 条第 6 款和第 7 款规定,在采取临时措施之后,如果申请人并未在合理时间内提起相关诉讼,则应根据被告的请求,撤销或中止临时措施。在临时措施被撤销、失效或事后发现始终不存在知识产权的侵权或侵权威胁时,申请人应当对因临时措施而给被告造成的任何损失,向被告提供适当的赔偿。

我国 2001 年修订《著作权法》时,亦根据《与贸易有关的知识产权协议》的上述规定,增加了第 49 条和第 50 条关于诉前临时措施的规定。具体而言,2001 年《著作权法》第 49 条规定的是诉前责令停止侵权和诉前财产保全,而第 50 条规定的是诉前证据保全。这样,与《与贸易有关的知识产权协议》相比,我国《著作权法》规定的诉前临时措施包括三种类型:诉前责令停止侵权、诉前证据保全以及诉前财产保全。由于本案涉及诉前责令停止侵权,下面我们将重点介绍诉前责令停止侵权的问题。

根据现行《著作权法》第 50 条(即 2001 年《著作权法》第 49 条)的规定,著作权人或者邻接权人有证据证明他人正在实施或者即将实施侵犯其权利的行为,如不及时制止将会使其合法权益受到难以弥补的损害的,可以在起诉前向人民法院申请采取责令停止有关行为和财产保全的措施;人民法院处理诉前责令停止侵权和财产保全申请,适用《民事诉讼法》关于保全的相关规定。同时,根据《最高人民法院关于审理著作权民事纠纷案件适用法律若干问题的解释》第 30 条第 2 款的规定,诉前责令停止侵权参照《最高人民法院关于诉前停止侵犯注册商标专用权行为和保全证据适用法律问题的解释》的规定办理。这样,我国诉前责令停止侵权制度主要适用以下规则。

诉前责令停止侵权的申请,应当向侵权行为地或者被申请人所在地对著作权或邻接权有管辖权的人民法院提出。诉前责令停止侵权申请人应当递交书面申请,并载明当事人及其基本情况、申请的内容和范围、申请的理由,包括有关行为如不及时制止,将会使著作权人或者利害关系人的合法权益受到难以弥补之损害的具体说明。申请人应当提交著作权或邻接权的权利证明,以及被申请人正在实施或者即将实施侵犯著作权或邻接权的行为的证据。人民法院作出诉前责令停止侵权的裁定事项,应当限于著作权人或邻接权人申请的范围。申请人提出诉前停止侵权的申请时应当提供担保,申请人不提供担保的,驳回申请。在执行诉前停止侵权裁定的过程中,被申请人可能因采取该项措施造成更大损失的,人民法院可以责令申请人追加担保;申请人不追加担保的,可以解除有关停止措施。

人民法院接受著作权人或邻接权人提出责令停止侵权的申请后,应当在 48 小时内作出书面裁定;裁定责令被申请人停止侵犯著作权或者邻接权的,应当立即开始执行;人民法院作出诉前责令停止侵权行为的裁定,应当及时通知被申请人,至迟不得超过 5 日。当事人对诉前责令停止侵权不服的,可以在收到裁定后 10 日内申请复议一次;复议期间不停止裁定的执行。人民法院对当事人提出的复议应当从以下方面进行审查:第一,被申请人正在实施或者即将实施的行为是否侵犯著作权或邻接权;第二,不采取有关措施,是否会给申请人合法权益造成难以弥补的损害;第三,申请人提供担保的情况;第四,责令被申请人停止有关行为是否损害社会公共利益。

著作权人或邻接权人在人民法院采取停止有关行为的措施后 15 日内不起诉的，人民法院应当解除裁定采取的措施。申请人不起诉或申请错误造成被申请人损失的，被申请人可以向有管辖权的人民法院起诉要求赔偿。停止侵犯著作权或邻接权行为裁定的效力，一般应维持到终审法律文书生效时止；人民法院也可以根据案情，确定停止有关行为的具体期限，期限届满时，根据当事人的请求及追加担保的情况，可以作出继续停止有关行为的裁定。

显然，诉前责令停止侵权制度的上述规则，对于及时制止相关侵权行为，有效保护著作权人或邻接权人的权利，具有重要的意义。从比较法的角度而言，我国著作权法规定的诉前责令停止侵权与英美法系版权法中的临时禁令并不相同，后者只有在权利人提起版权诉讼"之后"才能向法院提出申请。在提起诉讼之前，英美法系版权法中并没有与我国诉前责令停止侵权相对应的制度。

以美国为例，根据美国版权法第 502 条第 1 款的规定，任何有管辖权的法院，都可以按照相关条款的规定，授予临时性的和永久性的禁令，以防止或限制版权侵权。这样，美国版权法中的禁令制度分为临时禁令（preliminary injunction）和永久禁令（permanent injunction）两种类型。就临时禁令而言，它是指原告在提起版权侵权诉讼之后，为防止版权侵权行为对原告造成进一步损害而由法院下达的临时性禁令。是否下达临时禁令，法院往往需要考虑以下四个因素：第一，原告具有胜诉的可能性；第二，原告存在无可挽回的损失；第三，权衡双方当事人的损失，即下达禁令给被告造成的损失与不下达禁令给原告造成的损失；第四，维护公共利益。其中，原告胜诉的可能性和原告存在不可挽回的损失是法院考虑的重要因素，一般符合这两个因素即可以发布临时禁令。

可见，我国的诉前责令停止侵权与英美法系国家的临时禁令，都是在案件终局裁判之前，为防止侵权行为造成进一步损害而采取的临时性措施。但相比于英美法系国家的临时禁令而言，我国的诉前责令停止侵权，在权利人提起诉讼之前，就能够使权利人获得责令被告停止侵权的救济，更有利于保护著作权人的权利。

具体到本案，涉案书信是由钱某某、杨某某、钱某写给李某某的个人书信，构成著作权法意义上的作品。一方面,书信是人们沟通思想、交流感情、洽谈事宜的工具,书信的撰写需要作者进行构思,书信内容体现了作者的思想感情和精神人格,构成著作权法意义上的文字作品。另一方面,书信手稿均由钱某某、杨某某、钱某亲笔书写,书信的字迹亦是书写者的精神和人格的写照,具有一定美感,构成著作权法意义上的美术作品。由此,钱某某、杨某某、钱某对涉案书信作品享有发表权、署名权等精神权利,以及复制权、发行权、展览权、信息网络传播权等经济权利。尽管涉案书信手稿的物权所有人有权处置涉案书信手稿,但未经著作权人的许可不得擅自实施侵犯上述精神权利和经济权利的行为。

作为涉案书信作品著作权的享有者、继承者和保护者,杨某某并未同意将涉案书信作品公之于众。在此情况下,被申请人中贸圣佳公司和李某某正在实施或者即将实施的涉案书信的公开拍卖、公开预展、公开宣传之行为,将不可避免地使涉案书信作品公之于众,侵犯由杨某某享有和保护的发表权这一精神权利。同时,在公开拍卖、公开预展、公开宣传过程中,将不可避免地对涉案书信作品进行复制、发行、展览以及信息网络传播,从而侵犯杨某某享有和继承的复制权、发行权、展览权以及信息网络传播权等经济权利。对被申请人正在实施或即将实施的上述著作权侵权行为,如果不及时进行制止,将会使著作权人受到无法弥补的损失。故杨某某提起的诉前责令停止侵权之申请,符合我国著作权法规定的诉前责令停止侵权的申请条件。当然,根据上述司法解释的规定,诉前责令停止侵权的申请人还应当提交相应的担保。

根据上述司法解释的规定,在诉前责令停止侵权申请人提交著作权的权利证明,以及被申请人正在实施或者即将实施著作权侵权行为的证据的情况下,人民法院应当在48个小时内作出书面裁定。在此情况下,北京市第二中级人民法院裁定,被申请人中贸圣佳公司在拍卖、预展及宣传等活动中,不得以公开发表、展览、复制、发行、信息网络传播等方式,实施侵害杨某某享有和继承的著作权的行为。显然,该裁定是非常正确的。

二、作者精神权利的保护

作者的精神权利是作者就其作品中所体现的精神和人格所享有的权利。

根据《保护文学和艺术作品伯尔尼公约》第 6 条之二的规定，作者的署名权和保护作品完整权，在作者死亡后，至少在经济权利的保护期间，仍然受到保护，并可以由被请求保护国的法律授权的个人或机构行使。按照这个规定，对作者精神权利的保护，至少应当与经济权利具有相同的保护期限，并不排除各成员国对精神权利提供更长期限的保护。同时，精神权利的保护，可以由各国法律授权的个人或者机构行使。这样，关于作者精神权利的保护，《伯尔尼公约》为各国立法提供了以下自由选择的空间：第一，精神权利的保护期限至少与经济权利的保护期限相同，或者提供更长的保护期限；第二，精神权利保护可以由个人行使，或者由相关机构行使。

与《伯尔尼公约》的上述规定相对应，关于作者精神权利的保护，各国著作权法具有不同的立法模式。例如，法国著作权法规定，作者的精神权利没有保护期限的限制。作者死亡后，其精神权利由其后代加以继承，并由其后代加以保护。又如，德国著作权法规定，作者的精神权利与经济权利的保护期限相同，均为作者终生及其死后 70 年。作者死亡后 70 年以内，其精神权利由作者的继承人加以保护。而作者死亡 70 年之后，其精神权利由国家文化部门予以保护。我国《著作权法》第 20 条规定，作者的署名权、修改权、保护作品完整权的保护期不受限制（发表权与经济权利密切相关，其保护期限为作者终生及其死后 50 年）。《著作权法实施条例》第 15 条进一步规定，作者死亡后，署名权、修改权、保护作品完整权由作者的继承人或受遗赠人保护；著作权无人继承又无人受遗赠的，署名权、修改权、保护作品完整权由著作权行政管理部门保护。

应该说，我国关于作者精神权利的保护，与法国著作权法的立法模式较为接近，即作者的精神权利并没有保护期限的限制；作者死亡后，其精神权利由其继承人加以保护。规定精神权利没有保护期限的限制固然有助于突出精神权利在著作权中的核心地位，但作者死亡后其精神权利始终由其继承人加以保护似乎存在一定的问题。一方面，在经济权利保护期尚未届满前，作者的精神权利由经济权利的继承者予以保护，这个阶段并不会产生问题，因为经济权利的价值与精神权利的保护密切相关，如果继承人不保护作者的精神权利，其继承的经济权利也会受到影响。另一方面，在经济权利保护期届满之后，尤其是经过子孙数代之后,由作者的后代保护可能无法产生任何经济利益的精神权利,似乎不太现实。而且,在作者后代较多的情况下,对作者精神权利的保护,还可能出现相互推诿和无人承担的问题。

从这个角度来说,德国的立法模式可能更为合理。即作者死亡后,在相关经济权利的保护期限尚未届满之前,由经济权利的继承人保护作者的精神权利;而在相关经济权利的保护期限届满之后,作者精神权利的保护交由国家文化部门负责。这样,无论经济权利保护期限是否届满,总会找到专门负责作者精神权利保护的继承人或政府机构。由此,在我国《著作权法》第三次修订过程中,建议吸收德国著作权法的立法经验,以经济权利的保护期是否届满为界限,对作者精神权利的保护作出区分规定。笔者赞同中国社会科学院知识产权中心《〈著作权法〉第三次修订专家建议稿》的建议,即"作者的署名权和保护作品完整权,在作者的有生之年由作者予以保护;作者死后五十年内由经济权利的继承人予以保护;作者死亡五十年以后,以及死后经济权利无人继承,由国务院著作权行政管理部门管理"。

具体到本案,钱某某和钱某写给李某某的私人书信构成著作权法意义上的作品。作为书信的作者,钱某某和钱某对其书信享有精神权利和经济权利。根据《著作权法实施条例》第15条的上述规定,作者死亡后,其著作权中的署名权、修改权和保护作品完整权由作者的继承人或者受遗赠人保护。这样,由于钱某某的上述书信的经济权利由杨某某继承,故其精神权利由杨某某予以保护;而钱某的上述书信的经济权利由杨某某和钱某之配偶共同继承,其精神权利亦由杨某某和钱某之配偶予以保护。因钱某之配偶明确表示在本案中不主张权利,故钱某某和钱某的精神权利由杨某某予以保护。同时,对于杨某某自己的书信作品,其精神权利由其本人进行保护。

可见,本案中,杨某某不仅有权保护自己的精神权利,而且对钱某某、钱某的精神权利亦有权进行保护。由于被申请人中贸圣佳公司和李某某即将实施的公开拍卖行为、公开预展行为和公开宣传行为,将难以避免地使涉案书信作品公之于众,侵犯钱某某、杨某某和钱某的发表权这一精神权利,故杨某某向法院申请采取诉前责令停止侵权的措施,以保护相关精神权利,具有法律依据。

参考文献

《中华人民共和国著作权法》

《著作权法实施条例》

《最高人民法院关于审理著作权民事纠纷案件适用法律若干问题的解释》

《最高人民法院关于诉前停止侵犯注册商标专用权行为和保全证据适用法律问题的解释》

《与贸易有关的知识产权协议》

《保护文学和艺术作品伯尔尼公约(1971 年巴黎文本)》

《美国版权法》

李明德、许超:《著作权法》(第二版),法律出版社 2009 年版。

李明德:《美国知识产权法》(第二版),法律出版社 2014 年版。

李明德、管育鹰、唐广良:《〈著作权法〉专家建议稿说明》,法律出版社 2012 年版。

胡康生主编:《中华人民共和国著作权法释义》,法律出版社 2002 年版。

法定损害赔偿：

海南旅游卫视公司诉爱美德公司、京东公司著作权案

| 基本案情 |

本案中，原告海南旅游卫视公司与开麦拉公司签订合作协议，委托开麦拉公司为原告设计新台标，并约定版权归原告所有。开麦拉公司委托多视觉公司设计了台标，该台标于 2004 年 7 月在原告的电视频道正式启用。后来，原告与开麦拉公司签订变更协议，约定由原告直接与多视觉公司签订版权转让协议。2004 年 8 月，原告与多视觉公司签订版权转让协议，取得涉案台标除署名权、发表权之外的相关著作权。被告爱美德公司于 2005 年 3 月将与涉案台标实质近似的图标，结合"travelhouse"英文，在第 18 类旅行包商品上申请商标注册，并于 2008 年 11 月获准注册。后来，爱美德公司又于 2008 年 1 月将与涉案台标实质近似的图标单独在第 18 类旅行包商品和第 25 类服装商品上申请商标注册，并分别于 2011 年 4 月和 2012 年 2 月获准注册。爱美德公司将上述注册商标使用在其生产的旅行箱包商品上，并通过被告京东公司向公众宣传和销售。

原告认为，涉案台标构成美术作品，爱美德公司未经许可擅自将涉案台标使用在旅行箱包上，侵犯了自己享有的相关著作权。京东公司为爱美德公司提供侵权商品的销售平台，亦构成著作权侵权。遂向北京市大兴区人民法院提起著作权侵权之诉。一审法院判定爱美德公司构成著作权侵权，并向原告赔偿经济损失及合理开支 200 万元；京东公司不构成著作权侵权（（2013）大民初字第 11485 号民事判决书）。被告爱美德公司不服，向北京知识产权法院提起上诉，二审法院维持了一审法院的判决（（2015）京知民终字第 925 号民

事判决书)。

▶ 法律问题

本案中,一审判决和二审判决主要讨论了以下四个法律问题,即涉案台标是否构成著作权法意义上的作品,原告是否取得涉案台标的著作权,爱美德公司是否构成著作权侵权,以及 200 万元酌定赔偿额是否合理。下面我们将结合一审判决和二审判决对上述法律问题进行具体说明。

一、涉案台标是否构成作品

原告认为,涉案台标是由多视觉公司设计,构成著作权法意义上的美术作品。被告抗辩认为,涉案台标是基础的几何图形经由特定规则演变而成,这类图形缺乏独创性,不能构成著作权法上的作品。同时,青岛中山公园石桥的四角星与涉案台标具有近似性,证明涉案台标已经处于公有领域,并不具有独创性。

对于这个问题,一审法院认为,涉案台标由四颗成一定角度排列、四角长短不一的四角星排列组合而成,在整体图形布局、构成元素选择方面均体现了作者个性化的思考、选择和判断,具有较高的独创性,构成我国著作权法上的美术作品。青岛中山公园石桥的四角星与涉案台标及图形在外形上有一定的区别,且涉案台标与图形为四颗四角星环绕组成,而青岛中山公园石桥的四角星为单颗四角星,二者并不相同或近似。二审法院维持了一审法院的该项判定。

二、原告是否取得涉案台标的著作权

原告认为,根据与多视觉公司签订的版权转让合同,自己取得了涉案台标的相关著作权。被告抗辩认为,原告与多视觉公司签订的版权转让协议并未标注落款时间,不能证明原告取得了涉案台标的著作权。且涉案台标由北京开麦拉公司委托多视觉公司而创作,原告无权直接通过多视觉公司取得涉案台标,故原告在法律上并未取得涉案台标的著作权。

对于这个问题,一审法院认为,根据原告与多视觉公司签订的版权转让协议书的约定,多视觉公司同意将涉案台标除署名权、发表权之外的相关著作权转让给原告。虽然该协议并没有签字盖章的日期,但由于多视觉公司2004年9月15日为原告出具了设计制作费发票,故可以推定双方签订并履行了该协议,且原告最迟于2004年9月15日取得了涉案台标的相关著作权。

二审法院维持了一审法院的该项判定。二审法院指出,根据原告与开麦拉公司签订的合作协议,可以确认原告曾经委托开麦拉公司为其设计台标,而多视觉公司接受开麦拉公司的委托设计了涉案台标。该事实能够建立起与原告之间的联系,特别是原告向多视觉公司开具的支付凭证,进一步说明多视觉公司的设计是基于原告的委托。而且,原告与多视觉公司还签订了版权转让协议,约定将署名权、发表权之外的相关著作权转让给原告。故原告取得了涉案台标的相关著作权。

三、爱美德公司是否侵犯原告的著作权

原告认为,爱美德公司未经许可擅自将原告享有著作权的图案使用在其生产的旅行箱包上,构成著作权侵权。爱美德公司抗辩认为,其从未接触过涉案台标,其商标图案与涉案台标在图形外观、颜色、详细参数、寓意等方面均存在区别。而且,商标图案由其独立设计完成,商标的使用也早于涉案台标的使用。

对于这个问题,一审法院认为,原告的电视频道面向全国公开播出,即使爱美德公司所在地不能收看到原告的电视频道,其亦具有接触并知晓涉案台标的可能性。同时,爱美德公司使用的商标图案与涉案台标均由四颗首尾相接、成中心对称的四角星组成,单个四角星形状基本相同,不同之处主要是单个四角星的偏转角度,故爱美德公司所使用的商标图案与涉案台标构成实质近似。此外,爱美德公司提供的在先使用证据,属于虚假证据,不能证明其商标使用早于涉案台标的使用。故爱美德公司构成著作权侵权。二审法院维持了一审法院的该项判定。

四、200万元酌定赔偿数额是否合理

原告认为,爱美德公司涉案箱包产品年产量超过200万件,按照每件1元

的占比,能够得出爱美德公司存在 200 万元的获利。爱美德公司抗辩认为,即便认定其侵犯了原告涉案台标的著作权,也应当由原告举证证明其损失,且法院酌定赔偿的数额不得超过 50 万元法定赔偿的限额。

一审法院认为,虽然原告并未就其损失或爱美德公司的确切获利提供相应的证据,但综合考虑到涉案台标的独创性和知名度,爱美德公司对涉案台标的使用方式、持续时间,涉案台标对爱美德公司获利的贡献等因素,爱美德公司的侵权获利明显超过了 50 万元的法定赔偿限额。故判定爱美德公司向原告赔偿经济损失及合理开支 200 万元。

二审法院维持了一审法院的该项判定。二审法院指出,原告关于爱美德公司侵权获利 200 万元的主张具有合理理由,且爱美德公司没有举出相反的证据予以反驳。由于爱美德公司对涉案台标以商标形式进行使用,原告既可以提起著作权侵权之诉,也可以提起商标侵权之诉,进而可能出现损害赔偿范围的重合。鉴于原告明确表示只追究著作权侵权责任,不再追究商标侵权责任,一审法院在 50 万元以上酌定赔偿数额,具有合理性。

专家评析

本案起因于被告爱美德公司擅自将原告海南旅游卫视公司的台标注册为商标,并使用于其生产的旅行箱包商品之上。原告认为爱美德公司擅自使用涉案台标的行为侵犯了其享有的相关著作权,一审法院和二审法院均作出了有利于原告的判决。从具体判决来看,一审判决和二审判决讨论的法律问题主要包括涉案台标是否构成著作权法上的作品、原告是否取得涉案台标的著作权、爱美德公司是否构成著作权侵权以及 200 万元酌定赔偿是否合理。由于在"作品的构成要件——'歼十'战机模型著作权案"中,笔者对作品的构成要件已经做了评析,在此不再赘述。下面我们将从委托作品的著作权归属、著作权侵权的判定以及法定损害赔偿三个方面对本案予以评析。

一、委托作品的著作权归属

委托作品是指受托人接受委托人的委托而创作的作品。委托作品并不是著作权法中的法定作品类型,著作权法对委托作品作出规定,主要目的是解决委托作品的著作权归属问题。关于委托作品的著作权归属,两大法系存在不同的规定。英美法系国家一般将委托作品视为雇佣作品(works made for hire)。雇佣作品的版权由雇主享有,故委托作品的版权也相应由委托人享有。

例如,美国版权法第201条(b)款规定,在雇佣作品的情况下,雇主或者委托作品创作的其他人被视为作者,并享有所有的版权权利,除非当事人通过签订书面合同的方式明确作出相反的意思表示。关于雇佣作品的界定,美国版权法第101条规定,雇佣作品包括两种类型:一是由雇员在其雇佣范围内(within the scope of employment)所创作的作品。二是特别订购或委托创作的作品,包括作为集合作品(collective work)组成部分的作品,作为电影作品(motion picture)或其他视听作品(audiovisual work)一部分的作品,翻译作品,补充作品(supplementary work),汇编作品(compilation),试卷(test),试卷的答案(answer material),或者地图集(atlas);这些作品构成雇佣作品的前提是,当事人以签订书面合同的方式明确同意上述作品被视为(be considered)雇佣作品。

这样,美国的委托作品构成雇佣作品,进而适用雇佣作品版权属于雇主的规则,应当满足两个要件,即:受委托而创作的作品属于上述特定的作品类型;双方当事人以书面合同的方式明确同意将委托作品视为雇佣作品。

在大陆法系国家,委托作品也适用雇佣作品的权属规则,但大陆法系国家关于雇佣作品的权属规则不同于英美法系国家。大陆法系著作权法较为注重作者权利的保护,故雇佣作品的著作权由作者享有,而非雇佣单位。例如,《法国知识产权法典》第L.111—1条就规定,作品的作者订有或订立劳动合同或雇佣合同,不影响其就其作品所享有的独占的以及可对抗一切他人的无形财产权。当然,如果当事人通过合同的方式作出约定,委托作品的相关著作权也可以由委托人享有。

我国《著作权法》第17条规定:"受委托创作的作品,著作权的归属由委托人和受托人通过合同约定。合同未作明确约定或者没有订立合同的,著作权属于受托人。"可见,我国著作权法关于委托作品的权属与大陆法系国家具有一定的区别。按照大陆法系国家的做法,委托作品的原始著作权,只能由作者享有;在此基础上,作者可以通过合同的约定转让相关著作权。而我国著作权法规定,委托作品的原始著作权可以直接通过合同进行约定,没有约定的,由受托人享有,该受托人可以是作者,也可以是法人。此外,《最高人民法院关于审理著作权民事纠纷案件适用法律若干问题的解释》第12条还对委托作品的使用问题做了规定,即在委托作品的著作权属于受托人的情形下,委托人在约定的使用范围内享有使用作品的权利;双方没有约定使用作品范围的,委托人可以在委托创作的特定目的范围内免费使用该作品。

应该说,我国《著作权法》第17条虽然规定了委托作品著作权的归属问题,但该规定过于概括,并未对委托作品的精神权利和经济权利之归属作出区分规定,很容易造成作者精神权利的归属也可以通过合同进行约定的误解。事实上,作品的精神权利具有不可转让也无法转让的特点,只能由作者享有。由此可见,我国著作权法关于委托作品的著作权归属由委托人和受托人通过合同约定的规定,仅仅针对著作权中的经济权利,并不针对作者的精神权利。否则,类似于雇佣"枪手"代写学术论文或者毕业论文的行为,将会披上合法的外衣,与诚实信用原则和学术道德相违背。笔者认为,在《著作权法》第三次修订过程中,应当对现行《著作权法》第17条的规定进行修订,明确委托作品的精神权利只能由作者享有,经济权利的归属可以由委托人和受托人通过合同进行约定。合同未作约定的,委托作品的经济权利由受托人享有。

具体到本案,原告委托开麦拉公司为其设计新台标,开麦拉公司又委托多视觉公司设计了涉案台标。原告按照与开麦拉公司的变更协议,直接与多视觉公司签订了版权转让协议。故涉案台标事实上是由原告委托多视觉公司创作的委托作品。在此情形下,该委托作品的经济权利之归属可以由委托人和受托人通过合同进行约定,而委托作品的精神权利只能由涉案台标的作者享有。这样,在原告与多视觉公司签订版权转让协议的情况下,涉案台标的经济权利转移至原告,但精神权利并未发生也无法发生转移。

值得注意的是,上述版权转让协议约定,多视觉公司同意转让除署名权、发表权之外的有关著作权。应该说,该约定存在两个问题:第一,根据我国著作权法的规定,作者的精神权利不仅包括署名权、发表权,还包括保护作品完整权和修改权,四种精神权利只能由作者享有,不能转让,也无法转让。故上述版权转让协议将保护作品完整权和修改权纳入转让范围,显然并没有法律依据。第二,发表权是作者同意将作品公之于众的权利,属于"一次性使用"的权利。当原告海南旅游卫视在正式启用涉案台标之时,就已经在事实上将其公之于众,行使了作者的发表权。故上述版权转让协议关于发表权不发生转移的约定,实际上并没有多大实际意义。

二、著作权侵权的判定

司法实践中,著作权侵权的判定大体面临两种情形。第一种情形是,被告以复制、表演、展览或者信息网络传播等方式使用原告作品的全部或部分。这种情形下,著作权的侵权判定比较简单。一般而言,只要原告作品和被告作品在表达上全部相同或部分相同,就可以判定被告复制或抄袭了原告的作品,构成著作权侵权。第二种情形是,被告并没有使用原告作品的全部或部分,但被告作品与原告作品相比,在表达上具有实质性相似。这种情况下,被告作品是否复制或抄袭了原告作品,往往比较困难。下面重点讨论第二种情形下著作权侵权的判定。

根据著作权法的基本原理,只要相关表达具有独创性,就可以受到著作权法的保护,作品是否具有新颖性并不是获得著作权法保护的前提。这样,一部作品与另一部作品在表达上即使极为相似,但只要该作品来自作者的独立创作,就并不构成著作权侵权。由此出发,涉及相似作品的著作权侵权判定,不仅需要考察原告作品和被告作品之间的相似性,还需要考察被告作品是否来自独立创作。

关于相似作品的著作权侵权判定,司法实践往往采取"接触加相似性"的判定方法,即被告是否有机会接触到原告的作品,以及被告的作品与原告作品是否具有相似性。具体而言,"接触"是指被告有机会看到、接触到原告的作品。一般而言,原告的文字作品已经出版发行、电影作品已经公开上映,或者已经通过信息网络进行传播等,都能够证明被告具有接触原告作品的可能性。"相似性"是指被告的作品与原告的作品之间存在某种程度的相似性。根据著作权法只保护思想观念的表达,并不保护思想观念之本身的基本原理,作品的相似性是指原告作品和被告作品在表达上的相似性,而非思想观念的相似性。同时,还应当注意原告作品和被告作品的相似性部分的性质,如果该相似性部分处于公用领域,或均来自第三人的作品,那么被告并不构成对原告作品的复制或抄袭。

关于是否需要严格满足"接触"和"相似性"两个要件,才能证明被告复制或者抄袭了原告作品的问题,司法实践中有两种观点。支持的观点认为,即便被告作品与原告作品具有显著的相似性,仍然需要原告证明被告具有接触原告作品的可能性。反对的观点认为,如果相关证据能够排除被告独立创作作品的可能性,那么原告作品和被告作品具有显著相似性的事实,可以作为判定被告复制或者抄袭了原告作品的依据。应该说,要求同时满足"接触"和"相似性"两个要件是一个较为严格的标准。事实上,"接触加相似性"的宗旨是为了说明被告并未独立创作其作品,而是复制或抄袭了原告的作品。这样,如果相关证据能够表明被告并没有独立创作其作品的可能性,那么就已经达到了"接触加相似性"判定方法的目的,可直接判定被告复制或抄袭了原告作品,进而构成著作权侵权。从这个意义上说,上述反对的观点更有利于著作权的保护。

著作权侵权的判定,在运用"接触加相似性"方法判定被告复制或抄袭了原告作品之后,还需要判定被告对原告作品的复制是否构成著作权的限制与例外。例如,根据美国版权法的规定,需要判定被告的复制是否构成合理使用,并考虑以下四个因素:第一,使用的目的和特点,包括该使用是否具有商业的特点,或是为了非营利的教育目的;第二,享有版权的作品的特点;第三,与享有版权的作品的整体相比,使用部分的数量和质量;第四,使用对享有版权的作品的潜在市场或价值产生的影响。又如,根据我国《著作权法》第22条的规定,被告的复制是否构成著作权的限制与例外,需要考察该复制是否是为了介绍、评论某一作品或者说明某一问题而在作品中适当引用他人已经发表的作品,等等。

综上,被告作品是否构成对原告作品的侵权,第一步需要运用"接触加相似性"的方法判定被告是否复制或抄袭了原告作品;第二步需要判定被告对原告作品的复制或抄袭是否构成著作权的限制与例外。当被告作品构成对原告作品的复制或抄袭,又不属于著作权的限制与例外时,就可以判定被告构成著作权侵权。

具体到本案,虽然涉案台标中的单颗四角星在青岛中山公园的石桥上已经存在,难以判定其独创性,但涉案台标由四颗四角星经排列组合而形成,其整体图案显然具有独创性,构成著作权法上的美术作品。而且,爱美德公司对其商标的申请和使用,均发生于原告涉案台标启用之后。在此基础上,判定爱美德公司的商标使用是否侵犯原告涉案台标的著作权,第一步需要运用"接触加相似性"的方法,判定被告是否构成对原告涉案台标的复制或抄袭。原告海南旅游卫视公司的台标面向全国播放,即便爱美德公司所在地无法收看到原告的电视频道,由于周边城市实际上能够收看到原告的电视频道,加之原告业务具有全国性,故爱美德公司具有接触原告涉案台标的可能性,满足"接触"的要件。同时,将涉案台标与被告使用的商标进行整体对比,二者均由四颗相似的四角星排列组合而成,仅仅在四角星偏转的角度上存在细微区别,二者在图形表达上构成实质性近似,满足"相似性"的要件。可见,通过"接触加相似性"的判定方法,可以判定被告使用的商标构成对原告涉案台标的复制或抄袭。

第二步需要判定爱美德公司对原告涉案台标的复制或抄袭,是否构成著作权的限制与例外。显然,爱美德公司将与涉案台标实质近似的图案用作商标,并不属于我国《著作权法》第22条规定的12种特殊情形,而且其使用行为不合理地损害了原告的合法权益,无法通过权利的限制与例外的"三步检验法"的检验,故并不构成著作权的限制与例外。

这样,原告的涉案台标构成美术作品,爱美德公司使用的商标构成对涉案台标的复制,且该复制并不属于著作权的限制与例外,爱美德公司的商标使用行为已经构成对原告著作权的侵权。一审法院和二审法院按照"接触加相似性"的方法,分析爱美德公司的商标是否构成对原告涉案台标的复制,并判定爱美德公司构成对原告著作权的侵犯,是非常正确的。

三、法定损害赔偿

著作权人提起侵权之诉主要是为了达到两个目的:一是阻止侵权的继续,

二是获得损害赔偿。损害赔偿是指被告向原告支付的赔偿金,以弥补原告因被告的侵权行为而遭受的损失。损害赔偿数额的计算,主要有权利人的实际损失、侵权人的利润所得以及法定损害赔偿三种方式。其中,法定损害赔偿是指,法律确定一个赔偿额度的上限,由法院在该限度以内,根据案情确定合理的赔偿数额。法定损害赔偿能够为原告提供一种便利的选择,即当原告认为自己的实际损失或者被告的利润所得难以计算,或者难以举证,或者对其不利时,可以选择法定损害赔偿,请求法院酌定合理的损害赔偿。

以美国为例,美国版权法第504条第(c)款规定,版权权利人可以在最终判决(final judgement)下达之前的任何时间,选择以法定损害赔偿(statutory damages)的方式获计算赔偿数额,而不是选择原告的实际损失(actual damages)和被告的利润所得(profits);法院可以在不低于750美元或者不高于3万美元的幅度内,确定其认为公正合理的数额。这样,根据美国版权法,在最终判决下达之前,如果权利人认为实际损失和利润所得的计算方式对其不利时,可以随时选择以法定损害赔偿的方式计算赔偿额。此外,如果权利人能够证明被告具有故意(willfully)侵权的意图,那么法院可以将法定损害赔偿的上限提高到15万美元;而如果侵权者能够证明其没有意识到或没有理由相信自己的行为构成版权侵权,法院可以将法定损害赔偿的上限降低到200美元。

我国著作权法亦规定了法定损害赔偿。根据《著作权法》第49条的规定,侵犯著作权或邻接权的,侵权人应当按照权利人的实际损失给予赔偿;实际损失难以计算的,可以按照侵权人的违法所得给予赔偿。权利人的实际损失或者侵权人的违法所得不能确定的,由人民法院根据侵权行为的情节,判决给予50万元以下的赔偿。《最高人民法院关于审理著作权民事纠纷案件适用法律若干问题的解释》第25条还规定,权利人的实际损失或者侵权人的违法所得无法确定的,人民法院根据当事人的请求或者依职权适用法定损害赔偿以确定赔偿数额。

我国著作权法规定的法定损害赔偿制度存在以下三点值得关注。第一,损害赔偿的确定,首先适用权利人的实际损失,然后适用侵权人的违法所得,最后适用法定损害赔偿。相关立法解释也明确指出,损害赔偿的确定,以一般赔偿原则为主,以法定赔偿为辅。可见,只有当权利人的实际损失或者侵权人的违法所得不能确定的情况下,才能适用法定赔偿。与美国版权法规定的权利人可以自由选择实际损失、利润所得或者法定损害赔偿以确定赔偿数额相比,我国著作权法的上述规定并不利于权利人的保护。

第二,50万元是2001年修订著作权法时确定的标准,经过多年的经济发展,50万元的法定损害赔偿的上限显然太低,并不利于有效遏制著作权和邻接权的侵权行为。正是出于类似的考虑,2013年《商标法》第63条规定了300万元法定损害赔偿上限,2008年《专利法》第65条规定了1万元以上100万元以下的法定损害赔偿区间。在此背景下,提高著作权侵权的法定损害赔偿上限显然具有现实的必要性。

第三,法官并非可以在法定损害赔偿限额内任意地确定赔偿数额。具体赔偿数额的确定,仍然需要考虑权利人的实际损失、侵权人的违法所得等因素。正是由此出发,《最高人民法院关于审理著作权民事纠纷案件适用法律若干问题的解释》第25条第2款规定,人民法院在确定赔偿数额时,应当考虑作品类型、合理使用费、侵权行为性质、后果等情节综合确定。

值得关注的是,《中华人民共和国著作权法(修订草案送审稿)》对法定损害赔偿做了修订。该草案第76条规定,侵犯著作权或者相关权的,在计算损害赔偿额时,权利人可以选择实际损失、侵权人的违法所得、权利交易费用的合理倍数或者100万元以下数额请求赔偿;对于两次以上故意侵犯著作权或者相关权的,可以根据赔偿数额的2至3倍确定赔偿数额。应该说,上述规定赋予权利人自由选择法定损害赔偿来确定赔偿数额,将法定赔偿数额的上限提高到100万元,并规定了损害赔偿金的倍数,能够有效保护权利人的权益,是一个进步的立法思路。

具体到本案,原告并未提供权利人的实际损失和侵权人的利润所得的相关证据,而是根据爱美德公司商品的年销量和价格,请求法院酌定200万元的经济损失和合理开支。根据我国著作权法的上述规定,法院酌定损害赔偿的数额应当在50万元的法定损害赔偿限额之内确定。一审法院和二审法院在综合考虑爱美德公司的年销量和价格、原告放弃对商标侵权的起诉、涉案台标对爱美德公司违法所得的贡献等因素的基础上,酌定被告向原告赔偿200万元的经济损失和合理开支。应该说,200万元的赔偿数额已经突破了我国《著作权法》规定的 50 万元法定损害赔偿的上限。

然而，正如一审法院所指出的，爱美德公司基于其侵权行为的获利明显已经超过了 50 万元法定赔偿限额。在侵权获利明显大于侵权成本的情况下，如果严格按照 50 万元的法定赔偿上限确定赔偿数额，并不利于遏制爱美德公司的侵权行为，对著作权人也有失公平。而且，一审法院和二审法院酌定 200 万元赔偿数额，并非随心所欲毫无依据地自由裁量，而是建立在爱美德公司的违法所得等因素的基础之上，符合《最高人民法院关于审理著作权民事纠纷案件适用法律若干问题的解释》第 25 条第 2 款规定的精神和宗旨，即酌定赔偿数额应当考虑作品类型、合理使用费、侵权行为性质、后果等情节。

笔者认为，在 50 万元法定损害赔偿的上限并不能反映经济发展水平和有效遏制侵权行为的情况下，一审法院和二审法院酌定爱美德公司承担 200 万元的赔偿数额，是司法实践对我国著作权法立法滞后性的积极回应，与《著作权法》第三次修订的立法思路相一致，具有现实意义。

参考文献

《中华人民共和国著作权法》

《中华人民共和国著作权法（修订草案送审稿）》

《最高人民法院关于审理著作权民事纠纷案件适用法律若干问题的解释》

《中华人民共和国专利法》

《中华人民共和国商标法》

《美国版权法》

李明德：《美国知识产权法》（第二版），法律出版社 2014 年版。

李明德、许超：《著作权法》（第二版），法律出版社 2009 年版。

《法国知识产权法典（法律部分）》，黄晖译，郑成思审校，商务印书馆 1999 年版。

胡康生主编：《中华人民共和国著作权法释义》，法律出版社 2002 年版。

责任编辑:李媛媛
版式设计:周方亚
责任校对:孙寒霜

图书在版编目(CIP)数据

版权行政、刑事与民事典型案例评析/李明德等 著. —北京:人民出版社,
　2018.1
ISBN 978－7－01－018858－4

Ⅰ.①版… Ⅱ.①李… Ⅲ.①版权-案例-中国 Ⅳ.①D923.415

中国版本图书馆 CIP 数据核字(2018)第 013782 号

版权行政、刑事与民事典型案例评析
BANQUAN XINGZHENG XINGSHI YU MINSHI DIANXING ANLI PINGXI

李明德　张鹏　杨祝顺　李菊丹　王若婧　著

人民出版社 出版发行
(100706　北京市东城区隆福寺街 99 号)

北京市文林印务有限公司印刷　新华书店经销

2018 年 1 月第 1 版　2018 年 1 月北京第 1 次印刷
开本:710 毫米×1000 毫米 1/16　印张:33
字数:515 千字

ISBN 978－7－01－018858－4　定价:87.00 元

邮购地址 100706　北京市东城区隆福寺街 99 号
人民东方图书销售中心　电话 (010)65250042　65289539